La logistique globale
et le Supply Chain Management

Éditions d'Organisation
Groupe Eyrolles
61, bd Saint-Germain
75240 Paris Cedex 05
www. editions-organisation.com
www.editions-eyrolles.com

CHEZ LE MÊME ÉDITEUR

- Madeleine NGUYEN-THE, *Importer*, 3ᵉ édition 2006.
- Roger PERROTIN, Jean-Michel LOUBÈRE, *Stratégies d'achat*, 5ᵉ édition 2005.
- Michel ROUX, Tong LIU, *Optimisez votre plate-forme logistique*, 3ᵉ édition 2007.
- Michel ROUX, *Entrepôts et magasins*, 3ᵉ édition 2003.
- Michel SAVY, *Le transport de marchandises*, 2006.

Philippe-Pierre Dornier
Michel Fender

LA LOGISTIQUE GLOBALE ET LE SUPPLY CHAIN MANAGEMENT

Enjeux – principes – exemples

Deuxième édition 2007

EYROLLES

Éditions d'Organisation

LES AUTEURS

Philippe-Pierre Dornier

Ingénieur civil des Mines de Nancy, ESSEC, DEA de génie industriel de l'École Centrale de Paris, Auditeur de l'Institut des Hautes Études de Défense Nationale (IHEDN), Doctorat Ingénierie et Gestion de l'École des Mines de Paris, Philippe-Pierre Dornier est professeur au département logistique et production de l'ESSEC. Il a été successivement directeur des troisièmes cycles de l'ESSEC et directeur de l'ESSEC-Management Éducation formation permanente du Groupe ESSEC.

Philippe-Pierre Dornier a développé ses réflexions dans le domaine du management de la Supply Chain. Il conduit ses recherches sur les questions de stratégie internationale du Supply Chain Management et du développement des modèles de logistique globale.

Managing Partner de Newton.Vaureal Consulting, cabinet de conseil dont il est co-fondateur, il s'est vu confier de nombreuses missions de conseil dans de grandes entreprises (restructuration de la logistique Europe, Asie, puis reste du monde chez un manufacturier de pneumatique, élaboration de la stratégie logistique pour un réseau de stations-service, stratégie achat, approvisionnement et logistique dans le secteur de la distribution BtoB, élaboration de stratégies e-business et déploiement tactique et opérationnel, audit du maintien en condition opérationnelle (MCO) de tous les aéronefs des armées et de tous les matériels terrestres de l'Armée de Terre...).

Enfin, il a publié de nombreux articles dans des revues scientifiques et des grands quotidiens (*Les Échos, La Tribune*), est l'auteur et le co-auteur de plusieurs ouvrages en français (*Plein flux sur l'entreprise, La logistique de l'écrit, Invitation au Management*...) et co-auteur de *Global Operations and Logistics*, publié aux États-Unis en 1998, traduit en chinois et en portugais du Brésil.

Michel Fender

Ingénieur de l'Institut National Agronomique Paris-Grignon, diplôme de l'Institut Supérieur des Affaires (MBA Hec), Doctorat de l'École Nationale des Ponts et Chaussées, Michel Fender est Professeur de logistique à l'Ecole Nationale des Ponts et Chaussées et président du département Management Industriel. Il est président du Conseil de Surveillance du MBA de l'École des Ponts et a dirigé des programmes de formation en Argentine, au Maroc, en Inde et au Japon. Il a été Directeur Académique de l'Institut Franco-Chinois d'Ingénierie et de Management basé à Shanghai au sein de l'université de Tongji en coopération avec ParisTech. Il fut professeur au sein de la formation permanente du groupe Essec, fondateur du Mastère Gestion Achats Internationaux, responsable du Mastère Management et Ingénierie Logistique et Directeur de l'Institut des Hautes Études Logistiques.

Il a débuté sa carrière au sein d'un cabinet de conseil spécialisé en logistique, puis mené des actions de conseil et d'expertise à titre indépendant, puis a participé à la création du cabinet Newton.Vaureal Consulting, où il est partner. Il a mené des actions de conseil en stratégie et organisation logistique pour le compte d'entreprises de taille multinationale dans le domaine des produits de grande consommation électroniques, alimentaires, du tabac, des produits pharmaceutiques et des matériels du secteur des télécommunications.

Il a été membre du comité logistique de l'Association française du commerce et des échanges électroniques, publié un grand nombre d'articles dans la presse spécialisée et est co-auteur de l'ouvrage *Global Operations and Logistics* publié aux Etats-Unis en 1998, puis traduit en chinois et en portugais du Brésil.

Remerciements

Nous tenons à remercier tous les professionnels qui nous ont apporté leur concours dans la rédaction de cet ouvrage.

Ceux qui ont apporté leurs témoignages : le général (2S) Yves Crène, Jean-François Dargein, Hubert Deger, Jacques Goudet, Didier Julien, Claude Legouix, Christian Mangin, Stéphane Thirouin.

Ceux qui ont été des appuis particuliers pour certains chapitres : Gérard Aubé, Frédéric Leconte, Christian Mangin, Gérard Serre.

Un remerciement particulier à Sanâa Falk qui nous a aidés à actualiser la base de données.

Sommaire

Chapitre 12   Quelle vision pour la logistique
et le Supply Chain Management ? 441

Préface

Révélée par l'ancienne économie depuis déjà plusieurs années, confirmée par la nouvelle économie, la logistique se révèle être non seulement au cœur des stratégies des entreprises, mais également à la racine même de leurs performances dans l'exécution opérationnelle des tâches qu'elle prend en charge quotidiennement. Avantage concurrentiel par le service qu'elle produit ou par le niveau de coûts qu'elle génère, c'est avant tout grâce à elle — ou à cause d'elle — que des stratégies sont rendues possibles ou échouent. La logistique est complexe car elle est diffuse et multiforme. La nature des produits, l'histoire de l'entreprise et son héritage, ses marchés actuels, les stratégies choisies conduisent à retenir des solutions logistiques souvent très différentes. Quoi de commun entre la logistique d'un appareil de radiologie et celle de plaques de plâtre destinées à la construction ? Il est donc souvent difficile d'en bien comprendre les composantes, les facteurs expliquant les évolutions, et les tendances à venir.

Toutefois, en prenant du recul par rapport aux opérations quotidiennes et en observant attentivement les changements menés en matière de logistique, l'on peut isoler les grands mouvements qui expliquent les orientations prises sur la gestion des flux.

Ainsi cet ouvrage s'attache principalement à apporter trois sortes d'éclairage sur les tendances logistiques :

- tout d'abord la recomposition, nécessairement permanente, de la logistique est un facteur déterminant qui conditionne les orientations stratégiques majeures en matière industrielle et commerciale. Les évolutions stratégiques, tant commerciales qu'industrielles, dans le secteur des produits de grande diffusion conduisent à une remise en cause des modèles logistiques existants ;
- ensuite, trois phénomènes lourds sont les vecteurs de la reconstruction des organisations logistiques : l'intégration fonctionnelle de la logistique, l'intégration géographique de la logistique et l'intégration sectorielle de la logistique ;
- enfin, il est possible, au-delà de l'énoncé de ces moteurs de la reconstruction du modèle logistique, de dégager un certain nombre de tendances autour desquelles les organisations logistiques se recomposent.

Nous tentons d'apporter une meilleure compréhension des mouvements que connaissent actuellement les organisations logistiques sous la double poussée des reconfigurations industrielles et des évolutions des circuits de distribution. Nous espérons ainsi apporter à nos lecteurs une vision qui leur permettra d'aborder la logistique sous une optique d'intégration d'activités dont les répercussions sur les formes organisationnelles et sur les structures entrepreneuriales dédiées à la logistique sont en train d'éclore. Plus particulièrement, nous souhaitons que cet ouvrage fournisse :

- une vision explicative des raisons qui sous-tendent les évolutions profondes des organisations logistiques ;

- une approche de la logistique comme activité dont l'observation devient particuliè-rement pertinente pour décrypter les mouvements stratégiques des entreprises. La difficulté que représente l'identification des grandes tendances stratégiques peut être en partie contournée par l'observation plus visible dans leur structure physique des organisations logistiques. En effet, la logistique tend à s'affirmer non pas comme une variable indépendante dans le fonctionnement d'une entreprise mais, bien au con-traire, comme une variable couplée aux phénomènes d'orientation stratégique.

Nos expériences accumulées dans nos travaux de recherches, en particulier au sein de l'Institut des Hautes Études Logistiques, dans nos enseignements tant à l'ESSEC qu'à l'École des ponts et chaussées et dans les études menées comme consultant au sein de Newton.Vaureal & Co, nous ont permis d'accumuler un important référent dans de nombreuses entreprises. En croisant de multiples investigations sur le terrain, dans des entreprises industrielles, chez des distributeurs ou dans des entreprises prestataires de service, nous tenterons d'apporter des illustrations concrètes à chacun de ces thèmes.

Ainsi, les chapitres qui suivent fourniront aux logisticiens d'entreprise :
- un cadre synthétique de la compréhension des évolutions en cours ;
- une contribution à la définition des métiers de la logistique qui sont en pleine décantation ;
- un ensemble de référents pour mieux anticiper des évolutions auxquelles certaines entreprises doivent se préparer du point de vue logistique.

Quant à ceux qui ne sont pas logisticiens, ils pourront trouver dans cet ouvrage de nombreuses clefs pour une meilleure compréhension des mécanismes de la pensée logistique. Elles leur permettront de mieux intégrer dans leurs propres travaux et dans leur propre secteur d'activité des dimensions nouvelles relatives à la gestion des flux.

Organisation du texte

Le premier chapitre sera consacré à une réflexion sur l'évolution de la pensée logistique au travers d'une mise en perspective historique au sein de l'institution militaire. La logistique bénéficie en effet du privilège de pouvoir bénéficier d'une longue et riche histoire que les militaires ont écrite et qui présente un premier référent sur la manière de traiter la question des flux au sein d'une organisation. Le second chapitre exposera les dynamiques logistiques au sein des firmes dans une double perspective historique et actuelle et ce, au travers des différentes approches qui lui sont consacrées dans les entreprises. Le troisième chapitre montrera, en s'appuyant sur des cas concrets détaillés, en quoi la notion de logistique répond aujourd'hui à des enjeux différents et occupe un positionnement variable au sein des organisations d'une entreprise à une autre. Le chapitre 4 apportera les éléments descriptifs majeurs du contexte de mondialisation des opérations dans lequel se trouve maintenant immergée la logistique. Ce phénomène apparaît comme le catalyseur de la déstabilisation des systèmes logistiques classiques. La mondialisation représente le choc qui rend les anciennes logiques de conduite de la logistique en entreprise moins bien adaptées. Cette notion de mondialisation sera abordée ici essentiellement sous deux aspects : l'aspect marketing et l'aspect industriel. Dans les deux cas, nous pourrons constater que la notion de mondialisation recouvre essentiellement une dimension d'extension des réflexions sur l'axe géographique, passant de préoccupations nationales à des préoccupations mondiales. Ce phénomène apparaîtra comme le déclencheur des grandes tensions auxquelles la logistique a été soumise tant en amont du processus qu'en aval.

Le chapitre 5 a pour vocation de révéler les mécanismes de déstabilisation des approches logistiques classiques par l'amont. Nous appelons ici l'amont du processus logistique toutes les opérations qui concernent le processus d'approvisionnement et de transformation du produit. Cette déstabilisation s'opère principalement du fait de l'impact des stratégies de spécialisation des unités de production, de délocalisation des productions ou de pré ou de post-manufacturing que nous présenterons et dont nous analyserons les impacts logistiques. Le chapitre 6, quant à lui, étudiera le phénomène de déstabilisation des processus logistiques par l'aval. Nous appelons ici l'aval toutes les opérations qui concernent les activités commerciales et le passage des produits dans les canaux de distribution. Nous envisagerons ainsi les effets associés à la maturité logistique plus ou moins grande d'un canal de distribution et ceux qui sont associés aux stratégies de choix des canaux de distribution. Le chapitre 7 sera plus particulièrement consacré à l'impact du développement du commerce électronique sur le fonctionnement des chaînes logistiques et à l'émergence de nouvelles solutions logistiques adaptées à ce canal de distribution (caractérisé par une extrême capillarité), mais aussi poussées par les innovations technologiques, en particulier dans les systèmes d'information.

Le chapitre 8 abordera la dimension de l'intégration fonctionnelle de la logistique en traitant plus particulièrement de la coopération s'instaurant entre marketing et logistique, mais aussi en montrant le rôle de la logistique comme levier de réorganisation des entreprises, notamment par la mise en œuvre de processus.

Le chapitre 9 traitera de la seconde dimension de ce phénomène d'intégration qui est celle de l'intégration géographique. Nous aborderons plus particulièrement les effets d'une approche logistique qui prend une dimension organisationnelle couvrant non seulement plusieurs pays, mais un continent, voire le monde entier. Nous montrerons le rôle crucial joué par les prestataires logistiques comme levier d'expansion géographique en soutenant et accompagnant les stratégies d'internationalisation des producteurs et des distributeurs, que ce soit au niveau industriel ou commercial. Nous traiterons, dans cette partie, un cas qui permet d'observer la mise en place d'une structure logistique mondiale pour répondre aux besoins d'une nouvelle organisation en business units.

Le chapitre 10 s'intéresse à l'analyse du troisième axe de reconstruction d'une logistique, l'axe de l'intégration sectorielle. Nous étudierons la question de savoir pourquoi le mode coopératif entre un producteur et un industriel constitue une approche efficace, tant au niveau des coûts, que de la gestion de la demande au sein des chaînes d'approvisionnement. Le chapitre 11 étudiera les modalités de mise en œuvre de ces démarches de coopération en présentant les outils, les démarches, et en discutant des implications organisationnelles internes prérequises pour favoriser une relation coopérative. C'est à ce stade que l'intégration fonctionnelle apparaît comme une étape préalable à l'intégration sectorielle dans le cycle de la logistique globale.

Enfin, le chapitre 12 permettra de dégager de manière prospective quelques grands principes qui s'imposent dans l'orientation actuelle des systèmes logistiques des entreprises. En particulier, nous avons retenu — comme grands facteurs d'évolution de la logistique pour les années à venir — le déploiement de la reverse logistics, une meilleure prise en compte des facteurs de risque inhérents aux opérations logistiques, le rôle croissant joué par les collectivités locales dans l'accompagnement des entreprises sur leur dimension logistique et, enfin, l'élargissement des schémas logistiques européens à une échelle plus large incluant les pays de l'Est.

La logistique a une histoire

« L'art de vaincre est perdu dans l'art de subsister. »

Frédéric II[1]

Avant le Supply Chain Management, la logistique. La logistique a une histoire et offre un champ de réflexion formalisée depuis de très nombreux siècles. Ce doit donc être une source d'inspiration, nourrie par l'expérience cumulée de guerres indénombrables. Sans avoir toujours mis des spécialistes en place pour prendre en charge directement la question logistique, les stratèges militaires se sont préoccupés de tout temps de la question de leurs approvisionnements tant pour les hommes que pour les chevaux, puis pour les matériels.

En reconnaissant bien volontiers qu'historiquement la question logistique militaire a été traitée de manière très différente de la logistique civile, l'actualité laisse penser qu'une convergence plus importante des modes de pensée et des modes de traitement est en train de s'instaurer entre civils et militaires. Du fait des ressources plus limitées dont ils disposent et des synergies évidentes qui peuvent s'instaurer entre logistique militaire et logistique civile, une plus grande mutualisation des moyens devrait s'opérer entre militaires et civils.

Dès lors, pourquoi ne pas retourner aux sources de la pensée et de l'action logistique ? De toute cette riche pensée accumulée depuis des siècles, nourrie des misères et des drames de la guerre, le logisticien doit réussir à en tirer un principe, une idée, un référent venant enrichir sa propre pensée du moment.

---

1. Roi de Prusse (1712-1786). Despote éclairé, roi-philosophe, épris de lettres et de philosophie françaises, amateur de musique, il se montra un chef de guerre incomparable ce qui lui permit de développer ses théories sur le pouvoir.

1. PLACE DE LA LOGISTIQUE DANS LA PENSÉE MILITAIRE

1.1. Une dimension fondamentale de l'histoire militaire

Les 3 500 dernières années de notre histoire ont compté 3 165 années de guerre et, avec les conflits parallèles, pas moins de 8 000 guerres. L'échantillon d'opérations ainsi fourni procure une base d'observation et de réflexion de première qualité pour comprendre l'évolution de la logistique militaire.

Car, depuis que l'homme fait la guerre, la logistique a été un sujet de réflexion intensif pour les grands chefs militaires. Les points de vue adoptés, les règles énoncées pour créer un corps de connaissances logistiques ont évolué, traduisant en cela l'intensité de la réflexion consacrée au domaine et la difficulté à lui trouver des principes intangibles. Les contextes géographiques, les objectifs stratégiques, les technologies mises en œuvre et le format même des armées ont fait évoluer les approches de la logistique. Ainsi, Sun Tzu (IVe siècle avant J.-C.) met en avant la nécessité de disposer de chariots et des denrées que les armées sont censées transporter :

> « C'est pourquoi une armée sans chariots d'approvisionnement, ni céréales, ni provisions, est perdue[2]. »

Alors qu'au contraire, Alexandre le Grand (356-323 avant J.-C.) raconté par Plutarque, décide de brûler tous ses chariots avant de se lancer dans son périple en Inde afin d'améliorer sa mobilité :

> « Au demeurant, Alexandre étant prêt à partir pour aller à la conquête des Indes, s'avisa que son armée était pesante et malaisée à remuer pour la grande multitude de bagages et de butin qu'elle traînait après elle ; par quoi un matin que les chariots étaient déjà chargés, il brûla premièrement les siens et ceux de ses amis après, puis commanda que l'on mît aussi le feu dans ceux des soudards macédoniens [...] »[3]

Alexandre le Grand ira même jusqu'à réglementer le charroi de ses soldats en autorisant seulement un animal de bât pour chaque cavalier et un cheval de charge pour 6 fantassins. La mobilité des troupes s'en trouva d'autant plus accrue.

Pour le philosophe Paul Virilio[4], l'imbrication entre logistique et guerre est tellement intime, qu'il voit la logistique préexister à la guerre et en être même l'élément fondateur.

> « La première liberté, c'est la liberté de mouvement, mais cette liberté n'est pas un loisir, c'est une aptitude [...]. La femelle de charge apporte cette liberté à l'homme de chasse. Et, premier soutien logistique, la femelle domestique fonde la guerre en débarrassant le chasseur de sa maintenance. »

Ainsi, c'est en inventant le support logistique que le sexe féminin aurait fourni une liberté d'action à l'homme qui dès lors aurait fondé la guerre. Pour Paul Virilio, en aucun cas l'intendance ne suit : elle précède.

---

2. Sun Tsu, *L'art de la guerre* (VII-50), Bibliothèque stratégique, Editions Economica, Paris, 1990.
3. Plutarque, *Les vies des hommes illustres* (Alexandre le Grand, XCV), Éditions Gallimard, Paris, 1951.
4. Virilio P., *L'horizon négatif*, Galilée, Paris, 1984.

La logistique a toujours été un élément déterminant dans l'acte de guerre. C'est elle qui facilite le mouvement, qui contribue à maintenir une position en assurant les ravitaillements en munitions, nourriture et pièces de rechange, qui assure le mouvement des blessés…

> « La logistique est indispensable pour "pouvoir". Sans ravitaillement pour les combattants, sans carburant pour les véhicules, sans munitions pour les armes, l'action militaire s'arrête. La logistique conditionne en fait souvent les décisions stratégiques tant générales qu'opérationnelles[5]. »

C'est donc naturellement que la logistique a pris une place croissante dans la pensée militaire au cours de l'Histoire. L'institution militaire a ainsi constitué un premier corps de connaissances dans le domaine de la gestion des flux. Le logisticien a la chance de pouvoir attacher sa réflexion du moment à une véritable histoire de la pensée logistique au travers de l'institution militaire. Bien évidemment, du fait de finalités différentes, deux pensées se sont finalement construites en parallèle : la pensée de la logistique militaire et la pensée de la logistique civile. Cependant les problèmes de base restent fréquemment les mêmes. L'institution militaire a insufflé périodiquement des avancées significatives en logistique qu'elle soit militaire ou civile. C'est au cours de la Seconde Guerre mondiale que se sont développés les travaux structurant la recherche opérationnelle. Ils ont permis aux entreprises dès la période de l'après-guerre d'adopter un premier traitement de la logistique par la voie quantitative. Plus récemment, c'est sous l'impulsion de la NASA et du Department Of Defense (DOD) américain que se sont diffusées les techniques de soutien logistique intégrée et l'approche CALS (Computer Aided acquisition Logistics Support). Ces échanges et ces transferts ont eu une intensité variable au cours du temps et les coopérations logistiques entre militaires et civils ont pris des formes différentes. Ainsi, depuis 1993, en France, un Comité Logistique Civilo-Militaire (CLCM), mandaté par le Chef d'état-major de l'armée de terre, composé pour moitié de civils et pour moitié de militaires, siège pour faciliter les échanges en matière de logistique entre les entreprises civiles et l'institution militaire.

1.2. De lointaines origines et une évolution progressive

Digne héritière de l'Empire romain et de ses savoir-faire dans le domaine logistique, Byzance, par son empereur Léon VI (886-912) qui rédigea un ouvrage sur l'Art de la guerre, *Tactique*, place la logistique au côté de la stratégie et de la tactique, des fortifications et des armements ou du service sanitaire, comme l'un des arts (« *technai* ») de la guerre.

La racine du terme logistique est grecque *logisteuo*. Elle signifie avant tout « administrer ». L'institution militaire a utilisé ce mot à dessein pour qualifier l'activité qui réussit à combiner deux facteurs essentiels dans la gestion des flux nécessaires à la réussite de la manœuvre militaire : l'espace et le temps. La place de la logistique dans

5. Fievet G. Général (CR), *De la stratégie militaire à la stratégie d'entreprise*, InterÉditions, Paris, 1992.

les armées n'a pas toujours bénéficié du traitement que ses enjeux méritaient. L'utilisation du terme est en elle-même récente.

> « Le mot logistique apparaît en France au XVIIIe siècle. Il désigne alors la science du raisonnement ou du calcul en général. La logistique tend ensuite à se confondre avec la stratégie, bien que Jomini lui ait consacré un chapitre de son *Précis de l'art de la guerre* en 1836[6]. Le mot est repris par les Italiens lors de la guerre italo-éthiopienne de 1935-1936[7]. »

Alexandre dans son périple en Asie avait déjà pensé faire précéder le mouvement de ses armées par l'organisation de dépôt de vivres et de fourrage[8]. La légion romaine de Jules César consacra la prise en compte de la dimension logistique, en créant la fonction de *logista* conférée à un officier chargé de précéder les mouvements des légions pour organiser les campements de nuit ou d'hiver. Il avait également comme fonction de constituer les dépôts d'approvisionnement dans les villes soumises.

Les rares historiens militaires qui ont consacré leurs recherches à la logistique militaire considèrent essentiellement trois étapes principales dans le mode de traitement de la logistique dans les armées modernes, à partir du XVIIIe siècle[9]. Le premier mode est associé à celui des armées principalement statiques avec un approvisionnement issu de magasins préalablement préparés. Le second mode correspond à la démarche napoléonienne initiale de « prédateur » cherchant essentiellement sur les pays envahis et les pays de passage les ressources nécessaires à l'approvisionnement des armées. Enfin le troisième mode correspond à celui apparu à partir de 1870 et s'appuyant sur une industrialisation des approvisionnements à partir de bases arrières de plus en plus lointaines. De nombreux autres facteurs viennent évidemment expliquer ces transformations : des facteurs technologiques influençant les vecteurs logistiques comme l'apparition des chemins de fer susceptibles de permettre des concentrations importantes de forces dans un temps limité, les voitures et les camions substituant aux problèmes de l'approvisionnement en fourrage celui de l'approvisionnement en carburant, les navires et, bien entendu, les avions. Mais il est également à noter que les moyens nécessaires aux armées en campagne ont fondamentalement changé en volume mais également en nature. Aux produits de nourriture et d'habillement se sont substitués de plus en plus des produits d'équipement et des munitions. En 1870, c'était moins de 1 % du tonnage général utilisé qui concernait les munitions, la presque totalité des approvisionnements concernaient la nourriture des hommes ou des chevaux. À la fin de la Seconde Guerre mondiale les approvisionnements en nourriture ne représentaient plus qu'entre 8 et 12 % du volume total.

Au cours des âges, si la perception de la nécessité de correctement maîtriser le flux a été toujours claire, la manière de l'aborder a été très variée et a rencontré des succès

---

6. Jomini A.H., *Précis de l'art de la guerre*, Ch. Tanera, Paris, 1855 ; Champ Libre 1977.
7. Inspection du Train, « Vingt siècles de logistiques en quelques pages », *Les Cahiers de Mars*, n° 131, 4e trimestre 1991, p. 25-28.
8. Engels D., *Alexander the Great and the logistics of the Macedonian army*, University of California Press, Londres, 1978.
9. Van Creveld M., *Supplying war : logistics from Wallenstein to Patton*, Cambridge University Press, Cambridge, 1977.

divers. Il faut voir dans chaque étape de cette évolution des réponses aux contraintes définies par les moyens de déplacement dont disposent les militaires et à celles imposées par la complexité croissante de la gestion des flux.

Vauban a illustré le rôle vital de la logistique en affirmant que « L'art de la guerre c'est l'art de subsister ». À titre d'exemple, comme le montre le tableau 1.1, au début du XVIIIe siècle, le soldat nécessitait l'approvisionnement d'environ 2,5 kg par jour de subsistance avec la boisson. Quant aux chevaux, il était nécessaire de mettre à leur disposition près de 12 kg de fourrage hors boisson. Avec l'évolution des matériels dont on dotait le soldat, les approvisionnements n'ont pas cessé de s'alourdir au cours des siècles. En 1870, il fallait mettre à la disposition de chaque homme près de 8 kg par jour ; 13 kg en 1918 ; environ 30 kg en 1943 et 70 kg en 1960. Aujourd'hui plus de 140 kg par jour leur sont nécessaires. Les approches de traitement des flux ont été alors bien différentes. La vision théorique de Frédéric II de Prusse au XVIIIe siècle était de ne pas éloigner ses troupes de plus de 5 jours d'un magasin de ravitaillement. Cité par Clausewitz, les subsistances commandent les opérations pour Frédéric II :

> « Seules les guerres entreprises proches des frontières réussissent toujours plus que celles où les armées s'aventurent trop loin[10]. »

Si, dans un premier temps, la vision napoléonienne est fondée sur une recherche de l'exploitation du pays de séjour des armées pour les approvisionner et assurer leur support, la vision s'est transformée à partir de 1806 et de la campagne de Pologne. La solution logistique s'est alors prioritairement appuyée sur la mise en place de rotation hippomobile approvisionnant les armées à partir de zones de production ou de concentration de moyens plus ou moins éloignées de la situation géographique de l'armée. Cette vision a cependant montré ses limites au cours de la campagne de Russie en 1812.

Époque	Répartition des transports	Entretien du combattant par jour
50 av. J.-C.		1 kg
XVIIIe siècle		2,5 kg
1870	30 % matériels et munitions 70 % vivres et fourrage	8 kg
1918	62 % matériels, munitions, carburants 38 % vivres et fourrage	13 kg
1943	94 % matériels 6 % vivres	30 kg
1960		70 kg
2000		140 kg

(Source COMIGETRA)

TABLEAU **1.1.** *Évolution des besoins quotidiens des combattants*

---

10. Clausewitz C. (von), *De la guerre*, Les Éditions de Minuit, Paris, 1955.

> « Le caractère offensif de la manœuvre neutralise le soutien traditionnel des places magasins et lorsqu'il s'agira de lancer sur Moscou en 1812, 400 000 hommes et 430 000 chevaux, soit à 1 000 kilomètres des magasins polonais, la logistique devient entièrement mobile et chaque convoi d'armées va compter jusqu'à 15 000 véhicules[11]. »

Le désastre de la campagne de Russie est largement expliqué par le fait que Napoléon avait habitué ses états-majors à des concentrations stratégiques rapides avec un besoin en vivres et en matériels limité. La rapidité des opérations permettait de supporter une relative carence des moyens logistiques. La campagne de Russie s'est déroulée tout autrement.

Il est possible de synthétiser la complexité croissante de la logistique militaire par une rapide observation des besoins en matériel du fantassin.

Nous nous attacherons dans la suite de ce chapitre à mener une investigation sur la logistique militaire qui débute au XVIIe siècle même si les époques antérieures ont été également riches en illustrations. Cependant nous observerons les développements de ce qui peut apparaître comme une logistique militaire moderne et qui a été définie comme : « L'art de mouvoir et de supporter les troupes d'après les exigences stratégiques et tactiques[12]. »

2. Première phase militaire : une logistique subie

Richelieu, qui prit en 1635 le titre de Grand Maître Général des munitions, magasins et ravitaillement de France, ne cachait pas son impuissance face au problème dont il s'était chargé en présentant l'organisation des subsistances des armées comme de la magie blanche[13]. Cependant il considérait sans nul doute, que le bon approvisionnement des armées était essentiel au succès de toute action militaire. Ainsi, Richelieu écrivait dans son testament politique :

> « Or parce qu'il n'y a rien de si important à la subsistance des gens de guerres, et aux succès de tous les desseins qu'on peut entreprendre, que de pourvoir si bien à leurs vivres qu'ils ne leur manquent jamais, il se trouve en l'Histoire beaucoup plus d'armées péries faute de pain et de police que par l'effort des armes ennemies et je suis fidèle témoin que toutes les entreprises qui ont été faites de mon temps n'ont manqué que par ce défaut[14]. »

Au XVIIe siècle, Michel Le Tellier puis son fils Louvois s'attachèrent à organiser une meilleure administration des armées et en particulier à améliorer les approvisionne-

---

11. Gantois P., « Histoire de la logistique militaire », *Cahier de l'IHEL*, Groupe ESSEC, n° 6, décembre 1996, Cergy-Pontoise.
12. Muraise E., *Introduction à l'histoire militaire*, Charles Lavauzelle, Paris, 1964.
13. Kroener B., « Article logistique » dans le *Dictionnaire d'art et d'histoire militaires*, dirigé par Corvisier A., Paris, PUF, 1988, p. 522-526.
14. Richelieu, (1642), *Testament politique*, Complexe, Paris, 1990.

ments. Deux corps furent créés, celui des intendants d'armée et celui des commissaires. Les Surintendants Commissaires Généraux ont été établis dans leur charge en mai 1635[15]. Ils disposent de pouvoirs nombreux qui portent tant sur l'enrôlement des recrues que sur la fourniture des vivres, l'habillement, le fourrage, le logement et la solde. C'est la grande fonction d'intendance qui prend naissance. La mission des Commissaires est résumée par l'expression contemporaine qui conduit les Commissariats des Armées à assurer « la logistique de l'homme ». Quant aux transports, leur traitement après avoir reposé sur la corvée puis sur la réquisition a été confié à des entreprises civiles jusqu'à la révolution. L'externalisation prévalait. Ainsi, il est « pourvu aux transports militaires par des marchés passés avec les entrepreneurs et par des réquisitions exercées soit en France soit dans les pays occupés par nos armées[16]. »

À l'origine, c'est une ordonnance royale de Henri II qui créa en 1552 le service des charrois qui, au départ, comprenait l'achat du seul service de la traction de l'artillerie et des munitions et auquel on ajouta rapidement la traction des vivres. En 1572, un premier contrat fut signé entre le comte du Lude et le marchand niortais Amaury Bourgugnon pour les subsistances des troupes au camp de La Rochelle. Les matériels et les personnels étaient civils. Seules quelques tentatives ponctuelles ont été tentées pour la prise en charge directe par les armées de leur ravitaillement. Les armées se préoccupaient de la gestion de leurs déplacements sans toutefois vouloir prendre en direct la gestion des flux de soutien de leurs opérations. L'un de leurs problèmes majeurs était en effet le déplacement de l'artillerie qui représentait un cas difficile pour l'époque en raison de la faiblesse des voies de communication pour ce type de matériel. La campagne de Gustav II Adolphe de Suède en Europe centrale puis en Allemagne durant la Guerre de Trente Ans (1618-1648) donne une bonne illustration de l'utilisation qu'il fit dans ses déplacements des voies d'eau. Les rivières et les fleuves aménagés avec des chemins de halage permettaient de transporter les pièces d'artillerie avec des vitesses compatibles avec celles du déplacement de l'infanterie et de la cavalerie. Les armées françaises avaient recours aux entreprises civiles pour la gestion de leurs flux. Elles ont cependant participé à leurs investissements. Car à partir de 1757, l'État se charge de la construction des voitures et de la confection des harnais qui sont prêtés aux compagnies civiles à charge pour elles de les entretenir et de les remplacer sauf détérioration pour fait de guerre. Cette non-appropriation de la logistique militaire par les armées et la durée de cette situation s'expliquent essentiellement par deux raisons principales. Tout d'abord le caractère mercenaire des armées royales de l'époque a donné un côté éphémère aux organisations mises en place. Chaque colonel étant propriétaire de son régiment, il le mettait en cas de besoin à la disposition du roi. La formation et la dissolution périodique de ces régiments en fonction des besoins ne permettaient pas d'avoir une structure militaire pérenne et moins encore une organisation de soutien logistique structurée. Les moyens de transport rassemblés par les entreprises en temps de guerre avec plus ou moins de

---

15. André L., *Michel Le Tellier et l'organisation de l'armée monarchique*, Félix Alcan, Paris, 1946.
16. Bondil G., « Les transports militaires dans l'histoire », *Revue historique de l'Armée*, numéros spéciaux 1 et 2, Paris, 1959, p. 63-80.

facilité et de respect des engagements venaient à se disperser en temps de paix. Chaque conflit ou chaque campagne nécessitait la réorganisation totale d'un système logistique temporaire qui faute d'entraînement et d'organisation n'assurait aucun approvisionnement régulier et de qualité. Ensuite, si les conflits pouvaient durer dans le temps, les campagnes n'étaient que de durée assez brève, supportaient des élongations géographiques limitées et n'engageaient qu'un nombre limité d'hommes et de moyens, comparativement avec les formats des armées des XIXe et XXe siècles. À la fin du XVIIIe siècle, ce sont trois compagnies privées qui possèdent le monopole des services de ravitaillement des armées : la Compagnie Ravet, la Compagnie Lanchère et la principale d'entre elles, la Compagnie Breidt.

La fin du XVIIIe siècle consacre un important changement. En effet, le format des armées à la Révolution passe de 195 000 hommes à 350 000 hommes en 1797 après la paix de Campo-Formio. Il s'accompagne également d'un changement de statut. De l'armée mercenaire on passe définitivement à une armée de conscription. La complexité croissante du problème logistique due à la taille des effectifs et surtout à la rapidité croissante de la constitution des armées et de leur mouvement, la permanence de l'activité militaire pendant près de vingt ans ont nécessité une inflexion des politiques logistiques. La préoccupation a été de commencer une meilleure prise en compte de la dimension logistique et une meilleure maîtrise des activités associées à la gestion des flux par un début de militarisation des compagnies concessionnaires.

> « Le personnel est soumis à une subordination hiérarchique : les lois et règlements militaires lui deviennent applicables (décret du 13 avril 1796). Les charretiers au lieu d'être requis contractent vis-à-vis de l'entrepreneur un engagement pour la campagne et l'État leur alloue des vivres comme aux troupes. Enfin par le règlement sur les équipages affectés aux services des vivres, de l'ambulance et aux transports des effets de campement du 14 frimaire an XII, (6 décembre 1803), les équipages sont organisés en brigades de 1 capitaine et de 34 hommes, 108 chevaux et 25 voitures. Des employés supérieurs civils assurent l'encadrement au niveau d'un groupe de brigade et de l'armée[17]. »

Dans cette première phase, la position des armées est de concentrer leurs activités sur leur fonction combattante, en minimisant leur implication dans la logistique. Le format des armées et le contexte de leur utilisation ne donnaient pas encore de motivation suffisante à un investissement significatif dans la gestion des flux. Cette position se reflète par le parti pris de confier les opérations logistiques, réduites essentiellement à la constitution des approvisionnements et aux transports, à des sous-traitants, entreprises civiles, alors même que les armées, dans le même temps, visaient la plus grande autonomie pour assurer leurs actions. On reconnaît ici une situation proche de celle des entreprises dans l'étape qui a précédé la prise en charge par des organisations permanentes de la logistique, internes à l'entreprise. Les flux s'imposaient par des problèmes de transport qui, pour la plupart d'entre eux, étaient confiés à des entreprises dédiées. Tant dans les entreprises civiles que dans les armées, les contraintes générées par

---

17. Carbonneaux J. (sous la direction de), *De 1807 à nos jours : l'Arme du Train*, Éditions Charles Lavauzelle, Limoges, 1989.

l'environnement et la complexité même du processus logistique n'étaient pas suffisantes, dans un premier temps, pour faire émerger une problématique de gestion des flux réclamant la mobilisation de moyens internes lourds.

Le Maréchal de Puységur dans son *Art de la Guerre* de 1693 souligne déjà qu'il n'existait de théorie que pour les fortifications, l'attaque et la défense des places. Il y rajoute les déplacements et les ravitaillements des armées.

Guibert[18], qui publie en 1772 un ouvrage *Essai tactique* regrette que les officiers aient abandonné la science des subsistances, inséparable à ses yeux de la science de la guerre. Il décrit la science des subsistances comme étant :

- l'art de diminuer les attirails et de remplir le plus d'objets avec le moins de moyens possibles ;
- l'art d'utiliser les magasins.

L'époque napoléonienne allait faire écho à ces premières réflexions et donner un essor à la logistique militaire.

3. Deuxième phase militaire : structuration des organisations logistiques

Le début du XIXe siècle, voit la fin d'une approche *a minima* de la logistique, certes identifiée par le militaire, mais qu'il n'a pas voulu prendre en charge directement jusqu'alors. D'une logistique produite et pilotée par le civil, et subie par le militaire, les armées napoléoniennes passent à une militarisation de la logistique et donc à l'avènement d'organisations structurées internes aux armées qui leur sont dédiées.

La croissance des effectifs militaires sous l'Empire napoléonien ne s'arrête pas. Elle nécessite par cette taille nouvelle la constitution d'une organisation qui se consacre pleinement au domaine de la logistique. La Grande Armée accroît sans cesse ses effectifs. De 200 000 hommes en 1805 au camp de Boulogne, elle passe à 400 000 hommes en 1808 au moment de la campagne de Pologne et de Prusse et à près de 500 000 hommes en 1812 au moment de la campagne de Russie. De plus, cette armée — principalement constituée de conscrits européens — devient en 1812 une armée européenne comprenant des contingents saxons, italiens… La tactique napoléonienne reposait essentiellement sur trois facteurs : la masse concrétisée par la taille de son armée, la puissance de feu et la mobilité. Ainsi, outre une augmentation significative des effectifs, l'artillerie s'est accrue et a compliqué encore le problème des déplacements des armées. Enfin, l'ensemble, quels que soient ses effectifs et les moyens à déplacer, devait avoir une grande facilité dans la manœuvre de déplacement.

---

18. Guibert H., *Essai général de tactique et traité de la force publique*, Écrits militaires, 1772-1790.

Napoléon s'est préoccupé très tôt de la question logistique. Sur la question de l'approvisionnement des armées, sont créés par Bonaparte, le 9 pluviôse an VIII (1799), le corps des inspecteurs aux revues et le corps de commissaires des guerres. Leurs compétences recouvrent à peu près celles des anciens commissaires de l'Ancien Régime. Les inspecteurs aux revues ont la charge du contrôle des effectifs alors que les commissaires des guerres ont la charge des fournitures matérielles. Le mouvement des armées était une composante déterminante de la tactique napoléonienne et pour ce faire, il lui fallait disposer des supports nécessaires aux mouvements rapides et aux approvisionnements réguliers et de qualité pour soutenir les efforts des hommes et des chevaux. Les changements rapides des zones géographiques d'intervention réclament une capacité marquée à l'ingénierie des approvisionnements et des transports. Les systèmes logistiques doivent se bâtir en fonction des campagnes à une cadence rapide. La capacité à faire face à ces contraintes se révèle insuffisante de la part des entreprises civiles en charge de l'organisation d'une partie significative de la logistique. Napoléon décide donc d'internaliser la logistique et de créer des organisations militaires qui lui sont dédiées. C'est d'abord le Train d'artillerie qui est créé le 13 nivôse an IX (3 janvier 1800) et qui prend en charge tous les moyens nécessaires au déplacement des pièces d'artillerie. Ensuite, ce sont des compagnies de sapeurs-conducteurs qui sont créées dans l'arme du Génie le 1er octobre 1806.

Les sociétés civiles, et la principale d'entre elles, la Compagnie Breidt, ont montré à partir de 1806 leur essoufflement et leurs limites face à l'intensification de l'action militaire et à son changement d'échelle.

> « Il est visible que la compagnie Breidt n'est plus qu'une ruine dont il faut se débarrasser sous peine de voir le service manquer tout à fait ; l'Armée comptera donc une Arme de plus[19]. »

C'est la bataille d'Eylau (8 février 1807) qui, face aux armées du Tsar Alexandre, fait prendre définitivement conscience à l'Empereur, de l'absolue nécessité de reprendre en main la logistique des armées. En effet, s'il avait été possible d'approvisionner convenablement les armées, il eût été possible de poursuivre les armées russes et de les défaire complètement.

> « Si Napoléon avait eu alors assez de vivres et de moyens de transports pour traîner après lui de quoi nourrir l'armée pendant quelques jours, il eut immédiatement terminé la guerre[20]. »

C'est ainsi que le 26 mars 1807, l'Empereur signe le décret qui institue les premiers équipages de transport militaire. Il casse dans le même temps le traité avec la compagnie Breidt (article 10 du décret) et met ainsi fin pour les opérations logistiques au recours direct à des entreprises civiles. Cependant, des demandes ponctuelles seront faites auprès d'entreprises civiles pour assurer des transports de préacheminement. Le lien logistique entre le civil et le militaire ne disparaîtra pas et le recours à une coopération civilo-militaire restera un sujet de préoccupation en logistique plus

---

19. Capitaine Lechartier, *Les services de l'arrière à la Grande Armée en 1806-1807*, Librairie Chapelot, Paris, 1910.
20. Thiers A., *Histoire du Consulat et de l'Empire*, Éditions Lheureux, Paris, 1867.

encore qu'ailleurs, du fait d'infrastructures lourdes et de moyens coûteux qui deviennent naturellement partagés en temps de paix et donc en temps de guerre. À partir de 1807, le transport militaire est complètement militarisé. Le Train des Équipages complète le Train d'Artillerie et le Train du Génie. Les trois recouvrent pratiquement toutes les opérations de transport militaire. Le Général Comte Dejean, Ministre Directeur de l'administration de la Guerre de 1802 à 1810 a alors beaucoup œuvré pour la mise en œuvre opérationnelle de ces nouvelles armes. Le Train des Équipages[21] ainsi créé, est en charge du transport des vivres et des matériels autres que ceux nécessaires à l'artillerie et au génie qui disposaient eux-mêmes de leurs propres moyens de transport. La maîtrise des moyens physiques avec les Trains et la gestion directe des approvisionnements avec les Commissaires des guerres, conduit l'institution militaire à une plus grande maîtrise de ses flux et à l'intégration des atouts ou des limites qu'elle lui confère dans l'établissement de ses stratégies. La logistique dans les armées n'a jamais eu le prestige des armes de mêlées telles que la cavalerie ou l'infanterie. On reconnaît ici une caractéristique des activités de support telles qu'elles ont été également vécues dans les entreprises. Toutefois, et de manière progressive, la logistique dans l'histoire militaire a franchi des échelons statutaires qui l'ont emmenée à être reconnue comme une dimension fondamentale de l'Art de la guerre.

Si la pensée de Clausewitz déçoit un peu les logisticiens par la faible place qui y occupe la logistique, tel n'est pas le cas avec Jomini. Il est vrai que Clausewitz s'adresse plus souvent au politique qu'au militaire. Il donne dans le chapitre XIV du Livre V une proposition de quatre systèmes de ravitaillement qui passent d'une administration stricte avec des dépôts à un prélèvement pur et simple sur le pays. Heureusement, Jomini (1779-1869, général de brigade et chef d'état-major du maréchal Ney pendant la campagne de Russie) donne ses lettres de noblesse à la réflexion logistique qui devient un élément de conception des manœuvres des armées alors qu'elle n'était considérée à cette époque que comme un outil qui devait s'adapter à la manœuvre. Le statut de la logistique, déjà modifié dans les faits par Napoléon, évolue encore sous l'impulsion de la réflexion plus théorique qu'il lui consacre. Il présente la logistique comme recouvrant tous les devoirs du chef d'état-major, exceptés les combats et leur planification, soit : la préparation des ressources nécessaires, l'établissement des ordres, le pourvoi à la sécurité et le ravitaillement des troupes, la constitution des camps, des dépôts et des lignes d'approvisionnement, l'organisation des services médicaux et de communications.

Ainsi, dans cette seconde phase de maturité et sous l'impulsion de la réflexion napoléonienne, l'importance de la logistique est prise en compte par l'institution militaire. Elle concrétise cette prise de position par l'institutionnalisation de la logistique militaire en créant une arme qui lui est dédiée, celle du Train. Des organisations prennent dès lors forme, pour travailler le sujet logistique et le mettre à la disposition dans les meilleures conditions, des stratèges militaires, des tacticiens et de ceux qui agissent sur le terrain d'opération. Cette phase est le point de départ de la constitution d'un savoir-faire

---

21. Le mot train vient du bas latin *tranare* voulant dire traîner. À partir du Consulat, le mot train désigne dans les armées tout ce qui est relatif aux transports.

militaire formalisé en matière de logistique. Une organisation interne à l'institution militaire a dès lors été capable de capitaliser sur le sujet et d'organiser le savoir sur la gestion des flux. De cette époque à nos jours, la logistique n'a cessé d'acquérir une dimension croissante, sous l'effet des contraintes et des problématiques qui la révélaient comme un domaine sensible de l'action militaire, mais également sous l'impulsion des hommes qui en avaient la charge et qui ont aidé à structurer le domaine.

4. TROISIÈME PHASE MILITAIRE : 100 ANS DE PROFESSIONNALISATION DE LA LOGISTIQUE

Au cours du XIXe siècle, les structures logistiques héritées de l'Empire pour l'armée française et celles des autres grandes armées européennes subsisteront. C'est essentiellement le statut de la logistique qui évolue. La logistique s'adaptera aux évolutions mais sans modifier profondément le bien-fondé de ce qui avait été imaginé par Napoléon. Ces principes vont tenir compte en premier lieu des évolutions technologiques associées aux modes de transport.

4.1. Massification et capillarité des transports : le chemin de fer et le poids lourd

La première évolution majeure qui a eu un effet significatif sur la logistique concerne l'apparition et le développement du chemin de fer. Le train autorise des interventions de grande ampleur sur de vastes espaces, éloignés des bases de ravitaillement et pouvant mettre de manière intensive l'arrière des armées à contribution. Au cours de la guerre de 1870, l'utilisation faite par les Allemands du chemin de fer lors de la mobilisation et de la rapide campagne était une première illustration des potentialités des convois ferrés.

Cependant la voie ferrée est vulnérable. En cas de coupure, la dépendance des approvisionnements vis-à-vis du chemin de fer, place l'armée dans une situation d'extrême précarité. Les infrastructures sont conséquentes, difficiles à maintenir, longues à remettre en état et les alternatives sont peu nombreuses. C'est pourquoi, parallèlement à l'utilisation du chemin de fer, on continue à développer les approvisionnements hippomobiles par voie routière. On limite également les risques en créant des stocks conséquents emportés par les unités militaires en mouvement. Ainsi, on met en place une capacité d'autosuffisance des armées de treize jours après la guerre de 1870. Au cours de la Première Guerre mondiale, le chemin de fer a montré une fois encore ses capacités. Le déplacement de matériel lourd sur de grandes distances, comme l'artillerie, le déplacement de corps d'armée ou de division comprenant plusieurs dizaines de milliers d'hommes n'avaient d'autres alternatives que le train. C'est de nouveau le chemin de fer qui sera l'épine dorsale de la logistique de la Seconde Guerre mondiale en Europe.

Autres innovations technologiques qui révolutionnèrent la logistique militaire, l'automobile et le poids lourd. Ils feront apparaître, à partir de 1917, une alternative beaucoup plus souple au chemin de fer. La traction motorisée se substitue rapidement à la traction hippomobile. La ressource sensible devient dès lors le carburant. Son approvisionnement nécessitera la création d'un service qui lui est dédié, le service des Essences, dont la mission est de prendre en charge la logistique des carburants. En 1940, c'est bien une logistique motorisée qui jouera un rôle déterminant dans les approvisionnements et les ravitaillements des armées allemandes. Le chemin de fer n'en perdra pas pour autant son caractère majeur puisque les Allemands devront en faire un usage intensif pour concilier l'élongation du champ géographique de leurs interventions (front est et front ouest) et la taille de leurs unités (division blindée équipée de chars). L'avion, dont l'utilisation s'intensifie, devient une ressource majeure pour assurer la continuité du service en matière d'approvisionnement ferré. De capacité d'emport beaucoup plus limitée, il peut cependant acheminer sur de grandes distances et dans une relative discrétion des moyens d'intervention.

4.2. Une organisation logistique en évolution

Au cours de la guerre de sécession des États-Unis, les doctrines de Jomini étaient très en vogue. Grant considéra tout au long de la guerre civile que la logistique relevait d'une véritable stratégie de moyens et que le Nord allait vaincre les Confédérés grâce à une meilleure prise en compte au niveau stratégique de la logistique. Non seulement cette prise en compte était faite dans la conduite des armées du Nord, mais elle l'était dans la recherche de la destruction systématique du potentiel logistique du Sud par les nordistes[22].

Ces évolutions se concrétisent par une modification des formes organisationnelles de la logistique. En France, au cours de cette époque, on voit l'organisation logistique se transformer pour s'adapter à ces nouveaux enjeux et à ce nouveau statut. La loi fondamentale du 16 mars 1882 qui modernise les grands principes régissant l'administration des armées a un impact puissant sur les structures logistiques militaires. Elle définit en particulier le fonctionnement et l'organisation du soutien des forces. Ce soutien est subordonné aux commandements, mais la mission de contrôle est confiée à un corps différent qui dépend directement du ministre de la Guerre[23]. C'est en 1917 que commence à apparaître la nécessité de coordonner au niveau de l'état-major les problèmes de ravitaillement et de transport. Est ainsi créé en 1917, le quatrième bureau qui se chargera de cette mission. La logistique devient dès lors une fonction d'état-major et, par ce statut, voit son rôle se développer tant au niveau opérationnel et tactique que stratégique.

Après la Seconde Guerre mondiale, c'est essentiellement la guerre froide qui norme les structures logistiques de l'armée française. La nature du conflit était relativement bien connue ainsi que son intensité et sa localisation. L'engagement était envisagé

---

22. Parish P.J., *The American civil war*, Eyre Methuen, Londres, 1975.
23. Barral P., « Les fronts invisibles : nourrir, fournir, soigner », *Actes du colloque international sur la logistique des armées pendant la Première Guerre mondiale*, Presse universitaire de Nancy, Nancy, 1984.

comme bref et d'une extrême intensité. Il nécessitait une montée en puissance rapide. La logistique est alors abordée sous une approche de planification. Des stocks conséquents sont constitués pour faire face à une mobilisation massive et rapide dans la durée. Le design du système logistique est conçu presque exclusivement pour faire face à l'Est. Il utilise assez largement les FFA, Forces Françaises en Allemagne. Hormis cette possibilité de conflit majeur, les armées françaises n'avaient à faire face qu'au déploiement épisodique de quelques compagnies en Afrique. La nécessité d'une plus grande cohérence opérationnelle de la logistique dans un contexte d'intervention en centre-Europe débouche le 1er août 1977 sur la création de la première grande unité opérationnelle logistique, la brigade logistique de corps d'armée. Cette dimension organisationnelle concédée à la logistique révèle une tendance équivalente à celle observée dans le monde civil qui tend à centraliser dans un premier temps les activités logistiques pour mieux les identifier et les comprendre et à les confier éventuellement ultérieurement à des prestataires logistiques filialisés ou extérieurs.

Le champ de responsabilité de la logistique s'est dès lors précisé et étendu. Les règlements des armées la définissent aujourd'hui comme :

> « L'ensemble des activités qui visent :
> – d'une part à donner aux forces armées en paix comme en guerre, au moment et à l'endroit voulus, en quantité et en qualité voulues, les moyens de vivre, de combattre et de se déplacer ;
> – d'autre part, à assurer le traitement sanitaire des personnels et la réparation des matériels. »

L'Intendance de l'Armée de Terre s'est ainsi transformée en 1984 en Commissariat de l'Armée de Terre. Ses principales missions sont alors définies comme devant couvrir les besoins de la vie courante des personnels, des organismes et des formations de l'armée de terre.

Cette troisième phase du développement de la logistique militaire, place l'activité logistique dans une perspective nouvelle. Si ses modes opératoires se modifient sous l'impulsion des évolutions technologiques, la nature des conflits et l'élongation géographique des guerres positionnent la logistique à un niveau de réflexion stratégique. Les organisations mises en place font apparaître trois niveaux d'intervention de la logistique : un niveau stratégique, un niveau tactique et un niveau opérationnel.

5. QUATRIÈME PHASE MILITAIRE : INTÉGRATION DE LA LOGISTIQUE

5.1. La mobilité des armées : une exigence

Garantir la mobilité des armées afin d'assurer l'autonomie de la décision et la capacité de manœuvre représente l'enjeu majeur de toute logistique militaire. Face à une situation donnée qui nécessite un engagement militaire, le commandement doit pouvoir choisir ses options d'opération et de manœuvre sans que la logistique devienne une contrainte, voire un frein. L'armée française, de ce point de vue, comme la totalité des armées européennes ne dispose pas toujours des moyens logistiques suffisants pour appliquer ses plans. Même dans le cas où une volonté diplomatique des alliés est dégagée, une intervention plus massive sur le terrain de l'ex-Yougoslavie en juillet 1995, n'aurait pu être concrétisée que par la mise à disposition par les États-Unis, d'hélicoptères de transport lourd dont la France ne disposait pas. L'intervention au Rwanda et en Somalie dans le cadre de l'opération Turquoise n'a été rendue possible également que par la mise à disposition d'avions fret gros porteurs russes Antonov ou américains Galaxy. L'emploi rapide des forces françaises à l'extérieur du territoire, en des lieux où il n'existe pas de forces pré positionnées, est tributaire d'un vecteur aérien maîtrisé en propre. Les C160-Transal ou les C130-Hercules actuels n'ont pas aujourd'hui la capacité de remplir les missions de protection. Plus généralement, les États membres de l'Union européenne ont souhaité mettre en place une Force de Réaction Rapide (FRR). Un corps d'armée soit 60 000 hommes pourra ainsi être sollicité, appuyé par 400 avions de combat et 100 navires. Il pourra rester sur le théâtre d'opération pendant une année. Pour rendre ce corps d'armée opérant en moins de 60 jours, il a fallu que les pays s'accordent sur le projet de l'A400M, première version militaire d'un Airbus. Six pays européens ont ainsi pris commande, de même que la Turquie et l'Afrique du Sud. Gros porteur militaire d'une capacité d'emport maxi de 37 tonnes, il permettra aux armées d'être dotées d'une capacité de projection bien meilleure par rapport à l'existant. Le premier vol devrait s'effectuer en 2008 et la première livraison être réalisée en 2009. C'est cette garantie de mobilité qui a donné les principaux champs de coopération avec les civils.

Ce n'est pas parce que la notion de logistique est d'une origine militaire lointaine et qu'elle connaît un formalisme accru dans le secteur civil, mais récent à l'échelle de l'histoire, qu'il faudrait en conclure que la coopération logistique civilo-militaire dans ce domaine est une nouveauté. Il suffit tout simplement de se rappeler que les armées ne produisent pratiquement rien de ce dont elles ont besoin et que leur mission ultime est avant tout l'engagement opérationnel. Vivre sur le pays conquis, pour simplifier le système d'approvisionnement et de distribution, a pu se révéler parfois un procédé simple et économique, mais certainement pas la solution au soutien des forces modernes. Les armées ont donc systématiquement eu recours d'une manière ou d'une autre, aux moyens de production, d'acheminement ou de distribution de la société civile. La coopération logistique a ainsi toujours été un champ d'action commun, mais dont la nature, l'intensité et les conditions de mise en œuvre ont changé au cours du temps. Les formats et les moyens dont disposent les armées, leurs champs d'intervention, les ressources de l'économie, les infrastructures disponibles et les capacités mêmes des entreprises conditionnent la forme que prend la coopération logistique civilo-militaire au cours du temps. L'observation rigoureuse des phénomènes militaires récents, les orientations politiques prises par les chefs militaires et les compatibilités croissantes de travail en commun entre militaires et civils laissent à penser que cette coopération logistique prend une intensité forte et des formes nouvelles.

À cet enjeu premier de la garantie d'une mobilité, que les militaires associent à la certitude d'une efficacité complète de la logistique, s'ajoutent deux enjeux plus concrets :
• l'adaptation à de nouveau cadre d'emploi,
• le souci d'une économie financière.

5.2. Adaptation à un nouveau cadre d'emploi

La logistique des Armées, et plus particulièrement celle de l'Armée de Terre, connaît une remise en cause profonde due aux effets conjugués de la réduction du format des armées en général et de l'armée de terre en particulier, et du changement radical du contexte d'emploi des forces, par la multiplication des opérations extérieures (Opex).

Desert Storm et l'opération Daguet

2 août 1990, 02 h 00. Les troupes irakiennes envahissent le Koweït. C'est le point de départ d'une campagne militaire de dix mois. Sur le terrain, face aux 700 000 Irakiens aguerris par huit ans de guerre contre l'Iran, 515 000 Américains, 36 000 Anglais et 12 000 Français représentent la part la plus importante des forces coalisées.

Si les États-Unis, la Grande-Bretagne et la France ont déjà fait l'expérience d'opérations à l'extérieur à travers des interventions en Corée, aux Malouines ou au Tchad, les conditions climatiques, ainsi que la technicité du matériel engagé, vont illustrer la part déterminante de la logistique dans ce conflit. Ce qui fera dire au Général Schwartzkopf : « Faisons le serment que dans cette affaire aucun de nos soldats ne meure à cause de notre manque de prévision. »

En effet, les caractéristiques de l'intervention dans le Golfe, à savoir une expédition d'une durée significative — dix mois — décidée sans préavis ni préparation initiale ont montré la dimension et le poids des soutiens nécessaires pour le combattant et ses matériels, mais aussi et surtout pour l'environnement-vie de l'homme.

En ce qui concerne l'Opération Daguet, partie française au sein du dispositif Desert Storm, la problématique logistique est de soutenir une force projetée à longue distance avec une infrastructure dimensionnée en réalité pour une intervention massive sur un théâtre centre-Europe. Ainsi, l'impact des distances, l'importance et la diversité des besoins vont introduire une organisation logistique militaire nouvelle. Celle-ci signe l'évolution dans l'attitude des forces françaises maintenant engagées en dehors de la zone centre-Europe.

Sur le terrain, la logistique opérationnelle de la division Daguet est assurée par l'intermédiaire de relais. Établis à l'arrière, ils ont pour rôle de regrouper puis d'éclater les flux d'approvisionnement. Leur fonctionnement doit permettre de suivre l'avancée des troupes tout en assurant : l'évacuation et le traitement des blessés, la remise en condition des matériels, le ravitaillement en eau, vivres et munitions.

L'envoi de forces armées sur des territoires extérieurs n'a cessé de se multiplier ces dernières années, couvrant l'Afrique, l'Europe balkanique, le Proche-Orient (cf. schéma 1.1). Chaque intervention nécessite l'envoi à de longues distances de forces plus ou moins nombreuses, sur des durées relativement longues, avec des matériels sophistiqués qui n'ont pas été toujours conçus pour les conditions d'intervention dans lesquelles ils se retrouvent.

La guerre du Golfe en 1990-1991 a été sans nul doute un important révélateur d'une nécessaire adaptation. La France a positionné sur place dans cette opération 10 régiments de combat dont en particulier 1 régiment de chars à 44 chars, 1 régiment d'artillerie à 18 pièces, 2 régiments d'hélicoptères soit 120 machines et un régiment de commandement et de soutien. De plus a été déployé un groupement de soutien logistique d'environ 2 400 hommes. En totalité ont été positionnés 12 000 hommes et près de 3 000 véhicules.

Les unités consommées ou nécessaires durant la période de 10 mois de présence sont indiquées dans le tableau 1.2 :

Rations de vivres	1 600 000 unités	2 000 t
Boissons	10 000 m^3	10 000 t
Campement		1 500 t
Munitions	300 types	13 000 t
Carburant	70 000 m^3	
Rechange matériel	10 000 000 articles potentiels	1 500 t

TABLEAU **1.2.** *Volume et tonnage acheminés pour la force Daguet au Koweït*

Depuis les attentats de septembre 2001, les Américains se sont lancés dans de très importantes opérations militaires en Irak. Durant la première année d'occupation en Irak en 2002, 250 000 hommes et femmes ont été déployés sur ce théâtre d'opérations appuyés par plus de 700 engins dont des avions, des hélicoptères, des navires et des chars. Depuis 2003, le Département de la Défense (DOD) a été contraint d'organiser la plus large rotation de troupes depuis la Seconde Guerre mondiale en positionnant des effectifs sur de très nombreux pays de la région. Au Koweït, 140 000 militaires ont été mis en place, appartenant pour l'essentiel à l'armée de terre et au corps des marines. Environ 9 000 hommes, surtout de l'armée de l'air, sont stationnés sur la base Prince Sultan au sud de Ryad, en Arabie Saoudite dotés d'avions de combat F15 et F16, et d'avions radar Awacs. Le centre de commandement avancé, détaché de la Floride, est situé au Qatar, sur les bases d'Al Oudeid et d'As Saliyah. Il dispose de 8 000 militaires et d'escadrilles de F15 et F16.

La Turquie, l'une des pièces centrales du dispositif américain, accueille actuellement quelque 5 000 hommes, notamment sur l'aéroport d'Incirlik, base de l'aviation américano-britannique patrouillant dans le nord de l'Irak bien que le parlement turc ait rejeté le 1er mars 2003 le déploiement de 62 000 soldats américains, destinés à envahir l'Irak par le nord. Enfin, 6 000 hommes sont basés en Jordanie. Et plus de 5 000 militaires sont déployés au Bahreïn, siège de la 5e flotte américaine. Les Émirats arables unis se sont « contentés » d'accueillir quelque 1 200 soldats.

Aux forces terrestres s'ajoutent les forces navales avec 48 000 hommes opérant à bord de navires dans la région du Golfe, avec six porte-avions et leur flotte d'accompagnement. Un groupe aéronaval américain classique se compose de 2 croiseurs, 3 ou 4 destroyers, une frégate, 2 sous-marins d'attaque et des navires de soutien logistique. Certaines formations sont également composées de 3 navires de guerre amphibies et d'un contingent de 2 200 marines. Chaque porte-avions dispose de quelque 80 avions, dont 50 de combat. La force aérienne d'un porte-avions américain est composée d'escadrons de F18 Hornet, un chasseur d'attaque polyvalent utilisé pour assumer des missions de soutien logistique rapproché et en profondeur. Au total, 26 navires de surface, 23 navires amphibies et 12 bâtiments de soutien croisent dans le Golfe. En Méditerranée, les États-Unis ont déployé 17 navires de surface et 12 bâtiments de soutien.

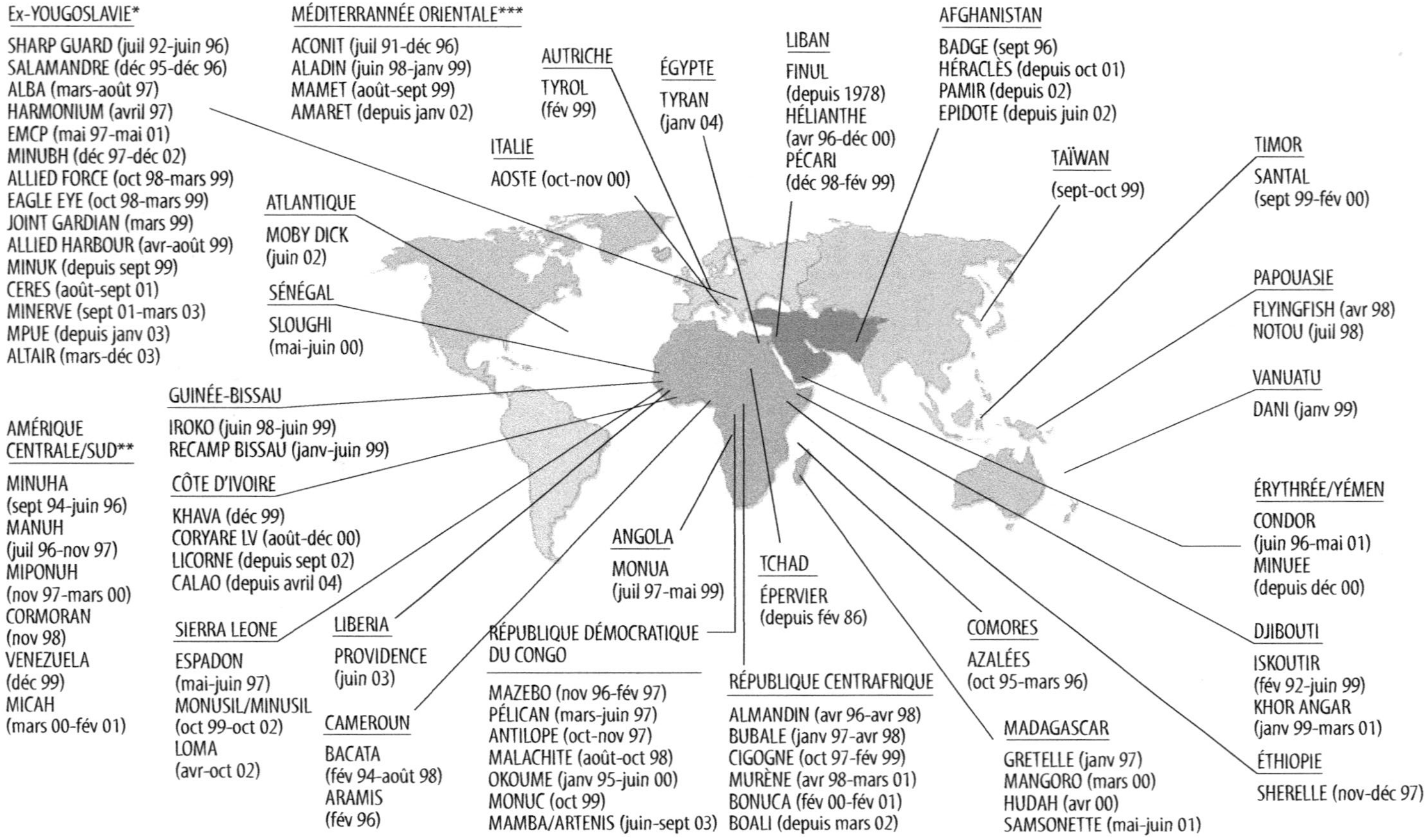

Ex-YOUGOSLAVIE*
SHARP GUARD (juil 92-juin 96)
SALAMANDRE (déc 95-déc 96)
ALBA (mars-août 97)
HARMONIUM (avril 97)
EMCP (mai 97-mai 01)
MINUBH (déc 97-déc 02)
ALLIED FORCE (oct 98-mars 99)
EAGLE EYE (oct 98-mars 99)
JOINT GARDIAN (mars 99)
ALLIED HARBOUR (avr-août 99)
MINUK (depuis sept 99)
CERES (août-sept 01)
MINERVE (sept 01-mars 03)
MPUE (depuis janv 03)
ALTAIR (mars-déc 03)

AMÉRIQUE CENTRALE/SUD**
MINUHA (sept 94-juin 96)
MANUH (juil 96-nov 97)
MIPONUH (nov 97-mars 00)
CORMORAN (nov 98)
VENEZUELA (déc 99)
MICAH (mars 00-fév 01)

MÉDITERRANÉE ORIENTALE***
ACONIT (juil 91-déc 96)
ALADIN (juin 98-janv 99)
MAMET (août-sept 99)
AMARET (depuis janv 02)

ATLANTIQUE
MOBY DICK (juin 02)

SÉNÉGAL
SLOUGHI (mai-juin 00)

GUINÉE-BISSAU
IROKO (juin 98-juin 99)
RECAMP BISSAU (janv-juin 99)

CÔTE D'IVOIRE
KHAVA (déc 99)
CORYARE IV (août-déc 00)
LICORNE (depuis sept 02)
CALAO (depuis avril 04)

SIERRA LEONE
ESPADON (mai-juin 97)
MONUSIL/MINUSIL (oct 99-oct 02)
LOMA (avr-oct 02)

LIBERIA
PROVIDENCE (juin 03)

CAMEROUN
BACATA (fév 94-août 98)
ARAMIS (fév 96)

ITALIE
AOSTE (oct-nov 00)

AUTRICHE
TYROL (fév 99)

ÉGYPTE
TYRAN (janv 04)

ANGOLA
MONUA (juil 97-mai 99)

RÉPUBLIQUE DÉMOCRATIQUE DU CONGO
MAZEBO (nov 96-fév 97)
PÉLICAN (mars-juin 97)
ANTILOPE (oct-nov 97)
MALACHITE (août-oct 98)
OKOUME (janv 95-juin 00)
MURÈNE (avr 98-mars 01)
MONUC (oct 99)
BONUCA (fév 00-fév 01)
MAMBA/ARTENIS (juin-sept 03)

RÉPUBLIQUE CENTRAFRIQUE
ALMANDIN (avr 96-avr 98)
BUBALE (janv 97-avr 98)
CIGOGNE (oct 97-fév 99)
BOALI (depuis mars 02)

TCHAD
ÉPERVIER (depuis fév 86)

LIBAN
FINUL (depuis 1978)
HÉLIANTHE (avr 96-déc 00)
PÉCARI (déc 98-fév 99)

AFGHANISTAN
BADGE (sept 96)
HÉRACLÈS (depuis oct 01)
PAMIR (depuis 02)
EPIDOTE (depuis juin 02)

TAÏWAN
SANTAL (sept 99-fév 00)

TIMOR
(sept-oct 99)

COMORES
AZALÉS (oct 95-mars 96)

MADAGASCAR
GRETELLE (janv 97)
MANGORO (mars 00)
HUDAH (avr 00)
SAMSONETTE (mai-juin 01)

ÉRYTHRÉE/YÉMEN
CONDOR (juin 96-mai 01)
MINUEE (depuis déc 00)

DJIBOUTI
ISKOUTIR (fév 92-juin 99)
KHOR ANGAR (janv 99-mars 01)

ÉTHIOPIE
SHERELLE (nov-déc 97)

PAPOUASIE
FLYINGFISH (avr 98)
NOTOU (juil 98)

VANUATU
DANI (janv 99)

* Inclus : Bosnie-Herzégovine, Kosovo, Macédoine, Albanie. ** Inclus : Haïti, Venezuela. *** Inclus : Irak, Turquie.

SCHÉMA 1.1. Les interventions extérieures des forces françaises dans le monde depuis 1996

Pour une entreprise, l'adaptation à un changement de produits, d'environnement ou de contexte concurrentiel est un exercice devenu quotidien mais qui n'en reste pas moins difficile. La complexité du problème, l'énormité des moyens mis en œuvre, la relative rigidité des structures bâties depuis quarante ans pour répondre avant tout à un scénario d'intervention centre-Europe, mais, surtout, la difficulté à cerner les scénarios d'emploi après la chute du Mur de Berlin ont révélé une certaine inertie des doctrines d'emploi et n'ont pas été sans ralentir le processus d'adaptation de la logistique des armées françaises. Ainsi, la logistique militaire comme l'ensemble des armées en France, a été confrontée à une remise en cause particulièrement profonde depuis la fin des années 1980. L'effondrement du Mur de Berlin en 1989, puis l'écroulement de l'empire soviétique et de l'URSS qui lui a succédé ont changé brutalement le contexte géostratégique mondial et la nature des interventions dans lesquelles les armées sont désormais impliquées.

De plus, il faut se rappeler que l'emploi de l'armée de terre dans le contexte de la dissuasion était pensé comme un avertissement ultime, dans un engagement de haute intensité et de durée brève. Il en a découlé une planification rigoureuse qui, du point de vue logistique, s'est traduite par des prévisions de consommation et donc des plans de réapprovisionnement préétablis pour les unités. Le système militaire en cas d'engagement fonctionnait essentiellement sur une logique que l'entreprise qualifie de push.

La chute du Mur de Berlin, la dislocation du Pacte de Varsovie, la multiplication des conflits locaux et l'évolution des pouvoirs économiques ont été autant de prétextes pour s'interroger sur les missions actuelles des armées et sur les moyens dont elles doivent disposer pour pouvoir y répondre, particulièrement quant à ce qui est relatif aux supports logistiques. *Le Livre Blanc sur la Défense*[24], paru en 1994, a été la première étape de cette réflexion de fond. Commandité par Édouard Balladur, alors Premier Ministre, ses objectifs ont été définis de la manière suivante :

> « Prendre en compte les hypothèses d'évolution internationale possibles, exposer les objectifs de notre politique de défense et la stratégie que la France choisit, présenter le cadre dans lequel s'inscrit désormais l'action des forces armées, ainsi que la politique des ressources que la nation entend consacrer à la Défense : telle est l'ambition de ce livre. »

Le *Livre Blanc* présentait cinq scénarios de référence hors métropole :

- les deux premiers concernent un conflit régional contre une puissance disposant ou non de l'arme nucléaire. Il nécessite un engagement assez puissant puisqu'il peut porter jusqu'à deux divisions soit 40 000 hommes avec tout l'environnement que réclame leur soutien ;

- les trois derniers portent sur des interventions plus limitées de type humanitaire, protection des DOM TOM ou engagement dans le cadre d'accords bilatéraux. Ces types d'intervention ne réclameraient qu'un engagement maximum d'une brigade.

---

24. *Le Livre Blanc sur la Défense*, La Documentation Française, Paris, 1994.

À titre d'exemple, l'armée de terre doit aujourd'hui être capable de projeter des formats différents selon qu'il s'agit d'un besoin en Europe ou hors Europe :

• pour l'Europe, il s'agit de 50 000 personnels non relevables.

• hors Europe, 30 000 personnels non relevables pendant un an et simultanément 5 000 personnels en national relevables.

Les interventions mobilisent des formats différents selon qu'il s'agit de petites opérations ou d'opérations majeures (cf. tableau 1.3 ci après).

	FORCES DÉPLOYÉES	
	Total	France
Petite opération (Congo, Côte d'Ivoire,...)	± 20 000 hommes Soutien aéromaritime	5 000 hommes 10 avions Bateau amphibie
Opération moyenne (Bosnie-Herzégovine, Kosovo, ...)	± 100 000 hommes Forces aéromaritimes	30 000 hommes 30 avions Groupe aéronaval
Opération majeure (Guerre du Golfe)	> 300 000 hommes Forces aériennes Forces navales	Jusqu'à 60 000 hommes 100 avions Groupe aéronaval et aéroporté

TABLEAU **1.3.** *Format d'interventions types*

Le coût des opérations extérieures a atteint 600 millions d'euros en 2005, et sa budgétisation progresse (cf. tableau 1.4). Seuls 24 millions d'euros avaient été inscrits au budget en 2004 et 100 millions d'euros en 2005 alors que 250 millions d'euros le sont en 2006. Les OPEX sont cependant source de contraintes supplémentaires puisque le ministère les préfinance et que l'ouverture de crédits complémentaires entraîne des reports qui déstabilisent l'exécution budgétaire.

DATE	PAYS OU ZONE	NOM DE LA MISSION	NATURE DE LA MISSION	COÛT
2000				
Janvier 2000 à janvier 2001	TIMOR	ATNUTO	Participation à la force de maintien de la paix de l'ONU	
Février 2000 à février 2001	RCA	BONUCA	Bureau des Nations unies en Centrafrique	
Mars	MOZAMBIQUE	LIMPOPO 1-2	Mission d'assistance aux populations	496 M €
Mars	MADAGASCAR	MANGORO	Mission d'assistance aux populations (inondations)	
Mars 2000 à février 2001	HAÏTI	MICAH	Mission internationale civile d'appui en Haïti	
Avril	MADAGASCAR	HUDAH	Mission humanitaire après cyclone	

TABLEAU **1.4.** *Nature globale et budget des opérations extérieures 2000/2003*

Date	Pays ou zone	Nom de la mission	Nature de la mission	Coût
Mai à juin	SÉNÉGAL	SLOUGHI	Mesures de précaution pour évacuation d'observateurs de la mission des Nations unies en Sierra Leone	
Août à décembre	CÔTE D'IVOIRE	Pendant OORYMBE LV	Mesures de précaution pendant la période électorale	
Octobre à novembre	VAL D'AOSTE	AOSTE	Aide aux populations italiennes sinistrées par les intempéries	
Décembre	ÉTHIOPIE ÉRYTHRÉE	MINUEE	Participation à la force d'interposition de l'ONU	
2001				
Mai à juin	MADAGASCAR	SAMSONNETTE	Recherche de deux bacs naufragés pour le compte des autorités malgaches	
Août à septembre	YOUGOSLAVIE	CERES	Ramassage d'armements Task Force Essentiel Harvest	525 M €
Septembre 2001 à mars 2003	YOUGOSLAVIE	MINERVE	Protection d'observateurs	
Depuis octobre	AFGHANISTAN	HÉRACLÈS	Lutte contre le réseau Al-Qaida	
2002				
Depuis janvier	AFGHANISTAN	PAMIR	Reconstruction en Afghanistan	
Depuis janvier	MÉDITERRANÉE ORIENTALE	AMARANTE	Surveillance des trafics illicites	
Avril à octobre	SIERRA LEONE	LOMA	Participation IMATT	678 M €
Juin	ATLANTIQUE	MOBY DICK	Interception narco-trafic	
Depuis juin 2002	AFGHANISTAN	EPIDOTE	Formation de la nouvelle armée afghane	
Depuis septembre 2002	CÔTE D'IVOIRE	LICORNE	Mission d'assistance militaire	
2003				
Depuis le 1er janvier 2003	BOSNIE	MPUE	Mission de police	
Mars à décembre	MACÉDOINE	ALTAÏR	Protection d'observateurs	
Depuis mars	République Centrafricaine	BOALI	Mission d'assistance militaire	658 M €
Juin à septembre	République Démocratique du CONGO	MAMBAVAR-TEMIS	Mission d'intervention sous résolution ONU	
Juin	LIBERIA	PROVIDENCE	Évacuation des ressortissants	

Source : ministère de la Défense

TABLEAU 1.4. *Nature globale et budget des opérations extérieures 2000/2003*

En mars 2002 en Afghanistan, époque du plus gros déploiement français sur le théâtre, 4 500 militaires étaient déployés dans le cadre de la participation française à la lutte contre le terrorisme : 450 à Manas (Kirghizistan), 100 à Douchanbe (Tadjikistan), 500 à Kaboul pour la Force internationale d'assistance à la sécurité (FIAS) et 3 500 pour l'ensemble du dispositif maritime. Participaient également, au profit de la coalition, des moyens aériens français de reconnaissance, de ravitaillement et de surveillance.

5.3. Le souci d'une économie financière

En 1990, on pouvait constater que le coût des armes augmentait de 2 % plus vite que le coût de la vie[25]. C'est environ 1 035 milliards de dollars qui ont été dépensés en 2004 en matière militaire [26], dont 47 % pour les États-Unis. C'est ainsi environ 3,5 % du PIB américain qui sont réservés aux dépenses militaires, pourcentage qui depuis 2003 n'inclut pas les budgets supplémentaires consacrés aux conflits afghan et irakien (soit environ 400 milliards supplémentaires !). Trois raisons peuvent être mises en avant pour suggérer une meilleure maîtrise des coûts au sein des armées :

• le caractère global de la compétition internationale et de la défense, indissociable dans une nation pour affecter au mieux les ressources dont elle dispose ;

• le coût sans cesse croissant pour l'acquisition des matériels militaires et des moyens nécessaires à leur bonne utilisation et à leur maintien en condition ;

• enfin la nature même des missions pour lesquelles les armées se préparent et interviennent aujourd'hui. L'impératif de gestion détaillée y apparaît comme plus présente.

Ainsi le Président de la République annonça le 22 février 1995, la professionnalisation des armées et un vaste plan de restructuration de la Défense française qui s'est inscrit dans la loi de programmation militaire 1997-2002. Les missions des armées se trouvent définies autour de quatre grandes fonctions opérationnelles : la dissuasion, la prévention, la projection et la protection. La loi de programmation militaire 2003-2008 a précisé le format des armées à l'horizon 2015. Ainsi, à cette échéance, l'armée de terre disposera-t-elle de 136 000 militaires et de 34 000 civils, la Marine nationale de 45 000 militaires et de 11 000 civils, l'armée de l'air de 63 000 militaires et de 7 000 civils et la Gendarmerie nationale de 96 000 militaires et de 2 000 civils.

5.4. La logistique de projection

La logistique dédiée au nouveau contexte d'emploi a des conséquences particulièrement sensibles. Si nous nous en tenons à l'époque moderne qui suit la Seconde Guerre mondiale, la logistique voit son contexte de conception et de mise en œuvre changer. Pendant quarante ans, nous nous sommes organisés et entraînés en appliquant des schémas d'engagement axés sur le centre-Europe. Un engagement intense,

---

25. Albion J. (d'), *Une France sans défense*, Calmann-Lévy, Paris, 1990.
26. Rapport annuel de l'Institut international de Recherche pour la Paix (SIPRI), Stockholm, 7 juin 2005.

de courte durée, sur le théâtre centre-Europe avec l'ensemble des moyens d'intervention réunis en conformité avec des plans établis mis à jour au cours d'exercices nationaux et interalliés. Le Corps d'Armée, commandement à la fois organique et opérationnel, était un échelon logistique complet. Si nous prenons l'exemple particulier des rechanges, elles étaient pré-affectées au théâtre d'opération, personnalisées par grande unité et localisées au mieux dans les dépôts de métropole ou des FFA (Forces Françaises en Allemagne).

Sans rejeter l'éventualité d'un affrontement majeur à terme, le soutien des forces doit aujourd'hui s'exercer dans un contexte complexe : cas de crise ou de paix, face à des situations très diverses, dans des délais généralement brefs, dans des régions plus ou moins éloignées, avec des effectifs limités, pour des durées inconnues. Le tableau 1.5 illustre le différentiel apparaissant sur la gestion des flux entre une intervention massive en centre-Europe et une intervention de forces projetées. L'expérience des interventions récentes, Bosnie, Kosovo, Côte d'Ivoire (cf. schéma 11.2) dans le cadre d'une force multinationale ou dans celui de l'ONU, ont montré la réalité d'un cadre d'intervention qu'il est possible de résumer ainsi :

• déclenchement et déploiement opérationnels rapides ;

• zones d'intervention éloignées de la métropole et de nature climatique très variée ;

• effectifs et moyens significatifs ;

• durée de l'intervention relativement longue.

	CENTRE-EUROPE		PROJECTION	
	Caractéristiques	Conséquences sur les flux	Caractéristiques	Conséquences sur les flux
Nature de l'intervention	• Guerre • Engagement de toutes les composantes		• Crise/Paix (Guerre) • Engagement partiel	
Degré de connaissance de l'intervention	• Prévisible	• Planification lourde	• Impromptu	• Réactivité et adaptabilité
Situation géographique	• Proche des infra-structures fixes	• Locale	• Lointaine	• Mondiale et projetée
Volume engagé	• Important (mobilisation)	• Massif	• Limité professionnel	• Diffus
Durée	• Limitée		• Longue	
Économie	• Mobilisation économique	• Critère service prépondérant	.Contraintes économiques (budget, ONU…)	• Critères service et coûts

TABLEAU **1.5.** *Impacts sur les flux du changement de contexte d'emploi des forces armées*

MACÉDOINE — PROXIMA — NHQ Skopjé — 4 hommes

BALKANS — EUMM — Observation — 16 hommes

BOSNIE — EUPM +DET — GEND OHR — 26 hommes

BOSNIE — ALTHEA — Application accords Dayton — 400 hommes

KOSOVO — MINUK — Formation police civile — 50 hommes

KOSOVO — KFOR — Intervention au Kosovo — 2 000 hommes

DIVERS BALKANS — OHQ/JFC/CCAir — 25 hommes

GÉORGIE — MONUG — Observation — 3 hommes

SAHARA — MINURSO — Surveillance du cessez-le-feu — 20 hommes — Formation — 20 hommes

TCHAD — ÉPERVIER — Présence — 1100 hommes

CÔTE D'IVOIRE — Licorne/TFCI — Sécurisation — 3 600 hommes

CÔTE D'IVOIRE — CALAO — ONUCI — 194 hommes

HAITI — MINUSTAH — 2 hommes

HAITI — MINUSTAH — Maintien de la paix — 1 homme

LIBERIA — UNMIL — 100 hommes

LOME — DETAIR — Renfort Licorne — 100 hommes

GOLFE GUYNÉE — CORYMBE — Présence côtes africaines — 300 hommes

CAMEROUN — ARAMIS — Soutien FAC à Bakassi — 50 hommes

RD CONGO — MONUC — Maintien paix — 15 hommes

RD CONGO — UE / EUSEC / EUPOL — 13 hommes

BENGA — OHQ — RD Congo — Gabon — 20 h. — 400 h. — 500 h.

BURUNDI — ONUB/DL ONUC — Maintien paix — 1 homme

ASIE DU SUD-EST — BERYX — 1 homme

RCA — BOALI — CEMAC/FOMUC — 200 hommes

SOUDAN/DORCA — Mission UA — UE — AMIS 2 — 4 hommes — 6 hommes

ÉTHIOPIE / ÉRYTHRÉE — MINUEE — Observation — 1 homme

ASIE CENTRALE — HERACLES 850 hommes — EPIDOTE 35 hommes — Soutien et assistance — Formation

PAMIR — Soutien et assistance — 900 hommes

LIBAN — FINUL — Interposition au Sud Liban — 200 hommes

PALESTINE — ONUST — Observation — 5 hommes

PALESTINE — RAFAH / UE — 3 hommes

SINAI — FMO — 15 hommes

Opérations :
- nationales
- internationales
- Union Européenne
- Orga. Nations Unies
- Orga. traité Atl. Nord

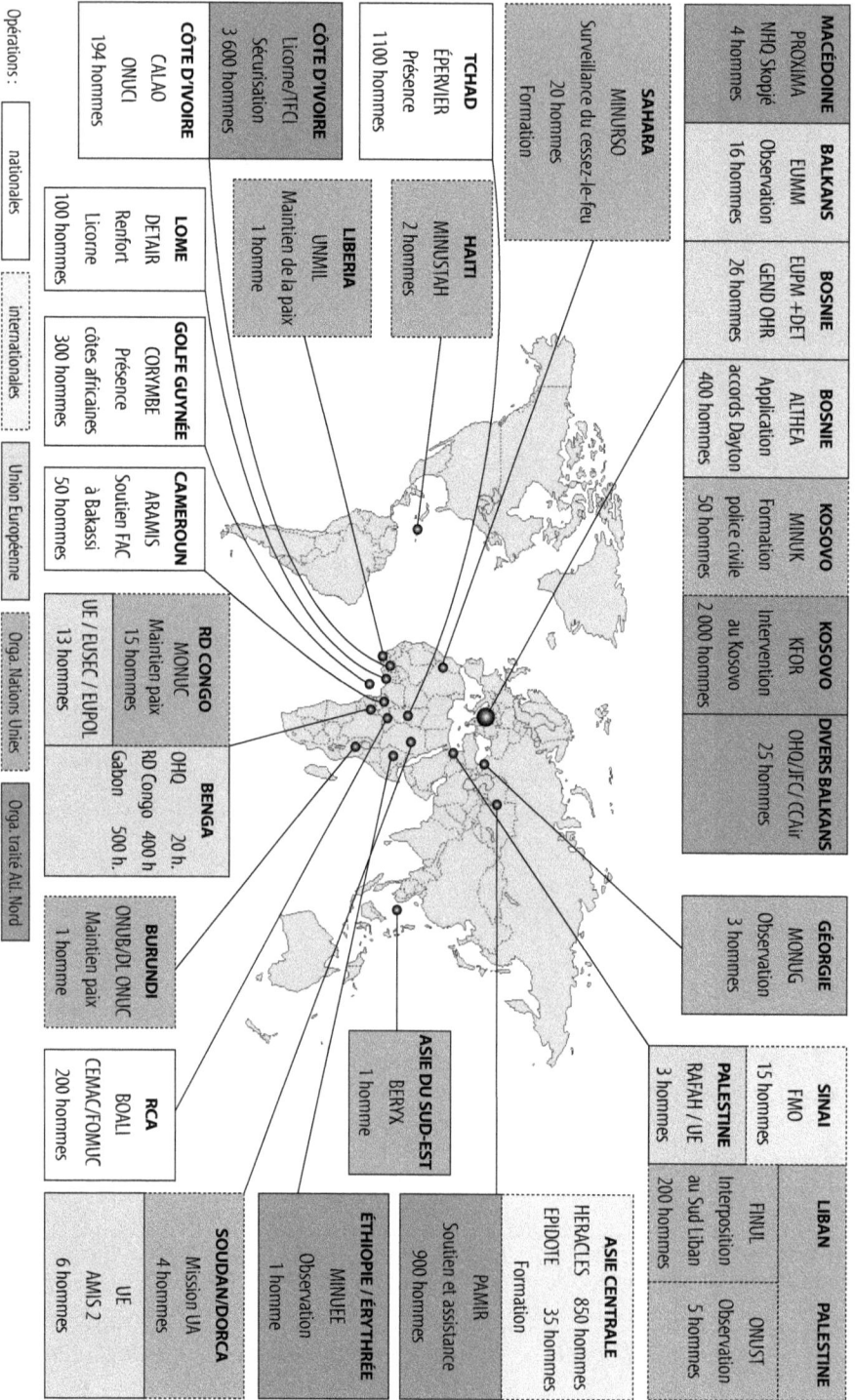

SCHÉMA 1.2. *Implications des soldats français dans le Monde au 01/01/2006*

Cette forme de logistique appelée logistique de projection, s'oppose largement à une logistique prépositionnée telle qu'elle était conçue dans un scénario d'intervention centre-Europe.

L'émergence de cette forme nouvelle de logistique, a amené l'institution militaire à s'interroger sur la pertinence des logiques sur lesquelles était fondée sa logistique et sur les moyens qui lui étaient affectés.

5.5. La logistique militaire en perpétuelle évolution

Du fait de l'évolution du contexte stratégique mondial et des nouveaux objectifs, privilégiant la projection de forces par rapport à un engagement intensif préparé de longue date, les armées françaises ont redéfini le rôle de la logistique et se voient confrontées au même challenge que le monde de l'entreprise.

Certes les motivations ne sont pas de même ordre mais les objectifs convergent vers les mêmes principes : il s'agit, sous contrainte budgétaire, de mettre en place au moment voulu, en quantité et qualité, les moyens répondant à une expression de besoins.

L'intensification du recours aux armées se fait particulièrement sentir depuis plusieurs années dans le cadre de ces nouveaux contextes. Ainsi, la « surchauffe » d'activités que connaissent actuellement les armées est compréhensible par la pression des opérations extérieures et le secours apporté aux populations civiles après la tempête de la fin de l'année 1999, la marée noire de l'Erika,...

La logistique globale au sein des armées
Par le général (2S) Y. Crène, ancien chef d'état-major de l'armée de terre

Les échanges entre logistique militaire et logistique civile sont anciens. Il était intéressant de les analyser. Ce premier chapitre le fait avec talent. De tels enrichissements mutuels sont appelés à se développer encore davantage à l'avenir.

La logistique est d'origine militaire. L'impératif d'efficacité des armées, qui était vital pour les États, a été en ce domaine un stimulant vigoureux. Mais les évolutions ont été longues ; on a commencé par ne pas combattre pendant les périodes où le ravitaillement était difficile (hiver) ; et pendant longtemps les armées ont eu pour habitude de piller les régions traversées, y compris lorsqu'elles étaient amies.

Des concepts plus évolués ont enfin été utilisés. Sur mer, et depuis toujours, le navire devait être autosuffisant, les ports opérant les remises à niveau. Les aviations de combat ont, quant à elles, rapidement utilisé des bases aériennes, à partir desquelles les opérations sont conduites et soutenues.

Le combat terrestre est par nature soumis à des contraintes plus pesantes ; le contexte de l'action y est évolutif, complexe ; les acteurs en sont nombreux. Il n'y a donc pas de solution idéale, pérenne. La logistique des forces terrestres doit s'adapter en permanence.

L'armée de terre française vient de conduire l'une de ces mutations majeures qui adaptent les organisations aux défis nouveaux qui apparaissent.

De 1996 à 2002, elle s'est profondément transformée. Une autre armée est née, pour de nouvelles missions. Son système logistique a donc, lui aussi, connu une évolution radicale. Plus que de faire la guerre, devenue une limite, il s'agit désormais de conduire des crises. Elles sont imprévisibles, multiformes. Elles peuvent être très violentes ou au contraire maîtrisées, et passer d'un état à l'autre. Elles peuvent durer quelques jours ou plusieurs années. Elles se produisent un peu partout dans le monde.

Tout ce qu'il était nécessaire d'adapter en matière logistique l'a été. En peu de temps, des principes nouveaux ont été définis, et les moyens ont été mis en place. La création, en 1998, d'un commandement spécialisé – le CFLT[1] – en a été l'un des signes les plus manifestes. Ce système tout nouveau a déjà fourni la preuve de son efficacité ; les crises n'ont en effet pas manqué. Partout la nouvelle logistique s'est largement montrée à la hauteur des enjeux. Elle le fait tous les jours, suscitant l'estime – et l'envie parfois – de beaucoup d'armées étrangères.

Cette évolution n'est pas achevée. Les adaptations resteront permanentes. Dès maintenant se posent plusieurs questions, qui souvent rejoignent les préoccupations des logisticiens civils :

• dans quelle mesure (avec quelles précautions ?) faut-il externaliser certaines fonctions ?

• quels apports attendre des systèmes d'information logistique ?

• comment adapter la maintenance à la nécessité de faire désormais durer plus longtemps les équipements ?

La route de la « logistique globale » continue. L'armée de terre française y aura besoin des avancées faites désormais par tous ceux qui – tous les jours – sont engagés dans la « guerre économique ».

1. Commandement de la Force Logistique Terrestre.

Cette nouvelle situation se caractérise par une remise en cause complète du soutien logistique des forces selon les principes suivants :
• primauté à l'accomplissement de la mission des forces ;
• intégration dans le cadre d'ensemble de l'opération ;
• responsabilité partagée tant au plan national que multinational ;
• anticipation dans la conception, comme dans le déploiement et la conduite ;
• contrôle de l'emploi des ressources ;
• continuité dans l'espace et dans le temps ;
• adaptation aux besoins tactiques nécessaires pour mener les actions envisagées ;
• suffisance qui conduit à adapter strictement les ressources aux besoins ;
• réactivité pour répondre au mieux aux évolutions de situation ;
• visibilité dans la connaissance des moyens disponibles pour accomplir la mission ;
• interopérabilité avec les autres forces engagées dans un contexte multinational ;
• économie des moyens liée à l'adéquation quasi permanente des besoins et des ressources.

La prise en compte de ces nouvelles contraintes a fait évoluer le concept logistique et donc conduit à développer des systèmes d'information logistiques dont le but essentiel est de permettre un réel pilotage des flux logistiques entre le territoire national et le théâtre d'opérations.

Au même titre que le renseignement est indispensable au tacticien pour bâtir sa manœuvre, l'information logistique est devenue la matière première du logisticien qui doit adapter en permanence les ressources aux besoins exprimés. D'une politique de flux poussés les armées françaises s'orientent progressivement vers une politique de flux tirés dont la maîtrise passe par la mise en place de systèmes d'information logistiques particulièrement performants du fait des contraintes budgétaires auxquelles elles doivent faire face.

C'est ainsi que la dernière décennie est principalement marquée dans le domaine logistique par le développement de systèmes d'information logistiques fonctionnels dont la conception tend de plus en plus à se rapprocher de ceux existant dans le secteur civil. En outre, le développement de systèmes spécifiques propres aux armées a rapidement montré ses limites du fait des difficultés rencontrées pour les rendre opérationnels et du fait des investissements conséquents qu'ils nécessitent.

Dès lors le recours à des technologies directement issues du secteur civil devient une priorité du fait, d'une part, des investissements nécessaires et, d'autre part, de l'expérience du secteur civil dans ce domaine (supply chain, traçabilité, RFID…).

Ainsi le suivi de la ressource devient aujourd'hui une préoccupation majeure des logisticiens militaires. Sous l'égide de l'OTAN, les armées des différents pays membres de l'Alliance, travaillent ensemble à bâtir des réseaux utilisant des normes communes issues du secteur civil concernant le code à barres, l'identification automatique, les étiquettes radio fréquence (TAG, Button memory…), l'échange de données informatisées voire même pour certains pays comme les États-Unis à utiliser l'Internet comme vecteur d'échanges d'informations logistiques. De nombreuses études sont menées dans ces différents domaines et les systèmes d'information en cours de développement ou futurs prendront en compte ces normes civiles internationales. Certains pays vont plus loin dans cette approche recherchant une visibilité totale sur les ressources (Total Asset Visibility) leur permettant d'avoir une traçabilité des ressources depuis le fournisseur jusqu'à l'utilisateur final.

Ces axes de recherche sont prioritaires et seront certainement à l'origine d'une évolution de la pensée logistique militaire dont les préoccupations sont très proches de celles du secteur civil. Des recours croissants des militaires à la logistique civile devraient se révéler dans les années à venir.

Dans le but de préserver le potentiel humain, en évitant son engagement à long terme dans le soutien des opérations, il est de plus en plus souvent envisagé d'externaliser les fonctions logistiques de l'Armée de Terre après une stabilisation de la situation militaire sur les théâtres d'opérations extérieures. Par exemple, l'armée américaine a fait appel à la société Brown & Root Services, filiale de Halliburton, pour sous-traiter une partie de sa logistique, entre autres la construction et la maintenance des sites, la fourniture d'énergie électrique, l'assainissement de l'eau, la fourniture de nourriture, la maintenance de leurs véhicules… Cette externalisation auprès de PMF (Private Military Firms) permet de recentrer les activités de maintien de la paix des forces américaines. L'armée royale britannique, l'armée australienne et la Bundeswehr, quant à elles, pratiquent déjà sur leur territoire l'externalisation d'une partie de leur logistique.

En 2004, c'étaient près de 20 000 employés civils de sociétés privées ayant contracté avec le Pentagone qui se trouvaient sur le sol irakien. Halliburton a contracté en 2004 pour environ 6 milliards de dollars en Irak en prenant en charge des activités telles que le convoyage de carburant ou des opérations de maintenance.

En Europe, des contrats de grande ampleur tendent à se mettre en place. Ainsi le consortium Air Tanker, mené par EADS (Thalès, Rolls Roys, Cobham, UT Group) pour un contrat de 18,8 milliards d'euros sur 27 ans mettra à disposition de la RAF britannique des avions ravitailleurs. Ce contrat de type PFI (Private Finance Initiative) laissera le consortium propriétaire des avions qui seront à disposition de la RAF. Le consortium assurera le service support, la formation des pilotes, la maintenance... Un tiers de la capacité pourra être loué à des compagnies privées.

Le cas de la gestion des approvisionnements et des stocks de pièces de rechange des aéronefs des armées françaises est exemplaire dans le sens de l'optimisation des coûts. C'est au début des années 2000 que la SIMMAD, structure de gestion des achats et de la logistique des pièces de rechange des aéronefs militaires, initialise un projet d'externalisation de cette gestion en lançant un appel d'offres innovant et ambitieux. C'est un véritable nouveau business modèle qui est mis en avant pour :

- mettre sous pression les fournisseurs de pièces et trouver le cas échéant de nouvelles sources d'achat en particulier pour les pièces de classe C ;
- massifier les achats et les approvisionnements ;
- gérer au mieux les stocks de pièces en termes de rotation sachant que les consommations de certaines pièces ne dépassent pas quelques unités par an, voire moins ;
- augmenter le niveau de service en abaissant les ruptures de stock et les Aircraft On Ground (AOG) ;
- faciliter les opérations de maintenance.

Ce business modèle s'appuie sur une approche intégrée des services d'approvisionnement, de gestion des flux logistiques, des garanties et de la maintenance pour les activités les plus sophistiquées requérant des moyens coûteux et pour les activités en théâtre d'opération. L'acteur faisant l'objet de l'appel d'offres devient donc un 4PL (Fourth Party Logistics) qui se rémunère sur les économies générées par son expertise industrielle et son efficience au niveau des achats et de la logistique. L'enjeu pour l'opérateur gagnant ce type d'appel d'offres, c'est d'être le coordinateur unique de l'interface entre une capillarité d'abord amont (au niveau des fournisseurs) puis aval en déployant les compétences acquises au-delà des armées françaises mais auprès des compagnies aériennes civiles.

Eu égard à la multiplicité des champs fonctionnels et opérationnels concernés, seul un consortium jouant le rôle d'intégrateur propre à une fonction 4PL et regroupant des concepteurs de solutions logistiques sophistiquées soutenues par une panoplie de systèmes d'information, des opérateurs logistiques maîtrisant les flux d'approvisionnement, les stockages et la distribution des pièces aux sites de maintenance, des sociétés ayant une connaissance fine des spécificités industrielles des pièces de rechange aéronautique (sourcing amont et connaissance du tissu industriel, petite série, cycle de vie très long des aéronefs, capacité à relancer la production après démantèlement des chaînes de production de série, gestion documentaire sur les configurations techniques,…), pouvait répondre à l'attente exprimée. C'est un tel consortium qui gagna cet appel d'offres unique dont le cadre contractuel dut s'adapter au code restrictif des marchés publics, ce qui constitue une contrainte significative complémentaire dont il a fallu prendre compte.

6. Les origines de la pensée logistique d'entreprise

6.1. La contribution académique

La logistique dans sa dimension stratégique et organisationnelle n'a jamais représenté un domaine privilégié de production de travaux de recherche académique. Si les premières références peuvent être identifiées au début du xxe siècle, l'intensification de la réflexion et la prise en compte de la logistique comme un domaine à part entière ne sont intervenues que vers le milieu des années 1970 aux États-Unis et au début des années 1980 en Europe.

La pensée académique en matière de logistique remonte aux États-Unis au début du xxe siècle. Les premières réflexions identifiées ont été menées en 1901 par Crowell[27]. Le travail d'analyse économique se concentrait sur les opérations de distribution physique des produits agricoles. Les facteurs influençant les coûts de distribution de ces produits étaient discutés. Les premiers écrits à caractère managériaux sont consacrés à la prise en compte des aspects logistiques dans les opérations de marketing, essentiellement sous leur aspect d'opérations physiques par Clark[28] en 1922. Un certain nombre d'écrits ont été alors produits sur le rôle de la logistique dans le sous-système de distribution physique avec l'application de méthodes mathématiques de plus en plus sophistiquées utilisant des algorithmes de résolution de problèmes complexes. Ces outils mathématiques, qui appartiennent au domaine de la recherche opérationnelle, ne sont pas seulement appliqués aux problèmes de flux de distribution, mais aussi aux flux industriels au niveau de la planification industrielle, de l'ordonnancement et de la gestion des files d'attente.

Mais c'est Heskett[29] qui, à partir de 1973, isole la logistique comme un domaine à part entière de la gestion pour ses enjeux stratégiques et ses problématiques organisationnelles. Il définit en 1978[30] la logistique comme le processus qui englobe l'ensemble des activités qui participe à la maîtrise des flux physiques de produits, à la

27. Crowell J., *Report of the industrial commission on the distribution of farm products*, vol. 6, Washington DC, US Government printing Office, 1901.
28. Clark F., *Principles of marketing*, MacMillan, New York, 1922.
29. Heskett J., « Sweeping changes in distribution », *Harvard Business Review*, vol. 51, Issue n° 2, March-April, 1973, p. 123-132.

coordination des ressources et des débouchés en cherchant à obtenir un niveau de service donné au moindre coût. Sous son impulsion, toute une dynamique de réflexion va se créer aux États-Unis qui donne lieu à une production significative de recherches et de publications. Porter[31] en 1980, dans ses travaux sur les chaînes de valeur, ira encore plus loin en identifiant la logistique comme un avantage concurrentiel possible pour les entreprises.

La pensée française a essentiellement suivi le développement de la pensée nord-américaine en matière de logistique. Elle a été marquée par une approche instrumentale à ses débuts, mais plus élargie car couvrant des domaines autres que celui de la distribution physique. En 1972, le premier ouvrage qui marque la cristallisation de la pensée logistique française est écrit par Kolb[32]. L'approche proposée est principalement consacrée aux différentes techniques de gestion qui apportent des solutions aux problèmes logistiques classiques : modèles de gestion de stock, de prévisions, de conception de réseaux de distribution physique. C'est une démarche conforme au cheminement suivi aux États-Unis qui privilégie une approche instrumentale dans un premier temps. En 1976, Lambillotte[33] fait une première tentative pour présenter la logistique dans sa dimension fonctionnelle et organisationnelle, telle qu'elle commence à apparaître dans certaines entreprises. Mais, c'est en 1983 que l'ouvrage de Mathe, Tixier, Colin[34] apporte en France une vision novatrice dans son approche de la logistique. En particulier, l'angle proposé pour la réflexion logistique se détache des approches instrumentales pour promouvoir la vision développée aux États-Unis par Heskett. Elle propose une approche stratégique et organisationnelle ne donnant pratiquement plus aucune référence aux outils quantitatifs d'optimisation de problèmes opérationnels particuliers. Cette approche a pu être bâtie grâce à l'association de trois sensibilités différentes qui ont produit une synthèse commune de leurs approches respectives de la logistique : une approche marketing de Tixier, très marqué par la pensée développée à l'époque à la Harvard Business School, par Heskett et Shapiro[35] ; une approche conseil de Mathe, qui avait acquis à cette époque une expérience de consultant ; et une approche transport et distribution physique, plus universitaire, de Colin. À partir de cette date, les publications se sont intensifiées en France au rythme du développement de formations dédiées à la logistique.

6.2. La contribution des associations et des revues professionnelles

Le développement du domaine logistique, que ce soit en France ou aux États-Unis, doit beaucoup à l'implication d'un monde professionnel qui a cherché à faire reconnaître la spécificité du sujet et le professionnalisme des métiers qui en ont pris la

30. Heskett J., « La logistique élément-clef de la stratégie », *Harvard-L'Expansion*, n° 8, printemps 1978, p. 53-65.
31. Porter M., *Competitive strategy*, Free Press, New York, 1980.
32. Kolb F., *La logistique : approvisionnement, production distribution*, EME, Paris, 1972.
33. Lambillotte D., *La fonction logistique dans l'entreprise*, Dunod, Paris, 1976.
34. Mathe H., Tixier D., Colin J., *La logistique d'entreprise*, Dunod, 1996, 287 p.
35. Heskett J., Shapiro R., *Logistics strategy : cases and concept*, West Publishing, St Paul, Mn, 1985.

responsabilité. Les associations professionnelles et les revues professionnelles logistiques ont ainsi beaucoup apporté à la formalisation des connaissances et à la constitution de réseaux de professionnels.

The National Council of Physical Distribution Management (NCPDM) a été créé en 1963 aux États-Unis. C'est une association professionnelle qui regroupe l'ensemble des professionnels de la logistique avec, pour objectif, de développer la connaissance dans ce domaine. Elle s'est transformée en 1992 en Council of Logistics Management (CLM). Et dernière évolution en date, le CLM a changé de dénomination au Ier janvier 2005 en prenant l'appellation de « Council of Supply Chain Management Professionnal » (CSCMP). Cet abandon dans la formulation du mot « logistique » au profit de celui de « Supply Chain Management » illustre l'évolution en cours dans le milieu professionnel. Il tend à établir une différence entre logistique (partie d'un tout) et Supply Chain Management. Signe également des temps et de l'évolution des métiers, The American Society of Traffic and Transportation s'est transformée à son tour en American Society of Transportation and Logistics.

« Association des logisticiens d'entreprise » à sa création le 13 septembre 1972, l'Aslog est devenue en 1991, « l'Association pour la logistique dans l'entreprise ». Ainsi, si dans un premier temps, on reconnaît dans la lecture de l'appellation une préoccupation existentielle de ses membres pour faire reconnaître un métier en cours d'émergence, la mutation opérée traduit la plus grande maturité atteinte par les logisticiens eux-mêmes qui ne sentent plus le besoin de se faire reconnaître en tant que tels mais qui cherchent plutôt à faire porter leurs efforts sur la fonction même qu'ils exercent. La définition que l'Aslog propose de la logistique est aujourd'hui la suivante :

> « La logistique est une fonction qui a pour objet la mise à disposition au moindre coût de la quantité d'un produit, à l'endroit et au moment où une demande existe. »

L'Aslog est rattachée à l'ELA (European Logistics Association) qui a été créée en 1984. Elle représente une fédération des associations logistiques propres à vingt pays européens. Cette association définit pour sa part la logistique comme :

> « L'organisation, le planning, le contrôle et l'exécution des flux de biens depuis le développement et les approvisionnements jusqu'à la production et la distribution vers le client final pour satisfaire aux exigences du marché avec le coût minimal et l'utilisation d'un capital minimum. »

La contribution et l'engagement d'une association professionnelle telle que l'Aslog se concrétisent par des publications. Nous noterons en particulier que trois de ses présidents, Carrère[36], Le Denn[37] et Emery[38] ont cherché à diffuser leurs perceptions de l'état de la logistique et de ses évolutions dans des ouvrages édités.

Il faut également souligner le rôle de diffusion du positionnement nouveau que connaît la logistique par le canal des revues professionnelles. Après être parue

---

36. Carrère P., *La logistique : applications aux PME/PMI*, Garnier entreprise, Paris, 1984.
37. Brunet H., Le Denn Y., *La démarche logistique*, Afnor Gestion, Paris, 1990.
38. Emery P., *La performance logistique*. Hermès, Science Publication, Paris, 1997.

pendant trente-trois ans sous le titre *Manutention/stockage*, cette revue est devenue *Logistiques Magazine* le 1er novembre 1985, apportant ainsi un signe supplémentaire de l'évolution de son lectorat et de son marché. Enfin, depuis septembre 1997, une nouvelle revue professionnelle a été créée sous le titre de *Stratégie Logistique* et prouve le besoin d'information exprimé par le marché et l'intérêt marqué par les entreprises pour ce secteur. Il est intéressant de noter que ces publications sont assez atypiques par rapport aux autres publications européennes traitant de logistique. En effet, contrairement aux États-Unis, la plupart des magazines professionnels étrangers abordent la logistique d'une manière fragmentée : *Logistik Heute* (équipements de manutention), *Transport and Logistics* (transports et entreposage), *Logistica* (stockage et manutention), *Logistics Europe* (consulting, entreposage), *Material Handling* (stockage et manutention)... Le mérite de *Logistiques Magazine* a été de réaliser au milieu des années quatre-vingts, la synthèse entre toutes les grandes familles qui composent l'univers de la logistique, et ceci en dépit de la pression des syndicats professionnels, organismes de formation ou associations diverses.

En cela, *Logistiques Magazine* a réellement été à l'avant-garde du concept de « logistique globale » défendu par l'Aslog, même si la présence du « s » à la fin de logistique, laisse sous-entendre qu'il pourrait exister plusieurs sortes de logistiques (amont, aval, de production, de distribution) et renvoie encore à la notion de logistiques opérationnelles.

En 1997, *Stratégie Logistique* franchit une nouvelle étape en annonçant dans son titre que la logistique est devenue stratégique. Ainsi, elle ne concerne plus uniquement les gestionnaires de flux opérationnels ou les fonctionnels, mais bien l'ensemble des acteurs qui concourent à l'optimisation du processus, incluant les directions informatiques et les managers au plus haut niveau. Avec cette nouvelle approche managériale, on touche bien évidemment un autre concept, cher aux Anglo-Saxons, celui de « supply chain management ». Cet anglicisme que certains puristes réprouvent a pourtant le mérite d'évacuer l'ambiguïté qui persiste autour du mot « logistique » toujours fortement connoté transport ou entreposage.

Enfin en 2003, le *Journal de la logistique* est venu compléter le dispositif éditorial.

L'apport de ces trois magazines est de promouvoir la logistique et le Supply Chain Management à travers des expériences et des témoignages d'entreprises. Largement diffusés, ils ont incontestablement participé au mouvement de modernisation qui s'est opéré dans tous les secteurs industriels et la distribution. Sans être les promoteurs de théories nouvelles, ces magazines sont des « propagateurs » indispensables et efficaces. Combien de logisticiens connaîtraient en France l'ECR, la GPA, le CPFR, le DRP, le supply chain management, le category management... s'il n'y avait eu dans leurs colonnes, alternance entre des articles de réflexion (vulgarisation de concepts nouveaux) et retour d'expériences sur les mêmes sujets ? Leur principal mérite est bien d'accompagner le mouvement, de l'amplifier par une sorte d'effet miroir.

L'autre rôle de la presse logistique en France, est de se situer à l'interface entre les besoins de ses lecteurs (besoins d'information, besoins d'améliorer l'existant...) et l'offre des principaux acteurs (conseil, équipements, transport, informatique). À ce titre, elle participe également à l'essor économique du secteur et à la réussite de certains acteurs (constructeurs, prestataires…) petits ou grands.

Enfin, il existe, également d'autres supports d'information comme *Logistique et Management* de l'Institut Supérieur de Logistique Industrielle de Bordeaux, publication à plus faible tirage, qui s'inscrit à mi-chemin entre la revue savante et le magazine professionnel. Recueil de différents points de vue — dont un bon nombre proviennent de l'étranger –, *Logistique et Management* répond à l'attente d'une catégorie plus réduite de lecteurs (logisticiens de haut niveau, chercheurs, universitaires) tout en assurant le rayonnement et la promotion de l'ISLI. Une publication non négligeable, qui s'inscrit elle aussi dans le mouvement de promotion de la logistique en France.

6.3. La diffusion de la logistique et de la Supply Chain

Après une direction Supply Chain, un futur est-il possible ?

Il y a vingt ans, les interlocuteurs en matière de flux dans les entreprises restaient les responsables transports. Puis apparurent les chefs de projet logistique nommés pour tenter d'éclaircir le moyen de traiter une problématique flux qui se révélait grandissante. S'en est suivi, sur leurs recommandations, la mise en place d'organisation dédiée et donc l'apparition des directeurs logistiques. Puis ce furent des directeurs Supply Chain qui développèrent leurs activités en sensibilisant d'autant plus les membres des comités exécutifs auxquels certains se sont joints. Les carrières menées dans les métiers logistiques, si elles se diversifient et s'enrichissent, peuvent mener à des responsabilités autres et, en particulier, à des directions générales.

Le démarrage d'une carrière dans le métier Supply Chain pendant une dizaine d'années avec 3 à 4 responsabilités différentes permet d'acquérir une vision de la réalité concrète des opérations. Elle donne également une possibilité unique d'être en contact avec de nombreux autres métiers de l'entreprise.

Combinée à une autre expérience dans le domaine finance et contrôle de gestion, l'expérience Supply Chain donne la possibilité dans des entreprises où le marketing et les ventes occupent une place toute particulière, de prendre une responsabilité de supports à des filiales en combinant finance, opération et contrôle de gestion (L'Oréal). L'élargissement du périmètre de responsabilités est donc possible. Ainsi, plus fréquemment dans des PME, voit-on également des fonctions Supply Chain et achats se mettre en place.

Mais la question d'une direction générale après une direction Supply Chain reste posée. Hormis quelques rares exemples dont celui de Lee Scott, PDG de Wal Mart. Nommé en janvier 2000, il est rentré dans l'entreprise en 1979 et a mené toute sa carrière dans les opérations logistiques. Il débuta même comme responsable transport avant de devenir Executive Vice-President de la logistique en 1993. Tous les espoirs sont ainsi permis. L'accession à ces postes de direction générale est plus naturelle chez les prestataires logistiques.

La Supply Chain dans le grand public

Mais plus largement, le grand public a pris conscience des enjeux associés à la logistique et au Supply Chain au moment de l'apogée de la bulle Internet. Quel ne fut pas le grand quotidien populaire qui n'ait pas en 2000 ou 2001 publié ses réflexions sur le probable engorgement des centres urbains associés au développement des sites de commerce électronique Business to Consumer et à l'atomisation et la multiplication des livraisons qui en découleraient ? De plus, chacun devient sensible à la question du trafic routier des poids lourds qui régulièrement fait la une (incendie du tunnel du Mont-Blanc ou incendie du tunnel de Fréjus). La taille des entrepôts situés le long des grandes autoroutes ne peut laisser indifférent le grand public au sujet logistique et Supply Chain.

Les grandes catastrophes humanitaires n'ont pas manqué de mettre en avant l'aspect vital de la mise en œuvre rapide de chaîne logistique. C'est la « logistique de la charité »[39]. Après le tsunami du 26 décembre 2004, un flux d'aide humanitaire exceptionnel a été généré pour venir en aide aux populations touchées. Il a ainsi révélé les moyens dont disposent les ONG pour gérer la logistique opérationnelle de leurs opérations. L'armée française a approvisionné quant à elle 250 tonnes de fret technique, médical et humanitaire et a dépêché 205 militaires sur place. Médecins Sans Frontières (MSF) dispose d'une organisation logistique en propre (MSF Logistique). Elle est localisée à Bordeaux avec un entrepôt de 5 000 m^2. Le programme de l'ONU, programme alimentaire mondial (PAM), dépense chaque année 900 millions de dollars en frais logistiques.

Et, *in fine*, le politique ainsi interpellé par ses électeurs est lui aussi devenu un acteur attentif au sujet. Face à la question de la désindustrialisation et au déploiement d'un parc important d'entrepôts, de nombreux élus se sont interrogés sur l'opportunité de profiter de cette manne. Les études d'implantation de zones logistiques n'ont pas manqué et ont sensibilisé les élus au sujet.

Ainsi les enjeux de la logistique et du Supply Chain ont touché l'ensemble de la société. Sortie de la seule sphère professionnelle, la gestion du flux a révélé les enjeux sociétaux auxquels elle est associée (trafic poids lourds, risques associés aux entrepôts, infrastructures de transport, récupération de produits et d'emballage).

---

39. Favila, « La Logique de la charité », *Les Echos*, jeudi 6 janvier 2005.

📖 BIBLIOGRAPHIE DU CHAPITRE 1

Le Livre blanc sur la Défense, La Documentation Française, Paris, 1994.

Albion J. (d'), *Une France sans défense*, Calmann-Lévy, Paris, 1990.

Brunet H., Le Denn Y., *La Démarche logistique*, AFNOR Gestion, Paris, 1990.

Carrère P., *La Logistique : applications aux PME/PMI*, Garnier entreprise, Paris, 1984.

Colin J., « La Logistique : histoire et perspectives », *Logistique & Management*, vol. 4, n° 2, pp. 97-110.

Colin J., « Le Supply Chain Management existe-t-il réellement ? », *Revue Française de Gestion*, vol. 31, n°156, mai 2005.

Colson B., *La Culture stratégique américaine : l'influence de Jomini*, Economica-FEDN, Paris, 1993.

Comigetra, Commissariat général aux Transports, *Les Transports pour la Défense*, ministère de l'Équipement, du Logement et des Transports, Paris, 1994.

Desportes V., *Comprendre la guerre*, Economica, Paris, 2001, 399 p.

Eymery P., *La Performance logistique : le Supply Chain Management*, Hermès Science Publication, Paris, 2003.

Gourdin K., Clarke R., « Winning transportation partnerships : learning from the Desert Storm experience », *Transportation Journal*, vol. 32, n°1, Fall, 1992, pp. 30-37.

Heskett J., « Sweeping changes in distribution », *Harvard Business Review*, vol. 51, Issue n° 2, mars-avril 1973, pp. 123-132.

Heskett J., « La Logistique élément clef de la stratégie », *Harvard-l'Expansion*, n° 8, printemps 1978, pp. 53-65.

Heskett J., Shapiro R., *Logistics strategies : cases and concept*, West Publishing, St Paul, Mn. 1985.

Kolb F., La Logistique : approvisionnement, production distribution, EME, Paris, 1972.

Krause M. E., « Logistics and support », Joint Force Quarterly, Washington, octobre 2005.

Lambillotte D., La Fonction logistique dans l'entreprise, Dunod, Paris, 1976.

Morales D. K., Geary S., « Supply Chain Lessons from the War in Iraq », *Harvard Business Review*, novembre 2003.

Parish P. J., *The American civil war*, Eyre Methuen, Londres, 1975.

Pimor Y., *La Logistique : production, distribution, soutien*, Dunod, Paris, 2005.

Peltz E., *Sustainment Of Army Forces In Operation Iraqi Freedom : Major Findings and Recommendations*, RAND Corporation, 2006, 202 p.

Porter M., *Competitive strategy*, Free Press, New York, 1980.

Taparia S., « Managing the Aviation and Defense Supply Chain », *Ascet*, vol. 7, Montgomery, 2005.

Thiers A., *Histoire du Consulat et de l'Empire*, Éditions Lheureux, Paris, 1867.

Tixier D., Mathe H., Colin J., *La Logistique d'entreprise : vers un management plus compétitif,* Dunod, Paris, 1998, 287 p.

Tuttle W.G.T., Annapolis Jr., Defense Logistics for the 21st Century, *Naval Institute Press,* Annapolis, 2005, 355 p.

Van Creveld M. L., *Supplying War : Logistics from Wallenstein to Patton,* Cambridge University Press, 2004, 300 p.

Von Clausewitz C., Waquet N., *De la guerre,* Rivages, Paris, 2006, 364 p.

✍ SITOGRAPHIE DU CHAPITRE 1

Nom et contact mail	Mission	Précisions sur le site
US Army Management Logistics College www.almc.army.mil alic@lee.army.mil	Enseignement de la logistique pour tout domaine propre aux armées US.	Bibliothèque virtuelle. Bulletin professionnel du logisticien. L'enseignement à distance de la logistique.
Institute of Operations Research and the Management Sciences. (INFORMS) www.informs.org informs@informs.org	Développer les synergies entre les logistiques civile et militaire.	Mise en œuvre d'outils scientifiques pour optimiser le fonctionnement des organisations et fournir une aide à la décision managériale. Précision : société de 12 000 membres.
Direction de l'Institut des hautes études de défense nationale, École militaire www.ihedn.fr doc@ihedn.fr	Préparer les hauts fonctionnaires, officiers et personnes qualifiées à tenir des emplois dans les organismes de préparation à la conduite de la guerre.	Base de données, bibliothèque, publication Athena et Défense. Sessions nationales, régionales et jeunes.
Direction générale de l'Armement. Continuous Acquisition and Lifecycle Support www.defense.gouv.fr/sites/dga clt08@cedocar.dga.defense.gouv.fr	Site institutionnel français de la DGA.	Congrès, expos, réunions, publications, bulletins.
US Army Deputy Chief of Staff for Logistics and Operations (DCSLOG) www.amc.army.mil publiccommunications@hqamc.army.mil	Site institutionnel de l'organisation logistique de l'armée US. Site de référence de l'armée US pour la logistique.	Publications, lettres, 58 000 personnes. – 285 sites dans 40 États et 24 pays.
Service historique de la Défense (SHD) www.defense.gouv.fr/sites/terre/ enjeux_defense/patrimoine/ dmpa-com@sga.defense.gouv.fr	Les services historiques de l'armée de terre, l'armée de l'air, la marine, la gendarmerie ainsi que le centre des archives de l'armement.	Bibliothèques, revue historique des armées, publications du SIRPA.
Defense Logistics Agency www.dla.mil www.dla.mil/Contact_us.asp	The *Defense Logistics Agency* fournit les supports techniques et les services logistiques à toutes les organisations militaires et à plusieurs agences civiles.	Historique. Liens avec : – Defense Logistics Agency Support ; – Department of Defense (DOD) ; – Federal Web Sites ; – Defense Logistics Information Service, http://www.dlis.dla.mil/

Defense Acquisition University www.dau.mil/pubs/damtoc.asp issc@dau.mil	Organisation établie par le Congrès USA en 1990 pour consolider et intégrer la formation auprès des forces de Défense.	Liste et présentation des différents cours proposés. Publication du Defense AT & L Magazine depuis 2004.
AFLMA Air Force Logistics Management Agency www.aflma.hq.af.mil/lgj/Afjlhome.html www.aflma.hq.af.mil/public/feedbk.html	La mission principale de l'agence est d'améliorer la préparation et l'aptitude de l'Air Force.	Le *Journal of Logistics* présente des publications récentes portant sur la logistique, ses évolutions et ses développements stratégiques.
US Army Command and General Staff College www.cgsc.army.mil cgscregistrar@leavenworth.army.mil	La mission du department of Logistics and Resource Operations (DRLO's) est de former et d'entraîner les officiers dans l'art de la logistique.	– Programme logistique. – Liens avec de nombreuses organisations logistiques.
US Army Combined Arms Support Command www.cascom.army.mil RM@lee.army.mil	Participe au processus de structuration des forces. Détermine les besoins en matériel. Influence le développement et l'acquisition.	
US Army School of Engineering and Logistics www.cdu.edu.au/engineering/ jenny.carter@cdu.edu.au	The US army school of engineering conçoit, développe et anime des cours instruisant la conception logistique ainsi que les disciples qui y sont attachés.	Cours de 3 à 12 mois. Laboratoires. Conférences. Séminaires.
Research and Development (RAND) www.rand.org/pubs/ www.rand.org/about/correspondence.html	Recherche et développement améliorant la logistique du DOD.	Basée en Californie et en Virginie à Pittsburgh et à Leiden (Pays-Bas). 600 chercheurs.
Sites de revues professionnelles		
Logistique & Management www.isli.bordeaux-bs.edu/publications.cfm?p=4&m=2 isli@bordeaux-bs.edu	Créée par l'Isli en 1993, *Logistique & Management* est une revue semestrielle qui offre aux professionnels de la fonction logistique une plate-forme de réflexions alimentées par les travaux de chercheurs et l'expérience de managers internationaux.	Treize ans d'articles sur la Supply Chain. Revue logistique académique : cas d'entreprises, articles de chercheurs, études professionnelles sur tous les sujets de la logistique.
Le Journal de la Logistique www.lejournaldelalogistique.com igazzola@worldexmedia.com	*Le Journal de la Logistique*, diffusé à 10 000 ex. en moyenne, se donne pour mission d'apporter une réponse exhaustive aux problématiques de la fonction logistique.	Concept original composé en trois parties aux rubriques variées (« Vu ailleurs », « Des Hauts et Débats », « Focus », « Enquête », « Expertise »…), *Le Journal de la Logistique* permet de répondre aux problématiques rencontrées par les industriels et les distributeurs dans le cadre d'une entreprise étendue aux fournisseurs et aux clients.

Logistique Magazine www.assiseslogistique.com/ info@assiseslogistique.com	Organisation des 15ᵉ Assises de la logistique, le mensuel *Logistique Magazine* couvre l'actualité de la chaîne logistique : achats, approvisionnement, entreposage, distribution…	Site des Assises de la logistique, organisées par le magazine : *Logistique Magazine*.
L'Officiel des Transporteurs www.officiel-transporteurs.com redaction@officiel-transporteurs.com	Magazine hebdomadaire couvrant de nombreuses thématiques du transport et de la logistique.	
La Lettre du Transport et de la Logistique www.lesechos.fr/lettrespro/presentation/transport/intro.htm service.client@lesechos.com	*La Lettre du Transport et de la Logistique* couvre chaque semaine toute l'actualité du secteur. Sa vocation est d'informer en avant-première et avec précision ses lecteurs des évolutions et des enjeux des entreprises et des marchés.	
Supply Chain Management Review www.manufacturing.net/scl/main.htm comments@manufacturing.net	*Supply Chain Management Review* est une publication pour les dirigeants dédiée à l'art et à la science de mettre les produits sur le marché.	Six numéros sont publiés chaque année.
The international Journal of Logistics Management www.ijlm.org info@scm-institute.org	Le journal a été lancé en 1990 avec l'objectif d'échanger des idées ayant trait aux techniques et au management logistique.	
Site ferroviaire www.users.skynet.be/sky34004/presse.html michel.marin@skynet.be lescatj-p@mail.azur.fr	Inventaire de la presse périodique ferroviaire francophone.	

Institutions – Associations professionnelles

AFITL- Association française des institutions de transport et de logistique www.afitl.com Didier.Plat@entpe.fr	L'objet de l'AFITL est : – de faire connaître et d'assurer la promotion et la valorisation de la recherche et de la formation supérieure dans les transports ; – d'étudier les questions communes relatives à ces deux domaines ; – de permettre la représentation de ses adhérents aux plans national et international auprès des organismes concernés par les activités d'enseignement et de recherche dans les domaines du transport et de la logistique.	En pratique, l'AFITL : – gère une revue, les Cahiers scientifiques du transport ; – organise des journées doctorales (rencontre des doctorants préparant une thèse dans le champ de la sociologie du transport et de la logistique).

ASLOG *Association française pour la logistique* www.aslog.org aslog@wanadoo.fr	L'ASLOG a été créée en 1972. Association loi de 1901, sa vocation est de promouvoir la logistique dans toutes ses dimensions : – par des contacts entre responsables logistiques ; – en encourageant les rencontres nationales et internationales ; – en développant la formation ; – en favorisant la diffusion des techniques vis-à-vis de tous les publics économiques.	Elle rassemble aujourd'hui 1 100 membres appartenant à tous les métiers de la logistique.
AFT-IFTIM www.aft-iftim.com/ ncharvet@aft-iftim.com	Association française du transport, Institut de formations aux techniques d'implantation et de manutention.	
AFNOR www.afnor.fr enjeux@afnor.org	Association française de normalisation. Publication tous les mois du magazine économique de la normalisation et du management : *Enjeux*.	L'AFNOR propose : – un dossier pour approfondir l'analyse sur les thèmes majeurs ; – des actualités, pour assurer votre veille technique et réglementaire ; – les tendances, pour découvrir les projets futurs ; – des applications, pour bénéficier des meilleures expériences d'entreprises ; – les normes du mois, pour connaître les principaux textes normatifs qui viennent d'être publiés.
CPIM de France www.members.aol.com/cpimfrance/htm/f_bienvenue.htm cpimfrance@aol.com	Association des professionnels de la gestion de production et de la logistique globale.	
Revues		
National Defense University www.ndu.edu/ csc@ndu.edu	Université intégrant des programmes de formation militaire et de sécurité nationale.	Publication du Joint Force Quarterly fournissant des reportages et analyses sur les opérations des forces militaires et navales.
Logistic World www.logisticsworld.com/ info@logisticsworld.com	Site américain offrant une base de données très riche en informations logistiques.	

Loglink www.loglink.com/ info@loglink.com	Annuaire américain qui recense plus de 100 000 sites ou mini-articles concernant le secteur du transport et de la logistique.	
SOLE www.sole.org solehq@erols.com	The international Society of Logistics a été fondée en 1966. Elle est une association professionnelle composée d'individus, d'entreprises ou d'institutions rassemblés pour faire progresser la science en matière de logistique, technologie, éducation et management.	SOLE propose des conférences annuelles. Possibilité d'accéder à des groupes de discussions, des références bibliographiques et des articles.
The Logistic Management Institut www.lmi.org www.lmi.org/contact.aspx	LMI cherche à améliorer l'efficacité des opérations du secteur public et l'efficacité de l'utilisation des services.	LMI fournit des études et des références dans le domaine du champ qu'elle couvre.
The Institute of Logistics and Transport www.cips.org www.cips.org/Contact.asp?CatID=175	The Institut of Logistics and Transport (ILT) existe pour promouvoir l'excellence professionnelle et la responsabilité sociale au sein des métiers du transport et de la Supply Chain. Il a été formé en 1999 en se rapprochant de The Chartered Institute of Purchasing & Supply (CIPS) qui est une organisation internationale basée en Grande-Bretagne au service des métiers des achats et des approvisionnements.	The Chartered Institute of Purchasing & Supply www.cilt-international.com/ www.ciltuk.org.uk/pages/feedback
Distribution & Logistics Management Benchmarking Consortium www.dlmbc.com info@dlmbc.com	Identifier les meilleures méthodes en logistique et distribution qui, appliquées aux industries membres, les conduisent à des performances meilleures.	
China Federation of Logistics & Purchasing www.chinawuliu.com.cn/english/index.asp id@cflp.org.cn	CFLP est une association nationale organisée par des professionnels nationaux, provinciaux et locaux en Chine ainsi que des entreprises de différents secteurs économiques.	CFLP représente des associations de 26 nations à travers le monde, 7 institutions, et possède plus de 700 membres.

2

Recomposition permanente de la Supply Chain

« La logistique n'est au fond que la science de préparer ou d'assurer l'application de la stratégie et de la tactique. »

Antoine-Henri de Jomini[1]

Le Supply Chain Management est souvent abordée au travers des exemples et des enseignements issus de grands groupes. Ce sont les plus faciles à observer et à formaliser. Cependant, les enjeux associés à la Supply Chain ne sont pas différents pour les petites et moyennes entreprises. Pourquoi les avantages concurrentiels qu'on prête à une bonne gestion des flux dans des grands groupes ne s'affirmeraient-ils pas également dans la stratégie d'une PME ?

Prenons l'exemple d'une entreprise familiale agroalimentaire spécialisée dans les produits régionaux qui réalise un chiffre d'affaires d'environ 60 M€. Elle a vécu jusqu'à une période récente, comme tant d'autres petites entreprises grâce au savoir-faire du fondateur et à ses qualités relationnelles avec quelques clients fidèles et réguliers. Mais la disparition progressive du commerce de détail et sa substitution par la grande distribution, très organisée dans ses achats, l'émergence d'une forte concurrence européenne et les opportunités de vente certes encore limitées mais du moins bien réelles au vu des premières expériences via un site Internet, ont complètement modifié l'univers protégé de la gestion familiale d'une PME. Aux relations de confiance, voire d'amitié, entretenues par les dirigeants vis-à-vis de leurs clients, s'est substitué un dialogue d'une autre nature avec les acheteurs de grandes surfaces, dialogue basé, cette fois, sur la rigueur, les marges, les contrats, voire les pénalités liées à des engagements de services non respectés — en matière de disponibilité des produits, de délai de livraison, d'horaires de déchargement…

---

1. Général et écrivain militaire suisse d'origine italienne (1779-1869). Il fut le conseiller du tsar Alexandre Ier, de Nicolas Ier, de Napoléon III, chargé de l'éducation du futur Alexandre II, fondateur de l'Académie militaire de Saint-Pétersbourg. Son influence sur l'art de la guerre fut considérable dans la seconde moitié du XIXe siècle.

Les canaux de distribution ont évolué. Les clients distributeurs ont imposé des commandes ouvertes avec des livraisons beaucoup plus fréquentes, des lieux de livraisons évoluant dans le temps (points de vente, entrepôts distributeurs, plates-formes cross-docking) et des systèmes de transmission d'informations sur leurs besoins, quasiment en temps réel. Contraintes de suivre ces exigences, les PME de l'agroalimentaire doivent elles-mêmes revoir de manière continue leur Supply Chain, créer des réponses parfois différentes selon les distributeurs, modifier leur propre système de stocks régionaux avec un réseau interne d'informations pour équilibrer production, stocks et demandes ponctuelles. Ainsi, bien que le produit n'ait subi que très peu de modifications techniques, ce sont de toutes autres entreprises qui doivent s'adapter à cette mutation imposée par le marché grâce à la mise en place d'une Supply Chain dédiée, complètement intégrée à celle de leurs clients distributeurs.

Intégration des différents acteurs d'une chaîne de mise à disposition d'un produit à un client, évolution d'un simple traitement des opérations physiques vers un pilotage logique des opérations et une reconception permanente des solutions Supply Chain, telles sont les évolutions qui déterminent le passage d'une approche logistique à une approche Supply Chain.

1. RÉVOLUTION DES APPROCHES LOGISTIQUES POUR LES ENTREPRISES

1.1. Des chantiers logistiques multiples et permanents

1.1.1. Le cas des constructeurs automobiles

Les constructeurs automobiles sont des clients industriels très exigeants vis-à-vis de leurs fournisseurs. Les évolutions techniques, la qualité, les prix et bien entendu la logistique sont au cœur des critères de sélection de fournisseurs. Raccourcissements des délais, fournitures en flux tirés, fréquences accrues des livraisons sont autant de contraintes qui ont été peu à peu imposées aux équipementiers de premier niveau qui eux-mêmes répercutent ces contraintes sur leurs propres fournisseurs, les équipementiers de deuxième niveau. L'un des systèmes logistiques les plus rigoureux développés ces dernières années concerne la mise en œuvre de « flux synchrones ». Il s'agit d'un système à flux tirés, mais en temps réel. Autrement dit, le fournisseur doit répondre aux besoins de son client aussitôt que celui-ci le demande et dans un délai très réduit compté en minutes. De nombreuses entreprises fonctionnent ainsi aujourd'hui : Valeo (optique, embrayage...), Faurecia (planches de bord, sièges), Delphi et bien d'autres.

Dans le cadre de cette organisation, lorsqu'une caisse de voiture est lancée sur la ligne de production, le fournisseur est informé de l'ordre de succession des caisses. Il a alors 3 ou 4 heures, parfois moins, pour réagir, c'est-à-dire sélectionner les produits attendus, réaliser les dernières phases de fabrication, charger son camion, effectuer le transport et décharger directement sur la ligne de production. À cette contrainte de précision temporelle, s'ajoutent naturellement celles de la diversité et de la qualité. On conçoit aisément que planches de bord ou sièges soient l'objet de personnalisations qui complexifient encore cette distribution et qu'il serait très pénalisant qu'un composant livré directement sur ligne soit défectueux, le véhicule concerné serait alors incomplet et nécessiterait ultérieurement des opérations complémentaires onéreuses. Une première réponse à cette distribution synchrone conduit à des rapprochements géographiques fournisseurs-constructeurs, mais le problème de la pérennisation des contrats des fournitures (notamment pour l'avenir) se pose alors. Une seconde réponse consiste à générer des stocks de produits finis. Mais cette orientation est rendue difficile par la diversité des demandes potentielles et est contraire aux exigences de réduction de la taille des stocks. C'est donc au niveau de la conception même des produits (personnalisation le plus tard possible), des moyens de transport (rapidité de chargement, transmission d'informations et sécurisation), de la polyvalence des personnels et de la planification très réactive de la production que l'on trouve des solutions permettant de gérer au mieux, dans ce contexte, le compromis : sécurité — fiabilité — réactivité — coûts générés.

Ainsi, en quelques années, les ensembliers et les équipementiers automobiles ont été amenés à sortir d'une approche fondée sur une logistique dédiée par entreprise et à mettre en place des approches Supply Chain. Elles reposent sur un modèle intégrant les logiques de flux des différentes entreprises et orientant la politique de gestion des flux jusque dans la conception même des produits.

Renault s'est lancé dès 1998 dans un vaste plan d'amélioration de sa logistique dont les principales caractéristiques ont été les suivantes :

• la nature de ce projet a été résolument dédiée à la Supply Chain et a eu un impact sur l'ensemble de la chaîne d'approvisionnement : les 1 400 sites fournisseurs ont été concernés ainsi que l'ensemble du réseau des concessions et des succursales.

• la dimension logistique, a porté non seulement sur les flux physiques et d'information entre les sites fournisseurs distants en moyenne en Europe de 500 km des usines mais aussi sur les modes opératoires ainsi que sur la conception du poste de travail et de son espace adjacent sur les chaînes de montage, en fonction des modes de palettisation et d'acheminement des composants.

• le projet avait été positionné au niveau de la direction générale de l'entreprise, ce qui signifie qu'il avait été identifié comme participant à la compétitivité globale de l'entreprise.

Dès lors, dans un tel projet, il est difficile de dire ce qui est du domaine pur de l'opération industrielle créatrice de valeur ajoutée et ce qui est du domaine de la Supply Chain agissant sur les flux de transport, de manutention et les stocks intermédiaires. Difficile aussi de dissocier la logistique interne de la logistique externe dont la valeur économique est assez comparable. Au niveau mondial, le coût de production interne (création de valeur ajoutée industrielle) est équivalent au coût de la logistique (en considérant que tout flux même au pied d'un poste de travail génère un coût de nature logistique), d'où l'impérieuse nécessité de réduire le coût de ces opérations physiques à faible valeur ajoutée.

Ce projet a supposé de telles transformations qu'en matière d'organisation, les meilleures solutions sont souvent apparues comme des solutions hybrides :

- travailler sur un horizon, certes court, mais gelé de 6 jours, a permis de réguler un flux d'approvisionnement en optimisant les ressources de production des fournisseurs et de transport des opérateurs logistiques. Des solutions de stockage astucieuses implantées dans les usines d'assemblage basées sur les tranches horaires d'approvisionnement, puis organisées selon les modes opératoires de montage et enfin s'appuyant sur des unités logistiques de manutention permettant des rotations appropriées et une gestion optimisée des contenants complètent un pilotage des flux de type « poussé » ;

- la variété des modèles fabriqués et proposés à la vente a été gérée selon une dynamique « tirée » qui s'appuie sur des outils très flexibles et réactifs ainsi que sur une gestion synchrone des approvisionnements ;

- enfin, les solutions qui ont été imaginées l'ont été pour une famille de produits dont les caractéristiques techniques sont spécifiques (volume de consommation, taille, poids...) et pour des catégories de fournisseurs. À chaque famille logistique ainsi construite, concept sur lequel nous reviendrons, une solution pour gérer le flux de cette famille a été conçue et implantée. Il n'y a donc pas de modèle unique, mais une combinaison de solutions dont la durée de vie peut d'ailleurs être limitée en fonction de l'évolution de certains paramètres (durée de vie du produit fini, évolution du sourcing, variation des volumes selon les pays...).

Ce projet a nécessité des investissements considérables destinés à repenser d'abord les inter-opérations désormais sources de gain tant au niveau des coûts que des délais de la chaîne d'approvisionnement. Dans cet exemple, si la motivation est d'abord commerciale, c'est-à-dire s'il s'est agi de satisfaire les clients finals mieux que la concurrence, les conditions de succès ont dépendu de la mise en œuvre de solutions transversales associant tous les acteurs de la chaîne d'approvisionnement, ce qui constitue une approche fondamentalement Supply Chain.

1.1.2. Le cas d'une entreprise dans le domaine du commerce électronique

Le commerce électronique a permis de lancer de très nombreuses activités dont les business modèles se sont avérés originaux. Leur mode de développement est sensiblement différent selon qu'il s'agit d'entreprises déjà existantes trouvant pour leurs produits un nouveau canal de distribution dans le commerce électronique, ou qu'il s'agit de start-up se lançant sur de nouveaux concepts d'activités. Par exemple, l'activité de co-buying (achat groupé de consommateurs) a rencontré en Europe de réelles difficultés qui ont rendu les business modèles initiaux caduques. Car au-delà de la gestion du front-office (interface écran avec le client internaute) et de la relation client, il a fallu maîtriser le processus achat et la Supply Chain. Les difficultés à répétition d'une société pionnière telle que clust.com ou Letsbuyit en ont été les illustrations. Elle se sont vues condamnées à faire évoluer profondément leur business modèle initial. Le comerce électronique dédié à la distribution de produits physiques a révélé que la logistique et la Supply Chain occupaient une place centrale dans les Business modèles.

Ainsi, la Supply Chain comprend de nombreuses difficultés que les sites de co-buying ont des difficultés à maîtriser. Si le site prend l'option d'acheter les produis et de faire une gestion sur stock, se pose alors la difficulté de la prévision et de la prise de risque financière sur les stocks constitués. Si, en revanche le site, conformément à son concept d'activités, recherche en temps réel la meilleure offre de fournisseurs, alors il se trouve confronté à plusieurs problèmes :

- la disponibilité réelle du produit chez le fournisseur le mieux-disant ;
- la confirmation par les clients internautes de leurs commandes, une fois le prix indiqué, qui conduit systématiquement à changer les quantités auprès du fournisseur ;
- l'adaptation des produits aux spécificités du pays, pour les sites œuvrant sur plusieurs pays européens (notice technique, caractéristiques techniques...), ce qui a été un moment la tendance de telle manière à pouvoir cumuler des volumes faibles par pays ;
- la prise en charge des garanties et des retours éventuels.

Ainsi, sur ces sites d'achats groupés, la maîtrise de la Supply Chain s'est révélée être une composante essentielle de la satisfaction du client, d'autant plus que le premier élément mesurable de la tenue de la promesse du site par un client internaute, c'est le respect des engagements de service pris en matière de disponibilité produit, délai de livraison, fiabilité.

1.1.3. Le cas de la restauration rapide

En France, la société McDonald's gère 1 035 magasins et près de 150 fournisseurs à travers l'Europe. La gestion logistique des approvisionnements des magasins est sous-traitée auprès de LR Services, filiale française du groupe américain Keystone Foods, qui est une société très intégrée verticalement et spécialisée dans l'approvisionnement de plats cuisinés préparés à base de viande pour les chaînes de restauration rapide. Keystone a structuré son organisation autour de trois pôles : la production de viande, le transport et la logistique. McDonald's est le client exclusif de LR Services en France, qui approvisionne les restaurants en viande depuis les unités Keystone et en autres produits (pommes de terre, tomates, salade,..) depuis les unités industrielles et logistiques d'autres fournisseurs, comme le montre le schéma 2.1. Ces produits sont soit livrés directement des entités logistiques des industries sur les 7 plates-formes tri-températures autour desquelles la logistique de LR Services est organisée, soit transitent par les entrepôts des fournisseurs industriels concernés. Les commandes sont alors préparées dans les plates-formes et acheminées vers les restaurants. L'une de 7 plates-formes joue le rôle de hub central pour l'hexagone en traitant les produits à faible rotation et à faible valeur.

McDonald's sélectionne les fournisseurs, négocie les conditions d'achat et signe les contrats commerciaux relatifs aux matières premières. Ces contrats intègrent les contraintes de qualité que les fournisseurs devront respecter. LR Services a la responsabilité d'acheter les matières nécessaires à l'approvisionnement des restaurants en respectant le contenu des contrats pré-négociés puis les stocke dans ses plates-formes avant d'effectuer les livraisons. LR Services est donc le propriétaire des marchandises. Cette situation stimule LR Services — qui supporte les coûts de stockage —

> à accélérer les flux pour minimiser les stocks car le prestataire logistique ne dégage aucune marge sur la revente des produits aux restaurants et n'est rémunéré que sous forme d'une commission forfaitaire négociée avec McDonald's.

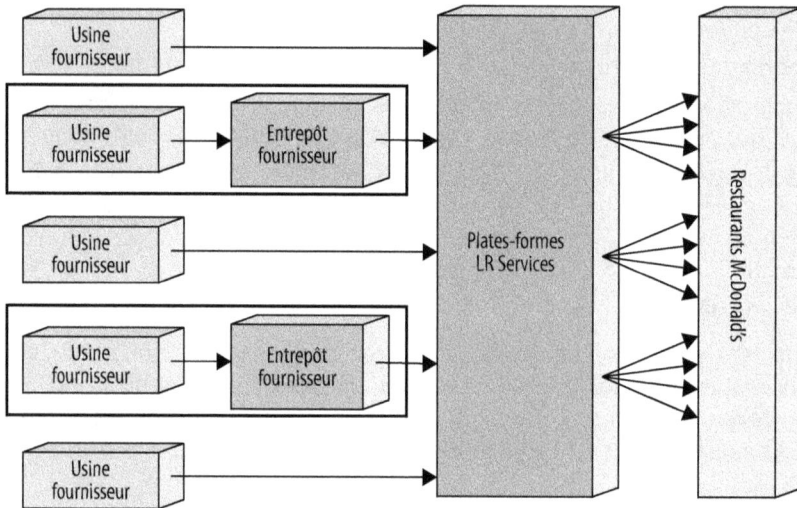

SCHÉMA 2.1. *Chaîne logistique d'approvisionnement des points de vente McDonald's*

La nature partenariale de la relation entre LR Services et McDonald's s'articule autour de l'échange de trois types de flux :

- Le premier type de flux concerne les flux physiques de produits qui ont été explicités par le schéma 2.1. L'organisation de la chaîne logistique permet de minimiser les ruptures de charge, de respecter la chaîne du froid et de préparer les commandes en fonction des quantités commandées par les restaurants, même si, pour des raisons d'optimisation, la livraison d'unités logistiques est privilégiée. L'optimisation des flux de livraison est renforcée par l'utilisation d'une flotte de 160 camions bi ou tri-températures pour transporter les produits surgelés (– 22 °C), les produits frais (entre et + 1 °C et + 7 °C) et les produits secs (température ambiante) ;

- Le second type de flux porte sur les flux d'information. LR Services est par définition située au cœur de l'échange transactionnel entre les fournisseurs et les magasins. Dès lors, McDonald's a délégué à LR Services le pilotage des approvisionnements qui est organisé selon une logique push/pull. Cela signifie que les approvisionnements auprès des fournisseurs sont dimensionnés en fonction des historiques de consommation, alors que les livraisons sont effectuées sur commandes fermes passées par les restaurants ;

- Enfin, le troisième type de flux est relatif aux flux financiers. La chaîne documentaire qui comprend la facturation des restaurants, le règlement des fournisseurs, les déclarations douanières et fiscales telles que la TVA est entièrement gérée par LR Services, qui a maximisé l'utilisation des échanges électroniques en s'appuyant sur EDI.

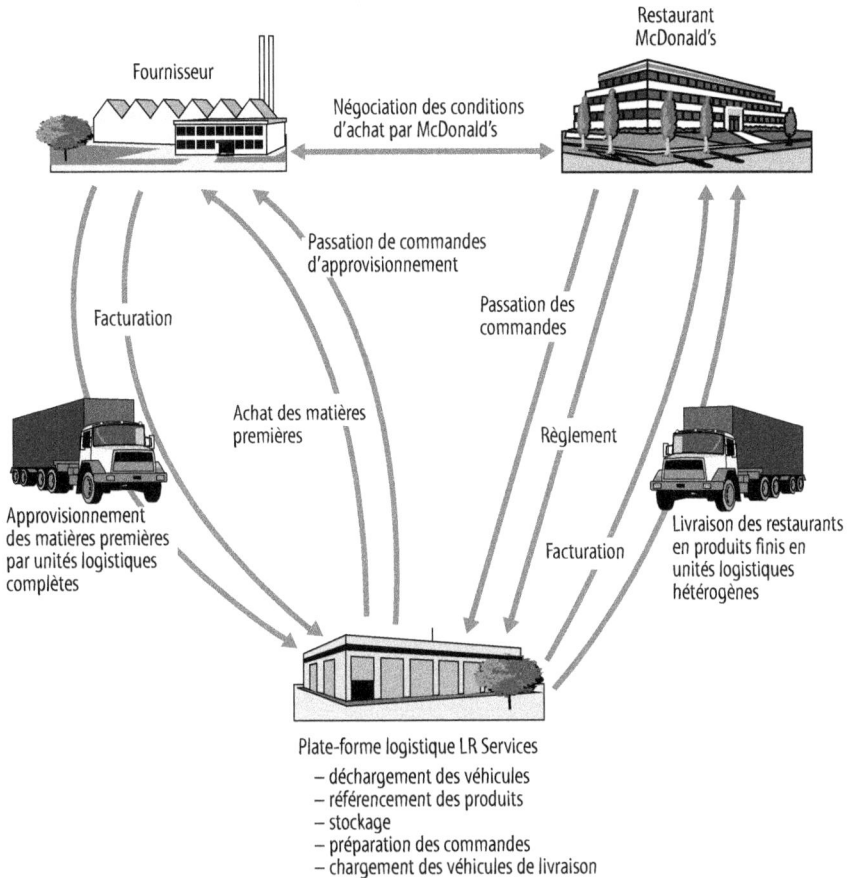

SCHÉMA 2.2. *Flux logistiques physiques, flux d'information et flux financiers*

Une répartition claire des responsabilités est donc établie le long de la chaîne logistique comme le montre le schéma 2.2. Cette chaîne permet de respecter les contraintes relatives :

- au délai. Il est ainsi précisé qu'un retard ne doit pas dépasser plus d'une heure et demie par rapport à l'heure de livraison annoncée, puisque la maille de temps ici est l'heure ;

- au conditionnement, les restaurants retournant les quantités qui auraient été livrées en surplus ;

- aux opérations promotionnelles des restaurants, environ 50 références articles étant créés chaque mois dans le cadre d'animations commerciales qui sont développées sur une base nationale, régionale ou locale. La durée de vie commerciale de ces articles est évidemment très limitée ;

- à la traçabilité des produits. Cela signifie que LR Services doit être capable d'identifier quand et où a été livré un produit ou un colis donné ;

• au lancement de nouveaux restaurants. Il s'agit ici d'évaluer les besoins, la fréquence des livraisons, les contraintes d'accessibilité des restaurants et les facteurs qui pourraient avoir un impact sur la performance logistique du prestataire.

Cet exemple montre qu'un partenariat fort au niveau logistique est à la base de la relation entre McDonald's et LR Services et que la palette des responsabilités déléguées au prestataire logistique est très étendue afin de permettre à McDonald's d'offrir à ses affiliés un niveau de service optimal à un coût minimal.

L'établissement de cette relation donne un aperçu de l'évolution qu'est en train de connaître le métier de la prestation logistique et sur lequel nous reviendrons.

1.1.4. Une transformation générale de la Supply Chain des entreprises

Toutes les entreprises aujourd'hui, notamment dans le contexte européen, connaissent ces transformations profondes du positionnement, des modes de gestion et des organisations de leur Supply Chain. Qu'il s'agisse de PME ou de grands groupes, la gestion des flux et son adaptation à un champ de contraintes mouvant, devient une nécessité. Lexmark, par exemple, a changé plusieurs fois en quelques années la logique de son réseau de distribution physique en Europe en favorisant *in fine* les livraisons directes d'un dépôt européen au détriment d'un passage via des dépôts nationaux dans chacun des principaux pays. Nike a regroupé en un seul centre ses 25 centres européens. Biomérieux a consenti un investissement de plus de 15 M€ dans la création d'un magasin européen de distribution de ses produits et matériels. Essilor met en place des laboratoires de finition des verres dont les implantations géographiques varient en fonction des coûts de main-d'œuvre et s'éloignent de plus en plus des pays consommateurs d'Europe de l'Ouest. Cette évolution du réseau industriel secondaire qui complète un réseau primaire fortement délocalisé en Asie du Sud-Est conduit à remettre en question les infrastructures par lesquelles transitent ou sont stockés les produits. Par ailleurs, les infrastructures mises en place par les aménageurs, voire les pays, stimulent cette reconfiguration en profondeur. Ainsi le Maroc, par la création du nouveau port de Tanger qui fait face à Algesiras en Espagne, occupe une localisation de choix qui à partir de 2007 devrait lui permettre de capturer des flux en provenance d'Asie et d'ajouter de la valeur industrielle selon des business modèles de différenciation retardée au sein de la zone franche logistique adossée à la zone portuaire elle-même et qui sera connectée à de nouvelles voies de communication terrestres par le fer et la route. Carrefour a choisi de réaliser un entrepôt pour la distribution de ses produits textiles de près de 100 000 m^2, extensibles à près de 120 000 m^2, dans le Sud-Est de Paris. Réorganisation du système de distribution physique chez Michelin avec l'implantation d'une vingtaine de magasins généraux en Europe, les entreprises créent ainsi de nouveaux systèmes logistiques qui permettent à la fois d'améliorer les niveaux de service, de réduire les coûts et d'assurer une réactivité toujours accrue face aux nouvelles exigences.

Ces quelques exemples montrent l'importance des mutations des Supply Chains auxquelles sont confrontées les entreprises aujourd'hui, quels que soient leur taille, leurs clients, leur type de production ou leur secteur d'activité. Ils montrent aussi que les problématiques logistiques qui se posent aux entreprises sont différentes et nous identifierons par la suite les variables explicatives qui permettent de formaliser les démarches logistiques appropriées.

Supply Chain : adapter et innover en permanence

Jacques Goudet, Vice-President Supply Chain Alcatel ESD

Il est des secteurs en perpétuelle évolution. S'il en est un qui s'est distingué par des transformations radicales et continues, c'est bien celui du secteur des télécommunications. Depuis le début des années 2000, nous avons été confrontés à une succession de situations qui a conduit à une innovation permanente en matière de solutions Supply Chain. Externalisation des usines auprès d'EMS (Electronic Manufacturer Services), déplacement de certaines usines en Europe Centrale puis en Asie, fluctuations très fortes sur les marchés.

Pour faire face à ces changements contextuels forts, Alcatel ESD a mis en œuvre des solutions très originales qui sont passées essentiellement par une externalisation poussée auprès de prestataires : les opérations physiques ont été confiées à un 3PL et le pilotage des flux au quotidien à un 4PL. Cette solution déployée à une échelle mondiale a été la seule à pouvoir apporter les sources d'adaptation pour rester toujours à un niveau de performances en matière de services et de coûts associés concurrentiels.

Bien évidemment, les migrations physiques et celles liées au système d'information n'ont pas été sans mal, car à peine une solution avait-elle été déployée qu'il fallait déjà penser au déploiement de la suivante. Mais ce qui présente la plus grande difficulté réside bien sûr dans la migration organisationnelle : abandon de certaines compétences, concentration sur d'autres qui n'étaient pas initialement dans nos compétences-clefs, nouveau découpage de responsabilités, en particulier avec un rôle accru des achats qui influencent quotidiennement la Supply Chain. Il a donc fallu trouver les ressorts managériaux pour permettre aux femmes et aux hommes impliqués dans les activités Supply Chain de s'adapter à titre personnel à des contextes de responsabilité et de travail souvent nouveaux pour eux.

Ainsi, c'est dans le management et dans l'aptitude à conduire les changements nombreux auxquels elles sont exposées, que les Supply Chains performantes se révèlent.

1.2. L'approche initiale de la logistique : mettre à disposition des moyens optimisés

Au travers des premiers cas d'entreprises que nous venons de présenter, nous pouvons souligner que les solutions Supply Chain sont à réinventer de manière permanente et que la place de la Supply Chain dans les entreprises et l'angle sous laquelle elle est abordée ne cessent d'évoluer. D'une activité secondaire, cantonnée à la seule gestion des opérations logistiques, ne bénéficiant pas toujours de l'intérêt de tous, elle devient un enjeu majeur de la réussite des stratégies des entreprises. La Supply Chain est aujourd'hui encore dans une phase de recomposition. De nouvelles organisations, de nouveaux métiers, des principes nouveaux de conduite et de pilotage des activités émergent et se déploient. Le concept même de Supply Chain, cantonnée à la seule gestion des opérations logistiques, est marqué par l'évolution des objectifs dédiés à cette activité ainsi qu'à l'évolution de son périmètre d'intervention. Pour consacrer dans le vocabulaire cette évolution, on a vu la sémantique s'enrichir, superposant au concept de logistique celui de Supply Chain.

Historiquement les activités logistiques ont porté moins sur des flux intégrés que sur la résolution d'un problème clairement opérationnel attaché à une fonction : un problème d'optimisation de tournées de livraison ou de ramassage de produits, associé à une fonction de distribution physique ou à une fonction d'achat et d'approvisionnement, un problème de planification d'usine associé à une fonction de production ou encore un problème d'allocations de commandes à un dépôt en vue d'optimiser une fonction économique de distribution.

La logistique a ensuite commencé à se révéler à travers des entités organisationnelles à part entière, dès lors qu'au-delà des approches quantitatives sur le dimensionnement des infrastructures dédiées au traitement des opérations, l'entreprise s'est penchée, non plus sur des approches parcellaires de la gestion des flux, mais sur des approches qui portaient essentiellement sur les interrelations et les interfaçages entre activités opérationnelles. Dès que des questions liées à la circulation des matières ou des produits se sont posées, impliquant plusieurs fonctions, il a fallu envisager qui allait prendre en charge, non seulement leur explicitation, mais également leur mode de traitement et leur résolution dans l'entreprise. Une question de nature organisationnelle s'est trouvée ensuite *de facto* posée.

Si nous nous plaçons dans une perspective historique, dans un premier temps, la logistique, fonction d'intendance, est essentiellement une activité opérationnelle. Les approches retenues ont pour vocation de dimensionner les moyens à un moment donné, les flux étant relativement stables, et d'optimiser la productivité. Elles s'appuient essentiellement sur des méthodes quantitatives qui servent de support pour la prise de décision de gestion. La stabilité des données relatives aux volumes et aux coûts unitaires qui alimentent de tels modèles quantitatifs de simulation ou d'optimisation est une condition nécessaire pour valider les résultats obtenus. Mais peu à peu la prise de conscience par le logisticien du recours simultanée à des ressources multiples pour mener à bien sa mission, pose des problèmes d'évaluation de flux dans leur globalité et de coordination des phases du processus logistique entre elles. Dans des entreprises à culture scientifique ou technique forte, la crédibilité des solutions de design des réseaux logistiques repose d'abord et encore sur l'utilisation de solveurs mathématiques complexes alors que les données utilisées peuvent connaître des variations très importantes qui invalident les résultats. Dès lors, la conception des réseaux de circulation des flux et la gestion de leur transit nécessitent le recours à toute une panoplie d'outils d'optimisation, d'heuristiques ou d'outils de simulation qui porte sur des domaines tels que les approvisionnements, la production, la distribution, le soutien après-vente. Ce n'est que progressivement que les outils de gestion ont permis de prendre en compte plusieurs domaines à la fois, voire de tenter actuellement d'intégrer l'ensemble par les progiciels de pilotage de supply chain. Ce qui devient intéressant, c'est de simuler l'impact de la variation d'un paramètre (saisonnalité géographique, poids relatif d'une famille logistique en volume, diminution de la valeur au kg des produits finis…) sur le système logistique issu de l'optimisation. Les études de sensibilité sont riches d'enseignement sur la robustesse des systèmes logistiques face aux multiples facteurs d'incertitude.

Néanmoins, ce référentiel thématique et historique de la logistique est extrêmement important et n'est en aucune manière dépassé. La baisse des coûts reste un enjeu majeur car si le coût de traitement de l'information ne cesse de baisser, le coût de traitement physique des flux de produit est contraint à des pressions inflationnistes (coût de l'énergie, protection de l'environnement…). La remontée spectaculaire des coûts de l'énergie depuis 2000 et leurs conséquences sur les transports en sont une illustration. La logistique reste fondamentalement une activité d'échelle pour laquelle l'amortissement des coûts fixes dépend du volume d'activité et le besoin de traçabilité des coûts est un objectif essentiel.

1.3. De la logistique au Supply Chain Management : l'approche marketing, commerciale, organisationnelle et stratégique

Il est courant de définir le Supply Chain Management comme la fonction d'interface entre la gestion de l'offre (supply side) et la gestion de la demande (demand side). Ce sont les évolutions des caractéristiques du marché qui expliquent, comme nous le verrons plus en détail dans le chapitre 3, la mise de la Supply Chain sous double tutelle opérationnelle et commerciale, qui complique considérablement les tentatives d'optimisation. Cet accroissement de complexité est dû principalement :

- à l'incertitude de la demande finale qu'il devient très difficile de prévoir et qui est renforcée par des pics d'activité réels (saisonnalité) ou virtuels (activités promotionnelles des industriels et des distributeurs) qui entraînent des phénomènes bien connus d'oscillation des flux ;
- à l'introduction accélérée de nouveaux produits dont le cycle de vie ne cesse de se réduire à cause des innovations technologiques ou pour des raisons commerciales ;
- au manque de visibilité que chaque acteur a du canal de distribution dans son ensemble renforcé par la quasi absence de coordination et de transmission d'information entre les différents acteurs ;
- à la pression concurrentielle qui invente de nouveaux services associés à la vente des produits et dont la réalisation est immédiatement dépendante de la performance logistique.

Dès lors, la définition des stratégies de service devient un préalable aux approches de gain de productivité dans les opérations logistiques. Mais l'ouverture de la logistique à des approches plus fonctionnelles et stratégiques a soulevé la question de la définition du champ que recouvrait le domaine. La convergence des points de vue n'a pas été aisée à établir. L'embarras des premiers théoriciens pour sortir la logistique d'une approche purement quantitative a été patent. Les définitions proposées ont été à la fois difficile et le champ balayé extrêmement large faute de repères pratiques clairs en entreprise. Cependant leur mérite a été de proposer une première approche illustrative des dimensions organisationnelles et stratégiques que prenait la logistique dans les entreprises. Le recours à l'approche de Michael Porter a été intensif pour positionner la logistique dans des stratégies par les coûts, de différenciation ou de focalisation et intégrer la logistique comme fonction support de la chaîne de valeur. L'analyse des stratégies par les coûts n'a pas manqué de faire apparaître la logistique comme un vecteur de genèse de coûts importants, notamment dans le domaine de la distribution physique. L'analyse des stratégies de différenciation, et en particulier par le service, a donné un éclairage particulier à la logistique, la compétition s'instaurant fréquemment sur des dimensions sur lesquelles elle a une prise directe (les délais, la fiabilité…). Enfin, dans les stratégies de focalisation, la logistique est apparue comme un facteur de faisabilité qui permettait ou limitait la pertinence de cette orientation. Une fois admise la dimension stratégique de la logistique, les réflexions organisation-nelles en s'intéressant aux inter-opérations, à la gestion des interfaces et aux coopéra-tions relationnelles entre acteurs internes à l'entreprise ou au sein des chaînes d'approvisionnement ont pu commencer à se développer. C'est la consécration des approches Supply Chain Management.

1.4. Le Supply Chain Management : une approche multiniveaux de la gestion des flux

Dans les approches Supply Chain, on a aujourd'hui dépassé les limites de l'entreprise pour appréhender en termes de logique de flux l'ensemble des flux allant du fournisseur du fournisseur au client du client. C'est une des caractéristiques essentielles qui distingue le Supply Chain Management de la simple approche logistique. Elle prend dès lors place au sein des processus support-clefs de l'entreprise (cf. schéma 2.3).

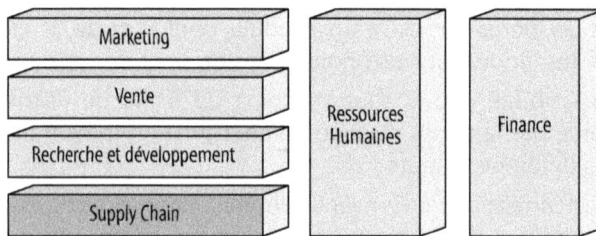

SCHÉMA 2.3. *Les processus support-clefs de l'entreprise*

La Supply Chain englobe trois natures de flux :
• les flux physiques ;
• les flux d'information ;
• et les flux financiers.

Elle intervient sur trois niveaux différents :
• l'exécution ;
• le pilotage logique (planification, réaction) ;

• la reconception permanente pour adapter les solutions aux variations des contraintes qui les déterminent.

C'est la couverture élargie des entreprises prises en compte dans la réflexion entreprise étendue et l'intervention sur ces trois niveaux, et tout particulièrement sur les deux derniers, qui spécifient la différence entre l'approche Supply Chain et l'approche logistique historique (cf. schéma 2.4).

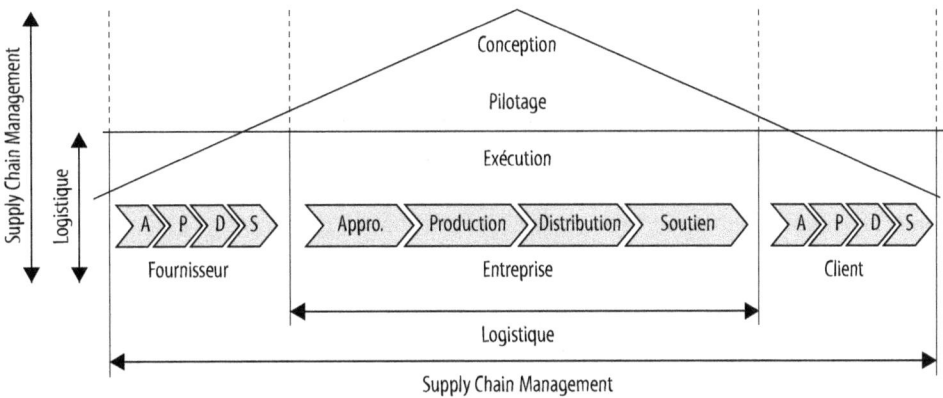

Schéma 2.4. *Champs couverts par la logistique et le Supply Chain Management*

2. Terminologie et fonctionnalités associées aux opérations physiques

2.1. Terminologie

En logistique, au gré des tendances, des modes et des outils soutenant les activités de gestion logistique, le vocabulaire s'enrichit de nouvelles appellations qui, régulièrement, sont susceptibles de semer le doute sur ce qu'on croyait connaître et des réalités nouvelles qu'on dit émerger. La logistique et le Supply Chain Management voient ainsi leur vocabulaire s'enrichir régulièrement de terminologie nouvelle. Nous noterons que l'appellation de supply chain a été introduite en Europe et en France en même temps que les entreprises de ventes de progiciels d'APS (Advanced Planning & Scheduling Systems) se lançaient à l'assaut des entreprises.

Le champ d'intervention de la logistique et du Supply Chain Management nécessite une bonne compréhension préalable de la terminologie employée particulièrement en ce qui concerne les activités propres à la distribution qui portent plus à interprétation. Les principales fonctions de distribution sont de deux natures. Elles sont soit matérielles soit immatérielles. Les fonctions matérielles regroupent le transport, le stockage, la constitution de l'assortiment et la régulation qui recouvre l'ajustement de l'offre et de la demande. Quant aux fonctions immatérielles, elles rassemblent le financement, lié aux risques d'impayés et d'articles invendus, la facturation, les services offerts aux clients (catalogue, soutien après-vente par exemple). Il est souvent fait référence à un ensemble de notions qui ne recouvrent pas toujours les mêmes champs conceptuels pour tous les professionnels. Il faut donc définir la notion de chaîne de distribution, de canal de distribution, de circuit de distribution, de process ou processus logistique, de chaîne logistique ou de canal logistique et de supply chain, plus récemment introduit encore, pour dissiper tout malentendu de nature sémantique.

Chaîne de distribution

La chaîne de distribution est utilisée de manière usuelle dans un registre marketing et commercial, pour désigner une entreprise de distribution de produits de grande consommation (alimentaire ou spécialisée) qui dispose d'un ensemble de points de vente au détail répartis sur le territoire. On parle ainsi des grandes chaînes de distribution pour désigner en France les entreprises qui représentent les principales enseignes de la grande distribution. Les chaînes de distribution intégrées, Carrefour ou Auchan par exemple, ont une maîtrise des points de vente qui appartiennent à une même entité juridique. Le commerce indépendant, quant à lui est une juxtaposition de points de vente qui ne sont pas détenus par la même entité mais qui peuvent appartenir à un même réseau qui s'est organisé dans la recherche d'intérêts communs (Intermarché, Leclerc, Super U…). En matière logistique, nous emploierons quant à nous, le terme de chaîne de distribution pour couvrir l'enchaînement des opérations qui permettent à un produit d'être mis à la disposition d'un client final quels que soient les acteurs qui maîtrisent chacune de ces opérations prises indépendamment les unes des autres.

Canal de distribution

La notion de canal de distribution représente une succession d'acteurs économiques qui agissent ensemble de telle manière à distribuer le produit jusqu'au client final. Un canal de distribution donné est constitué par exemple des producteurs d'un produit donné, de grossistes, de revendeurs détaillants. Une entreprise est à même d'utiliser plusieurs canaux de distribution. Le canal de distribution assure généralement cinq fonctions d'utilité :

- *une fonction de lieu* qui relocalise le produit du lieu où il est produit au lieu où il est vendu au consommateur ;
- *une fonction d'assortiment* qui regroupe la diversité des produits pour lesquels un client peut manifester une demande ;
- *une fonction de lot* qui assure le passage d'une taille de lot de fabrication (par exemple une palette de 500 boîtes) à une taille de lot de vente (par exemple un pack de deux boîtes) ;
- *une fonction de transformation*, pour adapter marginalement les produits aux besoins des clients ;

- *une fonction de temps* pour assurer le maintien en bonne condition du produit entre le moment où il est produit et le moment où il est vendu au consommateur final.

Ainsi, le médicament est un produit qui utilise des canaux de distribution assez simples : soit le produit est vendu en direct aux pharmacies (23 000 en France) et aux centres hospitaliers, soit il passe par les infrastructures des grossistes répartiteurs. Ces derniers permettent de simplifier le contact entre près de 600 fournisseurs et les officines ou les centres hospitaliers. Ils sont astreints légalement du point de vue logistique à deux contraintes :

- disposer en permanence pour leur secteur d'activités géographiques d'un stock d'un mois de vente et d'au moins les deux tiers des spécialités commercialisées ;
- d'être en mesure de fournir tout médicament à tout pharmacien du secteur déclaré dans les 24 heures.

Circuit de distribution

Le circuit de distribution couvre fréquemment l'ensemble des canaux de distribution qui peuvent être utilisés pour la distribution d'un produit. Le circuit de distribution des jouets emprunte par exemple trois canaux de distribution : le canal de distribution de la vente par correspondance (VPC), le canal de distribution de la grande distribution et le canal de distribution des grossistes pour un certain type de revendeurs. Mais dans la littérature, le circuit de distribution peut également couvrir une notion similaire à celle de chaîne de distribution. On s'intéresse alors plus à l'enchaînement des moyens physiques utilisés qu'aux acteurs économiques qui disposent de chacun de ces moyens.

Process logistique

Un process est caractérisé par quatre critères :

- un process recouvre un ensemble de concepts ou d'activités qui ont des composantes interdépendantes et interactives ;
- les composantes doivent prendre place dans une séquence ;
- le flux issu du process doit être partiellement basé sur des informations acquises à partir d'un système en feed-back ;
- le process doit se situer dans un environnement dynamique.

La logistique répond bien à chacune de ces caractéristiques. Les activités d'approvisionnement, de production, de distribution et d'après-vente ont bien des composantes interdépendantes et interactives. La charge d'une usine dépend en partie de l'activité de préparation des commandes dans les entrepôts. Ces composantes sont situées dans une séquence temporelle d'un ensemble qui va de l'acquisition de la matière à la délivrance du produit aux clients et à la mise à disposition des pièces nécessaires au bon maintien en condition de fonctionnement. Le flux résultant nécessite un pilotage grâce à un faisceau d'informations en partie issues d'un système de contrôle du déroulement des opérations. Enfin, la logistique se situe dans un environnement parfaitement dynamique associé principalement aux choix et aux évolutions en matière d'achat, de production, de marketing et de vente. Il nous est donc possible de considérer la logistique comme un process ou processus. Il recouvre plus généralement l'ensemble des opérations et leur enchaînement tant amont qu'aval. La chaîne logistique, ou canal logistique, sera utilisée comme synonyme de chaîne de distribution.

Supply chain

À partir de 1996 s'est répandu, en France, de manière très vigoureuse le nom de supply chain management. L'utilisation de cette terminologie est très liée à l'apparition des éditeurs de progiciel APS (Advanced Planning & Scheduling System), type Manugistics, I2 Technologies… Pour promouvoir leurs outils de gestion apportant une potentialité forte en matière de gestion coordonnée d'acteurs d'un canal de distribution ou de fonctions d'une même entreprise, ils ont promu l'idée d'une logistique étendue, intégrée, appelée supply chain. Le développement du Supply Chain Management (SCM) révèle deux phénomènes importants :

- traditionnellement la perspective du logisticien est celle de l'entreprise à laquelle il appartient. Dès lors, même s'il s'intéresse aux flux entre son entreprise et ses fournisseurs, il ne va pas au-delà. Or, le SCM met l'accent sur l'idée qu'il faut s'intéresser à l'ensemble de la chaîne depuis le premier fournisseur jusqu'au client consommateur pour accroître la performance logistique globale. Le SCM pousse à transcender l'approche fragmentaire de la logistique, limitée à la synchronisation des flux au niveau d'une entreprise donnée ;
- de plus, le terme « supply » met le client consommateur final au centre du débat. Il faut organiser la gestion des flux pour « approvisionner » au mieux les clients. Cela signifie que même si le flux n'est pas entièrement « tiré » entre le client final et les usines de production, le SCM, soutenu par les nouvelles technologies de communication intégrées par les systèmes APS et permises par Internet, a pour conséquence de tendre les flux de l'aval vers l'amont et non plus à pousser les flux de l'amont vers l'aval.

Enfin, soulignons que la terminologie « logistics » aux États-Unis recouvre souvent un champ plus limité, réduit au périmètre de l'entreprise, voire à celui de la distribution physique. Il est intéressant de noter qu'au MIT, lieu éminent des innovations technologiques, les recherches en matière de logistiques sont regroupées au sein du Center for Transportation Studies. La logistique et le SCM sont encore appréhendés comme une sous-rubrique d'un problème plus général d'organisation des transports et de leur optimisation.

2.2. Opérations physiques

La logistique est amenée à gérer physiquement les produits et son intervention se traduit donc par la prise en charge d'opérations concrètes, concernant directement les matières premières, les semi-ouvrés, les produits finis, les pièces de rechange, les produits à recycler. Elle prend donc en charge un flux physique généré par les activités. Les principales opérations résultent des fonctions d'utilité qui sont dévolues aux canaux de distribution, fonction temps, fonction lieu, fonction assortiment, fonction quantité et fonction transformation.

Les opérations physiques réalisées recouvrent principalement le transport, la manutention, le stockage et la différenciation des produits.

Le transport présente une complexité d'autant plus grande aujourd'hui que l'économie est mondialisée et que les attentes en matière de service sont particulièrement contraignantes en mettant les notions de rapidité et de respect des délais très en avant.

De plus, la performance des transports est étroitement liée aux infrastructures existantes et seul un développement harmonieux des moyens et des infrastructures peut assurer les gains en productivité recherchée.

La manutention intervient principalement avant ou après chacune des opérations de transport. Elle consiste à réceptionner, à préparer, à contrôler des contenus et à les emballer. Les gisements de productivité en matière d'opérations logistiques se situent de plus en plus dans la bonne maîtrise de ces opérations de manutention, notamment lorsqu'il s'agit de :

- l'éclatement des lots pendant lequel des marchandises d'une même provenance sont séparées en lots de taille inférieure vers des destinations multiples ;
- la consolidation des lots, *a contrario*, regroupe des sous-ensembles provenant de plusieurs origines pour les envoyer au même endroit ;
- la préparation de commande qui consiste à aller faire le picking des produits en plusieurs endroits dans un site de stockage pour regrouper l'ensemble des produits attendus par un client.

Enfin, *le stockage* consiste à préserver des quantités physiques de produits et à les mettre à disposition pour les opérations de manutention. Le positionnement des lieux de stockage conditionne largement la qualité de service proposée et la productivité des transports amont et aval.

3. DE LA GESTION DES MOYENS À L'APPROCHE INTÉGRÉE DES FLUX : TROIS MODÈLES EN ENTREPRISE

3.1. Un premier modèle : une approche séquentielle des opérations physiques

La première des approches est à situer dans les années 1960/1970 et elle a essentiellement recours à la recherche opérationnelle. Elle concerne une approche par fonction qui place d'emblée, et pour la première fois, les opérations physiques élémentaires au cœur de la réflexion logistique. Ces opérations portaient sur le stockage, les différentes natures de transport (transport sur achat, transport d'approche, transport sur vente), les opérations d'entreposage (manutention, préparation de commande). Ainsi, la logistique d'entreprise a été initialement abordée dans sa compréhension, comme une activité interne à l'entreprise consommatrice de ressources dont on a cherché à optimiser l'utilisation.

Cette approche doit nécessairement être replacée dans son contexte économique et entrepreneurial de l'époque. C'était alors pour les producteurs un contexte de croissance forte avec une préoccupation prépondérante qui était celle de la production pour satisfaire des besoins de masse avec des produits de base. La logique de flux n'était pas encore identifiée et l'approche de la gestion physique des opérations se consacrait donc au traitement séquentiel des opérations.

La grande distribution était, quant à elle, en phase de démarrage et de croissance. Elle faisait reposer l'ensemble de son approche sur une politique d'achat en grande quantité pour pouvoir bénéficier de l'avantage des barèmes quantitatifs. Sa préoccupation logistique était alors limitée à un problème de stockage dû aux achats en grande quantité.

Certes, par rapport aux approches transport ou entreposage, conceptuellement la logistique cumulait dans un unique domaine de pensée, unifié par la notion de flux, les problèmes que se posaient des responsabilités éclatées. Les solutions ne se situaient pas dans une fonction en particulier, mais dans un dialogue à l'interface d'une ou de plusieurs d'entre elles. Cependant, il faut convenir que le domaine ne se concrétisait pas dans l'entreprise par la réalité d'une fonction logistique, d'une organisation qui lui aurait été dédiée et de métiers spécialisés. L'identification de la fonction logistique dans les organisations, l'affirmation par des professionnels de la spécificité logistique de leurs actions et leur rassemblement dans des métiers reconnus ne s'imposaient pas encore. La logistique, dans cette première phase, est davantage restée un domaine de réflexion académique et une appellation théorique d'un domaine de la gestion sans pouvoir se référer à des modes concrets de représentation dans les entreprises. La logistique est devenue plutôt un domaine théorique qui a rassemblé de manière fédératrice, au sein de la nomenclature des principaux problèmes de gestion, les questions relatives à l'optimisation des d'opérations physiques associées à la circulation des matières, des composants, des produits et pièces de rechange.

Il est donc possible de caractériser ce premier modèle logistique par les principaux traits suivants :

• une approche par opération et non pas par flux qui réduit la pratique logistique à une approche de support et d'exploitation sur des opérations isolées ;

• une approche privilégiant essentiellement un résultat économique (réduction des coûts). Les activités logistiques sont considérées uniquement comme source de coûts et la valeur qu'elles produisent est insuffisamment identifiée et valorisée ;

• une absence d'organisation et de métiers dédiés à la logistique. Par conséquent, les responsabilités sur les différentes infrastructures logistiques sont opérationnelles et décentralisées ;

- une limitation du champ de la réflexion logistique au cadre interne de l'entreprise ;
- une prédominance d'une obligation de moyens sur une obligation de résultats.

Mais, si dans un premier temps l'approche logistique s'est consacrée à la prise en charge d'opérations séquentielles internes à l'entreprise (transport, entreposage, préparation de commande...), cette démarche ne pouvait pas être suffisante pour affirmer la spécificité de l'approche logistique par rapport à une simple approche de fonctions de transport ou d'entreposage. Une seconde approche est alors intervenue sous la pression d'un contexte économique qui a permis de révéler les questions logistiques majeures.

3.2. Un second modèle : une prise en charge des flux internes à l'entreprise

C'est la modification du contexte économique et des problématiques posées à l'entreprise qui a fait évoluer le modèle logistique sur lequel travaillaient initialement les firmes. La période 1970/1985 a non seulement donné un nouveau périmètre aux enjeux et au champ d'action logistique, mais elle a fait également émerger une nouvelle forme de traitement de la logistique dans les entreprises. Cette période se caractérise principalement par le développement de la prise en compte des attentes variées du client au travers du marketing. Il va en résulter une démultiplication de l'offre avec l'apparition de démarches de micro-segmentation des marchés. Le processus de mise à disposition des produits aux clients va dès lors fonctionner sur une double logique :

- une nécessaire anticipation pour rendre les délais de mise à disposition des produits compatibles avec les délais d'engagement commerciaux qui tendent à se réduire. La production continue largement à fonctionner selon une logique poussée par les prévisions de vente ;
- une livraison des clients sur commande selon des besoins de plus en plus différenciés.

La grande distribution se trouve quant à elle confrontée à la loi Royer. Cette loi soumet le développement des grandes surfaces à une autorisation préalable d'une commission composée pour moitié de petits commerçants. Le nombre des surfaces va continuer à s'accroître dans un premier temps, les grandes surfaces attirant les petits commerçants dans leur logique, au travers du développement du concept de centre commercial. Un hypermarché par sa présence draine un flux de clientèle conséquent. Il propose donc à des commerçants d'en profiter en s'installant à proximité. Puis devant la diminution de la création de surface, la grande distribution a cherché à utiliser toutes les surfaces disponibles dans un magasin comme surface de vente. Les réserves magasin ont eu donc tendance à diminuer, voire à être limitées au minimum. L'absence de réserve a conduit à changer le mode d'approvisionnement des magasins qui n'avaient plus comme stock que les produits positionnés dans les linéaires. Par conséquent l'approvisionnement quotidien, voire multiquotidien a eu tendance à se généraliser.

La logistique a dépassé alors le stade du regroupement de techniques de gestion opérationnelle pour s'emparer du développement d'un corps de démarches et d'outils dédiés à la gestion des flux de l'entreprise. Pour la logistique, le système de l'entreprise est matérialisé dès lors par l'ensemble des composantes interagissant pour concrétiser le flux physique qui parcourt la firme, des approvisionnements jusques et y compris la distribution physique des éventuelles pièces de rechange.

La logistique va être à la recherche d'une coordination d'un ensemble de moyens (infrastructures, vecteurs de transport, ressources humaines, système d'information) pour optimiser non plus un ensemble d'opérations prises successivement et indépendamment, mais le flux qui parcourt l'entreprise. La chaîne logistique est ainsi abordée comme l'ensemble des maillons composant le flux qui parcourt l'entreprise, complétée par le processus de concaténation qui relie chacun de ces maillons entre eux. La logistique s'assure de la bonne mise à disposition des moyens afin de rendre opérationnel ce processus.

Les organisations logistiques vont dès lors apparaître dans les entreprises de produits de grande diffusion afin de prendre en charge la gestion des nombreux problèmes qui ne manquent pas de se produire à l'interface des maillons et principalement entre ceux qui sont à la jonction des flux poussés et des flux tirés (phénomène de ruptures). Afin de pouvoir agir sur ces questions, la logistique a eu besoin naturellement d'avoir une meilleure prise sur certaines activités amont (production et approvisionnement) et sur certaines activités aval (entreposage et transport). Elle a donc été amenée à se constituer un champ d'intervention portée par la notion de flux au sein de l'entreprise.

Les principaux facteurs qui caractérisent ce modèle sont les suivants :
• le passage de la notion d'opérations à la notion de flux. C'est le processus d'enchaînement des opérations de base et leur concaténation qui devient un sujet concret du travail logistique dans les entreprises ;
• la prise en charge de la gestion de l'interface flux poussé/flux tiré ;
• la création de fonctions logistiques et l'apparition des métiers logistiques.

3.3. Un troisième modèle : une approche intégrée des flux

Les modèles économiques qui tentent de donner une représentation modélisée du fonctionnement des entreprises ont pris en compte de manière succincte les différentes dimensions ayant trait à la logistique. Il faut tout d'abord faire le constat que, dans les premiers modèles économiques, la notion de canal de distribution n'est pas même prise en compte. Les théories économiques portent essentiellement sur les rapports entre le producteur et son marché consommateur pris au sens le plus large du terme : consommateur final pour les produits de grande diffusion, mais également institutions ou entreprises. L'énoncé de la loi de l'utilité marginale décroissante qui a été fait vers les années 1870 quasiment simultanément par Jevons en Angleterre, Menger en Autriche, Walras en Suisse, comme la théorie de l'équilibre général qui suppose l'existence d'un optimum dans la répartition des richesses entre les individus, ne laissent pas de place, pour l'une comme pour l'autre, au fonctionnement précis des mécanismes reliant le producteur et le consommateur final. Par conséquent, les acteurs du canal de distribution ne sont pas pris en compte dans l'analyse. Cependant, leur développement et le rôle marchand qu'ils ont commencé à jouer a nécessité de leur consacrer un champ de réflexion à part entière.

Les réflexions menées autour de la logistique prise dans une vision intra-entreprises ne peuvent manquer de buter à un moment ou à un autre sur les contraintes et les orientations prises en dehors de l'entreprise et qui néanmoins influencent la logistique interne de la firme : la nature des emballages des fournisseurs, le cadencement des commandes d'un distributeur sont des exemples de décisions prises soit par un fournisseur, soit par un distributeur et qui vont influencer le flux interne à l'entreprise. Il est ainsi possible d'imaginer les répercussions sur le producteur d'une campagne de promotions déclenchée dans les magasins de vente au détail par un distributeur.

Le principe de chaîne logistique, ou Supply Chain, peut donc s'appliquer à un ensemble d'entreprises qui agit avec pour objectif la satisfaction finale d'un client. La disponibilité d'un produit à un coût admissible dans un magasin est en partie dépendante de la disponibilité du produit au sein même des infrastructures logistiques du distributeur et de celles mêmes du producteur. Il y a donc une forme d'interdépendance des relations entre les différents intervenants d'une chaîne logistique globale dont dépend la satisfaction du client final, ultime consommateur, et dont dépend également le prix de revient du processus logistique pris dans son ensemble.

Le rôle assigné à la Supply Chain va dès lors se modifier. Il est d'assurer non seulement une fonction opérationnelle, mais également une fonction tactique et stratégique sur le flux physique, en intégrant dans sa vision tous les acteurs interagissant :

- sa fonction opérationnelle concerne la mise en œuvre au sein de l'entreprise des moyens nécessaires à l'activation du flux : manutention, emballage, transport, stockage ;
- sa fonction tactique concerne essentiellement le nécessaire pilotage du flux pour en assurer l'ordonnancement. Elle nécessite des prises de décision quant aux modes de traitement à mettre en œuvre ;
- sa fonction stratégique consiste à définir les moyens logistiques nécessaires pour contribuer à atteindre les objectifs stratégiques généraux que s'est fixés l'entreprise.

Le cas de la Supply Chain d'Alcatel ESD

Alcatel ESD développe et commercialise auprès des entreprises une offre de communication. En particulier, une de ses activités porte sur la fourniture de centraux téléphoniques (PBX) configurés, des postes de télécommunication et des réseaux. Sur ce métier du Groupe, Alcatel illustre parfaitement la mise en œuvre d'une Supply Chain interagissant avec l'ensemble des maillons, du fournisseur de son fournisseur au client de son client :

- La production a été externalisée auprès d'un EMS dont Alcatel doit piloter quotidiennement la production.

- Pour maîtriser les prix de revient de l'EMS, Alcatel a gardé la maîtrise des achats et du suivi des approvisionnements auprès de certains fournisseurs pour des composants-clefs. Alcatel couvre donc la Supply Chain en amont jusques et y compris auprès du « fournisseur de son fournisseur ».

- Alcatel a choisi un mode de distribution indirecte et travaille donc avec des business partners. Ce sont des distributeurs professionnels qui commercialisent les produits auprès des clients professionnels utilisateurs. L'équipe Supply Chain d'Alcatel interagit donc avec ces business partners sur les engagements de niveaux de service, le traitement et le suivi de la commande.

- Le business partner demande généralement à Alcatel de livrer directement les produits chez le client utilisateur. La Supply Chain Alcatel organise donc les modalités opérationnelles de la livraison avec le client final utilisateur.

- Par ailleurs, Alcatel a décidé d'externaliser la gestion opérationnelle de ses commandes et de ses stocks auprès d'un prestataire logistique.

- Enfin, Alcatel a externalisé auprès d'un 4PL (4th party logistic) le pilotage de ses flux physiques.

On voit bien ainsi sur cet exemple qu'Alcatel conserve une responsabilité sur la conception des solutions Supply Chain, sur une partie du pilotage et sur le contrôle des opérations, en ayant externalisé une partie des fonctions (gestion des opérations physiques et pilotage) et en ayant étendu son implication à l'ensemble des maillons de la chaîne. Ce dispositif a permis à l'entreprise de trouver les capacités d'adapter les solutions Supply Chain aux changements accélérés des contraintes les déterminant tout en conservant un haut niveau de service et une bonne maîtrise des coûts.

3.4. Une mise en perspective des évolutions historiques des modèles logistiques

Les principales étapes par lesquelles la logistique d'entreprise est passée lors de son développement récent en entreprise peuvent être synthétisées par le tableau 2.1. Chaque étape s'inscrit dans un environnement particulier tant du point de vue économique que du point de vue de l'approche de la production ou de la distribution.

À titre d'illustration, prenons un exemple, comme celui de LaScad, filiale de L'Oréal en charge des activités pour la grande distribution. L'évolution de l'approche logistique et Supply Chain peut être décrite au cours des vingt-cinq dernières années en quatre grandes phases.

Une première phase est identifiée dans les années 1960/1970 au cours de laquelle la problématique est essentiellement une problématique de flux poussé. Les opérations logistiques sont traitées indépendamment les unes des autres et sans organisation logistique dédiée. Le modèle résiste de par le fait que les réseaux de distribution restent encore très peu structurés.

© Groupe Eyrolles

	Environnement économique	Spécificités de la production	Spécificités de la distribution	Principales caractéristiques du modèle logistique	Organisation logistique et Supply Chain
1960/1970 Une logistique de moyens	• croissance soutenue	• logique poussée (push)	• apparition des premiers hypermarchés (1963), mais prédominance des circuits longs	• optimisation séquentielle des opérations physiques • une approche par opération et non pas par flux • optimisation d'un résultat économique • un champ essentiellement interne à l'entreprise	• pas de fonctions • pas de secteur économique dédié • pas de métier • essentiellement une fonction de transport • les outils de gestion sont limités à des outils de recherche opérationnelle appliqués aux problèmes de la gestion des opérations
1970/1985 Une logistique de gestion de flux internes	• croissance ralentie	• production de plus en plus segmentée	• intensification de la grande distribution • contraction des circuits longs • développement des marques distributeurs	• passage de la notion d'opérations à la notion de flux • prise en charge de la gestion de l'interface flux poussé flux tiré	• création de fonctions logistiques et apparition des métiers logistiques • les premières études sur la contribution de la logistique au service client apparaissent (NCPDM, en 1976 aux États-Unis) • une étude de AT Kearney pose en 1978 la question de la productivité des opérations logistiques

TABLEAU 2.1. *Synthèse des principaux modèles logistiques et Supply Chain (de 1960 à 1985)*

	Environnement économique	Spécificités de la production	Spécificités de la distribution	Principales caractéristiques du modèle logistique	Organisation logistique et Supply Chain
1985/1999 Une chaîne logistique dans les canaux de distribution et d'approvisionnement	• très faible croissance	• spécialisation des unités de production • mondialisation de la production	• part croissante de la prise en charge de la logistique par les distributeurs • création d'infrastructures logistiques distributeurs • surfaces des magasins dédiées exclusivement à la vente, dans la mesure du possible	• mise en place de logistique partagée • logistique, lieu d'affrontement entre producteurs et distributeurs	• externalisation des opérations logistiques auprès de prestataires logistiques • montée en puissance de la notion de pilotage logistique • structuration de la logistique autour de la notion de service • part croissante des systèmes d'information et recours aux outils de gestion type ERP • déstabilisation des modèles logistiques antérieurs
Depuis 2000 Déploiement de l'approche Supply Chain Management	• croissance contrastée par zone économique	• rationalisation croissante • européanisation opérations industrielles de post manufacturing au sein des entités logistiques • conception simultanée des processus de production et des chaînes d'approvisionnement	• concentration et globalisation de la distribution • développement du e-commerce • renforcement des compétences marketing des distributeurs : accroissement du rôle des marques distributeurs et des promotions à 3 niveaux : national, régional et local (le magasin)	• logistique dédiée par famille logistique de produits • mise en œuvre de système de pilotage complexe (APS)	• recherche d'un équilibre entre des structures logistiques globale et des structures locales • systématisation de la sous-traitance logistique ou mise en place de fonctions logistiques groupe en position de prestataires internes vis-à-vis des business units • déploiement d'organisation Supply Chain • apparition des premiers 4PL • professionnalisation forte

TABLEAU 2.1. *Synthèse des principaux modèles logistiques et Supply Chain (de 1985 à aujourd'hui)* – suite –

Une seconde phase couvre les années 1970 jusque dans le milieu des années 1980. La logistique appelée fonction de distribution physique, avait alors un statut de fonction d'intendance dans un contexte pour L'Oréal de stratégie défensive. L'agressivité du développement de la grande distribution était telle que L'Oréal, comme de nombreux producteurs, cherchait à trouver les moyens défensifs de se protéger par rapport à la pression croissante des distributeurs. L'ensemble du raisonnement sur les flux était alors un raisonnement bâti sur un système en flux poussé. À partir des prévisions, les usines étaient programmées et les produits étaient poussés vers les entrepôts puis vers les magasins. L'approche était avant tout une approche de production d'opérations physiques au moindre coût.

Une troisième phase couvre le milieu des années 1980 jusqu'au milieu des années 1990. La logistique apparaît alors comme une fonction d'ajustement entre l'offre et la demande. Le système des flux se caractérise par un double flux sur l'ensemble de la chaîne logistique englobant le producteur et le distributeur (cf. schéma 2.5) :

• un premier flux est poussé au sein des usines à partir des prévisions ;
• un second flux, déclenché par la passation de commande, est tiré à partir des entrepôts.

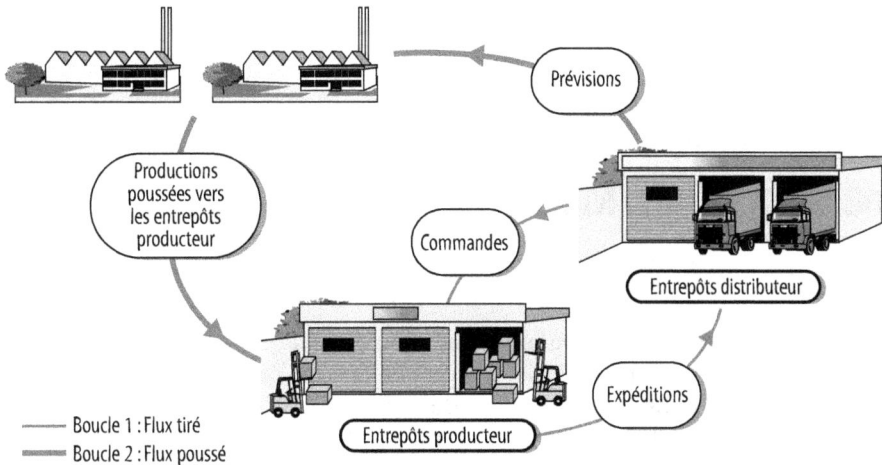

SCHÉMA 2.5. *Processus logistique en boucle double*

La question majeure est alors de concilier une double logique de flux poussés par la prévision en amont et de flux tirés par la commande, en aval. La logistique affirme alors son rôle dans la prise en charge des nombreux problèmes qui se révèlent à la jonction entre ces flux poussés et ces flux tirés. Le point de jonction entre le flux poussé et le flux tiré fait apparaître une problématique particulière qui nécessite la mise en place d'une structure de gestion. En effet, les ruptures fréquentes engendrées par la multiplication des références, le début d'une intensification des promotions dédiées à chaque distributeur et surtout un niveau concurrentiel au niveau des producteurs (concurrence horizontale) et au niveau des distributeurs (concurrence verticale) ont rendu le problème de la disponibilité immédiate des produits de plus en plus difficile.

Une quatrième phase a commencé à se révéler depuis la fin des années 1990 et se développe maintenant. La logistique est abordée comme une fonction d'anticipation et d'intégration au service d'une stratégie offensive de conquête de parts de marché et de croissance du marché. La caractérisation du modèle logistique que L'Oréal met en place est la différenciation. Cette différenciation s'opère par client, par produit — selon que le produit est en commercialisation normale ou en promotion — et par objet — traitement du contenant logistique. De plus, l'intensité du climat conflictuel de la période précédente a mis en lumière les gaspillages générés à l'interface producteur/distributeur. Il a été dès lors possible de mettre en œuvre des pratiques collaboratives entre acteurs de la chaîne (gestion partagée des approvisionnements, par exemple), et promouvoir ainsi des approches de Supply Chain Management.

La succession de ces étapes permet de donner corps à l'approche Supply Chain en entreprise en lui reconnaissant plusieurs niveaux d'intervention, tant stratégique que tactique ou opérationnel. Il reste cependant encore à éclairer la finalité première des activités logistiques et Supply Chain. À quels types d'objectifs contribuent-t-elles ? Quelle est leur valeur ajoutée ?

4. CERNER LES AXES DE RECOMPOSITION DE LA LOGISTIQUE ET DU SUPPLY CHAIN MANAGEMENT

4.1. Situation actuelle en entreprise

La logistique s'est structurée comme un domaine en tant que tel, depuis qu'elle a été révélée au sein des entreprises par le rôle qu'elle occupe soit dans la constitution des prix de revient, soit dans la composition de l'offre aux clients, soit, de manière plus sensible encore, mais plus récente, dans la faisabilité même des stratégies commerciales et industrielles. Par étapes successives, une première prise en compte des activités logistiques est apparue. Elle a favorisé l'émergence d'organisations et elle a permis le développement des premiers outils dédiés à la gestion des flux. L'observation actuelle de cas d'entreprise permet trois types de constats :

• d'un point de vue général, l'environnement des activités des entreprises est en pleine évolution et génère un ensemble de contraintes qui sont dans cette phase de début de siècle très sensiblement différentes de celles que connaissaient les entreprises au cours de la phase de montée en puissance de la logistique dans les entreprises au début des années 1990. Tout d'abord trois modifications majeures de l'environnement s'ajoutent à celle de l'action des pouvoirs publics sur la logistique. Elles concernent :

- les tensions maintenant structurelles qui s'exercent autour du coût de l'énergie qui, si elles se confirment, vont conduire à chercher un équilibre nouveau entre stockage et transport ;
- la ressource évolutive que représentent les technologies de l'information et des télécommunications ;
- le phénomène de mondialisation qui s'intensifie.

Déjà en 1995, l'un des professeurs qui a porté la diffusion et l'enrichissement de la pensée logistique, non seulement dans les universités mais également dans les entreprises, le professeur Bowersox, annonçait :

> « La prédiction est que la profession logistique se trouve sur le point de connaître des évolutions significatives de ses paradigmes dans le domaine des structures et de la pratique de sa gestion. »

Il faut donc admettre que logistique et Supply Chain Management sont dans un contexte permanent et durable de déstabilisation.

- les organisations logistiques et Supply Chain sont à la recherche de voies de développement différentes de leurs activités et sont en train de remettre en cause leurs outils et de revoir leurs priorités ;
- la question du Supply Chain Management se trouve posée, non plus seulement sur des dimensions de techniques de gestion des flux concentrées sur des moyens (les entrepôts, les stocks ou les modes de transport), mais également sur des dimensions de diffusion des préoccupations Supply Chain chez tous les agents économiques de la chaîne et chez les acteurs internes à l'entreprise, tous susceptibles de contribuer à l'amélioration et à l'efficacité du processus de gestion des flux. Ainsi, cette approche d'intégration des flux se réalise entre des acteurs d'une même chaîne logistique appartenant à des entreprises différentes, mais contribuant tous au déplacement du produit et de ses composantes vers le client.

4.2. Qu'est-ce qui déstabilise les modèles traditionnels de la logistique et du Supply Chain Management ?

L'apparition d'une dynamique de recomposition de l'approche de gestion des flux est, en tant que telle, un point de rupture par rapport à une situation antérieure stable qui a eu pour vocation d'agréger et de coordonner les composantes internes en prise directe et totale avec un système de flux d'entreprise. Point de rupture qui n'est pas une prise à contre-pied de visions établies antérieurement. Mais c'est une subite accélération de la pensée qui s'est vu ouvrir des champs de diffusion du Supply Chain Management que les contraintes antérieures ne justifiaient pas d'investiguer.

L'observation des évolutions en cours dans les entreprises permet d'identifier et de mettre en avant les tensions qui conduisent à la remise en cause d'une certaine stabilité des processus logistiques antérieurs, d'indiquer les voies d'expansion nouvelles qu'est en train de suivre le développement du Supply Chain Management et d'apporter les composantes élémentaires qui permettront de comprendre selon quels principes les modèles, les organisations et les outils qui les accompagnent, sont en train de se recomposer.

Le Supply Chain Management peut être considéré à cet égard comme une zone de tensions. Il focalise l'attention de multiples acteurs internes ou externes à l'entreprise qui voient en lui un lieu commun de travail. Cette notion de lieu commun est prise dans son sens premier. Le Supply Chain Management et les problèmes actuels qui s'y rattachent, présentent la faculté de rassembler des fonctions d'entreprise et des agents économiques pour les conduire à un travail commun. Le Supply Chain Management devient un chantier commun à partir duquel se recomposent, d'une part les relations entre producteurs, fournisseurs et distributeurs, et d'autre part les relations entre des fonctions comme le marketing, la recherche et développement, les achats. Les cabinets de conseil ne s'y sont d'ailleurs pas trompés. Ils voient dans les missions Supply Chain à la fois une opportunité de provoquer de nombreux changements dont le déclenchement est difficile, et une possibilité de conduire de nombreuses missions à répétition… Car lorsque l'on touche profondément aux principes sur lesquels la gestion des flux est fondée dans une entreprise, il devient rapidement nécessaire de s'attacher à modifier également des pans entiers des achats, de l'approche marketing et commercial, voire des approches en matière de recherche et développement.

Les zones de tension en entreprise sont des lieux particuliers d'observation des dynamiques d'évolution et de recomposition des systèmes socio-organisationnels des entreprises. C'est en ces lieux qu'il y a remise en cause, recherche de modèles nouveaux, partage reconsidéré des responsabilités, éruption de nouveaux métiers et de pratiques innovantes.

Les tensions autour desquelles s'opère la remise en cause des systèmes Supply Chain traduisent la remise en cause des modèles traditionnels de gestion des flux, les relations entre les acteurs du processus Supply Chain et les critères mêmes de performance. Elles portent tant sur la place prépondérante que prend le service dans les finalités Supply Chain que sur l'évolution des produits et des systèmes de production (modularisation, post et pré-manufacturing, spécialisation des unités de production ou délocalisation des fabrications) ainsi que sur les formes nouvelles d'exécutions des opérations logistiques (apparition du secteur économique des prestataires logistiques). Ces tensions s'organisent finalement en deux chantiers. Le premier porte sur l'amont du processus Supply Chain. Il concerne les composantes de conception des systèmes industriels et des produits, d'approvisionnement et de gestion industrielle. Le second porte sur l'aval des processus Supply Chain. Il concerne les composantes de distribution physique (canaux de distribution, organisation des infrastructures de distribution…).

En amont, d'une part l'intensification et la banalisation de certaines stratégies industrielles telles que la spécialisation des unités de production, ou la délocalisation des fabrications et d'autre part le recours intensif à certains concepts de gestion industrielle tels que la différenciation retardée ou la flexibilisation des productions remettent fondamentalement en cause les principales caractéristiques de l'architecture des flux amont d'une entreprise. Dans le cadre d'un recours limité et isolé à certaines de ces stratégies ou de ces concepts, un processus logistique classique pouvait s'adapter marginalement et apporter une réponse suffisante sur le court terme. Aujourd'hui l'intensité du recours qui en est fait amène les processus logistiques à un point de rupture pour lequel une adaptation limitée ne permet plus des adaptations suffisantes. Ainsi la banalisation de l'élongation géographique, les flux import croisés ou les flux de recomposition des gammes de produits, la dilution de la valeur ajoutée d'un produit le long de la chaîne de distribution et la convergence de la gestion des infrastructures industrielles et des infrastructures logistiques provoquent des remises en cause d'une intensité suffisante pour qu'il soit possible de s'interroger sur les axes selon lesquels la logistique se décompose et le Supply Chain Management se recompose.

En aval, l'extension des gammes, le raccourcissement de la durée de vie des produits, la gestion promotionnelle des produits, la maturité logistique croissante de certains canaux de distribution ou l'éruption du commerce électronique jouent un rôle majeur dans la remise en cause des logistiques.

Le cas de Wal Mart, leader mondial de la distribution, est révélateur de ces transformations et des effets de création d'avantages concurrentiels qu'une Supply Chain bien maîtrisée peut procurer. Si son principal avantage réside dans ses prix discount dus à sa puissance d'achat, sa Supply Chain a toujours su trouver des modèles innovants. Elle a su s'adapter aux opportunités de marché, tirer profit de ses aptitudes pour permettre des conditions d'achat encore meilleures vis-à-vis des fournisseurs, et jouer des effets de taille de l'entreprise. Wal Mart a ainsi conservé son réseau d'entrepôts régionaux et dispose aujourd'hui encore d'une flotte de 10 000 camions exploités en propre. La solution mise en œuvre privilégie une maîtrise des flux en propre, plus de 85 % des approvisionnements transitant par des moyens propres à Wal Mart. L'entreprise a su promouvoir des solutions associant des technologies nouvelles (RFID) et des modes de gestion sophistiqués (cross-docking). Son système d'information a développé une composante tracking des flux fournisseurs, le Wal Mart Retail Link Program qu'utilisent 3 000 de ses fournisseurs. De nombreux chantiers restent ouverts, couvrant la substitution par le RFID des codes à barres, les inventaires automatiques en linéaire.

L'originalité de la démarche Supply Chain de Wal Mart a également résidé dans la mise en œuvre, très en avance sur ses concurrents, d'une démarche collaborative dans le cadre de l'ECR (Efficient Consumer Response). Développé à partir de 1987 avec Procter & Gamble, Wal Mart informe aujourd'hui de manière continue 10 000 de ses fournisseurs sur l'état des stocks, les ventes, les promotions et les retours de ses 3 100 points de vente américains. La proposition de commande de réassort est aujourd'hui très largement du ressort de ses fournisseurs.

En termes de résultats, outre que Wal Mart reste avec une position très dominante aux États-Unis, ses coûts opérationnels logistiques sont parmi les plus bas de son secteur. Le ratio des coûts globaux sur le chiffre d'affaires (expense-to-sales) est de l'ordre de 15,8 % à comparer avec les ratios de ses concurrents qui sont généralement supérieurs à 22 %.

Ce questionnement sur la logistique donne à la fonction un positionnement nouveau. Le statut même de la logistique change dans les entreprises. La logistique apparaissait comme une nécessité certes, mais secondaire car sans enjeu stratégique. Avec le Supply Chain Management, elle est devenue le maillon qui conditionne la faisabilité des stratégies industrielles, des stratégies marketing et commerciales, des stratégies d'achat ou d'après-vente. Une réflexion sur le Supply Chain Management est de ce point de vue d'autant plus riche qu'il ne se présente pas comme une variable indépendante dans l'activité générale de la firme. C'est une variable couplée. Il ne se comprend qu'associé à une autre dimension de l'activité (achat, stratégie, industrie...). La posture Supply Chain que prend une entreprise à un moment donné peut être ainsi révélatrice de ces objectifs stratégiques. Car décrypter le sens de l'orientation logistique et Supply Chain, c'est en partie comprendre le sens des orientations sur le commerce, les achats ou l'industriel.

4.3. Axes de recomposition de la logistique et du Supply Chain Management

Face à cette situation de rupture d'équilibre pour les solutions logistiques traditionnelles, des voies nouvelles d'expansion se présentent selon lesquelles les processus Supply Chain peuvent se recomposer. Trois tendances majeures sont susceptibles d'être isolées. Elles peuvent être décrites comme trois tendances d'intégration :
- une tendance d'intégration fonctionnelle qui vise à insérer la dimension Supply Chain de l'entreprise dans les fonctions qui contribuent à la genèse du flux physique, à son activation ou aux contraintes imposées sur la circulation des flux ;
- une tendance d'intégration sectorielle qui cherche à poser le problème du Supply Chain Management, non plus par segments successifs plus ou moins bien interfacés, mais pris dans son ensemble, le long d'une chaîne de création de valeur et de mise à disposition d'un produit à un client final ;
- une tendance d'intégration géographique qui pose le champ de traitement de la question Supply Chain, non plus à l'échelle d'une région ou d'un pays, mais à l'échelle d'un ensemble de pays, à celle d'une zone économique, d'un continent, voire du monde entier.

C'est dans cette trilogie que s'organisent les approches nouvelles des dynamiques Supply Chain en entreprise. Elle repose sur une perspective beaucoup plus élargie du traitement des questions du Supply Chain Management en agrandissant son champ d'intervention du point de vue fonctionnel, sectoriel et géographique.

Enfin, grâce à ces voies nouvelles de recomposition ouvertes à la logistique et au Supply Chain Management, un modèle d'activité est susceptible de se redessiner. En effet l'ensemble des dynamiques de travail qui s'instaure autour des tendances d'intégration fonctionnelle, sectorielle et géographique révèle des principes selon lesquels les processus, les organisations et les outils qui les desservent se construisent : élaboration de familles logistiques pour bâtir des processus Supply Chain différenciés adaptés à chaque famille, modularisation des ressources logistiques pour assurer l'adaptabilité des réponses à des situations changeantes, mutualisation des moyens pour minimiser les prises de risques ou conciliation des exigences du global et du local, découplage fonctionnel entre la conception, le pilotage et l'exécution.

Certaines réflexions ont commencé à concrétiser cette recomposition de la logistique dans une perspective de globalité qui dépasse la simple notion d'extension du champ géographique de l'action logistique à laquelle on est souvent tenté de la réduire. Pour permettre à la logistique de se préparer au redéploiement de ses activités et de ses organisations dans une perspective globale de Supply Chain Management, six préalables doivent être pris en compte :

• les échanges sont mondiaux ;

• l'intégration des acteurs de la chaîne est indispensable et donne naissance à des outils de supply chain qu'il faut intégrer ;

• la différenciation par le service est une nécessité et le Supply Chain Management y contribue de manière prépondérante ;

• la rapidité et la fiabilité sont devenues des clefs de la maîtrise des opérations logistiques ;

• la création de coopérations inter-fonctionnelles est indispensable ;

• la notion de partenariat est à promouvoir.

L'intérêt constant qui a été porté à la logistique et au Supply Chain Management ces dernières années, tant dans l'approche des entreprises que dans les recherches menées par le monde académique, laisse apparaître un corps croissant, mais souvent confus, de connaissances. Si le Supply Chain Management a été principalement traité soit par l'analyse de ses sous-systèmes, soit par le rôle qu'il est amené à jouer dans la stratégie des entreprises, peu de réflexions ont été menées pour comprendre les causes mêmes des évolutions de la logistique en Supply Chain Management et les lignes de force selon lesquelles cette activité dans l'entreprise est en train de se réorganiser.

L'observation d'un grand nombre d'entreprises nous semble indiquer une évolution certaine, rapide, et vers des directions similaires. Des indices observables de restructuration organisationnelle dans ces entreprises nous apportent des premiers référents : la création d'une logistique monde chez Michelin annoncée en janvier 1996, mise en place depuis mars 1996 est menée depuis lors de manière continue sur de très nombreux fronts (système d'information et de pilotage, infrastructures, organisation et métiers…) ; puis constitution en 2002 d'un Service Groupe Supply Chain qui a établi un nouvel équilibre au sein d'une organisation qui a dû apprendre à composer entre des entités Supply Chain par business units, des entités par zone continentale et des problématiques tranverses à tous (flux intercontinentaux, système d'information) ; le développement de métiers logistiques nouveaux chez L'Oréal et la mise en œuvre de systèmes collaboratifs avec les distributeurs ; la restructuration continue depuis la fin des années 1980 des structures physiques de la logistique d'une entreprise comme Yoplait ; la réorganisation de tout le secteur de la prestation logistique avec l'apparition d'un phénomène de concentration très fort autour de quelques grands groupes leaders (DHL en Europe, Norbert Dentressangle en France...), d'autres entreprises préférant se retirer face à cette concurrence (TNT Logistics en 2006)...

Chacune de ces observations traduit une dynamique de recomposition des approches de la logistique et du Supply Chain Management dans chacune de ces entreprises. Si ces évolutions sont attachées à une entreprise en particulier, elles nous semblent révéler un phénomène beaucoup plus général associé à l'ensemble du secteur.

📖 BIBLIOGRAPHIE DU CHAPITRE 2

Baglin G., *Management industriel et Logistique : conception et pilotage de la Supply Chain*, Economica, Paris, 2005.

Ballou Ronald H., *Business Logistics Management*, 1998, 681 p.

Berthélémy F., Grégoire L., Laurentie J. et Terrier C., *Processus et méthodes logistiques*, AFNOR, Paris, 2001.

Bowersox Donald J., Closs David J., *Logistical Management : The Integrated Supply Chain Process*, McGraw-Hill College, 1996, 752 p.

Bowersox J. B., Daugherty P. J., « Logistics paradigms : the impact of information technology », *Journal of business Logistics*, vol. 16, n° 1, 1995, pp. 65-79.

Bowersox Donald J., Closs David J. and Stank Theodore P., *A review of 21st Century Logistics : Making Supply Chain Integration a Reality*, Michigan State University, Council of logistics Management, 1999, 264 p.

Chopra S., Meindl P., *Supply Chain Management*, Prentice Hall, Harlow, 2e édition, 2003.

Christopher M., *Logistics and Supply Chain Management : Strategies for Reducing Cost and Improving Service*, Financial Times Management, 1999, 294 p.

Christopher M., *Logistics And Supply Chain Management : Creating Value-Adding* Networks, Financial Time/Prentice Hall, Cranfield, 2005, 320 p.

Cohen S., Roussel J., *Avantage Supply Chain*, Éditions d'Organisation, Paris, 2005.

Cohen S., Roussel J., *Strategic Supply Chain Management*, McGraw-Hill, 2004.

Colin J., « De la maîtrise des opérations logistiques au Supply Chain Management », *Revue Gestion* 2000, janvier 2002.

Dornier Ph.-P., *L'essentiel du management par les meilleurs professeurs*, Chap. 5, Gestion des opérations, Éditions d'Organisation, Paris, 2005.

Dornier Ph.-P., Ernst R., Fender M., Kouvelis P., *Global Operations and Logistics, Texts and Cases*, John Wiley & Sons, 1998, 453 p.

Dornier Ph.-P., « Pourquoi le Supply Chain Management est-il devenu un enjeu si difficile à maîtriser ? », *Réalités industrielles*, mai 2006, pp 11-15.

Doyle M., Parker B., « Achieving Supply Chain Excellence by Balancing the Economics of Production with the Economics of Cooperation », *Ascet*, vol. 1, Montgomery, 1999.

Eymery P., *La Stratégie logistique*, PUF, Coll. Que sais-je ?, Paris, 2003, 128 p.

Fabbe-Costes N., Colin J., Paché J., *Faire de la recherche en logistique et distribution*, Vuibert, FNEGE, Paris, 2000, 292 p.

Fisher M. L., « What is the right Supply Chain for your product ? », *Harvard Business Review*, mars-avril 1997, pp. 105-116.

Frazelle E., *Supply Chain Strategy*, McGraw-Hill, 2002.

Fites D. V., « Make Your Dealers Your Partners », *Harvard Business Review*, mars 1996.

Fuller J. B., O'Conor J., Rawlinson R., « Tailored Logistics : The Next Advantage », *Harvard Business Review*, mai 1993, pp. 87-98.

Hugos M., *Essential of Supply Chain Management*, John Wiley & Sons, New Jersey, 2003.

Jones K., « Breaking the traditional bounds of the Supply Chain », *MSI*, Oak Brook, vol. 19, Iss. 6.

Kamyab Samii A., *Stratégie logistique – Supply Chain Management : Fondements - Méthodes - Applications*, Dunod, Paris, 2004.

Kolb F., *La Logistique : approvisionnement, production distribution*, EME, Paris, 1972.

Lambert D. M. et al., *Fundamentals of logistics Management*, The Irwin/McGraw-Hill Series in Marketing, Boston, 1997, 624 p.

Lambillotte D., *La Fonction logistique dans l'entreprise*, Dunod, 1976.

Lièvre P., *La Logistique entre management et optimisation*, Hermès Science Publications, Paris, 2004, 333 p.

McGinnis M. A., Boltic S., Kochunny C. M., « Trends in logistics thought : an empirical study », *Journal of business Logistics*, vol. 15, 1994, pp. 272-303.

Mentzer J., De Witt W., Keebler J., Min S., « Defining Supply Chain Management », *Journal of Business Logistics*, CLM, 2001.

Morana J., *De la logistique d'entreprise au Supply Chain Management (SCM) : vers une intégration des processus e-Book*, édité par e-thèque, http://e-theque.com/, 2003.

Poirier C. , Reiter S., *La Supply Chain : Optimiser la chaîne logistique et le réseau interentreprises*, Dunod, Paris, 2001.

Raman A., DeHoratius N., Ton Z., « The Achilles'Heel of Supply Chain Management », *Harvard Business Review*, Mai 2001.

Roumi S., Thomas G., *En toute logistique*, Jacob Duvernet, Paris, 2005.

Sarma S., « The High Resolution Supply Chain », *Ascet*, vol. 6, Montgomery, 2004.

Sohier J., *La Logistique*, Vuibert, Paris, 2004, 128 p.

Vallin Ph., *La Logistique*, Economica, Paris, 2003, 242 p.

Waters D., *Global Logistics New Directions in Supply Chain Management*, Kogan Page, 2006, 448 p.

SITOGRAPHIE DU CHAPITRE 2

Nom et contact mail	Mission	Précisions sur le site
The Global Logistics Research Initiative www.glori.com noel_greis@unc.edu	Permettre aux entreprises privées et publiques de disposer des dernières connaissances conceptuelles et méthodologiques.	Organisation virtuelle rassemblant des instituts de recherche basés dans les universités et les entreprises se situant sur les 20 marchés les plus avancés.
Transport and Logistics Research Unit Huddersfield university www.hud.ac.uk/sas/trans/research.htm k.clayton@hud.ac.uk	Développer dans son unité de recherche les sujets d'intérêt particulier pour les managers transport distributions et logistique des entreprises européennes ainsi que pour les planificateurs dans les domaines du transport et du fret.	Le site propose des publications et des logiciels issus des recherches entreprises.
Center for Transportation Research (CTR) http://www.utexas.edu/research/ctr/ ctrlib@uts.cc.utexas.edu	Au sein de l'University of Texas d'Austin, CTR a été établi en 1963 et est reconnu au niveau national pour ses nombreux programmes de recherches.	Les travaux en cours et à venir concernent des aspects tels que : – l'économie ; – les systèmes multimodaux ; – le soulagement des congestions du trafic ; – les politiques transport ; – les matériaux ; – les impacts environnementaux, etc.
MIT Center for Transportation & Logistics http://ctl.mit.edu/ ctl-www@mit.edu	Le MIT Center for Transportation & Logistics est un site très riche dans le domaine puisqu'il permet de retrouver des publications, des recherches et des formations impliquant plus de 75 universités ainsi que de nombreux chercheurs affiliés à travers le monde.	
The Logistics Institute www.tli.gatech.edu joene.owen@isye.gatech.edu	Unité de recherche la plus importante des USA offrant des cycles allant du BA au Ph.D dans trois axes de recherche : Supply Chain Design, planification des transports, logistique du e-commerce.	Sélection critique des publications dans les domaines logistiques. Lien avec tous les sites de référence d'organisations traitant de logistique aux USA.
AST & L *The American Society of Transportation & Logistics* www.astl.org astl@nitl.org.	AST & L est une organisation professionnelle fondée en 1946 et qui se consacre au développement des métiers du transport et de la logistique.	AST & L comprend environ 2 000 membres, chargeurs, transporteurs et prestataires logistiques.

Logisticsnetwork.com www.logisticsnetwork.com info@logisticsnetwork.com	Ce site est un lien entre tous les logisticiens et il fournit des informations d'actualité.	Proposition de job pour des postes de haut niveau en logistique.
The Supply Chain Council www.supply-chain.org info@supply-chain.org	Le SCC est destiné à promouvoir le modèle SCOR (Supply Chain Operations Reference model) lancé en 1997. Ce modèle décrit le processus de gestion de la chaîne logistique et les confronte régulièrement à l'analyse des meilleures pratiques observées dans l'industrie, aux études benchmarking ainsi qu'aux différentes solutions informatiques offertes.	
Canadian Association of Supply Chain and Logistics Management www.tsigroup.com tsi@tsigroup.com	SCL a pour vocation de servir ses membres par la promotion de la profession logistique et Supply Chain au Canada : communication, éducation et promotion des savoirs.	De nombreux liens sont proposés à partir de ce site : Consultant ; Entreprises commercialisant des logiciels ; Associations ; Articles sur le Benchmarking. The Canadian Association of Supply Chain and Logistics Management publie une revue que l'on peut consulter sur leur site.
Council of Supply Chain Management Professionals www.cscmp.org cscmpadmin@cscmp.org	La mission du CSCMP est de servir une logistique évolutive en fournissant une connaissance logistique à la pointe du moment.	Le CSCMP organise chaque année des conférences auxquelles participent environ 6 000 membres.
Better Management www.bettermanagement.com www.bettermanagement.com/about/contact.aspx	Site d'information sur le Supply Chain Management. Le premier site est une des composantes d'un site beaucoup plus large www.bettermanagement.com. En effet, outre la Supply Chain, ce portail comprend plusieurs chaînes thématiques : ABC/M, Scorecard, business intelligence… Sur sa chaîne consacrée au Supply Chain, le site propose au travers de sa bibliothèque des livres, des études de cas et des articles écrits par des spécialistes du monde de l'industrie.	Présentations, conférences en ligne et partages d'expériences enregistrés sur des bandes sonores. Vous avez également la possibilité de commander des livres, de participer à un forum de discussion et de vous inscrire à des conférences.

Northwestern University www.northwestern.edu www.northwestern.edu/contact/	Le but de la Supply Chain Initiative de la Northwestern University (collaboration étroite d'industriels et d'universitaires) est de concevoir, d'améliorer, et de diffuser les meilleurs concepts, « stratégies », et pratiques dans les domaines de la Supply Chain.	Site « vitrine » peu documenté.
Cranfield School of Management *Cranfield Centre for Logistics &* *Transporting Research* www.som.cranfield.ac.uk/som/ kate.enright@cranfield.ac.uk	Recherche de solutions innovantes dans les domaines de la Supply Chain. Base de données de 6 000 références d'articles, livres et rapports concernant la Supply Chain.	Présence d'un forum e-Supply Chain.
SOLE *The International Society of* *Logistics* www.sole.org solehq@sole.org	La SOLE est une organisation professionnelle internationale à but non lucratif destinée à promouvoir les sciences logis-tiques.	Des informations nombreuses sur les activités de l'organisation. Un congrès annuel. Des informations surtout ciblées sur la logistique des grands systèmes.
Logistics Research Network www.ciltuk.org.uk/pages/lrnetwork membership@ciltuk.org.uk	Fournir un forum d'échanges d'idées, de recherche, de dévelop-pement dans les domaines de la logistique et du Supply Chain.	Moyen de communication pour les membres du réseau de recherche logistique, mis en place par les universités britanniques et l'Institute of Logistics.
University of Arkansas *Sam M. Walton College of Business* *Administration* *Supply Chain Management* http://scmr.uark.edu http://scmr.uark.edu/contact.asp	Enseignement et recherche dans les domaines de logistique, de marketing et de management.	Informations généralistes sur la logistique. Études de cas disponible.
Warehousing Education and *Research Council* www.werc.org wercoffice@werc.org	Centre de recherche et de formation pour professionnels de la logistique.	Coordonnées et n° de tél. des périodiques se rapportant à la logistique. Listes de livres et publications. Possibilités d'achats.
The Chartered Institute of Logistics *and Transport.* www.ciltuk.org.uk membership@ciltuk.org.uk	Forum groupe d'intérêt sur la recherche logistique. Nombreux sujets traités par thèmes et animés par des spécialistes.	Dictionnaire des termes utiles dans le chapitre : « Supply Chain Inventory Management ». www.iolt.org.uk/sig/scimglossary.htm

Center for Logistics Research *The Smeal College* *The Pennsylvania State* *University* www.smeal.psu.edu/cscr cscr@smeal.psu.edu	Grand pôle de 12 chercheurs et 700 étudiants parmi les plus importants des USA. Sa mission : être le leader mondial dans la création et la diffusion des nouvelles connaissances du domaine logistique.	Sélection d'articles d'intérêt logistique. Possibilité d'achat d'articles pour 4 dollars.
Logistics Management Institute www.lmi.org www.lmi.org/contact.aspx	Société privée à but non lucratif qui fournit au personnel du gouvernement des conseils pratiques innovants dans le domaine du management logistique.	Moteur de recherche d'articles LMI. Liens vers des sites d'info et de recherche en logistique.
Center for Logistics and Global Strategy (CLGS) www.kenaninstitute.unc.edu kenan_institute@unc.edu	Membre d'un consortium d'universités et d'instituts de recherche destiné au renforcement de la coopération internationale dans le domaine de la recherche appliquée en logistique. Membre du GLORY (13 universités en Amérique du Nord, Europe et Asie).	
Massachusetts Institute of Technology web.mit.edu/cts/www/ ctl-www@mit.edu	Enseignement du master au Ph.D et des cours destinés aux professionnels. Un centre de recherche très axé dans le domaine des transports.	Site ciblé sur les transports. Nombreux liens vers des sites académiques et gouvernementaux.
Institut supérieur de logistique internationale *Groupe ESC Bordeaux* www.isli.bordeaux-bs.edu/ isli@bordeaux-bs.edu	L'essentiel de l'information sur la chaîne logistique.	Diffuse une revue Logistique & Management. Créée par l'ISLI en 1993, Logistique & Management est une revue semestrielle qui offre aux professionnels de la fonction logistique une plate-forme de réflexions alimentées par les travaux de chercheurs et l'expérience de managers internationaux.
Institut supérieur de la logistique et du transport www.islt.com/islt/index.html office@islt.com	La performance logistique d'une entreprise est liée à la performance de son système d'information. Aujourd'hui, les NTIC (nouvelles technologies de l'information et de la communication), parmi lesquelles Internet, font leur entrée dans les entreprises.	L'ISLT participe à cette évolution en démystifiant ces nouveaux outils auprès des professionnels et en participant avec eux à l'élaboration d'un serveur logistique, loginet.

Institut pédagogique du transport et de la logistique www.aft-iftim.com ncharvet@aft-iftim.com	Une mission de « veille transport logistique » visant à appréhender – par une lecture régulière du secteur – les grandes tendances et évolutions liées aux transports et à la logistique tant du point de vue conjoncturel que du point de vue des besoins en emplois et en formations.	
Association française des instituts de transports et de logistique www.afitl.com Didier.Plat@entpe.fr	Ces journées ont pour objet de réunir tous ceux dont la thèse porte sur les transports, que les problématiques soient abordées sous l'angle de l'économie, de la gestion, de l'aménagement, de la géographie ou des sciences politiques.	Descriptif des thèmes sur le site.
Laboratoire de recherche de l'ENPC LATTS www.enpc.fr/fr/recherche/laboratoires/ page_portail Baudry@doc.enpc.fr	Rapports et thèses publiés par les chercheurs de ce laboratoire sur les transports et la logistique.	
École polytechnique de Lausanne www.epfl.ch webmaster@epfl.ch	Formation en logistique. Il s'agit d'une association à but non lucratif au sens des articles 60 et suivants du code civil suisse. Son siège est à l'École polytechnique fédérale de Lausanne, à l'institut des transports et de planification – unité logistique, économie, management.	Présentation du cycle de formation.
Association des usagers de transport de fret (AUTF) www.autf.fr	L'AUTF rassemble les industriels et commerçants communément appelés chargeurs dans leur fonction d'utilisateurs de transport de marchandises.	Il est indispensable pour les entreprises d'avoir une réelle politique « transport et logistique ». C'est pourquoi l'AUTF contribue à la promotion de ces fonctions au sein des entreprises.
European logistics Association ELA www.elalog.org ela@elalog.org	Fédération des associations européennes liées à la logistique (environ 35 associations).	Fondée en 1984, son but est de réaliser des tâches qu'il serait difficile de réaliser à un niveau national.

Logistics in Europe www.logistics-in-europe.com info@logistics-in-europe.com	– Promouvoir le territoire national auprès des investisseurs et des relais d'opinion ; – assurer la prospection des projets internationalement mobiles ; – organiser la coordination entre entreprises, collectivités territoriales, agences de développement, administrations, prestataires de services pour faciliter l'accueil des investissements internationaux ; – mettre en cohérence les propositions d'accueil des territoires ; – effectuer une mission de veille et d'étude sur les investissements internationaux et les facteurs de localisation.	Agence française pour les investissements internationaux. Établissement public à caractère industriel et commercial (EPIC) placé sous la double tutelle du ministre chargé de l'Économie et des Finances et du ministre chargé de l'Environnement et de l'Aménagement du Territoire. L'AFII réunit des services centraux (40 personnes) à Paris et un réseau de 17 bureaux à l'étranger (80 personnes).

3

La logistique et le Supply Chain Management en entreprise

« Il n'y a pas de tactique sans logistique. Si la logistique dit non, c'est qu'elle a raison. »

Général Dwight David Eisenhower[1]

1. UNE LOGIQUE MULTIFORME

Les réalités logistiques sont très diverses. Souvent on oppose logistique de flux et logistique de soutien sur les secteurs concernés et les outils utilisés, logistique des produits de grande consommation et logistique business to business sur les besoins des clients… Tout concourt pour un logisticien à singulariser son activité.

Le Supply Chain Management est souvent regardé du point de vue des grands groupes. Il est associé à la complexité des réseaux d'usines, à la multiplicité des références, à l'internationalisation des clients... Mais il ne faut pas omettre les PME. Elles se trouvent souvent face au paradoxe de ne pas pouvoir bien structurer cette fonction, faute de moyens et de compétences internes, tout en étant fortement sollicitées par de grands groupes qui sont soit leurs fournisseurs, soit leurs clients. À titre de référence, la grande distribution travaille avec environ 5 200 PME françaises et 2 600 PME étrangères. Et pour 83 % des PME travaillant avec la grande distribution, elles réalisent plus de 50 % de leur chiffre d'affaires avec ce secteur. Seulement 32 % jugent leurs relations favorables avec la GMS sur le plan des stockages et 30 % sur le plan des transports[2].

---

1. Général et homme d'État américain (1890-1969). Il dirigea les débarquements alliés en Afrique du Nord, en Italie, puis en Normandie. Républicain, il est élu président des États-Unis en 1952, puis en 1956.
2. Dossier : « La logistique – les PME dans la cour des grands », *LSA*, n° 1794, décembre 2002, pp. 48-53.

Les enjeux diffèrent d'une entreprise à l'autre en termes de niveaux de services et de coûts : de moins de 5 % des coûts par rapport au chiffre d'affaires dans les produits électroniques à près de 15 % dans la distribution d'eaux minérales. Mais aussi l'histoire de l'entreprise et l'héritage qui en découle, sa gamme de produits ou son positionnement concurrentiel inciteront à élaborer des solutions logistiques particulières.

Prenons trois exemple d'approche de flux en entreprise, traduisant des niveaux de maturité très différents.

1.1. Un exemple de produits à rotation rapide : les ordinateurs personnels et le cas de Hewlett Packard en Europe au début des années 2000

L'industrie des ordinateurs personnels peut être aujourd'hui considérée comme très proche des produits de grande consommation même si leur dimension technologique pourrait faire oublier que les investissements en recherche et développement dans les produits « alimentaires » tels que les couches-culottes, les produits cosmétiques, les produits ultra-frais laitiers et bien d'autres sont également considérables. Leur obsolescence technologique et marketing est très rapide. Le cycle de vie d'un produit est de 4 à 6 mois et il est caractéristique des produits à rotation rapide (FMCG : Fast Moving Consumer Goods). Ce sont des produits dont la valeur au kg ne cesse de diminuer, 43 % de baisse pour les deux années 1999 et 2000 aux États-Unis, pour atteindre, sur les produits bas de gamme, des valeurs proches de 50 €/kg, ce qui reste, certes encore 40 fois plus élevé que les produits alimentaires traditionnels. Toutefois, l'hétérogénéité est grande, les assistants personnels numériques (PDA) allant d'un prix moyen au kilo de 3 000 euros aux écrans plats LCD à 170 euros/kg[3]. Mais les volumes sont bien moindres que dans les produits alimentaires et ne se mesurent pas encore en centaines de milliers de tonnes, même si au niveau européen Hewlett Packard expédie 300 000 « boîtes », c'est-à-dire unités logistiques, par mois, au début des années 2000.

Pour une entreprise telle que Hewlett Packard, la problématique logistique s'est révélée complexe :

- le cycle de vie très court des produits et la diversité de la gamme commerciale — qui comporte près de 13 lignes de produits, 24 familles de produits du type PC et plus de 500 modèles — a impliqué une logistique très réactive et flexible ;
- la distribution commerciale des produits dans 60 pays s'est appuyée sur plus de 20 000 revendeurs qui appartiennent à plusieurs types de canaux de distribution :
  - les revendeurs de type BtoB destinés aux entreprises ou aux organisations. Ils sont spécialisés sur des volumes importants, l'intégration de systèmes et l'offre de services de soutien ;
  - les distributeurs grossistes qui apportent essentiellement des services de nature logistique à d'autres revendeurs ;

---

3. Bruzeh Olivier, Avidj Jamila, « Le prix du numérique au kilo », *Le point* n° 1679, 18/11/2004.

- les revendeurs traditionnels qui sont plutôt spécialisés sur les entreprises de taille petite ou moyenne et centrés sur une zone géographique délimitée ;
- les revendeurs à valeur ajoutée qui fournissent à leurs clients des solutions évolutives au niveau des configurations et qui intègrent d'autres produits et services extérieurs à HP ;
- les détaillants qui vendent les produits au public par leur réseau de boutiques physiques ou Internet ;
- les vendeurs indépendants de logiciels fournissant des produits plus spécifiques ;
- les fabricants d'équipements originaux qui intègrent les produits HP avec leurs propres matériels et logiciels informatiques.

Il est clair que la couverture géographique étendue et la multiplicité des intermédiaires commerciaux entre HP et les utilisateurs finals a introduit des exigences en termes de niveau de service très disparates que seules des solutions Supply Chain adaptées permettent de satisfaire.

- l'hétérogénéité des législations et des systèmes fiscaux est une contrainte supplémentaire à la conception des systèmes de gestion de flux ;
- la différenciation retardée de la fabrication des produits finis et la stratégie de sourcing totalement mondiale conduisent à une localisation très éloignée des fournisseurs principaux — situés en Asie et aux États-Unis –, ce qui complique la gestion des flux d'approvisionnement des composants.

Dans ce cas, la Supply Chain doit être en ligne avec la stratégie de chrono-compétitivité de l'entreprise. Il s'agit de maintenir en ordre les flux d'approvisionnement des composants, les flux industriels et les flux de distribution, c'est-à-dire l'ensemble de la chaîne d'approvisionnement, tout en introduisant les innovations relatives aux produits, en accroissant la satisfaction des clients, en diminuant les niveaux de stocks et en augmentant la flexibilité et la réactivité industrielle. Cela signifie que la Supply Chain est en phase de reconception permanente pour tenir compte de ces facteurs évolutifs. Il y a une sorte d'hybridation entre les logiques de conception des produits, des processus de production pris en charge par HP, par des fournisseurs EMS (Electronic Manufacturer Services[4]) ou des prestataires logistiques et, enfin, des systèmes logistiques qui assurent la gestion des inter-opérations jusqu'au client final.

1.2. Un exemple de logistique des services : le cas de l'Assistance Publique des Hôpitaux de Paris

Les objectifs de réduction des dépenses de santé sont aujourd'hui plus que jamais d'actualité dans le domaine de la santé. Comme souvent la réflexion Supply Chain s'organise ou se révèle aux yeux de tous sous la contrainte. Que ce soit chez les industriels, les laboratoires pharmaceutiques ou dans le secteur des soins, la gestion des flux comporte un potentiel de réduction des coûts et d'amélioration des niveaux de service qu'aucun acteur du secteur ne peut ignorer. Et le secteur hospitalier moins

---

4. Les EMS sont des entreprises qui prennent en charge les opérations de production pour le compte d'industriels dans le domaine des produits électroniques (Jabil, Flextronics, Solectron...).

que tout autre puisqu'il représente en France 50 % des dépenses de la santé. La culture du secteur hospitalier laisse toujours prévaloir l'appellation logistique.

Si la vocation principale d'un hôpital est de soigner et de traiter les malades, un centre hospitalier n'en est pas moins devenu une gigantesque usine à flux : flux des malades, flux des visiteurs, flux de médicaments, flux de nourriture, flux des déchets, flux de blanchisserie et flux de cadavres comme l'a montré bien malheureusement la problématiue de la canicule de l'été 2003.

L'Hôpital Européen Georges-Pompidou qui, à lui seul, a remplacé à Paris les hôpitaux Laennec, Broussais et Boussicaut, a été un projet exemplaire plaçant la logique de flux au cœur de son projet. Accueillant ses premiers patients en 2000, il est le fruit d'une réflexion construite autour de plusieurs objectifs :
• l'amélioration du niveau de service offert ;
• le recentrage sur le métier de base ;
• la réduction du nombre de lits d'hospitalisation, tout en répondant à la demande ;
• la réalisation d'économies d'échelle.

Les différents projets qui ont structuré la conception de l'hôpital (projet médical, projet de gestion, projet architectural et projet social) sont reliés par des passerelles transversales qui sont portées par l'étude et le dimensionnement des typologies de flux innovants dans cet hôpital.

Pour traiter ses activités, la logistique de l'hôpital européen a formalisé une chaîne de flux qui comprend :
• les fournisseurs extérieurs (produits pharmaceutiques ou non pharmaceutiques, agroalimentaires, blanchisserie…) ;
• les partenaires de l'Assistance Publique des Hôpitaux de Paris (directions fonction-nelles, services industriels et commerciaux…) ;
• le centre logistique de l'hôpital organisé dans son activité de gestion autour de quatre pôles : maintenance-équipements, lingerie-déchets, magasin-pharmacie, restauration ;
• les unités de soin de l'hôpital ;
• le client final, c'est-à-dire le malade.

Ce mouvement entamé par l'APHP d'une meilleure intégration de la gestion des flux dans sa gestion passe des étapes supplémentaires, puisqu'en 2006 un appel d'offres a été lancé pour étudier la faisabilité de l'externationalisation d'une partie des opéra-tions logistiques auprès de prestataires. La formalisation d'entités logistiques au sein de l'hôpital a libéré les soignants des tâches d'approvisionnement, de condition-nement, de stockage, de préparation et d'assemblage de matériels.

1.3. Un exemple de logistique des systèmes de haute technologie : le cas du Rafale Dassault Aviation

La qualité des avions Dassault au feu a conféré à l'avionneur un avantage concur-rentiel significatif durant des décennies. La logique de croissance des budgets

> militaires permettait de ne pas se préoccuper prioritairement des coûts globaux et la préoccupation première était de positionner le prix de vente. Cette situation pour Dassault avait permis de dire que l'avionneur ne vendait pas d'avion mais qu'on les lui achetait... Les temps ont changé et le Supply Chain Management est apparu pour contribuer à la rationalisation des opérations.

La Chute du Mur de Berlin en 1989 a permis de mettre en avant, d'accentuer et de généraliser une approche à laquelle l'armée américaine et l'industrie qui travaille pour elle avaient déjà consacré beaucoup de moyens : le soutien logistique intégré. L'acquisition d'un armement passe dès lors par l'acquisition de deux composantes clairement identifiées :

• le système d'arme ;

• le système logistique de soutien.

La guerre du Golfe a fourni à l'armée américaine une excellente plate-forme pour démontrer l'intérêt de ses approches qui repose essentiellement sur trois constats :

• la performance technologique n'est pas le seul critère qui détermine la performance globale d'un armement ;

• le soutien à apporter à un avion se fait sur une durée de 20 à 40 ans et cette activité est susceptible de créer des dépenses significatives pour l'utilisateur et pour le fournisseur ;

• l'ensemble des options prises en début de vie a des conséquences sur le reste de l'existence du matériel et particulièrement sur les opérations de soutien logistique.

Ce contexte nouveau donne une importance particulière aux conditions de réalisation d'un MCO (Maintien en Conditions Opérationnelles) efficient.

Le Rafale est le premier produit de Dassault Aviation qui a placé le soutien logistique au cœur de ses préoccupations. En effet, la ventilation du coût global d'un avion Rafale sur toute sa durée de vie est la suivante :

• recherche et développement   10 %

• achat de systèmes et production   30 %

• coût d'utilisation et ferraillage   60 %
      – dont frais de maintenance 30 %
      – dont autres   30 %

Ainsi donc, une économie de 10 % sur les coûts de maintenance, soit 3 % du coût global d'un avion, représente la possibilité d'achat d'un dizième d'avion supplémentaire...

Le premier prototype du Rafale a été produit en 1986. La mise en place du SLI date de 1991 et a conduit à faire évoluer le produit. Le premier exemplaire a été livré à l'aéronavale en 1999. Cette approche nouvelle d'intégration de la logistique dès la conception bouleverse un demi-siècle de la culture de cette entreprise, mais également celles de ses équipements ou de ses clients.

Le schéma 3.1 donne la répartition des coûts sur l'ensemble de la durée de vie d'un Rafale, entre les phases de développement, de production, et d'exploitation et de maintenance, qui pour ces dernières, comprennent la majeure partie des opérations logistiques.

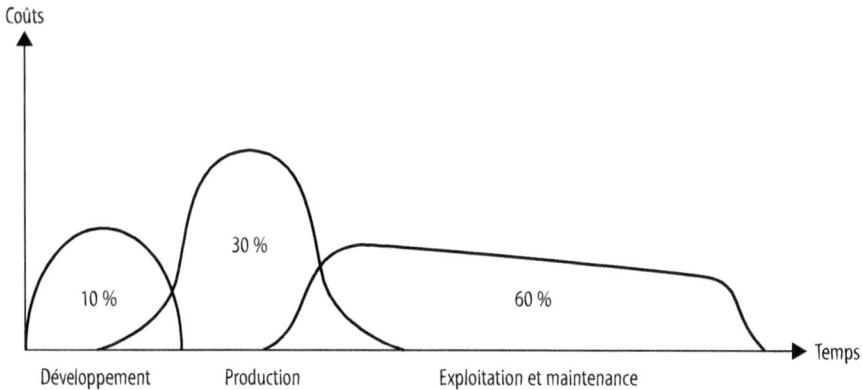

SCHÉMA 3.1. *Répartition du coût complet du Rafale*

La prise en compte de la problématique flux commence à se traduire dans l'organisation. Ainsi dès 2004, un chef de projet Supply Chain a-t-il été nommé chez Dassault.

2. LE SUPPLY CHAIN MANAGEMENT ET LA LOGISTIQUE, PRODUCTEURS DE SERVICES

2.1. Dématérialisation des produits et attentes produit/service

La satisfaction d'un client se révèle comme une condition absolue, nécessaire au renouvellement de l'achat. La satisfaction du client est à l'origine de sa fidélisation. Elle dépasse la simple mise à disposition d'un produit physique. Elle prend en compte l'ensemble des attentes d'un client susceptibles de satisfaire l'un de ses besoins. Prenons plusieurs exemples.

Pour la majorité des segments de clientèle automobile en Europe, l'attente n'est pas réduite à la voiture en tant que bien physique. L'attente se résume sous la forme de la recherche de « 100 000 km à parcourir sans panne et avec un niveau de sécurité suffisant ». Par conséquent le client achète non seulement le produit, mais également sa disponibilité durant toute sa phase d'utilisation. Ceci sous-entend de la part du client l'achat, en même tant que le véhicule, de la possibilité de se rendre dans un réseau de distribution réparation suffisamment dense et réactif pour pouvoir faire réparer son véhicule dans les temps les plus brefs. Chez les équipementiers tels que les manufacturiers de pneumatiques, le passage de la vente de pneus à la vente de kilomètres parcourus s'est faite depuis plusieurs années dans le secteur du poids lourd. Nombreuses sont les flottes pour lesquelles le transporteur n'est plus propriétaire des pneus mais locataire. Il paye une redevance au kilométrage parcouru, le manufacturier ayant à sa charge l'entretien quotidien du parc pneumatique. Dans l'aviation, le principe est le même. Les compagnies aériennes payent l'utilisation de leurs pneus à l'atterrissage et au décollage. Plus récemment encore, début 2000, Electrolux a distribué à 7 000 foyers de l'île de Gotland des lave-linge gratuits. L'utilisateur paye 1.2 euro par lessive. Le constructeur assure le bon fonctionnement de la machine et son éventuel remplacement en cas de problème. Le contrôle est réalisé à partir de compteurs électriques spéciaux.

Pour l'industriel qui choisit pour son système d'information une offre de *facilities management*, ce sont moins des ordinateurs et des équipements périphériques qui sont recherchés, que la mise à disposition dans certaines conditions, d'un ensemble d'informations. Dans ce cas business to business, il s'avère encore plus sensible de fournir une disponibilité de l'information à son client.

Si nous prenons l'exemple de la reprographie de documents des entreprises assurée par des photocopieuses, Xerox a bien compris la nature changeante des attentes de ses clients en proposant des ventes de photocopies (facturation au nombre de tirage) plutôt que la vente de photocopieuses. Toute photocopieuse qui ne fonctionne plus, c'est du chiffre d'affaires qui ne rentre plus dans les caisses de Xerox et de la perte de marge.

Émergence de la fonction et déploiement du Supply Chain Management dans une PME

Par Jean-François Dargein, directeur de la Supply Chain et des Achats, Valrhona

Dans le cas d'une PME telle que la nôtre, l'émergence de la Supply Chain a été, avant tout, la conséquence d'une croissance soutenue de notre activité :
- doublement de l'activité tous les 6 à 7 ans ;
- développement de nouveaux marchés et de leurs circuits de distribution ;
- internationalisation de l'activité : 55 % du chiffre d'affaires réalisé à l'international en 2006 contre moins de 30 % avant 2000.

À cet effet généré par des décisions stratégiques internes, viennent se combiner des évolutions des deux principaux partenaires de l'entreprise que sont ses clients et ses actionnaires :
- les clients, à travers un changement progressif de leurs pratiques et de leurs besoins dont la tension sur les stocks, la personnalisation de produits, le besoin d'information accru sur l'avancement de leurs commandes,... Cet impact a été d'autant plus fort avec le développement de nouveaux marchés, moins traditionnels.
- les actionnaires par leur exigence grandissante sur les ratios financiers avec en particulier une attention forte sur la valeur de tous les stocks et l'optimisation des investissements.

Mais cette émergence de la fonction Supply Chain n'aurait pu voir le jour sans aussi une volonté déclarée de la direction de l'entreprise qui, au-delà de répondre aux exigences citées précédemment, a résolument intégré le service au client comme un facteur déterminant de différenciation et de développement dans un marché de plus en plus concurrentiel où nous prenions une part de plus en plus importante.

Si cette évolution de l'entreprise paraît donc inévitable, voire naturelle, elle ne se fait pas sans difficultés car elle implique des changements profonds en interne :

- Tout d'abord culturels, puisque notre développement a été principalement assis sur l'innovation et la qualité de nos produits : il est donc difficile de sensibiliser l'entreprise sur des critères logistiques quand son attention se focalise sur la conception et la fabrication des produits. Par ailleurs, développer une démarche plutôt « industrielle » alors que nous évoluons dans un marché majoritairement « artisanal » peut dérouter les collaborateurs, voire même les clients.

- Puis en termes de méthodes et d'outils : il faut faire évoluer les modes de communication du fait d'un nombre d'intervenants bien plus important que par le passé, avec en particulier un handicap souvent répandu dans les PME lié à leur faible niveau d'équipement en système d'information.

- Enfin et surtout, un grand bouleversement organisationnel qui passe par le transfert de compétences et de domaines de responsabilité afin de déployer la transversalité et de décloisonner la structure organisationnelle historique.

Enfin, dans le cas de la distribution alimentaire, les grandes surfaces recherchent de plus en plus une rotation très active de leur linéaire et une maximisation du chiffre d'affaires et de la marge au mètre-linéaire. Par conséquent, un produit référencé et approvisionné chez un fournisseur doit se trouver dans les linéaires. Sans quoi il y a perte de chiffre d'affaires et de marge. Tout autant que la marque, la grande distribution référence maintenant la qualité de la logistique de ses fournisseurs.

Ainsi faut-il globaliser l'offre de l'entreprise et proposer autour d'un produit physique appelé produit générique, une offre plus étendue qui se compose le plus fréquemment de services. Sur des produits de grande diffusion, la recherche d'avantage concurrentiel par différenciation conduit à la micro-segmentation, voire à sa forme extrême qu'est la personnalisation des produits. De production de masse indifférenciée on passe à une production à l'unité pour pouvoir tenir compte des spécificités de la différenciation afin de répondre aux besoins découlant de la micro-segmentation, voire à la personnalisation. Cette opération de différenciation s'opère souvent par l'addition de services complémentaires au produit physique. Cette addition de services produits à l'unité nécessite, à terme, une plus grande industrialisation, de manière à en réduire le coût de fabrication. C'est alors, pour l'ensemble du couple produit/service, la recherche d'une industrialisation du service. Cette industrialisation passe nécessairement par une recherche d'intégration du service dès la conception des produits (cf. schéma 3.2).

La recherche d'une meilleure disponibilité des photocopieurs a conduit à développer un soutien après-vente particulièrement réactif mais coûteux. C'est une des raisons pour lesquelles les constructeurs de ce type de matériel ont tenté d'industrialiser le service en intégrant des modules d'auto diagnostic et de remise en condition des appareils par l'utilisateur lui-même. Dès lors les photocopieurs disposent de tableau de bord qui guide l'utilisateur pour remettre par lui-même, et dans la mesure du possible, le matériel en état de bon fonctionnement.

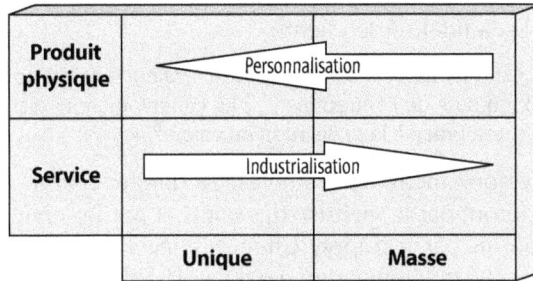

SCHÉMA 3.2. *Personnalisation du produit physique et industrialisation du service*

Ainsi cette montée de l'offre de services associés au produit physique est générale. Elle donne un élément majeur de contexte à la montée en puissance de la logistique et du Supply Chain Management.

2.2. Quelle production de services ?

Les produits physiques seuls, représentent une valeur limitée, voire nulle, pour le client...

> « s'ils ne sont pas positionnés de manière adéquate dans un espace géographique et temporel qui fournit aux clients l'opportunité de profiter des attributs tant physiques que psychologiques associés à la possession du produit[5]. »

La notion de service-client devient dès lors une dimension essentielle dans la démarche marketing. L'ICSA (International Customer Service Association), définit le service client comme :

> « Les fonctions d'une activité qui ont la satisfaction du client comme responsabilité et fournissent cette satisfaction en traitant les commandes et/ou les besoins en information. »

Il est possible de préciser l'apport de la logistique et du Supply Chain Management au service client. Le service client est fourni par l'ensemble des fonctions de l'entreprise, les services produits par la logistique et le Supply Chain Management ne concernant que les activités concernant les dimensions quantité, temps et lieu. Ces services sont essentiellement attachés au cycle de traitement de la commande pour la distribution physique, au cycle de production pour les opérations de production, au cycle d'après-vente pour le maintien des produits en bonne condition d'utilisation et au cycle des approvisionnements pour les achats.

Le Supply Chain Management et la logistique contribuent, dans le cadre de la production de l'offre aux clients, à proposer un ensemble de services qui permettent l'adaptation et la différenciation du produit générique initial. Ceci devient d'autant plus important que les produits sont plus indifférenciés dans leur composante

---

5. Bowersox D., « Physical distribution development, current status and potential », *Journal of Marketing*, vol. 33, n° 1, 1969, p. 63-70.

physique. Elle contribue en cela à la mission générale de toutes les fonctions de l'entreprise de manière à fidéliser le client :

> « [...] La logistique apporte en utilité ou en valeur une composante lieu, temps et quantité aux outputs de l'entreprise [...] Le canal logistique est un élément-clef pour satisfaire le client grâce à la réalisation de valeur[6]. »

À technologies et performances équivalentes, la différenciation et l'adaptation aux besoins du client se feront par la maîtrise des coûts et par le service. Ce sont en particulier les services fournis par le Supply Chain Management et la logistique qui vont pouvoir contribuer à cette différenciation. Le délai, la fiabilité du délai, la disponibilité du produit, la qualité du transport, la production d'information sur le statut du produit dans le processus logistique sont autant de composantes du service qui sont fournies pour contribuer à l'offre globale produit-service destinée aux clients. La multiplication de ces services et leur valorisation dans le mix proposé aux clients implique nécessairement une réflexion sur leur conception et leur process de production. Ainsi, on tente, pour mieux maîtriser le coût inhérent à la production des services de nature logistique, de les industrialiser par leur meilleure prise en compte dès la conception du produit. C'est la logistique intégrée qui participe de cette manière à la définition du produit global.

2.3. Offres types de services produits par la Supply Chain

2.3.1. L'offre de service d'un producteur de produits ultra-frais

À titre d'illustration, prenons tout d'abord l'exemple des produits frais en France. Les produits frais présentent un bon exemple pour lequel les produits de cœur de gamme sont similaires d'une marque à l'autre. Les prix sont voisins ou identiques. En dehors des effets de marque et d'actions commerciales promotionnelles, la performance d'un produit du point de vue commercial se mesure selon deux critères :

- la *disponibilité* des produits en linéaire qui assure la réalisation de leur rotation et du chiffre d'affaires ;
- la *date de vie* la plus longue qui apparaît comme le facteur différenciateur le plus pertinent aux yeux du consommateur.

La fraîcheur du produit devient un argument essentiel dans le marketing des distributeurs. Cet argument, susceptible de séduire le client, joue également un rôle pratique très sensible. Face à un linéaire, le client prend toujours le produit dont la date de fraîcheur est la plus longue. Par conséquent, une date limite de consommation mal gérée par le distributeur avec ses fournisseurs débouche inéluctablement sur des invendus.

L'action du directeur de la Supply Chain d'une entreprise de produits frais s'inscrit dans la recherche simultanée (cf. schéma 3.3) :

---

6. Novack R., Rinehart L., Wells M., « Rethinking concept foundations in logistics management », *Journal of Business Logistics,* vol. 13, n° 2, 1992, p. 233– 267.

- d'une amélioration constante de la date de limite de consommation mise à la disposition des distributeurs, pour satisfaire principalement les besoins des clients et les attentes de la distribution ;

- d'une minimisation des ruptures en linéaire, pour répondre aux attentes des commerciaux et de la distribution ;

- d'une minimisation des dégagements, c'est-à-dire des retraits de produits pour date limite de consommation insuffisante, pour limiter les pertes de produits et donc éviter la détérioration des indicateurs financiers.

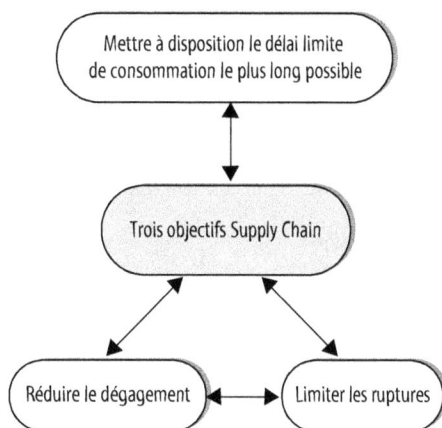

SCHÉMA 3.3. *Les trois objectifs service de l'action du directeur Supply Chain d'une entreprise de produits frais*

L'action sur ces trois objectifs présente cependant une certaine contradiction qui explique toute la difficulté de producteurs de service de cette mission. Car, en première approche, améliorer la satisfaction sur la date limite de consommation conduit à diminuer les stocks et à augmenter le risque de rupture. De même, limiter les ruptures peut conduire à augmenter les stocks et donc à augmenter les risques de dégagement.

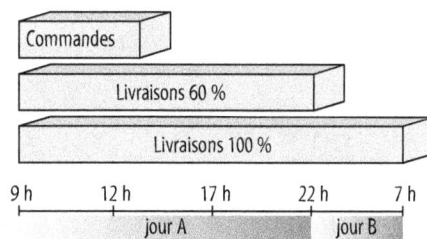

SCHÉMA 3.4. *Performances de service attendues dans la distribution des produits frais*

La rapidité de la livraison devient un élément essentiel de l'offre du producteur. Cette rapidité contribue simultanément à réduire le risque de rupture ou sa durée lorsqu'elle s'est produite. Elle améliore parallèlement la durée de fraîcheur de produit. Actuellement, le service apporté en matière de délai, fait que toute commande passée entre 9h et 12h est livrée dans 60 % des cas le même jour et dans 100 % des cas au plus tard le lendemain avant 7h (cf. schéma 3.4)

2.3.2. L'offre de service d'un fabricant de verres optiques

Prenons comme second exemple illustratif des enjeux associés à la fonction de production de services dans la gestion des flux, le cas d'Essilor. Dans une telle entreprise, il est intéressant de constater que jusqu'en 1991, aucune mesure du niveau de service proposé aux clients n'était effectuée. En revanche, les principaux coûts afférents à la logistique étaient cernés dans leurs grandes composantes : le stock verre montait jusqu'à 32 % du chiffre d'affaires et la couverture de stocks dépassait

> 6 mois de vente mondiale et 7,5 mois pour l'Europe. À partir de 1991 un processus est amorcé pour à la fois améliorer le niveau de service, une fois défini et mesuré régulièrement, et réduire les coûts logistiques, particulièrement les coûts de stocks. La production de services devient alors au cœur des objectifs de la fonction logistique.

À la fin des années 1990, les objectifs énoncés par la Direction logistique d'Essilor étaient au nombre de cinq :

• améliorer le service au départ des stocks centraux pour atteindre 98 % ;

• diminuer le délai de service au départ des stocks centraux de 30 % à 70 % selon les verres et les clients ;

• contribuer à maintenir les valeurs de stocks et à réduire le ratio stocks/CA verres ;

• réduire la couverture de stock monde de 6 à 3 mois en réduisant le temps de cycle client/usine à 4 semaines ;

• réduire le coût logistique de 30 à 70 % selon les verres et les clients.

Les deux premiers objectifs énoncés concernent les services. Les trois suivants sont plutôt consacrés à la définition du cadre dans lequel les coûts de production de ces services logistiques doivent se situer.

En 2006, l'offre de services d'Essilor a atteint un niveau de performances très exigeant sur de nombreux pays européens, dont la France : pour toute commande passée en J avant 18 heures, Essilor s'engage sur une livraison en J + 1 avant 10 heures sinon une livraison en urgent est déclenchée et les verres ne sont pas facturés à l'opticien.

2.3.3. Les attentes de services dans la grande distribution

Actuellement la grande distribution se trouve confrontée à un environnement tel de la part de ses clients et des dispositifs légaux que ses attentes en matière de service s'expriment de la manière suivante à l'égard de ses fournisseurs :

• minimisation des ruptures en linéaire :

• fréquence des livraisons et livraisons multiproduit : des trois ou quatre fois par semaine par famille de produits, les attentes en matière de livraison sont maintenant de la part des hypermarchés d'au moins une fois par jour, en camion multiproduit ce qui nécessite une révision complète des circuits logistiques et la mise en place de plate-forme cross-docking ;

• valeur ajoutée pour mise directe en linéaire : la demande des magasins s'oriente sur la livraison de gondole déjà préparée, de vêtements pré-équipés des systèmes antivol, de la mise en place des produits dans le respect du concept magasin et en particulier des livraisons par univers de vente (baby, sport, vaisselle) qui nécessitent des groupages préalables en provenance de multiple fournisseurs ;

• traitement des déchets et des emballages : l'obligation du retraitement des emballages conduit les magasins à attendre une réponse appropriée des fournisseurs. À ces attentes générales viennent s'ajouter des attentes différenciées par catégorie de produits ;

- pour les produits frais et ultra-frais, les contraintes sanitaires et la fraîcheur des produits attendue par les clients exigent de travailler quasiment en flux tendus. Pour les produits volailles et viandes, des chaînes logistiques ont été mises en place de manière à livrer certains entrepôts en moins de 6 h ;

- pour les produits secs en France, le niveau des stocks moyen est de 20 jours en entrepôt et de 27 jours en magasin, soit un total de 47 jours alors qu'il n'est que de 9 jours en entrepôt et 10 jours en magasin chez Tesco en Grande-Bretagne, soit un total de 19 jours. Les performances logistiques des Anglais sont illustratives des marges de progrès qu'il est possible de faire sur les stocks.

Enfin, il est possible de citer l'exemple d'un secteur complet qui est celui de la vente par correspondance (VPC). Chaque innovation majeure de service dans ce secteur s'est faite avec la mise en œuvre d'un outil logistique adapté. Les livraisons sous 48 h puis sous 24 h, ont nécessité la mise en place d'un circuit de distribution express. La livraison garantie sous huit jours nécessite à la fois un dimensionnement *ad hoc* des stocks et une sécurisation du circuit logistique standard. La faculté donnée aux clients d'annuler leur achat en retournant le produit dans un délai contractuel nécessite la mise en œuvre de chaînes de traitement des retours (contrôle de la réception des retours, ré-incorporation des produits dans les stocks, traitement administratif).

2.3.4. Les services produits par la Supply Chain comme avantage concurrentiel et barrière à l'entrée sur un marché

Dans le cadre de son développement commercial, le Supply Chain Management et la logistique représentent pour une entreprise un facteur de déploiement essentiel qui, une fois qu'il est maîtrisé, constitue une barrière à l'entrée sur le marché pour les concurrents potentiels.

L'exemple d'Altadis et plus généralement de la distribution des produits du tabac en France illustre un tel phénomène. Si Altadis bénéficie d'un monopole de la vente au détail du tabac via les buralistes, qui sont assermentés par le Ministère des Finances sachant que le produit de la vente est constitué à plus de 80 %[7] par des taxes collectées pour le compte de l'État, il n'y a pas de monopole de nature légale pour la distribution physique de ces produits depuis les usines de production des différents manufacturiers jusqu'aux bureaux de tabac. Il existe ainsi une quarantaine de distributeurs de tabac en France. Les buralistes représentent environ en France 31 000 points physiques de livraison et comme premier réseau commercial en France, ils accueillent chaque jour 10 millions de clients. Néanmoins, organiser une logistique de distribution en France pour 31 000 points de livraison peut se révéler à la fois coûteux et compliqué. C'est pourquoi, historiquement, Altadis Distribution, filiale à 100 % de Altadis, est l'opérateur logistique en charge de l'approvisionnement des buralistes de l'ensemble des produits, que ceux-ci soient commercialisés par Altadis, Philip Morris, BAT ou d'autres.

7. Commission européenne, « Excise duty tables », Part III Manufactured Tobacco, juillet 2005.

Altadis Distribution assure ainsi deux fonctions : celle de grossiste et celle de distributeur pour les fabricants étrangers qui ont conclu avec elle des contrats de distribution. Altadis gère ainsi 130 000 tonnes de fret et près de 2 700 commandes par jour. Ce monopole de fait, qui en réalité cache une concurrence latente, a satisfait pendant de nombreuses années l'ensemble des producteurs, associés en quelque sorte dans une même entité logistique mais organisée, gérée et contrôlée par l'un d'entre eux : Altadis. En effet, pour un produit pour lequel les taxes représentent plus de 80 % du prix de vente, la valeur réelle du produit au kg est faible et la baisse du coût logistique est un enjeu important. C'est pourquoi, les transports d'approche des usines de production jusqu'aux centres de distribution[8] de Altadis Distribution sont massifiés en utilisant le rail. Et, très tôt, Altadis Distribution a mis en place un programme de rationalisation très poussé de la logistique aval en automatisant le stockage et surtout la préparation de commande, et en mettant des tournées de livraison fixes pour maximiser le remplissage des camions de livraison et minimiser les kilomètres parcourus. Ce système, certes un peu rigide, permet d'atteindre un coût logistique de l'ordre de 4 à 5 % par rapport à la valeur réelle des produits, ce qui est une performance enviable eu égard au nombre très élevé et à l'atomisation importante des points de livraison. Ce niveau obtenu par massification des flux est en soi une première barrière pour les concurrents qui auront beaucoup de difficultés à atteindre ce niveau rapidement, même si leur sortie du système Altadis, contribuerait à détériorer le niveau de performances actuel.

Mais la compétence de Altadis Distribution ne s'est pas limitée à l'organisation des flux physiques. L'accroissement du nombre des références par l'élargissement des gammes proposées par les manufacturiers du tabac a conduit Altadis Distribution à mettre en place au début des années 90 un projet d'automatisation de la passation des commandes afin de faciliter cette tâche pour le buraliste submergé par la multiplicité des codes articles. Cet objectif a été rempli par un outil qui remplaça progressivement les bons de commande papier, et un outil de calcul des quantités, le Strator, caisse enregistreuse intelligente (EPOS : Electronic Point Of Sale) utilisée pour scanner les produits vendus et par conséquent permettant de garder en mémoire le profil historique des ventes pour un article donné et de calculer les quantités « optimales » de réapprovisionnement. La généralisation de Strator a été d'autant plus forte que les débitants ont vu un nouveau débouché apparaître : la e-recharge pour les téléphones portables. Les fonctionnalités sont les suivantes :
• le suivi instantané des ventes ;
• la tenue des stocks des magasins ;
• l'émission du bon de commande de réassort ;
• la prise en compte des livraisons ;
• les listes de références et des tarifs ;
• le calcul automatique des quantités sous forme de proposition de commande.

8. Jadis au nombre de 11, ils sont passés à 8 en juin 2000 en France. Leur surface moyenne est de 20 000 m^2. Le rachat de la Régie des Tabacs du Maroc en 2003 a conduit à un vaste plan de restructuration engendrant la fermeture de 9 sites en France et en Espagne.

Cette solution intégrée est sans aucun doute un service apporté par Altadis Distribution fortement apprécié des buralistes qui leur permet de consacrer leur temps à la vente et à l'animation de leur point de vente, plutôt que de faire des calculs sur des quantités à mettre en stock. Notons enfin que Altadis Distribution développa dans le même temps des concepts innovateurs en matière de merchandising au niveau de l'espace tabac pour accroître les ventes de tabac. On le voit, le logisticien Altadis Distribution, n'est pas seulement un opérateur qui traite informationnellement et physiquement des commandes : il a développé un ensemble de services perçus comme importants par les buralistes qui sont donc fidélisés.

Dans le milieu des années 90, deux événements majeurs eurent lieu dans la vie de l'entreprise : la Commission de Bruxelles dénonça la position dominante de Seita par sa filiale logistique dans la distribution des produits du tabac en France et l'État français décida d'enclencher un processus de privatisation qui, sans remettre en cause le monopole de vente au détail, signifiait pour les acteurs de ce secteur industriel une ouverture et une libéralisation du marché potentiellement préjudiciable en terme économique et commercial. C'est tout le système logistique qui était en danger avec des conséquences très négatives. Si un manufacturier mécontent du tour de table de la Seita privatisée décidait de quitter la Seita Distribution pour distribuer ses produits, cela signifiait une perte de volume conséquente pour un système, rappelons-le, très automatisé et calé sur un volume donné, dont la conséquence aurait été d'accroître le coût de la prestation pour les autres manufacturiers.

Un tel scénario était certes très difficile à organiser pour un « free rider » potentiel, car livrer 31 000 points de livraison en France (59 600 en Europe depuis la fusion avec Tabacalera) à un coût acceptable en maintenant les délais de livraison habituels, n'est pas à la portée de tout logisticien. Philip Morris sous-traite déjà la logistique de distribution des produits alimentaires commercialisés par sa filiale Kraft Foods auprès de prestataires logistiques tels que FM Logistics. Mais sur ces produits alimentaires, les volumes sont beaucoup plus importants et sont livrés directement sur les quelques centaines de plates-formes des distributeurs et non pas vers des dizaines de milliers de points de vente.

Néanmoins, la véritable barrière à l'entrée était surtout constituée par le système de communication et d'information mis à la disposition des buralistes par Altadis Distribution. Si la logistique physique est dédoublée, il faut imaginer également un dédoublement des flux d'information. Il aurait donc fallu pour le « free rider » potentiel investir dans un système propre ce qui aurait signifié pour le buraliste un dédoublement des systèmes de prise de commande et des perturbations liées aux multiplications des livraisons.

Cet exemple, comme beaucoup d'autres que nous avons rencontrés dans nos recherches et missions de conseil (édition musicale, équipementier automobile...), montre que le développement de compétences logistiques — en particulier au niveau des systèmes d'information — conduit à créer des liens de nature différente de la relation commerciale pure. Elles soutiennent, et en quelque sorte verrouillent, cette relation tant par le faible coût de la prestation que par la qualité du service qui est apportée. Il devient alors très difficile pour un industriel ou un distributeur, à moins d'investissements considérables et d'un risque de déstabilisation du secteur dans son entier, d'entrer sur un marché nouveau ou de sortir d'un « business model » qui a fait ses preuves.

Inditex en est un autre exemple. C'est le Dell Computer de l'industrie du prêt-à-porter. Inditex est le groupe espagnol développeur et propriétaire de la marque Zara. Cet empire textile créé ex nihilo par Amancio Ortega emploie aujourd'hui 47 000 personnes en direct et a réalisé un chiffre d'affaires de 5,67 milliards d'euros en 2004 (bénéfice de 628 millions d'euros). Le premier point de vente a ouvert en 1975. Il compte aujourd'hui 2 244 magasins dans 56 pays dans le monde. L'objectif est d'atteindre 4 000 magasins en 2009 (322 ouvertures en 2004 et près de 350 en 2005).

Le bussiness modèle des différentes marques d'Inditex (Zara, Kiddy's Class, Pull and Bear...) se caractérise par une très forte intégration verticale afin de raccourcir les délais depuis la phase de design jusqu'à la mise en linéaire dans les points de vente. Ainsi la flexibilité de l'organisation rend possible la mise en linéaire de variantes à succès en moins de 15 jours.

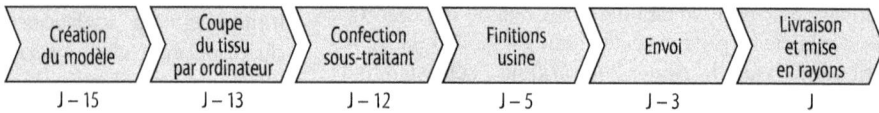

Création du modèle	Coupe du tissu par ordinateur	Confection sous-traitant	Finitions usine	Envoi	Livraison et mise en rayons
J – 15	J – 13	J – 12	J – 5	J – 3	J

2.4. Production de services et rationalité économique

2.4.1. Produire un service à un coût donné

La prise en compte de la production de service par le Supply Chain Management et la logistique ne doit pas occulter la dimension économique fondamentale inhérente à toute activité logistique. S'il est clair que la logistique crée de la valeur ajoutée et ne se limite pas à un simple cumul de coûts générés par des opérations physiques et l'exploitation de systèmes d'information, il n'en reste pas moins vrai que l'objectif de minimisation de ces coûts, une fois le cahier des charges de service formalisé, demeure une préoccupation majeure des logisticiens. L'objectif d'optimisation d'une fonction économique, contrainte par des niveaux de service donnés et exigés par les marchés, est au cœur de la démarche. La complexité qui résulte du comportement antagoniste de certains paramètres économiques (diminution des coûts de stock versus augmentation des coûts de transport) et qui conduit à des « trade-off », c'est-à-dire des compromis, l'impact des volumes par l'effet d'échelle qui permet des réductions de coûts très significatives et la faible valeur relative des produits traités dans la plupart des secteurs industriels concernés, sont autant de facteurs qui stimulent et accroissent la sensibilité du logisticien par rapport aux données économiques de coût.

Pour assurer la distribution de ses pièces de rechange, Renault dispose de 5 grands entrepôts en France :

- Sens ;
- Cergy-Pontoise (petite taille) ;
- Flins (gros volume) ;
- Saint-Ouen L'Aumône (produits dangereux) ;
- Trappes (produits à faible rotation).

Certains de ces entrepôts ont des surfaces de près de 200 000 m^2. Il existe 9 entrepôts en Europe (4 000 à 40 000 m^2). Cela lui permet de gérer 140 000 références pour les véhicules en circulation auxquelles il faut ajouter les références des véhicules de plus de 15 ans, approvisionnés de plus de 1 600 fournisseurs. C'est ainsi que 180 000 commandes sont traitées chaque jour. En France, la qualité de service a primé. Alors qu'au début des années 2000, Renault ne distribuait que son réseau primaire (les concessionnaires), soit environ 3 000 points de livraison, aujourd'hui ce sont 13 000 points de livraison qui sont desservis (concessionnaires, agents et même certains garagistes indépendants).

Fournisseurs	1 600
Références de moins de 15 ans	140 000
Points de livraison en Europe	13 000
Lignes de commandes quotidiennes	180 000
Offres de service	Commande J entre 16 h/17 h Livraison J + 1 à 8 h

Il est clair que le Supply Chain Management et la logistique doivent être abordés en premier lieu comme des fonctions de production de services : disponibilité, délai, fiabilité des délais, qualité des transports… La question première reste donc, avant toute chose, de bien lui fixer ses objectifs en matière de services. Il serait déraisonnable pour un responsable logistique d'aborder la question des objectifs annuels de sa fonction par une vision de la réduction de ses coûts. Il lui faut avant tout poser la question de l'attente en matière de services. Il s'agit de définir le cahier des charges services attendus par les clients, qu'ils soient internes ou externes. C'est le SLA (Service Level Agreement) qui scelle l'accord des deux parties.

Par exemple, dans le cadre de la vente par correspondance (VPC) les offres de réduction du délai de livraison ont évidemment conduit à réduire la fenêtre de temps ouverte pour traiter les opérations. Avec un moindre délai, les opportunités d'ordonnancement de la préparation de la commande ou d'optimisation du remplissage des transports diminuent. Néanmoins, l'offre différenciée des niveaux de service qui assure un délai de traitement de commande et de livraison standard de 48 h sans surcoût, a conduit à la possibilité pour le client final d'être livré en 24 h mais en supportant un surcoût. C'est cette dialectique service/coût qui est au cœur des démarches intégrées entre le marketing, les ventes et le Supply Chain Management qui a la mission de concevoir les réponses adaptées en matière de solutions physiques et informationnelles.

Dans le secteur des produits ultra-frais laitiers, si le délai de livraison – qui est comme nous l'avons vu aujourd'hui dans 60 % des cas dans la même journée pour une commande passée avant 12h –, est ramené dans la totalité des cas à une livraison le lendemain avant 7h, alors une économie très substantielle sur les coûts de la Supply Chain est susceptible d'être générée.

2.4.2. Évaluer les coûts logistiques

Comme toute activité de production, la logistique et le Supply Chain Management disposent de moyens de production. Les stocks sont un des moyens essentiels à la disposition du Supply Chain Manager pour assurer la disponibilité des produits et les délais sur lesquels il s'est engagé. Ils représentent dans beaucoup de secteurs non seulement une immobilisation financière, mais un risque d'obsolescence important. Le renouvellement des produits, la substitution d'une technologie par une autre, le levier marketing des collections, rendent de nombreuses références pratiquement invendables du jour au lendemain

Les moyens de transport, possédés en propre ou achetés en tant que prestation auprès de transporteurs, représentent des postes de dépenses très importants. Délocaliser une production nécessite par exemple de rapatrier les produits sur les zones de consommation en utilisant soit les moyens maritimes, soit les moyens aériens.

Les entrepôts représentent des investissements croissants. Hors prix du terrain, pour des entrepôts de plus de 10 000 m^2, le coût au m^2 est compris aujourd'hui entre 275 € et 305 €. Reste ensuite à équiper l'entrepôt avec les racks, les matériels de manutention, les automatismes… Les hommes, par le nombre de ceux qui sont impliqués dans les opérations logistiques, sont également un poste de coût significatif.

Enfin, les systèmes d'information permettent le pilotage des flux, leur suivi et le traitement des commandes. Se substitue à ces stocks, qui sont une ressource inflationniste, une ressource structurellement déflationniste depuis des années, l'information. L'expérience montre que, au cours des 30 dernières années, le coût de l'équipement informatique a diminué de 20 à 30 % par an, ce qui signifie un facteur de 10^5 sur cette période. L'industrie informatique est un parfait exemple du développement technologique exponentiel. Ainsi, par exemple, en ce qui concerne les capacités de mémoire et le traitement des données, le coût par bit de mémoire de base était en 1960 de 20 cents et a diminué de 19 % par an. Puis, en 1974, on se tourna vers les semi-conducteurs avec l'avènement des puces à 4kbit, le coût devint alors de 1 cent par bit, puis diminua de 28 % par an. Aujourd'hui la capacité des disques durs est 40 Gbits. Il faut compter souvent plutôt 80 ou 120 Go pour utiliser vidéo et jeux. En 1997, la capacité de stockage était de 1 Go.

Cette puissance informatique croissante, obtenue à un coût unitaire décroissant, permet ainsi de concentrer un stock au niveau de plusieurs pays grâce à une interconnexion des systèmes d'information. Tous les pays ou tous les sites de vente se connectent sur un site de stockage central. Cependant, si cette substitution vient apporter de substantielles économies en global, elles sont partiellement réduites par la nécessité de mettre en place des systèmes de transport rapide complémentaires.

Chaque production de services visée nécessite la mise en œuvre d'une combinaison des ressources de la Supply Chain et génère donc un prix de revient logistique. Comme dans toute activité de fabrication, l'objectif est alors de maîtriser le coût de fabrication du service produit. La référence de ce coût de production à la valeur unitaire du produit est cruciale. La pression sur les coûts est fonction de cette valeur. Par exemple, alors que pour les produits informatiques la valeur de ces produits est de l'ordre de 76 €/kg, pour les produits cosmétiques cette valeur chute à 7 €/kg, à 1,3 €/kg pour les produits ultra-frais laitiers, à 0,27 €/kg pour les eaux minérales et moins de 0,15 €/kg pour les poteaux destinés à l'installation du réseau de télécommunication fixe et pour les matériaux de construction de génie civil devant servir à la mise en place de réseaux câblés.

Dès lors, la part représentée par les coûts logistiques par rapport à la valeur marchande des produits concernés peut prendre des valeurs très variables : 3 % pour les produits cosmétiques (3,5 % pour les dentifrices dont 2 % pour le stockage et 1.5 % pour les transports aval), soit 0,21 €/kg, 7 % pour les produits ultra-frais, soit 0,96 €/kg, plus de 15 % pour les eaux minérales, soit 0,035 €/kg, et atteindre jusqu'à plus de 50 % pour des matériaux de génie civil, soit 0,076 €/kg. Il y a bien évidemment un lien entre la valeur des produits et le coût logistique, la

Poste de coût	% du CA	% du coût logistique
Transport	3,36 %	45 %
Entreposage	1,65 %	22 %
Traitement des commandes et service client	0,48 %	6 %
Administration	0,25 %	3 %
Stock	1,76 %	24 %
Total coût logistique	7,51 %	

(Source : Establish Inc./Herbert W. Davis and Company www.establishinc.com)

TABLEAU 3.1. *Répartition des coûts logistiques pour une entreprise « moyenne » issue de l'échantillon*

pression sur les coûts étant portée sur les produits à faible valeur. Plus ce coût sera important, plus la recherche d'économies d'échelle par la standardisation des systèmes logistiques développés et leur mutualisation dominera la démarche du logisticien. Massifier les flux, économiser quelques centimes à la tonne transportée pour des flux de plusieurs centaines de milliers de tonnes à l'année, partager des ressources considérées comme des « commodités » non stratégiques, sont autant d'actions positives pour diminuer les coûts.

La minimisation des coûts logistiques passe également par leur décomposition, leur classement selon l'ordre décroissant de leur valeur relative et la mise en œuvre de

solutions adaptées. Une des plus grandes difficultés provient de la capacité du logisticien à pouvoir agréger toutes les composantes qui contribuent à la formation de ces
coûts dans une approche d'optimisation globale (cf. tableau 3.1). Cette difficulté est
renforcée par l'approche organisationnelle en « silo » de nombreuses entreprises sur
laquelle sont calés les systèmes d'information en général et comptables en particulier,
ce qui est antagoniste à la transversalité des flux.

Cette approche est conforme aux éléments de réflexion fournis par l'analyse économique. Elle confère aux opérations de la Supply Chain développées par les acteurs
des canaux de distribution une finalité d'amélioration de l'utilité proposée aux
consommateurs dans le souci de minimiser le coût de cette mise à disposition.
L'approche marketing propose de formaliser cette vision dans la constitution d'une
offre produit/service pour laquelle la logistique devient l'agent producteur d'une
partie de l'offre des services proposés. Les services associés à un produit physique
sont de nature à en accroître l'utilité et la valeur pour le client.

La notion de coût doit néanmoins dépasser celle des moyens logistiques. Elle doit
également intégrer l'impact économique de la rupture de stock. L'absence de produit
sur un linéaire conduit à une perte de chiffre d'affaires dommageable pour le
producteur et le distributeur. L'effet induit au-delà de cette perte immédiate sera le
report de l'achat par le client sur un produit de substitution d'une autre marque du
même groupe, ou — plus ennuyeux — d'une marque d'un groupe concurrent, ou
encore le choix d'un nouveau distributeur pour l'ensemble de ses achats, ce qui
pénalise lourdement le distributeur.

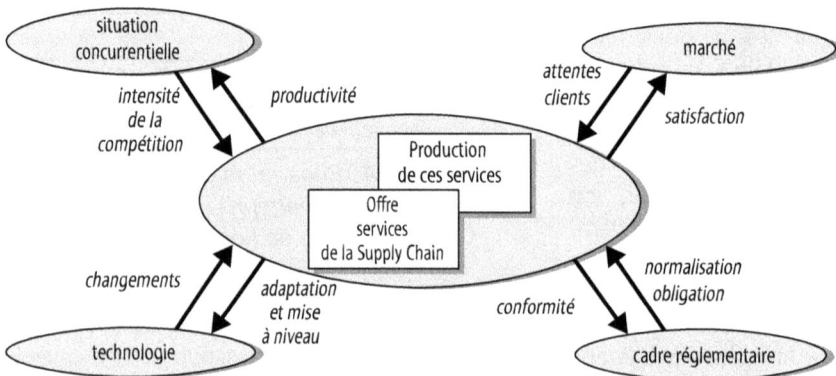

SCHÉMA 3.5. *L'environnement de la production de services logistiques*

Soulignons enfin qu'un autre facteur de complexité est le caractère très dynamique
des paramètres de l'environnement qui soumettent le système produit/process de la
Supply Chain à des évolutions permanentes. Les changements continus de l'environnement du produit et du process de la Supply Chain sont essentiellement dus aux
facteurs exogènes suivants (cf. schéma 3.5) :

- *le marché* : il évolue par les produits, les besoins des clients, leurs attentes en matière de services produits par la Supply Chain, leur positionnement géographique, les canaux de distribution qui les servent ;

- *la situation concurrentielle*. Elle modifie en permanence les positions relatives des offres de la Supply Chain des différents compétiteurs ;

- *la technologie*. Elle offre en matière logistique, comme dans d'autres domaines, des ressources nouvelles avec une fréquence rapide (émergence du RFID[9] par exemple) ;

- *le cadre réglementaire*. Il incite ou contraint à des comportements en matière de flux.

Il devient alors essentiel d'étudier l'élasticité de chaque composante de coût par rapport à ces facteurs exogènes afin de mesurer et d'anticiper la capacité des systèmes logistiques existants à absorber ces évolutions.

Ainsi un changement dans les sources d'approvisionnement, une modification du processus industriel, une évolution des marchés, une transformation des produits sont autant de facteurs qui remettent en cause le choix des modes de transports, la localisation des infrastructures dédiées à la gestion des flux, à l'organisation interne d'un entrepôt. L'instabilité de l'environnement de la Supply Chain conduit les responsables en charge de cette activité à mettre en œuvre des méthodes de reconception en temps réel des réseaux de circulation des composants, matières, produits finis ou semiouvrés… Une des facettes essentielles du Supply Chain Manager devient dès lors la conception en temps réel des réponses pour répondre aux situations nouvelles qui se présentent.

Plus généralement, ce qui est recherché, c'est une amélioration continue du niveau de service avec une réduction des coûts de production, en cherchant à transformer les process de production de la Supply Chain (cf. schéma 3.6). Chaque courbe correspond à une courbe de coûts logistiques en fonction du niveau de service visé. Les courbes diffèrent en fonction des designs des systèmes logistiques retenus ou des techno-

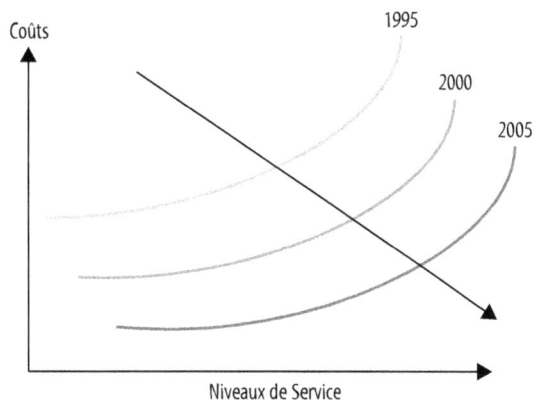

SCHÉMA 3.6. *Courbe du prix de revient logistique en fonction du niveau de service visé*

9. RFID : Radio frequency Identification.

logies utilisées. L'objectif est dès lors non seulement de diminuer le prix de revient logistique pour un niveau de service visé mais aussi de permettre d'étendre le champ des services proposés à un prix de revient logistique acceptable.

3. L'OFFRE DE SERVICE DE LA SUPPLY CHAIN

3.1. Typologie de l'offre de service

L'observation des différents processus de production de services par la Supply Chain et l'étude de leur finalité laissent apparaître une nomenclature des services qu'elle se destine à produire en quatre niveaux. Ces niveaux correspondent aux étapes successives de la vie du produit (cf. schéma 3.7).

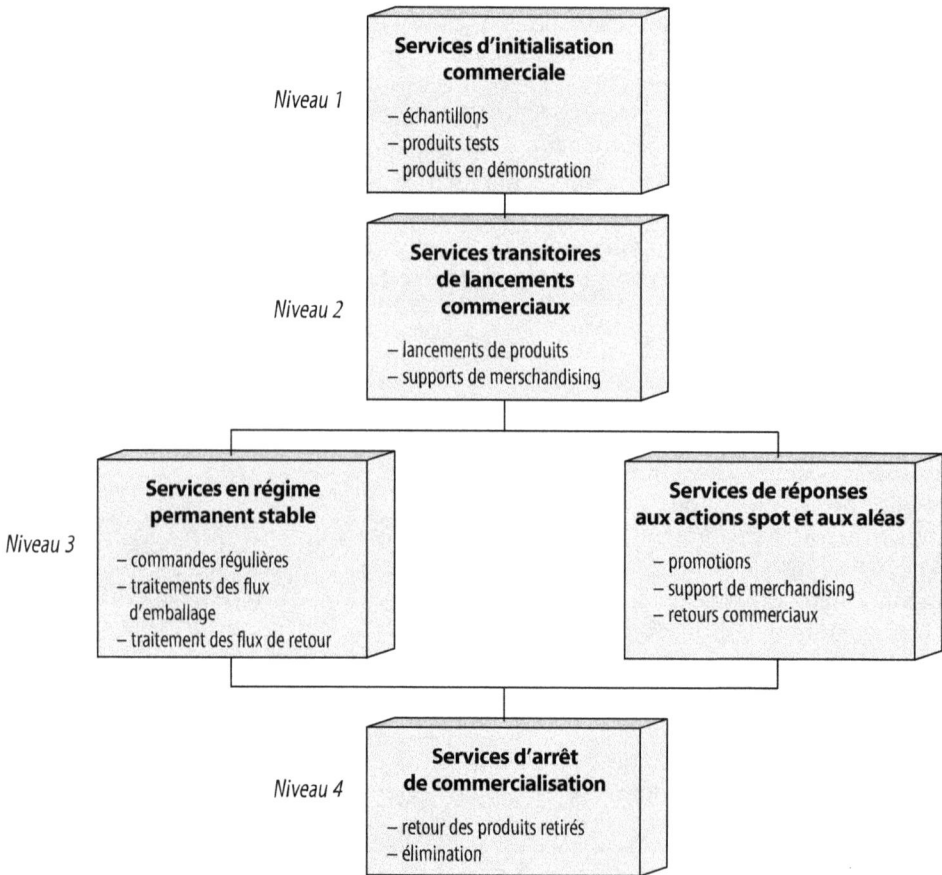

Niveau 1

Services d'initialisation commerciale
– échantillons
– produits tests
– produits en démonstration

Niveau 2

Services transitoires de lancements commerciaux
– lancements de produits
– supports de merschandising

Niveau 3

Services en régime permanent stable
– commandes régulières
– traitements des flux d'emballage
– traitement des flux de retour

Services de réponses aux actions spot et aux aléas
– promotions
– support de merchandising
– retours commerciaux

Niveau 4

Services d'arrêt de commercialisation
– retour des produits retirés
– élimination

SCHÉMA 3.7. *Cycle de vie du produit et nature de l'offre de services*

Les services d'initialisation commerciale

Ils recouvrent un ensemble d'activités, pas obligatoirement importantes en volume, mais déterminantes dans leur appui à l'initialisation de la vente d'un produit. Ce sont les envois d'échantillon, la mise en place de produits en prêt ou en démonstration. La production de qualité de ces services réclame une coordination très étroite avec les fonctions commerciales et marketing. Ils doivent être généralement traités avec rapidité et discrétion. Ces services jouent un rôle fondamental dans la vente des collections dans des secteurs comme celui du textile ou de la chaussure.

Les services transitoires de lancements commerciaux

Ces services correspondent à toute l'activité liée aux lancements commerciaux. Ils correspondent à une durée limitée et peuvent être de grande ampleur lorsque les lancements se font sur une échelle géographique large. C'est l'opération dite de mise en place qui doit être d'une grande rigueur pour bien coïncider avec la démarche marketing.

Les services en régime permanent stable

Ils permettent de faire face à l'activité régulière à laquelle l'entreprise est quotidiennement confrontée. Ils représentent un engagement sur les délais, la fiabilité, l'homogénéité des prestations, la capacité moyenne, la disponibilité, la fourniture d'informations commerciales… Ils portent tant sur le produit que sur les contenants et les emballages dont il faut assurer la gestion opérationnelle.

Les services de réponses aux actions spot et aux aléas

L'activité est confrontée à des événements limités dans le temps, imprévus ou imprévisibles. Il faut donc mettre en place un processus pour faire face à ces natures d'événements généralement mal maîtrisées et pour s'engager sur un format de réponse caractérisé par un engagement sur :
• le délai de réponse ;
• l'adaptation à des fluctuations de volume, généralement mal maîtrisés.

Les services d'arrêt de commercialisation

Ils portent sur le retrait des produits des points de vente et sur leur élimination.

Ces opérations sont souvent à mener simultanément avec l'introduction d'une nouvelle gamme et dans un délai bref.

3.2. L'évaluation des objectifs de niveau de service : le cahier des charges service

La pratique courante en entreprise fait une référence systématique à la terminologie « niveau de service ». Il est courant d'entendre : « Notre niveau de service est de 97 % ».

Reste cependant alors à préciser ce que cache, comme définition, le terme de niveau de service. Les expériences sont nombreuses où la définition est difficile à obtenir. Et, lorsqu'une première approche est obtenue, il est toujours intéressant de demander à plusieurs responsables d'en donner une définition exacte. On s'aperçoit alors que les définitions peuvent être multiples et pas toujours cohérentes. Ainsi, quand le niveau de service mesure un délai moyen, la borne de départ et la borne d'arrivée peuvent être placées à des endroits divers pour le calculer selon les points de vue adoptés.

Enfin, précisons déjà que lorsque les niveaux de service atteints (les 97 %) sont dans les normes de la profession, il est bien souvent plus utile de se préoccuper du mode de traitement et de la performance réelle sur les 3 % restants.

L'évaluation des niveaux de service dans le cadre de l'élaboration du cahier des charges service passe par cinq phases principales :

- *cerner les composantes du service attendu* : par exemple identifier que le client attend un délai moyen, une fiabilité, un taux de rupture maximum et une certaine qualité de transport ;
- *définir les composantes du service*. C'est apporter la définition exacte de ce que recouvre chacune des composantes et en proposer un mode de valorisation chiffrée ;
- *pondérer les composantes de l'attente de service*. Il faut établir une hiérarchisation des attentes du client en matière de services produits par la Supply Chain afin de pouvoir établir des priorités ;
- *établir un positionnement par rapport à la concurrence*. Un niveau de service dans l'absolu n'a pas de sens. Il est possible sur un marché de livrer en deux jours et d'être leader en matière de services logistiques, et être au contraire très en retard sur la performance d'un autre marché avec le même délai ;
- *fixer les objectifs quantitatifs*.

3.2.1. Le délai : importance du facteur temps

L'usine d'Austin de Dell a été pionnière en matière de performances Supply Chain micro-informatique, en ajustant la production en flux tendus grâce à une organisation de la production par tranches de deux heures. Dès 2001, Dell a généralisé à toutes ses usines dans le monde son approche « temps réel » du traitement de ses commandes. Dans le cadre d'un partenariat l'associant à Accenture et à l'éditeur i2 Technology, trois modules de pilotage des flux ont été intégrés : i2 Factory Planner (planning de production), i2 Supply Chain Planner (planning des ressources de production et gestion des stocks) et i2 Collaboration Planner (interfaces avec les fournisseurs et les prestataires logistiques). Ainsi aujourd'hui le traitement des commandes se fait entièrement en ligne de même que 90 % des achats de composants. Pour toutes les usines, la planification des lignes est réalisée sur des cycles de 2 heures avec pour conséquence de ne disposer pratiquement d'aucun stock. L'ensemble de la chaîne ne compte que moins de 4 jours de stock, de 2 à 7 fois moins que celles de ses principaux concurrents.

La précision de la dimension temps est indissociable d'une offre commerciale :

- instantanéité par la présence du produit dans les linéaires d'un hypermarché ;
- 5 minutes pour l'obtention de clichés d'identité dans une cabine « Photomaton » ;
- 1 heure pour obtenir sa nouvelle paire de lunettes équipées ;
- 2 heures pour l'obtention de certaines pièces de rechange ;
- 0 heure ouvrée comme le propose la prestation express « Cible » qui positionne la commande au cut-off de fin de journée travaillée et la livraison à l'heure d'ouverture d'un point de vente par exemple ;
- 217 minutes données à un équipementier pour apporter en bord de chaîne d'un constructeur automobile les produits commandés, et ce à partir du moment de la réception de l'ordre.

Le délai est donc une notion indispensable à maîtriser. Faut-il encore l'avoir clairement défini. Il est en effet fréquent de s'apercevoir de divergence existante entre la définition de la notion de délai pour le client et celles (souvent au pluriel) circulant dans l'entreprise :

- le délai de transport (du départ du camion à son arrivée chez le client ou à sa réception par le client) ;
- le délai de traitement de la commande, y compris le transport ;
- le délai de traitement de la commande, hors transport.

Dans le domaine du commerce électronique, et plus précisément des hypermarchés en ligne livrant à domicile sur des créneaux horaires de 2 heures, il n'est pas rare de voir des clients qui ont demandé une livraison entre 7 h et 9 h par exemple, mécontenter leur insatisfaction quand le livreur se présente à 8 h 55 : car dans l'esprit du client, 9 h est l'heure limite de la livraison arrivée, déchargée, réceptionnée et déballée, voire rangée.

Aucune de ces définitions ne s'impose *a priori*. C'est le marché et le client qui sont susceptibles d'en préférer une aux autres. Mais il faut que tous les acteurs partagent la même définition.

À la notion de délai vient naturellement s'attacher la notion de date de rendez-vous. En effet si un délai est fixé contractuellement à partir d'une date de réception de commande, il s'en déduit naturellement une date de réception. Cette date de réception est d'autant plus importante que comme dans tout processus de production, sa connaissance et son respect permettent d'ordonnancer les moyens à mettre à disposition pour réceptionner, contrôler et continuer à transformer le produit si c'est un produit semi-fini. Ces dates sont devenues extrêmement précises tant dans l'industrie (approvisionnement des usines en process continu) que dans la distribution (livraison des produits aux grandes surfaces).

Le respect du délai, s'il procure au client le niveau de satisfaction qu'il escomptait, permet également de limiter des coûts ou des pertes de revenus pour le fournisseur. Sept grands types d'effets en matière économique peuvent être recensés lors du non-respect d'un délai :

Impacts sur les achats

Un retard de livraison peut être occasionné par un retard de fabrication dû généralement à deux problèmes distincts : un délai de production plus long que prévu ou un manque d'organisation dans l'enchaînement des tâches. Il est donc fréquent que l'on s'aperçoive que la cause est un manque d'un ou de plusieurs composants indispensables à la réalisation de la commande.

Des achats sont alors lancés de manière « spot », sur des composants précis, et souvent en faible quantité. Cette démarche limite la capacité de négociation de l'acheteur, qui préfère en général commander des quantités prédéterminées sur des délais assez longs, de manière à négocier des prix intéressants. Acheter à court terme augmente le coût d'achat, car le fournisseur est parfois lui-même obligé de modifier ses plans de production, voire de faire appel à un sous-traitant.

Impacts sur la production

Ils sont de trois ordres :

- *Désorganisation des plans de production* : la production planifiée est perturbée par le traitement en urgence d'une commande particulière. La production courante est interrompue par la commande urgente, des nouveaux outils sont mis en place, qu'il faudra ensuite rechanger pour reprendre le cours normal de la production. Cette production ainsi perturbée et l'interruption de traitement d'autres commandes peuvent à leur tour engendrer de nouveaux retards ;
- Conséquences des *tâches supplémentaires* occasionnées : une main-d'œuvre supplémentaire va être nécessaire par rapport au fonctionnement normal de la production. L'entreprise peut avoir recours aux heures supplémentaires ou à l'intérim ;
- Enfin, la *gestion de l'exception* dans l'atelier entraîne également des surcoûts administratifs.

Impacts sur les fonctions de direction

Un retard, surtout pour une commande importante, nécessite souvent l'intervention de cadres, notamment commerciaux (directeur des ventes, par exemple), qui sont chargés de gérer ce retard auprès du client, et de négocier ses conséquences commerciales. Le retard induit des frais de représentation et déplacements supplémentaires.

Impact sur la distribution (livraison)

Pour ne pas aggraver les conditions de livraison d'un produit en retard, on a intérêt à sous-traiter son transport vers le client par un transporteur rapide et fiable. On peut même être amené à changer de mode de transport par rapport à celui initialement prévu (utiliser le fret aérien et non maritime, par exemple). Ces nouvelles exigences entraînent bien sûr un surcoût.

Impacts commerciaux

Ils sont de deux ordres :

- La *perte de clientèle* : le client non satisfait changera probablement de fournisseur. Une commande renouvelée est pourtant plus avantageuse qu'une commande pour un nouveau client, car elle s'affranchit des coûts de prospection et de communication nécessaires au gain d'un nouveau client ;
- Une *mauvaise image de marque* : les contre-performances des fournisseurs sont généralement connues, et les mauvaises réputations, qui naissent très vite, sont longues à s'effacer.

Impacts financiers

Ils sont contractuels : le retard à la livraison entraîne des pénalités prévues à la signature du contrat, qui diminuent d'autant la marge que le fournisseur avait prévue. En cas de conséquences graves sur le déroulement d'un projet, par exemple, ces pénalités peuvent s'accompagner de paiement de dommages et intérêts, et le retard peut alors avoir un impact financier très fort.

Le retard peut également s'accompagner de pertes financières, notamment dues à la conjoncture : immobilisations de ressources, mais aussi fluctuation des cours des monnaies (dans le cas de marchés internationaux), ou inflation (les coûts de matières premières ou de main-d'œuvre sont supérieurs à ceux prévus lors de l'établissement du prix).

Enfin, l'entreprise risque de devoir se prémunir face à ces risques de retard soit par la constitution de stocks de sécurité, soit par la signature de contrats d'assurance.

3.2.2. La fiabilité : facteur pondérateur du délai moyen

Le délai, comme il a été vu mesure principalement une moyenne. Comme toute moyenne, elle n'est facilement interprétable que s'il est possible d'avoir une représentation de la dispersion autour de cette valeur moyenne de l'échantillon qui a permis le calcul. C'est ce que mesure la fiabilité. Elle représente l'écart type d'un calcul statistique.

Ainsi, si la performance de deux fournisseurs A et B est suivie en termes de délai de livraison, il est indispensable de connaître leur fiabilité. En effet, A et B peuvent avoir le même délai moyen ici 5 j, mais une fiabilité complètement contrastée. A, est d'une fiabilité presque parfaite et livre pratiquement toutes ses commandes en 5 jours. B quant à lui, a une mauvaise fiabilité puisqu'il lui arrive de livrer soit en 3 jours, soit en 7 jours. Les deux fournisseurs n'ont finalement pas du tout la même prestation de service.

Très sensibilisés aujourd'hui à cette dimension de la qualité de service, certains clients préfèrent avoir un délai de livraison un peu plus long mais une fiabilité bien meilleure. En effet, le délai moyen permet à un client de dimensionner son stock tournant, dont il a lui-même besoin pour faire face à ses propres activités entre deux livraisons. La fiabilité du fournisseur lui permet de dimensionner en partie son stock de sécurité.

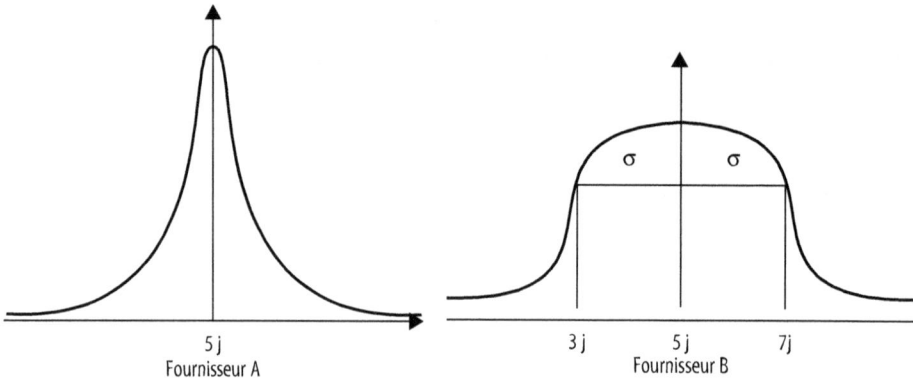

SCHÉMA 3.8. *Délai moyen et fiabilité des délais. Facteur différenciateur de la performance service*

Prenons une situation initiale ou un client dispose d'un stock outil de deux jours mais d'un stock de sécurité de cinq jours du fait du mauvais respect de ses dates de livraison de la part de son fournisseur. Il est clair que ce client a peut-être intérêt à légèrement augmenter son stock tournant à quatre jours, si en échange d'un délai de livraison plus long, la fiabilité de son fournisseur s'améliore et que le stock de sécurité peut tomber à un jour.

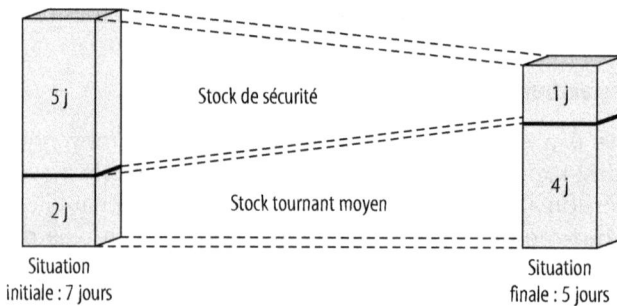

SCHÉMA 3.9. *Fiabilisation des délais et niveau de stock global*

Le client préférera donc perdre un peu sur le délai mais gagner sur la fiabilité.

C'est en général la démarche suivie :

• on part d'un délai quel qu'il soit pour lequel la fiabilité est assurée ;

• on essaye de réduire les délais en préservant la fiabilité.

Il est fréquent de constater la mise en place de plusieurs indicateurs pour mesurer un même paramètre de la qualité de service. Le respect de la date de livraison peut être ainsi mesuré :

- soit par la comparaison de la date d'engagement et de la date effective de livraison ;
- soit par la réalisation d'enquête qualité de service auprès des clients qui expriment la perception du service et en particulier du respect de la date de livraison.

Il n'est pas rare de constater que ces indicateurs ne donnent pas les mêmes résultats. Pour éviter toute ambiguïté dans l'interprétation de ces résultats, il est indispensable de bien comprendre leur finalité différente et leur complémentarité.

> L'indicateur de comparaison de la date d'engagement et de la date de livraison sur toutes les étapes du circuit logistique, tant pour les clients internes que pour les clients externes, est une mesure mécanique de la réalisation du process. Il permet d'identifier les points de responsabilité et d'intervention en cas de dérive (vendeur, programmation, distribution, transporteur, service client pour l'installation). Une enquête client permet d'identifier non plus le respect du process mais la satisfaction du client. Il n'est ainsi pas rare de constater que pour certains clients un retard de livraison bien géré (information préalable) n'a aucune conséquence sur sa satisfaction quant au respect d'une date de livraison même renégociée.

Pour Rank Xerox France, trois indicateurs ont été ainsi mis en place pour suivre un paramètre comme le respect de la date de livraison :
- un indicateur process pour la mesure mécanique ;
- un indicateur enquête qualité service instantanée. Le transporteur, au moment de la livraison, remet un questionnaire aux clients pour avoir une mesure à chaud. Elle offre une possibilité de réagir rapidement en cas de problème ;
- un indicateur enquête qualité-service 90 jours. Cet indicateur permet de mesurer le niveau de satisfaction des clients qui est celui qui compte le plus dans le cadre des futures actions commerciales.

Les trois indicateurs sont donc complémentaires et sont destinés à la fois au pilotage commercial et au pilotage logistique.

3.2.3. La disponibilité

Elle représente la capacité à pouvoir livrer le besoin exprimé en une seule fois, dans les délais et conditions prévus. La non-disponibilité occasionne une rupture. Chaque rupture provoque un risque commercial pour le fournisseur. Le client est susceptible d'avoir des réactions contrastées :
- attente d'une livraison complémentaire (les « reste à livrer ») sur la partie manquante de la commande. Cette consolidation de la livraison *a posteriori* génère tout un ensemble de surcoûts liés au caractère spécifique du traitement de cette expédition ;
- annulation de la ligne de commande indisponible, ce qui représente un manque à gagner certes limité mais néanmoins préjudiciable pour le fournisseur ;
- annulation de la commande. Le fournisseur risque alors de constater que pour l'indisponibilité d'un produit de faible valeur et de faible marge, un chiffre d'affaires conséquent lui échappe au risque d'introduire un concurrent ponctuellement puis plus définitivement dans la compétition ;

• cas extrême : déréférencement du fournisseur qui n'apparaît plus comme source d'approvisionnement pour le client.

3.2.4. L'information sur les flux physiques

L'information liée aux flux physiques joue un rôle souvent fondamental dans la satisfaction du client. Elle lui permet de suivre une commande et d'ajuster son propre pilotage de ses opérations. Cette information contribue donc au service attendu. Plusieurs caractéristiques sont attachées à la définition de la composante de ce service :

• le mode de passation des informations et principalement des commandes. La diversité des solutions proposées, si elle complique la saisie, n'en permet pas moins de mieux garantir la bonne compatibilité de l'une d'entre elles avec le mode le mieux adapté à chaque client. Ainsi faut-il prévoir, des échanges par Internet, EDI, fax, téléphone, courrier… ;

• la disponibilité de l'information sur le statut d'une commande en préparation ou en livraison est susceptible de répondre à des besoins spécifiques de contrôle et de sécurisation de certains clients ;

• le traitement des litiges est enfin un point sensible pour lequel une information précise et rapide évite de nombreuses complications et des effets en chaîne.

3.2.5. La qualité du transport et la conformité

La commande rendue chez le client doit être conforme à l'ordre passé et se faire dans de bonnes conditions de transport. Aussi est-il nécessaire de s'assurer qu'il n'y a pas eu d'erreurs de préparation de commande (pas d'inversion de références, pas d'erreurs quantitatives) et que les manutentions et les transports se sont faits selon les règles inspirées par les caractéristiques du produit :

• respect de la chaîne du froid pour les produits à température dirigée ;

• respect de la date de fraîcheur ;

• respect de la stabilité pour des produits bureautiques et électroniques.

D'une manière générale, tous les produits « vivants » rendent ces critères particulièrement sensibles. Les produits horticoles, bien que conteneurisés doivent être régulièrement arrosés en période sèche lors de leur transport et la taille croissante des sujets achetés rend plus difficile leur acheminement. Les arbres tiges ne peuvent ainsi être livrés effeuillés à leur sommet du fait d'un transport en remorque non bâchée. Pour les plantes en pot, une station trop longue en hiver sur un quai au moment d'un déchargement ou d'un transit peut anéantir toute la cargaison.

Les produits frais présentent un autre type de problématique. La concurrence opérée entre distributeurs les conduit à rechercher entre eux des facteurs différenciateurs. Des engagements de plus en plus nets sont ainsi pris par des distributeurs sur les Dates Limites de Consommation (DLC) des produits, à l'égard des clients. Ainsi Metro, qui dispose d'une clientèle importante de professionnels détaillants ou restaurateurs, s'engage à mettre en linéaire des produits dont la DLC est aussi longue que possible.

Metro propose donc à ses fournisseurs de produits frais un Cahier des Charges indiquant les dates limites de réception.

Produits	Durée de vie	Limite réception Metro	Température maximale
Jambon cuit entier	42	J – 35	+ 6 °C
Saumon fumé	28	J – 20	+ 3 °C
Margarine	43	J – 35	+ 15 °C

TABLEAU **3.2.** *Cahier des charges de dates limites de réception des produits*

La contrainte associée à la DLC conduit la logistique du fournisseur à chercher à limiter :

- les quantités devant être dégagées faute d'une durée de vie suffisante,

- les ruptures occasionnées par un dimensionnement trop faible pour limiter les dégagements.

3.3. Les outils de définition des objectifs de services

3.3.1. L'enquête qualité de service

L'enquête qualité de service est l'outil de base qu'utilise le Supply Chain Manager pour mener sa démarche marketing et définir ainsi les besoins de ses clients en matière de service. Administrée dans chacun des canaux de distribution, elle permet de définir par grande catégorie de produits les attentes des marchés.

Un questionnaire type portant sur la qualité de service est généralement structuré selon deux axes dont les objectifs sont :

- *cerner le besoin du client* en lui faisant réaliser un état des lieux du service qu'on lui fournit et en lui faisant exprimer ses besoins. Cette étape permet d'identifier les composants du service, d'en établir la définition, de hiérarchiser et de quantifier les attentes. Elle est généralement réalisée en aveugle sans préciser le nom de l'entreprise pour lequel cette enquête est réalisée afin de ne pas biaiser les réponses apportées par ses clients sur leurs attentes de service, une mauvaise performance pouvant conduire à une surévaluation artificielle des besoins ;

- *connaître le taux de satisfaction* du client pour chaque fournisseur et suivant chaque composant du besoin exprimé, afin de connaître le positionnement relatif de l'entreprise pour chacune des composantes du besoin.

Le questionnaire a une architecture qui peut être représentée dans le schéma 3.10 :

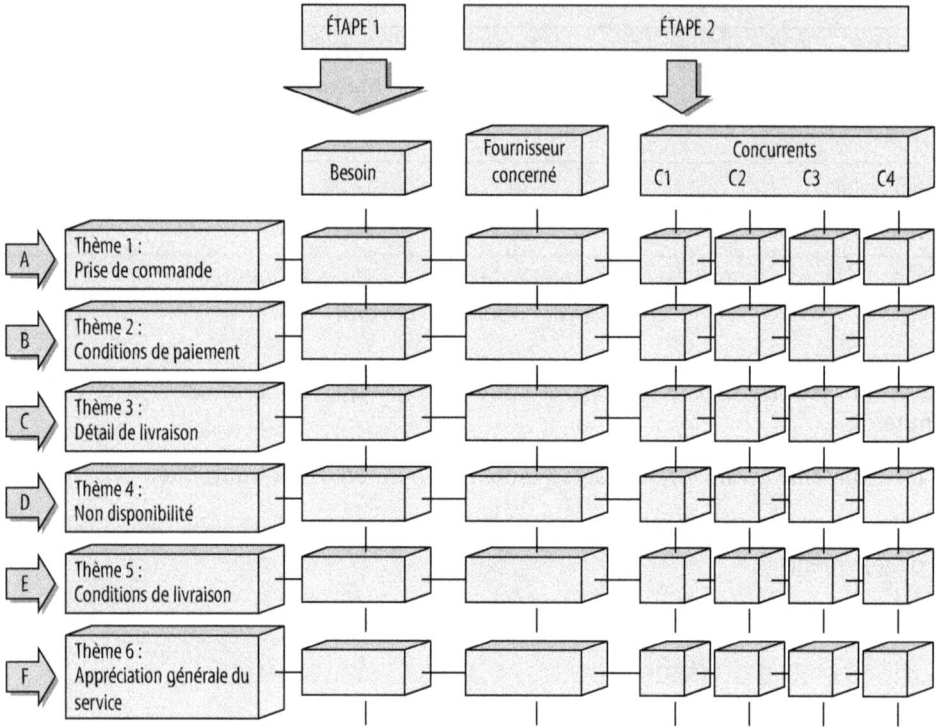

SCHÉMA 3.10. *Architecture d'un questionnaire de qualité de service*

On trouve deux méthodes de lecture de la matrice, qui correspondent à deux enchaînements de questions distinctes.

Questionnaires à partir d'une lecture par colonne

Dans une première partie, on demande au client d'exprimer ses besoins en balayant l'ensemble des thèmes abordés.

Dans un deuxième temps, on lui demande d'identifier les concurrents de l'entreprise fournisseur sur ce produit, et de préciser la position concurrentielle de ce fournisseur, en repassant en revue tous les thèmes précédemment abordés.

Sur le schéma, cette méthode est notée « Étape 1 », puis « Étape 2 ».

Questionnaire à partir d'une lecture par ligne

On traite la question thème par thème.

Pour chaque sujet, on pose des questions d'introduction au client, qui lui permettent d'exprimer sa méthode de gestion actuelle concernant le thème choisi, ses désirs, puis la satisfaction qu'il obtient sur ce sujet par ses différents fournisseurs.

On recouvre ainsi, thème après thème, la totalité des questions abordées du point de vue « besoin » et du point de vue « positon concurrentielle » simultanément.

Sur le schéma, cette logique est représentée par la séquence : A, B, C, D, E, F.

Nous proposons en annexe 1 un questionnaire type fondé sur une logique de présentation par thème (lecture en ligne).

Les thèmes traités sont les suivants :

- Thème 1 : Prise de commande et suivi
  Fréquence, mode de prise de commande, personne (service) qui passe la commande, qui la reçoit...

- Thème 2 : Conditions de paiement (facultatif)
  Étalement du paiement, mode de paiement, possibilité de le différer...

- Thème 3 : Délai
  Fonctionnement normal : délai souhaité entre commande et livraison, prévision du délai souhaité, fiabilité...
  Fonctionnement d'urgence : délai souhaité en cas d'urgence, fréquence des demandes de dépannage...

- Thème 4 : Non disponibilité
  Nécessité d'avertir en cas de rupture, attitude en cas de non-disponibilité, opinion sur le circuit amont...

- Thème 5 : Conditions de livraison
  Cadence de livraison actuelle souhaitée, conditions de déchargement, packaging, opinion sur le prestataire...

- Thème 6 : Avis général sur la prestation
  Satisfaction globale, points faibles, voies d'amélioration

L'exploitation du questionnaire est faite en deux phases :

- une exploitation systématique et quantitative des résultats reçus ;
- une exploitation qualitative réunissant les représentants des services commerciaux, les représentants des services marketing et la logistique.

Deux types de résultats principaux sont susceptibles d'être attendus :

- Une représentation du profil de service par famille de produits.
  Le profil de service est bâti à partir de l'extraction des questionnaires des composantes de service pertinentes pour la famille de produits concernés, de leur pondération et du positionnement de l'entreprise pour ces composantes par rapport à la concurrence (cf. tableau 3.3) ;

- Une première phase de construction des familles logistiques.
  L'exploitation du questionnaire service permet de cerner une première classe servant à définir les familles logistiques. Cette classe intègre des produits à profil de services comparables.

Perception des critères par les clients			Critères	Positionnement de l'entreprise et de ses concurrents		
Peu important	important	Très important		Mauvais	Moyen	Bon
			– Information sur le traitement de la commande			
			– Fiabilité de la livraison (date réelle de livraison/date annoncée de livraison)			
			– Rapidité de réponse (délai entre commande et réponse)			
			– Flexibilité			
			– Absence de rupture			

● Concurrents

○ Entreprise

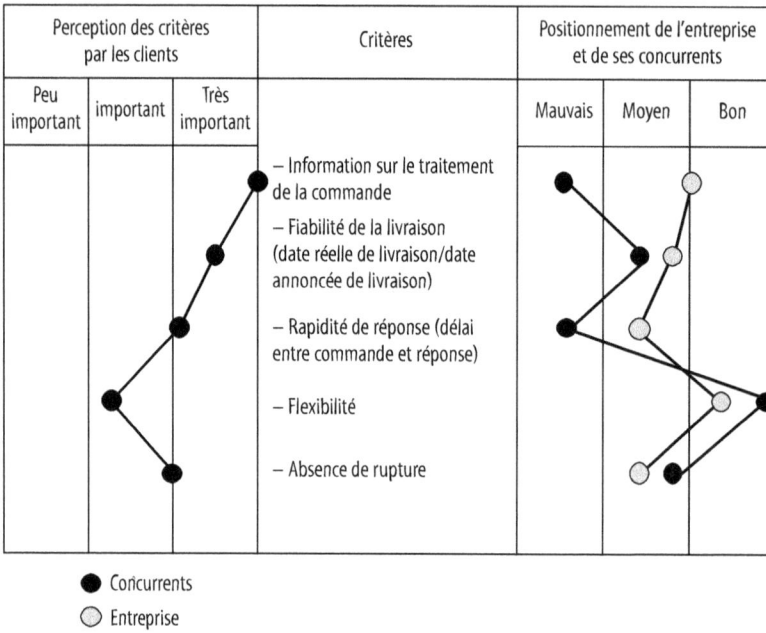

TABLEAU **3.3.** *Représentation comparative des niveaux de service*

3.3.2. Le cahier des charges logistiques

Dans un certain nombre de cas le client a formalisé ses attentes dans un cahier des charges logistiques. Il n'est pas alors besoin pour le fournisseur de procéder à une enquête de qualité de service pour définir les attentes de son client, même si elle lui restera par ailleurs utile en terme d'outil de benchmarking pour se positionner par rapport à ses concurrents. Cependant les clients procédant par cahier des charges ont généralement atteint une grande maturité de leur Supply Chain qui les conduit à établir une évaluation comparative de leurs fournisseurs qu'ils mettent à leur disposition afin de créer une saine émulation...

Ce cahier des charges établit les objectifs de service auxquels le fournisseur doit se conformer. Il définit les composantes du service dans un premier temps et fixe la performance à atteindre pour chacune d'entre elles. Ensuite peuvent être définies les conditions minimales par lesquelles ces performances doivent être atteintes (choix des transporteurs, des modes de manutention, des normes de transmission d'information). Enfin sont définies les éventuelles pénalités que peut encourir un fournisseur dans le cas du non-respect du cahier des charges.

Le coût d'une rupture en magasin est tel dans la grande distribution, qu'une pression accrue s'est exercée sur l'ensemble des acteurs de la chaîne logistique afin d'améliorer la qualité de traitement de la commande et de la livraison. Un cahier des charges logistiques est donc remis aux fournisseurs, aux plates-formes prestataires, aux transporteurs et aux magasins afin de définir les conditions de la prestation logistique associée à la commande d'un produit. L'un des cahiers des charges les plus complets est celui qui concerne les produits frais pour lesquels l'état de fraîcheur est un paramètre supplémentaire à gérer par rapport aux autres produits.

Ce cahier des charges est structuré en 7 parties (cf. annexe 2) :

- **Partie 1 :** elle concerne la transmission des commandes aux fournisseurs (heure limite de passation, mode de transmission et de formalisation)
- **Partie 2 :** elle régit les conditions de livraison aux plates-formes du distributeur
- **Partie 3 :** elle porte sur les conditions de livraison aux plates-formes du distributeur
- **Partie 4 :** elle définit les prestations opérées par la plate-forme
- **Partie 5 :** elle exploite les conditions de réalisation des livraisons aux magasins par le prestataire
- **Partie 6 :** elle normalise les conditions de facturation
- **Partie 7 :** elle indique les diverses natures de pénalités.

Pour la grande distribution, ce cahier des charges est « proposé » par les clients distributeurs. Mais dans de nombreux autres secteurs, il est nécessaire de développer une véritable démarche marketing pour identifier les besoins en matière de services logistiques et de modalités de mise en œuvre.

4. DE LA GESTION EN JAT À LA RECONCEPTION EN JAT DE LA SUPPLY CHAIN

4.1. Une mission de reconception en JAT de la Supply Chain

Un changement dans les sources d'approvisionnement, une modification du process industriel, une évolution des marchés, une transformation des produits remettent en cause périodiquement le choix des modes de transport, la localisation des infrastructures dédiées à la gestion des flux, à l'organisation interne d'un entrepôt. L'instabilité de l'environnement logistique conduit les responsables en charge de cette activité à mettre en œuvre des méthodes de reconception en temps réel des réseaux de circulation des composants, des matières, des produits finis ou semi-ouvrés… Une des facettes essentielles des organisations Supply Chain devient dès lors la conception en temps réel des réponses pour répondre aux situations qui se présentent. Cette dynamique de recomposition des Supply Chain est d'autant plus difficile à réaliser que, par essence, l'évolution des réseaux physiques logistiques présente une forte inertie. Pour un grand groupe, déployer un réseau d'entrepôts de plusieurs dizaines de bâtiments au niveau européen, nécessite un temps tel que lors de l'ouverture du dernier bâtiment l'environnement a tellement changé que le réseau initialement conçu n'est plus le mieux adapté. En effet, pour un bâtiment déployé en propre, le choix du terrain, son achat, le dépôt du permis de construire, la purge en France par exemple du recours des tiers (3 mois), la construction, l'aménagement et la montée en puissance réclament près de 24 mois pour un bâtiment de 30 000 m².

C'est pourquoi, une première conséquence de cette mise en œuvre d'une adaptation sur des délais de plus en plus courts de systèmes logistiques réside dans le recours à des prestataires logistiques. Si pour des entrepôts dédiés, les contrats demandés sont d'une durée de 3 à 5 ans et présentent en cela une limite à l'adaptabilité des réponses logistiques, ils sont souvent disponibles sur des durées courtes du fait du parc dont dispose le prestataire ou du portefeuille de permis de construire qu'il a déjà déposés et qui attendent que le contrat soit signé pour que commencent les travaux.

Une seconde conséquence réside dans l'intérêt marqué par les Supply Chain Managers sur les systèmes d'information. Car, plus que les infrastructures immobilières, les systèmes d'information s'avèrent une des dimensions les moins flexibles dans le cadre de la migration de système logistique

Mais au-delà même du système de circulation, c'est également le produit qui est aujourd'hui concerné dans sa conception par la prise en compte de la composante logistique. Dès lors, il devient possible de distinguer deux grands cycles au sens de la Supply Chain :

• **le cycle de création de produit** et d'introduction sur les marchés dans lequel les facteurs de « time to market » et de « life cycle cost » sont essentiels. Ce cycle du projet doit comporter une composante Supply Chain. Il est essentiel d'insister sur le fait que la Supply Chain offre une opportunité unique de rapprocher les phases de conception (1) des produits, (2) des processus industriels qui seront à l'origine de leur production (choix des technologies et des lieux d'implantation) et enfin, (3) du pilotage des flux physiques et des circuits depuis l'approvisionnement des matières premières et composants jusqu'à la livraison des produits finis. Cette approche tripolaire d'une conception simultanée permet de répondre à des questions majeures telles que la localisation dans le temps et l'espace de la création de valeur. L'angle logistique conduit à réfléchir la structure de la chaîne de valeur aux niveaux stratégique et organisationnel ;

• **le processus de satisfaction des clients** au niveau du cycle de commande par la mise à disposition des produits et des services associés depuis la capture de la commande jusqu'à la livraison physique constitue le second champ d'investigation de la logistique, pour lequel les approches d'optimisation et le développement de systèmes d'information transversaux prennent toute leur valeur.

4.2. Les axes récents de structuration de la Supply Chain en entreprise

L'instabilité de l'environnement qui conditionne la Supply Chain conduit les responsables en charge de cette activité à mettre en œuvre des méthodes de reconception en temps réel non seulement des réseaux de circulation des composants, matières et produits, mais également des organisations.

> Prenons l'exemple de Kellogg's qui s'est implanté en 1968 en France et distribue aujourd'hui 45 000 tonnes de produits chaque année, détenant ainsi 43,9 % de part de marché. La pression des marchés et les évolutions en matière industrielle ont ainsi conduit à une évolution significative du réseau logistique et de l'organisation qui supportent les flux, et ce en l'espace de quelques années.

En 1996, Kellogg's disposait encore de sept usines en Europe alors qu'en 2000 elle n'en a plus que quatre : une à Wrexham (UK), une à Manchester (UK), une à Brêmes (Allemagne) et une à Valls (Espagne). De même, jusqu'en 1995, les marchés étaient gérés indépendamment les uns des autres. Chaque pays disposait ainsi d'une direction logistique très indépendante, sans aucune coordination centrale qui visait essentiellement une recherche d'optimisation locale. Puis une fonction Supply Chain européenne a été créée avec pour objectif de rechercher les meilleures synergies possibles et d'atteindre les plus faibles niveaux de coûts possibles pour l'Europe entière. Dès lors, une organisation supranationale a été mise en place ainsi qu'une organisation matricielle. Les marchés les plus importants disposent d'un Directeur de Supply Chain rapportant à la fois au directeur local du marché et au directeur de la supply chain Europe. Son rôle est un rôle d'interface.

Une logistique de volume et d'efficacité

En France par exemple, toutes les opérations logistiques ont été sous-traitées. Auparavant réparties sur 14 entrepôts, les activités DHL Solutions pour Kellogg's sont depuis 1995 centralisées à Longueil-Sainte-Marie, dans un entrepôt automatisé de 11 120 m^2. De 600 tonnes de produits traités par an en 1973, DHL Solutions est passé de plus de 40 000 tonnes par an en 2004. Ce site gère près de 350 références produits, 350 000 colis de détails qui sont réceptionnés et expédiés chaque année ; 400 000 mouvements de palettes sont réalisés sur ce site, soit une moyenne de 1 600 palettes par jour en entrée et en sortie.

Une mécanique parfaitement maîtrisée

Les produits et PLV (Publicité sur le Lieu de Vente) proviennent de quatre usines Kellogg's, deux situées en Grande-Bretagne, une en Allemagne et une en Espagne. Trois personnes de l'équipe DHL Solutions, sur la trentaine que compte le site, se chargent de leur réception sur les 18 quais de chargement et déchargement du site (4 000 m^2). Les produits contrôlés sont chargés sur des chariots automatiques guidés par radiofréquence et dirigés vers la tour de stockage. Le site de Longueil-Sainte-Marie dispose en effet d'une tour de 6 000 m^2 mesurant 25 mètres de haut et pouvant contenir 20 000 palettes, six chariots pouvant se déplacer simultanément dans les sept étages de la tour. À titre de comparaison, 20 000 m^2 seraient nécessaires en employant des moyens de stockage classiques. Les produits sont positionnés dans la tour selon leur DLUO (Date Limite d'Utilisation Optimale).

Un système de flux physique se conçoit ainsi dans un cadre de plus en plus élargi. Il nécessite une démarche qui associe les moyens répartis sur plusieurs pays, une coopération entre plusieurs fonctions pour pouvoir déterminer à l'avance la nature des flux et leur mode d'organisation et mener aujourd'hui une concertation avec les fournisseurs, les distributeurs et autour du canal de distribution qui sont susceptibles d'émettre des souhaits quant aux caractéristiques logistiques du produit. Mais au-delà même du système de circulation, c'est également le produit qui est aujourd'hui concerné dans sa conception même par la prise en compte de la composante Supply Chain et logistique.

Cette démarche d'intégration des contraintes de flux dès la conception du produit pour en infléchir les caractéristiques influant sur la performance à venir et sur la conception des réseaux de circulation recouvre la notion de soutien logistique intégré. Le développement des techniques de soutien logistique intégré est dû à un triple constat.

Tout d'abord, les coûts de soutien d'un produit (appelé soutien logistique) lors de sa phase d'utilisation représentent une part élevée du coût complet du cycle de vie ou *Life Cycle Cost, (LCC)*. Ils recouvrent des postes allant des coûts de mise en œuvre (installations fixes, consommables…) jusqu'aux équipements de tests, aux documentations techniques, à la formation, à la gestion et aux approvisionnements de pièces de rechange. Ils comprennent enfin le coût de démantèlement en fin de vie.

Dans un second temps, il est possible de constater qu'il se produit une « sédimentation » en couches successives de l'offre de service logistique à la seule fin de différencier le produit et sans que la maîtrise du process de production de ces services ait été correctement pensée. Un besoin d'industrialisation du service se manifeste

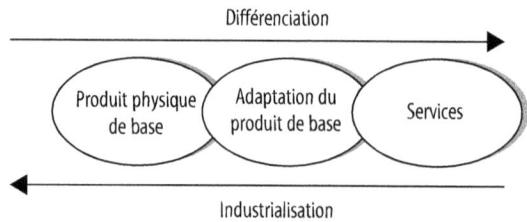

SCHÉMA 3.11. *Différenciation par le service puis industrialisation*

alors et nécessite de penser la production du service dès la conception même du produit (cf. schéma 3.11). On constate dans les matériels de photocopie une intégration dans le produit de modules de tests et d'aide au dépannage de manière à ce que, d'une part, l'utilisateur puisse avoir une disponibilité plus grande de son matériel en réglant lui-même les petites pannes et que, d'autre part, le déplacement des techniciens réparateurs soit réduit au strict nécessaire.

Enfin, la maîtrise des coûts de soutien d'un produit n'est possible que si on intervient dès la conception du produit physique. Ainsi pour un matériel de haute technologie (cf. schéma 3.12), si à la fin de la phase recherche et développement 5 % seulement des coûts totaux du produit sur l'ensemble de sa durée de vie sont réellement engagés, ce sont en fait 75 % des coûts potentiels qui sont gelés en raison de la conception même du produit. Au début de la phase d'utilisation et de soutien, 50 % des coûts sont réellement engagés, mais 98 % des coûts potentiels sont gelés.

Dès lors le Supply Chain Manager et le logisticien ont tout intérêt à participer très en amont aux travaux de conception du produit de telle manière à infléchir, dans la mesure du possible, les décisions prises dans le sens d'une plus grande efficience logistique.

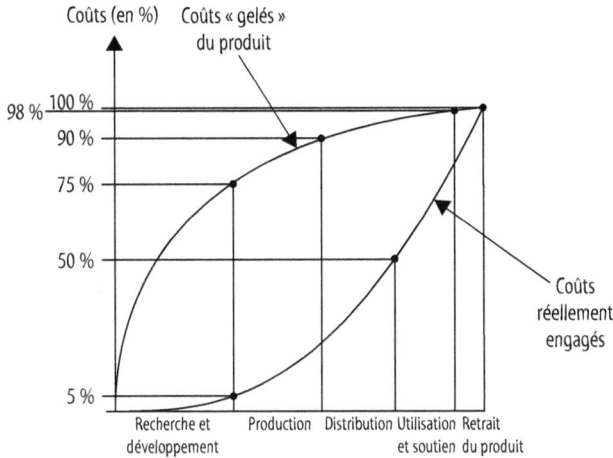

SCHÉMA 3.12. *Coût complet du produit, engagement et gel*

4.3. Conception des systèmes logistiques et Supply Chain

4.3.1. Démarche générale

On constate que le poids des coûts associés aux services de soutien logistique nécessite une action le plus tôt possible, en fait dès la conception du produit. Cinq phases majeures (cf. schéma 3.13) sont nécessaires à la conception du système logistique :
• une phase de conception logistique du produit ;
• une phase de fixation des objectifs ;
• une phase de conception du système d'information et de télécommunication ;
• une phase de conception du système physique ;
• une phase de conception du système de pilotage.

Envisageons de manière plus détaillée chacune de ces phases.
• **La première phase de conception logistique** du produit comprend deux composantes : une composante de conception du produit et une composante d'évaluation des flux induits par la conception même du produit et par les projections commerciales.
  – **La première composante** de conception logistique du produit vise à rendre le produit physique apte à une certaine performance logistique ultérieure. Elle conduit à prendre en compte, dès les étapes de conception, les caractéristiques nécessaires à une bonne circulation du produit, dans les conditions de qualité de service définies. Si besoin est, une étape de réflexion sur le soutien après-vente du produit est à développer. Elle conditionne en partie la nature et la taille des flux de pièces de rechange, de composants en réparation ou en rénovation. Les études préalables se regroupent dans ce qui peut être appelé le cahier des charges logistiques et qui comprend :

PHASE 1

Conception logistique du produit
- Concept d'emploi
- Concept de maintenance
- Analyse du soutien
- Plan de soutien
- Emballage
- Flux induits par la conception du produit (origine fournisseur).

PHASE 2

Évaluation des niveaux de service
- Identification des critères de service
- Définition et pondération des critères.
- Évaluation quantitative des objectifs (niveau de service et coût)
- Étalonnage par rapport à la concurrence

Construction des familles logistiques
- Définition des critères de construction des familles
- Regroupement des références par famille logistique

– Fixation des objectifs par critère de service et par famille logistique

PHASES 3 ET 4

Système d'information et de télécommunication
- Base de données : produits, clients, données techniques
- Traitement : choix des modèles et des logiciels
- Réseau télécommunication
- Système EDI
- Codage

Système physique
- Architecture du réseau (niveau, implantation)
- Stock (niveau, localisation)
- Transport

PHASE 5

Système de planification et de pilotage
- Conception du système de prévisions
- Règles d'allocation des ressources disponibles
- Règles de priorité
- Procédures de planification
- Tableau de bord

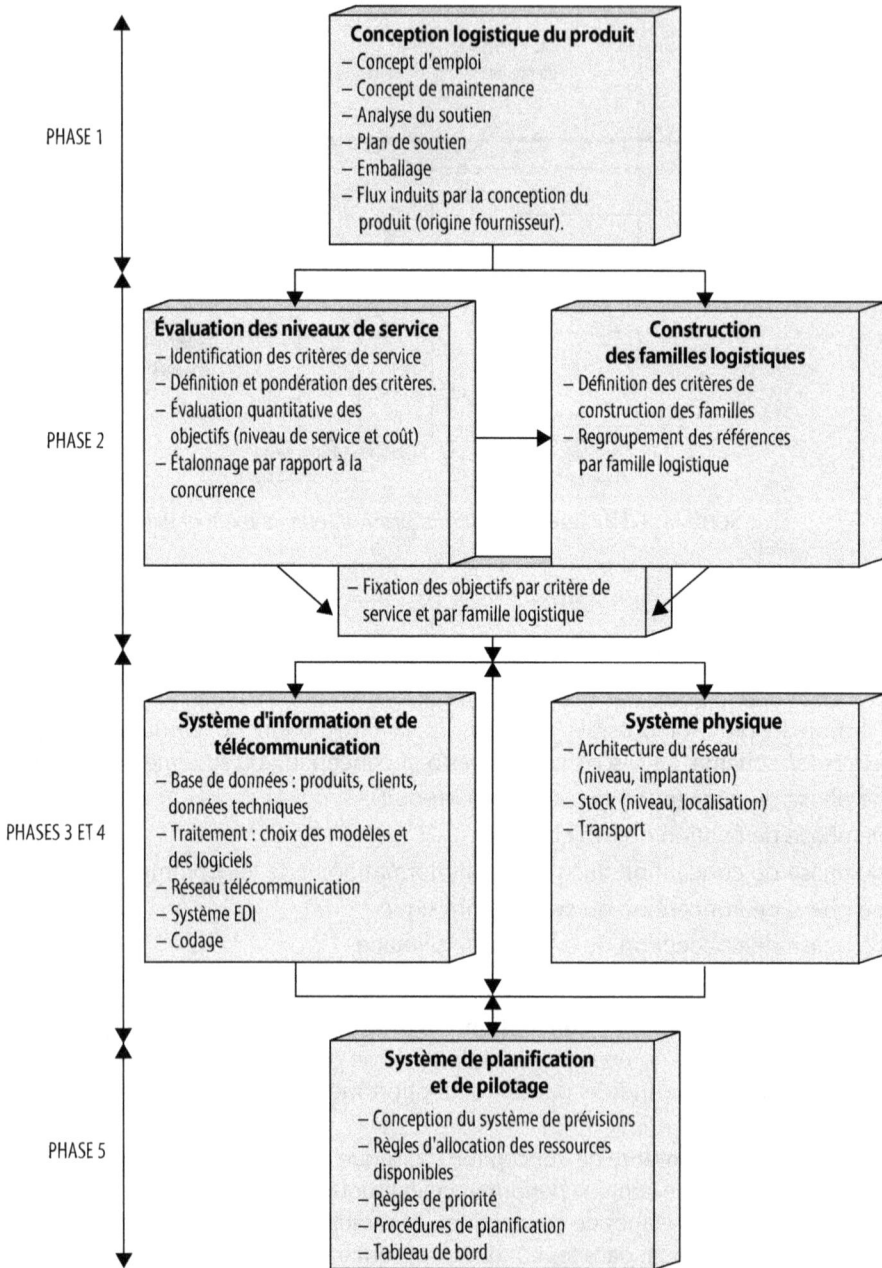

SCHÉMA 3.13. *Les cinq phases de conception du système logistique*

. *la définition du concept d'emploi* du matériel qui répond à la question : « Comment et dans quelles conditions, le client va-t-il utiliser le produit ? » Il précise la mission visée pour le matériel et les conditions d'emploi (nombre d'heures d'utilisation quotidienne, nombre d'atterrissages hebdomadaire pour un avion, conditions climatiques…) ;

. *la définition du concept de maintenance* qui caractérise les exigences de l'utilisateur (en particulier est précisé le rôle de chaque niveau de maintenance, au nombre de 3, sur site par l'utilisateur, intermédiaire ou majeur ayant alors recours à des installations dédiées) ; les politiques de réparation (réparable ou non, échange standard ou non…) ; les critères d'évaluation (fiabilité, maintenabilité).

– **La seconde composante** de la réflexion porte sur les flux induits par la conception du produit. À partir de la consolidation des informations provenant du bureau d'études, des achats, de la production et des intervenants du canal de distribution sont simulés les flux au sens le plus large (transfert, stockage, emballage…). Une évaluation des coûts induits est proposée. Elle peut amener à reconsidérer certains éléments du produit du fait du coût inhérent, par exemple, à leur approvisionnement ou à leur coût de gestion physique chez le distributeur qui ne dispose pas nécessairement des mêmes informations que l'industriel.

Cette phase de conception logistique du produit consacre l'établissement d'interrelations fonctionnelles, entre la logistique d'une part et la recherche et développement, le marketing et le soutien après-vente d'autre part. Ce sont des méthodes, des outils de gestion spécifiques qui se développent pour gérer ces interrelations qui conduisent des fonctions à véritablement intégrer les problématiques logistiques. L'éclatement géographique du processus de fabrication impose au moment de la conception d'un produit de bien analyser les conséquences logistiques de certains choix techniques. Ce qui semble apparaître sous l'angle technique comme une source de réduction des coûts, peut se révéler sous l'angle logistique comme un facteur de surcoût.

• **La phase de fixation des objectifs** porte sur les critères des services attendus. Ils diffèrent très nettement d'un produit ou d'un marché à l'autre. En première approche pour des produits de grande consommation les critères attendus sont :
– la fiabilité du délai ;
– le délai de livraison (de la passation de la commande à la réception du produit) ;
– l'absence de rupture de stock ;
– l'information logistique associée à la circulation du produit ;
– la capacité à consolider une commande ;
– la qualité du transport.

Cette phase est une véritable étude de marché qui est de nature marketing. Elle cherche à déterminer les attentes de services logistiques et suppose une forte interrelation avec les responsables produits et responsables commerciaux.

• **La phase de conception du système d'information et de télécommunication** vient en troisième lieu. L'information a pris une dimension toute particulière en matière de maîtrise des flux. Si, à ses débuts, l'information sur les flux a pris un caractère statique par la constitution d'importantes bases de données en entrepôt, les enjeux de la conception du système d'information et de télécommunication sont aujourd'hui :

- la capacité de transmettre et d'exploiter en temps réel l'information générée et recueillie. Quelle que soit la situation dans le monde d'une usine, d'un entrepôt, d'un moyen de transport ou d'un contenant, la situation d'un flux doit pouvoir être connue afin de pouvoir réagir au moindre aléa. C'est avant tout sur ce critère de réaction que la performance logistique opérationnelle est évaluée ;
- l'aptitude au partage de l'information. Cette communauté d'information se bâtit tant avec d'autres fonctions internes à l'entreprise — le marketing, le commercial — qu'avec des acteurs qui interviennent sur le flux : des industriels fournisseurs, des prestataires logistiques, des distributeurs ;
- enfin le système d'information doit avoir une grande aptitude à la migration. Les solutions logistiques ont des durées de vie de plus en plus courtes afin de s'adapter au mieux à la situation d'un flux sur une période donnée. Il faut donc qu'à un changement de circuit physique des matières, composants, produits ou pièces de rechange, une migration de tout ou partie du système d'information puisse être possible.
- **La phase de conception du système physique** porte sur plusieurs points :
  - l'architecture globale du système qui précise le nombre de niveaux auxquels des ruptures de charge se produiront et ce, dans une perspective géographique de plus en plus vaste ;
  - le positionnement des nœuds (localisation) et les fonctionnalités qui leur seront attachées en fonction des attentes logistiques formulées par les clients ;
  - la définition des stocks et des moyens mis en place à chaque nœud ;
  - le choix des modes de transport.
- **La phase de conception du système de pilotage** présente trois caractéristiques :
  - il doit être pensé avant tout comme un système d'aide à la prise de décision. Il doit apporter les éléments révélateurs de la situation réelle des flux, permettre le diagnostic et aider au choix de la décision la plus pertinente pour améliorer la situation ;
  - il est conçu à l'interface entre les objectifs assignés en matière de flux, le système physique et le système d'information ;
  - enfin ses répercussions sur les objectifs propres assignés à certaines fonctions doivent être clairement analysés.

Les enjeux de la maîtrise des processus de conception des systèmes logistiques deviennent majeurs. En effet, la recomposition du design du réseau logistique devient l'une des sources d'activités principales des logisticiens. Sous l'effet catalyseur de la mondialisation, la conjugaison d'effets déstabilisateurs sur les opérations logistiques amont qui recouvrent plus particulièrement les activités industrielles, avec des effets déstabilisateurs sur les opérations logistiques aval qui recouvrent quant à elles les opérations de distribution, amène à repenser non seulement les circuits logistiques, mais également les organisations et les métiers qui en dépendent.

4.3.2. Un outil utile à la structuration des systèmes logistiques : la famille logistique

Une *famille logistique* est un regroupement de produits dont le traitement physique et la gestion informationnelle relève de la même solution logistique. Cette approche permet :
- de respecter les stratégies d'offres différenciées de service en fonction des canaux de distribution et des clients finals. On ne vend pas un véhicule de manière identique en Grande-Bretagne — où la majorité des véhicules est gérée au sein de flottes — et

en Allemagne. De même, la mise en place d'un nouveau produit dans un réseau européen implique une solution spécifique ;

- de prendre en compte les spécificités techniques des produits : poids, encombrement, fragilité, température dirigée… Au sein de France Télécom, il est difficile de gérer dans un système logistique unique les cabines téléphoniques, les tourets de câbles, les boîtiers électroniques et les cartes électroniques pour les commutateurs.

- d'adapter les fonctionnalités des systèmes logistiques à des situations commerciales spécifiques telles que les promotions (produits à cycle de vie très court) ou des produits à très forte saisonnalité (les crèmes solaires).

L'objectif est bien évidemment de trouver un équilibre dans le respect des spécificités des niveaux de service et des caractéristiques des produits, et la réalisation d'économies d'échelle en standardisant au maximum les solutions. Cette segmentation est particulièrement pertinente pour les entreprises qui gèrent des gammes de produits très larges, des canaux de distribution différents et complémentaires et des activités commerciales au niveau international.

À cet égard, le cas de 3M illustre parfaitement la pertinence d'une telle approche. Cette entreprise dont le succès repose en partie sur sa capacité à innover et à lancer de nouveaux produits sur des marchés très disparates (automobile, médical, grand public, aéronautique, informatique…) gère environ 30 000 clients en France de nature très différente (très gros clients, petites entreprises, grande distribution, grossistes…) et plus de 60 000 références très hétéroclites (machines, consommables liquides, solides, produits techniques, produits pharmaceutiques…). De plus, l'entreprise est confrontée à une dynamique de globalisation très accélérée depuis quelques années. La problématique logistique centrale est de faire face à cette diversité tout en mettant des solutions logistiques qui partagent un maximum de ressources communes pour des raisons économiques évidentes.

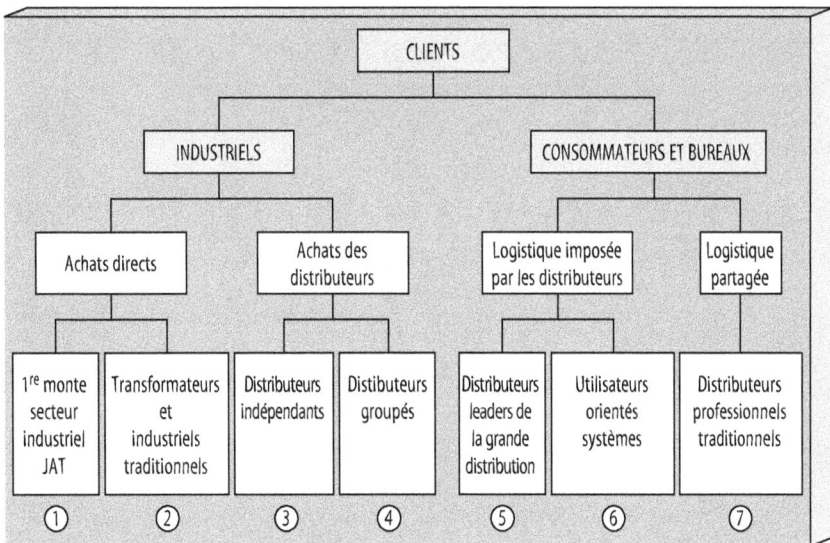

SCHÉMA 3.14. *Canaux de distribution pour la société 3M*

Dès lors, l'élaboration des familles logistiques passe par les étapes suivantes :

– représentation des canaux de distribution et identification des maturités logistiques des clients au sein de ces canaux, comme le montre le schéma 3.14 :
  – identification des paramètres génériques de niveaux de service (cf/ tableau 3.4. Dans ce cas, les 5 paramètres suivants ont été choisis : disponibilité, délai, réactivité, personnalisation et nature de la relation commerciale. Chaque paramètre est décomposé en rubriques élémentaires permettant de cerner et de qualifier les attentes de service.
  – hiérarchisation des paramètres de service pour chaque canal de distribution, comme le montre le tableau 3.4. Chaque chiffre indique le niveau d'importance relative des rubriques élémentaires des paramètres de service. Par exemple, pour les clients première monte, le facteur temps apparaît important puisqu'il regroupe 4 rubriques élémentaires parmi les 10 premières, ainsi que le facteur de personnalisation, même si les rubriques élémentaires ont un poids relatif moindre. Cette étape permet de mettre l'accent sur ce qui doit structurer la réponse logistique. Le croisement des paramètres de service, des produits et des clients permet d'identifier des groupes homogènes préfigurant des familles logistiques.
  – élaboration de scénarios logistiques tant au niveau de la gestion des flux physiques que des flux d'information.
  – croisement des groupes logistiques et des scénarios pour identifier les familles logistiques définitives.

Clients	Disponibilité	Temps	Réactivité	Personna-lisation	Relation
Première monte	6	1/3/7/9	2/4	5/10/11/14/15/16/17	
Industriels traditionnels	3	1/4	2/5/9	6/7/8/10/13	
Distributeurs indépendants	6	9/17	1/4/5/11		2/7/8/16
Distributeurs groupes	4	6/11/18	2/13/15	1/3/5/9	
Grande distribution	1	2/3/6/10	8/12/16	4/7/11/13	
Utilisateurs orientés systèmes	1	2/6/12/13/16		3/4/5/7/8/9/11/15/18	
Distributeurs traditionnels	2	1	5/6/7/14	9/10/20	8/11/21

TABLEAU **3.4.** *Classement des paramètres de service par canal de distribution*

La constitution des familles logistiques n'est pas une démarche simple mais elle a le mérite de segmenter les attentes de service, de prendre en compte les organisations logistiques des clients et les spécificités des produits tout en cherchant à massifier au maximum les flux et à standardiser les solutions. De plus, l'implication de fonctions telles que les achats, le marketing, les ventes, la production et la logistique au sein d'équipes pluridisciplinaires est un excellent moyen de préparer l'implantation des solutions retenues.

CONCLUSION

L'évolution de la logistique vers le Supply Chain Management n'est pas le résultat d'un effet de mode mais d'un changement de niveau de maturité qui peut s'expliquer par quatre facteurs qui montent en puissance :

- **l'intégration** des fonctions et des acteurs qui participent à la performance de la Supply Chain et ce, de manière directe ou indirecte. Cette intégration s'appuie sur des collaborations qui permettent plus de transparence et de visibilité par le partage d'informations et d'objectifs communs entre ces acteurs ;

- **l'optimisation** devient plus globale, c'est-à-dire que son périmètre est plus large et ne se limite plus à deux coûts antagonistes contraints par une fonction de service plus ou moins modélisée. L'optimisation dépasse désormais le cadre de l'entreprise mais s'intéresse à l'ensemble de la Supply Chain, implique une pluralité d'acteurs, de fonctions de coûts y compris les coûts de sourcing, de production et de cahiers des charges service et ce, sur plusieurs horizons de temps ;

- **la dimension** business prend de l'importance. La logistique a acquis en quelque sorte ses lettres de noblesse en étant reconnue comme l'activité créant de la valeur par le service et en liant définitivement le service et le coût des solutions logistiques dans le processus d'optimisation. Le Supply Chain Management va plus loin en permettant à l'entreprise de créer de la valeur au niveau des fonds propres par la meilleure rentabilité des actifs et par le développement de nouveaux business modèles qui s'appuient des leviers et des moyens logistiques mieux maîtrisés que ses concurrents ;

- **la complexité** peut se définir comme la cardinalité en mouvement. La cardinalité signifie la multiplicité des variables à prendre en compte pour concevoir et optimiser une solution logistique et leur accroissement. On peut évoquer à ce titre la capillarité des points de livraison, le nombre de références articles, la diversité des attentes service issues d'une analyse segmentée des attentes clients selon leur profil et leur pays d'appartenance, le type de produits concernés en valeur, en volume et en type de demande, le type de canal de distribution. À ce stade, logistique et Supply Chain Management sont compliqués et c'est le mouvement qui les rend complexes, c'est-à-dire le lancement continu de nouveaux produits, la mouvance des sourcings sous la pression des coûts, l'évolution des partenariats avec les prestataires.

Le trade-off est au cœur de la démarche Supply Chain en cherchant à trouver des compromis et à régler des antagonismes. Retenons à ce stade de notre ouvrage deux trade-off essentiels créateurs de valeur :

- le trade-off service/coût qui permet de mieux coller au besoin réel du client, d'éliminer les solutions logistiques coûteuses qui produisent du sur-service et de proposer des solutions nouvelles aux clients en attente de service supérieur ;
- le trade-off global/local qui s'attache à préserver des solutions globales qui génèrent de fortes économies d'échelle mais qui doivent s'effacer face à des besoins locaux au plus près des exigences clients.

Les chapitres qui suivent donnent des clefs pour mettre en œuvre ce double trade-off.

📖 BIBLIOGRAPHIE DU CHAPITRE 3

Beaulieu M., Jobin M.-H., Boivin A., « Gérer la performance de la logistique hospitalière », *Logistique & Management,* éd. Spéciale « Logistique Hospitalière », 2004, pp. 21-30.

Breuzard J.-P., Fromentin D., *Gestion pratique de la chaîne logistique,* Démos, Paris, 2004, 206 p.

Cohen S., *Avantage Supply Chain : Les 5 leviers pour faire de votre Supply Chain un atout compétitif,* Éditions d'Organisation, Paris, 2005, 406 p.

Cohen M., Cull C., Lee H., Willen D., « Saturn's Supply Chain innovation : High value in after-sales service », *Sloan Management Review,* été 2000, pp. 93-101.

Colin J., Paché G., *La Logistique de distribution : l'avenir du marketing,* Chotard et Associés éditeurs, Paris, 1998.

Conner M. P., « The Supply Chain's role in leveraging PLM », *Supply Chain Management Review,* vol. 8, Iss. 2, New York, mars 2004, p. 36.

Courtiol T., Dornier Ph.-P., « Pour réussir la mise en place d'une Supply Chain : maîtriser la conduite du changement », *Transports Internationaux & Logistique,* n° 19, janvier 2005, pp 29-31.

Cousantais G., « La Logistique comme outil stratégique de marketing », *Revue Française de Gestion,* vol. 18, n°1, 1999, pp. 15-23.

Deschamps, P. M., « De la logistique à la Supply Chain », *L'Expansion Management Review,* septembre 1999, pp. 51-58.

Dornier Ph.-P., *Plein flux sur l'entreprise,* Paris, Nathan, 1991.

Edvandsson B., Thomasson B., Overetveit D., *Quality of service : Making it really work,* McGraw-Hill Book Company, Londres, 1994, 293 p.

Fabbe-Costes N., « Évaluer la création de valeur du Supply Chain Management », *Logistique & Management,* vol. 10, n° 1, 2002, pp. 29-36.

Fabbe-Costes N., Lemaire C., « La Traçabilité totale d'une Supply Chain : principes, obstacles et perspectives de mise en œuvre », *RFGI (Revue Française de Gestion Industrielle),* vol. 20, n° 3, 2001, pp. 23-52.

Fiore C., *Supply Chain en action : Stratégie, Logistique, Service clients,* Village Mondial, Paris, 2001, 240 p.

Fromentin D., *Réussir la logistique des activités de services,* Les Éditions Démos, Paris, 2005, 203 p.

Gadde L.-E., Håkansson H., Jahre M., Persson, G., « More instead of less – strategies for use of logistics resources », *Journal of Chain and Network Science,* vol. 2, n° 2, 2002.

Gourdin K.N., *Global Logistics Management : A Competitive Advantage for the 21st Century,* Blackwell, 2006, 320 p.

Hargadon A., Sutton R.I., « Building an innovation Factory », *Harvard Business Review,* mai-juin, 2000, pp. 157-166.

Jahre M., Fabbe-Costes N., « Adaptation and Adaptability in Logistics Networks », *International Journal of Logistics : Research and Applications,* vol. 8, n° 2, pp. 143-157.

« Le Commerce maritime international », *Journal de la Marine marchande*, Rueil-Malmaison, août 2002.

Journet M., « Évolution de la logistique des entreprises industrielles et commerciales », *Revue Française de Gestion Industrielle*, vol. 18, n° 1, 1999, pp. 5-14.

Kessler S., *Measuring and Managing Customer Satisfaction : Going for the gold*, Milwaukee, ASQC Quality Press, 1996.

Lièvre P., Tchernev N., *La Logistique entre management et optimisation*, Hermès Science Publications, Paris, 2004, 333 p.

Livolsi L., Camman-Ledi C., « Évolution des fonctions de l'entreprise. Le cas de la logistique », *Logistique & Management*, vol. 13, n° 2, décembre 2005.

Mathe H., Shapiro R., *Integrating Service Strategy in the Manufacturing Company*, Chapman and Hall, Londres, 1993, 237 p.

Mathe H., Tixier D., *La Logistique*, PUF, Paris, 2005, 127 p.

OCDE : Organisation de Coopération et de Développement Économique, *Logistique des transports : défis et solutions*, Paris, 2005, 56 p.

Paché G., *La Logistique : enjeux stratégiques*, Vuibert, Paris, 2004, 208 p.

Poirier Charles C., *Advanced Supply Chain Management : How to build a sustained Competitive Advantage*, Berett-Koehler, 1999, 300 p.

Pons J., *Transport et logistique*, Hermès Science Publications, Paris, 2005, 414 p.

Ritzman L., Krajewski L., *Management des opérations*, Person, 4e édition, 2004, 522 p.

Romeyer C. et al., « Modélisation par les processus : une méthode préalable indispensable à la mise en œuvre d'un système d'information communicant centré sur le patient », *Gestions Hospitalières*, n° 447, juin 2005, pp. 451-459.

Rushton A., Croucher P., Baker P., *The Handbook of Logistics and Distribution Management*, Kogan Page, 3e édition., Cranfield, 2006, 612 p.

Sampieri, Teissier N., « Différenciation et intégration du back-office et du front-office dans les activités de service – l'exemple de la logistique dans les établissements hospitaliers », *Direction et Gestion*, 2002.

Simchi-Levi D., Kaminsky P., Simchi-Levi E., *Managing the Supply Chain*, McGraw-Hill, Colombus, 2004, 307 p.

Slack N., Chambers S., Johnston R., *Operations management*, Prentice Hall, Harlow, 2004.

Stank Theodore P., Keller Scott B., Closs David J., « Performance benefits of Supply Chain logistical integration », *Transportation Journal*, hiver/printemps 2001/2002, pp. 32-46.

Taylor D. A., *Supply Chains*, Addison Wesley, Boston, 2003, 378 p.

Treville (de) S., Shapiro R. D., Hameri Ari-Pekka, « From Supply Chain to demand chain : the role of lead time reduction in improving demand chain performance », *Journal of Operations Management*, 21, 2004, pp. 613-627.

Vissers J., *Health Operations Management : Patient Flow Logistics In Health Care*, Routledge, Oxford, 2005, 322 p.

Wang W.Y.C., *Supply Chain Management : Issues in the New Era of Collaboration And Competition*, Idea Group Publishing, Hershey, 2006. 426 p.

✂ SITOGRAPHIE DU CHAPITRE 3

Nom et contact mail	Mission	Précisions sur le site
e-logisticien.com www.e-logisticien.com www.e-logisticien.com/contact/	La vocation de ce site est de mettre à disposition des acteurs du e-business des éléments sur les prestations e-logistiques.	Organisé en six rubriques, le site propose des articles écrits par un logisticien de métier, une bibliographie et une sélection de liens. Un espace d'échange est également disponible ainsi qu'un espace « contribution » ouvert aux logisticiens qui souhaitent faire part de leurs expériences.
Logistics Technology News www.ttpnews.com info@sanews-letters.com	Ce site fournit des publications en relation avec des technologies émergentes.	
Logiroute www.logiroute.com/francais/ editions@bomartgroup.com	Répertoire complet des intervenants du monde du transport et de la logistique.	
Logistique.com www.logistique.com www.logistique.com/fr/contact.htm	Coopération logistique civilo-militaire.	Formation initiale, continue, sélections d'articles.
Supply Chain Forum http://www.supplychain-forum.com/archives.cfm scf@bordeaux-bs.edu	*Supply Chain Forum* est une revue internationale explorant tous les aspects de la logistique, du Supply Chain et de la gestion des opérations.	Ce site fournit : – des articles dans le domaine du Supply Chain Management introduisant des concepts innovateurs ; – des études de cas sur les bonnes pratiques de la logistique globale ; – des forums encourageant la discussion et les échanges sur les expériences au bénéfice des académiques et des professionnels.
Institute for Supply Chain Management ww.ism.ws/index.cfm Jogden@napm.org	Revue consacrée à la Supply Chain : The Journal of Supply Chain Management.	

Logistics World *Moteur de recherche* www.logisticsworld.com info@logisticsworld.com	Le moteur de recherche « Logistics World » a comme ambition d'être le leader des services de recherche et d'information logistique.	Offres de services : – design de la page web ; – publicité sur Internet ; – accès direct aux statistiques ; – accès direct aux libraries virtuelles ; – listings des logisticiens de 33 pays.
Logistics Directory *Moteur de recherche* www.logisticsdirectory.com	Moteur de recherche pour collecter et fournir des informations en matière logistique.	Annuaire des ressources logistiques (transport, entreposage, systèmes, recherche, consulting…).
Logistics Net *Moteur de recherche* www.logistics.net www.logistics.net/emailWarehousing.cfm	Moteur de recherche logistique.	Ressources en matières de distribution, entreposage et logistique.
ACQ *Moteur de recherche* www.acq.osd.mil/ www.acq.osd.mil/feedback/index.html	Moteur de recherche orienté logistique militaire.	ACQ est le site officiel du « Office of the Under Secretary of Defense for Acquisition, Technology and Logistics ».
Supply Chain Manufacturing & Logistics http://www.scs-mag.com/ dandrews@retailsystems.com	Depuis 30 ans, ce magazine diffuse des articles portant sur les nouvelles méthodes et nouveaux outils permettant d'améliorer les opérations logistiques des professionnels de l'industrie et de la distribution.	
Supply Chain Management *MCB University Press* www.hw.ac.uk/library/emerald.html enquiries@hw.ac.uk	Supply Chain Management est un journal international qui a pour mission de créer un lien entre les praticiens et les académiques. L'objectif du journal est d'accroître la connaissance et la compréhension dans le domaine de la Supply Chain.	*Supply Chain Management* publie 5 numéros par an ainsi qu'un accès on line aux numéros antérieurs via Emerald Library.
Inbound logistics www.inboundlogistics.com publisher@inboundlogistics.com	Au cours des 20 dernières années, la mission de *Inbound Logistics Magazine* a été de publier des informations qui permettent aux entreprises nord-américaines d'être encore plus compétitives.	Un numéro gratuit chaque mois.
ABC-Netmarketing www.abc-netmarketing.com etudes@abc-netmarketing.com	Il sera possible de trouver des articles consacrés aux gestions de campagne et à la distribution physique vus par des responsables marketing.	

APICS www.apics.org service@apicshq.org,	Fondée en 1957 par des professionnels de la gestion industrielle, l'APICS a pour mission de rechercher en permanence les meilleures pratiques en management des ressources industrielles et de diffuser cet état de l'art dans les entreprises et chez les professionnels concernés.	Avec 50 000 membres répartis dans 22 pays, l'APICS a aujourd'hui débordé du cadre anglophone pour prendre une dimension internationale. Sa certification phare (CPIM) est devenue une référence pour les professionnels. Fort de cette réussite, l'APIC a élargi son offre avec la certification CIRM destinée aux managers des entreprises.
Ascet Project www.ascet.com marketing@mriresearch.com.	Ce site constitue une source d'information très complète sur les technologies au service du Supply Chain Management. Le contenu a été écrit par des experts en matière de chaîne d'approvisionnements appartenant à tous les individus.	Vous y trouverez aussi des livres blancs rédigés par les gourous du SCM et par des consultants spécialisés. Les témoignages d'utilisateurs sont complétés par les profils détaillés des principaux éditeurs de solutions SCM.
Industrysuppliers.com www.industrysuppliers.com	Plate-forme d'échange entre l'ensemble des acteurs de l'industrie en Europe. Le site veut rassembler les opportunités du marché européen ; il permet de trouver, vendre ou acheter des produits, de consulter des appels d'offres ou de participer aux enchères.	La partie e-procurement est réservée à la recherche, au choix et à la commande de produits (seul la démo est actuellement disponible).
Stanford Global Supply Chain Management Forum www.stanford.edu/group/scforum/ sept_lesley@gsb.stanford.edu	Le Stanford Global Supply Chain Management Forum est un programme réalise en partenariat avec l'école d'ingénieurs, la Business School de l'université de Stanford ainsi que ses entreprises.	Le forum a pour but d'identifier, de documenter, de rechercher, de développer et de diffuser les meilleures pratiques ainsi que l'innovation dans le domaine du Supply Chain Management afin de faire progresser l'enseignement et la recherche dans ce domaine.
Supply-chain Operations Reference-Model www.supply-chain.org info@supply-chain.org	Le modèle SCOR, fruit de la collaboration de 69 entreprises nord-américaines, est la première mondialisation multi-industrie de la chaîne de service client.	

4

La mondialisation et ses incidences Supply Chain

« Le temps a cessé, l'espace a disparu. Nous vivons maintenant dans un village global, un événement simultané[1]. »

Herbert Marshall McLuhan

Le terme de mondialisation est entré de plain-pied dans le débat économique mondial depuis presque deux décennies. Mais ses effets ne cessent de se laisser découvrir et, chaque jour, les entreprises prennent conscience des bouleversements associés à cette intégration de l'économie entre les pays de la planète. Le phénomène de l'explosion de l'économie chinoise et de ses conséquences en matière d'emplois dans les pays industrialisés, de tension sur les marchés de matière première (acier, pétrole) ont mis la globalisation des marchés au cœur des débats de la société française. Les termes international, multinational, transnational, mondial et global sont utilisés pour caractériser le phénomène dominant de l'économie contemporaine. La notion de globalisation, d'inspiration anglo-saxonne, recouvre fréquemment la même signification que celle de mondialisation.

Pour tenter de cerner la notion de globalisation en première approche, on peut considérer qu'une activité globale dépasse la simple activité d'exportation de produits. Elle doit comporter les caractéristiques suivantes :

- acheter et approvisionner les produits dans plus d'un pays ;
- avoir souvent une large dispersion des moyens de production et des sources d'approvisionnement ;
- commercialiser ses produits dans le monde entier.

---

1. McLuhan M., (1967), *The medium is the message*, Bantam Books. Sociologue canadien (1911-1980). Spécialiste des mass media, il pense que chaque culture se caractérise principalement par ses techniques de diffusion et de reproduction.

Si cependant certaines de ces caractéristiques s'appliquent non seulement à un marché global mais également à un marché multinational ou transnational, on peut retenir que quelques caractéristiques très factuelles des marchés permettent de faire, en première approche, une différence entre les marchés globaux et les autres :

• le marché global présente des phénomènes d'intégration croissante des consommateurs par une plus grande convergence de leurs attentes ;

• un marketing particulier ;

• une opportunité de développement pour les produits dont les ventes commencent à baisser sur leur marché d'origine.

D'une certaine manière, les entreprises multinationales abordent leurs marchés à partir d'une stratification régionale. Les entreprises globales, ont une approche qui met en avant les caractéristiques démographiques, sociales ou économiques pour organiser leurs activités transversalement à des zones géographiques.

L'internationalisation cerne plus particulièrement les relations d'échanges et de négociations concernant le financier, le commercial ou plus généralement l'économique, d'une nation avec plusieurs autres. La mondialisation, ou globalisation, concerne ces mêmes échanges et négociations mais de toutes les nations entre elles au niveau mondial et dans le même instant. On comprend bien ainsi que la mondialisation est un phénomène qui recouvre des réalités multiples selon qu'elle concerne :

• les activités commerciales, la localisation des sites de production, les échanges de capitaux ou les transferts de technologie ;

• les hommes en associant à l'économie mondiale marchande des millions d'humains, des pays qui, par leur économie nouvellement développée, peuvent apporter leur contribution à la dynamique économique générale de la terre, des régions et des espaces géographiques dont les spécificités permettent d'en tirer le meilleur parti.

L'analyse des déterminants de la mondialisation a donné lieu à de très nombreuses réflexions. Cependant les quatre principaux facteurs les plus cités qui permettent à une économie de passer d'un stade d'internationalisation à un stade de mondialisation sont les suivants :

• l'accroissement des investissements directs à l'étranger (IDE), dans un premier temps souvent croisés entre pays de la triade (États-Unis, Europe et Japon), puis qui ont concerné les pays de la première génération des Dragons (Taiwan, Singapour, Corée du Sud, Hong Kong, Thaïlande) et de la seconde génération (Malaisie, Philippines, Indonésie) et enfin qui aujourd'hui se déplacent vers la Chine et l'Inde. Ces flux d'investissement étaient d'environ 50 milliards de dollars avant 1985, pour atteindre 350 milliards en 1995 et 660 milliards en 1998. En 2003, les seuls pays de l'OCDE ont généré à destination des autres pays du monde un flux d'investissement de 668 milliards USD ;

• les mesures de déréglementation et de libéralisation dans divers secteurs, qui favorisent les échanges commerciaux ;

• le commerce international entre les agents économiques des différentes nations à l'échelle mondiale. Néanmoins, il faut noter que le taux de croissance du commerce international est inférieur à celui des investissements directs à l'étranger et que l'on estime qu'environ un tiers de ce commerce international résulte d'échanges intra-firme entre les différents entités des entreprises ;

- le rythme soutenu de l'innovation qui, en particulier, commence à stimuler la prise en charge à l'étranger de travaux de services (traitement de l'information…).

L'exploitation par une firme des avantages associés à un marché global ne peut se faire qu'au prix d'une plus grande centralisation des opérations de pilotage d'approvisionnement, de production et de distribution. C'est pourquoi ce phénomène impacte de manière significative la Supply Chain des entreprises. Distance dans le temps et dans l'espace, différences culturelles, visibilité réduite rendent la Supply Chain d'autant plus complexe à piloter. En particulier, pour les entreprises qui travaillent sur un marché global, sept orientations majeures influencent directement la Supply Chain et sont généralement prises en compte :

- la mise en place d'usines spécialisées et/ou l'externalisation de la production ;
- la concentration des achats qui permettent des économies d'échelle et l'ouverture du sourcing vers des zones géographiques toujours plus nombreuses ;
- le développement de systèmes intégrés de transport ;
- la capacité à répondre à des changements brutaux de comportements des marchés par le transfert d'un produit d'un marché à un autre ;
- le déploiement d'offres de commerce électronique ;
- l'utilisation sur tous les autres marchés de solutions testées sur un marché ;
- le partage des coûts de recherche et développement non seulement dans le design des produits mais également dans le domaine de la logistique (gestion des stocks, EDI, Internet…) et la centralisation des activités de recherche et développement.

Les évolutions qui ont conduit à l'emploi du terme de globalisation sont considérées néanmoins sous deux aspects principaux, étroitement imbriqués :

- le premier porte sur la mondialisation de l'architecture économique de la planète et traite le phénomène de mondialisation plutôt sous un aspect macro-économique, mais nous verrons que la mondialisation cache des disparités importantes et des déséquilibres patents, qui ne sont pas sans impact sur l'organisation des Supply Chains ;
- le second envisage la question sous sa dimension microéconomique (impact sur la production, le sourcing, le marketing et les ventes). Le développement des politiques marketing des produits au niveau global tente de concilier à la fois une approche locale pour satisfaire aux spécificités des besoins des clients et une approche mondiale pour tenter d'obtenir un effet de taille permettant de tirer le meilleur parti des efforts de recherche, de développement et de communication consentis.

Ce sont ces deux approches que nous allons exposer dans ce chapitre comme étant les catalyseurs principaux des tensions qui ont été amenées à s'exercer sur les Supply Chains.

1. Mondialisation de l'activité économique

1.1. Structuration géographique multipolaire des échanges internationaux

L'architecture économique contemporaine a été prédéterminée à l'issue des accords de Bretton Woods en 1945 et des premiers accords du GATT en 1947. Elle a connu un nouvel élan avec l'effondrement de la bipolarité planétaire et les moyens supplémentaires que cette transformation politique a permis d'allouer à l'économie. Elle se caractérise en ses débuts par un ensemble d'économies considérées comme relativement indépendantes et entre lesquelles se développent — au fur et à mesure — des relations économiques internationales par le biais d'échanges commerciaux. Cependant ce processus initial va se modifier sous l'impulsion du fonctionnement « libre » des marchés. Dans le début des années 1960, un mode d'internationalisation nouveau se manifeste selon une vision pyramidale : les États-Unis vendent et investissent dans les autres pays à économie développée qui eux-mêmes se mettent à intensifier leurs ventes et à investir dans le reste du monde. Les États-Unis sont alors fortement un pays émetteur d'investissements. À partir du milieu des années 1970, le schéma connaît encore une nouvelle évolution. C'est vers une nouvelle division du travail que l'économie mondiale s'achemine lorsque des firmes des pays industrialisés se délocalisent de leur pays d'origine dans des pays d'où elles produisent puis expédient les produits vers les pays d'origine. C'est le phénomène de Division Internationale du Travail. Ainsi l'ordre initial du commerce international pour les biens à valeur ajoutée, tel qu'il a été défini à l'issue de la Seconde Guerre mondiale, s'est trouvé inversé. Un nouveau flux d'échange s'est opéré des pays du bas de la pyramide économique vers les pays du haut de la pyramide. Puis, à partir des années 1980, l'architecture économique mondiale s'est encore transformée. Les États-Unis qui était le pays qui investissait le plus dans le reste du monde voient se multiplier les investissements sur leur propre territoire. La plus grande part de ces flux de capitaux étrangers provient principalement du Japon et de l'Europe. Dès lors, sans que cessent les autres types d'échange, un flux particulièrement intense s'organise entre les pays d'un tripôle constituant la triade, les États-Unis, l'Europe et le Japon.

Les années 1990 voient donc s'instaurer une architecture économique qui s'est profondément modifiée. La structure initiale de flux descendants de biens transformés s'est écartée au profit d'une structure d'échanges croisés complexes supportés par des politiques d'investissements directs et par des développements de zones industrielles nombreuses en raison d'échanges dans le monde qui permettent le recours à un sourcing international. Désormais, la recherche de ressources à coût bas (matières premières, main-d'œuvre, incitations fiscales sur les réserves foncières…) n'est pas le phénomène dominant de la délocalisation, mais les flux d'investissement se sont concentrés sur les zones les plus riches des pays les plus développés. La conséquence en est la polarisation géographique de l'économie. En matière d'investissements, les États-Unis, d'une position dominante d'investisseur à l'étranger, deviennent également un pays récepteur d'investissements considérables, ce qui est le cas également pour l'Europe en général et la Grande-Bretagne et la France en particulier.

C'est ce que confirment les schémas 4.1 et 4.2 qui comparent les principaux flux d'exportations au niveau mondial entre 1963 et 2003. Les flux d'exportations se sont fortement accrus entre les pays de la triade, l'Asie du Sud-Est ayant consolidé sa position exportatrice face à l'Europe et aux États-Unis. La triade représente en 2004 60 % du commerce international export et 66 % du commerce international import.

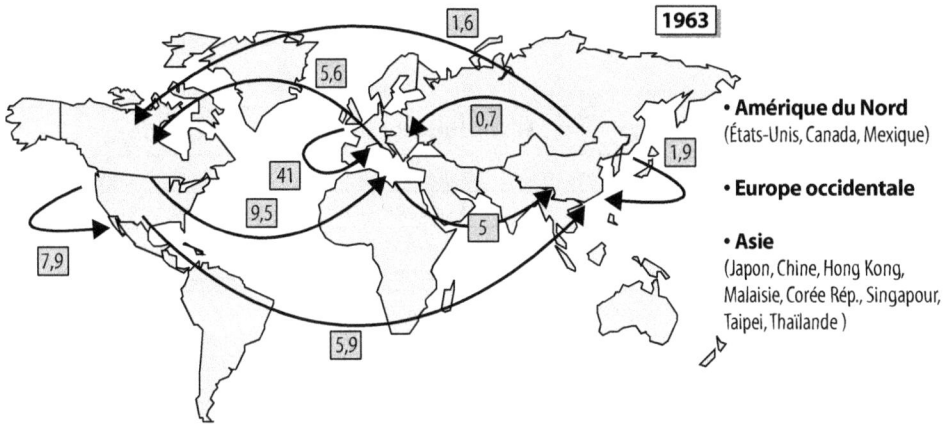

1963

- **Amérique du Nord**
  (États-Unis, Canada, Mexique)

- **Europe occidentale**

- **Asie**
  (Japon, Chine, Hong Kong, Malaisie, Corée Rép., Singapour, Taipei, Thaïlande)

Schéma **4.1.** *Exportations de marchandises et flux internes continentaux en milliards de dollars en 1963*

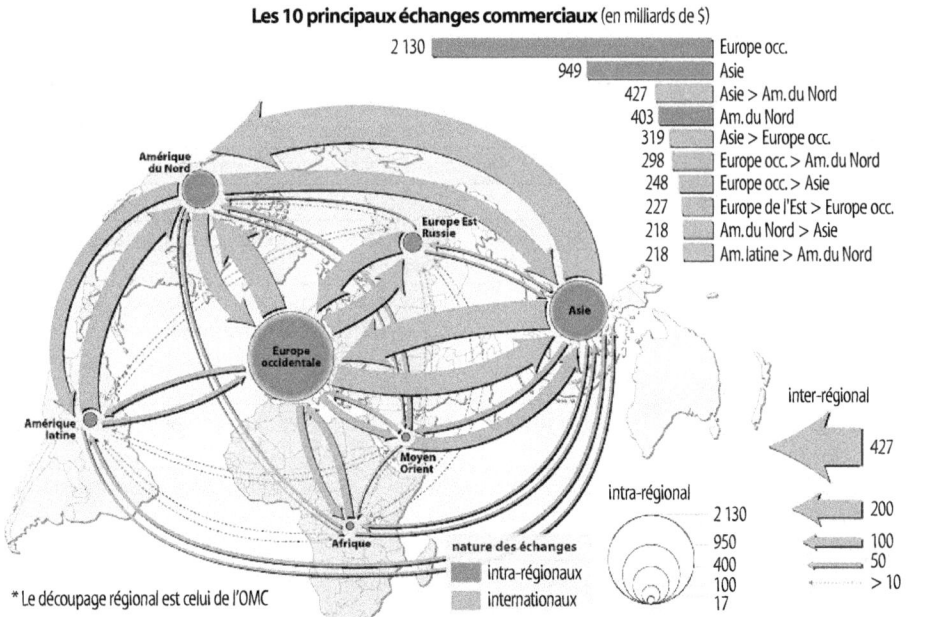

Les 10 principaux échanges commerciaux (en milliards de $)

2 130	Europe occ.
949	Asie
427	Asie > Am. du Nord
403	Am. du Nord
319	Asie > Europe occ.
298	Europe occ. > Am. du Nord
248	Europe occ. > Asie
227	Europe de l'Est > Europe occ.
218	Am. du Nord > Asie
218	Am. latine > Am. du Nord

Amérique du Nord

Europe Est Russie

Asie

Europe occidentale

Amérique latine

Moyen Orient

Afrique

nature des échanges

intra-régionaux

internationaux

* Le découpage régional est celui de l'OMC

inter-régional

427

intra-régional

2 130
950
400
100
17

200
100
50
> 10

Commerce de marchandises (en milliards de USD)

Source : OMC (Benoît Martin – Atelier de cartographie de Sciences Po., juin 2005)

Schéma **4.2.** *Exportations de marchandises et flux internes continentaux en milliards de dollars en 2003*

143

L'Europe représente 45 % des flux relatifs au commerce mondial. Parmi ces flux, 73 % sont intra-européens alors que pour le continent nord-américain, les flux intra ne représentent que 56 %. Les flux relatifs à l'Amérique du Nord, à l'Europe et au Japon représentent 68 % du commerce mondial et 74 % en y ajoutant la Chine. Avec l'Asie prise dans son ensemble, ce sont 87 % du commerce mondial qui sont réunis.

1.2. L'impact des nouvelles infrastructures de transport

La productivité dans le domaine des transports a apporté depuis plusieurs décennies une opportunité nouvelle au développement de la mondialisation des activités. Loin de freiner les échanges par un manque de moyens ou l'inadaptation des infrastructures, les transports ont offert une opportunité supplémentaire au développement de la mondialisation des activités. Le rôle croissant des exigences temporelles confère une prime aux sites desservis par des grandes infrastructures non saturées. En parallèle au développement de la polarisation géographique de l'économie, les infrastructures de transport se sont organisées sous forme de réseaux hiérarchisés pour assurer des voies de commu-

Historique du tunnel sous la Manche	
20 janvier 1986	choix du projet
12 février 1986	signature du projet franco-britannique
14 mars 1986	concession d'exploitation de 55 ans (prolongée de 10 ans en 1994) accordé au Groupe Eurotunnel
29 juillet 1997	ratification définitive du traité – convention d'utilisation avec les chemins de fer
10 décembre 1987	1re cotation en bourse
15 décembre 1987	démarrage du premier tunnelier
1er décembre 1990	1re jonction sous la Manche entre les équipes françaises et les équipes britanniques
28 juin 1991	fin des forages des tunnels
6 mai 1994	inauguration officielle
1er juin 1994	ouverture du service des trains de marchandises
1er octobre 1996	signature d'un accord entre les banques et la direction d'Eurotunnel pour restructurer la dette du Groupe
18 novembre 1996	incendie sur la navette Le shuttle Fret
15 juin 1997	reprise définitive de l'ensemble des services
9 mai 1999	le Sénat accepte le prolongement de la concession jusqu'à 2086
2000	mise en examen d'anciens et actuels dirigeants pour abus de biens sociaux, informations financières inexactes et délit d'initié lors de l'augmentation de capital de 1994
25 décembre 2002	tentative d'immigration illégale de 550 personnes à pied par le tunnel
7 avril 2004	assemblée générale extraordinaire : la direction britannique est renversée par 63,42 % des voix des petits porteurs contestataires
18 mars 2005	l'action atteint son plus bas niveau historique : 0,24 €
26 février 2006	10 millionième camion transporté

TABLEAU 4.1. *Historique du Tunnel sous la Manche*

nication régulières entre des nœuds foyers de création de valeur redistribuée à la fois autour de ces nœuds, et vers d'autres pôles de richesse.

Le développement des ports (doublement de la taille du Port du Havre), l'augmentation continue de la taille des porte-conteneurs, la construction d'autoroutes et de zones logistiques procèdent de cette facilitation des échanges.

Le développement d'une infrastructure telle que le Tunnel sous la Manche (cf. tableau 4.1), ouvert depuis le mois de juin 1994 aux trains de marchandises, illustre le parti qu'il a été possible de tirer de ce type de moyens nouveaux, sous son aspect fret, pour des entreprises. Les politiques des états en matière d'infrastructures jouent ainsi un rôle majeur dans la globalisation des approches économiques.

> Pour illustrer concrètement, l'impact du déploiement d'une infrastructure comme le Tunnel, prenons l'exemple de l'inflexion de la distribution de produits électroménagers entre l'Europe continentale et la Grande-Bretagne. Le cas est celui de Distrilux/ Électrolux et de ses produits en provenance de son usine italienne, au moment de l'ouverture du Tunnel au trafic fret, en 1994. Environ 850 000 appareils électroménagers étaient exportés alors vers le Royaume-Uni. Une seule voie était apparue comme la plus économique. Elle combinait un ensemble de vecteurs de transport (train, bateau, camion) et générait des ruptures de charges qui rendaient les opérations onéreuses, les délais longs, le service médiocre à défaut d'un stock important prépositionné et les causes de non-qualité nombreuses. La solution retenue consistait à charger les produits sur des trains jusqu'au Havre. Au Havre, les produits étaient chargés sur des remorques et tractés par des tracteurs-jockeys sur des navires roll-on/ roll-off. Pour mener à bien ces opérations, un entrepôt était donc nécessaire au Havre et un stock y était donc constitué. Au port anglais de destination les remorques étaient déchargées et tractées vers les dépôts régionaux des clients (cf. schéma 4.3).

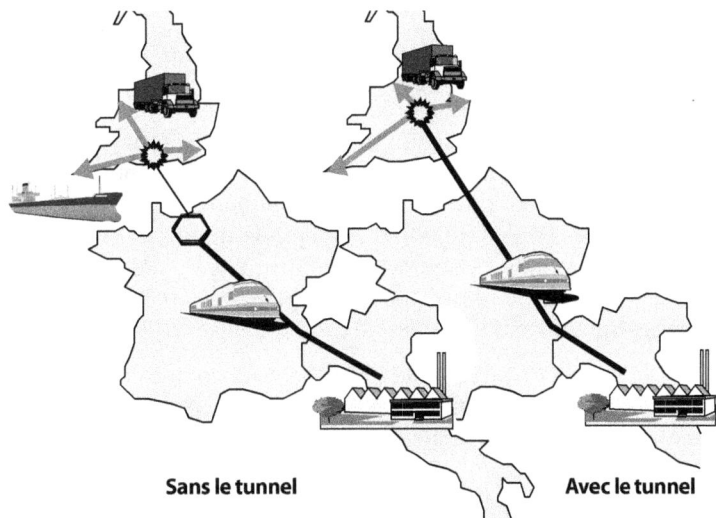

Sans le tunnel   Avec le tunnel

SCHÉMA 4.3. *Deux scénarios d'acheminement des produits Distrilux/Électrolux*

> L'ouverture du Tunnel a permis d'envisager un autre type de schéma logistique. À la commande du client, les produits sont directement chargés dans des caisses mobiles et acheminés par voie ferroviaire par un mode combiné vers la gare de destination en Grande-Bretagne la plus proche du dépôt du client. Une traction camion vers le lieu de livraison terminale est alors réalisée. La durée de transport est réduite à deux ou trois jours selon le point de destination.

En dehors de l'effet concurrentiel de l'ouverture du Tunnel et de la baisse substantielle des tarifs à laquelle il a conduit les ferries, on voit, à partir de cet exemple particulier, les avantages qu'apportent certaines nouvelles infrastructures en matière de productivité des transports. Ce sont donc des vecteurs supplémentaires à l'extension des échanges commerciaux mondiaux (*cf.* tableau 4.2).

Années	Camions	Équivalent tonnes de marchandises (en millions)	Trains de marchandises (SNCF/EWS) (en millions de tonnes)
2003	1 284 875	16,7	1,7
2004	1 281 207	16,6	1,9
2005	1 308 786	17,0	1,6

(Source : Eurotunnel 2006)

TABLEAU **4.2.** *Trafic du tunnel sous la Manche*

2. MONDIALISATION DE L'ACTIVITÉ DES ENTREPRISES

2.1. La mondialisation pour les entreprises : justifications stratégiques et premières approches organisationnelles

Le phénomène de mondialisation décrit précédemment au niveau macro-économique a des conséquences importantes pour les entreprises qui cherchent à tirer avantage de cette situation.

Alors que la compétition entre les entreprises reste fortement ancrée dans une guerre sur les prix, les économies d'échelle générées par la massification des flux, la concentration des sites d'achat, de production et de distribution restent un élément très attractif pour dégager des rentabilités supérieures. Néanmoins, ces entreprises ne font pas l'économie d'une réflexion du type trade-off, c'est-à-dire simulant les avantages et inconvénients relatifs à une stratégie industrielle de délocalisation, de spécialisation et de concentration. Ce choix peut impliquer des surcoûts liés à la non-qualité ou à la logistique qui effacent tout gain de productivité.

Ensuite, la Supply Chain, activité d'échelle et de coût, n'échappe pas à la recherche d'une mutualisation. L'idée prioritaire est de massifier et de standardiser les systèmes et les solutions à la fois pour simplifier et baisser les coûts. Comme nous le verrons dans le chapitre 9, le développement des prestataires logistiques s'inscrit dans cette logique.

De plus, la libéralisation des marchés et le développement de pays émergents constituent une opportunité importante pour accroître les volumes vendus et pour beaucoup d'entreprises devenir globales signifie accroître leur présence et leur visibilité au niveau mondial, d'où le développement de stratégies marketing et de marque très agressives au niveau mondial.

Enfin, l'émergence de pôles économiques forts (Chine, Inde) et la spécialisation des agents économiques sur leur domaine de compétence premier conduisent à une fragmentation des chaînes de valeur organisées en réseaux complexes et à une dissociation dans les entreprises des formes organisationnelles historiques. Structurées originellement autour de fonctions (Recherche et développement, production, finance, marketing…), puis de zones géographiques régionales (Europe, Amérique du Nord, Asie…), elles se sont finalement recomposées autour de véritables entreprises (business units) dans l'entreprise dont le degré d'autonomie s'accroît et dont le marché pertinent est le monde. C'est l'organisation même de l'entreprise qui est en question ici en relation avec l'évolution des territoires géographiques sur lesquelles elle se développe et la notion de coordination, en particulier par les systèmes d'information, prend toute son ampleur.

Incidences de la mondialisation sur les logistiques et les Supply Chains : le cas du secteur aéronautique

Par Claude Legouix, Spares and logistics Manager – Messier Dowty – Group Safran

Avec 30 clients avionneurs dont AIRBUS, BOEING, DASSAULT, EUROCOPTER, et plus de 750 clients utilisateurs, compagnies aériennes ou stations de maintenance, Messier Dowty, leader mondial pour la fourniture d'atterrisseurs pour aéronefs, se trouve, de fait, placé au cœur des problèmes d'internationalisation.

La mondialisation des échanges marchands, la diversification des sources d'approvisionnement, la spécialisation des sites de production, les transferts de flux inter-sites, les délais de livraisons de plus en plus courts, sont des facteurs qui rendent stratégique l'optimisation globale de la Supply Chain.

Pour répondre à la demande de ses clients et aux contraintes métiers notamment en termes de support aux utilisateurs, Messier Dowty s'est développé à l'international avec des établissements en Europe, aux États-Unis et en Asie. Pour faire simple, Messier Dowty est organisé en trois réseaux : d'approvisionnement, de production et de distribution. L'approvisionnement est placé sous la responsabilité de l'industriel qui pilote l'ensemble des fournisseurs et sous-traitants répartis sur tout le continent. La localisation, l'allocation et la définition de la capacité des sites de production et de distribution répondent à la fois à la stratégie de l'entreprise et aux contraintes de services en particulier le support AOG[1]. Les unités de production sont spécialisées et se situent en France, en Angleterre, au Canada et en Chine. La distribution est faite à partir d'un magasin principal localisé près de Londres, plate-forme aéroportuaire internationale. Afin d'être encore plus proche des clients, des magasins déportés aux États-Unis, à Singapour et au Canada assurent les livraisons urgentes. Les structures géographiques d'approvisionnement, de production et de distribution, plus éclatées, complexifient les flux. Les relations entre les acteurs de la chaîne logistique sont du type « client/fournisseur » et s'appuient sur des outils de gestion et de communication. La mise en place de Progiciel de Gestion Intégrée (ORACLE, ERP[2]) sur l'ensemble des entités nationales et internationales a été adoptée par Messier Dowty. D'autres outils satellites, plus ciblés et plus collaboratifs, complètent les moyens de pilotage de la chaîne logistique.

---

1. AOG : Aircraft On Ground – 4 heures maximum pour proposer une solution qui permette à un avion de reprendre du service.
2. ERP : Enterprise Resource Planning – Progiciel de gestion intégrée.

Dans les prochaines années, le Supply Chain Management devrait reconfigurer les modes opératoires de Messier Dowty. Ces évolutions seront motivées par des objectifs « pas toujours »
atteints, par une amélioration permanente de l'interface client, par l'exigence toujours grandissante des clients et par des recentrages de l'entreprise sur son cœur de métier, développant des
partenariats qui nécessitent la mise en place d'outils plus collaboratifs. De plus, la flexibilité et la
réactivité de Messier Dowty, à tout changement de l'environnement, seront déterminantes tant
en termes concurrentiels que réglementaires. La nécessité de faire dialoguer de manière synchronisée et optimisée des partenaires éloignés, impliqués dans une chaîne de création de
valeur, du fournisseur au client, réclame d'avoir une vision complète et intégrée de Messier
Dowty. La technologie est également un instrument important. Les étiquettes à radiofréquences
(RFID[4]) permettant une meilleure traçabilité des flux, est aujourd'hui un exemple des leviers que
Messier Dowty analyse et mettra en œuvre très prochainement. La logistique joue un rôle de
plus en plus crucial dans la création d'avantage concurrentiel durable. La recherche de la satisfaction client est déterminante pour gagner la compétition. Plus que jamais, la chaîne logistique
est une composante essentielle qui permet à Messier Dowty de faire face à de nouveaux défis.

---

4. RFID : Radio Frequency Identification – Étiquette d'identification par radiofréquence.

Dans le secteur des produits de grande diffusion, la mondialisation des activités
touche tout autant les producteurs que les distributeurs. Chez Danone, en 1995, le
chiffre d'affaires de l'entreprise réalisé à l'étranger représentait 1,7 milliard d'euros. En
2005, ce sont 4,8 milliards d'euros qui sont réalisés hors Europe sur un chiffre
d'affaires total de 13 milliards, se répartissant de manière équivalente entre la France,
le reste de l'Europe et le reste du Monde.

Pour une entreprise comme L'Oréal, l'activité s'est déjà mondialisée. Mais en 2020,
une consommatrice sur cinq sera chinoise. La cinquième économie mondiale sera
peut-être celle de l'Indonésie et le marché brésilien en volume, sera alors plus
important que le marché français. Pour L'Oréal, la mondialisation devient un enjeu
incontournable pour soutenir la capacité à développer de nouveaux produits. La
mondialisation apporte une taille critique de marché et offre la possibilité de brassage
culturel susceptible de permettre de découvrir de nouveaux produits.

Le secteur de la grande distribution est certainement l'un des secteurs le plus
dynamique en matière de développement au niveau mondial. Les six principaux
groupes mondiaux de distribution (Wal Mart US, Carrefour-France, Home Depot-US,
Metro-Allemagne, Kroger-US, Tesco-UK) réalisent près de 570 milliards d'USD de
chiffre d'affaires dans le monde et se sont développés grâce à leur marché d'origine
(les États-Unis pour Wal Mart qui y exploite encore 3 400 magasins) ou à leur capacité
d'innovation. La fusion de Procter & Gamble – leader américain des produits
d'entretien et d'hygiène et propriétaire de Gillette, numéro un des rasoirs et des piles –
est révélatrice de « l'inévitable Wal-Martisation des biens de consommation »[2]. En
2001, Procter & Gamble réalisait 20 % de son chiffre d'affaires avec Wal-Mart contre
15 % en 2001, alors que les produits de Procter & Gamble ne représentent que 3,5 %

---

2.   de Kerdel Yves, « L'Inévitable Wal-Martisation des biens de consommation », *Les Echos*, 2 février 2005,
p. 12.

du chiffre d'affaires du distributeur. Cette concentration des producteurs est la réponse à la taille prise aujourd'hui sur certains marchés par des enseignes de distribution. Ils cherchent à s'appuyer sur un portefeuille limité de grandes marques à vocation mondiale.

> Prenons le cas de Carrefour. Sa première ouverture de magasin à l'international s'est faite en 1973, en Espagne. Après une tentative difficile aux États-Unis, Carrefour s'est implanté au Brésil en 1975, puis a étendu sa présence en Amérique Latine, au Mexique, en Asie du Sud-Est avec Taïwan dès 1989, puis la Malaisie et la Chine en 1996. Carrefour devient leader en Belgique en juillet 2000, a ouvert des points de vente fin 2000 au Japon (qu'il a cédé en 2005 à Aeon) à Tokyo et Osaka de 10 000 à 12 000 m^2 et consolide sa présence en Europe de l'Est avec la Slovaquie (cédé en 2005 à Tesco) et la Hongrie en 2000 et 2001. Carrefour compte aujourd'hui près de 7 030 magasins, soit 839 hypermarchés, 1 544 supermarchés, 4 316 maxidis-comptes, 207 magasins de proximité, 124 cash and carry. L'ensemble des points de vente réalise un chiffre d'affaires de 73 milliards d'euros, dont 49 % en France, 37 % en Europe (hors France), 7 % sur les continents américains et 7 % en Asie.

Wal-Mart est encore loin de Carrefour en termes de présence mondiale. En plus de ses 3 700 magasins aux États-Unis, il n'en a que 1 500 autres dans le reste du monde, alors que Carrefour a essaimé avec 5 363 points de vente hors de France. Wal-Mart tente de rattraper son retard en achetant souvent très cher des distributeurs pour développer sa présence en Europe : Wertkauf en Allemagne en 1997 et Asda en 1999.

Le tableau 4.3 présente les principaux groupes de distribution internationaux qui ont une activité significative à l'étranger. Leur degré d'internationalisation est mesuré par le pourcentage de leur chiffre d'affaires réalisés à l'extérieur de leur pays d'origine.

Entreprises	Pays	% du CA réalisé à l'étranger en 2005	Nombre de pays couverts et informations complémentaires	CA total (milliards d'euros) en 2005	Principales enseignes
AHOLD	Pays-Bas	74 %	11 pays 2 984 points de vente	44,5	Albert Heijn, Gall & Gall, Etos, Tops, Giant, Stop-Shop, Ica, Peapod, Albert, Hypernota, C1000, Uj Food Device, Jeronimo, Martins
CARREFOUR	France	51 %	29 pays 7 030 points de vente	73,0	Carrefour, Pryca, Europa discount, Ed l'Épicier, Continent, Champion, Dia, Shopi, 8 à huit, Codec, Promocash, Continente, Mini-Markets

TABLEAU 4.3. *Pourcentage de l'activité internationale des groupes de distribution les plus présents à l'international*

Entreprises	Pays	% du CA réalisé à l'étranger en 2005	Nombre de pays couverts et informations complémentaires	CA total (milliards d'euros) en 2005	Principales enseignes
DELHAIZE-le-LION	Belgique	81 %	8 pays 2 636 points de vente	18,6	Delhaize, Alfabek, Food Lion, Mega Image, Delvita, KashnKarry, Hannaford, Super Indo, Tour & Co, Sweetboy, Harveys, Bloom
GROUPE CASINO	France	30 %	17 pays 9 860 points de vente	22,8	Géant, Disco, Devoto, Casino, Supermarché, Franprix, Monoprix, CDiscount, Leader Price, Hypers Jumbo, Big C, Supers Score, Jumbo, Supers Cash, Carry, Supers Spar, Aima Géant, Smart & Final, United Grocers, Exito, Ley, Pomona, Cada, Q'precios, Extra, Pão de Açucar, Sendas, Comprebem, Eletro, Libertad, Super De Boer, Konmar, Edah
IKEA	Suède	92 %	24 pays 2 152 fournisseurs dans 56 pays 196 magasins	14,8	IKEA
METRO	Allemagne	53 %	30 pays 2 400 points de vente dont 394 à l'étranger	55,7	Metro, Makro, Huma, Meister, BLV, Kaufhalle, Kaufhauf, Praktiker, Media-Markt, Real, Extra, Media Market, Saturn
TENGELMANN	Allemagne	49 %	15 pays 7 500 points de vente	26,3	Tengelsmann, Plus, Kaiser's, Obi, A & P, Kik
TESCO	Royaume-Uni	20 %	15 pays 2 711 points de vente	39,45	
WAL-MART	États-Unis	20 %	15 pays 2 700 points de vente	312,4	Wal-Mart, Wal-Mart International, Sam's Club, Asda Living, Seiyu, Bodega Aurrera, Todo Dia, George, Suburbia, Balaio, Mi Bodega, Maxxi, VIPS

TABLEAU 4.3. *Pourcentage de l'activité internationale des groupes de distribution les plus présents à l'international (suite)*

Comme on le voit, les entreprises participent activement au processus de mondialisation. Elles le font certes dans un objectif d'accroissement du volume de leur activité pour amortir des coûts fixes importants (R & D produits et processus de production, marketing lié à la marque...) mais aussi pour augmenter leur visibilité. Néanmoins, les trajectoires stratégiques appliquées sont très variables et montrent que si les tendances générales sont partagées, les mises en œuvre organisationnelles sont souvent différentes. Entre les volontés de centraliser et de standardiser les processus ou au contraire de laisser ouvert le développement d'entités autonomes, l'entreprise « mondiale » est celle qui certainement trouve un l'équilibre entre des processus standards à faible valeur ajoutée et des modes organisationnels très flexibles permettant d'être très réactifs et d'intégrer les innovations à forte valeur pour les marchés locaux. Pour couvrir les coûts fixes importants en exploitant une organisation mondiale de la production, la solution la plus simple serait de concevoir des produits mondiaux standardisés, de les produire en fonction des avantages de coûts des différents pays et de les vendre sur un grand nombre de marchés. Cette démarche, économiquement logique, se heurte notamment au maintien de nombreuses spécificités des marchés locaux. La recherche d'une plus grande productivité par économie d'échelle sur des séries plus longues de production et sur des marchés plus étendus entraîne une logique de standardisation du produit qui n'est souvent pas compatible avec l'adaptation aux besoins locaux des consommateurs. C'est au niveau marketing que cette dialectique « global versus local » trouve pleinement son sens : s'il y a une vision globale de la stratégie marketing, son implantation au niveau des pays se fait selon un processus d'alignement.

2.2. La dualité marketing : marketing global versus marketing local

La concentration de la richesse conçue, fabriquée, commercialisée puis distribuée dans des zones géographiques polarisées conduit vite à une concurrence exacerbée entre les mêmes entreprises qui se retrouvent toutes dans ces territoires qui ont largement dépassé leur cadre domestique d'origine. Les avantages tirés d'un différentiel de coût sur l'achat de certaines ressources ou à l'accroissement de volume sont très vite lissés et les entreprises sont contraintes de développer des stratégies de différenciation au niveau des produits, des approches marketing et commerciales qui supposent des qualités de réactivité et d'anticipation meilleures que les concurrents. Cette différenciation ne s'exprime pas seulement par rapport à la concurrence mais par la mise au point de stratégies marketing locales. La segmentation des marchés conduit à différencier les offres en s'adaptant aux spécificités de chaque marché local en tout cas au niveau de la création de valeur « finale ».

L'approche des marchés connaît alors du point de vue géographique, deux tendances majeures qui pourraient apparaître comme contradictoires alors qu'elles sont complémentaires. Pour un produit donné, il est possible de s'interroger s'il vaut mieux promouvoir un marketing global ou un marketing local. Les praticiens semblent donner des réponses concrètes ne privilégiant aucune des deux approches. Certains produits, tels que les services fast-food ont un positionnement clairement mondial alors qu'une infinité d'autres produits, dont en particulier des produits alimentaires ont un positionnement national, voire régional.

Le produit automobile fournit un exemple caractéristique de la dualité des stratégies produit. Les constructeurs américains ont tenté dans la fin des années 1970 et au début des années 1980 de lancer des modèles mondiaux : les produits devaient être identiques quel que soit le marché. Pour Chrysler ce fut l'Horizon, pour Ford, l'Escort, et, pour General Motors, la Kadett. Mais les produits n'ont jamais atteint le même degré d'homogénéité selon les continents. Ford a ensuite cherché de nouveau à proposer ce type de produit avec la Mondeo. Aujourd'hui Renault avec la Logan s'est lancé sur ce type de positionnement. Les industriels japonais à partir de la décennie 1980 ont très bien perçu l'intérêt de voitures à la fois adaptées à leur marché local, mais relevant d'un concept mondial par la capacité de la logistique de recourir à des composants provenant de divers endroits de la planète. La composition simultanée d'une demande de segmentation sur certains plans du produit et d'une recherche d'homogénéisation sur certains autres relève de la recherche d'une voiture globale.

L'approche de la mondialisation des produits par Nestlé traduit la dimension mondiale qui peut exister autour de la marque mais également la différence significative qui peut exister autour du produit physique.

Nestlé gère plusieurs milliers de marques locales, quelque soixante-dix marques à vocation internationale et six marques mondiales, sans pour autant recouvrir des produits physiquement identiques (Nestlé, Nescafé, Buitoni, Maggi, Perrier…).

Aucune des deux approches majeures, marketing global ou marketing local, n'a pour vocation de supplanter l'autre. Le recours à l'une plutôt qu'à l'autre dépend des produits et des marchés. Et elles apparaissent plutôt comme complémentaires.

2.2.1. Le marketing global

Cette approche du marketing part du constat que la mondialisation des marchés est motivée par trois tendances :

• les besoins et les intérêts des consommateurs deviennent de plus en plus homogènes à travers le monde ;

• les consommateurs préfèrent sacrifier leurs préférences spécifiques à l'obtention d'une meilleure qualité à un prix moindre ;

• la recherche d'économies d'échelle tant en production qu'en marketing.

Un marketing global suppose avant tout l'existence de consommateurs ayant à travers le monde la même nature d'attente. La création de zone économique y contribue. Tout en revendiquant leur appartenance à un pays donné, de nombreux consommateurs orientent leurs préférences vers des produits qui dépassent l'offre locale pour mieux s'identifier à des ensembles économiques et culturels en recomposition. Ainsi en est-il pour le vaste marché que représentent les pays de la Triade, Europe, États-Unis et Japon. Le marketing global conduit donc à proposer des produits standardisés à un segment de clientèle qui a été identifié comme homogène à travers les pays.

« La similitude croissante des attentes des consommateurs signifie que l'entreprise qui vient la première avec un produit à caractère universel a la meilleure chance de gagner la course à l'acceptation mondiale du produit par les clients[3]. »

L'approche peut concerner un produit, une entreprise pour l'ensemble de ses produits, voire un secteur économique complet. En matière de produits on citera l'exemple de boissons telles que le Coca-Cola ou les montres suisses Swatch. En matière d'entreprise, on peut citer des firmes comme Benetton dans le textile et la mode, Nike ou Reebok pour les chaussures ou Mercedes dans le domaine de l'automobile. Toutes ces entreprises ont des stratégies de marque à l'échelle planétaire. Enfin, des secteurs comme ceux du luxe (Chanel, Dior, Cartier...) ou comme celui du fast-food appuient leur développement sur un marketing global.

La mise en œuvre d'un marketing global est facilitée par le développement de technologies et d'outils marketing qui contribuent à diffuser à travers le monde une offre identique :
• bases de données constituées par la technologie de saisie des données aux caisses ;
• outils médias tels que la télévision par satellite ;
• internet ;
• réseaux mondiaux d'agences publicitaires.

L'intérêt de l'entreprise pour une standardisation de l'offre est multiple. Il porte sur :
• le nom de la marque ;
• les caractéristiques du produit ;
• le rôle des distributeurs ;
• l'emballage ;
• les techniques de vente ;
• les messages publicitaires de base.

En tout état de cause, la mise en œuvre d'un marketing global réclame une adaptation des organisations, une gestion des opérations et une logistique qui sait opérer à la même échelle. Offrir par exemple dans tous les pays d'Europe un service de réparation rapide des pneumatiques de poids lourds en créant un réseau de distribution réparation, ne peut se faire avec succès que si, quel que soit l'endroit, un camion en difficulté est susceptible d'être pris en charge avec les mêmes standards de service. L'entreprise de transport est de plus en plus internationale et européenne. En Angleterre, en Allemagne ou en Espagne le système logistique doit pouvoir assurer le même délai de livraison et la même disponibilité du produit.

Cependant, le marketing global n'est pas synonyme d'uniformisation des produits. Le marketing global n'est pas une adhésion aveugle à la standardisation de toutes les composantes du marketing, mais une approche globale différente qui vise à développer des stratégies et des programmes marketing qui concilient flexibilité et uniformité. Les principales composantes du marketing peuvent se positionner sur une

---

3. Ohmae K., « Becoming a triad power : the new global cooperation », *The McKinsey Quarterly*, Spring 1985, p. 2-25.

matrice en fonction de leur degré de couverture du marché mondial (ordonnée) et en fonction de leur degré d'uniformité d'un marché à l'autre (abscisse).

2.2.2. Le marketing local

A contrario, il est possible de considérer que la globalisation du marketing est un phénomène nécessairement limité. Le marketing global apparaît alors comme un facteur de standardisation de l'offre qui va à l'encontre des spécificités de chacun des marchés nationaux.

Même si un débat a tendance à opposer marketing global et marketing local, il est clair qu'il ne faut pas ignorer une tendance historique des marchés qui est de générer une micro-segmentation, voire une personnalisation de l'offre et qui ainsi souvent ramène les offres produits à une dimension nationale voire régionale. Une multiplication des références en découle qui, couplée à une recherche d'adaptation rapide aux besoins, donne à l'action marketing et commerciale une très grande vitesse à laquelle la logistique doit s'adapter. Pour Moët et Chandon, en l'espace d'un an, un produit de gamme peut ainsi passer de quatre références à plus de 15 avec des durées de vie d'autant plus courtes passant de 2 à 3 ans à la fin des années 1980, à 2 à 3 mois aujourd'hui. Ainsi au sein même de certains pays est-il possible de constater une croissance significative de l'hétérogénéité de la demande. Les consommateurs apprécient une adaptation de l'offre à leur demande spécifique.

Les conditions de développement d'un marketing global sont suffisamment complexes. Elles doivent réunir à la fois l'existence d'un segment de marché mondial, mais également les moyens nécessaires à une communication et à une distribution aux clients de ce segment quelle que soit leur localisation. Malgré la création de blocs économiques de plus en plus intégrés entre pays dans certaines zones géographiques, l'homogénéisation des attentes des clients est loin d'être acquise. Les spécificités locales, culturelles réclament des adaptations précises des offres. Le secteur de l'agroalimentaire en est une bonne illustration. À quelques rares exceptions près, essentiellement situées dans le secteur des boissons, l'offre produit est souvent nationale voire régionale. Les goûts des consommateurs diffèrent notablement d'un pays à l'autre.

De plus, localement, les contraintes de marché tant en matière de production que de concurrence ou de canaux de distribution conduisent le producteur à exploiter toutes les opportunités et les spécificités d'un marché.

Les restrictions à une globalisation totale du marketing sont ainsi nombreuses : attentes du client, potentialités et structures différenciées des marchés (malgré leur diminution au sein de grandes zones économiques, les contraintes douanières et réglementaires entre ces grandes zones existent encore), différence entre les outils promotionnels et les sensibilités des consommateurs pour la mise en avant des produits, militent souvent pour, au mieux, l'adaptation d'un marketing global à la situation locale ou, dans le cas encore le plus fréquent, pour le développement complet d'un marketing local.

2.3. De la mondialisation à la globalisation

Dans notre propos introductif à ce chapitre, nous proposions une approche qui consistait à voir des synonymes dans les notions de mondialisation et de globalisation. Nous nous proposons, en conclusion de cette partie et avant d'aborder quelques cas significatifs d'entreprises représentatives du phénomène de mondialisation, de montrer qu'une première nuance commence à apparaître pour distinguer la notion de mondialisation de la notion de globalisation.

La mondialisation peut être vue dans ses effets sous deux optiques. La première consiste à voir dans la mondialisation un phénomène générateur d'une telle pression sur l'économie et sur les emplois qu'elle peut être considérée comme néfaste. Un second point de vue aborde la mondialisation comme un phénomène dynamique qui, s'il a fonctionné dans un premier temps au détriment des pays industrialisés, est susceptible maintenant de s'inverser partiellement.

Le premier point de vue a été défendu en particulier par Maurice Allais, prix Nobel d'économie. Il voit dans la mondialisation un effet doublement préjudiciable. Tout d'abord la pression exercée par des pays à faible coût de main-d'œuvre crée un effet de destruction définitive d'emplois. Cette destruction s'exerce pour deux raisons principales dont il est difficile de différencier leurs effets respectifs réels :

- la délocalisation des emplois qui sont transférés d'un pays à fort coût de main-d'œuvre, vers un pays initialement à faible coût de main-d'œuvre ;
- l'effort de gain de productivité dans lequel s'engagent des entreprises pour tenter de résister localement à la pression des faibles prix des produits provenant de pays dans lesquels des délocalisations se sont opérées. Ces efforts de productivité se traduisent par la mise en œuvre de techniques de fabrication dont l'effet est de réduire à leur tour la main-d'œuvre et en particulier la main-d'œuvre non-qualifiée sur laquelle s'exerce principalement la concurrence des pays à faible coût de main-d'œuvre.

Le second des effets préjudiciables concerne la destruction de valeur ajoutée. La concurrence entraîne une érosion des prix. Cette diminution limite, voire annule, le parti qu'il eût été possible de tirer des gains de productivité et ralentit d'autant la capacité d'investissement des entreprises. Cette réduction des capacités d'investissement présente l'inconvénient majeur de porter sur l'appareil productif et sur les moyens et donc les résultats en matière de recherche sur les produits et les process.

À l'opposé, il est possible de voir dans le phénomène de mondialisation un jeu dont la somme n'est pas nulle et qui est susceptible de faire apparaître des renversements de délocalisation qui contribueront à complexifier plus encore les échanges et à placer le Supply Chain Management au cœur de la réflexion. La mondialisation se place alors dans une perspective dynamique pour plusieurs décennies pour quatre raisons principales :

- le rééquilibrage économique entre pays et entre zones qui tend à déplacer le centre de gravité des activités du nord vers le sud. Cette redistribution des échanges entre pays doit être vue également à une échelle moindre, car la mondialisation est loin d'être achevée, y compris entre pays industrialisés. Les frontières économiques ne se sont pas estompées en quelques années et les interpénétrations des économies sont loin encore d'avoir atteint un seuil de maturité. Il ne faut pas perdre de vue que les échanges extérieurs des pays de l'Union européenne représentent environ 12,5 % de son PIB. De même, à structure d'activités comparable, et à positionnement géographique équivalent, les échanges entre États américains et les provinces canadiennes sont vingt fois inférieurs aux échanges entre les provinces canadiennes entre elles ;

- l'adaptation même des entreprises des pays les plus concurrencés qui ont compris que l'offre à mettre en place devait comprendre des éléments plus complexes et moins facilement duplicables par des industries de pays à faible coût ;

- les pays vers lesquels se sont portées les délocalisations se transforment eux-mêmes au cours du temps et voient leur niveau de vie s'élever. Ils représentent dès lors des marchés de consommation particulièrement intéressants. De plus leur avantage concurrentiel basé uniquement sur la dimension prix s'estompe ;

- enfin, la relocalisation des unités de production s'amorce. Le mouvement n'est plus seulement un mouvement des pays industrialisés vers des pays à économie émergente. On voit de nouveau des industries relocaliser leur production dans de vieux pays industrialisés. Dans des pays comme la France 30 % de la production industrielle dépend de la présence sur son territoire de filiales d'entreprises étrangères.

Cette dernière tendance illustre la véritable perspective dans laquelle il faut placer une réflexion sur la compétition dans une économie mondiale. L'analyse menée par les firmes est devenue beaucoup plus complexe qu'une simple étude de différentiel de coûts de main-d'œuvre. La compétition est de plus en plus une compétition de système et non pas seulement d'entreprise. C'est en cela qu'on peut considérer que la notion de globalisation se différencie de la notion de mondialisation. La mondialisation touche essentiellement une dimension d'interpénétration géographique des économies. La globalisation révèle une optique différente portée sur la notion de compétitivité. La performance économique des hommes, des produits et des systèmes de production apporte certes une dimension significative à l'évaluation du potentiel de compétitivité. Mais les appréciations vont bien au-delà. Ce sont maintenant les systèmes nationaux ou les systèmes associés à des régions économiques qui sont évalués avant toute prise de décision économique de la part d'une entreprise. Dans cette perspective de globalisation, l'évaluation d'un système est faite non seulement à partir de productivité locale des hommes et des machines, mais également à partir de la qualité des infrastructures, des caractéristiques légales et fiscales, des caractéristiques de la protection sociale, de la nature des interventions de l'État...

3. Premiers exemples de mondialisation et constats sur les incidences logistiques

3.1. Les trois étapes dans la mondialisation de Thomson

Thomson, pour ses produits grand public, représente un cas intéressant d'un groupe qui après de très nombreux mouvements stratégiques pour s'adapter à une concurrence mondiale a choisi fin 2005 de se retirer pratiquement totalement de ce marché.

> Avant ce retrait, Thomson a connu plusieurs étapes dans son évolution pour devenir l'un des grands groupes dans le domaine de l'électronique domestique brun (équipements vidéo, son, audio, télévision…). En 2000, il vendait encore environ 60 millions de produits chaque année. et se situait au 4e rang mondial des entreprises de ce secteur, derrière Sony, Matsushita et Philips. En 2000, l'Europe ne représentait que moins du tiers du chiffre d'affaires, alors que les États-Unis représentaient près de la moitié et l'Asie un cinquième.

Pour une entreprise comme Thomson quatre grandes étapes ont marqué, depuis le début des années 1980 et jusqu'au début des années 2000, la mondialisation de l'entreprise et ont influencé les choix en matière de Supply Chain :

• une première étape qui a porté sur l'expansion des marques, essentiellement par croissance externe. Elle a révélé les limites de la juxtaposition des logistiques de plusieurs entreprises ;

• une seconde étape qui a porté sur la délocalisation et la spécialisation simultanée des unités de production. Elle a provoqué une déstabilisation par l'amont des Supply Chains pays qui se sont retrouvées en prise directe avec tout un ensemble d'usines réparties sur le monde entier ;

• une troisième étape qui a porté sur une reconfiguration totale de la politique marketing et commerciale, par la création de gammes de produits non plus concurrentes mais complémentaires. Cette étape a déstabilisé la Supply Chain par l'aval et a conduit à créer des solutions de flux intégrées par continent ;

• une quatrième étape de rationalisation économique accrue due à la privatisation de l'entreprise, à son introduction en bourse et à ses stratégies d'alliance.

Puis à ces quatre grandes étapes a succédé une phase de repositionnement stratégique majeur de l'entreprise avec l'abandon du segment des téléviseurs en 2004, puis sa recherche de partenaire, début 2006, pour ses activités audio/vidéo et accessoires. L'entreprise se recentre donc sur le segment des solutions vidéo numériques à destination de l'industrie du cinéma et du multimédia en ligne ou sur téléphone mobile.

Chacune de ces étapes présente des spécificités du point de vue logistique qu'il est intéressant de décrire.

3.1.1. Première étape : l'expansion des marques

Thomson Brandt est l'entreprise et la marque initiale à partir de laquelle Thomson s'est bâtie pour les produits grand public en 1968 à Angers. L'entreprise a connu plusieurs dénominations successives : Thomson Brandt, Thomson Grand Public en 1983, Thomson Consumer Electronics en 1988 et Thomson Multimédia en 1995, puis de nouveau Thomson au début des années 2000.

Première étape de sa mondialisation, Thomson a connu à partir des années 1980, une croissance très forte autour de Thomson Brandt par le rachat de grandes marques à forte notoriété sur leurs marchés nationaux respectifs. Ces rachats ont porté sur des entreprises prises dans leur ensemble, c'est-à-dire portant à la fois sur l'outil industriel, les équipes de recherche et de marketing et les forces commerciales. Les principaux rachats ont eu lieu dans un premier temps en Europe avec des rachats en Allemagne de Normende en 1978, de Saba en 1980 et de Telefunken en 1983, puis en Grande-Bretagne de Ferguson en 1985. Aux États-Unis trois marques majeures ont été rachetées en 1988, General Electric, Proscan, RCA, (cf. schéma 4.4).

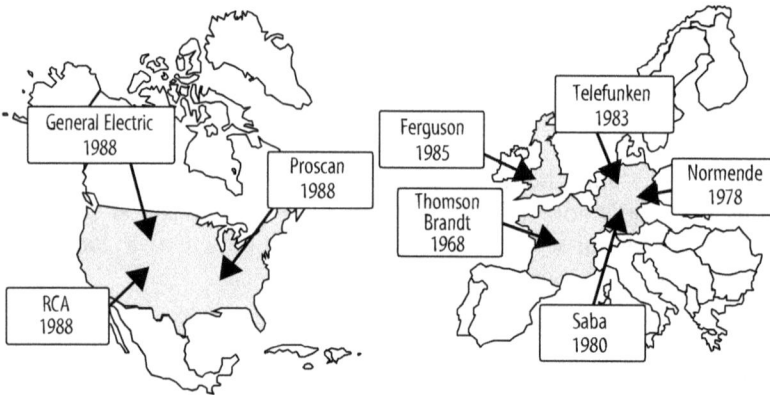

SCHÉMA 4.4. *Expansion des marques de Thomson*

Une grande diversité des marques s'est alors instaurée dans chaque pays d'Europe, créant une compétition intense au sein du même groupe entre des forces de vente qui proposaient des produits dont le positionnement pouvait se retrouver alors, en partie, redondant. À cette époque, les usines se sont affirmées comme des usines locales pour chaque pays, mais avec des productions diversifiées en termes de lignes de produits. En première approche, chaque usine pouvait fabriquer le même produit. Cette première étape a conduit à la Supply Chain initiale qui se composait de la juxta-position d'architecture nationale et, pour certains pays, de la juxtaposition des Supply Chains de chacune des marques (cf. schéma 4.5).

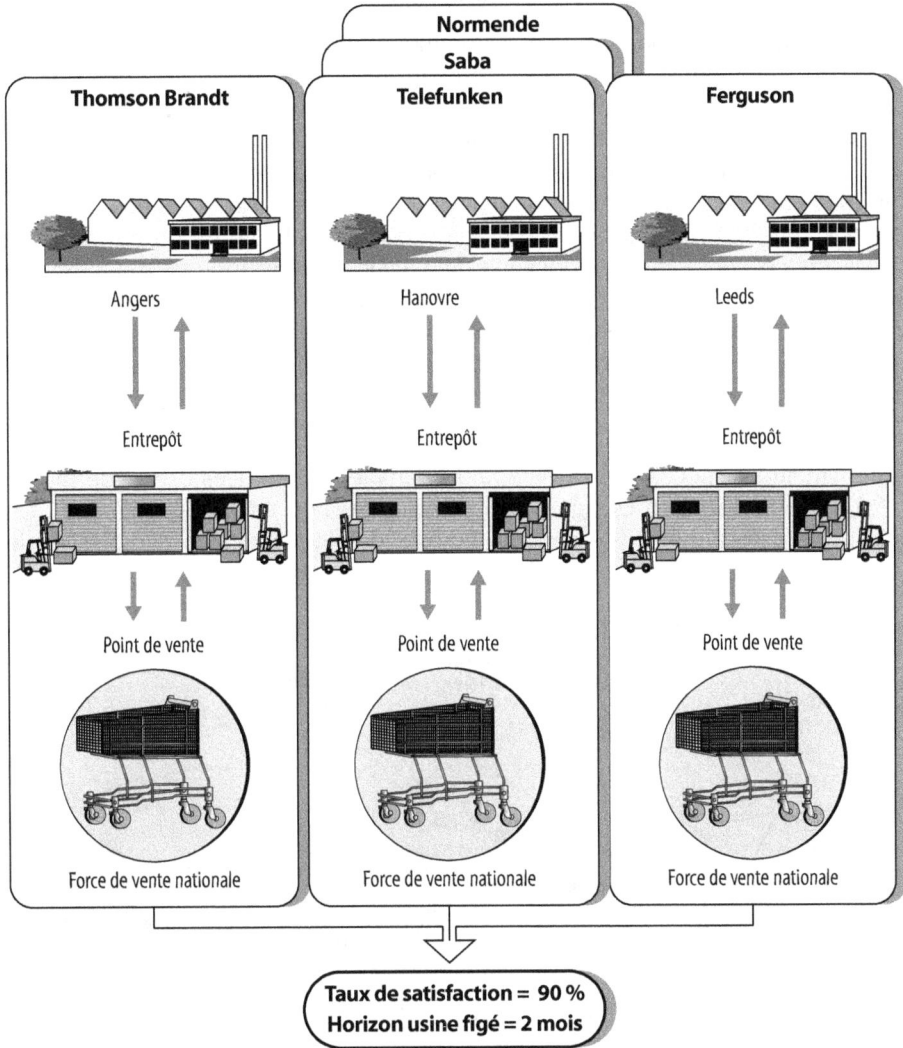

| Thomson Brandt | Telefunken | Ferguson |

Normende
Saba

Angers — Hanovre — Leeds

Entrepôt

Point de vente

Force de vente nationale

Taux de satisfaction = 90 %
Horizon usine figé = 2 mois

SCHÉMA **4.5.** *Supply Chain résultant de la phase de croissance externe (1980-1990)*

La performance globale du système logistique de Thomson peut se mesurer alors — en première approche — par deux indicateurs. Le premier mesure le taux de satisfaction des clients, c'est-à-dire par le nombre de lignes servies sur le nombre de lignes commandées. Le second mesure l'horizon figé des usines, c'est-à-dire le délai sur lequel la planification des usines ne peut pas être modifiée. Lors de cette première phase, la Supply Chain réalisait un taux de satisfaction de 90 % et nécessitait un horizon figé de 2 mois.

3.1.2. Deuxième étape : la stratégie de délocalisation et de spécialisation

Lors de la deuxième étape du processus de mondialisation des activités grand public de Thomson (l'entreprise s'appelait encore, Thomson Consumer Electronic), il a été décidé de délocaliser des productions dans des usines qui ont été elles-mêmes spécialisées. Cette stratégie a débuté de manière limitée dans les années 1970/1980 par la délocalisation à Singapour de la fabrication de certains composants tels que les modules de réception des signaux antennes (tuner). Elle s'est intensifiée à partir du début des années 1980 par la délocalisation de l'assemblage de produits complets destinés à la consommation européenne. Elle avait pour vocation de répondre à une guerre des prix qui s'est mis à sévir de manière pérenne au niveau mondial. Cette situation concurrentielle amène une diminution des prix de vente d'environ 5 % par an pour laquelle il a fallu trouver une réponse en matière de diminution des prix de revient. Elle avait également pour vocation de pouvoir commencer à répondre localement à des besoins de consommation en croissance importante.

Des implantations successives ont été faites dans le monde. Des usines de montage ont été d'abord créées en Espagne et en Tunisie, puis en Asie et au Mexique. Cette politique de délocalisation s'est intensifiée par des implantations dans les anciens pays de l'Est et, en particulier, en Pologne (cf. schéma 4.6).

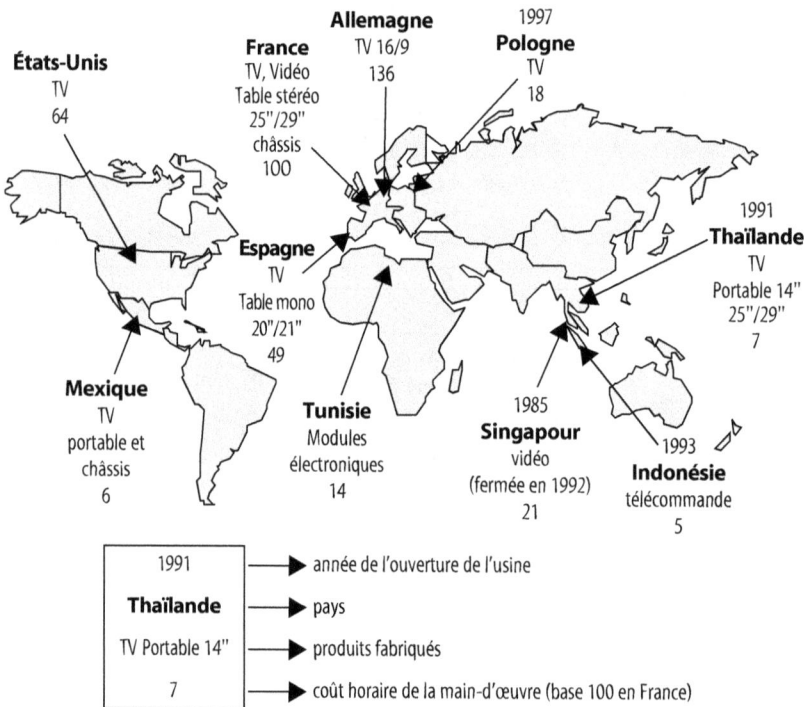

SCHÉMA 4.6. *Délocalisation et spécialisation des unités de production produits grand public de Thomson en 1998*

La délocalisation des productions soit sur des pays d'Europe à faible coût de production (Espagne), soit sur des pays du Sud-Est asiatique (Singapour, puis l'Indonésie et la Thaïlande), soit sur des pays d'Afrique du Nord (Tunisie), soit sur le Mexique, a été motivée par une recherche de diminution des prix de revient de fabrication. Le différentiel de coût de main-d'œuvre explique très largement ce changement de localisation des productions. Nous relevons ainsi que le coût horaire main-d'œuvre des usines Thomson, pour des productions équivalentes, lorsqu'il était de 100 en France et de 136 en Allemagne passait à 18 en Pologne, 7 en Thaïlande et 5 en Indonésie. La délocalisation s'est accompagnée d'une spécialisation des unités de production par type et par grande famille de produits pour profiter d'économies d'échelle. Ainsi sont apparues des usines spécialisées dans le montage des télévisions, d'autres spécialisées dans les châssis, les tubes ou dans les modules électroniques, d'autres encore spécialisées dans les télécommandes. Pour ce dernier exemple, l'usine indonésienne fabriquait plus de 10 millions d'unités par an pour le monde entier et contribuait ainsi à diminuer le prix de revient de ces éléments.

La Supply Chain mise en place initialement et hérité de la première phase d'expansion des marques, n'a pas été conçue pour répondre aux problèmes inhérents à la situation nouvelle provoquée par la mise en relation des réseaux de distribution et de vente des pays avec un ensemble d'usines réparties dans le monde entier. La délocalisation cherchait essentiellement à trouver un moyen de répondre à la baisse régulière des prix du marché tout en préservant les marges. La solution a été trouvée en diminuant le prix de revient industriel. Le modèle logistique résultant n'est qu'une adaptation du modèle précédent. On s'est contenté de mettre en relation les différentes usines spécialisées avec les centres d'entreposage locaux (cf. schéma 4.7). En Europe cinq organisations logistiques subsistaient. Chacune d'entre elles avait une responsabilité à la fois sur les aspects logiques (traitement de la commande) et les aspects physiques (entreposage, transport) des flux de la zone qui la concernaient. Les organisations avaient des responsabilités sur les zones géographiques suivantes :

• France et Grande-Bretagne ;

• Allemagne ;

• Export France (Suisse, Autriche et Turquie) ;

• Italie ;

• Espagne.

Pour les autres continents, des structures logiques ont été créées au fur et à mesure en Asie, d'abord à Singapour, puis en Thaïlande puis sur la zone Australie et Nouvelle-Zélande, et enfin à Hong Kong. Aucune ne disposait de structures physiques d'entreposage permanente. Aux États-Unis une structure logistique autonome existait. Elle recouvrait les dimensions logique et physique. Elle disposait de deux grands entrepôts à Los Angeles et à Indianapolis.

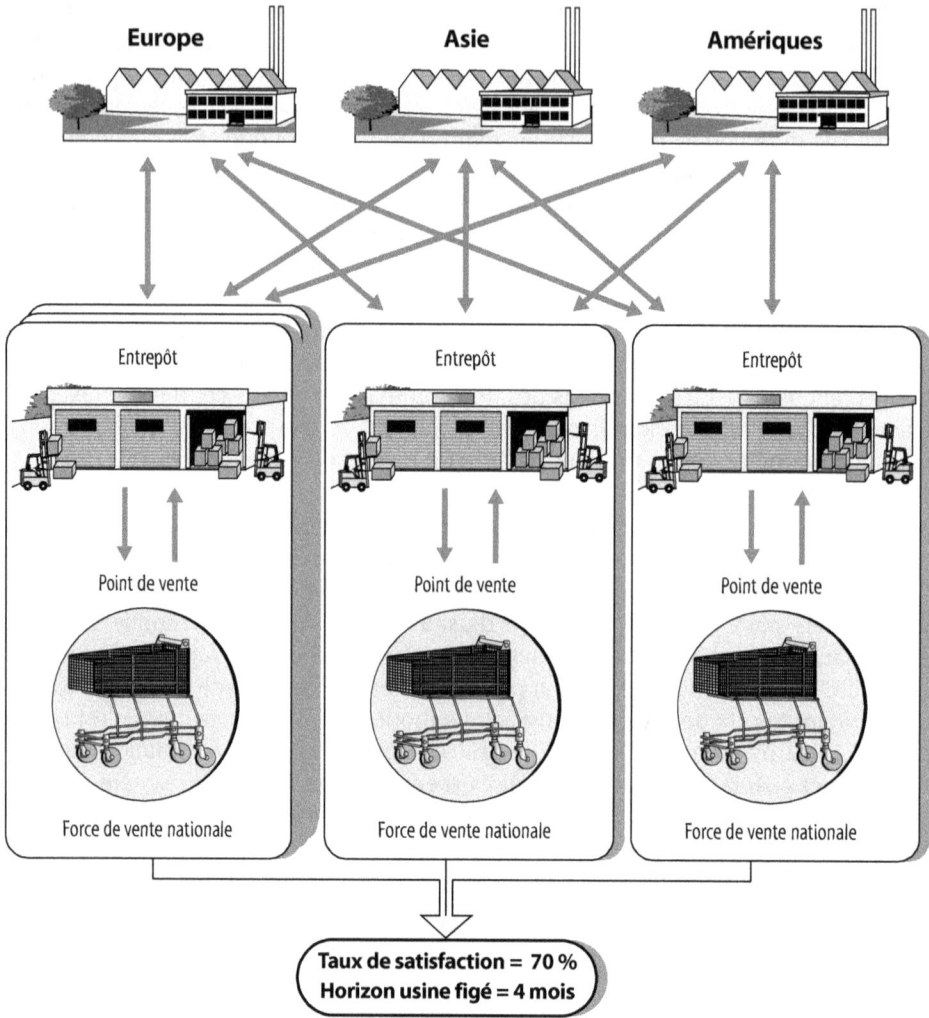

SCHÉMA 4.7. *Supply Chain résultant de la phase de spécialisation et de délocalisation des unités de production Thomson (1990-1993)*

En Europe, le contexte commercial général est resté cependant identique à celui de la période précédente. Il a été essentiellement marqué par une compétition intense entre les forces de vente dédiées à chaque marque et sans logique véritable entre les gammes des différentes marques. La conséquence de cette organisation s'est traduite par une multiplication des contacts directs entre les usines et les systèmes locaux de distribution et de vente. Les références produits étaient spécifiques à chacun des pays et provoquaient un foisonnement des productions à fabriquer dans les usines. Le niveau de service est tombé alors à près de 70 % et l'horizon gelé de l'usine à plus de 4 mois. Les performances services s'étaient donc dégradées. Les niveaux de service diminuaient en révélant l'incapacité de petites structures locales, couvrant un ou deux pays, chaque fois qu'il s'agissait de piloter leurs flux à partir d'un grand nombre d'usines. Ils révélaient également en amont, l'incapacité des usines à coordonner leurs relations avec un grand nombre d'interlocuteurs en termes d'organisation commerciale et de distribution à travers le monde. Enfin, la distance séparant les zones de consommation des zones de production délocalisées (six semaines de mer entre l'Asie du Sud-Est et l'Europe occidentale) a contribué à aggraver la détérioration de l'horizon gelé de production des usines. De deux mois il est passé à quatre mois. La recherche de délocalisation plus proche et en particulier l'investigation actuelle de la Pologne est un début de réponse à ce problème. Les coûts de production quoiqu'un peu plus élevés que dans certains pays du Sud-Est asiatique n'en restaient pas moins attractifs alors que la distance ne se mesurait plus que par un ou deux jours de camion vers l'Europe occidentale.

L'adaptation marginale de la Supply Chain initiale a alors atteint ses limites. La désta-bilisation occasionnée par une spécialisation des unités de production et une déloca-lisation ne permettait pas de trouver l'adaptation nécessaire du système de flux dans la seule connexion des usines mondiales à des systèmes de distribution locaux. La remise en cause plus profonde de la Supply Chain de Thomson a été rendue néces-saire par les résultats en termes de niveaux de service. Elle a été déclenchée par une nouvelle étape qui a porté sur la modification de la stratégie marketing qui est devenue à son tour plus globale.

3.1.3. Troisième étape : stratégie marketing mondiale ou continentale

À partir de 1993, Thomson a choisi de mener une réflexion marketing dans une perspective plus globale en cherchant à positionner ses grandes marques les unes par rapport aux autres au niveau continental. Thomson a reconfiguré ses marques et leur a assigné des positionnements précis sur leur marché respectif. En Europe les marques Thomson, Telefunken et Saba ont reçu un positionnement clairement défini. Thomson a pris un positionnement haut de gamme sur des produits high-tech. Telefunken a été positionné sur des produits de moyenne gamme mais avec une forte image de fiabilité. Et enfin, Saba a été placé sur le marché des produits d'entrée de gamme, orientés sur le positionnement prix. Les produits ont été adaptés de manière à pouvoir prendre une dimension paneuropéenne et les forces de vente sont devenues des forces multimarques.

Déstabilisée par l'amont du fait des étapes antérieures et maintenant déstabilisée par l'aval du fait de ce repositionnement marketing et de la réorganisation du commerce, la Supply Chain a été conduite alors à se reconfigurer. Une organisation Supply Chain centralisée continentale s'est mise en place pour piloter les flux entre les usines et les forces de distribution et de vente locales (cf. schéma 4.8).

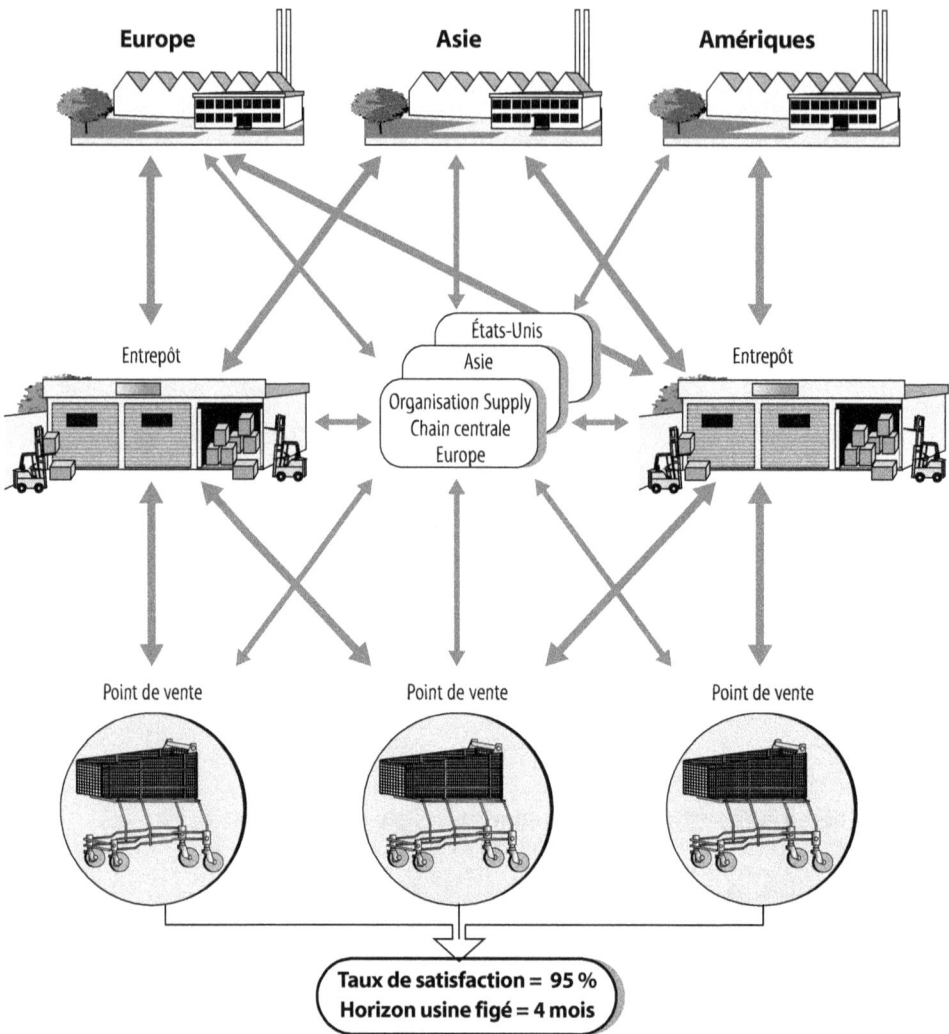

Schéma 4.8. *Supply Chain résultant de la phase de globalisation marketing (1993-2002)*

Cette restructuration de la Supply Chain est passée par la mise en place d'organisations centrales en Europe, en Asie et aux États-Unis. Ces organisations ont déterminé une évolution majeure dans la Supply Chain de Thomson. Il y a eu déconnexion des flux physiques et des flux d'information. En amont du processus physique, les organisations continentales centralisées ont eu essentiellement une valeur ajoutée sur l'exploitation des informations nécessaires à la planification des usines. En aval, elles ont agi également essentiellement sur la composante informationnelle pour dimensionner les stocks et mettre à la disposition des filiales commerciales les produits nécessaires à leurs actions commerciales. Elles ont eu un rôle de consolidation entre les différents acteurs du système :

© Groupe Eyrolles

- consolidation des prévisions et transmission des besoins globaux aux usines spécialisées afin d'utiliser au mieux les capacités de production ;
- gestion des stocks de produits finis non encore affectés à des filiales commerciales locales avec trois entrepôts européens : l'un en Allemagne, un autre en France, un autre encore, plus petit, en Grande-Bretagne.

La mise en place de ces organisations centralisées a été rendue possible par le développement d'un système d'information mondiale de gestion de la commande, de transport et de facturation.

Ses effets se sont conjugués avec une approche marketing continentalisée en provoquant une réduction du nombre des références commerciales et une augmentation des tailles de séries industrielles. Le tableau 4.4 donne l'évolution du nombre des références commerciales pour les principaux pays européens ou pour les principales zones, à la fin des années 1990. On a constaté une forte diminution du nombre des références et l'augmentation de la taille moyenne des lots de fabrication en résultant.

L'incitation à la limitation du nombre de références par les organisations Supply Chain centrales a favorisé le recours commercial par des pays à des références qu'ils ne souhaitaient pas utiliser jusqu'alors du fait de coûts trop élevés. Plus la taille des lots a augmenté, plus la diminution du prix de revient a été significative et a favorisé le recours à des références produites par exemple pour le marché français (norme L') par les Allemands qui utilisaient la norme L. En effet la norme L' générait un surcoût que l'augmentation de la taille des lots a permis de faire disparaître.

	Grande-Bretagne		Allemagne		Europe du Sud		France		Total	
	Réf.	Batch	Réf.	Batch	Réf.	Batch	Réf.	Batch	Réf.	Batch
1995	28	520	179	193	151	292	148	463	506	319
1996	32	365	190	151	147	252	180	292	549	237
1997	24	560	71	466	68	722	92	839	255	678

TABLEAU **4.4.** *Évolution du nombre des références et des batch moyens en usine en Europe*

On constate que l'amélioration du service a été très nette puisqu'il est passé à 95 % en 1997. Cependant l'horizon gelé des usines est resté à 4 mois et a nécessité des stocks très importants pour pouvoir composer avec ce manque de flexibilité. La Supply Chain a alors recherché à améliorer ce paramètre.

3.1.4. Quatrième étape : rationalisation économique de la Supply Chain de Thomson

La privatisation de Thomson en 1999 a exigé une recherche encore plus grande d'amélioration des performances. Une première voie a consisté à renforcer encore la recherche de productivité dans les usines. On a donc réduit le nombre d'usines dans le monde et accru la capacité de celles qui sont conservées. Ainsi en 1998, après la Malaisie, le Canada et l'Allemagne, Thomson a transféré au Mexique la production de deux de ses usines basées aux États-Unis. Le Mexique employait ainsi plus de 11 000 personnes et il est alors devenu l'un des plus gros producteurs mondiaux de téléviseurs à la suite de nombreuses délocalisations.

Mais le problème de la Supply Chain des produits grand public de Thomson est devenu double au début des années 2000. D'une part il y avait nécessité à travailler sur un horizon de gel des usines beaucoup trop important et d'autre part il fallait trouver un mode d'adaptation de plus en plus rapide aux changements de technologie qui s'accéléraient. Sont ainsi apparus depuis 1990, les châssis 100 Hz, le son numérique, le vidéo-disque, les décodeurs

		1992	1993	1994	1995
50 Hz	ICC9	25 mois			
	TX91		22 mois		
	TX92			15 mois	
100 Hz	ICC10		17 mois		
	ICC11			11 mois	
Combinaison 50 Hz/100 Hz	ICC19				21 mois
Délai 50 Hz+100 Hz			39 mois	26 mois	21 mois

TABLEAU 4.5. *Délai de développement et de mise sur le marché des châssis 50 Hz et 100 Hz.*

numériques pour les programmes satellites, les balladeurs MP3, les écrans à plasma extra-plats de toutes dimensions. Par ailleurs, le développement des approches multi-média permet les combinaisons entre les technologies audio, vidéo, communication et informatique/internet. Une réactivité de quatre mois des usines est dès lors trop lente. Les objectifs de délai de mise sur le marché d'une nouvelle technologie sont fixés dans le cadre de la démarche ETM (Early To the Market) à des délais beaucoup plus courts. Le tableau 4.5 montre les premières évolutions constatées à la fin des années 1990 sur les délais nécessaires à la mise sur le marché de châssis 50 Hz et 100 Hz. On constate que le délai de la mise en place conjointe de châssis 50 Hz et 100 Hz nécessitait 39 mois en cumulé en 1993 alors qu'il n'était plus que de 21 mois en 1995. Le châssis ICC19 permet par différenciation retardée d'obtenir à partir de la même base des châssis soit de 50 Hz soit de 100 Hz.

Les actions menées ont porté sur quatre axes principaux pour gagner en réactivité. Ces actions concernent essentiellement le process industriel, les achats et le développement des produits :

• la simplification des flux inter-usines et entre usines et fournisseurs par une révision de la conception même du produit ;

- l'utilisation limitée de l'automatisation ;

- la mise en place d'équipes multidisciplinaires pour développer les produits et comprenant en particulier une composante logistique ;

- la réduction du nombre de composants et donc de fournisseurs de manière à améliorer également la réactivité du sourcing.

Les usines étant spécialisées, il est alors nécessaire pour fabriquer un produit de solliciter plusieurs usines en cascade : l'usine d'assemblage et les usines de composants principaux. Pour échapper à cette réactivité en cascade qui consomme du temps, on a cherché à reconcevoir le produit afin que l'intégration dans une usine soit maximale. Au lieu de faire appel à deux chaînes de fabrication et donc à deux usines pour la fabrication d'un châssis, la conception des châssis de téléviseurs a permis d'intégrer directement la fabrication des composants dans l'assemblage du châssis. Ce ne sont donc plus deux lignes de fabrication qui sont sollicitées, mais une seule. Le travail sur la conception des produits s'est opéré par la mise en place de Core Team regroupant à la fois des compétences marketing, qualité, technique produit sur le hard et sur le soft, achats, finance, production et logistique. Les travaux ont permis de diminuer significativement le nombre des composants dans les produits. Le schéma 4.9 montre l'évolution du nombre des composants sur les deux derniers modèles de châssis développés pour le bas de gamme (ICC6 et TX91), pour le moyen gamme (ICC9 et TX92) et pour le haut de gamme (ICC11 et ICC19C). On constate une diminution d'un modèle à l'autre de 33 % pour le bas de gamme, de 24 % pour le moyen de gamme et de 12 % pour le haut de gamme.

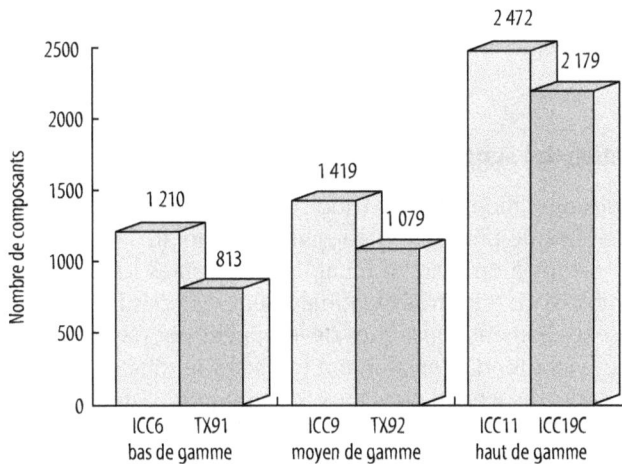

SCHÉMA 4.9. *Évolution du nombre de composants pour des modèles de châssis de téléviseurs pour chaque gamme*

L'automatisation trop poussée des usines, quant à elle, retirait une certaine flexibilité. Les processus sont tels que l'usine sait relativement bien encaisser des variations de plus ou moins 10 % autour d'une activité moyenne. Au-delà, les flux sont fortement perturbés. Dans les pays à faible valeur de la main-d'œuvre, on a donc limité l'automatisation, la main-d'œuvre ayant une flexibilité bien plus grande qui donne aux capacités de l'usine une plus grande variabilité.

Enfin, une autre voie s'est offerte à Thomson d'améliorer sa Supply Chain : le recours à son externalisation en Europe auprès d'un seul prestataire, Geodis, en 1999.

3.2. Premières incidences détectables pour la Supply Chain

La mondialisation déclenche des effets qui induisent un certain nombre d'impacts Supply Chain que le cas de Thomson vient d'illustrer en partie. Ces effets fondamentaux sont ici bien visibles et revêtent deux aspects :

• des effets de nature industrielle qui recouvrent la multiplication des points de production dans des pays étrangers, la délocalisation et la spécialisation des unités de production ;

• des effets de nature commerciale, en particulier pour Thomson, la création de lignes de produits continentales en Europe, bien différenciées.

Nous allons tenter de faire une première synthèse des enseignements issus de l'observation de ce cas de mondialisation. Nous mettrons plus particulièrement en avant les deux phénomènes de tension en amont et en aval du processus Supply Chain. Les tensions amont associées aux évolutions des stratégies industrielles et à leurs répercussions sur la Supply Chain provoquent ce que nous appelons le phénomène de déstabilisation de la Supply Chain par l'amont. Les tensions aval, associées aux changements de politique commerciale et marketing et à l'évolution des comportements des canaux de distribution, provoquent le phénomène de déstabilisation de la Supply Chain par l'aval.

3.2.1. Déstabilisation des Supply Chains par l'amont

La chronologie des opérations du cas Thomson fait apparaître, dans un premier temps une diffusion des sites de production au niveau mondial. Tant que ces sites sont des sites polyvalents dédiés à un marché local, les différentes localisations n'ont pas lieu d'interagir ensemble si ce n'est très marginalement. La coordination des flux entre des organisations essentiellement logistiques développées par pays, est alors pratiquement sans objet. Ce qui vient fondamentalement impacter la réflexion de Thomson, c'est la conjugaison de cette dispersion des sites, compliquée par une délocalisation d'un certain nombre de productions, avec leur spécialisation progressive. Cette approche industrielle crée une interactivité entre les organisations. Elle se matérialise par l'apparition de flux entre des organisations qui, jusqu'alors, n'avaient pas eu à fonder leurs relations d'échange et de travail sur la réalité quotidienne des transferts de produits. L'interaction systématique d'un pays doté d'une force de vente locale et visant des objectifs commerciaux qui lui sont propres avec des usines spécialisées disséminées dans le monde entier, génère un besoin de coordination des flux auquel les organisations logistiques telles qu'elles existent ne peuvent faire face. Les phénomènes de dégradation de la performance de la Supply Chain du système ainsi créé donnent une mesure de l'inaptitude de l'organisation éclatée existante à faire face à cette nouvelle réalité.

Un autre phénomène est susceptible d'apparaître, que le cas Thomson ne révèle pas car son industrie ne s'y prête pas. C'est celui de la volatilité des sites de production. Le réseau global qui est proposé à un industriel aujourd'hui lui permet de chercher à identifier, à une fréquence de plus en plus rapprochée, la structure optimale de son réseau logistique intégrant à la fois, les approvisionnements, la production et la distribution. Pour certaines entreprises, c'est la localisation des sites de production qui détermine les contraintes imposées, dans un second temps, sur la distribution et sur les approvisionnements. Ainsi pour une entreprise comme Reebok, la localisation des productions de chaussures s'est effectuée essentiellement en Asie du Sud-Est, dans des pays comme la Corée du Sud dans un premier temps, puis, actuellement, dans des pays comme le Viêtnam ou la Chine. Le tableau 4.6 montre, la localisation des productions semestre par semestre. Les pays sont indiqués par un numéro, par souci de confidentialité, et les volumes de production sont donnés en pourcentage.

en %	(N) S1	(N) S2	(N+1) S1	(N+1) S2	(N+2) S1	(N+2) S2	(N+3) S1	(N+3) S2	(N+4) S1	(N+4) S2
Pays1	25	27	32	42	47	52	54	47	36	44
Pays2	20	14	24	27	34	24	20	24	19	13
Pays3	50	41	38	21	9	10	6	4	1	2
Pays4		2	2	3	3	7	5	8	13	17
Pays5		13	2	5	7	7	6	15	23	23
Pays6							9	2	4	
Pays7	5	3	2	2						
Pays8									4	1

TABLEAU **4.6.** *Évolution semestrielle des origines des productions des chaussures Reebok*

Il est saisissant de voir comment le système de production évolue rapidement d'une année à l'autre, voire d'un semestre à l'autre. Des pays comme les pays 4 et 5 sont en pleine croissance en matière de production, alors que les pays 2 ou 3, par exemple, sont en décroissance. Les sites de production sont devenus mobiles avec une vitesse de déplacement d'un pays à l'autre qui se mesure en quelques semestres. L'usine est devenue une usine nomade.

Cet impact de la mondialisation sur l'approche industrielle génère le premier mouvement de déstabilisation de la Supply Chain que nous appelons déstabilisation par l'amont et que nous étudierons plus en détail dans le chapitre 5.

3.2.2. Déstabilisation des Supply Chains par l'aval

En aval du processus, les effets commerciaux ont accéléré la dynamique de changement de l'approche Supply Chain. En effet, chez Thomson, la création de lignes de produits intégrées au niveau de l'Europe, c'est-à-dire à un niveau continental, et la création d'une force de vente multimarque, ont conduit à remettre en cause toutes les structures de distribution et donc les infrastructures qui étaient encore séparées et dédiées aux marques d'origine. Le positionnement commercial évoluant, les forces de vente et de distribution se trouvent en liaison avec l'ensemble des fournisseurs industriels du groupe. Le foisonnement et la complexité croissante des flux qu'on a pu constater dans un premier temps en amont, se révèlent maintenant en aval. Chaque système de distribution pour un pays donné se trouve en relation avec l'ensemble des fournisseurs industriels. Cette situation rompt avec un modèle de relation bipolaire, où un intervenant est en relation avec un et un seul autre. La complexité de ce nouveau modèle relationnel crée en aval du processus Supply Chain une zone de tensions contribuant à redéfinir les solutions en matière de gestion des flux.

À ces premières raisons issues de l'observation du cas Thomson, nous verrons dans l'étude du chapitre 6 que la prise en compte croissante de la dimension Supply Chain par les canaux de distribution eux-mêmes fournit une raison supplémentaire à la déstabilisation aval des Supply Chains.

📖 BIBLIOGRAPHIE DU CHAPITRE 4

Auray J.-P., *Encyclopédie d'économie spatiale*, Economica, Paris, 1994.

Berengier J., *Transport maritime et logistique des matières premières*, Economica, Paris, 1986, 153 p.

Damien M. M., *Dictionnaire du transport et de la logistique*, Dunod, Paris, 1995, 544 p.

Dupuy G., *Systèmes, réseaux et territoires*, Presse de l'École nationale des ponts et chaussées, Paris, 1985.

Horvat C., *Les achats industriels à l'étranger*, Éditions d'Organisation, Paris, 2001, 208 p.

Jahre M. , Fabbe-Costes N., « Adaptation and adaptability in logistics networks », *International Journal of Logistics : Research and Applications*, vol. 8, n° 2, Taylor & Francis ed. ISSN 1367-5567, juin 2005, pp. 143-157.

Kogut B., Kulatilaka N., « Global Manufacturing and the Option Value of a Multinational Network », *Management Science*, vol. 40, n°1, 1994, pp. 123-139.

Lopez-Claros A., Porter M. E., Schwab K., *Global Competitiveness Report 2005-2006*, World Economic Forum/Palgrave MacMillan, Genève, 2005, 624 p.

Loubère J. M., *Stratégies d'achat : sous-traitance, partenariat, délocalisation*, Éditions d'Organisation, Paris, 2005, 288 p.

Long D., *International Logistics : Global Supply Chain Management*, Springer, Heidelberg, 2003, 431 p.

Magretta J., « Global and entrepreneurial : Supply Chain Management, Hong Kong style, an interview with Victor Fung », *Harvard Business Review*, septembre-octobre 1998, pp. 103-114.

Manzagol C., *La Mondialisation. Données, mécanismes et enjeux*, Armand Colin, Paris, 2003, 191 p.

Mucchielli J.-L., « Déterminants de la délocalisation et firmes multinationales », *Revue économique*, n° 4, juillet 1992.

Noumen R., *Éléments de base de la logistique internationale*, Menaibuc, Paris, 2004.

Savy M., Veltz P., *Économie globale et réinvention du local*, DATAR, Éditions de l'Aube, 1998.

Storper M., « Territories, flows and hierarchies en the global economy », in K. Cox (ed.), *Globalization in the Contemporary World : A Reevalution*, Oxford, Basil Blackwell, 1995.

Veltz P., *Mondialisation, villes et territoires, l'économie d'archipel, économie en liberté*, PUF, Paris, 2005, 288 p.

SITOGRAPHIE DU CHAPITRE 4

Nom et contact mail	Mission	Précisions sur le site
L'Agence française pour le développement international des entreprises www.ubifrance.fr/ www.ubifrance.fr/formulairemail/formulairemail.asp	UBIFRANCE et les Missions économiques constituent ensemble un réseau d'appui unique, actif en France et dans le monde entier, pour aider les entreprises françaises à se développer à l'international de manière efficace et durable. UBIFRANCE aide les entreprises à identifier les opportunités de développement international.	Des actions au service de la performance export. – Des études de marché, des bases de données acheteurs. – Des missions de prospection dans tous les pays. – Plus de 350 salons, expositions et séminaires organisés à l'étranger. – 3 500 volontaires internationaux (VIE) au service de 1 000 entreprises. – Une librairie exclusivement dédiée au commerce international. – Des études de marché, des répertoires d'entreprises. – Des lettres de veille internationale. – Des séminaires d'information. – Des veilles personnalisées. – Des études sur mesure. – Des services juridiques et réglementaires.
World Economic Forum www.weforum.org contact@weforum.org	Le World Economic Forum est une organisation suisse à but non lucratif dont le mot d'ordre est « Entrepreneurship in the global public interest ».	Au travers de rapports et de ses activités, le Global Competitiveness Network du World Economic Forum identifie les obstacles de croissance de plus de 110 pays du monde et apporte un soutien aux stratégies pertinentes des entreprises pouvant être déployées afin d'assurer un développement économique durable.
Le Moniteur du Commerce international (MOCI) www.lemoci.com gabriel.joseph-dezaize@lemoci.com	Le MOCI, éditeur de presse professionnelle, s'attache à fournir dans toutes ses publications des informations, des analyses et des outils d'aide à la décision en matière de commerce international.	– Une enquête pays chaque jeudi. – 8 bases de données sur les missions export www.base-export.com – La réglementation des échanges pour faciliter la circulation des marchandises. www.actualites-reglementaires.fr

The World Factbook *Site de la CIA* www.cia.gov/ https://www.cia.gov/cgi-bin/ comment_form.cgi	Véritable site de référence sur les données statistiques mondiales, le site de la CIA est incontournable, ne serait-ce que par la taille de sa base de données, réputée être l'une des plus vastes dédiée à l'Économie et disponible sur Internet.	Plus de 100 000 sujets de recherche sont traités, et plus de 30 000 sont accessibles par téléchargement en plein texte.
International Trade Administration www.trade.gov http://hq-intranet04.ita.doc.gov/bid/ email_link_friend.asp ?URL=http:// trade.gov/contact.asp	Développer, rechercher et analyser le commerce international. Conduites par the Office of Trade & Economic Analysis, ces informations statistiques sont destinées aux acteurs du secteur privé, ainsi qu'aux officiels et analystes du gouvernement US.	Tous les secteurs industriels sont répertoriés et analysés grâce à de nombreux graphiques. Statistiques démographiques, économiques, de développement, etc. Études sur les conditions de travail, le positionnement géostratégique.
Organisation mondiale du commerce (OMC) www.wto.org enquiries@wto.org	Dans le cadre des accords de l'OMC (135 États signataires), s'occupe des règles régissant le commerce entre les pays pour favoriser la bonne marche, la prévisibilité et la liberté des échanges.	Très nombreuses ressources statistiques sur le commerce international et études et recherches sur des aspects particuliers des échanges (analyse économique, textes juridiques, revues de presse…). Feed-back possible en matière de statistique sur statistic@wto.org Nombreux liens avec les centres nationaux d'études statistiques ; les autres sources nationales de données et les organisations internationales.
Banque mondiale www.worldbank.org pic@worldbank.org	La Banque mondiale appartient à 180 États membres et cherche à lutter contre la pauvreté en aidant les pays à se prendre en charge via la fourniture de ressources financières.	Statistiques par pays, par régions. Cartes et bonne base de données concernant les pays en voie de développement.
Organisation de coopération et de développement économiques (OCDE) www.oecd.org news.contact@oecd.org	Organisation regroupant 29 pays (ceux qui produisent les 2/3 des biens et services dans le monde), pour leur offrir un cadre destiné à examiner, élaborer et perfectionner leurs politiques économiques et sociales.	Base de données sur l'étude de l'économie de chacun des 29 pays membres, recueil et normalisation de statistiques nationales (type INSEE). Nombreuses autres données et études (migrations internationales, échanges économiques…).

La Documentation française www.ladocfrancaise.gouv.fr www.ladocumentationfrancaise.fr/informations/nous-ecrire.shtml	Regroupe des centres de recherche sur différentes régions du monde. Collections de dossiers d'analyses économiques, politiques et géostratégiques.	Actualité économique et sociale, administrative et politique en France et dans le monde (dossiers, bibliothèque, banque de données…). Le Centre de documentation du CIRDE vous reçoit sur RDV et recherche pour vous l'ensemble de la documentation de ses archives sur le sujet de votre choix.
Organisation des Nations unies (ONU) www.uno.org/ http://www.un.org/french/ contactus.asp french/	Cherche à régler les problèmes auxquels l'humanité tout entière doit faire face.	Ne donne directement que peu de données sur les États membres, mais assure le lien avec tous les sites des 30 organismes de l'ONU (CNUCED, UNICEF, FMI…) qui disposent quant à eux de bases plus riches. Par le FMI, possibilité de recherche par pays de données financières et des publications.
Asia-Pacific Economic Cooperation (APEC) www.apecsec.org.sg/ info@apec.org	Créée en 1989 en réponse à l'interdépendance croissante entre les économies des pays d'Asie du Sud-Est, l'APEC était au départ un forum informel de dialogue. Aujourd'hui elle représente le premier véhicule régional de promotion en faveur d'une ouverture élargie du commerce et des pratiques de coopération économiques. Sa mission est de parvenir à faire avancer l'économie de la région.	Informations générales sur les pays de l'APEC et sur les missions en cours au sein de l'organisation.
Banque asiatique de développement (BAD) www.adb.org www.adb.org/Help/contacts.asp	La Banque asiatique de développement est une institution financière multilatérale de développement, fondée en 1966. Sa mission est de promouvoir le progrès social et économique de la région Asie-Pacifique.	Source très complète de renseignements statistiques sur la région.
Far Eastern Economic Review www.feer.com service@feer.com	Site sur le Sud-Est asiatique.	Dispense principalement de l'information économique et financière.

Indigo Publications www.indigo-net.com indigo@indigo-net.com	Indigo Publications s'est spécialisé dans la recherche et la publication d'informations confidentielles, et a choisi de s'adresser en priorité à un public de professionnels.	Service payant.
Africa Intelligence www.africaintelligence.com subscription@indigo-net.com	Un des sites français les plus spécialisés sur l'Afrique.	Beaucoup d'informations sur les ressources énergétiques du continent.
Africa on line www.africaonline.com office@africanlakes.com	Site d'information générale sur l'Afrique.	Informations financières sur les pays.
Arabnet www.arab.net webmaster@arab.net	Site d'information sur les pays arabes du Moyen-Orient et du Maghreb.	Site très général en anglais.
Latin American Network Information Center www.lanic.utexas.edu lanic.utexas.edu/info/comment	Répertoire de tous les sites concernant l'Amérique latine.	Site particulièrement complet. Propose des informations de toutes sortes : économiques, financières, culturelles…
L'union européenne www.europa.eu.int http://europa.eu/geninfo/mailbox/ inst_fr.htm	Site officiel de l'Union européenne.	Propose des liens sur les textes officiels, les principaux organismes et des statistiques économiques sur la zone euro.
Banque européenne pour la reconstruction et le développement (BERD) www.ebrd.org generalenquiries@ebrd.com	Favoriser la transition vers une économie de marché des pays d'Europe centrale et orientale et de la communauté des États Indépendants (CEI).	Informations sur les activités opérationnelles de la BERD dans les 26 pays concernés. Les rapports annuels d'activités par pays fournissent des statistiques repères, parfois uniques, pour les pays retenus.
Le kiosque *Centre d'information du ministère de l'Économie, des Finances et de l'Industrie.* http://lekiosque.finances.gouv.fr/ http://lekiosque.finances.gouv.fr/ Appchiffre/Portail_default.asp nbb- contact.sircom@dircom.finances.gouv.fr	Propose de consulter les résultats mensuels du commerce extérieur de la France. Deux fois par mois, des articles de fond sur les grands thèmes de l'actualité économique nationale, européenne et internationale, rédigés par les experts du ministère ; le suivi de l'exécution budgétaire ; des séries d'indicateurs sur la France et l'Union européenne, ou ses autres grands partenaires étrangers : une information continue sur le passage de l'euro.	« Le chiffre du commerce extérieur » est le vecteur initial de diffusion des statistiques du commerce extérieur de la France. Il est mis à jour immédiatement après la communication officielle des résultats généraux aux agences de presse.

175

South China Morning Post www.scmp.com http://www.scmp.com/contactus.html	Site de journal de référence de la région.	Information très générale en anglais.
Institut national des études économiques (INSEE) www.insee.fr http://www.insee.fr/fr/messages/renseignement.htm	L'INSEE collecte et produit des informations sur l'économie et la société française afin que tous les acteurs intéressés (administration, entreprise, chercheurs, enseignants, médias, particuliers…) puissent les utiliser aux fins d'études.	Elle entretient également une coopération importante avec Eurostat au niveau européen, ainsi qu'avec des organismes statistiques homologues des autres pays. Également les adresses des directions régionales de l'INSEE disponibles sur le site.
Les Missions économiques http://www.missioneco.org/me/ http://www.missioneco.org/annuaire/	La Mission des postes d'expansion économique consiste à permettre à l'administration centrale de collecter des informations stratégiques pour déterminer et optimiser la position de la France dans les lieux de consultation et de négociation multilatéraux, régionaux ou bilatéraux. C'est ainsi une vision régulièrement mise à jour sur la santé économique et les caractéristiques de l'économie des pays (coût de la main-d'œuvre, principales exportations, situation politique).	Rouages essentiels du dispositif d'appui au commerce extérieur, les 166 postes d'expansion économique assurent de manière complémentaire des missions de souveraineté et des missions d'appui à l'internationalisation des entreprises françaises. Les deux activités, qui se nourrissent mutuellement, permettent d'assurer la continuité dans l'effort d'accompagnement des entreprises sur les marchés extérieurs.

5

Logistique et Supply Chain Management dans les stratégies industrielles : déstabilisation des flux par l'amont

« La stratégie constitue une alternance et une combinaison perpétuelle d'attaque et de défense. »

Carl von Clausewitz[1] (De la Guerre, liv. VII, chap. II)

Si au cours des années 1990, une large partie des responsables logistiques aux États-Unis pensait que la mondialisation des opérations de distribution était difficile, la plupart d'entre eux s'attendaient paradoxalement à une centralisation des unités de fabrication, c'est-à-dire, à moins d'usines fabriquant pour des zones géographiques plus étendues, nationales ou internationales et non plus locales. Cette concentration des unités de production, prise de manière indépendante, engendre mécaniquement des besoins de mondialisation également en matière de distribution. Si, à ce phénomène de concentration des unités de production, on ajoute celui de leur spécialisation et de leur délocalisation, la logistique se trouve dans une conjoncture de déséquilibre marqué qui nécessite de trouver un nouveau modèle pour fournir aux flux un cadre plus adapté à leur circulation efficiente.

L'exemple de Thomson que nous avons développé au chapitre précédent, nous a permis déjà de percevoir les effets déstabilisateurs d'une spécialisation des unités de production ainsi que ceux associés à une délocalisation des usines, sur le design du

---

1. Général et théoricien militaire prussien (1780-1831). Il dirigea l'École de guerre de Berlin après s'être enrôlé dans l'armée russe pour combattre la France. Il défend l'idée de la subordination du politique au militaire et laisse une œuvre qui servit de référence à presque toutes les réflexions militaires.

réseau logistique, sur le pilotage des flux qui le parcourt et sur l'organisation en charge de ce pilotage.

Quatre stratégies industrielles majeures peuvent être identifiées quant à leur impact sur la reconception d'un modèle logistique. Ce sont les stratégies de délocalisation des productions, de recherche de différenciation retardée, de spécialisation des unités de production et de juste-à-temps dont le tableau 5.1 nous donne une première vue des impacts logistiques.

	Objectif principal	Conséquences	Impacts logistiques
Délocalisation des productions	Gain sur le coût de la main-d'œuvre ou sur la fiscalité	Séparation géographique des zones de production et des zones principales de consommation	Circulation de flux plus complexe entre l'unité de production et le centre de consommation Besoin de pilotage et de coordination
Différenciation retardée	Élément de solution pour concilier les impératifs de productivité et de flexibilité, de coût et de personnalisation du produit	Décomposition du process de production en plusieurs sous-process spécialisés et délocalisés géographiquement	Aptitude des sites et des moyens logistiques (entrepôts, dépôts, secteurs de transport) à réaliser des opérations de production Gestion des interfaces
Juste-à-Temps	Réponse au plus vite à la demande avec une production tirée par l'aval	Limitation des stocks et réactivité	Substitution de la circulation d'information aux stocks Substitution des capacités de transport aux stocks Diminution de la taille des lots préfabriqués et transportés
Spécialisation des unités de production	Économie d'échelle Gain de productivité	Séparation croissante entre la zone géographique de production et la zone géographique de consommation	Circulation accrue des sites de production vers les zones de consommation pour recomposer les gammes Développement de sites logistiques

TABLEAU **5.1.** *Stratégies industrielles et conséquences logistiques*

Les effets de la délocalisation, de la recherche de différenciation retardée et de la spécialisation des unités de production sur la logistique n'ont pas reçu le même intérêt que les réflexions liées au juste-à-temps. Nous nous proposons dans les paragraphes qui suivent d'envisager en quoi la spécialisation des unités de production, la délocalisation ou la recherche de différenciation retardée conduisent à une remise en cause des modèles classiques de la logistique et du Supply Chain Management.

L'évolution du sourcing industriel pour une marque telle que Panasonic France est révélatrice de la refonte régulière des solutions Supply Chain qu'il faut mener. Panasonic France est une filiale du groupe Matsushita (n°1 mondial de l'électronique grand public avec un CA de près de 70 milliards d'euros). Son chiffre d'affaires est de l'ordre de 300 millions d'euros en France. Entre 1980 et aujourd'hui, les produits distribués par Panasonic France ont connu quatre grandes origines principales :

• Dans les années 1980, les produits étaient majoritairement importés du Japon.

• Dans le début des années 1990, des usines ont été implantées en Europe de l'Ouest et les produits destinés aux marché français y ont été sourcés.

• À la fin des années 1990, les usines se sont déplacées en Europe orientale.

• Depuis le début des années 2000, la tendance est au repositionnement de ces usines en Asie et plus particulièrement en Chine.

Le schéma 5.1 montre l'évolution du sourcing géographique des produits.

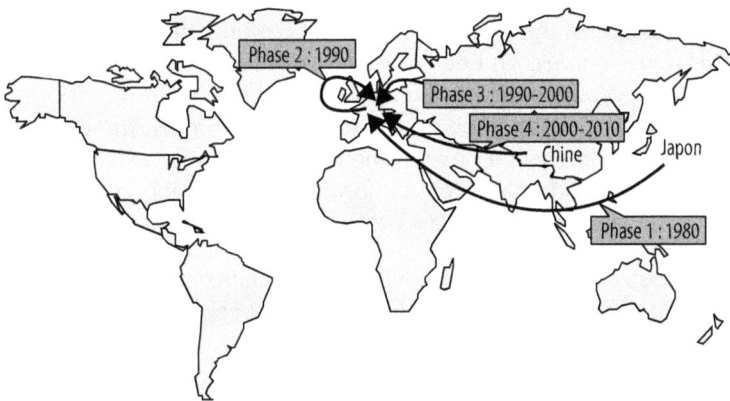

Schéma 5.1. *Évolution du sourcing industriel pour Panasonic France entre 1980 et 2010.*

1. Spécialisation des unités de production : concentration des productions et reconstitution des gammes

1.1. Spécialisation des unités de production et effet induit sur la logistique : la reconstitution locale des gammes

1.1.1. Stratégie industrielle : une tendance à la spécialisation des unités de production

Dans les travaux menés en matière de stratégie industrielle, s'est posé depuis le début des années 1980, le problème d'une recherche simultanée de la réconciliation entre flexibilité et productivité. Les usines sont sollicitées par un marketing très créatif qui conduit à une hyper-segmentation des marchés et donc à des réponses de plus en plus personnalisées en matière de produit. Les conséquences industrielles se traduisent par une multiplication des références à produire et à une augmentation du changement des séries de fabrication. La compatibilité n'est pas alors évidente avec le maintien d'une bonne productivité indispensable à l'obtention d'un prix de revient industriel supportable. La réconciliation entre productivité, nécessaire à la performance industrielle, et flexibilité engendrée par les contraintes du marketing a débouché sur quelques tendances lourdes dont la spécialisation des unités de production.

La spécialisation des unités de production, y compris à l'échelle mondiale, est susceptible d'apporter de substantielles économies au producteur. Les économies qui sont ainsi recherchées portent essentiellement sur :

• des économies d'échelle par concentration de la production sur quelques sites spécialisés ;

• des effets d'expérience sur les productions.

À ces économies, on peut ajouter la capacité donnée aux entreprises qui concentrent leur production de mieux maîtriser la complexité des opérations. Ainsi, pour les entreprises les plus performantes, on peut constater qu'elles n'utilisent pour un produit ou pour une famille de produits donnés qu'un seul lieu de production. Ceci est à opposer aux entreprises moins performantes qui ont recours à plusieurs sites de fabrication. De plus, ces entreprises cherchent à obtenir une visibilité complète sur l'ensemble du flux logistique, tant dans le domaine de l'information que dans celui du mouvement physique, et ce, de la conception à la livraison.

De nombreux groupes industriels ont suivi cette tendance depuis plusieurs années. Ford ou Unilever en Europe ont choisi ces approches. Ils ont cependant été conduits parfois à opérer des compromis pour limiter les risques inhérents à la concentration dans une seule unité de production d'un produit à caractère stratégique. Synthélabo en France désormais intégré au sein du groupe Sanofi-Aventis a opéré également une spécialisation de ses unités de production en gardant pour ses produits stratégiques un système de back-up. Le back-up est une capacité limitée et une compétence conservée dans une seconde usine pour pouvoir remonter rapidement en production sur ce second site en cas de défaillance du premier. Enfin, dernier exemple chez Nestlé, c'est une seule usine à Dijon qui fabrique en Europe les barres chocolatées Lion.

Cette spécialisation des unités de production a deux conséquences principales en matière de logistique. La première concerne la nécessaire recomposition des gammes proposées sur chacun des marchés locaux. Les produits commercialisés dans un pays ne peuvent plus provenir des seules usines implantées dans ce pays. Selon le principe de spécialisation des unités de production, un produit n'a pour vocation d'être fabriqué que dans un nombre limité d'usines (une ou deux) au niveau d'un ensemble de pays, d'un continent ou du monde. Par conséquent, le caractère non polyvalent des productions affectées à une usine locale implique un acheminement des produits nécessaires au commerce local en provenance d'autres usines. Nous détaillerons cette première conséquence dans les paragraphes suivants de ce chapitre. La seconde conséquence est la conservation d'une aptitude des entreprises ayant globalisé leurs productions à continuer à s'adapter aux particularités des marchés locaux. L'une des solutions choisies consiste à adapter localement les produits en aval des usines sur des sites logistiques basés au sein des marchés locaux. C'est le principe du post-manufacturing que nous détaillerons dans ce chapitre.

1.1.2. Effet logistique induit de la spécialisation : la reconstitution des gammes

Une spécialisation des unités de production n'est pas sans conséquence sur les réponses logistiques à concevoir. Elle modifie le système de relations entre les pays et entre leurs infrastructures logistiques. Prenons comme situation logistique initiale, celle constituée par un faisceau d'usines polyvalentes à vocation géographique limitée (une région, un pays). Les usines polyvalentes disposent de l'ensemble des produits de la gamme. Il n'est donc pas nécessaire pour un pays donné disposant de ce type d'usine de développer un réseau logistique en communication avec ceux de ses pays voisins, si chacun est dans la même situation que lui. Cela induit en matière de réseau de distribution et en fonction du niveau de service attendu :

- soit une distribution à partir d'un site d'entreposage central pays délivrant les clients de ce pays ;
- soit une distribution à partir d'un réseau de dépôts locaux pays ; approvisionnés par une usine pays, et servant ensuite le marché.

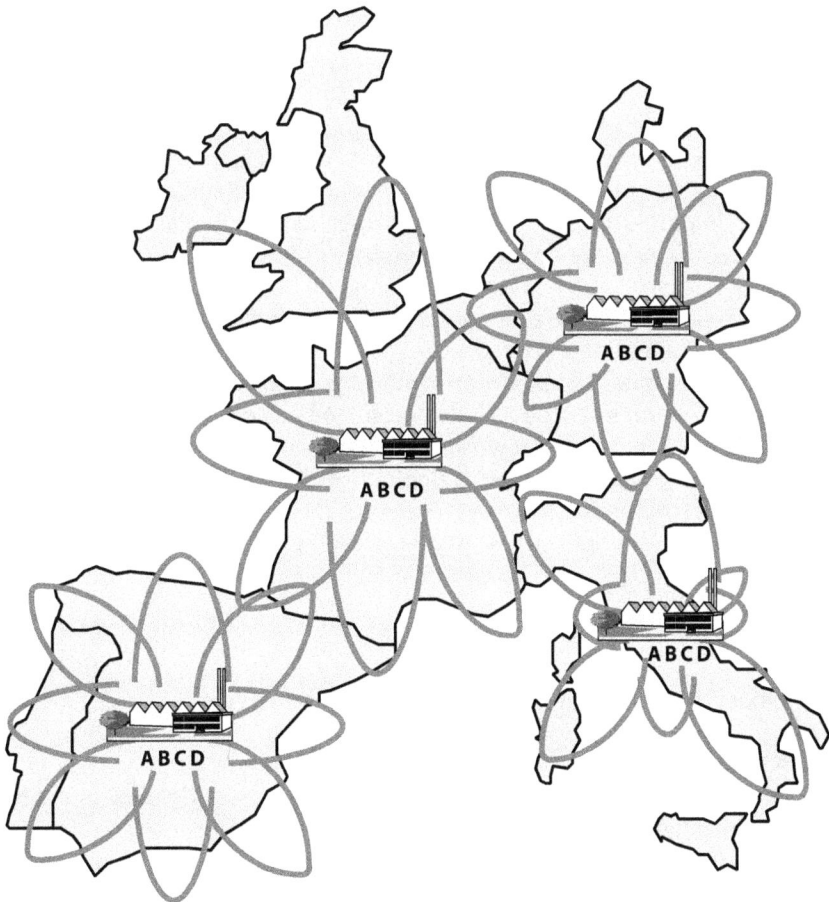

Schéma 5.2. *Usines polyvalentes à vocation régionale, fabriquant l'ensemble de la gamme*

Les transferts entre usines de pays différents ou les approvisionnements d'un dépôt à partir de plusieurs dépôts d'usines internationales sont donc inexistants ou limités. Un réseau type est représenté sur le schéma théorique 5.2. L'Europe dispose ici de quatre usines et ce sont quatre familles de produits qui sont commercialisées. Chaque usine produit l'ensemble de la gamme et dessert son marché local, sans instaurer de transfert avec les usines ou les dépôts des autres pays.

A contrario, dans le cas d'une spécialisation d'unités de production, la logistique va devoir traiter deux niveaux de flux :

• un niveau de flux d'approvisionnement de structures locales de distribution qui ont pour vocation de reconstituer la gamme ;

• un niveau de flux locaux de distribution à partir des structures d'entreposage local.

Dans notre exemple précédent, chaque usine européenne est maintenant spécialisée sur une famille de produits (cf. schéma 5.3). La France ne produit plus que la référence A, l'Allemagne la référence B, l'Espagne la référence C et l'Italie la référence D. Pour desservir les clients de chaque pays, il est alors nécessaire de constituer un réseau d'infrastructures logistiques locales avec des flux amont multisites industriels pour reconstituer la gamme commerciale (A, B, C, D) au niveau de chacun des pays. Ces infrastructures logistiques sont soit des entrepôts qui stockent toutes les références vendues au niveau local avec le risque de rupture de stock en cas de mauvais dimensionnement, soit des plates-formes par lesquelles transitent quotidiennement les produits selon un processus de cross-dock. La logistique de l'Italie va devoir être ainsi reliée avec la logistique de la France pour le produit A, avec la logistique de l'Allemagne pour le produit B et avec la logistique de l'Espagne pour le produit C. Des problèmes de système d'information, de procédures, d'organisation, de responsabilité vont dès lors apparaître entre les logistiques et les outils industriels de chaque pays. Dans notre cas théorique, ces flux provenant de plusieurs pays sont qualifiés de flux import. Lorsque la problématique abordée est traitée au sein d'une zone économique intégrée, le passage des frontières ne présente que des difficultés mineures. Le problème prend un tout autre aspect de complexité lorsque la stratégie de spécialisation des unités de production se pense au niveau mondial avec des usines implantées sur plusieurs continents. C'est le cas de la phase 2 du développement de la logistique de Thomson que nous avons vue au chapitre précédent.

L'impact en matière de systèmes d'information est particulièrement fort et ce, à au moins deux niveaux :

• L'éloignement géographique impose une relocalisation des produits massifiés le plus souvent via des stocks locaux pour faire face à des délais de livraison courts. Le bon dimensionnement des stocks implique une précision de la demande et une planification de la distribution qui mobilisera des ressources de transport et d'entreposage qu'il s'agit d'optimiser.

• La traçabilité est un besoin supplémentaire qui conduit à mettre en œuvre des systèmes d'information et qui permettra entre autres d'assurer la synchronisation des flux et la gestion des aléas en cas de problème.

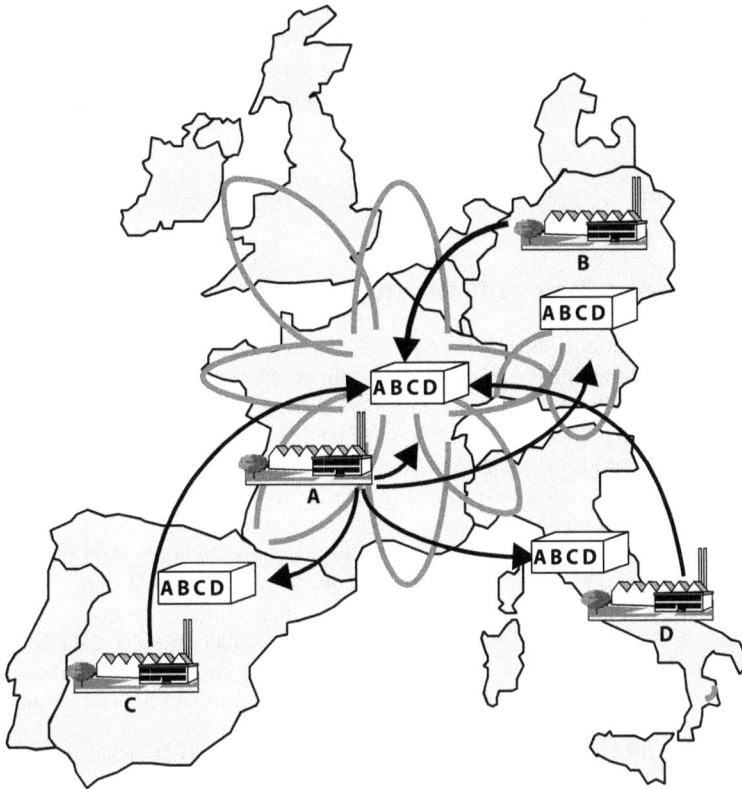

SCHÉMA 5.3. *Usines spécialisées à vocation internationale fabriquant chacune une famille de références*

Les difficultés qui apparaissent sont nombreuses et réclament inévitablement des adaptations structurelles et organisationnelles. Soulevons ici deux premières questions qui amèneront très certainement à repenser l'organisation logistique et Supply Chain autrement que comme la simple juxtaposition des logistiques locales :

- *la possession des stocks et le jeu des responsabilités*. Si, dans le cas de notre exemple théorique, l'Allemagne a produit de grandes quantités de B, compte tenu de prévisions optimistes de la France, et que, finalement, la France ne vend pas les quantités prévues, le stock industriel de produits finis non encore affecté à un pays et situé en Allemagne sera-t-il imputé à la filiale France qui avait exprimé un besoin commercial ou à la filiale Allemagne qui a rempli une obligation industrielle sur un besoin commercial qu'elle n'avait pas directement ?

- en cas de rupture sur le produit B, comment arbitrera-t-on *la gestion de la pénurie*, entre l'Allemagne, gestionnaire du stock et dont le responsable logistique est hiérarchiquement sous la responsabilité de la filiale allemande et les autres pays ?

D'une manière générale, la globalisation des flux rend plus difficile l'équilibrage des flux et des stocks et conduit souvent à des flux inter-pays coûteux. L'apparition d'un système couplant des organisations ayant des périmètres géographiques différents, industriels au niveau mondial et commercial au niveau national, multiplie les besoins d'arbitrage en matière de flux, ce qui renforce le rôle que doit jouer la fonction Supply Chain.

1.2. Un exemple de spécialisation des unités industrielles à un niveau national : le cas Yoplait

1.2.1. Yoplait : premiers éléments du contexte

> Yoplait est, depuis 2002, détenue à 50 % par SODIAAL, coopérative agricole qui détient également des activités dans le lait et le fromage, et à 50 % par PAI Partners, investisseur. Elle est le fruit d'une part du regroupement de 100 000 agriculteurs répartis dans 6 coopératives régionales en 1964 et d'autre part de la création d'une gamme de produits complète sous une marque unique dès 1965. La coopérative réalise en 2005 un chiffre d'affaires de 2,7 milliards d'euros dont 17 % avec ses exportations et filiales étrangères. L'entreprise a connu un important développement international dès 1969 en commençant par apporter une expertise technique et marketing à une coopérative suisse. Puis la coopérative se lance sur le marché américain dont elle détient, sur les gammes de produits sur lesquelles elle intervient, plus de 35 % des parts de marché. Aujourd'hui Yoplait est présent dans une cinquantaine de pays à travers le monde. Elle a fabriqué environ 381 000 tonnes de produits finis en 2000 en France et plus de 1 450 000 de tonnes à travers le monde.

La logistique joue un rôle tout particulièrement sensible dans la stratégie de Yoplait en France, pour quatre raisons principales :

• le prix moyen des produits Yoplait est d'environ 1,22 €/kg. Il est donc possible de ranger ces produits dans la catégorie des produits dits « pauvres » pour lesquels les variations du coût logistique ont un impact significatif sur le prix de revient du produit et donc sur la rentabilité générale ;

• le produit est périssable. Par conséquent la durée de vie du produit est limitée. Pour lui préserver une fraîcheur aussi longue que possible la durée de vie logistique doit être limitée à environ 6 jours, de la fabrication à la livraison sur le lieu de vente. L'argumentaire fraîcheur devient de plus un argumentaire majeur pour les distributeurs qui portent une attention croissante dans leurs achats et leurs approvisionnements à cette composante du produit, directement conditionnée par l'efficacité logistique. Cette contrainte est telle que le produit bénéficie d'une attention toute particulière du point de vue logistique par les producteurs et donc par Yoplait en particulier ;

• l'entreprise coopérative Yoplait se trouve structurellement à l'intersection d'un flux poussé, celui de la production de lait des agriculteurs coopératifs, propriétaires de Yoplait, et d'un flux tiré, celui du marché pour les produits finis. La régulation de ces deux flux est fondamentalement du ressort de la logistique ;

• l'innovation joue un rôle considérable car ce sont plus de 50 nouveaux produits qui sont lancés sur les marchés chaque année au niveau mondial.

L'entreprise se trouve immergée, en France, dans le secteur des produits de grande consommation agroalimentaire. Ce secteur a connu un très fort développement supporté par l'essor de la grande distribution. Il a toujours été innovant et place aujourd'hui la logistique et le Supply Chain Management dans le champ de ses enjeux majeurs. Dans ce secteur, les produits frais occupent du point de vue logistique une place particulière du fait de la nécessaire gestion de leur durée de vie. Enfin, Yoplait au sein des entreprises de produits frais a mené un travail d'adaptation complètement dédié aux produits laitiers frais qui est son seul secteur d'activité, contrairement à ses deux principaux concurrents, Danone et Nestlé qui doivent tenir compte des développements logistiques sur d'autres gammes de produits frais.

C'est dans le chapitre 6, que nous approfondirons les facteurs relatifs aux mutations de la distribution qui impactent le système logistique d'industriels de produits de grande consommation tels que Yoplait.

1.2.2. La spécialisation des usines Yoplait

La plupart des entreprises agroalimentaires françaises ont connu un développement qui s'est opéré à partir d'unités de fabrication locales visant une distribution de leurs produits à l'échelon local. Les entreprises à caractère familial disposaient d'usines qui avaient donc des vocations polyvalentes puisque intervenant sur des gammes réduites dans un premier temps. Elles fabriquaient l'ensemble des produits à destination de la zone géographique qu'elles couvraient. Cette implantation locale a été encore plus vraie pour une entreprise comme Yoplait qui a eu historiquement un statut de coopérative agricole. Les implantations se sont faites au milieu des zones de production par l'effet conjugué de l'actionnariat des producteurs locaux et par les spécificités des matières premières. La croissance des entreprises a conduit cependant à couvrir au fur et à mesure un territoire géographique de plus en plus étendu.

Ainsi, au début des années 1970, Yoplait disposait d'un réseau de 22 usines en France. Mais la faible diversité de l'offre conduisait à ne produire que moins d'une quinzaine de références qui étaient donc pratiquement toutes produites dans chacune des usines. Chaque usine fabriquait l'ensemble de la gamme constituée d'un nombre très limité de références. Mais dès cette époque la tendance a été à la diminution régulière du nombre des unités de production. *A contrario*, dans le même temps, la demande s'est accrue significativement et sous la pression de la concurrence et des besoins du marché, il y a eu nécessité de multiplier le nombre de références proposées. Le schéma 5.4 illustre ainsi plusieurs tendances en matière industrielle et commerciale :

- *la diminution des sites de production* en France en l'espace de 25 ans. Le nombre d'unités est passé de 25 à 3, les tonnages annuels étant dans le même temps multiplié par trois. Les sites actuels de Yoplait sont à Moneteau, Vienne et Le Mans ;

- *la croissance du nombre de références*. Elles passent de quelques unités, moins de 15, au début des années 1970, à 2 500 en 2006 ;

• *l'augmentation simultanée* du nombre des *références* produites par *chacun des sites*. Ainsi, en moyenne, les sites fabriquaient-ils au début des années 1970, une quinzaine de références pour plus de 70 aujourd'hui.

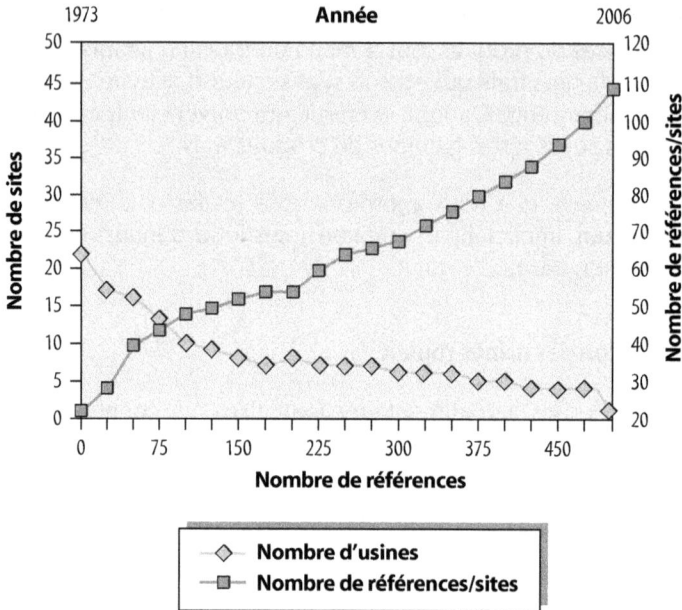

SCHÉMA 5.4. *Diminution des unités de production et augmentation du nombre de références par site chez Yoplait*

Cette dernière évolution du nombre de références produites par site pourrait laisser penser, en première approche, que les usines se sont diversifiées. Certes, du point de vue industriel, elles ont élargi le nombre de références produites, mais en se spécialisant en réalité sur une famille de produits particuliers (crème fraîche, yaourts, crème dessert...). Ainsi il est possible d'observer que la proportion des produits fabriqués sur plusieurs sites a tendance à diminuer au cours du temps.

Au début des années 1970, la presque totalité des produits était fabriquée dans plus de deux usines puisqu'ils étaient pratiquement tous fabriqués dans toutes les usines. En 1999, *a contrario*, 97 % des références représentant les deux tiers du tonnage sont fabriqués dans un seul des 4 sites de production de Yoplait. Cette tendance se confirme malgré une forte augmentation du nombre total de références fabriquées sur chacun des sites ce qui est renforcé par la concentration industrielle. Le restant est fabriqué dans 2 ou 3 sites et représente un tiers du tonnage. Ces dernières références sont les références de plus gros volumes qui autorisent la démultiplication des chaînes de fabrication. Malgré l'augmentation du nombre des références produites par chaque usine, les unités de production sont ainsi devenues beaucoup plus spécialisées en se concentrant sur des familles de produits. Au sein d'une famille donnée, les références ont crû de manière nette, mais leur production a recours à une technologie et à un process similaire. Cette tendance décrite au niveau français tend à se développer au niveau des usines Europe de Yoplait. Certains produits ne sont désormais fabriqués que dans une seule usine pour le marché européen..

Pour accompagner ce phénomène de spécialisation des unités de production au niveau européen, Yoplait a fait évoluer le design de son système de distribution en France. D'une structure de 100 dépôts de petite taille à vocation régionale dans les années 1975, elle est passée à un réseau de 4 plates-formes de grande dimension qui ont pour vocation de consolider les références en provenance des différentes usines afin de préparer des commandes consolidées complètes pour leurs clients, essentiellement issus de la grande distribution. Nous détaillerons dans le chapitre 6 les principales formes du réseau logistique aval et les raisons qui ont conduit Yoplait à passer de l'un à l'autre.

1.3. Michelin : une mondialisation de la logistique

1.3.1. Le contexte logistique Michelin

> La Compagnie Générale des Pneus Michelin est un Groupe qui a réalisé en 2005 15,6 milliards d'euros de chiffre d'affaires ce qui lui confère la place de leader mondial des pneumatiques avec une part de marché de 19,4 %. Son activité principale est organisée autour de la production de pneus (Manufacture Française des Pneumatiques Michelin) pour environ 197 millions de pneumatiques en 2005. Très intégré verticalement, le Groupe Michelin possède ses plantations d'hévéas (au nombre de 6), ses usines de fabrication de machines-outils, ses usines de fabrication de composants et de pneus, mais aussi son propre réseau de distribution de pneumatiques en Europe, Euromaster et Viborg, aux États-Unis, TCI.

Ses marchés sont principalement ceux de la première monte (OE, Original Equipment, 30 % du volume de vente) et du remplacement (RT, 70 % du volume de vente) pour les pneus tourisme, poids lourds, deux roues, génie civil, agriculture, avion. Les activités dans le domaine du pneumatique représentent ainsi 98 % du chiffre d'affaires.

Traditionnellement Michelin a dominé ses marchés grâce à la technologie :
- innovation produit, Michelin a été l'inventeur du pneu radial et plus récemment du pneu Energy. Plus de 6 000 personnes dans le monde sont impliquées en innovation qui bénéficie d'un budget équivalent à 4 % du chiffre d'affaires ;
- innovation process, Michelin produit une part non négligeable des machines composant son processus de fabrication et a un mode de montage de ses pneumatiques réputé original.

Mais le différentiel technologique sans disparaître a perdu de son ampleur. Des segments multiples de marchés sont apparus. La variété des références à proposer s'est donc significativement accrue. Pour certains de ces segments, la notion de prix est devenue une condition *sine qua non* de la motivation d'achat des clients y appartenant.

Les fabricants sont classés informellement en trois « lignes ». La première ligne à laquelle Michelin appartient est constituée des manufacturiers à forte capacité technologique et à produit de très grande qualité. Se trouvent également dans ce segment des manufacturiers tels que Continental, Good-Year, Dunlop ou Bridgestone. À l'autre extrémité se trouvent des fabricants de pneus de troisième ligne tels qu'India, Fédéral, Mabor. Ce sont des producteurs de pneumatiques de faible qualité, mais à des prix de commercialisation très bas. Pour des pneumatiques de gamme courante, le différentiel de prix entre des produits de première ligne et des produits de troisième ligne est d'environ 3 à 4.

Michelin depuis le début des années 1990 a été conduit à prendre des options stratégiques qui ont placé la fonction Supply Chain au centre des conditions nécessaires de la réussite :

- spécialisation des unités de production et multiplication des flux d'échange entre les pays et entre les continents ;
- accroissement de la gamme avec la multiplication des lignes de produits essentiellement dans le poids lourd et dans le tourisme. Michelin commercialise ainsi, sous ses marques, des produits appartenant à la gamme pneumatique, allant de 20 cm de diamètre à 4 mètres et d'un poids de 200 grammes à plus de 5 tonnes ;
- focalisation de la pression concurrentielle sur la prestation de service (disponibilité du produit et délai de livraison).

L'organisation logistique a été calquée dans un premier temps sur des structures fonctionnelles (production et distribution) et sur des structures géographiques (pays). Le début des années 1990 a vu deux modèles d'organisation apparaître chez Michelin. Un premier qui a mis au centre de ses préoccupations la coopération interfonctionnelle entre les fonctions opérant sur la planification logistique. Un second qui a tenté d'opérer des regroupements de logiques au niveau de l'Europe. Enfin, un troisième modèle organisationnel a vu le jour au début de l'année 1996. Il consacre la dimension d'intégration géographique de la logistique en créant un service logistique monde (SGL, Service Groupe Logistique) dans le cadre de la réorganisation générale des structures Michelin autour principalement de Business Units, appelées Lignes de Produits qui sont des centres mondiaux de profit par gamme de produits. Neuf lignes de produits ont été créées parmi lesquelles la ligne pneus avion, la ligne pneus génie civil, la ligne pneus poids lourd, la ligne pneus tourisme et camionnette…

L'intensité de la réflexion interne et le mouvement de couverture géographique amorcée par la logistique de Michelin en font un cas d'étude de tout premier ordre. Des questions traitant du rapprochement fonctionnel ont été débattues dans le début des années 1990. La restructuration de la logistique physique Europe lancée dans le cadre de l'organisation par zone géographique et la recherche de synergies logistiques entre Michelin et son réseau de distribution européen Euromaster, et, enfin, l'adaptation de la logistique à la mise en place des structures mondiales des lignes de produits donne un champ d'observation particulièrement complet des phénomènes d'intégration fonctionnelle, sectorielle et géographique dont nous supposons qu'elles supportent les développements d'une nouvelle approche de la logistique.

En 2006, Michelin dispose d'un réseau industriel comprenant au niveau mondial 70 sites de production, dont 39 en Europe, 18 en Amérique du nord, 2 en Afrique, 7 en Asie et 4 en Amérique du Sud. L'entreprise reste donc concentrée au plan industriel en Europe ce qui la conduit à être l'une des sociétés exportatrices européennes la plus importante, les ventes ne représentant en Europe que 49 % du chiffre d'affaires mondial. À partir du début des années 1980, Michelin a fait le choix industriel de commencer à spécialiser ses unités de production sur l'Europe. Après avoir été amenées à spécialiser les ateliers de fabrication par grandes familles de produits (tourisme, poids lourd, génie civil…), les unités de production ont commencé à concentrer la fabrication d'un produit donné au niveau national et au niveau d'un ensemble de pays. Comme pour le cas Yoplait, malgré la croissance du nombre de références et donc du nombre de produits fabriqués dans une même usine, la plupart des produits ont vu le nombre de leur localisation de fabrication réduit à un ou deux sites au niveau européen. Le phénomène est devenu d'autant plus net que, dans le domaine de la première monte, les constructeurs automobiles eux-mêmes ont exigé de limiter les origines des produits de manière à pouvoir certifier le site de production préalablement au démarrage des livraisons.

1.3.2. Spécialisation des unités de production et flux import à un niveau continental

Complémentairement au cas Yoplait, Michelin permet d'évaluer à l'échelle de plusieurs pays européens dotés des moyens de production, les conséquences de la spécialisation des unités de production en termes de flux d'échange entre pays. Ces flux croisés permettent de reconstituer localement l'assortiment de produits nécessaires à la vente. Il est clair que l'intégralité de ces flux importés n'est pas seulement imputable à la spécialisation des unités de production. Ils sont également associés au déséquilibre structurel qui existe entre les localisations nationales des unités de production et les demandes nationales de consommation. Il est possible de calculer un coefficient d'autosuffisance pour chacun des produits producteurs. Ce coefficient représente, pour un pays donné, le ratio entre la capacité totale mise à la disposition du marché européen par ce pays — calculée par la somme des produits vendus en provenance de ce pays dans l'ensemble des pays européens — et la consommation du pays. On constate à travers l'observation de ces ratios que, mis à part un pays, tous ces pays pourraient être considérés comme pratiquement autosuffisants et que les flux import proviennent essentiellement d'une spécialisation des unités de production. On constate ainsi que même pour des pays comme la France ou l'Espagne qui disposent du plus grand nombre d'unités de production et des plus importantes capacités industrielles, excédentaires par rapport aux demandes nationales respectives, les importations en provenance d'usines européennes ont été très significatives au cours des dernières années.

Globalement, c'est près de la moitié du tonnage vendu en Europe qui est issue d'un flux import, c'est-à-dire que près de la moitié du tonnage vendu dans un pays est en moyenne issue d'un autre pays. Les proportions, toutes catégories confondues, peuvent être significativement différentes des proportions pour une catégorie de produits en particulier.

Dans le début des années 1990, au moment de la mise en œuvre de ce vaste mouvement, Michelin était encore organisé par responsabilité en grande zone continentale. Ainsi, cette structure des flux qui tend à mettre un grand nombre d'acteurs agissant sur la Supply Chain en relation entre eux a donné lieu alors à la mise en place d'une double organisation centralisée Europe pour la logistique. Dans ce contexte et avant la troisième vague organisationnelle, nous retrouvons de nouveau un modèle organisationnel centralisé tel que celui que nous avons observé avec Thomson. La première structure, « Programmation », avait pour vocation de se consacrer au pilotage industriel (flux usines). La seconde, « Gestion-Distribution », avait la responsabilité de la gestion des approvisionnements des pays et de la distribution terminale.

2. DÉLOCALISATION DES UNITÉS DE PRODUCTION ET RECONFIGURATION DES SYSTÈMES D'APPROVISIONNEMENT

2.1. La délocalisation par l'exemple

2.1.1. L'explication par le niveau des investissements étrangers directs (IED)

Le stock d'investissements étrangers directs (IED) est évalué à près de 9 000 milliards de dollars. Il est détenu par environ 70 000 sociétés internationales et par le bais de leurs 690 000 entreprises installées à l'étranger. C'est General Electric, suivie de Vodafone et de Ford Motor, qui occupe le premier rang de ces sociétés non financières. Dans les 100 premières sociétés de ce type, seules quatre ont leur siège dans des pays en voie de développement. Les investissements étrangers directs ont pesé pour 648 milliards de dollars en 2004 (+ 2 % par rapport à 2003). La situation est contrastée par type de pays. S'ils ont progressé de 40 % dans les pays en voie de développement, ils ont baissé de 14 % dans les pays développés par rapport à l'année précédente. Les premiers destinataires sont les États-Unis, suivis du Royaume-Uni puis de la Chine. La part des pays en voie de développement de 36 % s'explique par :

- La recherche par de nombreuses entreprises de nouvelles stratégies pour améliorer leur compétitivité. En particulier, l'implantation dans des pays en voie de développement et à forte croissance permet généralement de conjuguer les avantages d'une présence locale sur un marché en forte expansion et un coût de la main-d'œuvre encore suffisamment bas pour diminuer les coûts de production pour les produits destinés à des pays à fort pouvoir d'achat.
- La hausse des matières premières a conduit à l'accélération des investissements dans les pays qui les détiennent.
- La reprise des fusions acquisitions.

Les sorties d'investissements étrangers directs ont augmenté de 18 %, atteignant 730 milliards de dollars en 2004, et ont pour origine principale les États-Unis, le Royaume-Uni et le Luxembourg. Ces trois sources totalisent 50 %. Les pays développés sont des fournisseurs très importants d'IED, les sorties nettes dépassant de 260 milliards les entrées nettes. L'Union européenne a baissé de 25 % ses IED à 280 milliards (montant le plus bas depuis 1997). Pour les États-Unis, ce montant a progressé de 90 %, atteignant le niveau record de 229 milliards de dollars.

2.1.2. Les secteurs industriels concernés

Nous avons évoqué le phénomène de délocalisation dans le chapitre 4 consacré à notre réflexion sur la mondialisation. La délocalisation est un phénomène qui a touché de nombreux secteurs de l'industrie et maintenant des services. En première approche, il est essentiellement motivé par l'existence de différentiels de coûts de main-d'œuvre entre certaines régions du monde qui cependant disposent de capacités et de compétences de production comparables. La délocalisation est en général relative à des opérations de production même si une tendance très récente se fait sentir au niveau de certaines opérations logistiques. Ces opérations sont réalisées dans des lieux de production et de transformation qui sont séparés géographiquement des lieux de consommation. Le phénomène de délocalisation a essentiellement touché des secteurs où les besoins de main-d'œuvre dans le processus de fabrication est élevé. De ce fait, les coûts de main-d'œuvre dans le prix de revient industriel occupent une place importante. Elles concernent donc à la fois les pays industrialisés à fort coût de main-d'œuvre, et des pays en voie de développement industriel, dont le coût de main-d'œuvre est encore beaucoup moins élevé. Les premiers (pays de la Communauté européenne, États-Unis, Japon) sont amenés à faire réaliser une partie de leur production dans les seconds (Chine, Inde, Viêtnam, pays de l'ex-Europe de l'Est).

Pour une base 100 du coût de main-d'œuvre d'un produit manufacturé en France, le Maroc est positionné à 75, la Turquie à 60, l'Indonésie à 45 et la Chine à 30.

Les secteurs industriels les plus concernés en France sont le textile, la chaussure, le jouet ou les produits électroménagers bruns.

Les quotas OMC d'importations de Chine vers l'Europe ont été supprimés le 1er janvier 2005 avant d'être réintroduits en juillet 2005, sur dix catégories de produits pour la période 2005-2007 en catastrophe par Bruxelles, face à une déferlante sans précédent. À l'importation, les prix ont baissé de 25 à 75 % pour les articles d'habillement importés de Chine avec de fortes disparités par rapport au prix moyen hors Union européenne et des quantités en croissance de + 14 % à + 26 % selon les produits. Les écarts sur les prix de vente au détail entre un produit made in China et un produit made in Europe sont considérables : 6,60 euros versus 13,10 euros pour un pull, 4,80 euros versus 15 euros pour une chemise.

Les chaussures sont essentiellement fabriquées en Corée, en Thaïlande, en Chine ou au Viêtnam. Le prix d'une chaussure fabriquée en Chine est égale au prix de la matière première en France… moins 10 %. Aujourd'hui ce sont 95 % des chaussures de sport, 73 % des chaussures d'homme et 50 % des chaussures de femme et d'enfant qui proviennent d'Extrême-Orient. Reebok n'entretient plus de production en propre pour les chaussures qu'elle commercialise. 95 % de ses volumes vendus en France (3,5 millions de paires) proviennent directement d'Asie du Sud-Est. 80 % transitent par Le Havre et 15 % par Rotterdam en 1997.

Le jouet est principalement fabriqué en Chine et en Thaïlande. Actuellement un jouet sur deux vendus dans le monde est fabriqué en Chine. Alors que 30 % des jouets vendus en France en 1972 provenaient de l'étranger, ce sont près de 75 % dès 2000. La société Majorette, pour tenter de redresser son activité, avait ainsi ouvert une usine à Bangkok en 1990, une unité à Porto en 1991, et une troisième à Rio de Janeiro en 1992. Cependant, l'endettement élevé de l'entreprise et la duplication de ses modèles par la concurrence a conduit à la défaillance de la firme. L'exemple du jouet permet de bien comprendre le revers logistique existant dans le cadre de ces délocalisations pour des produits connaissant une vie très saisonnalisée. Les commandes de fin d'année, qui représentent, 60 % des ventes doivent être faites avant la fin du mois de juillet. Le début des livraisons s'opère en septembre/octobre. En cas de différentiel entre la demande et les livraisons, la capacité à corriger le tir en provenance d'usines aussi lointaines à un coût raisonnable est pratiquement impossible. Une défense mise en place par l'Union européenne consiste à édicter de nouvelles normes que les Chinois sont prêts à respecter moyennant une hausse de coûts.

Enfin, les produits électroménagers bruns proviennent surtout d'usines implantées en Thaïlande et en Malaisie. L'exemple de Thomson que nous avons développé dans le chapitre 4, illustre par ses multiples implantations en Asie du Sud-Est et en Europe de l'Est, une délocalisation qui vise à profiter de coûts de main-d'œuvre bas pour pouvoir faire face à une concurrence agressive sur les prix dans les pays consommateurs.

L'électroménager : un secteur en pleine délocalisation

Ce sont un peu moins de 13 millions de produits blancs (réfrigérateur, lave-linge, lave-vaisselle) qui sont vendus en France chaque année.

Le poids des achats de matière et composants représente plus des 2/3 du prix de revient des produits. Or l'évolution des prix (en particulier de l'acier et de l'aluminium) conduit les producteurs européens (Elco Brandt, Electrolux, Indesit, Whirlpool, Miele, Bosch) a chercher des économies sur d'autres postes, en particulier le coût de la main-d'œuvre afin de faire face à des marques telles que Arçelik (Turquie) ou Haier (Chine).

Le développement actuel des pays d'Europe Centrale et le marché qu'ils représentent en investissement de premiers équipements pour les ménages, associés au faible coût de la main-d'œuvre, conduit de nombreux fabricants à faire évoluer la localisation de leurs unités de production : « *Environ la moitié des unités que nous avons dans les pays riches (15 sur 27) devront être délocalisées.*[a] »

a. Jacob Broberg, porte-parole du Groupe Electrolux (propos rapportés par le journal Le *Monde* du 26 février 2005). Electrolux possédait à l'époque 43 usines en tout dont 16 dans des pays à faible coût de main-d'œuvre.

Il faut également citer la croissance des délocalisations dans les services supportées par l'essor du couple informatique/télécommunication. Il permet la presque instantanéité du transfert des données n'importe où dans le monde. Ces délocalisations concernent trois activités principales, la saisie des données (Philippines), la programmation et le développement de logiciels (Inde tout particulièrement), le support à la gestion, comme la prise en charge d'une partie des opérations de comptabilité. En matière informatique, par exemple, l'Inde a développé un réel savoir-faire en pratiquant le « body-shopping » qui est de la location sur place d'informaticiens qui travaillent pendant plusieurs mois sous le contrôle d'un client, ou le « body leasing » qui consiste à envoyer des experts chez le client pour des salaires environ 20 % inférieurs aux salaires de la main-d'œuvre locale. Chez Philips c'est le service après-vente des téléphones portables qui a quitté la France et son implantation du Mans pour être délocalisé au Mexique sur le site de Reynosa.

2.1.3. Pourquoi délocaliser ?

Le coût du travail est la variable prépondérante qui explique la délocalisation. Cependant, ce n'est pas la seule. Le rapprochement géographique d'une zone économique en pleine expansion en Asie, peut justifier certaines délocalisations dans des pays du Sud-Est asiatique.

Plus un produit avance dans sa phase de maturité, plus il a tendance à se banaliser et à focaliser le débat concurrentiel sur la composante prix de son mix-marketing. Les produits touchés ne sont plus les seuls produits manufacturés. Le développement informatique ou la production administrative (saisie) sont également concernés par des délocalisations dans des pays tels que l'Inde ou les Philippines pour des raisons de coûts. En Chine (Shanghai) et en Inde (Mumbai), le salaire brut horaire d'un ouvrier est de 2,20 € et de 1,30 € et en France de 12,90 €. Pour un ingénieur, le salaire brut annuel est de 6 200 euros pour 48 heures de travail à Mumbai, 6 700 euros pour 40 heures de travail à Shanghai et 43 500 euros pour 35 heures à Paris.

Le tableau 5.2 donne un aperçu des différentiels de main-d'œuvre qui existent entre différents pays mondiaux, ainsi que leur évolution dans le temps. En 2004, on voit que dans l'industrie manufacturière, les coûts de main-d'œuvre — comparés à ceux des États-Unis — sont 3 fois inférieurs en Asie (hors Japon) et qu'ils sont plus de 17 % plus chers en Europe, prise dans sa globalité.

Pour les produits et les services dont une part significative de la valeur ajoutée est déterminée par la main-d'œuvre (textile, confection, jouet...), les entreprises sont tentées de rechercher des lieux d'implantation industrielle offrant le meilleur compromis compétences/coût global de la main-d'œuvre. Nous parlons de coût global car il dépasse la simple évaluation du coût effectif horaire.

L'un des critères attractifs est la flexibilité de la main-d'œuvre qui est plus facilement mobilisable ou démobilisable que dans les pays industrialisés. La plupart des pays à faible coût de main-d'œuvre se trouvent être ceux pour lesquels la législation sociale est la moins développée, voire complètement absente. En dehors même des horaires, (nombre d'heures journalières, nombre de jours de travail hebdomadaire, faibles vacances...), il faut souligner l'absence de représentation syndicale qui permet un recours très flexible à la main-d'œuvre.

Cette flexibilté est à l'origine de pratiques logistiques, qui dans une première approche peuvent choquer, mais qui après étude économique approfondie montrent un bien-fondé certain. Ainsi le leader mondial des parfums de luxe n'hésite pas à expédier de France des palettes complètes mono références de plusieurs produits vers une usine de Shanghai proche de l'aéroport de Pudong pour y réaliser les kits cadeaux multi-références qui seront réexpédiés vers le centre de distribution français pour mener à bien les opérations commerciales de la Saint Valentin. Tous les produits conserveront leur label « made in France » mais auront bénéficié de la flexibilité et de la disponibilité de la main-d'œuvre chinoise.

Pays ou zone	1992	1993	1994	1995	1996	1997	1998	1999	2000	2001	2002	2003	2004
États-Unis	100	100	100	100	100	100	100	100	100	100	100	100	100
Brésil	—	—	—	—	32	32	30	18	18	14	12	12	13
Canada	110	104	97	96	96	92	86	85	84	79	78	87	94
Mexique	13	15	14	9	8	9	9	10	11	12	12	11	11
Australie	83	77	84	89	96	92	81	84	73	65	72	89	101
Hong Kong SAR[1][2]	24	26	27	28	29	29	29	28	28	28	26	25	24
Israël	51	48	49	55	57	60	59	56	58	60	52	52	53
Japon	102	115	125	137	115	105	95	108	112	94	87	91	96
Corée	33	34	38	42	46	43	31	39	42	37	41	45	50
Nouvelle-Zélande	48	46	51	57	60	59	48	47	40	37	40	50	56
Singapour	30	31	37	44	46	44	40	37	36	34	31	32	33
Sri Lanka	3	3	3	3	3	2	3	2	2	2	2	2	—
Taïwan	32	31	33	35	34	33	29	31	31	29	26	26	26
Autriche	127	123	128	147	139	120	119	114	97	93	97	114	124
Belgique	128	123	131	149	142	122	122	117	102	96	102	119	131
République Tchèque	—	—	—	15	17	15	16	15	14	15	18	21	24

TABLEAU 5.1. *Taux horaire des ouvriers en industrie manufacturière (Index US = 100)*

Pays ou zone	1992	1993	1994	1995	1996	1997	1998	1999	2000	2001	2002	2003	2004
Danemark	129	121	126	147	143	129	130	129	111	107	113	135	148
Finlande	126	102	114	141	133	118	118	114	99	96	102	122	134
France	108	100	102	112	107	94	93	90	78	76	80	95	104
Allemagne (partie Ouest)	158	153	158	182	174	148	144	138	120	114	118	139	149
Allemagne	—	146	151	175	166	142	136	130	115	109	113	133	142
Grèce	48	44	46	53	53	50	47	—	—	—	—	—	—
Hongrie	—	—	16	16	15	15	15	15	14	15	18	22	25
Irlande	83	73	75	80	79	76	74	73	65	66	71	86	96
Italie	118	94	92	91	96	88	85	82	70	66	69	81	90
Luxembourg	115	111	119	136	127	108	106	104	89	84	87	104	116
Hollande	125	122	124	140	130	114	115	113	98	96	103	123	134
Norvège	147	126	127	144	143	132	132	131	115	113	128	142	151
Portugal	31	26	26	30	30	28	28	27	23	22	24	28	31
Espagne	84	70	68	74	75	66	64	63	54	52	56	67	75
Suède	153	107	111	126	137	122	119	114	102	89	95	113	124
Suisse	144	136	147	168	157	131	130	123	107	105	111	125	132
Royaume-Uni	89	76	77	80	79	86	91	92	85	81	85	95	108

(1) Hong Kong Special Administrative Region of China.
(2) Moyenne sur des secteurs industriels choisis.

Source : US departement of Labor, Bureau of Labor Statistics, Office of Productivity and Technology, 9 juin 2006

TABLEAU 5.1. *Taux horaire des ouvriers en industrie manufacturière (suite) (Index US = 100)*

Nombreux sont les pays qui ont cherché à favoriser l'arrivée sur le sol de production délocalisée. Les incitations sont de trois natures :

• une tarification douanière privilégiée ;

• des dispositions juridiques facilitant les transferts financiers ;

• des dispositions fiscales favorables.

Cependant, le seul critère du coût de la main-d'œuvre ne suffit pas pour déterminer une délocalisation. L'Afrique serait sinon beaucoup plus sollicitée qu'elle ne l'est actuellement. Le savoir-faire accumulé par un pays d'accueil est une variable importante dans la prise de décision. Ce savoir-faire peut être une simple qualification sur une chaîne de montage ou une compétence affirmée sur une technologie. En tout état de cause la qualité de la production réalisée sera exigée.

Enfin, les dérégulations des transports et des télécommunications offrent un cadre privilégié à l'instauration d'implantations de production en dehors des territoires nationaux d'origine.

2.1.4. Impacts logistiques de la délocalisation

Il reste cependant, et c'est le propre de la délocalisation, que les zones géographiques de consommation ne coïncident pas avec les zones géographiques de production. Les produits fabriqués doivent donc être relocalisés sur des pays où les marchés existent. Par conséquent, les coûts logistiques de repositionnement des produits sur les marchés de consommation représentent en général un surcoût par rapport à une solution de production nationale. Ils doivent donc être déduits des sous-coûts de main-d'œuvre générés par la délocalisation.

Immobilisations dues aux en-cours de transport, acheminement par voie maritime et aérienne, droits de douanes éventuels à l'entrée viennent s'imputer aux économies réalisées sur le coût du travail. Les stratégies de délocalisation restent donc intéressantes à la condition que :

$$(\text{sous-coûts de main-d'œuvre}) - (\text{surcoûts logistiques}) > 0$$

L'évolution permanente des paramètres qui déterminent les composantes de cette formule rend nécessaire la mobilité des unités industrielles pour conserver les avantages initialement perçus. Ainsi, Reebok fabriquait 60 % de sa production en Corée du Sud en 1989. En 1995, la proportion n'était plus que de 10 %, le reste ayant été transféré au bénéfice de la Thaïlande, du Viêt-nam et d'autres pays du Sud-Est asiatique. En effet, le coût du travail en Corée a augmenté dans l'industrie manufacturière de 180 % entre 1984 et 1992. Selon, l'Union des banques Suisses, dès 1994, le salaire d'un ouvrier textile était devenu légèrement supérieur à Séoul qu'à Madrid. La mobilité des usines peut donc conduire d'une certaine manière à une relocalisation des unités de production dans les pays consommateurs. Il est clair qu'à l'avenir, la tension sur le prix de l'énergie sera un autre facteur favorisant le « rebalancing » des réseaux industriels. Mais il faudra une énergie très chère pour conduire à une certaine déspécialisation et à la relocalisation industrielle.

2.2. Les flux de repositionnement à la consommation après délocalisation : le cas Essilor

2.2.1. Essilor : extension géographique de l'activité logistique

Essilor est le leader mondial du verre optique avec une production annuelle d'environ 195 millions de verres en 2005 et un chiffre d'affaires de 2,4 milliards d'euros dans près de 90 filiales commerciales dans le monde. Essilor a développé une activité qui, depuis vingt ans, a connu une forte expansion à l'international. Alors que l'entreprise dans les années 1970 avait une dimension essentiellement française et européenne, plus de la moitié des volumes vendus en 2000, l'ont été aux États-Unis et sur les deux continents américains, plus de 10 % en Asie et le reste en Europe.

Les sites industriels sont répartis dans le monde sur l'ensemble des continents : Philippines, Thaïlande, France, Irlande, Porto Rico, Brésil, États-Unis, Mexique, Chine. Avec ses 16 usines réparties dans le monde (6 en Asie, 5 en Europe, 4 en Amérique du Nord et 1 en Amérique du sud) et ses 90 filiales commerciales, Essilor propose en 2006 près de 290 000 références de produits en sortie d'usine, alors qu'il n'en existait que 76 000 en 1993, et plusieurs centaines de millions de produits finis, une fois conjuguées les finitions pour répondre aux corrections et aux besoins de confort de l'utilisateur (vernis solaire, anti-rayures…). Les temps de cycle industriel sont de 4 à 12 semaines et les temps de cycle client sont de 4 à 72 heures.

La logistique Essilor est une logistique complexe du fait de trois facteurs principaux :
• le nombre de références de produits finis proposés qui en fait certainement l'une des entreprises offrant la plus grande variété de produits, en produits de grande diffusion ;
• le dispositif de fabrication en deux temps qu'il a fallu mettre en place pour faire face à la diversité des produits proposés : des usines fabriquant les produits finis pour les références les plus standard et des produits semi-ouvrés (surface convexe usinée) pour les autres. Des laboratoires de prescription (215 au niveau mondial) proches du réseau de distribution et s'appuyant sur des processus de production assez sophistiqués qui, à partir des produits semi-ouvrés de l'usine, adaptent le produit aux besoins des clients distributeurs (surfaçage de la partie concave) ;
• l'éclatement des productions au niveau mondial, couplé, comme nous le verrons, à une spécialisation des unités de production.

Le début des années 1990 a placé Essilor dans une situation difficile. Entreprise de culture technicienne et à forte culture participative puisque issue de coopératives ouvrières, Essilor s'est trouvée sur un marché de plus en plus concurrentiel avec un affaiblissement de sa domination par la technologie et l'innovation, au profit de ses principaux concurrents. Si des choix stratégiques de métiers ont été réalisés, Essilor a choisi également de restructurer ses activités opérationnelles et logistiques. Sont donc intervenus des choix de délocalisation de production, de spécialisation d'unités de production au niveau mondial, de différenciation retardée et de redéfinition des politiques de stockage et d'approvisionnement. Ce contexte de travail intensif d'une part sur l'axe logistique et d'autre part sur des facteurs conditionnant en tout ou en partie cette activité font d'Essilor un sujet d'observation et d'analyse des lignes de force des réorganisations logistiques en cours avec la montée en puissance d'une fonction Supply Chain qui n'est, cependant, pas à son niveau de maturité cible.

2.2.2. Mise en place d'une stratégie industrielle de délocalisation des productions chez Essilor

Pour Essilor, la conservation d'un avantage en terme concurrentiel n'a pu se tenir à la seule dimension technologique. Si dans les années 1970, Essilor a bénéficié d'un extraordinaire avantage en inventant le verre Varilux (correction sur un verre asphérique, sans double foyer, des problèmes de vision de loin et de près), cet avantage s'est estompé, la concurrence bénéficiant aujourd'hui des mêmes process et des mêmes produits. Il a fallu pour Essilor conserver sa production de très bonne qualité, mais à des prix lui permettant de garder une marge suffisante. La question du prix de revient industriel a été en partie réglée par une délocalisation massive des productions. Si Essilor conserve encore trois usines en France et deux aux États-Unis, les implantations qui ont été déployées au cours des années 1980, l'ont été aux Philippines, en Thaïlande, en Irlande, à Porto Rico, au Brésil, en Chine et au Mexique. L'évolution de la capacité industrielle a conduit à la répartition actuelle suivante : Asie pour 55 %, Amérique 32 % et Europe 13 %. Ainsi, en 1991, un peu plus de 10 % des ventes d'Essilor étaient approvisionnées en dehors de la zone de commercialisation alors qu'en 2006, ce sont près de 50 % des ventes qui sont venus d'usines situées en dehors de la zone de commercialisation. Les choix des implantations ont été opérés en fonction essentiellement du coût de la main-d'œuvre et de la relative proximité de certains marchés porteurs actuels, les États-Unis, ou à terme l'Asie. Les sites de Thaïlande, des Philippines en sont révélateurs pour l'Asie. Les sites de Porto Rico, du Mexique et du Brésil traduisent, quant à eux, cette recherche pour la zone Amérique du Nord.

2.2.3. Effet logistique induit : repositionnement des produits sur les zones de consommation

Pour Essilor, cette stratégie de délocalisation pour chercher une diminution du prix de revient industriel de ses produits a eu un corollaire : la nécessité de repositionner les produits des zones de fabrication vers les zones de consommation effective. Le cas des productions des usines de la zone Asie est de ce point de vue particulièrement symptomatique. Les échanges intercontinentaux qui découlent de cette délocalisation ont représenté en 2005 plusieurs dizaines de millions de pièces (verres, verres de contact...).

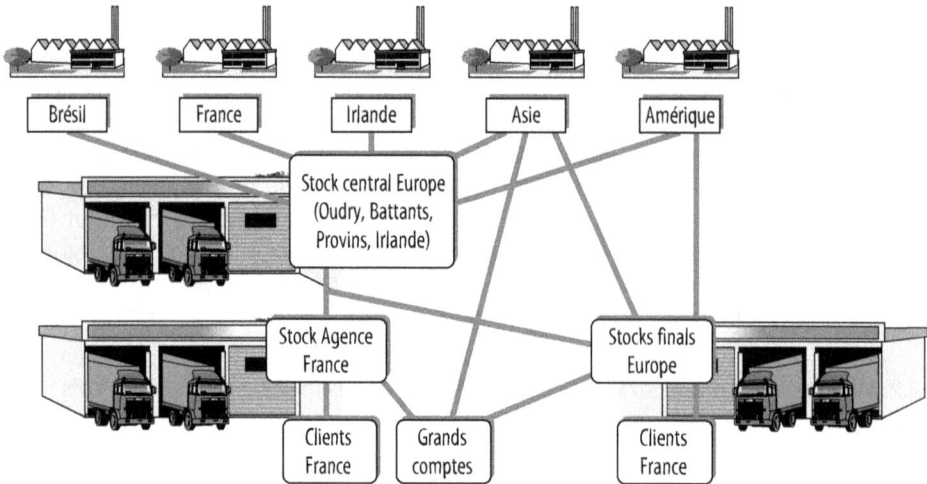

Schéma 5.5. *Organisation physique de la logistique import d'Essilor en Europe*

Le rôle joué par les usines asiatiques d'Essilor est particulièrement intense. Alors que les marchés sont potentiellement favorables, mais encore aujourd'hui relativement faibles, ce sont des millions de pièces qui sont envoyées d'Asie vers les marchés européens et les marchés américains. Dans le monde, ainsi, sur 16 usines actives ce sont 14 d'entre elles qui produisent pour plusieurs continents.

Pour soutenir cette structure d'activité, à savoir deux centres logistiques par zone, Essilor a mis en place des infrastructures logistiques centralisées au niveau continental ainsi qu'une organisation logistique centralisée au niveau mondial. Cette structure a fait l'objet en 2004 d'un travail de planification moyen terme visant à identifier les projets de nature logistique stratégiques créateurs de valeur pour l'entreprise et à faire passer la structure logistique à une véritable fonction Supply Chain. La recherche légitime d'un double objectif de baisse des coûts de production en amont et de personnalisation du produit fini en aval conduit à maintenir une certaine distance entre l'amont et l'aval, frein naturel à un processus Supply Chain totalement coopératif et intégré. Pour les infrastructures, le cas de l'Europe est significatif. Dans la mesure du possible, des expéditions sont faites maintenant en direct des usines vers les dépôts des agences et des filiales. Par ailleurs, un seul dépôt central a été constitué au niveau de l'Europe. Il reçoit, en dehors des expéditions directes des usines, les autres envois en provenance de l'ensemble des usines mondiales. Il stocke et prépare ensuite les commandes de réapprovisionnement vers les agences et les filiales (cf. schéma 5.5).

3. PRÉ ET POST-MANUFACTURING : UNE NOUVELLE RÉPARTITION DE LA VALEUR AJOUTÉE SUR LA CHAÎNE LOGISTIQUE

3.1. Le pré et le post-manufacturing : définitions et exemples

Le p-manufacturing[2] est un concept d'industrialisation d'un produit qui touche, en principe, tous les secteurs d'activités. On y a recours tant dans le domaine des produits de grande consommation alimentaire, par exemple par la réalisation dans un entrepôt d'offre promotionnelle associant un produit et un échantillon, que dans le domaine du pneumatique par le montage pneu-jante, le gonflage et l'équilibrage des pneus, le tout réalisé avant livraison en bord de chaîne de fabrication par le transporteur d'un manufacturier.

Quel que soit le produit concerné, le p-manufacturing se définit comme une activité de production réalisée en dehors des sites d'usine, en amont (pré-manufacturing) ou en aval (post-manufacturing) et au cours de laquelle une valeur ajoutée, au sens d'utilité ou de valeur ajoutée attendue par le client, est apportée à un produit. Il porte donc sur une diffusion spatiale de la valeur ajoutée en dehors des usines par

---

2. Dans ce chapitre, lorsque nous nous référerons de manière indifférenciée au pré ou au post-manufacturing, nous conviendrons de la notation p-manufacturing. Lorsque nos propos porteront spécifiquement sur le pré-manufacturing ou sur le post-manufacturing, nous retiendrons une notation en toutes lettres.

éclatement d'une partie des opérations constitutives de la valeur ajoutée sur des sites soit en amont, soit en aval des usines et dont la fonction principale initiale n'est pas une fonction de production. Ces sites peuvent être des entrepôts, des plates-formes de transit, des sites commerciaux ou d'après-vente, des vecteurs de transport, voire les installations mêmes du client destinataire du produit. Par conséquent, la mise en œuvre du p-manufacturing a un impact direct sur les flux physiques de l'entreprise et sur l'utilisation qui est faite des infrastructures logistiques.

Trois situations élémentaires types sont identifiables pour lesquelles il est en général fait appel à un processus incluant une approche en p-manufacturing :

- le cas de la recherche d'une différenciation au plus tard du produit. C'est le cas le plus fréquent. Cette transformation peut porter soit sur le produit directement, soit sur l'offre commerciale qui en est faite (promotion) ;
- le cas du traitement des flux de retour du marché pour des produits ou des pièces usagés et qui nécessitent diagnostic et réparation ;
- le cas d'une simplification du processus de fabrication par la recherche le plus souvent d'une standardisation de modules en amont des usines.

Chacune de ces situations types peut être illustrée par des exemples précis.

3.1.1. Différenciation des produits

Prenons quatre exemples dans le secteur de l'agro-alimentaire, de l'optique corrective, de l'automobile-moto et de l'industrie cosmétique.

La coopération développée entre la division des biscuits et des produits céréaliers de Danone et l'un de ses prestataires logistiques FM Logistics a conduit Danone à s'installer dans un entrepôt très moderne en Seine-et-Marne dans lequel sont à la fois stockés les produits en palettes complètes destinés aux entrepôts de la grande distribution lors de transports massifs et où sont également préparés selon un processus de différenciation retardée des produits en promotion. La première activité est réalisée en propre par les équipes de Danone alors que la seconde opération, qui s'apparente plus à un processus de conditionnement industriel, est sous-traitée auprès de FM Logistic qui cohabite dans le même entrepôt.

FM Logistic, dont les activités couvrent quatre métiers que sont le transport, l'entreposage, le conditionnement et la gestion intégrée de la Supply Chain de ses clients réalise dans ce site des opérations de conditionnement pour des produits en promotion qui pèsent en volume 15 % des ventes de Lu, ce qui représente quelque 36 millions de lots en 2006. Ce sont près de 100 personnes qui travaillent sur 5 lignes de production en technologie rétractable en 3 équipes. Un volant d'intérimaires s'ajoute à cette capacité fixe de production pour faire face aux fortes fluctuations de cette activité qui peut varier dans un rapport de 1 à 4.

Industriel et prestataire sont donc en « wall-to-wall » entre le stock de produits palettisés vendus en l'état et les produits co-packés. Les approvisionnements des chaînes de conditionnement se font en flux tendus et ce sont près de 20 messages EDI qui sont échangés chaque jour, ce qui est tout à fait remarquable dans ce type d'activité et montre le très fort degré d'intégration et de réactivité. Le prestataire est responsabilisé sur les achats et les approvisionnements de matières de conditionnement.

L'ensemble de ces opérations sont soutenues par des outils propres au monde industriel à savoir une GPAO (Gestion de Production Assistée par Ordinateur), une traçabilité de bout en bout, des flux tendus en termes de pilotage et un approvisionnement déclenché à l'issue d'un calcul MRP.

Sur le marché de l'optique corrective, toutes corrections, toutes teintes et toutes matières confondues on arrive à un peu plus d'un milliard de combinaisons possibles. La fabrication de l'ensemble de la gamme sur prévision et donc son stockage n'est pas envisageable. Si certains verres courants sont fabriqués sous leur forme définitive de produits finis dans les usines, un processus de post-manufacturing a été retenu pour répondre à la très grande diversité des autres attentes (cf. schéma 5.6).

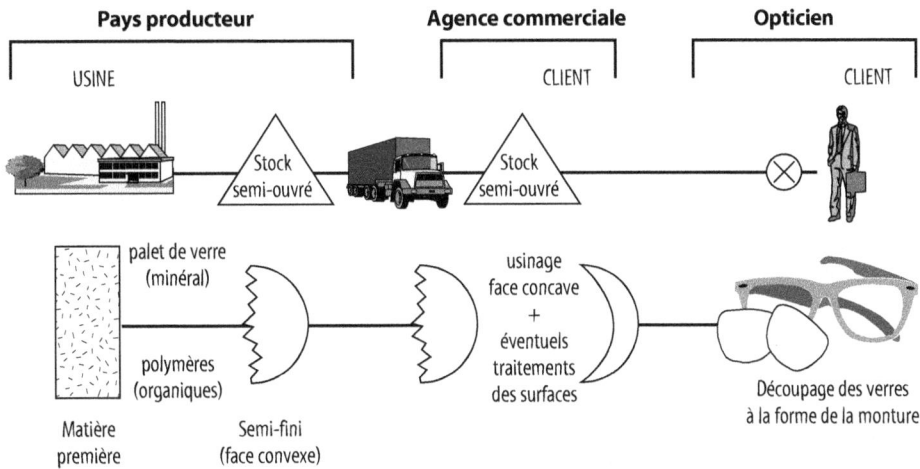

Schéma 5.6. *Processus post-manufacturing du verre optique*

En usine, un verre semi-fini est fabriqué par usinage ou moulage de la face concave. Dans chaque agence commerciale un stock de ces produits semi-finis est constitué. Selon les prescriptions de l'opticien, la seconde face est usinée puis des traitements éventuels de surface sont réalisés avant livraison au client par un petit atelier intégré aux sites commerciaux et d'entreposage que représentent les agences. Enfin, le découpage des verres à la forme de la monture est réalisé par l'opticien dans un atelier intégré à son magasin.

Les motos toutes importées en France, nécessitent un travail d'assemblage final important à leur arrivée. Plutôt que de faire réaliser par les concessionnaires, dans des structures peu adaptées, les opérations de montage des carénages, des rétroviseurs, de la roue avant ainsi que d'autres petites opérations, Kawasaki et Triumph ont confié à un prestataire logistique le post-manufacturing de leurs motos destinées principalement à la région parisienne. Enfin Renault procède de manière identique pour la préparation de ses véhicules, souhaitant libérer à la fois les usines et les concessionnaires d'opérations de montage mal adaptées à leurs activités respectives. Les prestataires logistiques en charge de ces opérations, dont la CAT, ancienne filiale de distribution de Renault, prépare ainsi dans l'un de ses centres de distribution de la région lyonnaise près de 30 000 véhicules par an. On y trouve un tunnel de protection pour enlever par solvant le copolymère qui protège le véhicule depuis sa sortie d'usine, une chaîne de préparation où sont effectués 120 points de contrôle, un atelier de montage des accessoires (pose de spoilers, strippings, etc.) ainsi qu'une chaîne de finition pour le nettoyage intérieur et les dernières vérifications.

L'activité commerciale et promotionnelle pour les produits de grande consommation est devenue très intense. Si certaines opérations impliquent une fabrication spécifique en usine (exemple des promotions « girafe », c'est-à-dire d'un flacon du produit standard adapté pour proposer x % de produit gratuit en plus) une partie d'entre elles se constituent après la fabrication. C'est le cas des « 3 pour le prix de 2 », des assortiments spéciaux, des ajouts d'échantillon, où le produit n'est pas transformé à proprement parler. Il sert plutôt de composant principal à un assemblage réduit qui constitue la promotion. Ces opérations ne sont pas traitées par les usines — car elles sont ponctuelles et souvent dédiées à un distributeur — et elles portent sur des quantités qu'il est difficile de déterminer à l'avance. Dans la plupart des cas elles sont réalisées de manière industrielle dans les entrepôts qui stockent les produits finis et qui se sont équipés de chaîne de dépalettisation, d'emballage-assemblage et de repalettisation.

Comme cela sera développé plus en détail dans le chapitre 12, de nombreuses raisons sont à l'origine de flux logistiques qualifiés de retour ou de contre-flux depuis les zones de consommation vers les sites de retraitement et de valorisation pour les produits en fin de vie, vers les centres de réparation pour des produits tombés en panne ou encore vers les centres de distribution pour les invendus.

3.1.2. Le traitement des flux de retour

Pour des industries qui autorisent la réparation et la rénovation de leurs produits, tout un process industriel est à mettre en œuvre — de la récupération du produit chez un client à sa réparation et à sa réaffectation. Dès lors, se pose la question du lieu de diagnostic et d'intervention. Si la réparation n'est pas possible sur le site du client même, le produit est acheminé vers un atelier de réparation, une usine, voire chez le fournisseur initial. Un diagnostic est cependant nécessaire, voire un premier démontage pour évaluer la faisabilité de la réparation ou de la rénovation. Ces opérations peuvent être traitées soit dans les entrepôts, soit dans les usines de réparation. L'intervention en entrepôt permet d'envisager une économie sur les coûts de transport en éliminant systématiquement les produits définitivement détériorés dès leur réception et en évitant ainsi leur remontée vers les usines.

Prenons l'exemple du pneumatique poids lourd. Ces pneus sont susceptibles d'être rechapés une à deux fois dans la mesure où leur état général le permet. Avant d'acheminer le pneu vers une usine de rechapage, il est cependant envisageable d'opérer en entrepôt, à condition de disposer de moyens de tests et d'intervention sur la gomme et sur l'armature, un diagnostic sur l'état réel du pneumatique. Si le diagnostic révèle un caractère trop dégradé du pneu, une destruction locale peut être opérée. Ce pré-manufacturing s'avère d'autant plus indispensable que le rechapage est nominatif. Le pneu ne donne pas lieu à un échange standard. Le pneu reste la propriété de son utilisateur et lui est nominativement rattaché durant l'opération de rechapage et de remise à disposition. Si le diagnostic est fait en usine et se révèle négatif, le propriétaire du pneu est susceptible de réclamer sa restitution. Le rechapeur doit supporter alors non seulement le coût d'acheminement vers son usine, mais également celui de réacheminement de l'usine vers le propriétaire du pneumatique.

3.1.3. La simplification du process de fabrication et la valorisation d'une rupture de charge

Pour les usines d'assemblage, l'un des facteurs de complexité de leur gestion provient du nombre de références à approvisionner simultanément pour faire un produit. Quand, par ailleurs, un même composant présente une grande diversité à l'approvisionnement — selon le coloris par exemple –, il y a nécessairement une opération de picking à réaliser pour fournir la chaîne d'assemblage. Déporter en amont de l'usine des assemblages de modules permet de limiter le risque de rupture sur la chaîne d'assemblage final et évite une opération de picking interne. De plus, la livraison en synchrone de l'usine nécessite souvent un stockage avancé. Dans ce cas, il y a tout intérêt à valoriser la rupture de charge nécessitée par un passage par entrepôt. Renault, par exemple, a procédé de la sorte pour le montage de cassettes de porte (systèmes lève-vitre et panneaux de porte) qui présentent plus de 100 références. Elles ont été réalisées par un prestataire logistique en amont de l'usine sous la responsabilité du fournisseur (cf. schéma 5.7).

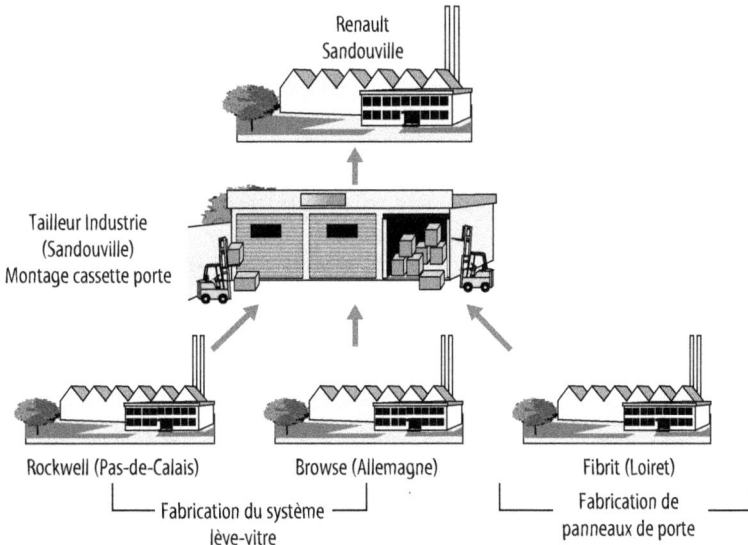

SCHÉMA 5.7. *Schéma d'un flux pré-manufacturing pour une usine automobile*

3.2. Place du p-manufacturing dans les approches industrielles

3.2.1. Focalisation — standardisation

Si le p-manufacturing est une réalité en soi, on ne peut bien en définir la portée qui si on le positionne par rapport à trois concepts classiques de la gestion industrielle que sont focalisation, standardisation, différenciation retardée. Ces différentes notions sont à replacer dans la problématique générale de recherche simultanée de flexibilité (aptitude à répondre à la diversité) et de productivité (aptitude à utiliser du mieux les ressources). La flexibilité vise à répondre à la demande pressante des marchés pour personnaliser les offres. La productivité a pour objectif, quant à elle, d'utiliser au mieux les ressources dont dispose l'entreprise et de minimiser ainsi les coûts.

La recherche de productivité s'appuie principalement sur le constat que la diversité et le foisonnement des productions sont contraires à l'amélioration même de la productivité. Changement d'outillage, réglage, perte matière sur les premières fabrications, diminution des tailles des lots sont autant de facteurs générés par la diversité et qui dégradent le ratio de productivité. Son maintien et son amélioration passent le plus souvent par le souci constant d'une plus grande homogénéisation des ressources et des opérations du process. Cette recherche est favorisée par une uniformisation des éléments qui entrent dans la composition des nomenclatures. Cette uniformité relative, quand elle est atteinte, conduit à une répétition plus grande des opérations et donc à une certaine massification des flux de production dont découlent l'effet d'expérience et les économies d'échelle. L'homogénéité recherchée n'est bien évidemment pas la même selon les phases du process. Pour en tirer le meilleur parti, les industriels ont été amenés à segmenter leurs opérations. Ainsi faut-il à la fois veiller à la focalisation des activités de production autour de préoccupations homogènes dominantes et à la standardisation des composants.

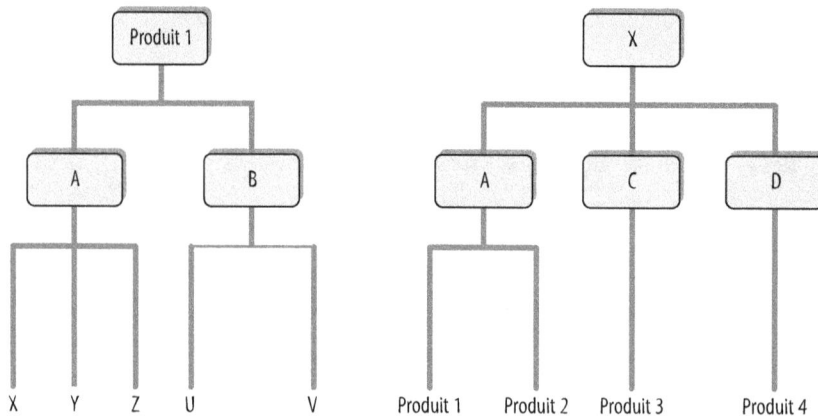

SCHÉMA 5.8. *Nomenclature directe et nomenclature inverse*

La standardisation des composants est liée à la conception même des produits. Un produit fini est en général la résultante de la combinaison de plusieurs éléments comme le décrit sa nomenclature. Les composants centraux ont en général une certaine poly fonctionnalité. C'est leur association avec d'autres composants qui détermine la fonctionnalité exacte qu'on en obtiendra. Un même composant est donc susceptible de s'insérer dans des produits différents et permettre une certaine standardisation. C'est à partir de cette propriété de multifonctionnalité que se construit la nomenclature inverse. La nomenclature classique décrit un produit fini selon ses différents niveaux d'assemblage. La nomenclature inverse montre l'ensemble des produits susceptibles d'être obtenus à partir d'un même composant central (cf. schéma 5.8)

C'est la nomenclature inverse qui illustre comment une diversité finale peut s'obtenir à partir d'une homogénéité initiale. Ainsi à partir de ressources potentielles prises dans des ensembles à grande hétérogénéité, la première étape d'un processus industriel est donc de réduire cette diversité sur les composants, par l'approvisionnement de modules, éventuellement différents, mais présentant la même similitude de montage. Cette étape de « standardisation avancée » permet de passer le plus rapidement possible au stade de standardisation des composants et d'uniformité du process (cf. schéma 5.9).

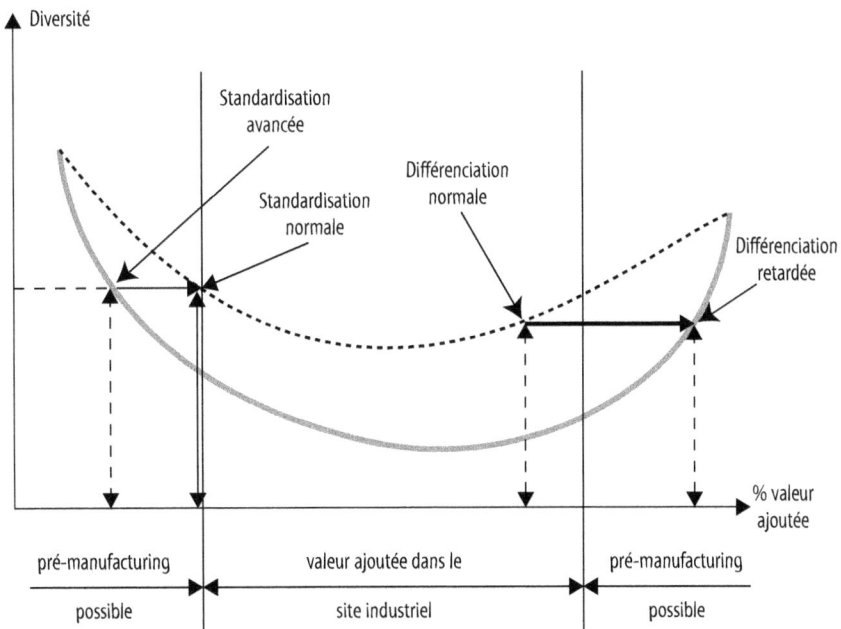

SCHÉMA 5.9. *Standardisation avancée et différenciation retardée*

Elle a donc pour vocation de se dérouler en amont des usines et explique en partie le recours à un pré-manufacturing. Dans un deuxième temps, c'est en ayant recours à la propriété de diversité croissante au cours de la transformation d'un composant central qu'est développé le principe de différenciation retardée. Il est susceptible de générer quant à lui des activités de post-manufacturing.

3.2.2. Différenciation retardée et p-manufacturing

Le concept de postponement (différenciation retardée) a été présenté explicitement il y a une cinquantaine d'années. On remarque alors que les produits tendent à se différencier lorsqu'ils se rapprochent du point de pénétration de la commande qui est le point du flux où les produits sont associés à une commande client. Ainsi, plus le produit progresse le long de la chaîne qu'il parcourt pour augmenter sa valeur ajoutée plus il a tendance à se différencier.

Ce concept peut être défini comme un process au cours duquel un ensemble de produits chemine le long d'une chaîne de fabrication qui reste commune à tous, aussi longtemps que possible. La différenciation retardée est un des recours envisageables pour trouver une plus large compatibilité entre flexibilité et productivité. Face à une demande de plus en plus diversifiée qui réclame une aptitude croissante à la diversité du système de production, l'industriel voit les risques de perte en productivité que lui fait encourir la multiplication des séries de fabrication (accroissement des réglages, des changements d'outillage, baisse de la taille, des séries…). Agir dès la conception du produit pour permettre sa différenciation aussi tard que possible dans la chaîne logistique de mise à disposition du produit présente le double avantage de prendre bien évidemment en compte le besoin de différenciation du produit et de produire en amont de la différenciation des séries longues de produits indifférenciés.

La différenciation retardée peut être introduite dans un produit à différents stades de la Supply Chain :

• au stade ultime de la « consommation ». Les produits sortent à l'identique des usines, mais sont adaptés physiquement à leurs besoins par les utilisateurs eux-mêmes (meubles en kit, chaussures thermo-moulantes, façade de téléphone portable…) ;

• au niveau perceptuel lors du processus marketing. Les produits sont fabriqués à l'identique mais la publicité, la promotion ou la politique de prix les positionnent différemment selon les segments de marchés ;

• au moment de la vente sur étagère. L'application des démarches de micro-marketing qui permettent de connaître de manière fine le profil des consommateurs conduit à faire des promotions en temps réel sur des produits non différenciés. En fonction du profil des consommateurs fréquentant des points de vente sur des périodes de temps courtes, on peut proposer de vendre 3 unités pour le prix de 2 sans qu'un co-packing préalable ait été réalisé et qu'il ait été nécessaire de créer une nouvelle référence article. En revanche, les caisses doivent appliquer le bon prix en promotion ;

- au niveau de la distribution. Les produits sortent identiques, de l'usine et ils sont différenciés dans le canal de distribution (entrepôt, moyens de transport, points de vente) ;
- au stade de la production. Les produits sont alors différenciés dans l'usine même, mais plus ou moins tôt dans le process de fabrication.

Dès lors, du point de vue logistique, la différenciation retardée peut apparaître à quatre stades différents du processus physique de fabrication du produit :
- dans l'usine même mais en toute fin de la chaîne de fabrication ;
- dans l'entrepôt central ;
- dans l'entrepôt local en entrée ;
- dans l'entrepôt local en sortie ;
- de manière virtuelle dans le point de vente.

Lorsqu'une différenciation au niveau de la distribution est mise en œuvre, il y a relocalisation d'opérations de transformation du produit dans les sites de distribution. C'est un cas de post-manufacturing. Il présente deux avantages en terme de logistique :
- c'est un facteur d'économies d'échelle en amont. Dans le cas d'une différenciation retardée au niveau de la production ou de la distribution, à des séries longues et peu différenciées succèdent des séries plus courtes et beaucoup plus différenciées (cf. schéma 5.10) ;

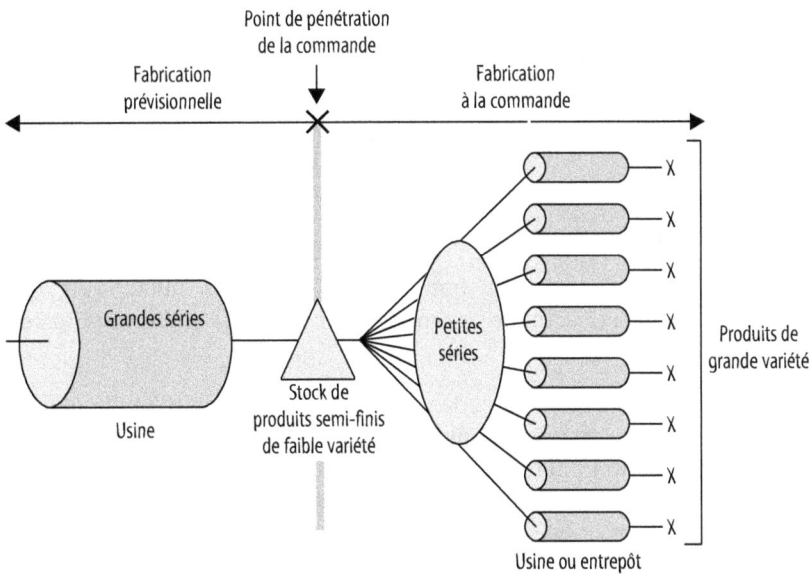

Schéma 5.10. *Différenciation et taille des séries*

- il apporte une plus grande stabilité des flux en amont du fait d'aléas moindres sur les modules communs standardisés pour lesquels les prévisions des ventes sont plus fiables, fabriqués en faible diversité, que sur les références finales pour lesquelles les fluctuations de vente sont très importantes.

Dès lors, l'optimisation économique de la Supply Chain passe par :

- une spécialisation industrielle de l'amont plutôt géré en mode « flux continu » ou « chaîne d'assemblage » caractérisé par une logique de production sur stock et la recherche de productivité, alors que l'aval sera organisé en « production par lot », voire en « production unitaire » dont l'objectif essentiel est la personnalisation et la réactivité ;
- une gestion coordonnée de l'interface « Make To Stock »/« Make To Order » selon un processus Supply Chain coopératif, voire intégré.

3.2.3. Typologie des activités de p-manufacturing

Les quelques exemples précédents montrent qu'il existe des natures de p-manufacturing très différentes. D'une opération d'usinage d'une surface complexe dans le cas du verre optique au collage d'une étiquette promotionnelle sur un emballage de produit de grande consommation, le process mis en œuvre et donc l'impact sur l'organisation d'un dépôt n'ont rien de commun. Dans un cas il faudra consentir à créer un véritable espace de production permanent avec des machines et y affecter les compétences humaines nécessaires à leur bon fonctionnement. Dans l'autre, au gré d'une préparation de commande avec du personnel d'entrepôt et avec des moyens de production réduits, les opérations pourront être réalisées.

On constate que plusieurs natures d'opérations existent. Les prestataires dans un souci d'optimisation de leurs infrastructures ont aujourd'hui tendance à spécialiser leurs unités sur un type de modèle ou sur un autre. Deux critères conduisent à l'identification de formes différentes d'intervention. L'un concerne le produit, et l'autre le process :

- un critère d'intensité de la différenciation apportée au produit,
- un critère de complexité du process à mettre en œuvre.

Le schéma 5.11 présente les cinq natures d'activités p-manufacturing que nous pouvons retenir. Prenons chacun de ces modèles et donnons-en les principales caractéristiques.

Pour l'emballage, l'étiquetage et le codage, c'est le modèle qui différencie le moins le produit mais qui réclame généralement des moyens limités. Il s'apparente aux opérations traditionnelles de manutention et a été identifié depuis longtemps comme l'une des natures d'activités du p-manufacturing. Le produit générique n'est pas modifié. On se contente dans ces opérations de l'associer avec un autre produit dans un suremballage (échantillon gratuit, trois pour le prix de deux…). Des opérations de collage d'étiquette ou de codage peuvent également être mises en œuvre soit pour répondre aux exigences du marketing (étiquette promotionnelle) soit pour répondre à des exigences du client qui souhaite voir les produits qu'il reçoit, codés à ses propres normes.

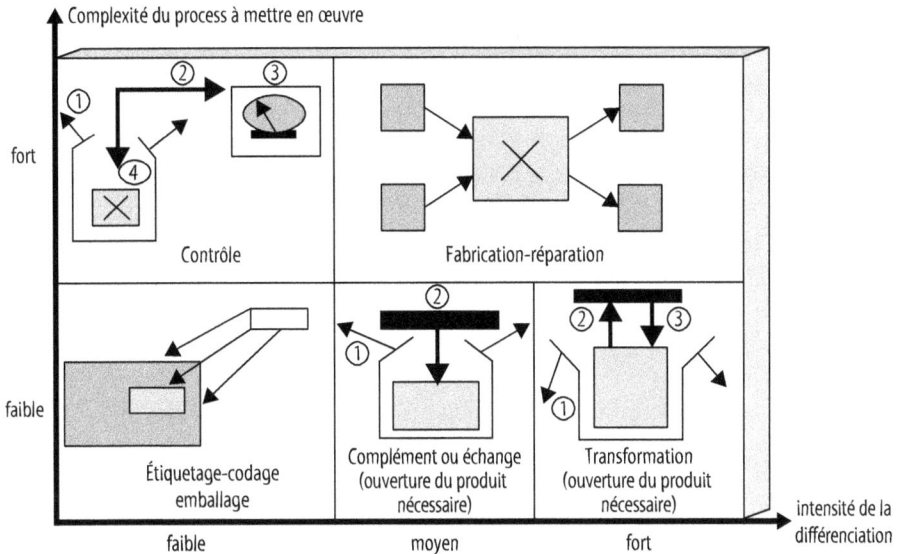

SCHÉMA 5.11. *Les différentes formes de p-manufacturing*

Les opérations du type « complément/échange » réclament par rapport aux précédentes une ouverture du packaging du produit pour pouvoir compléter ou échanger des parties périphériques au produit. Ces opérations ne nécessitent pas en général de démontage ou de montage. Elles concernent donc une partie limitée du produit. Elles s'apparentent à une préparation de commande de nature un peu plus complexe. Un approvisionnement de la chaîne doit être réalisé avec les composants nécessaires au complément.

Pour les opérations de transformation, le produit est extrait de son emballage. Il est modifié ou complété. Il y a nécessité de procéder à l'ouverture du produit lui-même pour opérer sur les modules ou les composants concernés. Ces opérations sont susceptibles de se contenter encore d'un appareillage simple et donc d'un process de fabrication peu complexe. Cependant, elles entraînent déjà montage et démontage et réclament, de ce fait, de véritables postes de travail.

Les opérations de contrôle visent à tester le produit avant qu'il ne soit expédié chez le client ou une fois qu'il en est revenu du fait d'une panne ou d'une usure. Il y a nécessité alors de disposer de matériel plus sophistiqué type banc tests qui ont besoin d'une mise en œuvre complexe. Cependant le résultat en terme de différenciation est limité et s'exprime souvent sous forme binaire : oui/non, en marche/en panne.

Enfin, pour les opérations de fabrication-réparation, le produit subit un véritable processus de fabrication avec des opérations d'assemblage, de démontage, de montage de composants ou de sous-ensembles. De véritables ateliers sont alors nécessaires avec une gestion de production qui est susceptible de s'insérer dans celle d'une unité de fabrication proche. Ces types d'activités sont en effet souvent de nature pré-manufacturing. Elles dépendent d'un cycle de fabrication synchrone avec les ateliers d'une unité de fabrication aval qu'elles approvisionnent.

Le p-manufacturing, comme la délocalisation ou la spécialisation des unités de production, représente un des éléments représentatifs de l'évolution actuelle des systèmes industriels. Leur application dans une entreprise entraîne des conséquences telles que les solutions Supply Chain ne peuvent pas s'adapter marginalement. Des évolutions de fond sont nécessaires pour intégrer les flux de repositionnement des produits et de recomposition des gammes, pour tenir compte des flux imports ou pour adapter les infrastructures d'entreposage à de véritables opérations de production.

CONCLUSION

La compétition qui s'exprime sur des facteurs-clefs de succès souvent antagonistes (productivité versus flexibilité) et changeants conduit à une fragmentation des chaînes de valeur et par conséquent à une multiplicité d'acteurs focalisés sur leur savoir-faire distinctif. Cette génération d'interfaces multiples et nouvelles est à l'origine d'un renforcement du rôle et de l'importance des fonctions logistiques et Supply Chain.

Plus particulièrement en matière de choix des localisations industrielles (sourcing), des solutions internes ou externalisées (make or buy) et des niveaux de spécialisation, les stratégies industrielles sont au cœur des trade-off entre des objectifs souvent contradictoires qu'il faut savoir satisfaire dans une solution globale. Cette notion de globalité implique que l'on ne peut plus raisonner au niveau industriel (localisation, technologie de production, spécialisation, capacité,...) de manière isolée mais en interface a minima avec deux autres préoccupations majeures :
• les produits ;
• la Supply Chain.

Cela signifie que conception, stratégie et processus tactiques doivent être menés de front sur les trois axes que sont les produits, les processus de production et les processus logistiques et Supply Chain de manière simultanée. Ce n'est que par une mise en résonance de ces trois piliers que l'objectif de trade-off global en cohérence avec les facteurs clefs de succès d'un secteur donné pourra être atteint.

Des entreprises leaders dans leur secteur telles que Ikea et Dell ont intégré dans leur business modèle cette approche au sein de laquelle la conception modulaire est centrale et commune aux trois axes et s'appuie sur des briques fonctionnelles (processus stratégiques et tactiques) et opérationnelles (processus physiques) évolutives.

En effet, dans les solutions que l'on doit imaginer et les systèmes que l'on met en place, il ne faut pas oublier les cycles de vie de ces trois axes qui sont de plus en plus courts. Dès lors, comme il a déjà été évoqué précédemment au niveau de la conception en juste-à-temps des solutions Supply Chain, il faudra s'attacher à concevoir des usines de production recyclables qui pourront accueillir d'autres types de production en fonction des évolutions stratégiques prises par les comités de direction dans leurs décisions de rééquilibrage des capacités et des sourcings industriels.

📖 BIBLIOGRAPHIE DU CHAPITRE 5

Adam-Ledunois S., Renault S., « Les Enjeux stratégiques de la création de parcs de fournisseurs dans le secteur automobile », *Logistique & Management*, vol. 9, n° 1, 2001, pp. 33-39.

Baglin G., *Management industriel et logistique : conception et pilotage de la Supply Chain*, Economica, Paris, 2005, 825 p.

Benton W. C. Jr., *Purchasing and Supply Management*, Irwin Professional Pub, 2006, 472 p.

Biteau R., *La Maîtrise des flux industriels*, Éditions d'Organisation, Paris, 2003, 336 p.

Blondel F., *Gestion de la production : comprendre les logiques de gestion industrielle pour agir*, Dunod/L'Usine Nouvelle, Paris, 4ᵉ édition, 2005, 456 p.

Cahill G., Gopal C., *Logistics in Manufacturing, Irwin Professional Publishing*, Burr Ridge, 1992.

Chase R. B., Aquilano N. J, Jacobs F. R., *Production and Operations Management*, 8ᵉ édition, Irwin, 2000.

Colin R., *Produire juste-à-temps en petite série*, Éditions d'Organisation, Paris, 1996.

Colin J., Alami S., « La diffusion des organisations logistiques en flux tendus dans le cadre de la délocalisation : impératifs stratégiques pour une performance globale du système logistique amont, le cas du Maroc », *Revue Audit et Développement*, Casablanca, juin 1999.

Delbridge R., « Life on the line in contemporary manufacturing. The workplace experience of lean production and the Japanese model », *Oxford University Press*, 1998.

Dornier Ph.-P., « Pré et post-manufacturing : concept, typologie et évolution économique », *Revue Française de Gestion Industrielle*, vol. 17, n° 1, juin 1998, pp. 7-29.

Dornier Ph.-P., Molet H., « Comment adapter les logiques industrielles et logistiques dans une recherche de productivité globale », *Revue Française de Gestion*, vol. 18, n°1, 1999, pp. 67-83.

Fabbe-Costes N., Lièvre P., *Ordres et désordres en logistique*, Hermès Sciences publication, Paris, 2003, 224 p.

Fassio G., « Créer une plate-forme logistique internationale au service d'un projet industriel automobile à l'est de l'Union européenne », *Logistique & Management*, vol. 10, n°2, 2002, pp. 03-12.

Giard V., *Gestion de la production et des flux*, Economica, Paris, 2003, 1128 p.

Hargadon A., « Building an innovation factory », *Harvard Business Review*, mai-juin 2000, pp. 157-166.

Lasnier G., *Gestion des approvisionnements et des stocks dans la chaîne logistique*, Hermès Science Publications, Paris, 2004, 297 p.

Matthews P., Syed N., « The Power of Postponement », *Supply Chain Management Review*, vol. 8, n°3, 2004, pp. 28-34.

Molet H., *Système de production et de logistique*, Hermès Science Publications, 2006.

Nakhla M., *L'essentiel du management industriel : maîtriser les systèmes : production, logistique, qualité, Supply Chain...*, Dunod/L'Usine Nouvelle, Paris, 2006, 416 p.

Senkel M.-P., « La Logistique différenciée : de la théorie à la pratique », *Logistique & Management*, 1999.

Singh Chauhan S., Duron C., Proth J. M., *Chaînes d'approvisionnement*, Hermès/Lavoisier, 2003, 254 p.

Spear S., Bowen H. K., « Decoding the DNA of the Toyota Production System », *Harvard Business Review*, septembre-octobre 1999, pp. 97-106.

Tarondeau J.-C., « Approche et formes de la flexibilité », *Revue Française de Gestion*, mars-avril 1999, pp. 66-71.

Vallin Ph., *La Logistique : modèles et méthodes du pilotage des flux*, Economica, Paris, 2006, 284 p.

Zinn W., Bowersox D.J., « Planning Physical Distribution with the Principle of Postponement », *Journal of Business Logistics*, vol. 9, n°2, 1988, pp. 117-136.

📋 SITOGRAPHIE DU CHAPITRE 5

Nom et contact mail	Mission	Précisions sur le site
Productivity Press http://www.productivitypress.com/ info@productivitypress.com	Source d'information officielle sur l'amélioration organisationnelle, offrant une très large sélection de livres et d'outils sur la méthodologie Lean.	Les méthodes sont inspirées du modèle de production de Toyota.
Conférence des Nations unies sur le commerce et le développement (CNUCED) www.unctad.org wir@unctad.org	Créée en 1964, la CNUCED vise à intégrer les pays en développement dans l'économie mondiale de façon à favoriser leur essor. Elle est devenue progressivement une institution compétente, fondée sur le savoir, dont les travaux visent à orienter le débat et la réflexion actuels sur la politique générale du développement.	Publication annuelle de rapports sur les investissements étrangers directs.
Network World http://www.networkworld.com/topics/offshoring.html agaffin@nww.com	Centre de ressources sur la délocalisation.	Dossiers et articles mis en ligne régulièrement et gratuitement.
Achats industriels www.achats-industriels.com infos@achats-industriels.com	Plate-forme de mise en relation et de promotion des sociétés industrielles. C'est aussi un annuaire des acheteurs de l'industrie proposant des dossiers.	Le site achats-industriels.com permet également de mettre à la disposition des acheteurs et des entreprises des moyens d'échanges d'informations.
Infos industrielles www.infos-industrielles.com infos@infos-industrielles.com	Le principe du site est le même que pour www.achats-industriels.com puisqu'ils font tous deux partie du même réseau.	

6

Logistique et Supply Chain Management dans les stratégies des distributeurs : déstabilisation des flux par l'aval

« On ne voit dans les récits ordinaires de guerre que des armées formées et prêtes à entrer en action. On n'imagine pas ce qu'il en coûte d'efforts pour faire arriver à son poste l'homme armé, équipé, nourri, instruit et guéri s'il a été blessé ou malade.

Toutes ces difficultés s'accroissent à mesure que l'on change de climat ou que l'on s'éloigne du point de départ. La plupart des généraux ou des gouvernements négligent cette espèce de soin. »

Louis Adolphe Thiers[1] *(Histoire du Consulat et de l'Empire)*

L'exemple développé au chapitre 4 présentant le déploiement mondial de Thomson a permis d'identifier les impacts des stratégies industrielles sur l'organisation des chaînes logistiques. Il a également révélé les implications sur la logistique des stratégies commerciales et des stratégies marketing. C'est le positionnement relatif des marques Thomson qui a débouché sur une structure commerciale et de distribution multimarque autorisant la centralisation de la logistique.

Par les actions qu'ils ont mises en place, les distributeurs ont été amenés à revoir en profondeur leur Supply Chain et ont mis également en cause les pratiques logistiques de leurs fournisseurs industriels, plaçant ainsi le Supply Chain Management au cœur de leur stratégie.

---

1.   Homme politique, journaliste et historien français (1797-1877).

Ainsi, Conforama est un distributeur qui a vu sa logistique déstabilisée autant dans ses flux amont que dans ses flux aval.

Conforama est une entreprise discount des produits de l'équipement de la maison : meubles, canapés, produits blancs, bruns ou gris. En amont, en quelques années, le sourcing est devenu global. Ce sont environ 7 000 références qui sont disponibles à la vente en provenance de 600 fournisseurs. Le nombre de ces fournisseurs a été considérablement réduit de telle manière à mieux optimiser l'optimisation des approvisionnements. Ils proviennent de :
• Italie ou Espagne ;
• pays d'Europe Centrale (Roumanie, Pologne...) pour les produits volumineux ;
• et maintenant d'Asie (Viêtnam, Chine...) pour les produits livrés en kit, en flat pack (meubles à plat) et regroupés en colis pouvant représenter une très haute densité.

En aval, la distribution s'organise autour de 245 magasins dans le monde sous enseigne (dont 142 en France). Un magasin Conforama, c'est une surface de vente qui compte entre 3 000 m^2 et 9 000 m^2 auxquels il faut ajouter une surface équivalente qui sert de réserve. Un magasin Conforama est donc l'illustration du fait qu'un point de vente est composé d'une surface commerciale et d'une surface logistique (la réserve). Toute la question est aujourd'hui de maximiser les surfaces de vente en faisant en sorte de réduire les surfaces affectées aux opérations logistiques au sein d'un point de vente.

L'action marketing et commerciale sur le produit amène une caractérisation différente des produits et des gammes qui ne sont pas sans impact sur l'approche Supply Chain dans l'entreprise. Le tableau 6.1 synthétise ces différentes tendances : réduction de la durée de vie des produits, élargissement des gammes et vente croissante de fonctionnalité. Il présente également succinctement les principaux impacts sur la logistique. De plus, dans le mix marketing des producteurs, le circuit de distribution apparaît aujourd'hui jouer un rôle particulièrement net dans la remise en cause permanente des choix de solutions Supply Chain.

La prise en compte croissante de la logistique et du Supply Chain Management par les distributeurs des produits de grande diffusion, leur immixtion avec des ressources propres dans le circuit physique de mise à disposition des produits aux clients et le recours à la logistique dans les étapes de la négociation achat induisent une certaine déstabilisation de la Supply Chain des producteurs.

Nous envisagerons dans ce chapitre le rôle des distributeurs dans la remise en cause des circuits logistiques des producteurs, principalement dans le domaine des produits de grande consommation et plus particulièrement dans le circuit de la grande distribution. Dans un premier temps nous observerons comment le secteur de la grande distribution s'est structuré et quelles stratégies logistiques les distributeurs ont développées, puis quelles infrastructures logistiques, ils ont mis en œuvre.

Dans un deuxième temps nous analyserons comment deux entreprises, l'une de distribution, l'autre industrielle ont été amenées à restructurer leur approche logistique au sein de leurs canaux de distribution. Le premier de ces exemples concerne Metro, spécialiste du cash and carry, et le second, le réseau de distribution intégré de Michelin, Euromaster. Nous verrons en particulier l'impact d'une intégration de la logistique par les canaux de distribution sur le phénomène de sell-in/sell-out.

Tendances produit	Objectifs	Conséquences	Impacts Supply Chain
Réduction de la durée de vie des produits	Recherche de différenciation Adoption du rythme de renouvellement des technologies	Time to Market Peu de régime stable dans les ventes	Adaptation permanente de la réponse Supply Chain à la phase de vie commerciale du produit
Multiplication du nombre de références commerciales	Réponse spécifique par micro-marché	Adaptation et personnalisation	Recomposition de la chaîne de valeur du produit Différenciation retardée Entreposage plus complexe Mise en œuvre d'approches collaboratives
Vente de fonctionnalité	Commercialisation de services tout au long de la vie du produit	Poids croissant des services et de l'après-vente dans les revenus et dans les coûts	Mise en place du soutien logistique intégré Déploiement des approches Supply Chain

Tableau 6.1. *Évolutions produit et conséquences logistiques*

Dans une troisième phase, nous étudierons comment, pour un industriel — Yoplait —, l'environnement logistique, structuré par son circuit commercial, s'est modifié.

Enfin, dans une quatrième et dernière partie, nous montrerons comment Yoplait s'est adapté à l'évolution de ses circuits commerciaux en reconfigurant son outil logistique de distribution par étapes successives.

1. Circuits de distribution de produits de grande consommation : le rôle croissant de la Supply Chain

1.1. L'évolution du comportement du consommateur

La conception des nouveaux produits, le développement de nouvelles formules de points de vente s'apprécient dans une perspective marketing comme une réponse formalisée aux attentes implicites ou explicites des utilisateurs finals. Le consommateur a aujourd'hui la volonté d'être reconnu en tant qu'être unique dans une société où l'environnement concourt à l'uniformisation. Cette reconnaissance passe entre autres par le développement d'une hyper segmentation des marchés et de séries limitées, le renforcement des marques et l'affirmation de l'individualisme du consommateur, qui, de mieux en mieux informé, conduit à la baisse des achats d'impulsion et à une plus grande sensibilité face à la rupture des stocks.

1.1.1. Segmentation accrue des marchés et valeurs nouvelles pour les consommateurs

La grande distribution est confrontée à l'explosion du nombre de références poussée par la concurrence que se livrent les industriels et par les innovations marketing. C'est un micro-marketing qui se met en place et un distributeur tel que Metro doit faire face à plus de 100 nouveaux produits par jour, dont l'origine est la suivante :
- 44 % de nouvelles marques sur des produits existants ;
- 38 % de nouveaux emballages ou de conditionnements ;
- 15 % de nouvelles variétés sur des produits existants ;
- 3 % de produits nouveaux.

Pays	Parts de marché en volume	Parts de marché en valeur
Allemagne	33,2 %	27,4 %
France*	22,1 %	19,1 %
Pays-Bas	20,6 %	18,4 %
Belgique	34,7 %	26 %
Grande-Bretagne	45,4 %	43,5 %
Italie	17,1 %	15,5 %
Espagne	20,5 %	14,8 %

*ITM : 34 %, Carrefour : 28 %, Leclerc : 28 % (en 2004)
Source : Linéaires/PLMA

TABLEAU 6.2. *Parts de marché des marques distributeurs en Europe en 2004*

Le foisonnement des références est une réponse apportée aux besoins de produits personnalisés des consommateurs, mais il s'agit également de répondre à un nouveau faisceau de préoccupations auxquelles ces consommateurs sont désormais attachés. Prenons l'exemple des produits alimentaires :
- si l'alimentation doit être allégée, ou plutôt équilibrée, la consommation d'une cuisine traditionnelle est aussi ponctuellement recherchée. Ceci conduit à un élargissement des gammes (largeur et profondeur de l'assortiment) et à une multiplication des gammes de produits alimentaires. Après les produits de 1re gamme (produits frais bruts sans traitement de conservation), de 2e gamme (aliments conservés par des méthodes classiques telles que l'appertisation, c'est-à-dire la mise en conserve), de 3e gamme (produits congelés et surgelés) sont apparus les produits de 4e et de 5e gammes. Les produits de 4e gamme recouvrent des produits végétaux frais prêts à l'emploi, ensachés sous atmosphère dirigée après traitement (lavage, pelluchage, découpe...) stockés sous température positive inférieure à + 4°C. Les

© Groupe Eyrolles

produits de 5e gamme sont des produits précuits puis conditionnés sous vide. La multiplication de ces gammes a bien évidemment nécessité la multiplication des solutions logistiques pour pouvoir traiter les spécificités de chacune d'entre elles ;

- les produits « premiers prix » répondent à la préoccupation du prix ;

- la fraîcheur est devenue une valeur-clef pour le consommateur, certains distributeurs alimentaires ayant fait de la fraîcheur l'élément phare de leur stratégie marketing et aussi de leurs revenus ;

- la sensibilité du consommateur s'accroît pour les produits verts et sans emballage. La récupération des emballages et suremballages dans le point de vente devient une activité à prendre en compte ;

- les produits à marque distributeur (MDD) permettent aux distributeurs de développer leur propre image, de fidéliser les consommateurs sur l'ensemble de l'assortiment, renforcer leur poids face aux producteurs (concurrence verticale), d'augmenter leurs bénéfices et leurs marges et d'éviter la comparaison directe des prix de vente consommateur avec ceux de la concurrence. Le tableau 6.2 montre quelle est la part de marché des marques distributeurs pour l'année 2004.

Le tableau 6.3 donne l'évolution des parts de marché en valeur des MDD. Les écarts de prix entre les marques nationales et les MDD en Europe sont comprises entre 10 et 70 % selon les produits :

Famille de produits	Parts de marché en France des marques de distributeurs (en %)					
	1994	1999	2001	2002	2003	2004
Hygiène-Beauté	4,8	5,7	5,8	5,7	5,8	6,8
Entretien	10,9	13,9	16,9	25	25,7	28,1
Liquides	13,9	12,9	15,6	15,7	15,5	17
Épicerie	16,3	18,7	18,3	23,2	25	27,7
Produits frais L S	—	26,4	28,8	29,3	29,8	33,5
Crémerie	21,2	23,3	23,7	24,8	24,6	—
Surgelés	24,5	31,3	—	32,8	36,7	40,2
Papier	28,7	33,8	37,3	37,6	40,8	42,6

Source : Secodip, AC NieBen (valeur).

TABLEAU 6.3. *Évolution des parts de marché par famille de produits de marques de distributeurs*

En 1994, 27 % des Français pensaient qu'une grande marque justifiait le niveau de prix. En 2004, cette proportion n'était plus que de 16 %.

1.1.2. Le consommateur face à la rupture

La diminution des achats d'impulsion accroît la sensibilité du consommateur face à la rupture de stock en linéaire. Face à la rupture, les alternatives suivantes peuvent se présenter :

- changer de magasin : c'est le cas généralement pour plus de 40 % des consommateurs avec des comportements très disparates selon les produits (20 % pour les eaux minérales) ;
- attendre un réapprovisionnement ;
- changer de marque (environ 20 % en moyenne) avec des pics pour le papier hygiénique, le chocolat et les ampoules électriques ;
- changer de type de produit (environ 15 %) ;
- changer de conditionnement dans la même marque (environ 10 %) ;
- réclamer l'assistance d'un vendeur (environ 10 %).

Comme nous le verrons dans le chapitre 10, ce n'est que par une coopération étroite entre acteurs de la Supply Chain que le taux des ruptures, qui peut atteindre le samedi après-midi pour certaines références près de 16 %, peut être fortement diminué.

En synthèse, il est important de noter que la hiérarchie des motivations des clients qui fréquentent les grandes surfaces alimentaires est gouvernée par le prix (55 %), le groupage des achats (30 %), le choix lié à l'assortiment (27 %), puis les promotions (19 %). Il est remarquable de noter que l'analyse des évolutions récentes en termes de motivation des clients pour fréquenter telle ou telle grande surface montre que le seul facteur qui a pris de l'importance est le prix. Tous les autres facteurs : qualité, choix, promotions, grandes marques, sont en régression. Seuls les facteurs de présentation, de service et d'accueil connaissent une progression, mais ont un poids relatif beaucoup moindre.

1.2. La grande distribution : un secteur en phase de maturité

1.2.1. Évolution du commerce de détail alimentaire et des distributeurs en France

La France est certainement le pays au monde qui a connu la refonte la plus profonde de son système de commerce de détail par la création de formes de commerce innovantes et variées avec le supermarché et l'hypermarché, les deux formes dominantes.

Le tableau 6.4 montre la diversité des formes de commerce au détail en France.

Il faut noter l'accentuation de la concurrence qui s'exprime à la fois au sein d'une même forme – hypermarchés et supermarchés se livrant une bataille pour la part de marché –, et entre des formes alternatives, les hypermarchés étant attaqués par les hard-discounters (10,6 % de parts de marché) et par les grandes surfaces spécialisées.

Type de points de vente en France	Surface de vente en m²	% des parts de marché du commerce de détail en produits alimentaires en 2004	% des parts de marché du commerce de détail en produits non alimentaires en 2004	Nombre de références
Petits supermarchés	120 à 800 m²	avec les supers	avec les supers	3 500
Hard discount	environ 500 m²	avec les supers	avec les supers	500
Supermarchés et indépendants	800 à 2 500 m²	34,8	6	20 000
Très gros supermarchés	2 500 à 5 000 m²	avec les hypers	avec les hypers	80 000
Hypermarchés	5 000 m² à 24 000 m²	33,5	12,7	150 000
Grands Magasins	plus de 2 500 m²	↑	2	500 000
Distributeurs spécialisés	variable	0,9	42,6	variable
VPC	aucun		2,6	important
E-commerce	aucun	↓	0,8	variable [1]
Autres [2]		30,8	33,5	

(1) Fnac.com : 1 million de références
Amazon.com : 2,5 millions de références
(2) Dont boulangerie, charcuterie en alimentaire et automobile et pharmacie en non alimentaire.

Source : Insee, division commerce

TABLEAU 6.4. *Principales caractéristiques des grandes formes de vente en France*

Par ailleurs, la diversité des formes de points de vente ne rend pas compte d'une autre diversité des formes d'entreprise qui gèrent ces points de vente : entreprises gérant des grandes surfaces (sociétés capitalistes de la distribution intégrée), groupements d'indépendants, succursalistes, voire des sociétés telles que PPR (Pinault-Printemps-Redoute) qui gèrent des grands magasins, des enseignes de VPC et des grandes surfaces spécialisées. Si le supermarché est la forme de point de vente adaptée aux groupements d'indépendants (Intermarché, Leclerc, Système U), l'hypermarché est la clef du développement des grands groupes du commerce organisé (Carrefour-Promodès, Auchan, Casino…). Le tableau 6.5 montre sur 35 ans l'évolution de ces groupes et leur positionnement respectif en terme de parts de marché :

Un mouvement d'intense concentration explique la réduction du nombre des enseignes depuis 15 ans. Elle a porté essentiellement sur le créneau alimentaire des hypermarchés et des supermarchés. Les rapprochements récents ont été ceux d'Auchan et de Docks de France (enseigne Mammouth) en juillet 1996, de Leclerc et de Système U sous forme d'une alliance en 1998, de Carrefour qui a pris en décembre 1996 33,34 % de la société GMB qui contrôle Cora après avoir repris Euromarché en 1991, puis enfin de

Carrefour et de Promodès en 1999. Comme nous le verrons ultérieurement, cette croissance externe dépasse bien évidemment le cadre hexagonal, sachant que Carrefour réalisait avant son rapprochement avec Promodès plus de 50 % de son chiffre d'affaires à l'international avec près de 381 hypermarchés dans 17 pays.

1965	1975	1980	1990	2005
1. Groupe Printemps	1. Groupe Galeries Lafayette	1. Carrefour	1. Leclerc	1. Carrefour
2. Groupe Galeries Lafayette	2. Carrefour	2. Leclerc	2. Intermarché	2. Leclerc/ Système U
3. Nouvelles Galeries	3. Groupe Printemps	3. Casino	3. Carrefour	3. Intermarché
4. Docks Rémois	4. Casino	4. Groupe Galeries Lafayette	4. Auchan	4. Auchan
5. Casino	5. Leclerc	5. Docks de France	5. Promodès	5. Casino
6. Coop de Lorraine	6. Nouvelles Galeries	6. Groupe Printemps	6. Casino	
7. Magasins Modernes	7. Groupe Radar	7. Promodès	7. Système U	
8. La Redoute	8. Promodès	8. Euromarché	8. Cora	
9. Comptoirs Français	9. Docks de France	9. Radar	9. Groupe Printemps	
10. Goulet Turpin	10. Euromarché	10. Intermarché	10. Euromarché	

Grands magasins. ▢ Distributeurs capitalistes. ▢ Distributeurs indépendants (discounters).

TABLEAU **6.5.** *Évolution de la structure du commerce de détail en France*

Enfin, derrière une enseigne se cachent plusieurs formes de vente au détail comme le montre le tableau 6.6 pour Carrefour :

Types de points de vente	Carrefour	Nombre de points de vente en France
Hypermarché	Carrefour	216
Supermarché	Champion	1 032
Hard discount	Ed	564
Commerce de proximité	Shopi, 8 à Huit, Marché Plus, Proxi, Sherpa	1 611

TABLEAU **6.6.** *Type de points de vente par enseigne Carrefour (2004)*

Au-delà de la logique d'économie d'échelle, le rapprochement Carrefour-Promodès a permis une meilleure couverture des formes de points de vente et donc une position concurrentielle renforcée comme le montre le tableau 6.7 :

Carrefour avant la fusion		Types de points de vente	Promodès avant la fusion	
Nombre de points de vente	% du revenu		Nombre de points de vente	% du revenu
381	78 %	Hypermarchés	250	42 %
935	17 %	Supermarchés	134	37 %
481	4 %	Maxidiscount	2 387	7 %
0	0 %	Commerce BtoB	209	8 %
357	1 %	Commerce de proximité	1 800	6 %

Source LSA, 1999

Tableau 6.7. *Nombre de points de vente par type de magasins :
le cas Promodès/Carrefour en 1999*

Le rapprochement entre les deux enseignes a créé des synergies évidentes en matière de points de vente. Si Carrefour détenait un réel leadership sur les hypermarchés, Promodès a apporté son savoir-faire sur des formats de magasins de plus petites tailles (maxidiscount et magasins de proximité). Par contre, cette complémentarité commerciale a suscité la rencontre de deux modèles logistiques sensiblement différents. Promodès était doté d'une logistique en propre filialisée au sein de Logidis. Carrefour avait opté plutôt pour une logistique externalisée auprès de prestataires extérieurs.

Une vaste réorganisation logistique a été menée conduisant à une restructuration des infrastructures et à un redéploiement des métiers. En 2005, les structures gérant les entrepôts Logidis et Comptoir Moderne (repris en 1998) ont été fusionnées. De ces sociétés différentes est née LCM (Logidis Comptoir Moderne). Cette structure est aujourd'hui dédiée à l'approvisionnement des supermarchés Champion, des magasins de proximité (Shopi, 8 à Huit, Marché Plus) et des magasins B to B, Promocash. Elle gère également partiellement l'approvisionnement des hypermarchés Carrefour en épicerie, brasserie et produits surgelés. Elle dispose aujourd'hui de 49 entrepôts en France et emploie 7 000 collaborateurs.

1.2.2. La grande distribution en Europe : une situation complexe

L'évolution du commerce de détail en Europe est marquée par trois phases majeures :
- **un stade initial**, caractérisé par un nombre élevé de points de vente, l'atomisation des magasins sur le territoire, une gestion des points de vente relativement simple et une importance forte du facteur relationnel entre le commerçant et ses clients. On peut parler de commerce traditionnel indépendant ;
- **un stade intermédiaire**, qui caractérise l'émergence de la grande distribution et pour lequel on note :
  – la réduction importante du nombre des points de vente,

– l'augmentation considérable de la taille des points de vente,

– l'accentuation de l'effet discount renforcé par le développement du hard discount. Depuis 20 ans les prix ne cessent de chuter (15,6 % en épicerie, 35,6 % pour les produits hygiène beauté sur la période 1981-1992). En 2004, les ventes de biens d'équipements électroniques ont représenté des volumes en croissance forte alors que les chiffres d'affaires ne suivaient pas la même courbe. En 2003, pour les appareils photo numériques, alors que les volumes ont augmenté de 56 %, les prix ont baissé de 22,5 %. Cette tendance implique un renforcement du poids du coût logistique dans la marge brute et nette des produits commercialisés,

– la centralisation des décisions commerciales, la complexification de la gestion des magasins, la rationalisation des achats, la répartition des tâches chez le distributeur et le développement des marques propres ;

• **le stade de maturité** : le distributeur devient une véritable entreprise de commerce. Le commerce de détail est alors caractérisé par :

– l'augmentation de la concentration du commerce,

– le renforcement de la centralisation des décisions stratégiques qui permet le déploiement de stratégies d'expansion internationale,

– la recherche intensive de différenciation entre les entreprises de commerce par la définition d'un positionnement adapté et original de leurs enseignes,

– l'apparition ou le développement de certaines fonctions chez le distributeur : marketing, achats au niveau stratégique, poids de la logistique centralisée, contrôle de gestion.

Le schéma 6.1 montre l'application de ce cadre d'analyse à l'Europe et permet de révéler une très grande hétérogénéité synonyme de complexité pour les industriels dans leurs relations commerciales avec le distributeur.

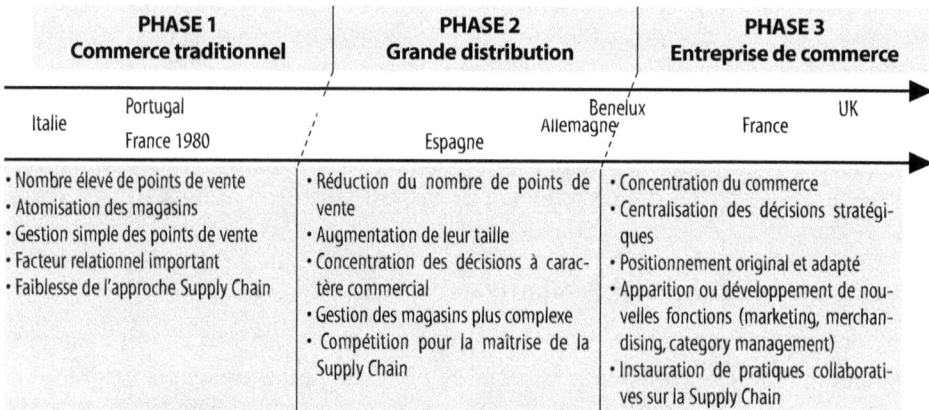

PHASE 1 Commerce traditionnel	PHASE 2 Grande distribution	PHASE 3 Entreprise de commerce
Italie Portugal France 1980	Espagne Benelux Allemagne	France UK
• Nombre élevé de points de vente • Atomisation des magasins • Gestion simple des points de vente • Facteur relationnel important • Faiblesse de l'approche Supply Chain	• Réduction du nombre de points de vente • Augmentation de leur taille • Concentration des décisions à caractère commercial • Gestion des magasins plus complexe • Compétition pour la maîtrise de la Supply Chain	• Concentration du commerce • Centralisation des décisions stratégiques • Positionnement original et adapté • Apparition ou développement de nouvelles fonctions (marketing, merchandising, category management) • Instauration de pratiques collaboratives sur la Supply Chain

SCHÉMA 6.1. *Les trois phases de maturité de la distribution en Europe*

Cela signifie qu'un industriel est confronté au niveau européen à des stades de maturité différents et que des organisations logistiques doivent coexister pour assurer la distribution des sites de production aux points de vente.

L'atomisation des points de vente est très variable selon les pays : l'Italie compte beaucoup de magasins pour 1 000 habitants alors que la Grande-Bretagne n'en compte que très peu. De plus, l'organisation logistique, basée sur des livraisons directes entrepôts producteurs/magasins (modèle italien) ou sur des circuits dominés par des entrepôts distributeurs (modèle français), conduit à des situations très contrastées. En Italie, il faut « toucher » — logistiquement parlant — un très grand nombre de points de livraison (de l'ordre de 70 000) dans le secteur des produits frais pour avoir 95 % de taux de pénétration sur le marché alors que quelques centaines de points de livraison en France, ou en Grande-Bretagne sont suffisants pour obtenir un même taux de pénétration.

1.3. Stratégies Supply Chain et structures logistiques des distributeurs

1.3.1. Problématiques Supply Chain des produits de grande diffusion

Les produits de grande diffusion revêtent un ensemble de caractéristiques qui ont conduit à considérer leur Supply Chain comme un enjeu majeur. Ces caractéristiques sont principalement les suivantes :

Types de points de vente	Nombre de palettes par semaine
Grand supermarché	2
Petit supermarché	1
Grand hyper	15
Petit hyper	5
Moyenne	6

TABLEAU 6.8. *Consommation moyenne par type de magasin pour un fournisseur à 1 million de palettes par an sorties d'usine*

• **la diversité commerciale des distributeurs :**
  – la diversification des points de vente développée par les distributeurs et au sein d'un même groupe, différenciés par leur référencement (type de produits, nombre de références) et par le volume (taille des magasins), pose des questions spécifiques, en termes de logistique, qui ne peuvent trouver de réponse que par une approche soutenue par les familles logistiques. Le tableau 6.8 montre le flux de palettes approvisionnées en fonction des formes de points de vente pour un produit dont le flux d'approvisionnement moyen dans un petit supermarché est de 1 palette par semaine,
  – les stratégies de différenciation menée par les enseignes nécessitent une approche différenciée en particulier au niveau logistique pour les industriels.

• **la faible valeur relative des produits et la compétition sur les prix** : les produits de grande consommation ont des valeurs au kilo variables, mais qui globalement sont faibles comparées à d'autres produits (électronique, matériels électriques...). Ces valeurs s'étalent de 0,15 €/kg jusqu'à 4,6 €/kg. Le coût logistique peut représenter de 4 % pour les produits à plus forte valeur jusqu'à près de 20 % pour les produits lourds, ou volumineux, ou encore à conditions de transport et de stockage spécifiques. Les producteurs ont développé des barèmes de prix au sein des conditions générales de vente qui prennent en compte les conditions d'approvisionnement pour stimuler une diminution des coûts logistiques (palettes complètes, véhicule complet, régularité des commandes…);

- **l'incertitude des volumes et l'impact des promotions** : la fréquentation des magasins n'est pas régulière sur la semaine (problème du samedi et dans une moindre mesure du mercredi), sur l'année (impact des fêtes) et est accentuée par les actions promotionnelles entreprises par le producteur et relayée par le distributeur. Le résultat est le renforcement des fluctuations « naturelles » des flux d'achat par les consommateurs par des fluctuations « artificielles » ;

- **la sensibilité aux ruptures de stock** : l'hyper segmentation des marchés stimulée par le micro-marketing et couverte par la création de nouveaux produits et de nouvelles marques complique considérablement la prévision des consommations et donc conduit plus facilement à des ruptures auxquelles les consommateurs sont de plus en plus sensibles. En contrepartie, une surestimation de la demande conduira à « pousser » trop de produits sur un linéaire et une reprise pour le « recycler » dans un autre circuit de distribution. Ce « dégagement » de produit « périmé », car ne respectant pas la politique de fraîcheur décidée par le distributeur, très coûteux en termes logistiques puisqu'il double les opérations de transport et de manutention, consomme la marge pour le producteur et le distributeur, et la performance des m^2 du distributeur.

1.3.2. La prise de pouvoir sur la Supply Chain par les distributeurs : les inducteurs stratégiques

Un faisceau de raisons explique que les distributeurs se soient emparés de la logistique comme levier de développement de leurs stratégies achat et commerciale.

- **La compétition centrée sur les prix** conduit à des politiques de volume sur des produits à marge écrasée. La recherche de baisse des prix de vente au détail pour les consommateurs entretenue par l'agressivité des hard discounters est un objectif fondamental pour les distributeurs. C'est pourquoi les distributeurs se sont intéressés aux conditions d'achat auprès des fournisseurs par la création de centrales d'achat et aux coûts logistiques par la création d'entités logistiques en propre ou sous-traitées (plates-formes, entrepôts, flotte de camions). Pour certains distributeurs, les achats spéculatifs[2] ont pu se développer, stimulés par les politiques promotionnelles de certains producteurs. Dans certains cas, producteur et distributeur trouvent leur compte en appliquant cette pratique spéculative :

---

2. On appelle achat spéculatif des achats anticipés par le distributeur par rapport à son besoin réel de telle manière à pouvoir bénéficier d'un avantage prix ponctuel (opérations promotionnelles du producteur ; anticipation sur un changement de prix…)

– le producteur planifie des lots de production plus volumineux en taille, réduit ses temps de changement de série et baisse ses coûts de production tout en expédiant des lots transportés plus massifs ;

– le distributeur bénéficie de remises logistiques de massification.

- **La stimulation de la compétition amont :** la maîtrise par les distributeurs de l'approvisionnement leur permet de proposer leurs services logistiques aux petits producteurs régionaux qui n'ont pas le volume nécessaire pour mettre en place une logistique performante. Intermarché a développé une communication sur la dynamisation du tissu économique local en offrant des débouchés commerciaux aux petits producteurs grâce à leur soutien logistique, en particulier dans le cadre du développement des marques distributeurs (MDD). Dès lors, le distributeur entretient une compétition entre les producteurs de marque nationale, de marque locale et les MDD ;

- **La maximisation de la performance commerciale :** les distributeurs ont opéré une conversion des surfaces de stockage en magasin (les réserves) en surfaces dédiées à la vente pour optimiser la rentabilité de leur investissement et contourner les contraintes de la loi Royer. Dès lors, il devenait essentiel de mettre en place des outils logistiques de réapprovisionnement rapides des points de vente ;

- **La transparence des coûts logistiques :** prendre en charge l'approvisionnement des produits, c'est aussi favoriser la clarification d'une partie au moins des coûts logistiques et négocier auprès de fournisseurs des remises logistiques. Les industriels qui imposent des livraisons franco magasin sont les bénéficiaires exclusifs des gains de productivité au niveau de la chaîne d'approvisionnement ;

- **Des flux physiques aux flux d'information :** la mise en œuvre d'infrastructures logistiques a eu pour conséquence ultérieure de déconnecter les producteurs des points de vente. Ils perdent alors la visibilité sur les commandes émises par les magasins qui sont consolidées par les entrepôts distributeurs et par conséquent la connaissance des marchés locaux ce qui affaiblit leur capacité à prévoir la demande future. Certains distributeurs qui ont implanté des connexions EDI entre les caisses enregistreuses de leurs magasins et des centres serveurs logistiques ont désormais une connaissance quotidienne des ventes à l'article, informations qu'ils sont prêts soit à partager avec certains producteurs dans le cadre de partenariats stratégiques ou à vendre dans le cas le plus défavorable pour le producteur. La capture de la demande au plus près du client final est un inducteur stratégique majeur en logistique ;

- **Amélioration des niveaux de service :** l'accroissement de la rotation des produits en linéaire et la diminution des ruptures de stock sont des enjeux majeurs pour améliorer la performance commerciale des points de vente. Le développement de compétences logistiques par les distributeurs est un pré-requis pour atteindre cet objectif en particulier en mutualisant les stocks de sécurité en remontant d'un échelon leur localisation dans les chaînes logistiques ;

- **Un outil de levier de maîtrise autoritaire sur les magasins et de rationalisation des flux d'approvisionnement :** certaines enseignes utilisent la logistique comme levier de centralisation de certaines décisions (gestion des assortiments, introduction de nouveaux produits, gestion des réassortiments…). Alors qu'un entrepôt distributeur devrait limiter son rayon d'action pour livrer ses magasins qui lui sont rattachés à environ 150 km, il est assez fréquent de constater des approvisionnements de points de vente à partir d'entrepôts éloignés.

1.3.3. La mise en œuvre des stratégies : les organisations logistiques des distributeurs

La grande distribution a mis en œuvre des organisations logistiques variables en fonction des stratégies poursuivies et des caractéristiques propres des magasins. Le ratio des m^2 dédiés à la vente ramenés aux m^2 dédiés à la logistique varie selon les enseignes entre 2 et 4, ce qui veut dire que pour une enseigne telle qu'Intermarché, c'est près de 1 million de m^2 qui sont consacrés à la logistique. On peut retenir l'idée que pour la grande distribution en France, pour 1 m^2 à la vente, un peu plus de 1/3 m^2 en moyenne est nécessaire à l'exploitation logistique. Les écarts par rapport à cette moyenne résultent des politiques spéculatives spécifiques de chaque enseigne, de la performance des approvisionnements (rotation des produits) et des circuits de livraison. Néanmoins, il est possible d'identifier des invariants au niveau des outils logistiques qui ont été développés :

• **la recherche d'économies d'échelle** : quel que soit le type de magasin livré en aval (gros hypermarché ou supermarché traditionnel), le développement des outils logistiques par les distributeurs doit répondre à l'objectif de baisse des coûts d'approvisionnement de ces points de vente en s'appuyant sur l'effet volume. Les unités logistiques de plus de 50 000 m^2 ne sont pas rares. Il s'agit de véritables usines à stocker et à préparer les commandes des magasins. Dès lors, deux types d'organisation des entrepôts distributeurs ont été développés :

– des entrepôts spécialisés soit par type de produits stockés (secs, liquides, froids, marée, surgelés), soit par type de magasin (des entrepôts en charge des grands points de vente de l'enseigne et d'autres en charge des points de vente de taille réduite). Dans le cas d'enseigne à nombre de points de vente très élevé et à volumes forts (Carrefour), ces approches peuvent être combinées ;

– des entrepôts polyvalents qui regroupent des gammes de produits variées et livrent des magasins de taille variable d'une même enseigne. C'est plutôt le cas d'Intermarché, de Système U et de Casino. Certains entrepôts de ce type permettent également des économies d'échelle relatives aux flottes de véhicule qui livrent les magasins : des camions multitempérature effectuent les livraisons des produits secs dans la journée et des produits frais la nuit, ce qui améliore la rotation et l'utilisation des véhicules ;

• **la nature du pilotage des flux** : il n'est pas toujours facile de dimensionner la taille des réapprovisionnements de centaines de milliers de produits dont le profil de consommation n'est pas linéaire ou au moins ne répond pas à une distribution statistique dont les paramètres sont fixes. Néanmoins, les enseignes s'efforcent de classer les produits en catégories homogènes du point de vue de la méthode de gestion de stock qui leur est appliquée :

– produits en promotion ou à stockage spéculatif,

– produits frais ou à cycle de vie marketing et commercial très court à obsolescence rapide (articles de mode, obsolescence technique),

– produits encombrants à faible valeur,

– produits à profil de consommation très stable,

– produits à rotation lente (bazar ou textile des supermarchés ou supérettes),

– produits saisonniers.

Cette classification peut conduire à une répartition des rôles des acteurs de l'enseigne au niveau de la commande de réassort :

– la fonction gestionnaire de stock pour les produits permanents,

– l'acheteur pour les produits à rotation très rapide,

– les magasins eux-mêmes pour les produits saisonniers ou promotionnels ;

• **l'optimisation de la préparation des commandes :** la diminution des coûts logistiques ne passe pas seulement par l'accroissement des volumes traités par les outils logistiques, mais par la diminution des ruptures de charge et la minimisation des chemins parcourus tant au niveau de la préparation des commandes que de la mise en linéaire. Nous verrons ultérieurement dans ce chapitre que des expériences originales ont été tentées pour grouper dans un même entrepôt sous-traité, bien évidemment, les produits de plusieurs concurrents à destination d'une même enseigne pour faciliter la mise en linéaire et réaliser ainsi des économies substantielles. La performance économique (productivité) des entrepôts qui traitent des produits vendus en grande surface est très sensible au zonage des surfaces de stockage organisé en fonction des rotations des articles et de leurs volumes et au nombre de références articles qui sont manipulées. La mécanisation, voire la semi-automatisation ou l'automatisation, d'opérations de picking, de chargement ou de déchargement, sont implantées dès lors qu'il s'agit de volumes assez importants, mais réguliers, et concernant un nombre limité de références. Des technologies permettant la préparation vocale ont été déployées. Ce système indique au préparateur de commande, au moyen d'un message audio qui lui est communiqué, l'endroit et la quantité du prélèvement dans l'entrepôt. L'ARTT (Aménagement et Réduction du Temps de Travail) dans les magasins est aussi un axe de réflexion important qui a permis d'optimiser le cadencement de l'ensemble de la chaîne logistique des entrepôts fournisseurs jusqu'à la mise en linéaire des produits, dans les points de vente ;

• **l'implantation géographique :** le choix du nombre de sites logistiques et de leur lieu d'implantation dépend de la couverture géographique des magasins. Certains enseignes sont nationales, d'autres sont plus régionales. Dans tous les cas, la rapidité de réapprovisionnement des points de vente et donc la proximité sont la règle : moins de trois heures pour les produits secs, moins d'une heure et demie pour les produits frais pour Intermarché. La zone de chalandise des entrepôts doit respecter les règles de proximité et d'optimisation des coûts de distribution eux-mêmes fonction des volumes. D'une manière générale, le rayon d'action n'excède pas 200 kilomètres ;

- **la sous-traitance :** cette question discutée dans le chapitre 9 appelle des réponses différentes formulées par les distributeurs. Certains de ces distributeurs tels qu'Intermarché, spin-off de Leclerc en 1969, ont fait de la logistique un outil stratégique et l'exemple des eaux minérales qui suit le montrera. Historiquement, le groupement « Les Mousquetaires » (Intermarché) est une scission de Leclerc. En 1969, Jean-Pierre Leroch, proche collaborateur d'Édouard Leclerc, réunit autour de lui 75 distributeurs indépendants. Il crée alors l'enseigne « Ex » qui est ensuite rebaptisée « Intermarché ». La scission s'est opérée en particulier sur un désaccord sur le modèle logistique à mettre en œuvre : alors que les Leclerc continuaient à l'époque à être livrés en direct, les Intermarchés mirent en place un réseau de « bases » régionales, entrepôts de consolidation des approvisionnements et de consolidation de la distribution terminale vers les points de vente. L'organisation logistique qui stocke et transporte chaque année 10 millions de tonnes de marchandise en France repose aujourd'hui sur les principes suivants :
  - 36 bases logistiques en moyens propres représentant 1,3 million de m^2 de stockage spécialisées par métier (frais, sec, bazar) ;
  - une ou deux livraisons par jour pour les produits frais et en fonction du chiffre d'affaires pour les produits secs (800 000 millions de colis alimentaires par an) ;
  - transport de livraison en partie en moyen propre (2 300 semi-remorques) et en partie par des prestataires ;
  - 10 000 collaborateurs en logistique.

  Dans ce cas, ces enseignes ont développé de véritables compétences de logisticiens appuyés par des outils développés en propre. Cette approche d'intégration de la logistique reste néanmoins comme dans beaucoup de secteurs industriels marginale, l'activité commerciale des enseignes étant considérée comme l'activité prioritaire ;

- **les opérations de post-manufacturing :** les entrepôts de la grande distribution n'échappent pas à la réflexion concernant la localisation de la création de la valeur ajoutée (voir chapitre 5). Des opérations de post-manufacturing (packaging, différenciation retardée…) se mettront de plus en plus en place dans ces entrepôts et en particulier dans le cadre des opérations promotionnelles.

1.3.4. Un exemple : la distribution des eaux minérales

Avec l'application de la loi Galland (été 1996) et son adaptation par la la loi Dutreil (mars 2003) qui régulent la question de la revente à perte, l'achat sortie usine permet de ne pas répercuter le coût logistique d'approvisionnement jusqu'au point de vente dans le prix de vente consommateur. Une telle approche présente un intérêt majeur pour des produits à marge très faible, voire revendus à perte et considérés comme des produits d'appel.

> C'est le cas des eaux minérales, produits d'appel extrêmement concurrencés et pour lesquels le transport d'acheminement des usines de production localisées au niveau des sources vers les entrepôts de proximité est effectué traditionnellement par voie ferroviaire. Le producteur d'eaux minérales négocie avec la SNCF des tarifs globaux

> basés sur une promesse de volume et des tarifs différenciés dégressifs en fonction des expéditions selon qu'il s'agit de trains complets, de demi-trains ou de wagons isolés. Pour convaincre les distributeurs d'utiliser ce système, le producteur intègre dans ses tarifs de vente des « pénalités » dans le cas d'enlèvements à partir de l'usine faits par camion.

Certains distributeurs, tels qu'Intermarché, ont compris l'intérêt stratégique, et pas seulement économique, de développer des solutions logistiques pour déstabiliser un système équilibré et partagé par l'ensemble de la profession. Le schéma 6.2 suivant montre comment un distributeur qui gère une flotte de camions optimise le retour des véhicules qui ont réalisé une traction aller de la zone de chalandise 1 vers la zone de chalandise 2.

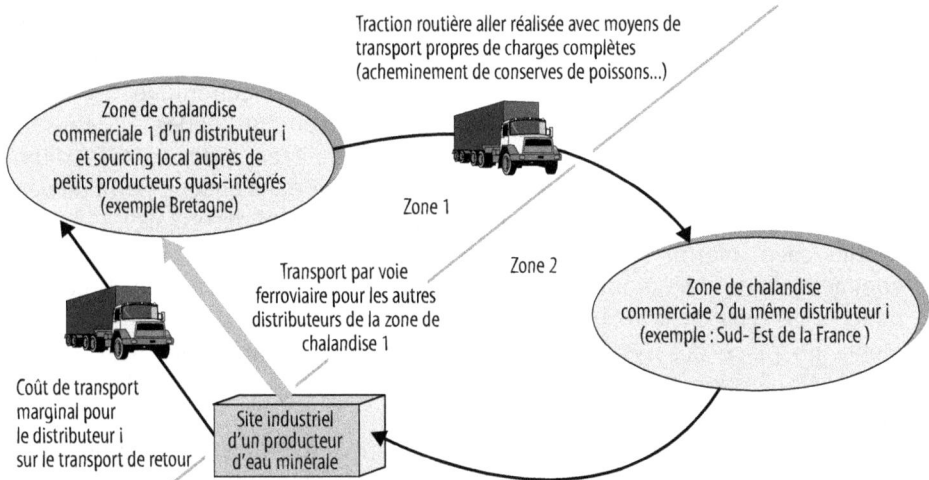

SCHÉMA 6.2. *Schéma de distribution des eaux minérales*

Sur la traction retour, le camion se présente à la source, charge un lot complet de palettes et effectue son retour à plein. La non-prise en compte du coût « marginal » de transport de la traction retour, malgré la pénalité imposée par le producteur, pour cause d'enlèvement par route ou bien d'une livraison par fer, permet au distributeur de revendre dans ses magasins le produit au prix d'achat sortie usine, qui sera plus faible que le prix complet rendu magasin de ses concurrents. Le distributeur vendra donc l'eau moins chère et accroîtra les ventes des autres produits sur lesquels il rattrapera sa marge perdue.

Le site du producteur est perturbé par des arrivées de camions non programmés (un train lourd représente 1 500 tonnes de produits, un camion chargeant 24 tonnes) et les impacts sur l'environnement ne sont pas vraiment mesurés (engorgement du trafic routier, pollution).

Le volume global d'expéditions négocié entre le producteur et le prestataire de service logistique diminue et met en danger le principe de mutualisation et de péréquation tarifaire, ce qui finalement aura des conséquences négatives en termes de coûts logistiques pour les autres distributeurs qui continuent à utiliser le système logistique proposé par le producteur.

1.3.5. La recherche du contrôle de la Supply Chain par les distributeurs

Il est indéniable que la montée en puissance des distributeurs s'est accompagnée d'un accroissement de la prise de contrôle des chaînes d'approvisionnement par ces distributeurs au détriment des producteurs. Ce contrôle a une double nature :

- **le contrôle de la logistique physique :** la logistique s'est peu à peu imposée comme un facteur de compétitivité et, au-delà, comme un facteur de maîtrise des flux de marchandises dans la filière. À terme, les plates-formes seront de plus en plus sous-traitées à des prestataires spécialisés, mais sous le contrôle étroit des distributeurs ;

- **le contrôle de l'information :** la plupart des enseignes, telles que Carrefour pour leurs hypermarchés, ont réalisé la mise en connexion électronique des caisses enregistreuses (Electronic Point of Sales) qui scannent les codes à barres des produits avec des centres serveurs centraux. La connaissance des ventes (volume, chiffre d'affaires, type de produit) réalisées chaque jour dans chaque point de vente donne un pouvoir considérable à ces enseignes qui peuvent désormais :
  - vendre cette information aux industriels désireux d'améliorer la performance commerciale de leurs produits en linéaire ou la donner à d'autres dans le cadre de partenariats (voir chapitre 10),
  - mettre en place des systèmes de recomplètement automatiques avec certains industriels (Gestion Partagée des Approvisionnements — GPA –, Vendor Managed Inventory — VMI),
  - développer des promotions très ciblées dans l'espace (points de vente donnés) et dans le temps, voire des promotions virtuelles (voir chapitre 10).

Il est finalement possible d'identifier quatre axes qui permettent de positionner les distributeurs selon leur degré de maturité logistique :
- la part des flux qui transite par des sites logistiques et qui mesure la volonté des enseignes à remonter la chaîne d'approvisionnement ;
- la part des opérations logistiques qui est sous-traitée ;
- le recours aux critères logistiques dans le référencement des fournisseurs ;
- la position relative des achats et de la logistique, ainsi que la structure centralisée ou décentralisée de la fonction logistique.

1.3.6. Rôle des plates-formes distributeurs dans les stratégies d'achat des chaînes de distribution

Depuis le début des années 1980, la grande distribution s'est lancée dans des stratégies de meilleure prise en compte de la variable logistique dans ses activités. Jusqu'alors, la tendance générale consistait en un approvisionnement franco de port. Le distributeur achetait donc deux composantes aux fournisseurs dans le cadre d'un prix global :

© Groupe Eyrolles

- le produit physique en tant que tel (yaourts, lessive…) ;

- le service d'approvisionnement (transport, délai, fréquence…).

Une opportunité de négociation supplémentaire s'offrait de décomposer l'offre prix de l'entreprise fournisseur en ces deux composantes produit et service. Par ailleurs, la compétition croissante par les prix instaurée entre les distributeurs, les a conduits naturellement à s'interroger sur la manière dont ils bénéficiaient des gains de productivité logistique générée par les producteurs à partir de cette époque. La logistique est dès lors devenue un enjeu de négociation entre producteurs et distributeurs. Le développement d'une stratégie logistique indépendante des fournisseurs et alternative à celle des producteurs s'est caractérisé par la mise en place d'entrepôts et de plates-formes distributeurs ainsi que par l'exploitation de flottes de transport en propre. Certaines enseignes vont donc investir dans la construction d'infrastructures logistiques. Cependant, rapidement, la tendance va s'orienter vers l'achat de prestations externes. De ce fait la distribution profite de l'amélioration de la productivité grâce à une massification des flux en amont et à une meilleure gestion des stocks. La distribution s'est ainsi dotée des moyens pour réussir à capter les économies issues des gains de productivité logistique.

On peut modéliser le processus de négociation sur trois années sur le schéma 6.3.

La première année (N-1) le producteur réalise des livraisons directes sur les magasins des distributeurs (essentiellement les hypermarchés). En fin de première année ont lieu les négociations pour la seconde année (N). Le distributeur réclame une baisse des prix en décomposant le prix d'achat en sa composante prix produit physique et en sa composante prix service logistique. Il est amené à demander une prestation logistique différente (livraison sur entrepôt distributeur). Le fournisseur au lieu de livrer un grand nombre de points de livraison, les points de vente, ne livre plus qu'un à trois entrepôts en France. La préparation de commande est donc plus industrialisée et les transports plus massifs. Cela conduit du point de vue du distributeur à une réduction des coûts pour le producteur à qui il est ainsi demandé de répercuter cette réduction en tout ou en partie. Il y parvient d'autant plus facilement qu'un certain nombre de fabricants l'y ont même incité.

En effet, afin de limiter les livraisons diffuses, les fabricants ont mis historiquement en place des ristournes lorsque la livraison s'opérait sur un entrepôt. L'enjeu pour le distributeur qui prend en charge la distribution vers ses magasins à partir de ses dépôts est de générer un coût logistique inférieur à l'économie qu'il a réalisée sur le prix d'achat. Un troisième temps peut s'imaginer : il s'opère au cours de la fin de la seconde année (N). Les négociations recommencent et, afin d'éviter une nouvelle diminution de prix, le producteur propose de reprendre pour l'année (N + 1) des livraisons directes sur les magasins sans variations de prix par rapport à l'année précédente. L'enjeu pour lui est alors de reprendre une distribution capillaire vers les magasins avec un surcoût par rapport à la livraison sur les entrepôts distributeur qui n'excède pas la diminution de prix de vente qu'il a évitée dans la négociation.

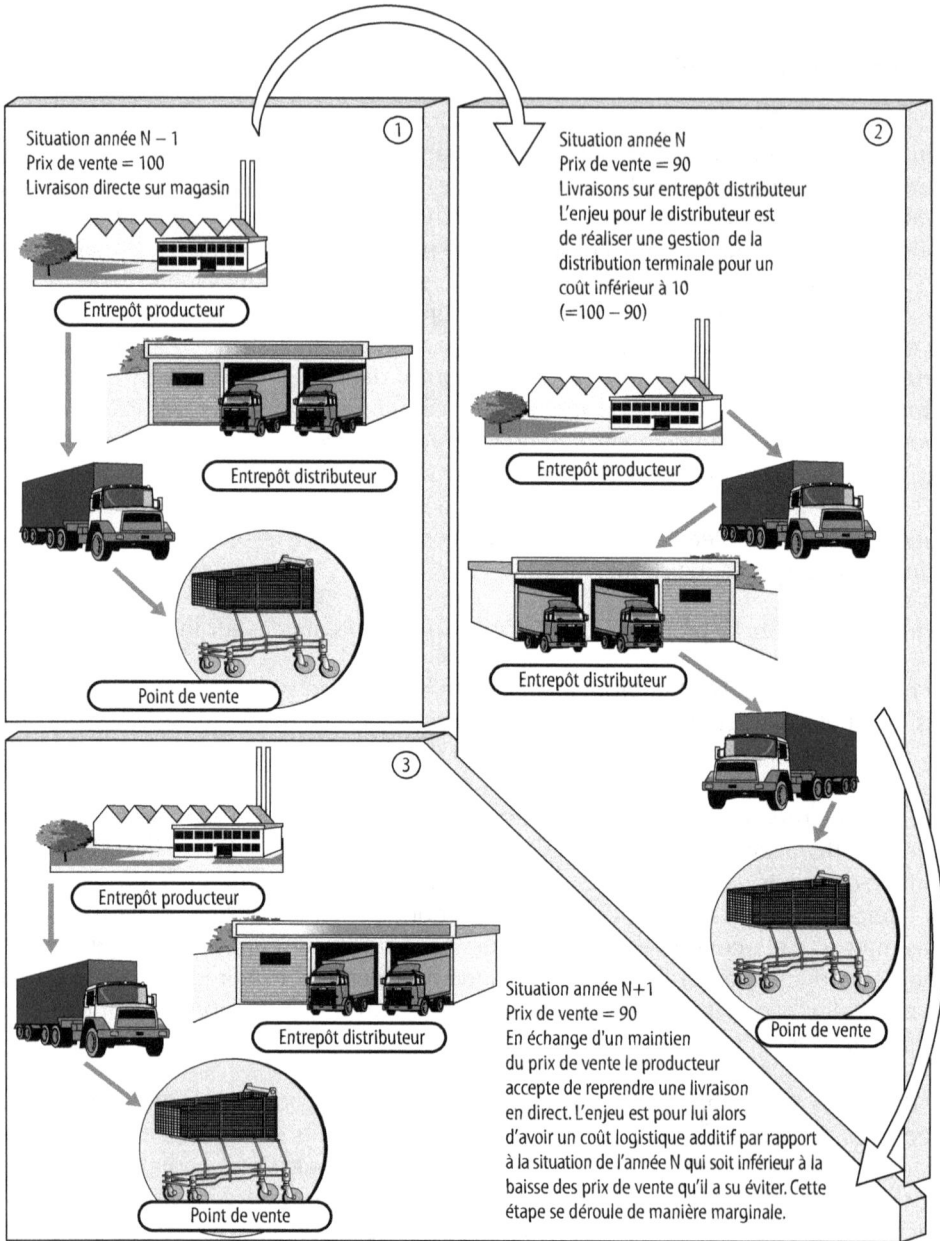

Situation année N − 1
Prix de vente = 100
Livraison directe sur magasin

Entrepôt producteur

Entrepôt distributeur

Point de vente

Situation année N
Prix de vente = 90
Livraisons sur entrepôt distributeur
L'enjeu pour le distributeur est
de réaliser une gestion de la
distribution terminale pour un
coût inférieur à 10
(=100 − 90)

Entrepôt producteur

Entrepôt distributeur

Point de vente

Situation année N+1
Prix de vente = 90
En échange d'un maintien
du prix de vente le producteur
accepte de reprendre une livraison
en direct. L'enjeu est pour lui alors
d'avoir un coût logistique additif par rapport
à la situation de l'année N qui soit inférieur à la
baisse des prix de vente qu'il a su éviter. Cette
étape se déroule de manière marginale.

Entrepôt producteur

Entrepôt distributeur

Point de vente

SCHÉMA 6.3. *Les trois étapes du rôle de la logistique dans les négociations achat*

Le passage par entrepôt distributeur est d'autant plus important pour la grande distribution, qu'elle lui permet de négocier des remises tarifaires et qu'elle permet de composer avec les contraintes de la loi Dutreil. Ces ristournes quantitatives correspondent aux économies réalisées par une livraison massive sur un nombre de points limités. À cela viennent s'ajouter des remises de fonctions qui correspondent à un transfert vers le distributeur d'un certain nombre d'activités logistiques : stockage, préparation de commande terminale pour les magasins. Enfin, il n'est pas sans conséquence de noter que cette volonté de la distribution de structurer un outil logistique dont elle maîtrise une partie, lui a permis de limiter la visibilité que le producteur a sur le marché. En effet, livrer sur une plate-forme distributeur qui ensuite à son tour livre n points de ventes ne permet plus aux producteurs de connaître facilement la consommation exacte par magasin du fait de son ignorance à la fois de la répartition des livraisons faites au dépôt entre les magasins et de la fonction de stockage temporaire qu'est susceptible d'exercer l'entrepôt. Cela a contribué à donner aux enseignes de la grande distribution un avantage supplémentaire sur la connaissance du marché. La rétrocession de ces informations ouvre un champ de négociations supplémentaires pour le distributeur qui devient *de facto* le maître de l'information la plus fine en matière de vente, l'information des ventes au linéaire. La comparaison des effets induits par une livraison directe en magasin ou par une livraison par plate-forme peut être résumée dans le tableau 6.9.

	Livraisons directes magasin	Livraisons plate-forme
Remise de distribution	non	possible (massification des transports d'approche)
Remise de fonction	non	possible (prise en charge par le distributeur de la mise en box-palette et du compostage des prix)
Escompte sur achat	sans effet	sans effet
Remise de fin d'année	sans effet	sans effet
Promotions	meilleure adaptation locale	meilleure incitation auprès des fournisseurs
Barème quantitatif	faible	fort
Minimum de commande	contrainte	sans contrainte
Productivité transport	faible	forte
Autres (réception train)	non	oui
Avantage prix (loi Dutreil)	non	oui

TABLEAU 6.9. *Comparatifs entre livraisons directes magasin et livraisons plate-forme*

Pour Intermarché ou Carrefour, ce sont environ 90 % du flux qui passent par une plate-forme distributrice. La tendance aujourd'hui est à la systématisation du passage par ces plates-formes.

C'est selon ce schéma général de négociation que la logistique prend part à la stratégie commerciale du producteur et à la stratégie achat du distributeur. La réussite de ces stratégies ne peut donc se mesurer que grâce à l'atteinte des objectifs logistiques dont elles dépendent. Enfin, outre la possibilité qu'offrent les plates-formes distributeurs de renégocier leurs conditions d'achat en faisant ressortir clairement la valeur du service logistique que les distributeurs achètent à leurs fournisseurs, elles leur permettent d'élargir la gamme des fournisseurs possibles, d'intensifier et d'accélérer l'introduction de nouveaux produits.

Dès lors, il est possible pour un industriel entrant par exemple sur un marché de toucher 70 % de la consommation en ne distribuant que sur un peu plus de 200 points de livraison en France. L'outil des plates-formes devient donc également un outil de tout premier ordre pour la distribution désireuse d'intensifier la concurrence entre ses fournisseurs.

2. Modifications des canaux de distribution et impacts sur la Supply Chain

2.1. Circuits, réseaux et canaux de distribution

2.1.1. Définitions

Les préoccupations d'un producteur ne se limitent pas à la simple fabrication d'un produit ou la conception d'un service. La mise à disposition finale de ce produit ou du service au client (distribution) est une des variables fondamentales de son marketing-mix. Le producteur, s'il a le choix du mode de distribution pour chacun de ses produits ou services, ne peut souvent mener cette activité seul. Il fait donc appel à des intermédiaires. L'ensemble des acteurs qui participent à la mise à disposition d'un bien donné du producteur vers le client constitue le circuit de distribution de ce bien. On parlera donc, par exemple, de circuit de distribution des bouteilles d'eau d'Évian, pour désigner l'ensemble des organisations qui appartiennent à la chaîne de distribution de cette eau minérale.

Aujourd'hui complexes et ramifiés, les circuits de distribution sont de plus en plus souvent désignés par le terme de réseau de distribution. Les circuits de distributions peuvent être regroupés en ensembles de circuits qui mettent en jeu une même méthode de vente particulière. On parlera de canal de distribution pour désigner ces ensembles : la vente par correspondance, la vente en hypermarché, la vente à domicile, constituent par exemple des canaux de distribution. Pour diffuser un même produit, un producteur peut choisir un circuit qui s'inscrit totalement ou partiellement dans un même canal, ou plusieurs circuits qui s'inscrivent éventuellement dans des canaux différents.

Dans la plupart des ouvrages en anglais, aucune différence de termes n'est introduite pour ces trois notions. Circuits, réseaux et canaux de distributions sont regroupés sous le vocable de « Marketing Channel ».

2.1.2. Les acteurs des canaux de distribution

Un canal de distribution peut impliquer de nombreux intermédiaires. Tout canal part du producteur et aboutit au consommateur. Pour la vente en magasin par un détaillant, plusieurs acteurs sont susceptibles d'intervenir :

- le fabricant par l'un de ses entrepôts ;
- un ou plusieurs grossiste(s) ;
- une ou plusieurs centrales d'achat, pouvant être nationales ou locales ;
- le magasin, bien sûr, est le dernier maillon de la chaîne avant le consommateur.

Le circuit réel n'est souvent pas aussi long. Tout dépend du canal choisi. Pour la vente par correspondance par exemple, les sociétés de VPC jouent souvent le rôle d'unique intermédiaire entre producteur et consommateur. D'autres entreprises peuvent également intervenir sur ce circuit, notamment des prestataires logistiques qui prennent en charge le transfert des marchandises d'un de ces intermédiaires à un autre.

2.1.3. Les opérations effectuées sur un circuit de distribution

Le transport est une des opérations fondamentales effectuées sur un circuit de distribution. Il y a une opération de transport à chaque fois que la mise à disposition du produit nécessite son déplacement, c'est-à-dire dans la plupart des cas.

La manutention intervient avant et après chaque opération de transport. Elle consiste à préparer les contenus des véhicules et à réaliser les opérations de chargement et de déchargement, pour la mise à disposition finale du destinataire. Pour réduire les coûts de transport, le remplissage des véhicules doit être optimisé. L'opération de groupage consiste à rassembler dans un même véhicule plusieurs lots de produits finis de même destination, mais de nature éventuellement différente. L'éclatement (ou fractionnement) est une opération inverse de la précédente, pendant laquelle des lots de marchandises ayant même provenance sont séparés en lots de taille inférieure, pour que ceux-ci soient envoyés à des destinataires différents. Enfin, l'assortiment consiste à mettre à disposition d'un client un ensemble de produits différents dans un même lieu ou sur un même support de présentation. Il peut avoir lieu dans un magasin (elle est alors destinée au consommateur final), dans un entrepôt (à la destination d'un acheteur intermédiaire du circuit), ou même (virtuellement) sur un catalogue de vente par correspondance.

Le stockage consiste à conserver des produits dans un même endroit pour une période donnée. Le stock peut être réparti sur toute la chaîne : il peut être dans le dépôt de produits finis du fabricant, dans des entrepôts intermédiaires, chez des grossistes ou dans les magasins de vente. Un stock est constitué dans le but de mettre immédiatement ou rapidement des marchandises à la disposition des clients, et limiter les risques de rupture. Mais les coûts de stockage importants, ou certaines stratégies d'entreprise (la production à la commande par exemple) ont amené certains membres de la chaîne à réduire les stocks.

À titre d'illustration, l'entrepôt d'Amilly d'Intermarché assure l'approvisionnement des points de vente en produits frais (crémerie, charcuterie, fruits et légumes, produits de

la mer, pâtisserie industrielle, lait) de plusieurs départements. Ces principales caractéristiques sont les suivantes :

Surface	17 300m² dont 10 000 m² en température dirigée (2 à 4°C)
Effectif	250 personnes
Nombre de références	3 500
Nombre d'engins de manutention	199
Fournisseurs	300
Nombre de palettes réceptionnées par jour	2 300
Nombre de colis livrés par jour	67 000
Nombre de points de vente livrés	100
Moyens de transport en propre	15 tracteurs – 45 semi-remorques

TABLEAU 6.10. *Caractéristiques d'un dépôt de produits frais*

La fabrication standardisée permet évidemment au producteur de faire des économies
d'échelle. La standardisation de la production est donc souvent pour eux un objectif
prioritaire. Dans cette optique, les dernières opérations (fabrication, emballage,
conditionnement) qui donnent au produit sa spécification finale peuvent être confiées
aux intermédiaires du circuit de distribution. Ce sont les opérations de post-manufacturing que nous avons décrites dans le cadre du chapitre 5.

2.2. Différentes segmentations

Les canaux de distribution sont multiples. Pour les sérier, plusieurs types de segmentation peuvent être envisagés.

La première d'entre elles peut être faite selon la longueur du canal de distribution. On
distingue classiquement deux types de canaux. Tout d'abord envisageons ceux
constitués de circuits directs : il n'y a pas d'intermédiaire entre le producteur et le
consommateur final. C'est le cas, par exemple, de la vente de pain dans les boulangeries artisanales, ou de la restauration traditionnelle, lorsque le convive consomme
des produits cuisinés sur place. Les autres sont ceux dans lesquels intervient au moins
un intermédiaire. Parmi ces derniers, on distingue les canaux rassemblant des circuits
courts, composés d'un seul intermédiaire (le magasin du détaillant qui effectue la
vente finale, internet) et les canaux correspondant aux circuits longs (sur lesquels
figurent des centrales d'achat, et/ou des grossistes, et/ou des entrepôts intermédiaires).

Parmi les avantages des circuits longs, l'externalisation des opérations finales de fabrication, confiées aux intermédiaires, est certainement un de ceux qui séduisent le plus
les producteurs. De même, un circuit long permet de diluer les coûts de distribution
(stockage, transport…) tout au long de la chaîne. Enfin, des circuits longs permettent
au producteur de dégager des économies en frais de communication et de

négociation commerciale : si, au lieu de traiter commercialement avec les consommateurs finals de yaourt, un producteur peut se restreindre à négocier avec quelques grossistes, les coûts de distribution s'en trouvent largement réduits. À l'inverse, un circuit long peut jouer le rôle d'écran entre producteur et consommateur final. Dans ce cas, le manque de transparence induit une mauvaise réponse du producteur au besoin du consommateur.

On différencie également les circuits de distribution en se plaçant du point de vue du consommateur final. On distingue alors :

• la vente en magasin ;
• la vente à domicile ;
• la vente par correspondance ;
• la vente en distributeurs automatiques (billets de train, distributeurs de boisson…) ;
• la vente sur internet ;
• et bien d'autres.

Enfin, les canaux de distribution sont aussi segmentés d'un point de vue de la nature du lien de collaboration entre le producteur et les intermédiaires. On distingue les canaux :

• correspondant à une distribution intensive : le producteur cherche à diffuser ses produits dans le plus grand nombre possible des points de vente susceptibles de l'accueillir ;
• correspondant à une distribution sélective : le producteur choisit de diffuser ses produits dans un nombre limité de magasins, sélectionnés pour leur situation géographique, et une qualité adéquate du service rendu au client ;
• correspondant à une distribution exclusive : le producteur n'autorise qu'un seul point de vente à distribuer ses produits sur une région donnée. Les détaillants choisis bénéficient de l'exclusivité dans leur région ;
• correspondant à une distribution par franchise : le producteur choisit des entreprises partenaires chargées de diffuser ses produits en bénéficiant de son image commerciale (enseigne, logo, marques…). Ses points de vente bénéficient d'un ensemble de services propres au fournisseur : son savoir-faire, son assistance commerciale, ses opérations de communication, par exemple.

2.3. Diversification des concepts de point de vente et conséquences logistiques : le cas Metro

2.3.1. Metro : adaptation logistique dans une stratégie de croissance

La grande distribution et les fabricants de produits de grande consommation sont dans une dynamique de négociation commerciale qui place la logistique fréquemment au cœur de leurs relations avec leurs fournisseurs. Les activités de cash and carry sont sensiblement différentes des activités classiques de la grande distribution. C'est un libre-service de gros réservé aux professionnels qui peuvent acheter pratiquement tout ce dont ils ont besoin dans un magasin. Ils payent comptant (cash) et emportent la marchandise (carry). Cette activité repose sur quatre grands principes :

• tous les produits sous le même toit ;
• paiement comptant des marchandises ;
• produits emportés directement par le client ;
• vente dans un système d'entrepôt magasin.

La clientèle des entrepôts-magasins en libre-service est exclusivement professionnelle. Elle est essentiellement constituée de professions libérales, restaurateurs, épiciers de quartier, collectivités… Elle est, de ce point de vue, beaucoup plus exigeante que la clientèle particulière de la grande distribution. Par exemple, en cas de rupture entraînant l'approvisionnement du client chez un concurrent ou dans un autre canal de distribution, les études Metro ont montré que le client ne revient pratiquement jamais auprès de l'enseigne qui l'a déçu dans un délai inférieur à un an. L'offre de produits et de services est adaptée aux besoins de ces clients professionnels. Elle passe par des conditionnements particuliers des produits, des horaires d'ouverture étendus dans la journée, des moyens de manutention adaptés à l'achat de grand volume…

En France, deux acteurs se partagent en 2005, près de 80 % des parts de marché du libre-service de gros : Metro et Promocash. Metro est aujourd'hui présente dans 28 pays depuis sa fusion avec Makro en 1999 et compte plus de 500 magasins.

> Dans l'univers de la distribution, Metro fait figure de géant discret. Metro développe un concept de distribution de type cash and carry. Créée en 1964 en Allemagne, l'entreprise s'est rapidement développée à l'international.
>
> Le chiffre d'affaires mondial de l'activité cash and carry est de 26 milliards d'euros en 2004. En France, le développement s'est fait à partir de 1971. Le chiffre d'affaires de 2004 est de 3,4 milliards d'euros sur 83 points de vente.
>
> En Europe, Metro a mis en place une approche intégrée de sa logistique. En 1995, le distributeur a décidé de créer Metro Logistic GmbH, entreprise totalement contrôlée par Metro. L'objectif était de passer d'une situation où la visibilité sur les coûts logistiques était faible à une situation de plus grande maîtrise. 4 000 des 8 000 fournisseurs actifs sur l'ensemble des enseignes (Metro, Makro dans le cash and carry, Real et Extra dans la distribution alimentaire, Madia Makt, Saturn, Praktiker dans la distribution spécialisée, Galeria Kaufhof dans les grands magasins) sont aujourd'hui gérés via Metro Logistic GmbH avec des taux de service de grande qualité : 98 % de livraison dans les délais, réduction de 20 % de la casse sur les produits, et amélioration de 7 % de la disponibilité des produits.
>
> Seule la France représente une exception en disposant de sa propre organisation logistique.

Le département logistique de Metro France gère un budget annuel de 71 millions d'euros soit, environ, 2,3 % du chiffre d'affaires. Il englobe l'ensemble des frais de fonctionnement (salaires, installations, matériels, développement informatique) ainsi que le coût direct des achats de prestations (entreposage, transport…). Pour faire face aux exigences de sa clientèle professionnelle, Metro a mis en place une logistique particulièrement performante. 70 % des commandes sont livrées en moins de trois jours et ce, tous produits confondus. Les magasins-entrepôts sont livrés tous les jours et même plusieurs fois par jour : tous les jours en produits secs, 2 fois en fruits et légumes et 2 fois par semaine pour le non-alimentaire. Cette logistique est organisée par grandes familles de produits : les produits secs, les produits frais, les surgelés, les fruits et légumes, la marée.

Metro, depuis le début des années 1990, a eu une stratégie de conquête du territoire, en France. D'une implantation limitée à quelques magasins de très grandes surfaces, (plus de 15 000 m^2), Metro est passé à une implantation intensifiée sur toute la France, mais qui a demandé un changement de concept (surface de 3 300 m^2, moindre nombre de références, spécialisation sur les métiers de la bouche…). La logistique d'approvisionnement des magasins entre producteurs et Metro a dû s'adapter de manière à faire face à des flux d'une autre nature que ceux sur lesquels la relation s'était historiquement bâtie. En cela, le cas Metro est un cas d'observation intéressant de l'évolution des systèmes logistiques entre producteurs et distributeurs de produits de grande consommation.

2.3.2. Grandes étapes du développement commercial de Metro

Metro a mené un développement commercial qui s'est appuyé sur trois temps majeurs de la stratégie :

• la duplication du concept commercial allemand ;

• la mise en œuvre d'un concept commercial plus adapté à la structure de clientèle en France ;

• l'intensification du développement des concepts de magasins de taille plus réduite que ceux initialement ouverts.

Il faut ajouter à ces trois grandes étapes, celle qui vient de se clore (cf. tableau 6.11)

La première époque (1971-1988) a donc été la période d'implantation menée à partir de la diffusion en France d'un concept commercial et d'un point de vente entièrement dupliqués sur le modèle allemand : même surface,

Années	1971-1988	1989-1994	1995-1998	1999-2004
Nb de magasins	8	11	53	83
Type : Tradis	8	8	8	8
Type : ECOS	0	3	45	74
Couverture géographique	locale	régionale	multi-régionale	nationale

TABLEAU 6.11. *Les 4 grandes étapes du développement de Metro en France*

même agencement, même linéaire. C'est l'ouverture des magasins appelés « Tradi » pour traditionnels. Au cours de cette période, ce sont huit magasins qui ont été ouverts (cinq en région parisienne, un à Bordeaux, un à Lille, un à Marseille).

La seconde période (1989-1994) correspond à une rupture par rapport au concept de marketing global de la première période. Le développement intensif au niveau de chacun des pays d'implantation Metro nécessite l'adaptation des magasins en France aux particularités des clients locaux et de leur répartition sur le territoire. Metro lance donc à la fois ses marques propres et un nouveau concept de magasins, plus adapté au développement régional en France. Les « ECO1 » puis les « ECO2 » sont des magasins de plus petite dimension que les Tradis. En 1991, Metro compte ainsi 8 Tradis, 6 ECO1 et 3 ECO2. Les nouveaux concepts de magasin restent donc minoritaires en nombre et en pourcentage de chiffre d'affaires. Cependant la logistique mise en place historiquement avait pour vocation de réapprovisionner des magasins dont les caractéristiques commerciales définissaient des flux qui leur étaient propres. La taille plus réduite des nouveaux concepts de magasin commence à soulever des questions d'adaptation de la logistique à mettre en place pour les approvisionner. En effet les flux attachés à leur concept commercial ne sont pas de la même nature que ceux des magasins traditionnels. Cette période est également marquée par une diversification de l'entreprise sur des activités autres (équipement du bureau, vente de matériel aux grandes cuisines de restauration…).

La troisième période (1995-1997) marque la volonté de Metro d'intensifier son maillage du territoire. Pour ce faire un troisième concept de magasin est créé, les « ECO3 ». Ils peuvent commercialement couvrir des villes moyennes,

		Tradis	ECO1	ECO2	ECO3
Surfaces	moyenne	8 500 à 17 000 m^2	6 000 à 12 000 m^2	6 000 m^2	3 000 m^2

TABLEAU 6.12. *Dimensionnement des différents types de magasins Metro*

mais sont de taille encore nettement inférieure (cf. tableau 6.12). Ainsi, le développement de l'entreprise s'opère essentiellement par l'implantation des magasins ECO pour lesquels la logistique initiale n'avait pas été conçue.

La quatrième période tend à concrétiser la couverture nationale de la France par Metro avec l'ensemble des différents concepts de magasins qui a été conçu. Il n'y a donc plus d'apparition de nouveaux concepts de magasins, mais, en revanche, il y a une multiplication des implantations.

Les changements de stratégie commerciale sont autant de facteurs qui ont déstabilisé la logistique de distribution et d'approvisionnement de Metro et donc de ses fournisseurs. Elle a dû mener parallèlement à la stratégie commerciale une prise de conscience dans le domaine logistique. Il a donc été nécessaire de provoquer une adaptation des modèles logistiques pour accompagner la stratégie commerciale dans des conditions de service et de coûts conformes aux objectifs stratégiques généraux de Metro (service à des professionnels, fonction grossiste, rentabilité de l'entreprise). Ces adaptations se sont automatiquement répercutées sur ses fournisseurs qui, à leur tour, ont dû modifier leurs systèmes logistiques pour s'adapter aux nouvelles contraintes logistiques de Metro.

2.3.3. Les principales phases d'adaptation de la logistique de Metro

Il est possible de considérer que la structure du système logistique de Metro est passée par trois grandes phases et qu'une quatrième est en préparation. Ces phases recouvrent chacune des grandes étapes du développement commercial de Metro, comme le montre le tableau 6.13.

Années	1971-1988	1989-1994	1995-1998	1999-2004
Nb de magasins	8	11	53	83
Tradis	*8*	*8*	*8*	*8*
ECOS	*0*	*3*	*45*	*75*
Couverture géographique	locale	régionale	multirégionale	nationale
Réapprovisionnement automatique				5 %
Plate-forme d'éclatement			40 %	60 %
Plate-forme spéculative		10 %	10 %	25 %
Livraisons directes	100 %	90 %	50 %	10 %

TABLEAU 6.13. *Adaptation de la logistique Metro aux grandes étapes du développement commercial*

La première phase couvre la période 1971-1988. Jusqu'en 1987, Metro ne possède pas son propre service logistique. Il n'existe qu'un service import qui gère une plate-forme de dédouanement située à Rungis. La logistique de Metro est en réalité principalement assurée par des structures internationales en Allemagne. En effet, pour les marchandises générales (le non-alimentaire qui représente la moitié du chiffre d'affaires), des centrales d'achat ont été créées. Parpoolen Suisse, Gemex à Hong Kong, par exemple, gèrent le référencement des produits et leur approvisionnement sur une plate-forme européenne à Rotterdam. En général, ces produits sont poussés vers les magasins par des « Ordres à livrer », la préoccupation des centrales d'achat internationales étant de faire mettre en linéaire — aussi rapidement que possible — les grandes quantités de produits qu'elles ont achetées. Les autres marchandises (essentiellement de l'alimentaire), sont toutes livrées en direct des fournisseurs aux magasins. La pratique est donc essentiellement dans l'alimentaire la livraison directe. Ce mode de livraison où le fournisseur prend en charge toute la logistique est parfaitement compatible avec le type de magasins exploités à l'époque, les Tradis. Ce sont de grandes surfaces (en moyenne 17 000 m^2) qui ont suffisamment d'espace pour disposer de réserve et d'une rotation importante de leurs stocks. Ces deux caractéristiques rendent tolérables la livraison directe des fournisseurs en quantité relativement importante.

La seconde phase couvre la période de 1989-1994. Trois facteurs d'évolution de la stratégie commerciale ont conduit à une remise en cause de l'approche logistique de Metro :

- la perte de compétitivité sur les prix par rapport à la concurrence, amène Metro à systématiser les achats dits « spéculatifs », c'est-à-dire aux conditions promotionnelles du fournisseur. Mais ces conditions promotionnelles sont limitées dans le temps. Pour en profiter sur une période plus longue, il est nécessaire d'acheter en période promotionnelle et de stocker pour les périodes ultérieures. Il faut donc disposer de surface de stockage importante ;

- l'émergence des nouveaux concepts de magasins qui disposent de surface moindre (8 500 à 12 000 m^2 pour les ECO1, 6 000 m^2 pour les ECO2 et 3 300 m^2 pour les ECO3). La surface de ces magasins rend plus difficile la conservation d'espaces consacrés aux réserves et la mise en œuvre d'un mode d'approvisionnement direct, la rotation des produits dans les magasins étant inférieure à celle des Tradis. Le passage de 70 camions quotidiens pour réapprovisionner les structures de petite taille était inenvisageable et aurait réclamé un personnel en réception sans commune mesure avec le potentiel commercial et de rentabilité de ce type d'implantation ;

- enfin, la concurrence sur les marchés de la distribution alimentaire s'est orientée de manière croissante sur les concepts de qualité. Par exemple, dans le domaine des produits frais, la notion de fraîcheur est apparue comme un facteur de plus en plus critique pour satisfaire et fidéliser la clientèle. Les procédures de contrôle ont nécessité une centralisation sur certains points de passage des flux de manière, là aussi, à ne pas immobiliser trop de personnel dans les magasins.

La troisième phase couvre la période 1995-1998. Au cours de cette période Metro aboutit à une couverture de régions multiples en France. Sans pour autant que l'ensemble du territoire ne soit couvert et que Metro puisse prétendre à une couverture nationale, la position commerciale de Metro dépasse la simple présence sur les grandes métropoles nationales. Les concepts de magasins de plus petite dimension, ECO1, ECO2 et ECO3 continuent à se développer de manière privilégiée.

Du point de vue logistique, on peut constater qu'un concept nouveau émerge chez Metro, celui de la plate-forme logistique appelée encore plate-forme d'éclatement. Ces plates-formes groupent les expéditions en provenance de fournisseurs multiples à destination de chaque magasin de telle manière à pouvoir réaliser des chargements complets à destination des petites surfaces de vente. La taille des magasins ECO1, ECO2 et ECO3 nécessite de leur permettre de s'affranchir des minima de commandes imposés par les fournisseurs. Ce sont donc des commandes groupées de plusieurs magasins qui sont passées aux fournisseurs. Les livraisons sur les plates-formes sont alors éclatées à destination de chacun des magasins sans contraintes de minima de commandes. Lorsque des magasins sont ouverts dans des zones dont le potentiel de clientèle est plus faible, l'adaptation des tailles de commandes — et donc de livraison

— nécessite soit une remise en cause des barèmes des fournisseurs, soit la mise en place d'une autre logique d'approvisionnement des magasins. C'est donc une logique nouvelle de réapprovisionnement des magasins qui a été retenue. Elle touche non seulement le circuit physique, mais également le circuit logique de la commande.

Lorsque le magasin de Nanterre de Metro passe une commande à Danone, cette commande transite par la Centrale d'Achat de Metro qui la regroupe avec toutes les commandes destinées à Danone en provenance des autres magasins de la région parisienne. La préparation des commandes est faite par Danone qui expédie sur la plate-forme Metro les commandes. La plate-forme a alors un rôle de consolidation des produits en provenance de plusieurs fournisseurs de produits frais (Yoplait, Senoble) pour un même magasin et de gestion de l'expédition et de la livraison terminale. La valeur ajoutée la plus forte se trouve à la fois dans la productivité qu'il est possible de tirer du processus physique ainsi conçu mais également dans la productivité administrative. L'actualisation des stocks des magasins est faite par les plates-formes centrales au moment de la livraison des commandes vers les magasins. Elle libère les magasins de tâches administratives logistiques et leur permet de se consacrer plus exclusivement à sa mission commerciale. De même, le processus de traitement de la facture est pris en charge au niveau central et permet ainsi de réduire à la fois les litiges et le nombre total de personnes dédiées à ce processus. Entre 1993 et 1997, la gestion des litiges factures est passée de 90 personnes réparties sur l'ensemble des magasins à 30 personnes gérées au niveau central.

À partir de 1999, l'expansion a continué avec la mise en place de système de réapprovisionnement automatique de certains produits dans les magasins. En 1999 Metro avait ainsi a sa disposition 66 magasins représentant 300 000 m^2. Chaque entrepôt comprend en moyenne 30 000 références en alimentaire et marchandises générales. Elle rentrait dans une phase plus orientée vers la recherche d'un meilleur pilotage de ses flux, grâce au déploiement d'un ERP/APS.

2.4. Diversification des canaux de distribution : le cas Michelin-Euromaster

2.4.1. Constitution d'un canal contrôlé de distribution

Poussé par une tendance générale de l'industrie du pneumatique en Europe, Michelin a été amené à prendre un rôle de plus en plus direct dans les circuits de distribution de ses produits. La firme a constitué depuis la fin des années 1960, un réseau de distribution contrôlée dont elle possède les points de vente en propre. Cette tendance a débuté au Royaume-Uni avec la mise en place d'un premier réseau au travers d'ATS (Associated Tyre Specialists Ltd). En Espagne une organisation comparable s'est mise en place à la fin des années 1970. À partir de 1985, afin de défendre sa position vis-à-vis de la concurrence qui voyait une possibilité de développement de ses propres réseaux de distribution pour une meilleure intervention sur un marché largement dominé par Michelin, les réseaux de distribution spécialisés contrôlés en propre par Michelin se sont multipliés dans d'autres pays d'Europe. Michelin est entré dans la distribution du pneumatique en Allemagne, en

> France, en Suède et dans divers pays d'Europe du Nord. À partir de 1990, les diverses sociétés ainsi développées de manière nationale ont procédé à un regroupement de leurs intérêts au sein d'une structure unique, Eurodrive Service and Distribution N.V. qui a son siège à Amsterdam. Parallèlement, une enseigne commerciale commune s'est mise en place, sous la dénomination Euromaster. Implanté maintenant dans dix pays européens, Euromaster a réalisé en 2003 un chiffre d'affaires de 1,8 milliard d'euros en Europe dont 540 millions d'euros en France.

Ce réseau de distribution de 1 800 points de vente contrôlé en propre est le fruit d'une stratégie défensive de Michelin à l'égard de ses concurrents manufacturiers et à l'égard des réseaux de distribution indépendants. Michelin entend bien conserver une pénétration du marché jusqu'au point de revente finale de manière à maximiser son encaisse. La stratégie est d'autant plus réaliste que ses positions en volume et en nombre de points de vente desservis sur l'Europe lui permettent de conserver cette pénétration à des coûts logistiques admissibles.

2.4.2. Place du canal contrôlé de distribution Michelin

Ce canal de distribution propriétaire a pris place parmi l'ensemble des canaux de distribution déjà utilisés pour la commercialisation des pneumatiques au sein du circuit de distribution des produits Michelin. Le schéma 6.4 présente l'ensemble des canaux de distribution utilisés par les manufacturiers de pneumatiques pour vendre leurs pneus (sell-in). Ces différents canaux revendent eux-mêmes aux clients finals (sell-out).

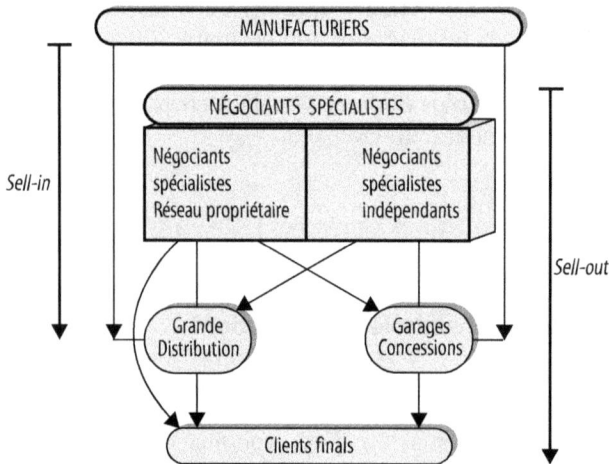

SCHÉMA 6.4. *Circuit de distribution du pneumatique en France*

La mission principale du réseau que Michelin s'est constitué en propre, Euromaster, est de préserver pour Michelin un canal de distribution directe au marché pour lutter ainsi face au phénomène de concentration. Dans ce cadre, le réseau vise à maximiser les ventes de pneus Michelin et à favoriser une meilleure connaissance du marché, en conformité avec le choix de Michelin de rester proche du client et du revendeur final.

Le métier du réseau au niveau du pneumatique peut être décliné en 3 composantes :

- un métier grand public ;
- un métier professionnel. Il recouvre la vente du produit avec des services associés et dans le cadre de conditions nationales. C'est le fonds de commerce naturel d'Euromaster. De plus en plus, c'est un négociant spécialiste qui se rend sur le parc du transporteur pour en assurer la maintenance. Les flottes de camions se déplacent de moins en moins vers des garages pour l'entretien de leurs pneus ;
- un métier de revendeur qui joue le rôle de grossiste par rapport aux petits détaillants.

Une volonté de diversification dans les produits et les prestations proposés s'est mise en place, avec la revente de batteries, d'amortisseurs, de pots d'échappement, de plaquettes de frein… Globalement, Euromaster est appréhendé comme un négociant spécialiste. Il dispose donc à cet effet de ses lieux de vente et de sa logistique pour approvisionner ses points de vente avec les produits Michelin et avec les autres produits commercialisés.

2.4.3. Juxtaposition de systèmes logistiques internes à Michelin

La constitution d'un canal de distribution contrôlé peut conduire à voir se dupliquer des réseaux logistiques internes au producteur. Le producteur possède ainsi un système logistique (dépôts, stocks, tournées de distribution, système d'information…) qui lui permet de servir l'ensemble de ses distributeurs, parmi lesquels son réseau contrôlé. Dans le même temps, le réseau contrôlé pourrait créer des infrastructures qui lui soient propres pour assurer ses approvisionnements en produits Michelin et plus encore dans les autres produits. Ses développements peuvent être menés au fil du temps, sans que la recherche de synergies particulières avec le producteur auquel il est lié soit réalisée.

Pour Euromaster, près de la moitié des livraisons étaient faites avec des moyens Michelin. Une partie importante du chiffre d'affaires des points de vente Euromaster est faite avec des produits Michelin. On constate dans la réalité que la gestion des stocks de ces points de vente est mauvaise puisqu'il leur était permis, sans surcoût, de commander plusieurs fois par jour des pneus à Michelin et de bénéficier d'environ deux livraisons par jour. Les coûts afférents à la logistique entre Euromaster et Michelin ont nécessité de la part du producteur une remise à plat de sa logistique avec son canal de distribution. L'objectif de cette réorganisation étant l'instauration d'une coopération logistique Groupe Michelin — Euromaster reposant sur les points suivants :

- optimiser les flux, ce qui signifie :
  - réduire les stocks dans une perspective groupe,
  - accroître la réactivité, c'est-à-dire le taux de service d'Euromaster par rapport à ses clients et de Michelin par rapport à Euromaster,
  - réduire les coûts d'approvisionnement des points de vente Euromaster (saisie des commandes, préparation des commandes, livraison et réception des produits dans les agences) ;

- améliorer les échanges d'information au niveau de la qualité et des modes de transmission ;

- développer l'expérimentation et l'application de nouvelles méthodes et diffuser des normes ;

- améliorer le professionnalisme logistique du réseau.

Pour compléter cette explicitation des objectifs dédiés à la coopération logistique Michelin — Euromaster, des principes ont été identifiés et sous-tendent les scénarios qui ont été élaborés par la suite par le producteur :
- lisser la charge de Michelin grâce aux activités Euromaster ;
- ne pas pénaliser la capacité de la compétitivité commerciale d'Euromaster ;
- développer une transparence partielle du stock Michelin ;
- délocaliser les flux Groupe Michelin vers les agences Euromaster au plus tard ;
- mettre en place un transfert d'informations depuis Euromaster, vers les entités pays de Michelin comme logique générale des prévisions.

2.5. Sell-in/sell-out et conséquences Supply Chain déstabilisatrices

Les deux exemples précédents de Metro et de Michelin, posent le problème de l'impact sur la Supply Chain des choix opérés par les acteurs d'un canal de distribution donné. Dès que les intermédiaires du canal de distribution, situés entre le producteur et le client final identifient un besoin qui nécessite la mise en œuvre d'infrastructures logistiques, il est possible d'envisager une utilisation plus ou moins intensive de ces moyens dans la structuration de ses relations. Le degré de maturité logistique d'un distributeur lui permet en particulier d'utiliser ses infrastructures logistiques pour transformer le signal réel de consommation des clients finals. L'information de consommation et de besoin mise à la disposition des

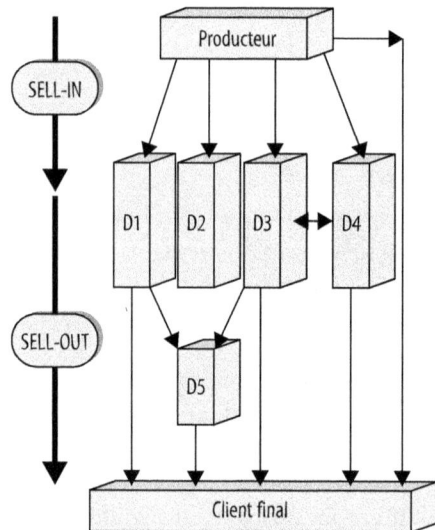

SCHÉMA 6.5. *Positionnement du sell-in et du sell-out dans les canaux de distribution*

producteurs n'est plus alors l'image de la consommation réelle mais celle de la demande des distributeurs. Leurs outils logistiques sont alors à même d'agir sur les composantes majeures de distribution que sont le lieu, le temps, l'assortiment et le quantitatif. Cette action délivre une information que le producteur n'est pas censé obtenir. C'est tout ce qui sépare une livraison directe vers les hypermarchés de la part d'un producteur de la livraison vers une plate-forme nationale d'un distributeur. Dans le premier cas le producteur connaît assez exactement la consommation quantitative et qualitative à l'échelle locale que recouvre un hypermarché. Dans le second cas, le producteur perd toute précision sur la consommation réelle de ses produits. La livraison est réalisée sur une plate-forme distributeur qui peut stocker les produits ou créer des assortiments spécifiques locaux sans que le producteur soit directement au courant. Cet effet du canal de distribution est appelé sell-in/sell-out. Le schéma 6.5 illustre le processus. Le sell-in correspond à une identification de tout ce qui rentre dans les canaux de distribution. Le sell-in donne une répartition quantitative et qualitative des produits vendus par la firme chez les intermédiaires des canaux de distribution. Le sell-out donne une représentation de ce qui est vendu aux clients finals en provenance des différents circuits de distribution.

Des décalages quantitatifs, qualitatifs, temporels et géographiques s'opèrent entre le sell-in et le sell-out. Ils s'expliquent principalement par le fait que les différents canaux de distribution peuvent échanger des produits entre eux. Le décalage temporel s'explique principalement par la capacité du canal de distribution à stocker. Ainsi, il est possible de constater un faible volume de vente par le producteur aux distributeurs, alors que dans le même temps le marché du client final est très actif. C'est un phénomène de déstockage. À l'opposé, il est possible de constater un fort volume de vente aux canaux de distribution alors même que les ventes aux consommateurs finals sont faibles. Dans ce dernier cas, les distributeurs stockent, soit, par exemple, pour profiter de conditions commerciales avantageuses (promotion), ou soit pour anticiper sur une hausse tarifaire.

Le cas du développement de Metro, celui d'Euromaster pour Michelin, illustrent chacun à leur façon l'impact que le comportement logistique d'un distributeur peut avoir sur les producteurs situés en amont dans le canal de distribution. Un ensemble de phénomènes d'échanges, de rétention, de micro-flux au sein de chaque agent distributeur et entre eux, provoque des contraintes sur le système propre au producteur. Le cas Yoplait que nous allons maintenant développer va illustrer les évolutions successives auxquelles un producteur doit se soumettre pour faire face à la structuration logistique d'un secteur complet de la distribution.

Quels défis pour la Supply Chain des distributeurs ?

Par Hubert Deger, directeur Supply Chain de Manutan.
Hubert Deger a également été préalablement directeur Supply Chain de Truffaut.

Le SCM : un concept novateur et structurant pour les grandes entreprises de la distribution, mais pas toujours pour les petites

Le SCM est un concept qui n'a pas trouvé sa représentation dans les entreprises de distribution hormis les grandes structures.

Cela tient essentiellement à l'organisation avant tout hiérarchique et non transversale des entreprises. La solution pour faire progresser le SCM dans ces entreprises se trouve souvent dans l'outil. L'outil contraint l'organisation à s'adapter. Ainsi, un ERP, système d'information intégré, peut jouer un rôle facilitateur important car la chaîne de traitement des flux (financiers, produits,...) devient transversale.

Les jardineries Truffaut ont par exemple fait le choix d'implanter SAP et ainsi d'avoir un SCM basé sur cette transversalité. Un magasin a pu dès lors visionner les flux produits qui lui sont propres ainsi que l'ensemble des flux concernant les autres points de vente. Il a été alors possible de dire au client où et quand trouver un produit dans le réseau.

Des cessions internes entre magasins sont devenues possibles sans passer par un approvisionnement classique via les entrepôts. La valorisation des stocks a été homogénéisée et les règles de gestion sont devenues identiques.

La traçabilité des stocks et des commandes, véritable enjeu commercial de fidélisation du client dans le secteur de la vente à distance

En distribution, piloter le SCM sans nécessairement voir le produit et sans point de vente, spécificités de la vente à distance, équivaut à piloter plusieurs flux logistiques : le flux classique de préparation en entrepôt, la préparation et livraison directe client depuis le fournisseur, le cross docking...

Le pilotage est possible à condition de gérer les données logistiques jusqu'au niveau article, ce qui suppose un métier de « data manager » spécifique et parallèle à celui déjà existant en marketing. Ce positionnement clair suffit à piloter la gestion des données, la fiabilité des données en tant que telle étant encore un autre sujet.

Le véritable enjeu est celui du « track and trace », autre concept moderne plus généralement décrit comme la traçabilité.

La fidélisation du client repose sur le respect des engagements de disponibilité et de date de livraison, sous réserve d'une qualité de réalisation parfaite.

Techniquement, il n'existe pas d'outil transversal qui permette d'avoir une traçabilité totale du flux de distribution. L'EDI, base des échanges dans le traitement des informations, est différent selon qu'il s'agit d'un échange avec le fournisseur (norme Edifact) ou avec le transporteur (norme Innovert). Cette rupture doit être gérée par la société de vente à distance et reconstituer les liens n'est pas simple.

La vente à distance, métier précurseur du e-commerce et épicier des temps modernes

Avec le e-commerce, le métier de la vente à distance amorce un virage commercial et technologique important.

La migration de la vente du produit vers plus de services est certaine. Pour capter le client, les stratégies commerciales tendent à personnaliser l'offre grâce aux techniques de segmentation du marketing et au moyen des gestions de bases de données.

Pour la logistique, cette différenciation n'est pas aussi fine, et les schémas sont plus simples. En général, il est toutefois possible de formuler une réponse adaptée.

L'appellation « épicier des temps modernes », derrière cette qualification humoristique, cache un véritable souci en termes de satisfaction client.

N'ayant pas de face à face et de relation humaine réelle avec le client, l'image même de la relation avec le client est totalement dématérialisée. Ainsi, comme il n'y a plus d'éléments concrets, et tout étant par ailleurs dématérialisé, le client a une perception « virtuelle » du service rendu. Son exigence est très élevée, et le droit à l'erreur très faible, d'autant plus qu'il n'existe pas de moyen de le rassurer (mise en scène, accueil client, échanges humains,...).

Quelques éléments de réponse à la maîtrise d'un bon SCM

L'expérience montre qu'une bonne synchronisation des métiers logistiques est une condition nécessaire à un bon SCM. En quelque sorte, commençons par une Supply Chain des métiers de la logistique.

Il s'agit d'une ambition réaliste, avant de parler d'une Supply Chain regroupant toutes les fonctions (marketing, achats, administration des ventes, SAV,...).

Un autre élément de réponse fort est la conduite du changement. En association avec les ressources humaines, il est vital de considérer la mise en œuvre du SCM comme un véritable changement de valeurs.

La meilleure façon de réussir cette mise en œuvre est d'effectuer le changement par le mode gestion de projet afin de parler concrètement du changement, avec des objectifs communs et de façon compréhensible par un nombre important d'acteurs opérationnels. En synthèse : une conduite du changement par la méthode expérimentale.

Ainsi, avec ces quelques éléments de réponse, il est possible d'éviter les problèmes récurrents de rivalité des fonctions, à savoir : qui est le pilote du SCM ?

3. STRUCTURATION SUPPLY CHAIN SECTORIELLE ET RECOMPOSITION D'UN SYSTÈME DE DISTRIBUTION : LE CAS YOPLAIT

3.1. Une stratégie commerciale produit : facteur initial de perturbation

En 30 ans, Yoplait a fait évoluer sa stratégie commerciale. Ont été plus particulièrement concernées les stratégies de produits et les stratégies de promotion. Ces évolutions propres à une entreprise industrielle du secteur des produits de grande consommation frais, viennent confirmer les observations menées à partir du cas Metro. Les stratégies commerciales dans le secteur des produits de grande diffusion sont porteuses d'un effet déstabilisateur important pour les systèmes logistiques.

La nature des produits commercialisés par Yoplait a évolué de manière significative en quelques décennies. À l'évolution quantitative des produits consommés et au changement de la nature même des produits proposés se sont superposés deux autres effets : d'une part la transformation des emballages et des quantitatifs vendus et d'autre part les enjeux associés à la fraîcheur du produit (Date Limite de Consommation, DLC).

3.1.1. La consommation

Tout le monde achète en France des produits ultra-frais, les taux de pénétration atteignant des niveaux exceptionnels : 98,7 % des foyers en France achètent ces produits et y consacrent près de 5 % de leur budget alimentaire. La fréquence d'achat est très élevée et est liée à de nombreux actes de consommation.

Comme pour les autres produits alimentaires, la forme hypermarché représente le canal de distribution le plus important avec près de 56 % des ventes (cf. schéma 6.6). Cela étant, l'organisation de la distribution physique ne permet plus à travers la livraison des entrepôts non spécialisés de la grande distribution de connaître exactement les quantités livrées par nature de points de vente. C'est le paradoxe actuel qui par la suppression des stocks permet de connaître exactement la réaction du marché mais ne permet plus de savoir précisément dans quels formats de magasins ont été vendus les produits, les seules sources étant celles des panélistes.

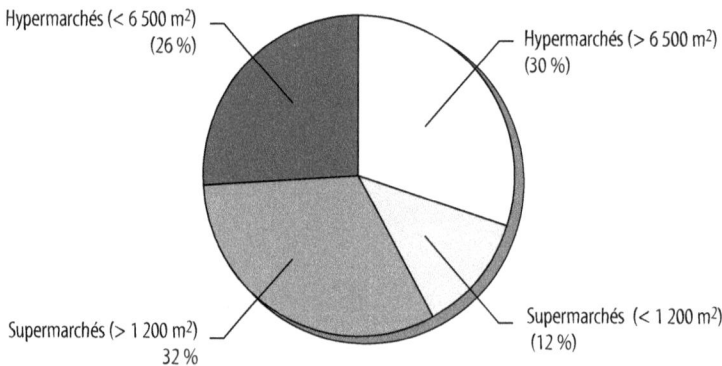

SCHÉMA 6.6. *Répartition du chiffre d'affaires Yoplait par type de point de vente*

Les marchés aval sont très concentrés et Yoplait réalise 50 % de ses ventes avec seulement trois enseignes et plus de 80 % avec les 6 premières enseignes.

3.1.2. Tonnage et gamme

L'évolution quantitative a été portée principalement par l'augmentation de la consommation en France des produits frais laitiers. De 3,7 kg de produits laitiers frais consommés *per capita* en 1960, nous sommes passés à une consommation de 32 kg par personne et par an (18 % des dépenses alimentaires en France ont été faites sur le rayon crémerie en 2005 avec un budget annuel par ménage de 485 euros). De plus, les gammes se sont étendues de manière à pouvoir répondre aux besoins nouveaux de consommation (yaourts à boire) ou aux attentes particulières de certains segments de clientèle (les enfants avec les Petits Suisses pulpés ou les desserts pâtissiers, les adultes citadins avec les produits allégés…). Ainsi le nombre de références a été multiplié par 25 de 1960 à 2000 comme le montre le tableau 6.14.

Il est important de noter la part croissante des marques distributeurs (MDD) qui représentent plus de 30 % de parts de marché en 2006 en France, sur le marché ultra-frais laitier, pour seulement 20 % en 1984 et qui participent à l'explosion du nombre de marques.

	1960	1970	1980	1990	2005
Gamme nationale (Nb de références)	20	40	100	150	350

TABLEAU **6.14.** *Évolution du nombre de références proposées par Yoplait (marque restauration hors foyers, MDD, exportation)*

3.1.3. Packaging et lot consommateur

Les techniques d'emballage ont permis de transformer à la fois le packaging (passage du pot tronconique paraffiné au pot thermoformé) et la taille des lots proposés aux clients finals (de l'unité au lot par 4, par 8, par 12 et par 24). Le tableau 6.15 présente l'évolution de la présentation des yaourts nature et de leur date limite de vente au cours de ces 40 dernières années.

Périodes	1960/ 1970	1970/ 1980	1980/ 1990	1990/ 2000	2000/ 2005
Packaging	Pot tronconique paraffiné *1	Pot plastique thermoformé *1	Groupage *4 *8 *12	Groupage *16	Groupage tout type
Date Limite de Consommation (DLC)	J + 12	J + 21	J + 24	J + 24 J + 28 (1996)	J + 30

TABLEAU **6.15.** *Évolution du packaging yaourt et date limite de consommation*

Les produits étant de plus en plus similaires entre les marques, l'un des atouts différenciateurs forts porte sur la date de fraîcheur. Le distributeur cherche à mettre dans ses linéaires des produits dont la date de conservation sera la plus longue possible. Il faut donc pour le producteur que les délais entre la fabrication et la livraison au distributeur soient aussi courts que possibles.

3.2. La recomposition du canal de distribution : nouvelles contraintes Supply Chain

3.2.1. Évolution de la place respective des circuits de distribution pour les produits ultra-frais

La structuration de la grande distribution à partir des années 1975 a fait évoluer le profil du canal de distribution traditionnelle des produits de grande consommation alimentaire en général, et des produits frais en particulier. Le canal s'est alors partagé en deux nouveaux canaux : la GMS (Grandes et Moyennes Surfaces) – qui regroupe tous les points de vente de la distribution moderne –, et le « tradi » ou canal traditionnel – qui réunit tous les autres points de vente classiques de la distribution alimentaire (essentiellement les épiceries de proximité). La recomposition de la distribution agroalimentaire entre ces deux nouveaux canaux s'est faite au profit des premiers et au détriment des seconds. Le nombre de points de vente traditionnels a donc fortement baissé au profit de l'augmentation des points de vente de la GMS comme nous avons pu le voir au début de ce chapitre. Ainsi actuellement les canaux ont encore évolué. Le canal traditionnel n'existe plus et trois circuits sont présents :

• GMS à travers 149 entrepôts (incluant une partie des marques de distributeurs MDD) ;

• MDD Hard discount avec 10 entrepôts ;

• Restauration hors foyer : 188 points de livraison.

Elle s'est concrétisée pour Yoplait par un changement dans la pondération des livraisons entre le circuit « traditionnel » et le circuit « Grandes et Moyennes Surfaces (GMS) » de 1960 à aujourd'hui (cf. tableau 6.16).

	1960/ 1970	1970/ 1980	1980/ 1990	1990/ 1995	1995/ 2005
Circuit traditionnel	100 %	60 %	40 %	8 %	0 %
Autres circuits	0 %	40 %	60 %	92 %	100 %

TABLEAU 6.16. *Poids respectif moyen au cours du temps des principaux canaux de distribution pour Yoplait*

3.2.2. Le rôle des entrepôts et des plates-formes dans la distribution des produits frais

Yoplait a incité les distributeurs à massifier leurs commandes. Pour ce faire, les commandes passées, sont celles d'un entrepôt qui regroupe les demandes de l'ensemble des magasins qui lui sont rattachés. Yoplait livre l'entrepôt qui prend ensuite en charge la relivraison des magasins. Ainsi, il est accordé une ristourne pour livraison sur entrepôt qui représente environ 4 % du chiffre d'affaires. Par ailleurs, pour favoriser des commandes à volumes importants, les tarifs intègrent des dégressifs en fonction du volume commandé. Ainsi, pour une livraison directe qui représente un chiffre d'affaires d'environ 2 000 €/t une ristourne de passage par entrepôt (4 %) ajoutée à un effet volume en passant d'une tranche de poids à une autre (prenons 4 %), provoque une baisse tarifaire globale de 8 % soit un peu plus de 150 € à la tonne. Elle incite le distributeur au passage par entrepôt lorsque son surcoût dû aux infrastructures qu'il met en place pour gérer ce type d'approvisionnement ainsi que la prise en charge de la distribution terminale aux magasins est inférieur à 150 €, ce qui est généralement le cas (90 €/t).

3.2.3. Conséquences sur le nombre des points de livraison

Historiquement, dans les années 1960, l'activité de distribution de Yoplait était structurée pour desservir un canal de distribution construit autour de nombreux points de
vente disséminés sur tout le territoire français (épicerie, crémerie essentiellement). Au
début des années 1980, Yoplait livrait encore ses produits à plus de 70 000 points de
livraison et disposait à cet effet d'une population de 2 000 chauffeurs-livreurs. Chaque
point de livraison était visité en moyenne trois fois par semaine. Un chauffeur
desservait ainsi en moyenne environ 20 points chaque jour et menait une activité dite
« à la chine ». La commande était prise par le livreur au cul du camion, la livraison
était donc instantanée dans la mesure de la disponibilité des produits et le règlement
était majoritairement fait auprès du livreur qui encaissait donc la recette. Le métier de
chauffeur-livreur dépassait donc largement la seule activité de conduite d'un poids
lourd et comprenait une dimension commerciale.

Mais l'évolution des canaux de distribution s'est concrétisée pour Yoplait par deux
effets complémentaires :
• la concentration du commerce de détail sous de grandes enseignes de la
  distribution ;
• la concentration des approvisionnements au sein même des entreprises de grande
  distribution.

Il a été possible de construire la courbe donnant l'évolution du nombre de points de
livraison au cours du temps. Elle fait apparaître une modification radicale de la
structure quantitative des points de livraison à desservir. De 70 000 en 1980, Yoplait
est passé à 25 000 en 1985, puis 1 350 en 1990 pour s'approcher de la valeur de 800
en 1995 et enfin à moins de 150 en 2006 (cf. schéma 6.7). C'est au milieu des années
80 que le phénomène a connu une phase d'accélération importante.

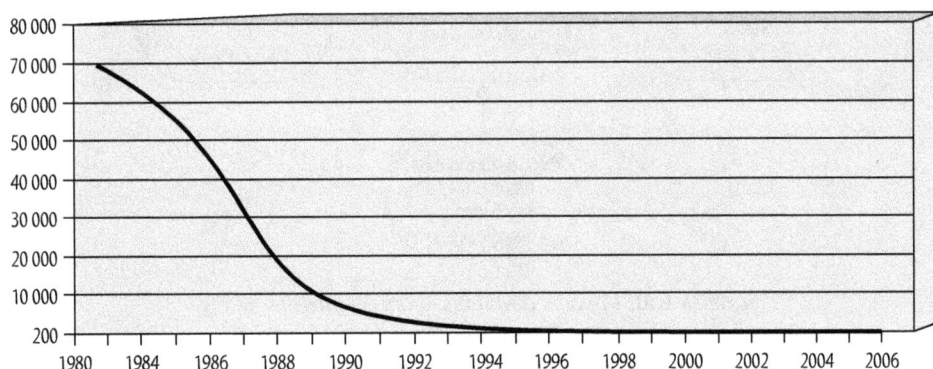

SCHÉMA 6.7. *Évolution du nombre des points de livraison Yoplait en France
(hors restauration, hors foyer – RHF)*

Cette évolution n'a pu laisser sans répercussion la structure physique de distribution
de Yoplait et son organisation. Ainsi, en 1987, il ne restait déjà que 1 460 chauffeurs-

livreurs qui effectuaient encore 3000 tournées de livraison. En 1995, ce ne sont plus que 300 chauffeurs qui réalisent la distribution des produits Yoplait en France.

Aujourd'hui, tous les transports sont externalisés et seules quatre plates-formes restent en France.

4. Dynamique de déstabilisation-recomposition aval de la Supply Chain du producteur

4.1. Champ des contraintes déstabilisatrices de la Supply Chain Yoplait

La Supply Chain de Yoplait s'est trouvée tout d'abord déstabilisée par l'aval sous l'effet conjugué de l'évolution des différentes composantes de son mix-marketing. Le produit, le prix, les promotions et le canal de distribution ont généré chacun des contraintes qui ont nécessité une évolution progressive de la réponse logistique (cf. schéma 6.8).

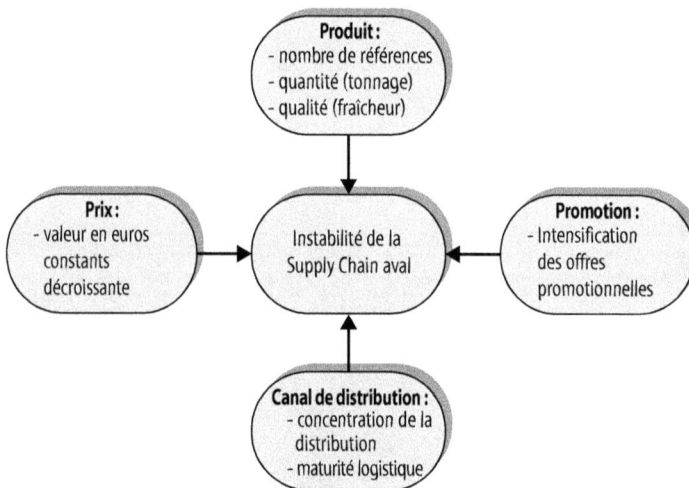

Schéma 6.8. *Impacts déstabilisateurs du mix-marketing sur les composantes du système de distribution*

Le produit s'est modifié tout d'abord, dans sa forme d'unité consommateur. Les quantités de produit vendues par lot n'ont cessé de croître ainsi même que la taille des lots. Les quantités mises en jeu ont également franchi des seuils qui permettent d'envisager des logiques nouvelles de distribution. Le prix a suivi une évolution telle, qu'il a diminué en euros constants. Cela a renforcé la sensibilité du prix de revient à la part prise par les

256

coûts logistiques. Le circuit de distribution s'est modifié dans sa structure et dans ses comportements d'achat. Le poids relatif de chacun des canaux a évolué donnant une place prépondérante au circuit court de la grande distribution. Enfin, la promotion s'est intensifiée et les références à faible durée de vie se sont multipliées.

La déstabilisation du réseau de distribution de Yoplait s'est concrétisée, comme nous l'avons vu précédemment, par une modification de la répartition des points de livraison.

Mais il s'est doublé par une modification de la structure même des commandes. En effet, la maturité logistique des distributeurs de la GMS a significativement évolué dans le temps et ils ont de ce fait modifié la nature même des approvisionnements. Le tableau 6.17 montre en particulier la part prépondérante prise par les livraisons sur entrepôt distributeur par rapport aux livraisons directes qu'elles soient sur hyper-marché ou sur les autres types de magasins, grandes ou moyennes surfaces.

Volume livré	1980	1990	2000	2005
Sur entrepôt distributeur	40 %	85 %	90 %	100 %
Direct points de livraison	60 %	15 %	10 %	0 %
Dont Direct Hypermarchés	*30 %*	*10 %*	*7 %*	*–*
Dont Directs autres GMS	*30 %*	*5 %*	*3 %*	*–*

TABLEAU **6.17.** *Répartition des volumes de livraisons selon la nature des points de livraison*

Cette situation a amené à reconsidérer de manière permanente l'organisation de la distribution physique de Yoplait :

• d'une part, en diminuant progressivement le nombre des entrepôts : une centaine en 1975, 36 en 1987, puis leur transformation en plates-formes : 6 en 1995 et 4 en 2005, englobant une surface géographique plus grande puisque prenant en compte la desserte du Benelux ;

• mais d'autre part en changeant radicalement les principes de sa logistique aval.

L'intérêt particulier que représente le cas Yoplait réside dans la conjugaison simul-tanée d'une déstabilisation de sa Supply Chain par l'aval, telle que nous venons de la décrire, avec une déstabilisation de sa Supply Chain par l'amont, sous l'effet de la spécialisation de ses unités de production telle que nous l'avons vue au chapitre 5.

4.2. Dynamique de recomposition de la Supply Chain Yoplait

L'objectif est ici de retrouver et de reconstruire les différentes phases par lesquelles la logistique de Yoplait est passée de manière à s'adapter au double champ de contraintes issues des phénomènes déstabilisateurs amont et des phénomènes déstabi-lisateurs aval.

257

La structure physique générale de la Supply Chain de Yoplait s'est adaptée réguliè-rement à ce double champ de pression. Nous pouvons considérer qu'elle est passée par quatre grandes étapes entre le début des années 1960 et aujourd'hui.

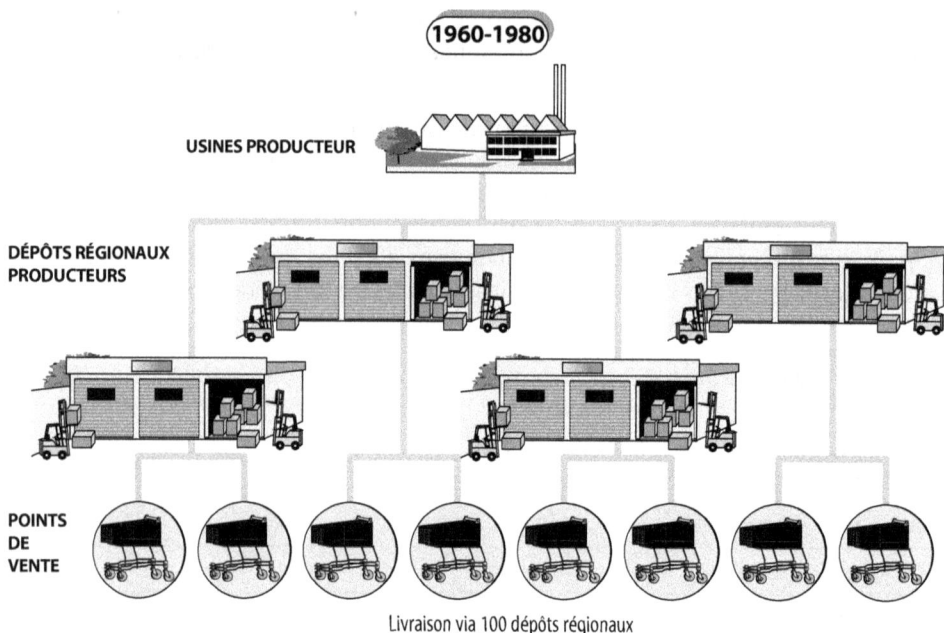

SCHÉMA 6.9. *Réseau logistique de Yoplait de 1960 à 1985*

Dans la période initiale de 1960 à 1980, le système logistique est resté d'une relative stabilité. Sa logique générale repose sur la livraison des magasins à partir de dépôts producteurs en grand nombre, répartis sur l'ensemble du territoire (cf. schéma 6.9). Le transport était réalisé par une flotte de camions en propre. Les chauffeurs ajoutaient à leur mission logistique une mission commerciale, puisqu'une partie des livraisons était dite « à la chine ».

Dans la période 1980 à 1985, les premiers entrepôts distributeurs font leur apparition (cf. schéma 6.10). Ils ont pour vocation de consolider les différentes livraisons destinées à des supermarchés ou à des supérettes. Parallèlement les livraisons directes vers les gros hypermarchés commencent à s'instaurer. Un plan de réduction des entrepôts régionaux est mis en place et la disparition progressive de la distribution « à la chine » s'opère.

De 1985 à 1989, le système logistique se trouve profondément déstabilisé à la fois par sa partie amont du fait de la spécialisation des unités de production et par sa partie aval par la multiplication des livraisons directes et des livraisons sur entrepôt distri-buteur (cf. schéma 6.11). Le problème de la viabilité des dépôts régionaux est alors définitivement posé. Leur fermeture successive est programmée au profit d'un nombre limité de dépôts logistiques centraux.

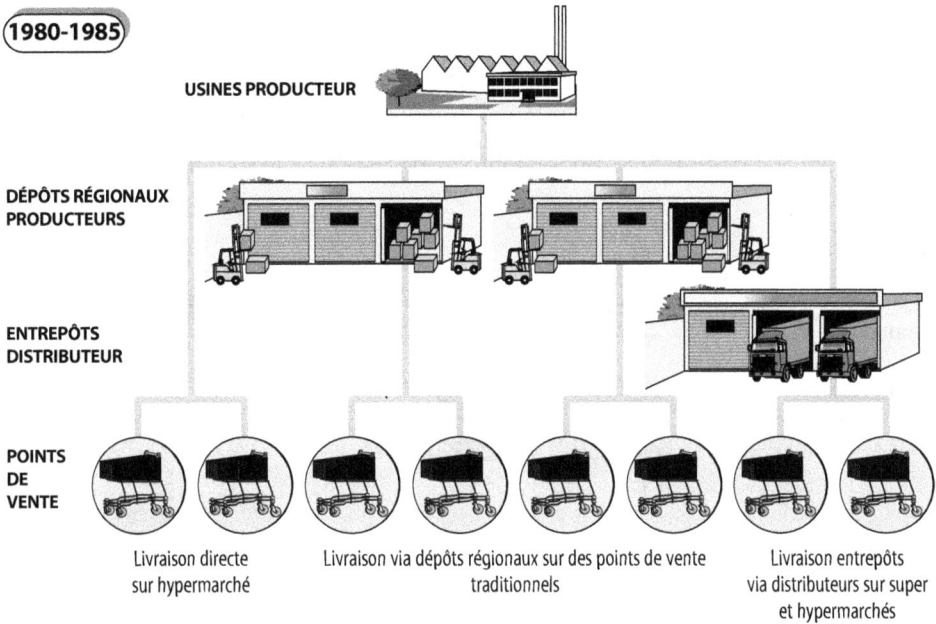

1980-1985

USINES PRODUCTEUR

DÉPÔTS RÉGIONAUX PRODUCTEURS

ENTREPÔTS DISTRIBUTEUR

POINTS DE VENTE

Livraison directe sur hypermarché

Livraison via dépôts régionaux sur des points de vente traditionnels

Livraison entrepôts via distributeurs sur super et hypermarchés

SCHÉMA **6.10.** *Réseau logistique de Yoplait de 1980 à 1985*

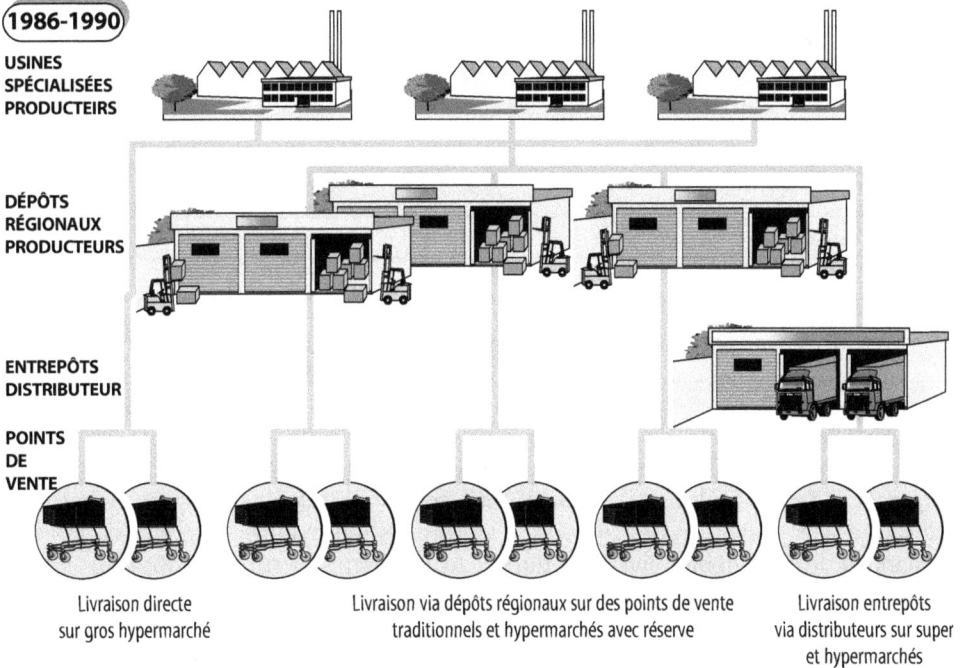

1986-1990

USINES SPÉCIALISÉES PRODUCTEIRS

DÉPÔTS RÉGIONAUX PRODUCTEURS

ENTREPÔTS DISTRIBUTEUR

POINTS DE VENTE

Livraison directe sur gros hypermarché

Livraison via dépôts régionaux sur des points de vente traditionnels et hypermarchés avec réserve

Livraison entrepôts via distributeurs sur super et hypermarchés

SCHÉMA **6.11.** *Réseau logistique de Yoplait de 1986 à 1990*

Dans sa dernière forme d'évolution sur la période 1989 à 1999, présentée sur le schéma 6.12, l'accélération de l'apparition des dépôts distributeur est nette, particulièrement entre 1990 et 2000. En 1980, seuls 15 % du tonnage vendu par Yoplait passaient par les entrepôts distributeurs. La reconstitution de cette migration progressive a montré l'existence de 25 % du tonnage transitant par plate-forme distributeur en janvier 1987 à 72 % du tonnage fin 1993 et 100 % en 2005.

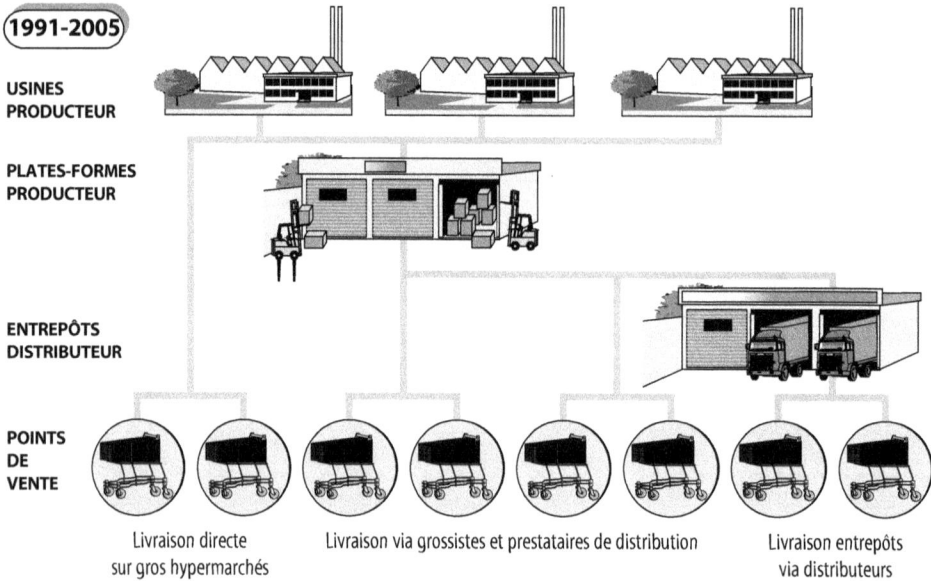

1991-2005

USINES
PRODUCTEUR

PLATES-FORMES
PRODUCTEUR

ENTREPÔTS
DISTRIBUTEUR

POINTS
DE
VENTE

Livraison directe
sur gros hypermarchés — Livraison via grossistes et prestataires de distribution — Livraison entrepôts
via distributeurs

SCHÉMA 6.12. *Réseau logistique de Yoplait de 1991 à 2005*

	1975	1985	1990	2005
Dépôts puis plates-formes	100	50	6	4
Tournées	1 500	600	–	–
Employés logistiques	2 500	2 000	650	340
Tonnage	135 000 t	290 000 t	350 000 t	400 000 t

TABLEAU 6.18. *Récapitulatif sur l'évolution du système logistique Yoplait en France*

Yoplait possède actuellement en France, trois sites industriels et quatre plates-formes (Argenteuil, Lyon, Toulouse, Le Mans) pour couvrir le marché français. Le système logistique fait coexister des réponses logistiques de nature différente selon les demandes de ses clients : livraison directe usine, livraison sur entrepôt distributeur, livraison à partir de l'un de ses dépôts centraux. L'adaptation nécessaire pour faire face à la fois à la déstabilisation du système par l'amont et par l'aval a conduit entre 1984 et 1990 à supprimer 1 600 postes, à désactiver ou à revendre 50 dépôts et à revendre 600 véhicules de livraison (cf. tableau 6.18).

Il est important de noter que la massification des flux dans les sites logistiques du producteur s'est accompagnée d'une accélération des flux, l'entrepôt local, régional ou central laissant la place à la plate-forme d'éclatement. Cette évolution est le résultat d'un objectif de baisse des stocks qu'il n'a été possible d'obtenir que par une meilleure collaboration entre Yoplait et ses principaux clients, en particulier dans le domaine de la prévision de la demande.

La dernière évolution est marquée par une innovation importante sous l'impulsion d'un distributeur. Ce dernier a convaincu les trois producteurs concurrents de partager un même site logistique. Au-delà des économies d'échelle liées au volume, la valeur ajoutée d'un tel système est liée au coût des préparations des commandes. Désormais, l'ensemble des produits transitant par la même plate-forme, il est possible de mettre dans le même roll les produits d'une même catégorie (yaourts, crèmes desserts, crème fraîche…) et non plus l'ensemble des produits de toutes les catégories pour un même producteur. La conséquence est la limitation des déplacements en magasin lors du recomplètement des linéaires en produits et des économies substantielles, ce qui constitue un axe d'amélioration essentiel de la logistique actuelle, couplé avec la conception des emballages. (cf. schéma 6.13).

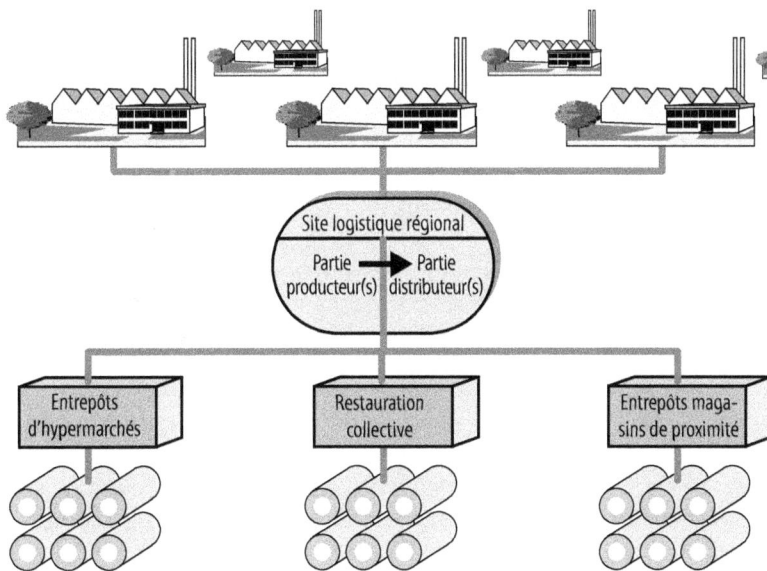

SCHÉMA 6.13. *Mutualisation des sites logistiques Yoplait*

Cette solution, aussi séduisante soit-elle, n'est pas sans poser des questions, en particulier sur la répartition des coûts. Les coûts logistiques sont très dépendants des volumes traités. Or, des parts de marché relatives de Danone, de Yoplait et de Nestlé assez différentes (du simple au double) conduisent à des situations très contrastées. Il est clair que, sans le rôle joué par le distributeur et sans le recours à la sous-traitance, de telles organisations n'auraient pas vu le jour.

4.3. Prospective sur les nouvelles tendances déstabilisatrices par l'aval

La grande distribution continue à faire évoluer ses stratégies et donc les contraintes qu'elle génère sur les logistiques situées à l'interface producteur/distributeur. Il est possible de détecter cinq grandes tendances qui devraient amener les Supply Chains pour ce type de produits à encore évoluer dans l'avenir.

La première tendance porte sur la cadence des réapprovisionnements. Le concept de plate-forme développé par les distributeurs bute actuellement sur la limite du délai nécessaire entre deux commandes. D'une commande journalière dans le meilleur des cas, la grande distribution va s'acheminer vers des commandes pluri-quotidiennes. La taille des commandes diminuera d'autant et le nombre de livraisons augmentera. Des solutions logistiques sont à imaginer pour offrir ce service tout en limitant le niveau de coûts.

La seconde tendance consiste à réellement transmettre le niveau des ventes en temps réel au producteur. Elle a pour vocation de mettre en place un réapprovisionnement automatique.

La troisième tendance porte sur une exploitation plus poussée encore de la différenciation retardée sur les promotions. Le distributeur va s'acheminer vers la mise en place de promotions virtuelles. Pour mettre ses produits en avant, le producteur est actuellement obligé d'en modifier l'apparence physique : suremballage, quantité additionnelle, échantillon... Le distributeur peut être capable, à terme, de réaliser pour le compte du producteur des promotions en magasin sous la forme de constitution électronique de lot au niveau du passage en caisse. Grâce à une information en PLV (Publicité sur le Lieu de Vente) du type « Pour tout achat de 3 boîtes, une quatrième gratuite », ce sont les caisses qui réaliseront la promotion. Au passage de la quatrième boîte à la caisse une remise se déclenchera. Dès lors, les opérations de post-manufacturing auxquelles doivent se livrer les producteurs pour réaliser une partie de leurs lots promotionnels seront fortement réduites.

La quatrième tendance concerne une mise en rayon bâtie sur les profils de vente. En effet, la mise en linéaire doit s'adapter à la nature des ventes. Si le profil des consommateurs varie peu au cours des heures de la journée, il n'en est pas de même au cours des jours de la semaine. En particulier, le samedi représente une journée très spécifique compte tenu non seulement de l'affluence, mais également du caractère massif des achats réalisés en famille. Afin d'optimiser la rotation du linéaire et le chiffre d'affaires réalisé, il est indispensable d'adapter le facing du linéaire et donc les approvisionnements.

Enfin, la cinquième tendance – certainement la plus porteuse de conséquence dans les relations logistiques entre le producteur et le distributeur – porte sur le changement de la nature de leur relation. Ainsi, le distributeur est susceptible de s'acheminer vers le paiement aux fournisseurs non plus d'une quantité achetée et approvisionnée, mais d'une quantité vendue au consommateur final. Les conséquences sur les métiers d'acheteur, de vendeur et de logisticien sont alors importantes.

📖 BIBLIOGRAPHIE DU CHAPITRE 6

Amodeo L., *Logistique interne : entreposage et manutention*, Ellipses Marketing, Paris, 2005, 154 p.

Aubé G., Dornier Ph.-P., Vallin Ph., « Mieux intégrer le point de vente dans la Supply Chain », *Revue Française de Gestion Industrielle*, vol. 24, n° 4, janvier 2006, pp. 43-69.

Benoun M., Héliès-Hassid M.-L., *Distribution, acteurs et stratégies*, 3e édition, Economica, Paris, 2003, 422 p.

Brousseau A. D., Volatier J.-L., *Le Consommateur français en 1998 : une typologie des préférences*, Paris, Crédoc, 1999, 169 p.

Carbone J., « Buyers look to distributors for Supply Chain Services », *Purchasing, Boston*, février 2000, pp. 50-57.

Chain Ch., « Les Produits des distributeurs : leurs sous-marques deviennent des marques de distributeurs », *Revue Française de Marketing*, n° 176, 2000-1, pp. 87-92.

Colin J., Sirjean S., *Étude des circuits de distribution*, CRET-LOG/ADEME, janvier 1998.

Crespo De Carvalho J.-M., Paché G., « Les Distributeurs alimentaires adoptent-ils un modèle logistique universaliste ? L'exemple des enseignes françaises au Portugal », *Logistique & Management*, vol. 10, n° 1, 2002, pp. 51-61.

Drapier L., *Stratégies logistiques*, Economica, Paris, 2004, 111 p.

Dunne P., Lusch R., *Retailing*, 3e édition, Fort Worth, TX, The Dryden Press, 1999.

Fein A., Jap S., « Manage Consolidation in the Distribution Channel », *Sloan Management Review*, Fall, 1999, pp. 61-72.

Frazelle E., *Supply Chain Strategy : The Logistics of Supply Chain Management*, McGraw-Hill Companies, 2001, 280 p.

Hasty R., Reardon J., *Retail Management*, McGraw-Hill, New York, 1998.

Jahre M., Hatteland C.-J., « Packages and Physical Distribution - implications for integration and standardization », *International Journal of Physical Distribution and Logistics Management*, 3/4 (1 & 2), 2004, pp. 123-139.

Kasperer J.-N., « La marque-enseigne et son avenir : une évaluation », *Revue Française de Gestion*, juin-juillet-août 1999, pp. 122-128.

Levy M., Weitz B., *Retailing Management*, 3e édition, Boston, Irwin McGraw-Hill, 1998.

Li D., O'Brien C., « A quantitative analysis of relationships between product types and Supply Chain Strategy », *International Journal of Productions economics*, n° 73, 2004, pp. 29-39.

Miller C. E., Reardon J., McCorkle D. E., « The effects of competition on retail structure : an examination of intratype, intertype, and intercategory competition », *Journal of Marketing*, vol. 63, octobre 1999, pp. 107-120.

Moati P., *L'Avenir de la grande distribution*, Odile Jacob, Paris, 2001, 392 p.

Mocellin F., *Gestion des entrepôts et plates-formes : assurez la performance de votre Supply Chain par la maîtrise des zones de stockage*, Dunod, Paris, 2006, 251 p.

Morana J. et Pinardi G., « Élaboration d'un tableau de bord des coûts logistiques de distribution », *Revue Française de Gestion Industrielle*, vol. 22, n° 4, 2003, pp. 77-95.

Morcello E., *Les Stratégies d'implantations logistiques de la distribution*, Éditions Liaisons, 1999, 196 p.

Paché G. (en collaboration avec FILSER M. et Des Garets V.), *La Distribution : organisation et stratégie*, Éditions Management & Société, Coll. « Les essentiels de la gestion », Caen, 2001, 329 p.

Paché G., « Le pilotage des chaînes logistiques multi-acteurs : une lecture critique des pratiques collaboratives », *Économies et Sociétés*, n° 8, mai 2005, pp. 2133-2154.

Paché G., « Tendances d'évolution des canaux de distribution : un éclairage à partir des stratégies logistiques », *Décisions Marketing*, n° 31, juillet 2003.

Paché G., Bonet D., « A new approach for understanding hindrances to collaborative practices in the logistics channel », *International Journal of Retail and Distribution Management*, vol. 33, n° 8, 2005, pp. 583-596.

Paché G., Bonet D., « Les Relations logistiques entre industriels et distributeurs : des discours en quête de sens », *Revue Française du Marketing*, n° 198, juillet 2004.

Paché G., « Repérer les évolutions du canal logistique : quelques enjeux majeurs dans une perspective marketing », *Convegno La tendenze del marketing in Europa*, Universita Ca'Foscari, Venezia, novembre 2000.

Poirel C., « Les Enjeux de la coopération logistique entre industriels et distributeurs du secteur du livre : l'exemple de la plate-forme interprofessionnelle PRISME en France », 3e RIRL, *Trois-Rivières*, Québec, mai 2000.

Ross D. F., Distribution : *Planning and Control : Managing in the Era of Supply Chain Management*, Kluwer Academic Publishers, 2003, 840 p.

Roux M., *Optimisez votre plate-forme logistique*, Éditions d'Organisation, Paris, 2004, 458 p.

Roux M., *Entrepôts et magasins : concevoir et améliorer une unité de stockage*, Éditions d'Organisation, Paris, 2003, 439 p.

Sims M., « Tomorrow's warehouse today », *Global Cosmetic Industry*, New York, février 2000, pp. 38-42.

Sparks L., Fernie J., *Logistics and Retail Management Insights into Current Practice and Trends from Leading Experts*, Kogan Page Ltd., 2004, 240 p.

Vickery S. K., Jayaram J., Droge C., Calantone R., « The effects of an integrative Supply Chain Strategy on Customer Service and financial performances : an analysis of direct versus indirect relationships », *Journal of Operations Management*, n° 21, 2003, pp. 523-539.

Vigny J., *Distribution : Structures et pratiques*, Dalloz, Paris, 2000, 236 p.

🖇 SITOGRAPHIE DU CHAPITRE 6

Nom et contact mail	Mission	Précisions sur le site
Institut national de la statistique et des études économiques *INSEE* www.insee.fr http://www.insee.fr/fr/messages/renseignement.htm	Collecter et produire des informations sur l'économie et la société française.	– Indicateurs de base de la comptabilité nationale et de la conjoncture. – Données récentes, analyses et commentaires sur les transformations sociales et économiques de la France répartis en 14 thèmes. – Publications et prestations. Institut du commerce et de la communication.
Institut de liaison et d'études de consommation *ILEC* www.ilec.asso.fr ilec@ilec.asso.fr	L'Institut de liaison et d'études des industries de consommation a été créé en 1959, et regroupe des fabricants de produits de grande consommation. L'institut est le forum où ils peuvent se rencontrer, débattre, travailler et arbitrer.	
Institut national de la consommation *INC* www.conso.net presse@inc60.fr	L'institut contribue et participe à l'information objective du consommateur dans tous les domaines.	L'Institut national de la consommation est un établissement public national à caractère industriel et commercial au service de tous les consommateurs et de leurs associations. Ses ressources proviennent des ventes de ses publications et d'une subvention votée par le Parlement.
The Food Marketing Institute www.fmi.org fmi@fmi.org	Il effectue des programmes de recherche, formation et de relations industrielles avec les détaillants et grossistes du secteur alimentaire dans le monde entier. Le FMI organise par ailleurs des forums permettant de travailler efficacement avec ses employés, fournisseurs et clients.	Existence d'un moteur de recherche présentant toutes les publications et rencontres effectuées.
CIES the Food Business Forum www.ciesnet.com info@ciesnet.com	Réseau international sur 51 pays regroupant 369 membres de l'industrie agroalimentaire. Situé sur l'interface entre les fournisseurs et les détaillants, le CIES adresse ses publications ou activités essentiellement à l'intention des cadres supérieurs ou de direction des entreprises.	Sa mission consiste à anticiper les changements, identifier les tendances à venir et mettre au point les meilleures pratiques pour ce secteur. Le CIES est aussi un forum international pour les dirigeants des entreprises du secteur.

Food Logistics www.foodlogistics.com kdoherty@foodlogistics.com	Cette association a pour objectif de communiquer sur les dernières nouveautés logistiques dans le secteur alimentaire.	Magazine bimensuel spécialisé dans les pratiques révolutionnaires de l'entreposage, des transports et des technologies de l'information dans l'industrie alimentaire.
Material Handling Engineering www.mhesource.com	Fournit l'ensemble des informations relatives avec des technologies émergentes.	
Warehousing Management www.warehousemag.com noel.bodenburg@reedbusiness.com	Ce magazine traite de l'optimisation de la distribution et de l'entreposage.	
International Warehouse Logistics Association International Warehouse Association www.iwla.com email@iwla.com	Créée en 1891 de la fusion de l'American Warehouse Association et du Canadian Association of Warehousing and Distribution Services, l'IWLA est dédiée aux questions d'entreposage. Plus de 500 membres recensés.	Le site propose des liens avec des magazines et des publications ainsi qu'avec des associations de transport, des associations gouvernementales. C'est aussi un puissant moteur de recherche permettant de trouver différents transporteurs selon divers critères (type de produit, poids, délais, etc.) mais aussi proposant des liens vers de nombreuses associations de transport nord-américaines.
Warehouse Education and Research Council (WERC) www.werc.org wercoffice@werc.org	Warehousing Education and Research Council est une organisation professionnelle dans le domaine de la gestion d'entrepôts et son rôle dans la Supply Chain. Au sein du WERC, des experts de la distribution partagent des connaissances pratiques et leur expertise professionnelle dans le but d'améliorer les performances individuelles et du secteur.	
Dynamique commerciale www.dyn-com.com dynamiquecommerciale@creapress.fr	Site créé et administré par Creapress Interactive mettant gratuitement en ligne les 103 derniers numéros de la revue Dynamique commerciale. Nombreux thèmes abordés autour de la distribution.	

7

La Supply Chain du commerce électronique

« Ignoti nulla cupido. »

On ne désire pas ce qu'on ne connaît pas.

Ovide[1]

Le commerce électronique est en plein essor tant dans le domaine des activités business to consumer (BtoC, vente aux clients consommateurs) qu'en business to business (BtoB, vente de professionnels aux professionnels). Selon les principes retenus par l'OCDE, *« le commerce électronique regroupe l'ensemble des transactions commerciales utilisant exclusivement Internet ou un moyen électronique comme mode de commande, le paiement et la livraison pouvant s'effectuer de manière dématérialisée ou par des méthodes traditionnelles »*. Les développements de nouveaux concepts commerciaux offrent une occasion unique de redéfinir les positions des principaux acteurs dans un secteur d'activités.

Les taux de croissance restent très bons (+ 44 %) en 2004 et + 53 % en 2005 selon les chiffres de la Fédération de la Vente à Distance). Entre 2003 et 2004, le nombre de paiements effectués par carte bleue a crû de 300 % et la valeur des paiements par deux.

Les chiffres publiés par Forrester Research en 2006 prévoient en Europe qu'environ 100 millions d'acheteurs européens dépenseront 1 000 euros en moyenne chacun. Ce sera donc 100 milliards d'euros que généreront les activités de distribution B to C sur Internet en 2006. À horizon 2011, les chiffres qui sont avancés pour l'Europe sont de 263 milliards d'euros de chiffre d'affaires générés par environ 174 millions d'acheteurs internautes dépensant alors en moyenne 1 500 euros par an. En France, le

---

1. Poète latin (43 avant J.-C. – 18 après J.-C.). Auteur favori de la société mondaine des débuts de l'Empire, par ses poèmes légers, érotiques ou mythologiques.

chiffre d'affaires de 2005 (8,7 milliards d'euros) avait progressé de 53 % par rapport à 2004. D'ici à 2011, il devrait tripler.

En 2006, aux États-Unis le chiffre d'affaires du commerce électronique B to C est d'environ 100 milliards de dollars (hors billet de voyage). La progression est d'environ 25 % sur 2005 (cf. schéma 7.1). Ces ventes représentent aujourd'hui environ 2,5 % du total des ventes. Les produits dont les ventes s'accroissent avec des vitesses annuelles supérieures à 30 % sont les appareils et accessoires, les softwares, les jouets, les produits de la maison et du jardin ainsi que les bijoux et les montres. Début 2006, le taux de satisfaction des clients internautes aux États-Unis était de 80 %.

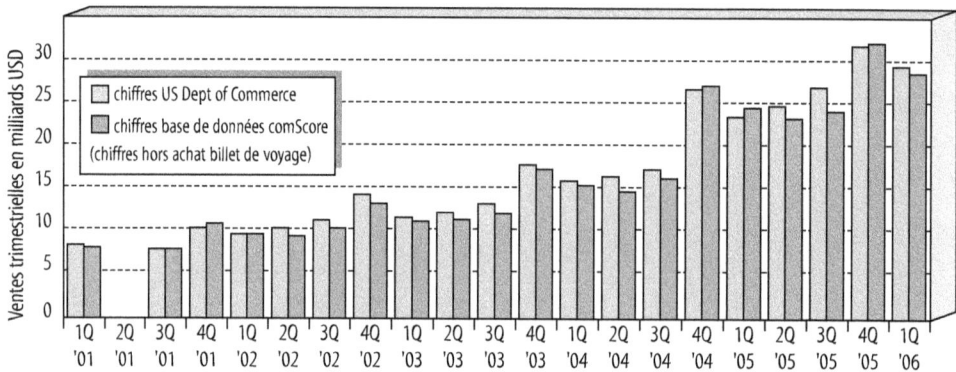

SCHÉMA 7.1. *Chiffres trimestriels de la distribution B to C en commerce électronique 2000-2006*

La Supply Chain se révèle être une des composantes essentielles de la stratégie des sites marchands du commerce électronique particulièrement dans le domaine du BtoC. Elle est impactée également dans le domaine du BtoB par l'apparition de nouveaux profils de commande. Une première difficulté est de bien cerner les enjeux et les grands principes sur lesquels les réponses Supply Chain aux spécificités du commerce électronique doivent être bâties. Dans le cadre des activités BtoC une difficulté supplémentaire réside d'une part dans le caractère très évolutif des solutions qui apparaissent et d'autre part dans la difficile prévision des flux. Ainsi les solutions choisies doivent être remises en cause régulièrement. Les grands sites ont expérimenté plusieurs solutions logistiques (déménagement, solutions transport, système d'information en tout ou en partie) avant d'en retenir une. Par conséquent, une caractéristique de la question Supply Chain du commerce électronique a été de savoir composer dans le même temps entre les solutions de flux qu'elles déploient et les évolutions stratégiques qui s'opèrent à la lumière même des expériences tirées des déploiements opérés. Les solutions mises en œuvre doivent, par conséquent privilégier, la flexibilité et l'adaptabilité.

Nous nous proposons dans ce chapitre de présenter les enseignements qui peuvent être tirés de la mise en œuvre opérationnelle de solutions logistiques dans le BtoC et le BtoB. Dans un premier temps nous envisagerons la spécificité des réponses logistiques BtoC. Puis, dans un second temps, nous verrons comment les activités BtoB sont en train de se structurer et en quoi elles sont susceptibles d'impacter l'offre dans le domaine logistique.

1. LE SUPPLY CHAIN MANAGEMENT : ENJEU STRATÉGIQUE DU COMMERCE ÉLECTRONIQUE BUSINESS TO CONSUMER

Déjà en novembre 1999, à peine la vague internet lancée, Levis, l'un des pionniers du commerce électronique annonçait qu'il se retirait des opérations de vente sur le net en direct avec le consommateur. Le premier argument mis en avant fut la difficulté de maîtriser les opérations logistiques à destination du consommateur final. Au cours du second semestre 1999, Amazon décidait d'intégrer une dimension matérielle dans un business modèle en construisant 7 entrepôts aux États-Unis, et faisait de même dans les années suivantes en Allemagne, en Grande-Bretagne et en France. Dans l'hexagone, le lancement, en 2000, de Houra, filiale de Cora — hypermarché en ligne — a montré les difficultés qui pouvaient résulter d'une logistique insuffisamment dimensionnée face à un succès commercial que les prévisions avaient sous-estimé. Alors que beaucoup d'opérateurs du Business to Consumer ne pensaient pas voir dans le Supply Chain Management une composante essentielle de leur business plan, elle se révèle, au contraire, comme une dimension essentielle tant sur le plan opérationnel, tactique que stratégique.

Le commerce électronique consacre l'émergence d'un nouveau canal de distribution dont le fonctionnement a un impact direct sur les processus de la Supply Chain qui le supporte et qui réclame donc une conception dédiée des réponses qui lui sont consacrées. Les spécificités du commerce électronique sont telles que les comportements des consommateurs finals, génèrent des contraintes nouvelles sur la gestion des flux. En conséquence, il ne suffit pas d'adapter marginalement les réponses Supply Chain existantes à ce nouveau contexte : il faut repenser dans son ensemble la logique de circulation des flux physiques, les outils de leur pilotage, les systèmes d'information et les outils d'aide à la décision qui les supportent.

1.1. Les attentes de l'internaute BtoC

Dans le cas de la distribution BtoC le client présente des caractéristiques qui ont un impact significatif sur les solutions Supply Chain à mettre en œuvre. Prenons les principales attentes qui ont un impact sur la réponse à déployer.

Le client est le client final. Pour une entreprise traditionnelle — qui fait distribuer ses produits par des canaux classiques (grossiste, grande distribution, distribution spécialisée…) —, le profil de la commande se modifie en profondeur. Livrer un hypermarché ou livrer un client final ne représente pas le même profil de commande. De très nombreuses lignes de commandes par contenant logistique homogène, on passe à un faible nombre lignes de commandes avec des demandes unitaires pour chaque ligne. Ainsi, il est souvent difficilement envisageable d'utiliser les infrastructures logistiques classiques, dédiées au réapprovisionnement de magasins, pour la préparation des commandes issues du commerce électronique. Dans de nombreux cas, pour les entreprises ayant développé à la fois des activités traditionnelles (brick and mortar) et des activités du ressort du commerce électronique, le choix a été fait de mettre en oeuvre deux solutions dédiées en parallèle.

Le client est universel et veut être distribué à domicile. La vente sur le net donne une forme d'universalité à la distribution à mettre en œuvre. Et, même si, dans un premier temps, cette universalité est bridée et limitée à un pays ou à une zone géographique plus restreinte encore, tout client de la zone doit être desservi. Houra avait fait le choix de livrer non seulement la région parisienne, mais également toute la France, et facturait, en 2001, 7,2 € de frais de port… La réalité économique est passée par là depuis. Les principaux hypermarchés en ligne se sont contentés de livrer quelques villes. Pour des sites tels que fnac. com qui propose non seulement des produits éditoriaux, mais également des produits techniques (micro-ordinateurs, télévision, appareils photos, vidéo, son…), les commandes viennent également de l'étranger. Et ces clients veulent être également livrés à leur domicile. C'est la problématique de la couverture du dernier kilomètre (le « last mile ») qu'il faut réaliser en intégrant les contraintes de volume, souvent les heures de présence des clients (tôt le matin, tard le soir, le week-end) et le tout à un coût faible.

Le client recherche des produits très adaptés à son besoin que le déploiement de système CRM (Customer Relationship Management) tend à renforcer. La satisfaction de ce besoin est d'autant plus grande que l'internaute surfe aisément d'un site à l'autre jusqu'à ce qu'il trouve le produit qui lui semble le plus adapté. Il faut donc être capable d'adapter le produit aux besoins du client, selon sa demande. La fabrication à la commande ou la différenciation retardée jouent un rôle majeur. La prise de possession du produit par le client n'est pas instantanée, et il est possible de mettre à profit le délai de préparation de la commande et d'acheminement du produit, pour l'adapter en partie aux besoins individuels de chaque client. Les infrastructures logistiques vont être sollicitées pour remplir une mission en matière de différenciation retardée. Leur caractère « industriel » va ainsi s'accentuer. Les canaux logistiques vont se multiplier pour préparer les commandes et acheminer les produits.

Le client a des attentes très fortes en matière de service. Le client internaute achète un produit virtuel. Sa perception du produit n'est que très partielle. De plus, son inquiétude relative au paiement reste réelle. Le premier élément concret qui contribue à le rassurer quant à la promesse sur laquelle le site de vente s'est engagé, c'est le respect du délai de livraison. Le comportement du client particulier sur les call-centers est de ce point de vue révélateur. Au moindre retard ou au moindre signe d'un éventuel retard, les clients sollicitent le call-center. Il est fréquent que pour une livraison annoncée avant midi, le call-center soit sollicité dès 11 h 45… De plus, ces attentes de service à la livraison sont complétées par des attentes de prestations à valeur ajoutée : déballage, reprise immédiate des produits, branchement et mise en main éventuelle pour des produits techniques.

Le client génère des retours. En France, la vente sur le net est du ressort de la vente à distance et elle est encadrée par la Loi Scrivener. Le client dispose donc d'un délai de 7 jours au cours duquel il peut revenir sur son engagement d'achat. Sa perception du produit via un écran informatique est souvent significativement différente de celle qu'il a lors de la découverte de l'objet réel. Cette différence perceptuelle est particulièrement nette dans le domaine des produits textiles, sur la texture des produits et sur leur couleur et aggrave le phénomène de retour.

Par ces comportements spécifiques de l'internaute, il est possible de mieux cerner ce qui fait une partie du cahier des charges services que la Supply Chain du commerce électronique devra servir. Le client internaute présente des spécificités qui situent d'emblée la Supply Chain au cœur du dispositif stratégique à mettre en place pour répondre à ses besoins.

1.2. La Supply Chain du commerce électronique BtoC

1.2.1. Intégrer la Supply Chain dans les business models

Si quel que soit le secteur, le Supply Chain Management a été perçu depuis plusieurs années comme un levier essentiel de la performance commerciale, c'est aussi vrai dans le cadre d'un site marchand du commerce électronique. En effet, des avantages concurrentiels et la rentabilité à terme sont liés à la bonne maîtrise de la complexité des flux. Pour les sites de distribution alimentaire, livrer à un consommateur final, dans sa cuisine, des produits en tritempérature (sec, frais et surgelés) avec un excellent niveau de qualité présente un enjeu considérable à la fois en termes de satisfaction du client et en termes de maîtrise des coûts. De plus, la bonne maîtrise de ces logistiques complexes qui sont déployées à grande échelle, permet de prendre des positions avec des partenaires, de concevoir des process d'entrepôt particuliers qui peuvent, au moins pendant un certain temps, apparaître comme des barrières à l'entrée sur le marché pour certains intervenants.

Deux questions se posent au moins pour le court et le moyen terme pour les sites marchands, et surtout pour les plus petits d'entre eux quand ils se lancent dans les opérations :
- ai-je la capacité à mettre en œuvre une solution de gestion de flux conforme à l'attente de mes clients internautes et conforme à mes engagements pris en ligne ?
- le coût de production de ma Supply Chain est-elle conforme à une rationalité économique acceptable ?
  - en dehors de quelques sites phares les volumes bien que croissants sont souvent faibles et pour nombre d'entre eux, resteront faibles, or la logistique pour diminuer ses coûts a besoin de volumes,
  - le coût de prise en charge du dernier maillon de livraison au client final se révèle très cher dans l'état actuel des solutions disponibles.

Que ce soit par des besoins de stocks significatifs ou par la mise en œuvre de systèmes de préparation de commande et de distribution à domicile, la Supply Chain se révèle être une des pierres angulaires des stratégies retenues pour un déploiement réussi dans les activités du commerce électronique. Sans une bonne Supply Chain, le concept commercial ou le déploiement technologique accompagnant le développement d'un site seront vains. Car une fois la commande passée, faut-il apporter son produit aux clients conformément à la promesse faite en ligne et cela à un coût raisonnable !

Les sites de commerce BtoC se sont créés au gré des besoins identifiés des consommateurs internautes et à la faveur d'un espace vide pour lequel la prise de position et l'occupation de territoire sont apparues comme une stratégie en soi. Dans la soupe primitive originelle du commerce électronique où n'importe quel microsite se lance avec sa propre logique dans des opérations qui nécessitent la prise en charge d'une distribution très exigeante, à domicile, chez le client particulier avec des engagements de services élevés, la rationalité économique des choix opérés en matière de logistique et de coûts qui y sont associés n'est pas avérée. Car la concrétisation et la faisabilité des engagements pris au moment de la commande, les effets dévastateurs conséquents au non-respect de ces engagements de services, les choix commerciaux du moment et les coûts générés par les modèles logistiques actuellement utilisés nécessite un fort investissement dans la Supply Chain.

1.2.2. Une intégration progressive de la Supply Chain dans les stratégies du commerce électronique

Beaucoup de cas de disparition fracassante d'entreprises du commerce électronique s'expliquent par un manque de maturité dans la maîtrise de la Supply Chain. Si certaines entreprises comme Webvan y avaient consenti des investissements colossaux, cela avait été fait avec une insuffisante perception des réels besoins du client. La courte histoire du commerce électronique laisse discerner quatre grandes étapes par lesquelles les entreprises qui ont survécu à la bulle et qui se développent avec succès aujourd'hui encore ont su passer.

La première étape a été celle d'une prise en charge de la dimension flux à partir de solutions traditionnelles : utilisation d'infrastructures existantes, recours à des prestations logistiques sur des services classiques... Les investissements logistiques consentis étaient alors mineurs et donc en faible adéquation avec la réalité des attentes telles qu'elles se sont manifestées, et ce pour deux raisons : soit par choix stratégique à partir de l'analyse du moment en décidant de laisser l'exécution et le pilotage de la Supply Chain en dehors de son champ d'intervention, soit par l'utilisation de son système logistique traditionnel supportant son ancienne activité.

La seconde étape a rassemblé des entreprises qui ont consenti des investissements en matière de front-office (interface sur le Web avec le client) pour améliorer le taux de transformation des visites sur les sites, structurellement assez faible : de 1 à 2 % selon les secteurs à 6 à 7 % sur des sites où la visite est normalement motivée par une volonté d'achat (fleuristes). Le besoin de la mise en œuvre d'un marketing one-to-one a conduit à mettre en œuvre une approche supportée par des progiciels adaptés type « *Customer Relationship Management* » (CRM). Ils proposent ainsi une offre adaptée en temps réel au client internaute. Mais cette offre doit être complète et doit fournir les différentes composantes attendues par l'internaute, en particulier les dimensions services permettant de finaliser la promesse en ligne : la disponibilité, le délai, le créneau éventuel de livraison… Ainsi, il a fallu connecter le back-office (la logistique) en temps réel avec le système de front-office de manière à pouvoir finaliser la promesse d'engagement aux clients internautes. Il a fallu non seulement lui garantir un engagement sur un produit très fortement personnalisé (la concurrence est à une portée de clic) mais également s'engager sur les services produits par la logistique. Le trafic augmentant et le taux de transformation s'améliorant, le front-office ayant gagné en efficience, les volumes de commandes ont progressé.

La troisième étape est apparue alors lorsque les entreprises du commerce électronique ont pris conscience du besoin d'une logistique dédiée, les systèmes traditionnels ne pouvant plus traiter des volumes augmentant significativement et révélant leur faible adaptation au traitement des flux du commerce électronique. Les spécificités de la gestion des opérations du commerce électronique étant mieux connues, ces entreprises ont compris que si la gestion du *front-office* était fondamentale pour capter le client, elle devait s'appuyer sur une Supply Chain irréprochable pour le fidéliser. Car d'une part la personnalisation de l'offre est tributaire de la faisabilité logistique, et d'autre part la satisfaction est dépendante de la qualité de la distribution. Ce troisième niveau de maturité a donc présidé à l'élaboration d'une solution logistique dédiée cible pour les opérations de commerce électronique.

Enfin, la quatrième étape rassemble les entreprises qui ont pris conscience que la cible en matière de solution Supply Chain est mouvante et qu'il faut procéder non plus à une gestion en juste-à-temps des opérations du commerce électronique, mais à une reconception en juste-à-temps des solutions élaborées successivement. Elles ont intégré le Supply Chain Management comme une dimension essentielle de leur développement dans le commerce électronique. Amazon a été, là encore, une bonne illustration d'une entreprise qui est passée très rapidement à ce quatrième niveau. La concurrence s'intensifiant, la gamme de produits s'étendant, les approvisionnements et la disponibilité du stock devenant un enjeu considérable, Amazon s'est lancée dans un déploiement intensif d'un modèle de Supply Chain sur les États-Unis.

1.3. Quelques cas de sites de commerce électronique BtoC

1.3.1. Le cas de la distribution des produits éditoriaux

L'observation du fonctionnement des sites les plus actifs révèle que le modèle de déploiement retenu évolue systématiquement vers un modèle à forte intensité Supply Chain. Le commerce électronique s'affirme comme très fortement consommateur de ressources logistiques.

Prenons comme premier exemple le cas de la vente des produits éditoriaux (livres, CD, DVD, cassette vidéo…) sur le net et regardons en quoi les contraintes générées par le marketing et le commercial confèrent à la Supply Chain un rôle déterminant et fournissent un avantage concurrentiel à certains acteurs du système.

Tout d'abord, l'étendue de l'offre sur le net est rapidement sans limites. Elle repose avant tout sur une bonne maîtrise des bases de données du middle-office. Par son industrialisation rapide, le référencement électronique, permet ainsi de mettre en ligne non plus quelques dizaines de milliers de références comme dans tout grand point de vente, mais quelques centaines de milliers. On voit l'offre de fnac.com être supérieure au million de références. Cette étendue de la gamme est d'autant plus sensible à réaliser que les internautes viennent souvent chercher sur un site marchand les fonds de catalogue. Ce sont dès lors 70 % des références qui font 80 % du chiffre d'affaires.

Une fois ce référencement mis en ligne, il faut donner un engagement sur un délai de livraison. Car le client internaute est sensible à cet engagement. La norme en France est passée de 48 heures à 24 heures pour des raisons concurrentielles. Dans cette fenêtre de temps, il faut préparer la commande du client et l'expédier avec des systèmes suffisamment stables pour que la fiabilité des engagements soit respectée.

Enfin, le positionnement commercial des acteurs a conduit à rendre gratuits les frais de port au-delà d'un certain montant de commande.

> Dès lors, quelle a pu être la stratégie d'un entrant sur un marché tel que celui-ci. Si on exclut dans un premier temps le prix, les leviers sont peu nombreux en dehors de celui du service. En France par exemple, l'arrivée d'Amazon.com s'est traduite par une réduction des délais (passage de 48 h à 24 h sur le cœur de gamme). Mais livrer en 24 heures nécessite de disposer d'un stock du cœur de gamme disponible qui n'a de sens que s'il couvre un référencement significatif (au moins 200 000 références). Donc, à l'image des investissements logistiques consentis par Amazon aux États-Unis, la maîtrise du stock est une variable incontournable de la stratégie de la vente en ligne des produits éditoriaux et conduit à mettre en œuvre des stratégies click-and-mortar s'appuyant sur des moyens logistiques lourds (stocks, entrepôts...).

1.3.2. Le cas de la vente d'automobiles neuves

Alors qu'aux États-Unis les constructeurs automobiles les plus importants ont développé des sites on-line permettant d'acheter des véhicules neufs sur Internet, la dérégulation du système des concessions en Europe crée une forte déstabilisation des réseaux commerciaux. De plus, alors que la marque est au centre des préoccupations des constructeurs pour fidéliser leur clientèle, la notion de revendeur multimarque se développe.

Les réseaux de distribution connaissent un processus de concentration. Le nombre de propriétaires de points de vente ayant plusieurs contrats avec un constructeur a augmenté très significativement

Les constructeurs automobiles sont très proches de leurs distributeurs dont la marge nette n'excède pas 2 % et leur apportent un ensemble de technologies et de solutions afin de leur permettre d'affronter les années à venir qui seront marquées par une déstabilisation importante renforcée par le e-commerce.

> S'il n'est pas majoritairement retenu comme le canal de distribution préféré en Europe pour les voitures, les clients considèrent qu'Internet est un bon vecteur de commercialisation. Le pourcentage d'opinions favorables et d'opinions très favorables est de 24 %[2] (à comparer néanmoins avec 92 % pour le concessionnaire actuel).
>
> Le secteur automobile a donc mis en place une présence très forte sur Internet. Pour établir le contact avec ses prospects ou conserver le lien avec ses clients, il est devenu l'un des plus gros annonceurs on line et attire environ 4 millions d'internautes mensuellement sur un site français dédié à l'automobile. Mais la relation établie est complexe. Car si les ventes ne représentent toujours pas un volume très significatif, le prospect conditionne sa vente par ses visites sur les sites de constructions, ceux de revendeurs, ceux d'infomédiaires ou des sites de magasins. Internet accompagne toutes les phases du processus d'achat (de la formulation du besoin, en passant par la recherche d'information jusqu'à l'essai du véhicule, l'achat ou la vente du véhicule précédent).[3]
>
> Aux États-Unis, sur les 60 millions d'acheteurs de voitures neuves ou de voitures de seconde main, la plupart commencent leur recherche sur Internet. En 2004, plus de 20 % des ventes de voitures neuves ont été réalisées via Internet. Pour les acheteurs de voitures de seconde main, ce sont 11 % d'entre eux qui déclarent avoir trouvé leur achat sur Internet contre 9 % via les petites annonces des journaux.

La réduction des cycles de livraison, la diminution des coûts de distribution et le renforcement de la fidélité des consommateurs sont au cœur des enjeux que peuvent représenter l'application et le développement du e-commerce dans la vente de véhicules neufs et d'occasion. L'enjeu est de faire évoluer une chaîne d'approvisionnement très orientée jusqu'à présent vers les fournisseurs vers une chaîne qui soit réellement centrée sur le client. La migration des systèmes existants passe par les quatre étapes suivantes :

- *Étape 1 : la présence Internet.* Le fournisseur crée une présence Internet en mettant à la disposition de ses clients des informations sur les produits et les services offerts par les services commerciaux et marketing ;

- *Étape 2 : le e-commerce.* Au-delà des informations sur les produits et la consultation de catalogues détaillés, les fournisseurs, constructeurs ou revendeurs, offrent la possibilité de passer des commandes.

---

2. Taylor Nelson Sofres Automative, « La distribution automobile », note de synthèse, novembre 2000.
3. Badot Olivier, Navarre Christian, Jarvin Magdalena, Morisse Benjamin, « Reintermédiation et comportements expérientiels dans le e-commerce. Le cas de l'achat de véhicules automobiles sur internet », *Consommation et société*, n° 4, 2004.

- *Étape 3 : la mise à disposition de données ciblées.* Des informations sont disponibles pour les clients pour les aider dans leur processus de décision sur une base individuelle. Les stocks sont connus et croisés avec les demandes commerciales qui s'expriment. Il devient alors possible de gérer les ruptures, d'évaluer les conséquences sur un service dégradé au niveau des délais de livraison et de mesurer les disponibilités réelles. La notion de disponibilité est étendue sur l'ensemble de la chaîne logistique et intègre les stocks en usine, en plate-forme, en transit. Une coopération très forte est nécessaire pour que cette étape soit un succès. L'objectif pour le constructeur n'est pas d'accélérer, d'automatiser et d'optimiser ses propres activités, mais d'échanger un maximum d'informations fiables et récentes pour favoriser la satisfaction de leurs clients et aider les fournisseurs et les revendeurs à optimiser leurs propres systèmes. Lorsqu'un acheteur n'obtient pas une réponse favorable sur la disponibilité d'un véhicule qu'il souhaite, dans 95 % des cas, le véhicule existe quelque part.

- *Étape 4 : intégration sectorielle.* À ce stade, les technologies de l'information permettent une relation bilatérale et équilibrée entre constructeurs ou revendeurs et leurs clients. Une automatisation est alors possible pour prendre en compte les commandes personnalisées des clients et de les répercuter vers les fournisseurs. Un « recomplètement » se met en place qui permet la production d'un produit et d'un service associé très personnalisés.

1.3.3. Sites d'achat groupé : autopsie d'un business modèle victime de la complexité de sa Supply Chain

Les sites d'achat groupé (co-buying) tels que Clust-com ont très largement repositionné leurs offres. L'achat groupé devait redonner le pouvoir aux consommateurs : le regroupement des demandes des consommateurs allait faire pression sur les fournisseurs et un avantage prix allait émerger. En quelques années, l'originalité de ce business modèle s'est évanouie, tous les sites revenant à des offres traditionnelles de vente en ligne. Dans les facteurs explicatifs de cet effondrement, la complexité de la Supply Chain à mettre en œuvre est à pointer. Ils ont initialement proposé un nouveau concept commercial en rendant le consommateur susceptible d'influencer les prix, de s'impliquer dans la création et de participer à la fabrication des produits. Le client devenait un « consommacteur ». Pour organiser leur puissance collective, les consommateurs faisaient ainsi confiance à des infomédiaires. Ces infomédiaires orientés Customer to Business (CtoB) s'organisaient en communautés de consommateurs permettant de faire baisser les prix et développer les initiatives consommateurs. Un site comme Clust. com se définissait de la manière suivante :

> « Une communauté de consommateurs en ligne qui utilisent la puissance de ses membres et partenaires pour mieux acheter et mieux consommer. »

Les opportunités d'achat étaient fonction des quantités de demandes. Quand les demandes atteignaient un seuil, les sites négociaient les produits par appel d'offres. Les prix étaient donc fonction des quantités et baissaient dynamiquement. Les membres des sites pouvaient déposer leurs envies de produits nouveaux. Des forums permettaient aux consommateurs d'interagir pour définir les meilleures fonctionnalités du produit et élaborer un consensus. Si la demande atteignait un seuil suffisant et que le produit était techniquement réalisable, certains sites faisaient fabriquer ce produit sous leur label ou en coordination avec un fabricant. Dès lors, on comprend bien que le métier d'infomédiaire auquel ces sites souhaitaient se confiner recouvre un métier trop étroit pour apporter une réelle satisfaction aux clients. Il leur a fallu intégrer une composante logistique trop forte pour apporter un niveau de satisfaction permettant la pérennité de leurs activités. La disponibilité des produits auprès des fournisseurs représentait un des problèmes majeurs. Car le temps nécessaire à la consolidation de l'ensemble des demandes de la part de clients internautes potentiels pouvait être relativement long (une à deux semaines), délai pas toujours compatible avec un engagement du fournisseur à garantir la disponibilité d'un stock susceptible de satisfaire l'ensemble de la demande. Dès lors, la tentation était grande pour certains sites de constituer des stocks de précautions, en achetant par anticipation à bon prix certains produits et à les stocker pour les rendre disponibles à la vente lors d'une demande de communauté d'acheteurs. Le concept originel a été alors grandement modifié et la recherche du meilleur prix, largement limité… Des problèmes supplémentaires sont venus se greffer à cette question de disponibilité. Les volumes concernés en France, ou sur un pays donné, étaient faibles, voire très faibles. Le rapprochement de plusieurs sites européens est apparu pour certains comme une solution possible, les sites essayant de mutualiser les demandes de plusieurs pays afin de maximiser les volumes à traiter par le back-office. Mais outre que du point de vue marketing, il restait à démontrer que la demande était similaire sur les différents pays, les commandes groupées sur l'Europe nécessitaient la mise en œuvre d'une Supply Chain européenne dont chacun imagine la complexité (adaptation technique des produits à chaque pays, entrepôt central et/ou prestataire à couverture européenne…).

En conséquence, les sites d'achats groupés ont fait évoluer leur business model sous la pression de la faisabilité logistique. Mais la solution Supply Chain seule susceptible de pouvoir soutenir les activités de ces sites les a fragilisés et a conduit nombre d'entre eux à déposer leur bilan.

1.4. Concevoir les solutions du commerce électronique BtoC

1.4.1. Les besoins des sites BtoC

Les sites de commerce électronique BtoC ont deux types de besoins principaux : des besoins en e-commerce et des besoins en prestations e-logistiques (cf. schéma 7.2).

Les besoins en e-commerce recouvrent les dimensions suivantes :

- la création du site et son hébergement (offre, relation client…) ;
- la solution en matière de paiement sécurisé ;
- le support clientèle comprenant en particulier la capacité à suivre en temps réel les produits et la mise en place d'un call-center.

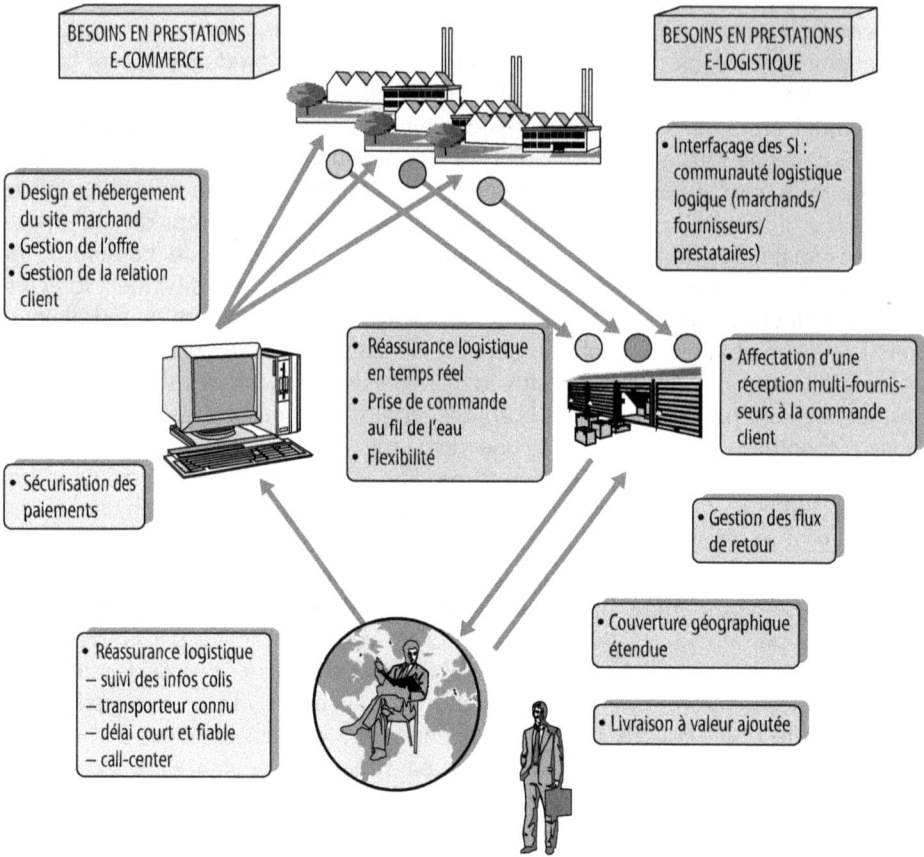

Schéma 7.2. *Besoins des sites de commerce électronique BtoC*

Mais, en plus de ces fonctionnalités nécessaires à la mise en œuvre de l'acte marchand pour concrétiser la transaction et pour la réaliser, les fonctionnalités attachées à la Supply Chain doivent venir en support.

1.4.2. Les huit problèmes de la e-logistique

Il est plus facile aujourd'hui qu'en 2000 de proposer un modèle robuste de solutions Supply Chain pour le commerce électronique. Nous pouvons tenter d'énumérer huit composantes qui nous sont aujourd'hui incontournables et qui constituent le cœur des Supply Chains du commerce électronique.

• Tout d'abord, le premier développement à consentir dans les réponses Supply Chain concerne celui de l'interfaçage des systèmes d'information. La fourniture de l'information back-office pour alimenter le front-office est une composante fondamentale du bon fonctionnement du front-office et de la possibilité de pouvoir s'engager sur une promesse crédible pour l'internaute. Il faut donc être capable de gérer de l'information logistique opérationnelle liée à des disponibilités, des délais de livraison qui concernent un grand nombre de références issues souvent d'un grand nombre de fournisseurs. Cette information est maîtrisée pour partie en interne pour les stocks disponibles et en partie en externe pour les références non stockées par le site et approvisionnées à la commande. Ainsi, il faut savoir donner un engagement sur une date de livraison pour une référence comportant, par exemple, quelques options, et confirmer un créneau horaire de livraison pour lequel les propositions peuvent être par tranche de deux heures ;

- En second lieu, le développement de certains secteurs de vente sur le net conduit inexorablement à une concurrence plus vive entre sites et à la recherche de facteurs différenciateurs. Le délai s'affirme comme l'un des leviers de différenciation utilisé dans de nombreux secteurs. Cependant, plus le délai se réduit, moins le recours à des processus de consolidation de lignes de commande en cross-docking en provenance de fournisseurs multiples se révèle être la seule solution logistique. Les délais courts sur lesquels les sites s'engagent nécessitent la constitution en propre d'un stock pour assurer les engagements de service sur le cœur de gamme proposée. Or les catalogues proposés sont très larges. Dans le cas le plus extrême — celui des produits éditoriaux —, l'offre est de l'ordre du million de références, dont 150 000 à 200 000 en cœur de gamme. La gestion du middle-office (base de données) permet ainsi une inflation de l'offre qui déclenche naturellement une complexité de la réponse Supply Chain ;

- En troisième lieu, honorer les engagements pris sur l'ensemble de l'offre, y compris sur les références non stockées, nécessite des accords avec les fournisseurs, très rigoureux. Il faut donc savoir gérer des processus collaboratifs avec les fournisseurs avec une exigence de niveau de qualité au moins égale à celui fourni en interne ;

- En quatrième lieu, la capacité à gérer des commandes en suspens est une des caractéristiques de la logistique du commerce électronique BtoC. Si une partie des références est stockée, l'autre partie doit être commandée à des fournisseurs, soit fabricants soit grossistes. Ainsi, si une commande de 5 lignes comprend une référence stockée et 4 références provenant de 4 fournisseurs différents, à la réception de la première référence envoyée par l'un des fournisseurs, il faudra mettre la commande du client en préparation. Elle sera en suspens, c'est-à-dire en attente de la réception des autres références. Dans un modèle où les volumes de commandes atteignent plusieurs milliers ou plusieurs dizaines de milliers par jour avec un taux de suspens de plus de 50 %, les réponses à mettre en œuvre dans le domaine de la logistique du commerce électronique réclament des surfaces de stockage importantes ;

- En cinquième lieu, vient la gestion de la distribution terminale. Alors que traditionnellement le client avait l'amabilité d'accepter de réaliser la prise en charge de sa préparation de commande dans le magasin de son choix et, encore dans la plupart des cas, de l'acheminement de son magasin à son domicile, le voici qui souhaite non seulement ne plus préparer sa commande mais également ne plus prendre en charge la logistique terminale. Ceci réclame le déploiement de solutions nouvelles. Car si La Poste dispose aujourd'hui d'une solution industrialisée performante et économique pour le monocolis, elle n'en reste pas moins limitée, voire inadaptée sur toute une partie de la demande (traitement simultané du multicolis pour une même commande, heures de distribution, taille des colis, poids des colis…). Quant aux solutions de transport express, elles restent encore à des niveaux de prix que beaucoup de produits vendus sur le net ne peuvent pas supporter. Mais à défaut de prendre en charge une distribution complète sur le dernier kilomètre, des solutions alternatives proposent la maîtrise du « pseudo dernier kilomètre ». Plutôt que d'aller au domicile de l'internaute, on lui propose de rapprocher le produit au plus près de chez lui en le mettant à disposition dans des relais.

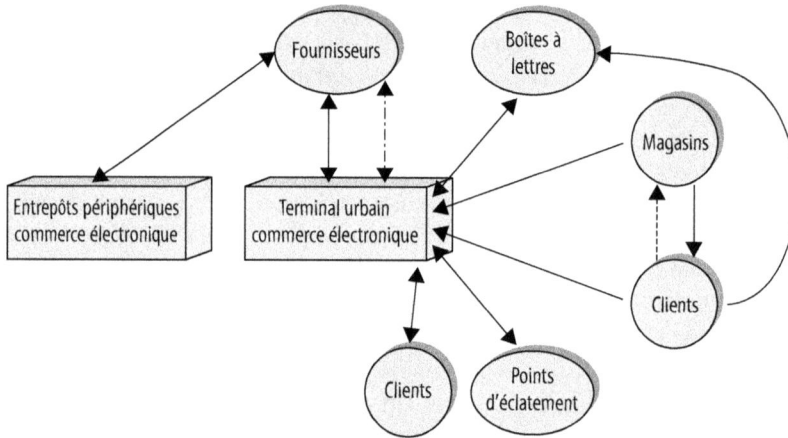

Fonctionnalités de la distribution terminale

– Gestion des catalogues fournisseurs
– Gestion des commandes fournisseurs
– Gestion des commandes des détaillants
– Galerie virtuelle pour les détaillants
– Centres de relations clients
– Opérations de transit et stocks de dépannage
– Post-production et personnalisation
– Livraisons groupées vers particuliers (directes ou via des magasins) ou vers entreprises

– Optimisation des tournées de livraison
– Services de livraison à haute valeur ajoutée à travers des réseaux de proximité
– Gestion des retours de produits et d'emballages
– Recyclages
– Postes d'accès au réseau Internet Cyberdesk
– Livraisons pendant les heures « nouvelles »
– Traçage
– Gestion des retours

SCHÉMA 7.3. *Les solutions possibles de distribution terminale pour le commerce électronique*

Il faut cependant assurer la constitution du réseau et l'approvisionnement des relais avec les commandes. Des solutions industrialisées sont apparues comme le présente le schéma 7.3. Elles ont un intérêt complémentaire pour le commerce électronique : c'est la mise en place d'un « contre remboursement » qui contribue à lever une partie des réticences en matière de paiement attachées au commerce électronique.

Si Coliposte a acheminé 16,3 millions de colis issus du commerce en ligne en 2005 (16,6 % de son chiffre d'affaires), elle fait face à une sérieuse concurrence. Ainsi, Kiala est une entreprise qui s'est emparée du créneau de la distribution alternative au dernier kilomètre. Kiala est issue du réseau initial des points relais de 3 Suisses.

L'entreprise dispose aujourd'hui de 4 250 points de livraison dans quatre pays (Belgique, Luxembourg, France et Pays-Bas) et travaille sur son déploiement en Grande-Bretagne et en Allemagne. À la distribution du produit acheté vers un de ses points relais Kiala intensifie ses services en déployant une offre d'intermédiaire logistique entre les clients, les producteurs et les sites marchands pour gérer l'échange des produits défectueux et permettre leur réparation. Kiala travaille non seulement avec des VPcistes traditionnels mais également avec des pure players (CDiscount, Alapage, Clust, Rue du Commerce..). Environ 20 % des volumes qu'il traite sont aujourd'hui issus des pure players.

• En sixième lieu, les internautes attendent dans un certain nombre de cas une distribution à valeur ajoutée, c'est-à-dire avec une capacité au moment de la livraison d'installation et de mise en main des produits ;

• En septième lieu, il faut souligner la réactivité de la chaîne logistique qu'il faut savoir mettre en œuvre de telle manière à pouvoir répondre aux différentes modifications que le client internaute génère jusqu'à la livraison de son produit : annulation pure et simple de la commande, alors même que la préparation est en cours et que les approvisionnements auprès de fournisseurs ont été lancés, ou modification des références, des quantités, du lieu de livraison, de l'horaire lorsqu'il y a prise de rendez-vous pour la livraison. Une réticence à prendre en compte ces modifications génère automatiquement une élévation des taux de retour ;

• En huitième lieu, on trouve la nécessaire capacité à gérer les retours de produits quel que soit l'endroit où ils ont été envoyés. Le retour pur et simple du produit, c'est l'ultime modification du client… On sait par expérience que la fidélisation du client entraîne une acceptation de ces retours au-delà même des obligations légales.

1.4.3. Les premiers éléments de réponse

La complexité des solutions Supply Chain à mettre en œuvre dans le domaine B to C conduit de nombreux acteurs à faire appel à des solutions alternatives parfois inattendues.

Ainsi, le succès de Tesco.com a-t-il été perçu comme une surprise, eu égard aux critiques qu'avaient provoquées ses choix en matière de gestion des opérations logistiques. Alors que la plupart des entreprises de commerce électronique avaient opté de par le monde pour des infrastructures dédiées et en partie automatisées, Tesco.com a mis en œuvre un process appelé « Shelf pick » consistant à préparer les commandes passées par Internet à partir des linéaires des points de vente.

Une préparation classique sous le format « une commande – un préparateur » (pick and pack) s'est avérée trop onéreuse. Dès lors, Tesco.com a choisi d'éclater la commande sur plusieurs zones et de faire effectuer en parallèle un multi-pick (préparation de plusieurs parties de commandes) par chaque préparateur. Le temps moyen de picking d'une référence est ainsi de 30 secondes par produit. Une commande moyenne comprend 64 références et peut donc être préparée en 32 minutes environ[4].

---

4. « Tesco bets small and wins big », *Business Week*, n°3751, pp. 26-32, octobre 2001.

Le paiement de la livraison, si elle ne couvre pas l'intégralité des coûts, est un facteur incitatif fort à l'augmentation de la taille de la commande. Les clients cherchent en effet à amortir le coût facturé de la livraison en augmentant la taille de sa commande.

	Tesco.com	Point de vente Tesco
• Vente moyenne	$ 123,25	$ 34,8
• Facturation livraison	$ 7,25	—
• Coût des produits	$ 85,66	$ 26,1
• Coût du caissier	—	$ 0,87
• Autres coûts magasins	$ 15,16	$ 4,28
• Marketing et administration	$ 5,67	$ 1,60
• Picking et livraison	$ 17,80	
Marge	$ 6,21	$ 1,95

TABLEAU **7.1.** *Marge comparée de Tesco.com (chiffres 2001*

Le tableau 7.1 montre la performance comparée entre le site Tesco.com et les activités traditionnelles en point de vente pour Tesco.

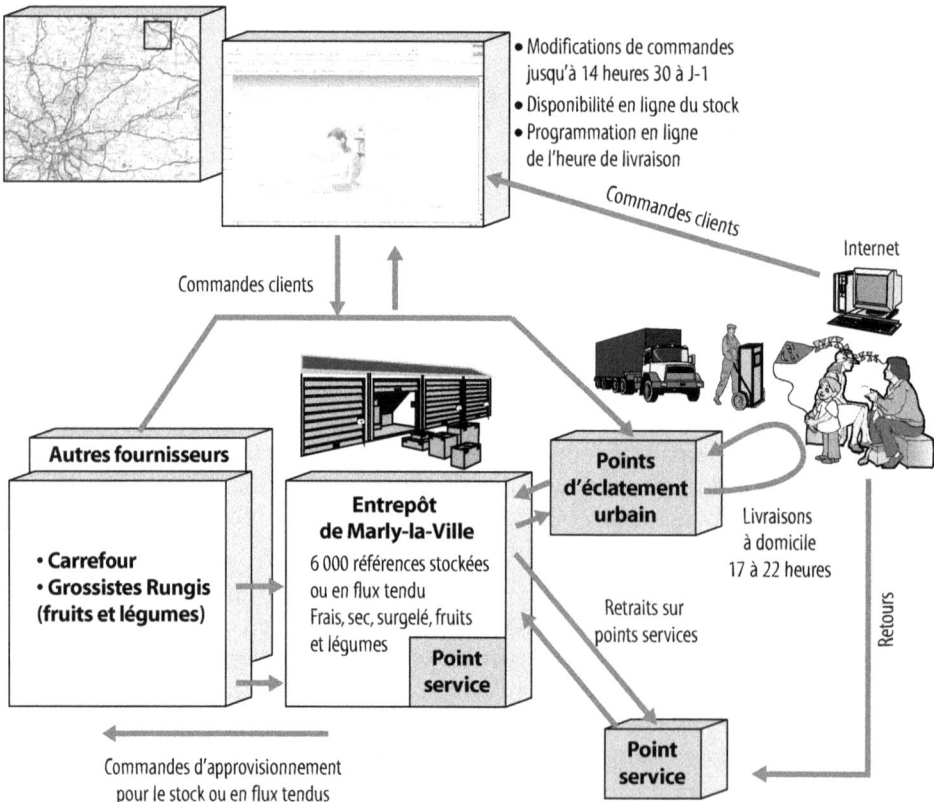

SCHÉMA **7.4.** *Architecture de la solution de distribution finale de Ooshop en 2003*

D'autres entreprises, comme Ooshop.com, filiale du Groupe Carrefour, ont souhaité développer des solutions dédiées. À défaut de pouvoir s'appuyer sur un prestataire logistique avec un niveau de performances suffisant, Ooshop.com a élaboré et déployé sa solution en plusieurs stades successifs.

Ainsi, après avoir testé son site sur la base d'un drive-in (le client venait emporter sa commande préparée), un entrepôt a été mis en place sur Vélizy puis transféré à Marly-la-Ville dans un entrepôt mécanisé.

Ainsi, conscients, dès l'élaboration de leur projet de la dimension sensible de la prestation logistique, les responsables Supply Chain d'Ooshop.com ont élaboré en propre une solution de stockage, de préparation de commande et de distribution en milieu urbain. Si certains éléments du dispositif sont sous-traités, en particulier le transport terminal, la plus grande partie de la solution est exploitée en propre par Ooshop qui dispose ainsi d'un avantage concurrentiel certain vis-à-vis de ses principaux compétiteurs (cf. schéma 7.4).

1.5. La caractéristique de la conduite des projets logistiques dans le commerce électronique BtoC

Les caractéristiques de la Supply Chain du commerce électronique que nous venons d'énoncer constituent les grands principes autour desquels les solutions retenues dans le domaine du Business to Consumer se développent. La mise en œuvre de ces projets Supply Chain du commerce électronique réclame une conduite ayant au moins trois caractéristiques.

Dans un premier temps, les projets doivent promouvoir des solutions simples et très rapidement évolutives. Les volumes, leur évolution et leur composition sont encore insuffisamment cernés. Il n'est pas rare de constater des ratios dans des rapports de 1 à 20 sur des volumes à traiter. Le régime du commerce électronique est encore, et pour un certain temps, dans un régime transitoire. Les stratégies sont mouvantes. Les rachats, les fusions, les apparitions de nouveaux acteurs sont tels que la visibilité sur la pérennité d'une solution logistique donnée est faible. Il faut donc savoir proposer un modèle pour l'instant donné, mais adopter les solutions opérationnelles idéales visées pour leur donner un caractère « Plug and play » aussi fort que possible. À tout moment, il faut savoir débrancher les systèmes logistiques qui ont commencé à être déployés et les reconnecter sur des éléments de solutions différents de ceux initialement prévus pour adapter en temps réel la solution opérationnelle aux nouvelles contraintes du moment ou aux nouvelles orientations stratégiques.

Le commerce électronique se révèle comme une activité nécessitant une grande agilité. Quitte à dégrader certains principes de la gestion de projet, il faut mettre en œuvre des démarches qui permettent de développer des solutions pour des horizons de temps très courts. Il faut donc promouvoir des démarches qui mettent en place un parallélisme d'un grand nombre de tâches avec des boucles de rétroaction en temps réel.

Enfin, les équipes doivent être d'une grande cohérence et d'une grande solidarité pour encaisser sans trop de perte de motivations des réorientations rapides et répétées des choix opérés. Il faut leur fournir des moyens de travail qui permettent l'échange d'informations en temps réel. Les systèmes en groupware sont de ce point de vue bien adaptés. Chaque grande fonction doit accepter de sortir de son pré carré pour contribuer de manière détaillée au cahier des charges ou à l'élaboration des solutions relatives aux autres fonctions, l'interconnexion des activités étant très forte.

Ainsi, le commerce électronique BtoC exige un support logistique efficace qui lui soit très largement dédié. Il offre l'occasion de repenser des solutions logistiques sur un canal de distribution totalement novateur, générant des comportements nouveaux et des éléments de solutions originaux. Tout opérateur, qu'il soit distributeur ou producteur, qui se lance dans le commerce électronique est amené à accepter un changement de posture pour sa Supply Chain pour s'adapter à ses spécificités. C'est une nouvelle opportunité pour bâtir un système de gestion de flux totalement intégré. Et si la performance d'une Supply Chain tient à l'efficacité de sa gestion quotidienne, les solutions adoptées pour les logistiques du commerce électronique démontreront que l'une des clefs de la performance résidera dans la capacité à repenser les solutions logistiques en juste à temps au gré des évolutions stratégiques.

2. LES ACTIVITÉS DU COMMERCE ÉLECTRONIQUE BUSINESS TO BUSINESS : PREMIERS IMPACTS SUPPLY CHAIN

Alors que le Nasdaq et le nouveau marché atteignaient des sommets au début du mois de janvier 2000, il n'était pas une seule journée au cours de laquelle les géants de l'ancienne économie n'annonçaient des initiatives en matière de lancement de places de marché business to business (BtoB). Les esprits chagrins voyaient dans ces annonces un moyen de tenter de se rattacher au mouvement boursier du moment. Alors que le commerce électronique Business to Consumer (BtoC) se comprend au travers de quelques modèles aujourd'hui mieux maîtrisés, le commerce électronique BtoB est plus complexe à cerner car en évolution permanente dans ses concepts de base. Ainsi les modèles logistiques supportant les activités e-business en BtoC se révèlent être stockistes et réclament des solutions Supply Chain sophistiquées tant en matière d'entreposage pour gérer les commandes en suspens qu'en matière de transport pour résoudre la problématique de la couverture du dernier kilomètre. Pour mieux comprendre le commerce électronique BtoB, après une tentative d'explication des principaux modes de fonctionnement des sites BtoB, on cherchera dans ce chapitre à mieux comprendre en quoi ils modifient les relations entre les acteurs des chaînes économiques. Nous verrons comment ces transformations impactent des dimensions fonctionnelles de l'entreprise, et en particulier la Supply Chain.

© Groupe Eyrolles

2.1. Contexte et objectifs BtoB

Après les aléas post bulle boursière, il faut se rendre à l'évidence. Le volume d'affaires B to B ne cesse d'augmenter. Les chiffres restent difficiles à cerner car il peut exister des écarts de 1 à 4 entre les organismes spécialisés. Nous avons choisi ici des chiffres conservateurs (cf. tableau 7.2).

2000	2001	2002	2003	2004	2005 (estimé)
282	516	917	1 573	2 655	4 329

TABLEAU 7.2. *Les chiffres du commerce électronique (en milliards d'USD) (chiffres IDC)*

Ce sont entre 35 % et 68 % des entreprises européennes qui aujourd'hui procèdent à des achats en ligne de biens de production, de fournitures ou de services selon les pays (cf. tableau 7.3).

	Plus de 5 % du total des achats	Moins de 5 % du total des achats	Total des entreprises achetant en ligne
Royaume-Uni	44 %	24 %	68 %
Allemagne	35 %	27 %	62 %
Danemark	35 %	27 %	62 %
Espagne	25 %	21 %	46 %
France	19 %	21 %	40 %
Italie	13 %	21 %	35 %

Source : The European e business Report, 2005

TABLEAU 7.3. *Pourcentage des entreprises qui achètent en ligne*

L'Amérique du Nord représenterait 58 % des parts de marché et l'Europe de l'Ouest à peine 20 %. Le chiffre d'affaires interentreprises en e-commerce a été estimé à 50 milliards d'euros en 2005.

> Que ce soit dans les secteurs de l'industrie lourde, dans celui des industries manufacturières ou dans celles de la distribution, on constate des associations entre grands acteurs pour monter des sites communs. Dans l'industrie lourde, c'est ThyssenKrupp et Usinor Mittal qui se sont associés dans un site marchand dans le domaine de l'acier : Stell24-7.com, site de vente et d'achat d'acier. Cette plate-forme électronique vise à simplifier les relations entre acheteur et vendeur d'acier. Au-delà de l'exécution des commandes et des services transactionnels, la plate-forme apporte des ressources aux utilisateurs (Partner Relation Manager, Product Managers et Customer Support).

Ce type de rapprochement vise essentiellement deux objectifs principaux. Le premier est de recréer des places de marché au sens le plus étymologique du terme, c'est-à-dire de mettre en un seul lieu acheteurs et vendeurs afin de permettre :

• une dynamisation des activités commerciales en utilisant le net comme un canal de distribution et un vecteur d'accès plus facile à un ensemble de clients ou de fournisseurs potentiels ;

• un accès à de nouveaux produits ;

• une rationalisation de certaines opérations grâce à des gains de temps et de meilleurs coûts de traitement des opérations administratives.

Ces places de marché ont recherché également à modifier les règles du jeu habituel du commerce mais avec un moindre succès (cf. schéma 7.5). Au-delà de la seule transformation de l'échange commercial, ces rapprochements visent également à permettre l'instauration de composantes nouvelles dans la relation des acteurs d'une chaîne d'activités grâce aux bénéfices tirés de travaux menés de manière plus communautaire.

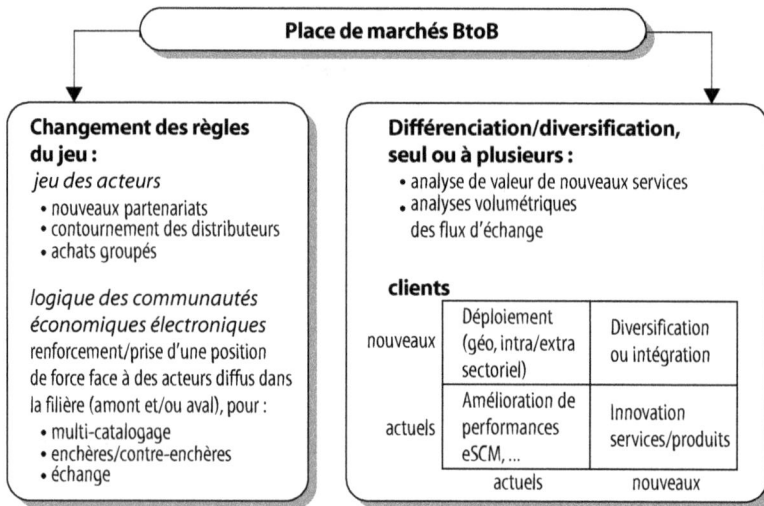

Schéma 7.5. *Les objectifs visés en BtoB*

Le bilan est aujourd'hui mitigé par rapport aux ambitions initialement affichées. Les Hitechpros (place de marché pour les SSII pour proposer leurs intercontrats inoccupés), cc-hubwoo (achat hors production), SourcingParts (approvisionnement de pièces) ne font que quelques dizaines de millions d'euros de chiffre d'affaires. Souvent la valeur ajoutée proposée est limitée à la gestion des catalogues, à la mise en œuvre d'EDI par support du web, à l'identification de fournisseurs ou à la gestion d'enchères.

> SourcingParts est une place de marché qui offre un ensemble de services facilitant l'achat et la vente pour les entreprises de la sous-traitance mécanique, électrique, électronique ou pour les besoins d'approvisionnements directs en pièces ou sous-ensembles non standards (hors catalogue). SourcingParts, fournisseur de solution

SRM (Supplier Relationship Management), gère ainsi une base de données de 50 000 sous-traitants. Aujourd'hui, ce sont plus de 460 acheteurs de l'aéronautique, l'automobile, du médical qui utilisent la plate-forme. Les vendeurs proposent leurs produits. Le site ne prend aucune commission sur le chiffre d'affaires. Ce sont les acheteurs qui par leur abonnement génèrent le chiffre d'affaires du site.

2.2. Les modèles types d'achat et de vente

2.2.1. Les logiques de fonctionnement des sites marchands BtoB

L'observation des logiques de fonctionnement des sites BtoB permet de tenter à la fois d'en faire une présentation par grandes catégories et de comprendre leur évolution actuelle.

À l'origine des sites BtoB, deux modes de fonctionnement ont cohabité. Les sites BtoB travaillent soit sous un mode « Buy-side model », tourné vers les approvisionnements et identifié sous le concept de « e-procurement », soit sous un mode « Sell-side model », tourné vers les clients.

Le Buy-side model est le modèle dominant (cf. schéma 7.6). Il est plus particulièrement focalisé aujourd'hui, sur la recherche de la diminution des coûts d'achat pour une entreprise donnée. Ainsi, une entreprise propose-t-elle à ses fournisseurs d'apporter des réponses à l'expression de besoins de

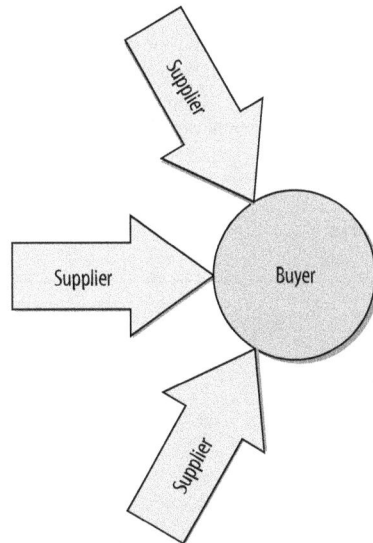

SCHÉMA 7.6. *Le modèle buy-side*

ses collaborateurs soit sous forme de mise en ligne de leurs catalogues sur le site de l'entreprise, soit par des réponses à appel d'offres, soit sous la forme de mise aux enchères (« auction ») ou par la mise à disposition de capacités de production temporairement disponibles (échange). Du catalogage à l'appel d'offres en passant par les systèmes d'enchères, des contenus adaptés sont développés sur les sites dans la recherche de l'intérêt commun (cf. tableau 7.4).

Si on considère le cas des sites de catalogage (Companeo), le principal avantage de ce type de place électronique est de permettre la fusion de multiples catalogues de fournisseurs dans un catalogue unique ouvert à ceux qui souhaitent s'approvisionner dans l'entreprise, ou dont la fonction est l'approvisionnement. En revanche, cette solution nécessite dans un premier temps la mise en place d'une architecture informatique complexe pour relier une entreprise acheteuse à ses différents fournisseurs. PurchasingCenter. com propose ce type de solution mutuelle. Ainsi prennent naissance des places de marché multifournisseur et multiclient. Elles reflètent la mise en commun de *n* activités type buy-side qui fonctionnaient préalablement en parallèle. Ces solutions s'enrichissent alors par un traitement élargi de la commande. En particulier, ces sites s'accompagnent maintenant de solutions workflow. Elles permettent d'acheminer l'expression du besoin d'un client (pour des consommables de bureaux par exemple) vers la fonction de l'entreprise qui délivre les autorisations de commande, avant d'opérer le traitement de la commande.

	Multi-catalogues	Enchères	Échange
Description	Réunir de nombreux catalogues en ligne	Réaliser des enchères en ligne	Consulter en ligne sur cahier des charges
Type de produits	Des produits complexes et bien définis ou des produits standards dont la variation de prix est faible	Des marchandises périssables, des excès de stocks, ou encore des produits rares	Des produits sur cahiers des charges
Prix	Prédéfini	Dynamique. Le prix varie dans une seule direction	Dynamique. Le prix peut varier à la hausse ou à la baisse
Qui sont les bénéficiaires ?	Acheteur : coûts de transaction plus faibles, comparaison de produits, large gamme de produits. Vendeur : accès à de nombreux acheteurs, coûts d'opération plus faibles	La personne qui émet la demande initiale – que ce soit une offre de vente ou une demande d'achat	L'acheteur et le vendeur gagnent en profitant de coûts de transaction plus faibles

TABLEAU 7.4. *Modèle de fonctionnement de site BtoB*

Enfin, ces sites, de loin les plus nombreux, peuvent être segmentés en deux catégories en fonction des grandes familles de produits sur lesquelles ils opèrent :
• les produits de type consommables, faiblement dédiés à l'activité d'une industrie particulière ;
• les produits industriels qui servent plutôt d'input au process industriel dans un secteur.

Le sell-side model est venu compléter le dispositif (cf. schéma 7.7). L'objectif des sites fonctionnant selon cette logique est ici de baisser le coût des ventes en automatisant la prise de commande et la gestion du traitement de la commande. La solution permet de créer un site de vente en ligne qui reste ouvert 24 heures sur 24 et qui traite les passations de commande par le client en ligne.

Dans le cas où les offres concernent un process ou une fonction impliquant un ensemble de secteurs d'activités (consommables de bureaux, système de frein…), le site est dit horizontal. Dans le cas où les offres sont dédiées à une seule filière d'activité ou à un marché (automobile, aéronautique…), le site est qualifié de vertical.

© Groupe Eyrolles

Ces deux modes de transaction originels évoluent parfois en des modèles plus complexes qui associent fréquemment un grand nombre d'acteurs, tant vendeurs qu'acheteurs.

Dell : le commerce électronique au cœur du dispositif

Dell est aujourd'hui le premier constructeur mondial de matériels micro-informatiques. Ce succès a reposé sur un modèle fondé sur la vente directe et sur la fabrication sur mesure.

Fondé en 1984 par Michael Dell avec un capital de 1 000 USD, le chiffre d'affaires est aujourd'hui de près de 15 milliards de dollars. Relié en direct avec ses clients par son site web et par ses 30 call centers dans le monde, Dell est sans intermédiaire. La commande est aussi passée par téléphone, par Internet, le client pouvant choisir sa configuration. Dès lors la Supply Chain se met en œuvre pour traiter cette fabrication à la commande (make-to-order). Un tracking en temps réel de la commande est réalisé, accessible au client pour suivre l'avancement du traitement de sa commande. Pour l'Europe, la fabrication est réalisée dans l'usine de Limerick en Irlande. Les fournisseurs ont un délai de 2 heures en moyenne pour livrer la commande à l'usine une fois celle-ci reçue. Grâce au Custom Factory Integration, les logiciels et les applications de partenaires de Dell sont installés à la demande. Puis la livraison est réalisée par des transporteurs express.

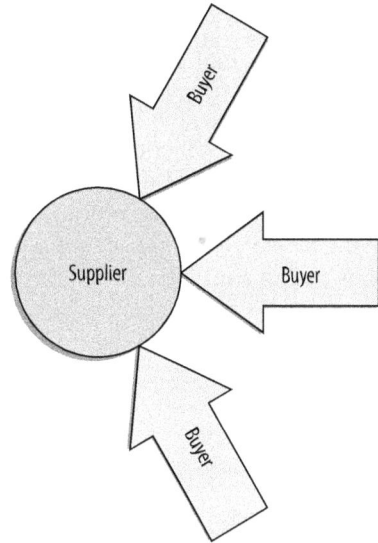

SCHÉMA 7.7. *Le modèle sell-side*

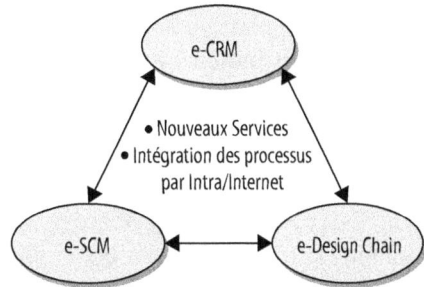

SCHÉMA 7.8. *Les trois niveaux possibles des places de marché*

2.2.2. Du site marchand à la communauté coopérative

La création d'un site marchand BtoB peut être considérée comme les prémisses de l'intensification des échanges entre acteurs d'un secteur, et ce, sous un mode différent de celui qui ne prend en compte que le seul critère de l'optimisation du prix. En effet, si l'unique objectif d'un site BtoB était la recherche de minimisation d'un prix il serait de nature à fragiliser la relation avec les fournisseurs et à appauvrir sous d'autres aspects le fonctionnement général du modèle d'activités.

Sur le volet achat et vente des sites BtoB se greffent des natures d'activités collaboratives très différentes (cf. schéma 7.8). Ces coopérations via le net touchent essentiellement l'introduction de nouveaux produits (e-design chain management ou e-DCM), le pilotage de la Supply Chain (e-supply-chain management ou e-SCM) et le management de la relation client (e-customer relationship Management ou e-CRM).

Le but ultime recherché par ces pratiques communautaires est la création de nouvelles valeurs client. Les valeurs client les plus classiques sont essentiellement basées sur les notions de prix, qualité, marque. Les entreprises s'intéressent prioritairement au contenant (le produit). Mais aujourd'hui le client est confronté majoritairement à une recherche de meilleure allocation de son temps sur l'ensemble des tâches qui lui sont demandées ou sur ce qu'il convoite lui-même de faire. Les valeurs fondamentales sont devenues le temps et le contenant. La proposition de valeur qui est faite aux clients doit donc s'orienter vers la dimension contenu, c'est-à-dire vers les fonctionnalités attachées aux produits et vers l'ensemble des services apportés par le produit. Ces nouvelles valeurs client se traduisent par un raccourcissement et un respect du time to market (apport au bon moment des produits sur le marché de manière continue), apport d'information croisée, tracing…

Ces évolutions en cours, sont confirmées par l'évolution des solutions que des fournisseurs de technologies informatives tel qu'Oracle sont susceptibles de présenter aujourd'hui.

La mise en œuvre de communautés achat/vente présente l'échelon le plus aisé à déployer, les process étant relativement simples à formaliser. Ces communautés permettent d'opérer le rassemblement des acteurs sur une « place » à partir de laquelle d'autres projets plus complexes et transformant encore plus radicalement les filières peuvent être déployés. L'échelon des communautés achat/vente permet la diffusion de la technologie et des supports et leur appropriation par les acteurs. Une fois cet échelon franchi, trois autres s'offrent, dont la conquête est ressenti comme plus complexe en raison de la nature même des domaines touchés et des processus concernés. Les approches proposées, sont les suivantes :

• création d'un lien fort et robuste vis-à-vis du client en mettant la pression sur le cycle de développement produit ;
• atteinte d'un degré bien meilleur d'interaction avec le client ;
• recherche des opportunités de combinaison adéquates avec d'autres produits et services.

Le travail sur la Supply Chain offre une opportunité de chantier pouvant utiliser avec profit des technologies déjà mises en œuvre. Aujourd'hui, si le concept de Supply Chain s'est largement popularisé, les outils pour son pilotage ont buté sur de nombreuses difficultés structurelles. Des problèmes classiques continuent à se poser :

• visibilité globale inexistante ou très faible sur l'ensemble des maillons de la chaîne logistique ;
• inertie trop grande des acteurs, les systèmes n'ayant pas suffisamment de réactivité ;
• manque de synchronisation des plannings des différents acteurs (fournisseurs, clients, et prestataires) ;
• faible intégration entre la Supply Chain et la Design Chain.

Le travail collaboratif qui est visé au sein de la dimension fonctionnelle du Supply Chain Management des places de marché permet de trouver les moyens de mettre en œuvre un outillage de gestion (en particulier les APS) qui existe déjà, mais dont le déploiement aisé butait sur des dimensions structurelles (hétérogénéité des systèmes d'information et support d'échanges en particulier). Il peut déboucher sur des gains substantiels. Les réductions de stocks évoquées sont souvent de l'ordre de 30 à 50 % sur l'ensemble de la chaîne et la baisse des coûts logistiques, pour l'ensemble des acteurs, doit être au moins de plusieurs points. Certaines entreprises pionnières ont commencé à entreprendre le déploiement de ces systèmes coopératifs sur le Web. Dell met ainsi à la disposition de ses fournisseurs les éléments de gestion de sa demande : ses prévisions, son portefeuille de commandes... En retour, les principaux fournisseurs mettent sur le Web site leurs plannings d'assemblage et de livraison.

Pour la composante Design Chain Management, l'objectif visé est de créer de la valeur en améliorant le processus d'innovation. Par des échanges plus intenses, une meilleure gestion interactive des plannings et une gestion commune des bases de données, on recherche un développement en temps réel de nouveaux produits et un plus grand respect de la date de mise sur le marché (time to market). Ces processus collaboratifs, dans leur forme actuelle, commencent à énormément apporter dans le domaine de l'automobile, de l'aéronautique ou de la micro-informatique.

Enfin, la composante Customer Relationship Management s'attache à une meilleure gestion de la relation client en ligne. En particulier, sur la composante marché d'un site, si le catalogue est commun à l'ensemble de ceux qui le consultent, la dimension tarifaire doit pouvoir s'adapter à la spécificité du client concerné.

2.3. Premiers impacts du commerce électronique sur les métiers de la prestation logistique

Les ressources du commerce électronique ne pouvaient pas ne pas être appliquées au secteur de la prestation logistique. Nous avons vu que dans le domaine du BtoC, il existe une attente spécifique de la part des sites marchands qui réclament une offre de la part des prestataires logistiques. Mais au-delà du développement de prestations opérationnelles, il est possible d'envisager des sites qui offriront des services intégrés pour les professionnels (cf. schéma 7.9). Ces places de commerce dédiées aux prestations logistiques permettent de répondre à des questions telles que :
• la gestion des facturations des transports ;
• la saisie des opportunités en matière de fret ;
• la meilleure intégration des transports dans les plannings logistiques.

Après une première étape au cours de laquelle les opérations logistiques étaient largement internalisées chez les clients qui ne faisaient appel qu'à des tractionnaires (simples exécutants de tâches élémentaires), est apparue une seconde étape ou les clients ont eu recours à des prestataires logistiques (les Third Party logistics). Ces prestataires logistiques ont pris en charge des opérations logistiques complexes associant souvent des tâches d'entreposage et de transport avec des obligations de résultat en matière de service. Aujourd'hui, les 4PL (Fourth PL) pourront être des entreprises sans immobilisations importantes dans le domaine logistique autres que les systèmes d'information. Ils piloteront pour le compte de clients les opérations logistiques grâce à une intégration des systèmes d'information via le net (cf. schéma 7.10).

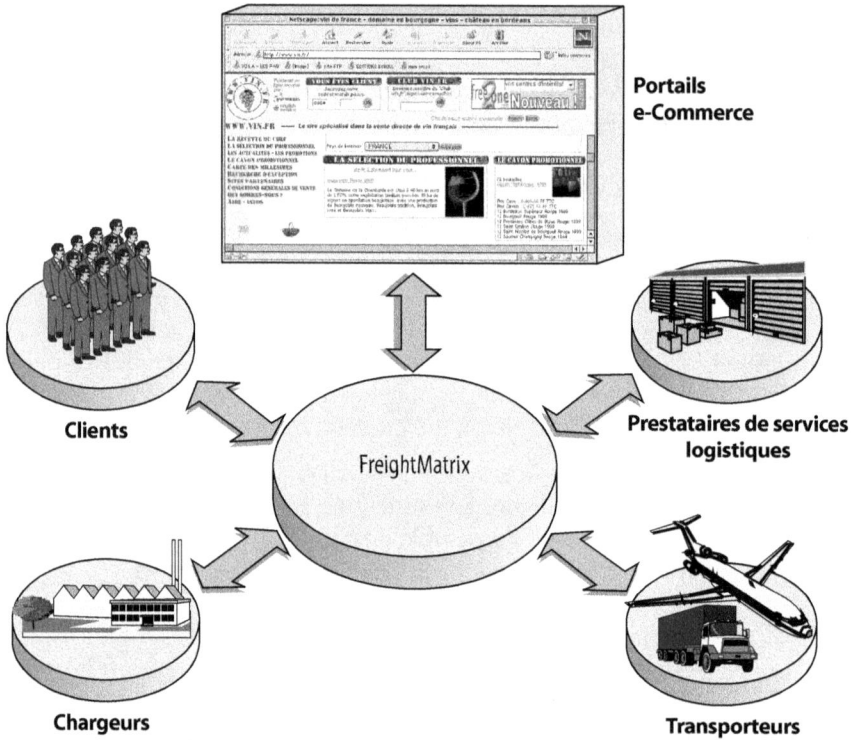

SCHÉMA 7.9. *Exemple de plate-forme e-commerce logistique*

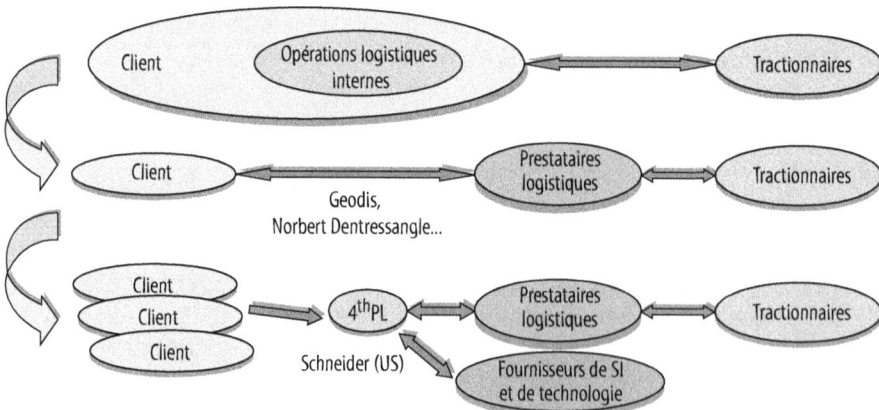

SCHÉMA 7.10. *Évolution vers les métiers d'ensemblier de la Supply Chain*

📖 BIBLIOGRAPHIE DU CHAPITRE 7

Al-Qirim N., Corbitt B., *E-Business, e-Government and Small and Medium-Size : Frameworks, Issues and Implications*, Idea Group Inc, USA, 2004, 317 p.

Chain C., Gian N., *Commerc@ : un dynamisme pour demain*, Éditions Liaisons, Paris, 2000.

Durand B., « L'Épicerie en ligne : l'atout logistique de la distribution intégrée française », *Logistique & Management*, vol. 12, n° 2, 2004.

Edwards M., « New B2B player spreads benefits of e-commerce - Industry Trend or Event », *Communications News*, janvier 2001.

Enslow B., « Internet Fulfillment : The Next Supply Chain Frontier », *Ascet*, vol. 2, Montgomery, 2000.

Ernst & Young, *Global on line retailing : an Ernst & Young Report*, « Stores », 2001, 154 p.

Evans P., Wuster T., *Net strategies*, Éditions d'Organisation, Paris, 2000, 244 p.

Gardner P., *Electronic Trading : A Practical Handbook*, Woburn, Butterworth-Heinemann, 1994, 275 p.

Holliday H., « Priority : Build a Successful e-Commerce Platform », *The Magazine for Magazine Management*, octobre 2000.

Kamyab Samii A., *Stratégie de service : e-business, Supply Chain*, Dunod, Paris, 2004.

Kornum N., Bjerre M., *Grocery e-commerce ; consumer behaviour and business strategies*, Edward Elgar Publishing, 2005, 322 p.

Lawrence B., Jennings D. F., Reynolds B. E., *e-distribution*, Thomson, 2003, 264 p.

Marouseau G., « Modèles logistiques du commerce électronique », *Logistique & Management*, vol. 13, n° 2, 2005.

Marouseau G., « Le système logistique, facteur-clé du succès des cybermarchés », *Logistique & Management*, vol. 9, n° 1, 2001, pp. 41-50.

Mcnamee D., Chan S., « Understanding E-commerce Risk », *Internal Auditor*, avril 2001.

Paché G., « La Logistique de distribution du commerce électronique : des défis économiques, managériaux et écologiques à l'horizon », *Revue Internationale de Gestion*, vol. 26, Hors Série, 2002, pp. 39-45.

Paché G., « Package de services et sites marchands du commerce électronique. Une dimension logistique surestimée ? », *Revue Française du Marketing*, n° 188, 2002, pp. 91-101.

Paché G., « Effective B2C electronic commerce - The need for logistics structures », *Networks and Communication Studies*, vol. 15, n° 3-4, décembre 2001.

Perrotin R., *E-achat : stratégies d'achat et e-commerce*, Éditions d'Organisation, Paris, 2002, 190 p.

Sanchez A., « The Heart of e-Commerce - Industry Trend or Event », *Electronic News*, 16 mars 2001.

Schwartz B., « E-business : new distribution models coming to a site near you », *Transportation and Distribution*, Cleveland, février 2000.

✍ SITOGRAPHIE DU CHAPITRE 7

Nom et contact mail	Mission	Précisions sur le site
Forrester Research http://www.forester.com/ http://web2.forrester.com/forr/reg/ contact.jsp?id=13	Forrester Research est une entreprise indépendante de recherche en technologie et études de marché. Elle fournit des conseils pragmatiques sur les impacts des technologies sur les entreprises et les consommateurs.	
GICE *Groupement industriel pour le commerce et les échanges* www.gice.net	GICE met à disposition des entreprises et syndicats affiliés un ensemble de nouvelles solutions pour leur permettre d'augmenter leurs parts de marché, leur efficacité, tout en diminuant leurs coûts.	GICE est beaucoup plus qu'une place de marché B to B traditionnelle, c'est une plate-forme multi-services pour le commerce et les échanges de données informatisées (EDI).
Gartner Group www.gartner.com www.gartner.com/ContactUs?param=no	Gartner est l'une des plus grandes entreprises au monde qui fournit des résultats en matière de recherche sur les technologies, des informations sur les marchés et les consommateurs… Gartner travaille avec 1 200 analystes et près de 35 000 clients.	De nombreux éléments sur les études publiées, en particulier dans le domaine du commerce électronique.
Étude sur e-commerce www.business-place.net message@keywordmarketinginc.com	En réponse à ce foisonnement d'enthousiasmes et de réserves face au commerce électronique, cette étude vise un double objectif : identifier les concepts essentiels du commerce électronique et fournir des éléments de réflexion sur les enjeux stratégiques de commercialisation sur Internet.	Site avec documents d'étude à voir.
Rapports d'études www.finances.gouv.fr/ http://www.finances.gouv.fr/ courrierPHP4/index.php	Publications d'études et de rapports sur le commerce électronique.	Rapport sur l'évolution du commerce électronique en France pour le ministère de l'Économie et des Finances : attractivité, dynamisme et impact du marché. Ministère de l'Économie, des Finances et de l'Industrie, 25 mars 1998.
www.admiroutes.asso.fr	Publications des études sur l'e-commerce et OMC.	Nombreux écrits.

www.e-logisticien.com http://www.e-logisticien.com/contact/	Le rôle des logisticiens dans le développement du commerce électronique : articles, annuaires, forum, bibliographie, études,…	Site non officiel. Discussions de professionnels à professionnels.
www.planete-commerce.com http://www.planete-commerce.com/contact.html	Étude e-business. Commerce électronique de A à Z.	Communauté des professionnels du commerce électronique : guides, stratégies, techniques, prestataires, webmarketing…
www.e-business-europe.com info@ebusiness.info	Services d'infos sur le commerce électronique en Europe.	Société aidant à l'installation ou à la recherche d'acteurs dans le domaine du net. Actualités.
Electronic Business Group www.ebg.net stefani.morelli@ebg.net	Association réunissant de très nombreuses entreprises impliquées dans le commerce électronique. Des rencontres hebdomadaires très enrichissantes par grands thèmes.	Nombreuses sources d'information.
Décideur.com SA www.decideur.com/dossiers/rubrique/e-com infos@groupe-decideur.com	Le site de tous les responsables de l'entreprise. Articles et dossiers divers pour tout connaître.	Commerce électronique : des recettes pour réussir. Créer un site Web marchand.
Freight Matrix www.freightmatrix.com info@freightmatrix.com	Filiale de i2 Technologies fondée en 1999, offrant des places de marché aussi bien privées que publiques ainsi que la mise en ligne d'appels d'offres.	Le site fournit des solutions informatiques pour l'externalisation des systèmes d'information. Les systèmes des différentes entreprises sont mis en relations dans un environnement sécurisé. Le site propose également des liens vers différents sites d'information sur l'actualité logistique et financière. Le droit d'entrée est payant.
Free Cargo www.freecargo.com http://www.freecargo.com/index3.php3?file=helpdesk.php3	Base de données d'équipements et de capacités de fret disponibles sur l'Amérique du Nord et l'Europe.	Échanges de capacités, enchères, enchères inversées. Démonstration de e-logistique dans un environnement réel.
Cargohub.com www.cargohub.com/fr/ webmaster@cargohub.com	Lancé en juillet 1998, le site Cargohub est un portail business to business regroupant les acteurs du transport opérant en France. Constituant une porte d'entrée sur les ports et les aéroports, il regroupe de plus les principaux titres de la presse du monde du transport.	Outre des services associés réalisés en partenariat, le site dispose d'un « coin de chargeur » qui lui permet de déposer ses demandes de cotation et de suivre en temps réel l'expédition des marchandises.

Global Freight Exchange www.gf-x.com martin.penney@gf-x.com	Favoriser l'innovation et regrouper les transporteurs et les transitaires aériens.	Enchères proposées aux membres (inscription gratuite) répondant à une « charte qualité dans les échanges ».
Web Transport www.web-transport.com ftusveld@web-transport.com	Place de marché du transport et de la logistique, offre toute une palette de services à l'ensemble de la communauté du transport et de la logistique. Les services sont commercialisés et supportés par un réseau de proximité, consolidé par un programme de fidélisation et d'intéressement novateur dans le monde du transport.	Services proposés : – optimisation des coûts et étude d'externalisation ; – rapprochement de l'offre et de la demande au travers de la technologie « Push Média » et des différentes bourses « métiers », course, terrestre, maritime, aérienne, logistique ; – achat et vente de matériel et services dans l'environnement transport et logistique.
Transport Market Place www.transportmarketplace.com csl@transportmarketplace.com	Bourse de fret en ligne regroupant les offres de transport aérien, maritime et routier ainsi que de stockage. Site international référençant 118 pays. Existe depuis 3 ans.	
European Data and Technologies Services www.eurodat-services.com info@yourdomain.com	Chargeurs et transporteurs déposent leurs offres et leurs coordonnées pour prendre contact en dehors du site.	Ce site est une petite partie de la filiale européenne de la société américaine DAT. La majeure partie des services rendus aux transporteurs utilisent le téléphone ou le fax. Internet est plus utilisé comme outil de communication que comme outil de travail.
Teleroute www.teleroute.com hotline@teleroute.fr	Considéré comme étant le « leader européen des bourses de fret et de véhicules en ligne ».	Agit comme une bourse en ligne en fournissant aux abonnés une liste d'offres de fret avec les conditions requises. Les offres diverses apparaissent en temps réel à l'écran.
Benelog www.benelog.com info@benelog.com	Chargeurs et transporteurs déposent leurs offres et leurs coordonnées pour prendre contact sur le site. Se veut le concurrent direct de Teleroute.	Ce site est destiné aux usagers habitués à ce genre de service.
Elogistics www.elogistics.com tim.meadows-smith@elogistics.com	Fournit des services logistiques variés dont une partie pour le transport de marchandises. Une partie du site fonctionne comme une bourse de fret classique.	Site marchand où les transporteurs et les chargeurs peuvent acheter le support logistique dont ils ont besoin.

GoReefers www.goreefers.com info@goreefers.com	PDM du transport des marchandises périssables.	Publie des offres de fret et permet d'acheter des produits et des services en ligne.
Cargo Exchange www.cargoexchange.com support@cargoexchange.com	PDM du transport maritime (mêmes créateurs que Goreefers.com).	Ce site propose en outre de fournir aux détaillants locaux des personnes effectuant des livraisons en direct chez le client.
123 Industries www.123industries.com group@premiumcontact.fr	Mise en ligne d'appels d'offres et mise en relation donneurs d'ordre/fournisseurs.	Appels d'offres consultables par les fournisseurs. Recherches multi-critères des offres.
Transport Levage www.transport-levage.com info@transport-levage.com	Mise en relation de PME-PMI au moyen d'une bourse d'offres et de demandes de prestations en levage et transport spécial.	Le site permet aussi l'achat de matériel neuf et d'occasion. Il est très clair et fournit en plus des infos sur l'actualité du transport et du levage.

8

L'intégration fonctionnelle du Supply Chain Management

« Cinq hommes courageux qui ne se connaissent pas hésiteront avant d'attaquer un lion. Cinq hommes moins courageux mais qui se connaissent très bien, n'hésiteront pas à le faire. »

Charles Ardant du Picq[1]

De même qu'en matière de production, le développement du produit et l'industrialisation du procédé ont tendance à se rapprocher et à connaître un développement mieux coordonné, le Supply Chain Management qui représente le processus global de mise à disposition du produit au client, doit travailler naturellement avec la fonction qui définit l'offre de service à laquelle ce processus logistique doit être en mesure de répondre. Les passerelles entre fonctions tendent à se multiplier, que ce soit avec les achats, la production, le marketing...

Ce chapitre traite ainsi de la première dimension de la recomposition des Supply Chains : l'intégration fonctionnelle. Et s'intéresser à ce premier pôle d'intégration soulève trois types de question complémentaires :

• **Comment le Supply Chain Management est-il pris en compte par les autres fonctions de l'entreprise ?** Plusieurs fonctions sont susceptibles d'être étudiées pour observer ce phénomène d'intégration en particulier dans les produits de grande diffusion. Tout d'abord, *la fonction achat* voit un double intérêt à se préoccuper du Supply Chain Management du fait de la place qu'occupe la composante de presta-

---

1. Écrivain militaire français (1821-1870). Ses écrits sur le moral de la troupe eurent une grande influence sur les cadres de l'armée de 1914.

tions de services apportée par l'offre logistique des fournisseurs. Les acheteurs ont ainsi une meilleure identification possible de la valeur réelle des différentes composantes du produit global qu'ils achètent. De plus, ils identifient un levier supplémentaire susceptible d'être utilisé dans les négociations.

La recherche et le développement intensifient également leur intégration de la Supply Chain. Dans les produits du type projet de haute technologie, les méthodologies de soutien logistique intégré (SLI) en sont une illustration concrète. Mais les industriels de produits de grande diffusion se penchent également sur ces questions. Renault comme tous les constructeurs automobiles, a intégré dans toutes ses équipes projets de nouveaux véhicules, au niveau du bureau d'études, un sous-groupe projet logistique qui s'empare des créations du bureau d'études menées d'après le cahier des charges marketing. Sa mission est d'inférer les flux qui découleront de la conception du véhicule et de son processus d'assemblage et d'interagir avec le bureau d'études pour introduire les modifications susceptibles d'améliorer la logistique associée aux composantes du véhicule futur. La comparaison des caractéristiques logistiques (coûts d'approvisionnement pour certaines pièces, volume d'approvisionnement par véhicule) entre différents véhicules comparables est un outil bien identifié pour travailler sur les problèmes logistiques possibles au moment de la conception même d'un véhicule. C'est ainsi que le volume d'approvisionnement de la Laguna chez Renault (14 m^3) a pu être réduit de plus de 1 m^3. Mais, naturellement, c'est également *le marketing* qui est amené à s'emparer des composantes logistiques qui lui sont nécessaires dans l'établissement de ses décisions ;

- **Comment le Supply Chain Management prend-il en compte les objectifs et contraintes des autres fonctions de l'entreprise ?** Nous ne discuterons pas ici de cette question qui justifie notre ouvrage dans son ensemble. Le Supply Chain Management est montré, entre autres, comme une activité stimulant la coopération intrafirme pour produire *in fine* le service attendu par les clients. À titre d'exemple, le cahier des charges service rédigé et émis par la direction commerciale et marketing, voire par les business units elles-mêmes, montre que la conception des Supply Chains ne peut se faire sans des lignes directrices énoncées par les autres fonctions. Le marketing exerce six effets sur la Supply Chain :

  - un effet dû à la politique en matière de ligne de produit (largeur et profondeur de gamme, rythme d'introduction des nouveaux produits). C'est ce que nous appellerons l'effet de la composante produit du mix marketing ;

  - un effet dû à la demande de service que nous attacherons également à la composante produit, dans sa dimension offre globale produit/service ;

  - un effet lié aux décisions en matière de prix. C'est l'impact de la composante prix du mix marketing ;

  - un effet associé aux tactiques commerciales qui concerne l'ensemble des composantes du mix marketing ;

  - un effet associé aux prévisions et qui concerne les deux composantes mises en place et produit ;

– l'effet du choix des canaux de distribution qui est associé à la composante mise en place du mix.

- **Quels sont les outils, en particulier au niveau des systèmes d'information, qui facilitent l'intégration fonctionnelle au sein des l'entreprises de grande consommation et quelles sont les implications organisationnelles de l'intégration fonctionnelle** ? Cette question constitue la dernière partie de ce chapitre. Nous montrerons en quoi le processus Supply Chain par la gestion des inter-opérations est un levier de structuration des entreprises par l'émergence de nouvelles formes organisationnelles. Le Supply Chain Management n'est alors qu'un sous-processus support qui soutient des processus plus fondamentaux tels que la mise à disposition sur le marché d'un nouveau produit dans un circuit de distribution donné. Il nous semble très important de rappeler que cette intégration fonctionnelle est un prérequis majeur pour faciliter l'intégration sectorielle, qui sera étudiée ultérieurement.

Nous avons choisi pour la première partie de ce chapitre de centrer notre présentation sur l'intégration du Supply Chain Management et du marketing. Nous verrons donc dans un premier temps comment il est possible de proposer une analyse de l'interface marketing et Supply Chain en précisant la nature des opérations qu'il est susceptible de mener en commun et les différents niveaux de maturité dans la relation. Dans un second temps, nous étudierons un exemple de mise en place d'une Supply Chain plus intégrée avec le marketing dans les industries des produits de la mode.

Design du produit et Supply Chain : trois exemples vécus

Par Stéphane Thirouin, ex-Designer stagiaire ATAL, ex-Designer LEGRAND, Design Manager FACOM.

Lors de la création d'un produit nouveau, la non prise en compte des contraintes de la Supply Chain peut avoir des conséquences à l'autre extrémité de cette chaîne. Ces trois cas vécus dans trois entreprises différentes en sont une bonne illustration.

FACOM

Afin d'augmenter le volume utile d'un nouveau modèle de servante d'atelier (meuble métallique à roulettes permettant de ranger et de mettre à disposition les outils dans un atelier), nous avions décidé d'augmenter de 4 cm les dimensions de ce produit. Cette modification, anodine aux yeux des concepteurs, destinée à simplifier certains pliages de tôles, aurait pourtant pu être à l'origine d'une cascade de conséquences sur le plan de la Supply Chain :

- les convoyeurs de la cabine de peinture auraient dû être modifiés car les caissons s'entrechoquaient ;
- le chargement des camions aurait été réduit de 20 unités, soit 26 camions complets supplémentaires par an, pour un surcoût de transport de 8 000 euros entre l'usine et l'entrepôt ;
- des emplacements dédiés auraient dû être créés dans l'entrepôt car les racks standards ne permettaient pas de stocker les palettes.

Pour éviter ces modifications coûteuses de la Supply Chain, c'est un reengineering complet de la structure du produit qui a finalement été engagé. Ceci a permis, au passage, une économie de 15 kg de tôle par produit, sans en dégrader ni le volume utile, ni la résistance.

LEGRAND

En souhaitant assurer au client un service « plug and play » total, il avait été décidé de livrer des télécommandes infrarouges avec leurs piles installées, le tout sous blister. Ceci permettait en particulier une réduction de volume des colis de regroupement par 10.

Dès le lancement de ce nouveau produit, destiné à piloter à distance l'éclairage, le service après-vente fut assailli de réclamations de clients se plaignant d'avoir une télécommande ne fonctionnant pas : la pile était totalement déchargée. Le taux de réclamation avoisinait les 50 % ! Un premier audit de stock ne fit apparaître aucune défaillance : les échantillons pris au hasard sur le dessus des cartons étaient parfaitement fonctionnels. Toutes les hypothèses furent envisagées :

• lot de piles périmées ou défectueuses ;

• température de stockage trop élevée ;

• électronique consommant l'énergie même à l'arrêt.

C'est finalement le second audit qui permit de découvrir la faille : dans le carton de regroupement, les 5 produits du haut pesaient sur les blisters des 5 produits du bas, qui, en se déformant, appuyaient sur les touches des télécommandes et en épuisaient la pile ! Un gain à l'emballage avait ainsi généré un problème commercial de premier ordre.

ATAL

La gamme de ce fabricant de mobilier de bureau comportait une dizaine de variantes de couleurs. Le souhait du marketing était, par cette diversité, de permettre aux clients de trouver le produit adapté à ses goûts. Malheureusement, la multiplication des références engorgeait le système de production et l'entrepôt, et de l'autre, les clients, attirés par la gamme colorée, n'y trouvaient pas leur bonheur, et se tournaient vers une commande spéciale dans le meilleur des cas, ou vers la concurrence si le délai imposé leur était inacceptable.

Une standardisation des caissons sur deux couleurs basiques, et une multiplication par deux du nombre de variantes de couleur de façades, permirent à chacun d'optimiser sa performance : moins de références de grosses pièces, des batchs plus importants, plus de diversité stockée pour le client, le tout grâce à la différenciation retardée.

1. LE SUPPLY CHAIN MANAGEMENT À L'INTERFACE DES FONCTIONS

1.1. Enjeux de la gestion des interfaces fonctionnelles

La circulation des produits est soumise à des objectifs souvent différents en fonction du secteur de l'entreprise qui, à un moment donné, en a la responsabilité.

Prenons trois exemples dans un contexte où l'organisation Supply Chain n'est pas encore structurée.

L'un des objectifs de la *fonction achat* est d'obtenir une réduction des prix de la part des fournisseurs. C'est ce qui se passe dans le cas d'un achat en grande quantité. Cet approvisionnement en quantité importante aura les conséquences suivantes sur le flux en aval :

- surfaces occupées dans les entrepôts plus importantes avec risque d'engorgement et de diminution de la productivité usine du fait d'une moindre qualité dans les pickings réalisés pour les ateliers de fabrication ;

- risque d'obsolescence des stocks approvisionnés ;

- immobilisation financière plus importante.

La direction production se voit assigner une amélioration de sa productivité. Elle aura alors tendance à diminuer ses changements de série pour réduire les temps d'immobilisation dus aux changements d'outillage et pour réduire les pertes de fabrication inévitables en phase de lancement de série. Ainsi, les séries de fabrication auront tendance à s'allonger et elles auront pour conséquences :

- une plus grande sollicitation des structures d'entreposage ;

- une immobilisation financière croissante ;

- un risque d'obsolescence des produits qui ne seront plus adaptés aux besoins du commercial.

Enfin, prenons un dernier exemple. *Les directions contrôle de gestion et marketing* demandent une réduction des prix de revient pour conserver les marges consécutivement à une réduction des prix de vente. La fabrication propose un ajustement des emballages : plus de cartonnage, mais une palettisation directe avec surfilmage. Si effectivement une économie sur les matières cartonnées en résulte ainsi qu'une diminution du prix de revient industriel, cette modification aura pour conséquence :

- un risque de moindre stabilité des palettes au cours du transport et une augmentation des palettes avariées et des litiges transports ;

- une augmentation significative des coûts de préparation de commande.

Ces différents exemples illustrent les sources de conflits qui naissent des conséquences sur les autres fonctions d'une décision prise sur les flux par l'une d'entre elles.

Des arbitrages entre fonctions s'avèrent nécessaires. Pour rendre ces arbitrages, une vision doit être portée sur l'ensemble du flux pour que les effets d'une modification en un point du flux puissent être évalués sur son ensemble (cf. tableau 8.1).

Les risques inhérents à une approche morcelée de la gestion des flux portent sur :

- *les stocks*. Les dysfonctionnements (rupture, mauvaise fiabilité) se concrétisent par une perte de confiance dans le fonctionnement du système opérationnel. Chacun à son niveau tente de s'en prémunir par :

  – la création de stocks de sécurité,

  – la surestimation de prévisions,

  – l'injection de commandes fictives ;

Problèmes	Points de vue du marketing	Point de vue de la production	Questions
Catalogue produits	L'augmentation des références est secondaire du moment qu'il est ainsi possible de répondre à l'attente des clients.	Beaucoup trop de références offertes. Il faut revoir la gamme afin de limiter la tendance à produire du sur-mesure.	Comment tenir compte des contraintes de flux dans la gestion du catalogue produits ?
Prévisions	Les prévisions fournies s'affinent au cours du temps. Ce sont les outils de production qui ne savent pas s'adapter. Les opérations promotion-nelles ne permettent pas un engagement ferme	Elles sont établies avec un trop grand degré d'incertitude. Les outils de production sont trop sollicités pour réagir à court terme. Elles reflètent un objectif commercial et non pas une vision du marché.	Quel processus de gestion des prévisions faut-il mettre en place pour approcher au mieux le marché à venir ?
Disponibilité des produits	Il y a trop de ruptures et les délais de réapprovisionnement qui s'ensuivent sont trop longs pour nos clients. Il faut proposer des délais encore plus courts pour toutes nos commandes.	Les commerciaux se plaignent d'indisponibilité des produits. La fabrication assure néanmoins la sortie des produits en fonction de leur demande…	Quels niveaux de service faut-il proposer et comment les produire ?
Stocks	Le contrôle de gestion détecte des stocks de produits finis trop élevés dans les entrepôts. C'est une obligation cependant pour se prémunir des aléas de la production.	Le contrôle de gestion détecte des stocks d'en-cours trop élevés dans les magasins. C'est une obligation pour répondre aux demandes aléatoires du marketing.	Comment réduire les aléas et arbitrer entre stock de produits finis et stocks d'en-cours ?
Coûts	Les aléas de répartition des coûts établis par le contrôle de gestion ne conviennent pas. Les prix sortie usine sont de toute manière bien trop élevés.	Les clefs de répartition des coûts établies par le contrôle de gestion ne conviennent pas. De toute manière, ce sont les demandes trop particulières des commerciaux qui augmentent les prix de revient (livraison rapide, stock pléthorique…)	Que représentent les coûts logistiques et par quoi sont-ils générés ?

TABLEAU **8.1.** *Les questions logistiques à l'interface fonctionnelle*

- la non-maîtrise des niveaux de service. Délai et fiabilité ne sont plus respectés. Les engorgements pris par le commercial sont peu ou mal évalués en termes de faisabilité et de coûts. Un décalage risque d'exister entre la stratégie commerciale (rythme de lancement des produits, promotion, délai…) et l'aptitude du système opérationnel à y répondre ;
- la sous-optimisation des moyens logistiques et la difficulté d'évaluer la pertinence de certains investissements. Les infrastructures d'entreposage, les moyens de transport, les systèmes d'information et de gestion ne sont pas utilisés au mieux de leur capacité. De plus, pris séparément leur poids financier paraît modeste et ne prête

pas à une attention particulière alors que, pris dans leur ensemble, ils représentent un engagement significatif.

Les décisions prises sur une question telle que la palettisation (mise des produits sur palette pour les manutentions et les expéditions) ont des conséquences sur toutes les autres fonctions qu'il faut savoir évaluer. Un parc palettes de quelques dizaines de milliers de palettes voire de quelques centaines de milliers n'est pas chose rare. Si l'investissement direct est déjà significatif, il ne faut pas ignorer les investissements indirects qu'il faudra consentir. Les répercussions touchent à la fois :

- les achats qui doivent statuer sur l'intérêt de location de palettes ou d'investissements en palettes propres. Les palettes seront-elles récupérables ou seront-elles perdues ? (une palette de 1 000 x 1 200 coûte environ de 3,8 à 5,3 €) ;
- la gestion de production par l'approvisionnement d'un nouveau composant, la palette, dont la rupture peut stopper l'ensemble de la production ;
- le bureau d'études dans le cas où l'utilisation rationnelle de la palette nécessite une modification sur le produit ;
- les techniques de fabrication par l'implantation des palettiseurs automatiques (machine à constituer les palettes automatiquement) ;
- l'entreposage par l'organisation spécifique des stockages et des manutentions liés à la palette ;
- le transport par l'évolution des plans de chargement, la possibilité offerte de chargement automatique, et la gestion éventuelle du retour des palettes ;
- la vente et les clients par l'instauration ou non d'une consigne sur les palettes si elles sont récupérables ;
- le marketing par le support nouveau offert par la palette en cas de mise en linéaire. Par exemple, la palette peut devenir un support à la promotion des produits (box-palette) ;
- le client par l'adaptation éventuelle qu'il doit consentir à ce nouveau mode de livraison ;
- la finance par les investissements consentis ;
- le personnel.

1.2. Un exemple d'enjeux : l'intégration du point de vente

Un point de vente se trouve à la triple convergence du système marketing et commercial et du système Supply Chain. Il se situe également à la rencontre d'un grand nombre de systèmes logistiques opérationnels : celui des fournisseurs, celui propre à l'enseigne de distribution, celui de ses clients. Il lui faut ainsi composer avec l'ensemble de ces composantes pour créer une logique propre, cohérente.

Dans les hypermarchés, l'enjeu économique des ruptures en linéaire est considérable et selon les enseignes porte sur 3 à 5 % des produits. Ces ruptures sont généralement dues dans 80 % des cas au point de vente lui-même : produits restés sur la zone de réception magasin, erreur d'approvisionnement, erreur dans les bases de données,...).

Mais la prise en compte effective du point de vente dans la Supply Chain se heurte systématiquement à trois types de difficultés :

1. La première tient à la mission première d'un point de vente qui est commerciale. Sa composante logistique opérationnelle, si elle est bien réelle (réception des livraisons des fournisseurs, mise en réserve, mise en linéaire, préparation de commandes, livraisons, gestions des retours...), ne dispose pas toujours de profils professionnels adaptés et motivés pour la traiter.

2. La seconde porte sur une mauvaise évaluation (et parfois sur aucune évaluation) des enjeux logistiques attachés aux points de vente.

3. Enfin la troisième est relative à la très faible différenciation de traitement opérée par type de produits, faute d'outils et de méthodes développées de manière appropriée.

Décathlon, Darty, Grand Optical, Fnac sont autant d'enseignes pour lesquelles la dimension logistique apparaît spontanément comme vigoureuse. La meilleure intégration des magasins dans les Supply Chains se réalise selon deux axes principaux :

• une « dépollution logistique » des points de vente : toutes les opérations logistiques pouvant être réalisées ailleurs que dans le point de vente le sont. Ainsi :

– le point de vente passe de la gestion de l'approvisionnement à la tenue de l'approvisionnement. Il gère en temps réel les bases d'information mais il ne les traite plus.

– les opérations logistiques sont déportées vers des entrepôts en amont des points de vente : contrôle qualité, marquage, pose d'antivol, préparation, déclenchement des réassorts.

– diminution des réceptions camions par consolidation, dans la mesure du possible, des livraisons fournisseurs sur une plate-forme amont qui relivre de manière groupée. Le nombre de poids lourds livrant ainsi en hypermarché a très significativement diminué.

• une professionnalisation logistique du point de vente sur les tâches beaucoup moins nombreuses qui lui restent affectées.

C'est cette double dynamique qui contribue aujourd'hui à mieux placer les magasins de distribution, de plain-pied, dans les Supply Chains.

2. ANALYSE DE L'INTÉGRATION DU MARKETING DANS LA SUPPLY CHAIN

2.1. Les liens entre marketing et Supply Chain

2.1.1. L'influence de la logistique sur les composantes du marketing mix

Le marketing des producteurs se structure traditionnellement autour du concept du marketing mix qui confère au marketing quatre dimensions élémentaires pour structurer sa réflexion :

• le produit ;

- le prix ;
- la mise en place ;
- la promotion.

Chacune de ces variables contribue par son positionnement à créer l'environnement favorable à l'établissement de transactions entre une firme et les clients de son marché. Les choix du marketing sur chacune de ces variables sont directement conditionnantes pour les choix de la solution Supply Chain. De même, les choix en matière de Supply Chain interfèrent directement sur les choix marketing. Envisageons successivement chacune des variables marketing et examinons les interactions entre marketing et Supply Chain sur chacune d'entre elles. La variable mise en place qui concerne principalement le choix du canal de distribution a déjà été analysée dans le chapitre 6. Nous reviendrons sur son évolution dans le chapitre 10 et nous ne l'aborderons donc pas directement dans ce chapitre.

2.1.2. La variable produit

Le cas de l'iPod d'Apple

	Phase de lancement	Phase de croissance forte
Caractéristiques produits	Personnalisation forte : l'iPod a proposé une vraie révolution pour les lecteurs MP3 (personnalisation des écouteurs et du boîtier) et a renforcé les fonctionnalités (disque dur, téléchargement,…).	Miniaturisation du produit, touches sensibles,…
Volume	La demande dépasse la disponibilité offerte mais cela fait partie du jeu. Timothy Cook (Senior VP pour les opérations Monde) fait le lien avec l'iMac : « *Dès que vous avez un nouveau produit populaire, vous n'êtes jamais capable de satisfaire la demande.* »	Extension des ventes à de multiples régions du monde. À ce stade de la demande, les ruptures de stock doivent être absolument éliminées.
Dimension concurrentielle	Ce sont les qualités technologiques qui ont fait la différence ce qui a permis une faible pression sur les prix.	La concurrence s'accroît avec l'entrée sur le marché de solutions alternatives proposées par Dell, Creative Labs, e.Digital, Philips et RCA. Le prix est abaissé de 399 USD à 249 USD en janvier 2004 puis 159 USD en 2005 sur les produits d'entrée de gamme.

TABLEAU **8.2.** *Points clefs de deux phases critiques du cycle de l'iPod*

L'iPod représente un excellent exemple révélant l'intégration du cycle de vie du produit et des solutions Supply Chain. L'iPpod illustre plus particulièrement comment la composante produit de tout marketing mix doit prendre en compte au niveau du plan produit

	Phase de lancement	Phase de croissance forte
Vision stratégique	Accent sur le time to market. Importance des retours clients sur le comportement du produit. La Supply Chain est moins formalisée du fait : • du nombre réduit de références articles ; • des volumes initiaux faibles ; • des prix élevés justifiés par le caractère innovant des produits ; • des zones géographiques concernées limitées ; • du fort besoin de flexibilité.	Nécessité de mettre en place une Supply Chain intégrée du fait : • de l'extension géographique des marchés concernés ; • de la multiplicité des canaux de distribution ; • de la nécessaire réponse à l'accroissement des volumes tout en maintenant un haut niveau de disponibilité ; • de la flexibilité pour rééquilibrer éventuellement les flux entre sites en cas de rupture de stock.
Organisation et compétences	Peu de fournisseurs et accent mis sur les composants critiques. Focalisation sur : • la R & D ; • les prévisions de la demande ; • une Supply Chain « good enough » suffisamment flexible et évolutive.	Accroissement du nombre d'acteurs concernés par le processus Supply Chain. Besoin de plus d'intégration entre les fournisseurs de composants. Recours à des prestataires logistiques pour faire face à l'accroissement des prestations de service et des volumes.
Processus logiques	Capacité à faire remonter rapidement les informations du marché pour faire évoluer le produit. Innovation centrée plus sur le produit que sur le processus.	Focalisation sur le pilotage de l'approvisionnement et de la production. Modèles de prévision sophistiqués basés sur une logique push renseignée à partir de la phase start-up.
Systèmes d'information	Systèmes d'information orientés « Demand side » pour : • capturer la demande initiale et la qualifier ; • développer des scénarios de modèles de planification ; • récolter les réclamations des clients.	Systèmes d'information permettant la coordination end-to-end du processus Supply Chain. Mise en œuvre de solutions EDI pour le transport et la distribution. Systèmes Supply Chain complets.
Opérations logistiques	Focalisation sur la date de lancement. Optimisation limitée de la Supply Chain.	Intégration amont et aval très limitée. Focalisation sur : • la réduction des inter-opérations et des coûts de livraison ; • le respect des cahiers des charges clients ; • la délocalisation dans les pays à coût bas.
Contrôle de la performance	Contrôle focalisé sur la qualité du produit.	Contrôle élargi de la performance de la Supply Chain sur : • le respect des dates de livraison ; • les prestations de service logistique ; • la rotation des stocks.

TABLEAU 8.3. *Impacts sur les six composantes-clefs de la Supply Chain des phases du cycle de vie de l'iPod*

les phases-clefs du cycle de vie du produit. Le cas de l'iPod d'Apple illustre comment la conception simultanée de solutions Supply Chain soutient le développement de nouveaux produits en particulier au niveau des phases de lancement et de croissance rapide. Apple a introduit son iPod en novembre 2001 et il semble qu'avril 2003 marque le véritable démarrage de la forte croissance marquée par le lancement de la 3e génération d'iPod et la rénovation en profondeur du site Internet iTunes. En 2005, c'est la miniaturisation avec l'iPod venant se nicher dans un téléphone mobile (le Rocks) et l'iPod Nano utilisant des mémoires flash. Sur le marché des baladeurs numériques, l'iPod détient environ 78 % des parts de marché (2006) aux États-Unis et 50 % sur le monde entier. Plus de 58 millions d'iPod ont été vendus jusqu'à mi-mai 2006, dont 14 millions pour les fêtes de Noël 2005.

Les cycles de vie des produits se sont drastiquement raccourcis du fait entre autres de la plus grande maîtrise technologique. Le tableau 8.2 montre les points-clefs des deux phases critiques du cycle de vie de l'iPod.

Il apparaît clairement que pour soutenir les objectifs d'Apple lors de ces deux phases, il a été essentiel de concevoir et de mettre en place des solutions Supply Chain spécifiques qui se déclineront de manière différente sur les six composantes de tout business modèle Supply Chain : vision et objectifs stratégiques Supply Chain, organisation et compétences-clefs des acteurs concernés, processus logiques et règles de pilotage associés, solutions systèmes d'information, solutions opérationnelles au niveau des flux physiques et systèmes de mesure de performance comme le résume le tableau 8.3.

Apple, avec l'iPod, a tiré des enseignements de sa contre-performance passée dans le secteur des ordinateurs. Son mauvais pilotage Supply Chain l'avait contraint à essuyer une perte très lourde due à des produits obsolètes à la fin des années 90.

Avec l'iPod, Apple a su faire migrer une première solution Supply Chain dédiée au lancement d'une nouvelle famille de produits, avec les aléas que cela comporte, vers une Supply Chain supportant la distribution, la production et le marketing de produits dont la diffusion s'est révélée comme mondiale et à très gros volumes sur un espace de temps très court.

Généralisation

La variable produit affecte la Supply Chain principalement sous trois aspects majeurs qui comprennent la largeur et la profondeur de la gamme de produits, le packaging, et la notion même de vie du produit.

Envisageons, tout d'abord, les effets sur la logistique de la largeur et de la profondeur de la gamme de produits. Les caractéristiques de la gamme de produits déterminent en partie la satisfaction du client et la capacité de l'entreprise à le fidéliser. La largeur de gamme mesure la diversité des familles de produits offertes. La profondeur de gamme mesure la diversité de l'offre pour une famille donnée de produits. Il est remarquable de s'apercevoir que, pour les entreprises qui sont directement liées au réseau de revendeur de détail (Michelin pour son activité de remplacement, Essilor avec le réseau des opticiens et nous pouvons y associer ici Altadis avec le réseau des tabacs), l'étendue de la gamme est un facteur important de domination du marché. En effet, le revendeur détaillant ne dispose pas d'une capacité de traitement de l'information et d'une disponibilité suffisante pour assurer régulièrement son approvisionnement en provenance de fournisseurs multiples. Les besoins de sa clientèle finale étant d'une diversité croissante, l'offre potentielle étant elle-même susceptible de répondre à l'étendue de ces besoins chez le fournisseur leader, la tendance est donc à l'approvisionnement chez le fournisseur susceptible de répondre positivement à la demande la plus étendue. C'est l'effet de la gamme de produits. Le fournisseur d'ailleurs a parfaitement compris le rôle que pouvait jouer cette étendue de gamme en termes d'arguments commerciaux. Les produits à plus faible rotation mais à plus grande valeur ajoutée pour lui, comme pour le revendeur, sont souvent générateurs de marges importantes. Par conséquent, leur disponibilité n'est souvent assurée auprès du détaillant qu'à la condition que celui-ci ne fragmente pas ses approvisionnements entre fournisseurs et qu'il les concentre au contraire chez le fournisseur unique qui a décidé d'entretenir la gamme la plus large. Cette politique de gamme de produits étendue n'est possible qu'à la condition que la Supply Chain soit à même de la soutenir dans des conditions de service (disponibilité réelle du produit) et de coûts acceptables. Elle impacte la gestion des flux de production, le stockage et la préparation de commande. La faisabilité technique et la faisabilité économique de cette offre doivent pouvoir être assurées par la Supply Chain.

Le packaging est un second facteur marketing qui influence directement la logistique opérationnelle. Ses caractéristiques physiques génèrent un premier champ de contraintes ainsi que la nature et l'intensité du flux de retour pour les traitements de recyclage.

Le packaging se décompose en deux parties : la composante marketing (l'emballage à proprement dit du produit) et la composante logistique qui peut être utilisée (conteneur, carton, palette, couche palette…). Le packaging influe à la fois sur le prix de revient du produit, sur la productivité logistique et sur la performance commerciale du produit. La qualité du packaging est d'autant meilleure que l'intégration fonctionnelle et sectorielle est intense. Elle fait ressortir en particulier qu'un marketing intégré dans le canal de distribution facilite l'innovation en matière de packaging et la résolution des problèmes qui sont susceptibles d'apparaître.

Enfin, la notion de vie du produit joue un rôle important sur les questions de disponibilité de stock et d'entreposage. Dans l'acceptation classique du marketing, le cycle de vie du produit est essentiellement basé sur le suivi du volume des ventes au cours de la phase de commercialisation du produit. Cependant l'évolution apportée sur la notion même de produit, qui se déplace comme nous l'avons vu, de la notion de produit physique à la notion de fonctionnalité, apporte une perspective différente pour le logisticien. Pour de nombreux produits, il doit certes se soucier de la courbe de vie du produit qui conditionne la logistique du produit fini, mais il doit normer une partie de ses activités sur la vie du parc de produits installés. C'est le suivi de ce parc qui conditionnera la structure logistique de ses activités de soutien (stock de pièces de rechange, niveau, localisation…). Le rôle de la logistique est d'autant plus sensible que le produit atteint sa phase de maturité. À ce stade il a tendance à devenir générique et, du fait d'une concurrence intense, il est plus facilement substituable. L'évolution de la réglementation dans le domaine de la santé et l'apparition des médicaments génériques en donne une bonne illustration. La préoccupation première des laboratoires a été de faire porter leur action marketing et commerciale sur les prescripteurs, c'est-à-dire sur les médecins. Le caractère générique de certains médicaments va permettre la substitution d'un produit par un autre à la demande du patient ou sur l'initiative du pharmacien, sans en référer au médecin prescripteur. L'enjeu réside dès lors sur la disponibilité du produit dans les linéaires des pharmacies et devient d'essence Supply Chain.

2.1.3. La variable prix

C'est essentiellement sous la facette du barème des prix et des conditions commerciales que la logistique se trouve significativement influencée par le marketing. En effet, les barèmes de prix conditionnent les tailles de commande par l'effet des seuils tarifaires. Un barème conçu indépendamment de la logistique est susceptible de définir des tailles de commandes faibles ou inappropriées à une préparation de commande efficace et à une utilisation rationnelle des modes de transport.

Par ailleurs le changement de prix est susceptible de déclencher des phénomènes d'anticipation en matière d'achat. C'est l'une des raisons qui explique l'achat dit spéculatif au même titre que les incitations commerciales (challenges, quantitatifs trimestriels ou annuels…). Du point de vue logistique, il en résulte des pics d'activités qui empêchent le lissage de la charge.

Les barèmes tarifaires peuvent avoir un impact perturbateur sur la gestion des stocks que nous élargirons à la gestion des flux d'approvisionnement. Cet effet est la conséquence du lien qui existe entre les barèmes quantitatifs et les comportements d'approvisionnement. Ces incitations quantitatives peuvent être de nature différente : remises progressives selon la quantité, remises supplémentaires si multiples de camions ou de wagons, barèmes avec exclusion de produits, barème avec certains articles contribuant au quantitatif sans en bénéficier, remise supplémentaire si commande à la couche où à la palette homogène, remise liée à deux critères (palette/poids), remises liées à des commandes d'articles en provenance d'une même usine, remise supplémentaire pour commande à la palette complète avec un minimum. L'exploitation de certains de ces barèmes illustre l'intérêt pour le distributeur à constituer des stocks pour bénéficier de ces remises. Ces pratiques contribuent à faire jouer à plein les effets de sell-in/sell-out. Ils conduisent le distributeur à limiter la visibilité du producteur sur la demande réelle du marché.

2.1.4. La variable promotion

Comme la variable prix, les promotions initiées par le marketing et le commercial ont un effet sur le pilotage logistique qui peut être très perturbant. La promotion est un accélérateur momentané des ventes. La politique promotionnelle élaborée par les industriels consiste soit à mettre en place des promotions ciblées pour les distributeurs, ce qui les incitera à augmenter leurs achats, soit des promotions destinées aux consommateurs, le producteur proposant alors d'associer le distributeur à une opération de mise en avant commerciale de ses produits. En fonction des étapes de la vie commerciale de ses produits, le producteur est enclin à proposer à certaines périodes des incitations à l'achat soit pour tenter de conquérir des parts de marché soit pour stimuler la vente à une période de plus faible activité. Il existe des promotions programmées avec des taux fixes (-5 % sur le barème, par exemple) ou des ristournes consenties sur certains articles. À ces promotions programmées viennent s'ajouter des promotions supplémentaires, plus ponctuelles et sur des durées brèves. L'analyse de ces incitations par le distributeur le conduit à monter un bilan économique prenant les paramètres suivants en compte :

• le montant de la ristourne consentie ;

• le coût financier résultant de l'accroissement du stock pour faire face à l'anticipation des ventes sur une certaine période ;

• le coût d'entreposage (infrastructures, assurances...) ;

• le coût éventuel d'obsolescence.

Bien entendu, le distributeur profitera de la promotion en anticipant ses achats sur une période calculée pour maximiser le gain économique tiré de la promotion.

La dynamique commerciale développée par LaScad du Groupe L'Oréal, dont nous détaillerons le cas dans le chapitre 11, a conduit à favoriser la vente promotionnelle pour distribuer ses produits. La promotion est une opération spéciale sur des produits de base. Pour LaScad, deux chiffres sont à mettre en parallèle : 60 % des références sont en promotion à un instant donné et 20 % des produits sont en rupture pour le client. En effet la logique promotionnelle est une dynamique sur laquelle il est encore plus difficile de réaliser des prévisions que sur les produits de base. La question est alors double : comment disposer au moment de la promotion des produits en quantité suffisante pour éviter la rupture ? Et comment éliminer les queues de promotion, une fois la promotion terminée ?

Le lancement de ces types d'action promotionnelle a donc une répercussion significative sur la Supply Chain. Il induit les effets suivants :

• réalisation d'une série spécifique en post-manufacturing par exemple (« 3 pour le prix de 2 »...) ;

• mise à disposition de présentoirs et de têtes de gondole, dont les caractéristiques sont généralement volumineuses et relativement fragiles ;

• incertitude de la demande en raison des effets recherchés sur les volumes vendus et par conséquent plus grande difficulté du pilotage des stocks.

2.2. Topographie de l'interface marketing et Supply Chain

L'interface marketing et Supply Chain recèle un potentiel d'évolution significativement exploitable si tant est qu'un travail soit réalisé sur l'identification des chantiers opérationnels sur lesquels cette interface repose. Une topographie des actions relevant de la

Supply Chain et des actions marketing permet de visualiser les zones où les interactions se manifestent de manière privilégiée.

Prenons une entreprise évoluant dans le secteur des produits de grande diffusion. L'ensemble des opérations qu'il faut conduire tant dans le domaine Supply Chain que dans celui du marketing est très important. Les activités s'inscrivent cependant dans un spectre large concernant tant les activités de nature stratégique que les activités de nature purement opérationnelle. Chaque item peut être ensuite positionné selon son degré d'appartenance au champ de préoccupation marketing ou à celui de la logistique (cf. schéma 8.1). Enfin une segmentation horizontale classe les activités en trois grandes catégories selon qu'elles contribuent à agir sur :

- la dimension stratégique ;
- la dimension pilotage ;
- la dimension exécution.

L'intérêt principal de cette représentation est de faire ressortir des classes homogènes d'activités. Chacun des agrégats ainsi constitués regroupe des activités qui permettent de caractériser un groupe de processus de réflexion particulier et homogène. Il est possible ainsi de créer sept grands regroupements qui permettent de passer progressivement des préoccupations Supply Chain aux préoccupations marketing :

- agrégat 1 : « opérations » ;
- agrégat 2 : « pilotage des flux » ;
- agrégat 3 : « design du système logistique » ;
- agrégat 4 : « administration des ventes » ;
- agrégat 5 : « promotion » ;
- agrégat 6 : « produits » ;
- agrégat 7 : « stratégie commerciale ».

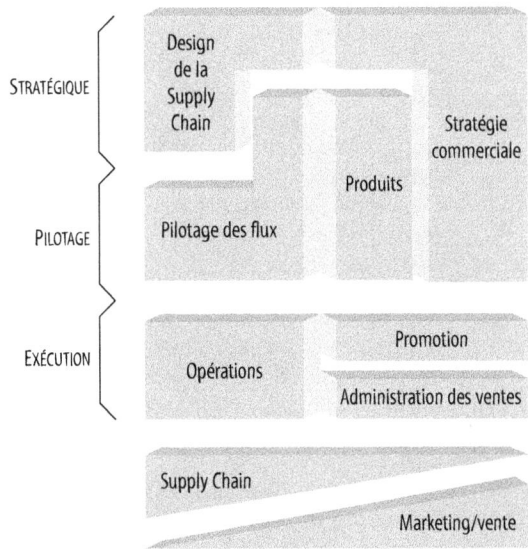

SCHÉMA 8.1. *Topographie des activités logistique et marketing*

Le champ réel d'intervention en matière de gestion des flux est progressif et passe d'un niveau minimum (logistique de distribution) à un niveau maximum (Supply Chain Management) en fonction de sa capacité à pénétrer et interagir avec les activités marketing.

3. ÉMERGENCE D'UN CONCEPT DE LOGISTIQUE INTÉGRÉE MARKETING/MANAGEMENT POUR LE CYCLE DE VIE DU PRODUIT

3.1. Contraintes générées par le marché des produits de la mode sur la Supply Chain

Le cycle logistique des produits textiles a beaucoup évolué. Historiquement, le cycle logistique suivait le cycle des saisons. Mais aujourd'hui, les points de vente reçoivent une succession de collections au cours de l'année (6 à 8). Les points de vente des circuits de marque (Zara...) sont de plus en plus souvent approvisionnés en flux poussés, sans réassort important possible.

Ils valorisent même la rupture en linéaire comme un argument promotionnel. Un produit en rupture, c'est un produit qui est tendance. Le message est donc clair : lors de la prochaine collection, n'arrivez pas après tout le monde !

L'objectif de cette stratégie Supply Chain est de réduire le niveau des stocks, particulièrement ceux des fins de collection qui *in fine* conditionnent le résultat réel de l'entreprise. Il a fallu dès lors mettre en place des systèmes logistiques permettant de répondre à ces exigences.

Les opérations logistiques sont ainsi de plus en plus traitées à partir de l'Asie et des pays producteurs. Les prestataires logistiques prennent en charge tout un ensemble d'opérations à valeur ajoutée pour permettre d'intégrer le produit dans les points de vente aussi rapidement que possible, sans éloigner les surfaces commerciales de leur mission principale : l'animation du point de vente et la relation avec le client.

DHL Solutions Fashion est l'une des activités de DHL Solutions. Elle traite environ 45 millions de vêtements par an et assure la distribution de produits textiles dans les canaux de distribution. Cette activité est issue de l'activité Danzas Fashion, ex-Transvet qui avait mis au point la distribution de vêtements sur cintres. Afin de diminuer les opérations logistiques dans les points de vente, DHL Solutions Fashion réalise la couture d'étiquettes, griffage et dégriffage, la pose d'antivol, la mise sur cintres, le défroissage, la mise sous housse de film plastic, l'ensachage...

Les produits de création sont définis comme des produits dont le renouvellement est régulier et réclame l'intervention de structures dites de création, de design, de stylisme. Les produits concernés ne sont pas les seuls produits textile. L'électronique grand public avec des produits comme l'iPod est également concerné : l'amélioration continue de la technologie et le travail permanent sur le design des produits conduisent à des taux de renouvellement des gammes produits très élevés. Le téléphone mobile relève de cette même catégorie. La politique marketing et commerciale de ces types de produits est principalement fondée sur trois dimensions principales qui affectent significativement le processus Supply Chain.

La première de ces dimensions est la nouveauté commerciale. Dans ce secteur d'activité le produit est réellement le centre de gravité du métier et nécessite un renouvellement fréquent pour s'adapter aux goûts changeants du consommateur ou susciter les changements. Ainsi la durée de vie brève de la collection ou de la gamme, impose un lancement massif dans le canal de distribution et des délais courts. En effet, l'innovation, la créativité et donc la nouveauté sont des éléments puissants de différenciation. Encore faut-il, après avoir consenti des investissements et consacré des ressources à la recherche de celles-ci, conserver cette différence ou cette avance jusqu'au bout de la chaîne de valeur. Il faut que les clients perçoivent bien les éléments de différenciation et les attribuent à l'entreprise à l'origine du produit innovant et non pas à l'un de ses clones qui aurait industrialisé et mis à disposition le produit plus vite que l'entreprise innovante. Certains acteurs de la filière sont tentés de limiter leurs investissements créatifs pour concentrer leurs efforts sur la réactivité logistique. L'analyse des premières tendances après la mise en place dans les magasins leur permet de tenter de se substituer à l'innovateur par des produits comparables, en misant sur l'incapacité à maîtriser les délais et à faire face aux volumes de la part de l'innovateur. La maîtrise du délai, la rapidité de renouvellement restent dans ce cas le seul rempart efficace. La Supply Chain participe de ces stratégies afin à la fois de rendre tangible ses éléments déterminants mais également d'en maîtriser certaines réactions secondaires perturbatrices et onéreuses. Ainsi les lancements rapides et massifs créent-ils une demande artificielle significative en volume appelée « mise en place ». Ce phénomène est similaire à celui observé lors du lancement d'un livre par la « mise à l'office » ou pour les produits de consommation culturelle pour lesquels la « sortie » en magasin réclame une lourde mise en place. Ces ventes perturbent la lecture des résultats intermédiaires et l'établissement de bonnes prévisions et conduisent au risque de générer des stocks en semi-œuvrés ou en produits finis.

La seconde dimension est la gestion simultanée de l'ensemble de la gamme. En effet, la gestion de la nouveauté ne se conçoit pas sans le lancement simultané de produits groupés en famille, variation et déclinaison autour d'un même thème. Par exemple la réalisation d'une collection textile à partir de motifs végétaux devra être présente sur les jupes (longues ou courtes), les pantalons, les shorts, les chemisiers... Ainsi, dans les produits d'innovation fortement liés à la mode, même si le produit est au centre de la réflexion dans sa phase initiale, ce n'est pas un produit isolé qui est vendu au distributeur en premier lieu et, à moindre titre, au client final : c'est la collection dans son ensemble. Il y a donc une simultanéité de lancements à coordonner de même qu'un nombre significativement important de références à gérer qui rendent la logistique de ces produits d'autant plus complexe.

La troisième dimension porte sur le nécessaire recours à une politique d'échantillon qui précède le lancement officiel du produit et qui précède même la finalisation définitive du produit. Par exemple, la commercialisation des produits textiles se fait sur des durées brèves qui correspondent à la durée de la collection (environ 6 mois). Avant même la présence effective des produits dans les points de vente, les fabricants sont amenés à prendre les premières commandes initiales de leurs détaillants sur les produits de la collection. Cette prise de commande se fait à partir de la présentation d'échantillon.

Dès lors les deux principaux objectifs de la logistique des produits d'innovation fortement liés à la mode consistent :

- à s'adapter à chaque phase du cycle de vie du produit, les flux étant très différents dans leur volume et dans leur variabilité. En particulier, le lancement des produits pose le problème du manque de référent sur le profil des flux. La fin de vie du produit exige un pilotage très fin des stocks de telle manière à éviter d'en détenir un trop grand volume obsolète, au moment de la commercialisation des produits de la nouvelle collection. Entre ces deux phases, la maturité du produit génère une large diffusion des ventes et donc des points de stockage qui rend la prévision locale de la demande d'autant plus difficile ;
- à soutenir la fréquence élevée d'introduction puisque les produits peuvent être renouvelés dans leur quasi-totalité, plusieurs fois par an.

L'interdépendance des dynamiques marketing et Supply Chain est un facteur-clef pour atteindre les objectifs commerciaux attendus pour les produits de la mode. Marketing et Supply Chain doivent être synchronisés dans chacune de leurs actions, la faible durée de vie des produits n'autorisant pas de décalage d'une fonction par rapport à l'autre lors de chacune des étapes. Les analyses qui portent sur les entreprises textile mettent l'accent sur leur capacité à répondre à des attentes logistiques imposées à la fois par les détaillants, les consommateurs finals et la structure même de l'outil de production.

La Supply Chain, pour répondre au mieux aux caractéristiques de ce contexte, a mis en place un ensemble de réponses qui lui sont intrinsèques et qui portent exclusivement sur la gestion des flux. Leur combinaison permet d'obtenir un premier niveau de satisfaction par rapport aux besoins exprimés. Délocalisation, réduction des cycles globaux de production et de distribution, amélioration des outils et de la gestion des prévisions, différenciation retardée, adoption de règles de gestion distinctes selon les familles de produits, font partie de la panoplie des réponses apportées par une vision interne de la logistique pour satisfaire aux besoins de service exprimés aux moindres coûts. Mais, dans ce secteur, l'un des gisements d'amélioration du niveau global de satisfaction et d'efficacité passe par la recherche de solutions qui ne sont pas uniquement intrinsèques au Supply Chain Management et qui nécessitent l'instauration d'une coopération entre fonctions. C'est dans la gestion, la coordination et la meilleure intégration de l'interface entre Supply Chain et marketing qu'un potentiel particulier d'amélioration est susceptible d'être trouvé.

3.2. Concrétisation de l'intégration Supply Chain/marketing dans le secteur des produits de la mode

3.2.1. Le flux d'innovation, support du processus d'intégration

L'ensemble de la dynamique mise en place sur les marchés de la mode ne prend son sens plein que si l'activité d'innovation et de lancement de nouveaux produits est répétitive dans le temps. Il y a nécessité de disposer d'une offre régulièrement renouvelée qui déclenche un flux d'innovation. Ce flux devient le lieu commun de rencontre du Supply Chain Management avec les autres fonctions impliquées et principalement ici le marketing et le commercial. En effet, l'offre renouvelée sera d'autant plus rentable qu'elle sera à disposition sur les différents lieux de vente de façon synchrone par rapport aux

Zara : une approche exemplaire de l'intégration fonctionnelle pour une réactivité maximale aux tendances du marché

Le monde de la mode et du prêt-à-porter est caractérisé par un ensemble de facteurs qui renforcent le rôle et l'importance de la Supply Chain : accroissement du nombre de collections par an, renforcement des services à valeur ajoutée et globalisation des marchés. Seule une intégration verticale ou virtuelle qui dans les deux cas renforce les collaborations entre les fonctions participant à la performance de la Supply Chain permet de faire face à ces enjeux. Zara du groupe Inditex a fait le choix original de l'intégration verticale ce qui conduit à un fort besoin d'intégration fonctionnelle.

Zara, qui a gagné le prix du « International Retailer of the year » décerné par Retail Week en 2003, lance sur le marché en moyenne chaque année 10 000 nouveaux produits parmi les quelque 40 000 conçus par les designers en capturant les évolutions tendancielles de la mode sur des délais très courts. Cette capture se fait en particulier par l'observation quasiment en temps réel des comportements des consommatrices dans les points de vente. Zara s'appuie donc sur un double modèle :

- « pull » qui consiste à aligner la conception et la production sur ce qui est observé en magasin et dans l'environnement de la mode (clubs, haute couture,…). Cette approche a permis de réduire des cycles de time to market traditionnels de 12 mois à 3-4 semaines, la fin de ce cycle marquant également la fin de vie du produit. Le rôle du point de vente est crucial dans l'analyse des produits en termes de vente et de potentiel. Cela signifie que sur la durée du cycle de vie du produit, au demeurant courte, des retours d'information sont effectués pour justifier les futurs batchs de production au-delà des premiers qui auront été limités en quantité pour réduire les risques de surstock et d'obsolescence ;

- « push » qui consiste à concevoir et à fabriquer sur un délai total de l'ordre de 2 à 5 semaines (dont 3 à 8 jours pour la seule production) depuis la capture de la demande jusqu'à la livraison des nouveaux produits en magasin. Les quantités proposées sont toujours limitées (100 000 à 350 000 exemplaires) ce qui crée un sentiment de « pénurie » possible et de « versatilité » de la disponibilité qui a pour vocation de stimuler la demande au moment où les produits sont en magasin dans une logique « d'urgence ». C'est en quelque sorte maintenant ou jamais. Contrairement à nombre de concurrents, les sites industriels sont situés en Europe pour permettre des délais de réassort très courts. C'est l'application d'un véritable « trade-off » entre coût de production, coût de stock et marge car dans la mode, la marge s'écroule très vite dans le temps. La livraison des produits depuis les usines s'appuie sur des entrepôts très flexibles de grande taille (400 000 m^2).

Cette intégration fonctionnelle interne à Zara entre les ventes, la production et la logistique est soutenue par des systèmes d'information intégrés entre les points de vente et le siège à La Coruna. Ces systèmes SCM sont utilisés à la fois pour les opérations pull et push.

L'objectif final est de renforcer la fidélité des consommateurs en développant les notions d'unicité des produits, de tendance mode, de prix bas et d'expérience du point de vente. Il est clair que seule une forte coopération entre les fonctions marketing et logistique industrielle et logistique permet d'obtenir ce résultat. Trois domaines sont ainsi concernés :

- le lancement de nouveaux produits et le calcul des besoins en termes de disponibilité ;
- la gestion optimisée des assortiments produits ;
- les prélancements permettant de tester les nouveaux produits.

annonces commerciales et aux animations commerciales programmées. La complexité du processus et sa contraction sur une durée brève avec des fréquences élevées de répétition conduisent à la mise en cohérence des actions d'ensemble autour de ce support commun qu'est le flux d'innovation. Rapporté à chacun des produits, le flux d'innovation se matérialise dans les phases de création, lancement, réassortiment et fin de vie.

3.2.2. Le délai global de mise à disposition comme objectif commun

La concrétisation d'une offre réclame une maîtrise d'un délai qui enchaîne des phases de la création à la remise des produits aux clients. Le respect de ce délai global devient, du fait du contexte concurrentiel spécifique à ce secteur, un objectif stratégique et un domaine d'action privilégié pour la mise en place d'une logistique qui dépasse les frontières de ses seules activités opérationnelles tout en étant étroitement synchronisée avec les opérations de marketing et de développement. Le délai n'est plus seulement un délai de distribution, de traitement de la commande ou de fabrication. C'est avant tout un délai de concrétisation de l'offre. Ainsi, les temps nécessaires à la création sont indissociables des temps d'industrialisation et dépendent avant tout du respect des délais d'expression des besoins exprimés initialement par le marketing. Or, par nature et compte tenu de leur intervention très en amont des projets et donc des conséquences possibles de choix erronés, les responsables marketing sont plus enclins à vérifier ou à affiner leur intuition qu'à prendre des risques pour respecter un calendrier qui souvent n'existe pas encore. Il est donc indispensable de faire entrer le marketing au niveau de toutes ces phases dans le cadre d'un processus global de gestion du cycle de vie complet du produit, notion prise au sens logistique du terme et partant de la création du produit jusqu'à son extinction.

3.2.3. Le pilotage des stocks comme objet factuel de coopération

La nouveauté suggère l'innovation et le changement. En particulier, la nouveauté dans les produits de la mode implique la gestion coordonnée de la fin de vie des produits sous peine de confusion dans les gammes et d'inflation insupportable dans les références proposées. La dynamique commerciale et marketing concentre naturellement le responsable produit ou le commercial vers les phases de lancement ou les phases de commercialisation. L'arrêt d'un produit est systématiquement ressenti comme une réduction de l'offre, comme la perte d'un produit d'appel pour un segment de clientèle aussi étroit soit-il ou comme la réduction éventuelle d'un chiffre d'affaires. Les risques inhérents aux dépréciations vont de l'écoulement des produits sur des marchés secondaires avec tous les risques qui sont liés à la gestion de l'image de marque jusqu'à la destruction même du produit. Il existe un déséquilibre massif entre les préoccupations dédiées au développement des produits et celles consacrées à l'abandon de références anciennes ou de références à mauvaise rotation. La sémantique du gestionnaire est de ce point de vue révélatrice puisqu'elle parle préférentiellement d'abandon de références avec tout ce que cela suggère de perte et de sacrifice. L'arrêt de certaines références constitue la problématique de flux de création la moins outillée en méthode d'analyse et de prise de décision et présentant néanmoins une fréquence aussi grande que la problématique de création et lancement.

Afin de bien évaluer ces effets inflationnistes, il est utile de revenir sur l'évolution du risque de stock en fonction du caractère créatif du produit (effet marketing) et en fonction de l'intensité de sa percée sur son marché (effet commercial). Les schémas suivants présentent l'effet de la conjugaison du raccourcissement de l'horizon temps avec le nombre de campagnes de production et la nature de l'accueil du marché sur le pilotage des stocks en fin de vie du produit.

Le schéma 8.2 représente le cas le plus favorable. Le produit est à cycle de vie assez long et il est fait pour satisfaire un besoin de fond, sa connotation mode étant limitée. Il ne présente pas de surprise dans sa commercialisation qui est progressive et sans à-coup trop fort. Ce type de vie commerciale permet un nombre de campagnes de production relativement élevé (choisi dans notre exemple à 10), une prise limitée de risque sur les stocks de départ et donc une possibilité d'adaptation progressive des stocks au moment du déclin de son produit et de l'approche de l'échéance de son arrêt de commercialisation. La pression est souvent insuffisante pour provoquer un phénomène d'intégration spontanée et forte du marketing dans la Supply Chain.

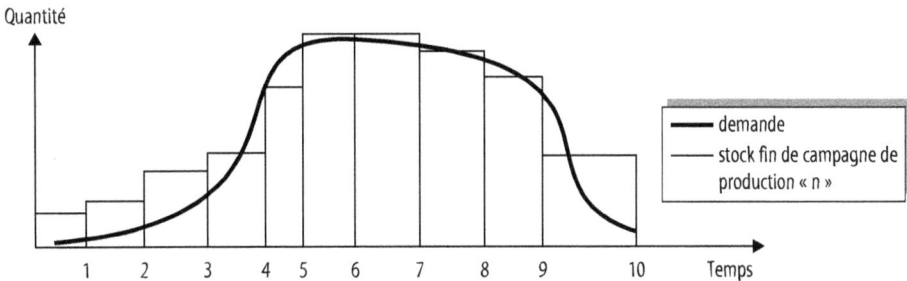

SCHÉMA 8.2. *Cycle de vie d'un produit de mode basique*

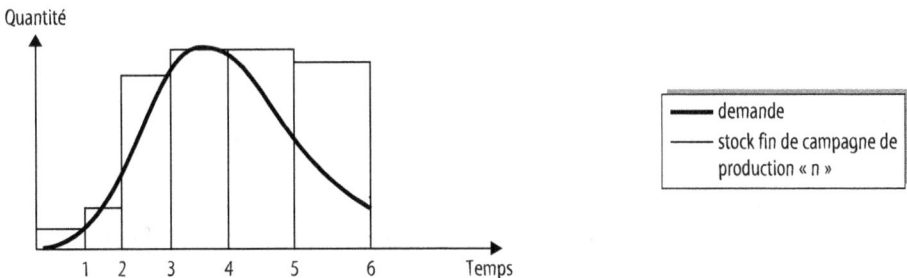

SCHÉMA 8.3. *Cycle de vie d'un produit mode pour répondre à une tendance*

Le schéma 8.3, quant à lui, illustre le cas d'un produit mode qui s'inscrit dans une tendance de goût ou qui la provoque. La réussite du positionnement marketing, associée à la mécanique de commercialisation, provoque des phénomènes brutaux que la logistique doit être à même d'absorber et de traiter. Un accueil favorable au cours de la phase de placement pour un produit déclenchera un phénomène de pompage. Les distributeurs grossistes commanderont massivement (attrait perceptuel pour la nouveauté, risque de ne pas disposer du produit s'il est en rupture, dépassé par son succès…). Ils chercheront ensuite à placer les produits chez les détaillants en poussant les commandes qu'ils ont eux-mêmes préalablement effectuées.

Ce phénomène d'entraînement est exponentiel pour les produits ciblés jeunes — enfants, adolescents, et jusqu'aux moins de 25 ans —, segments pour lequel l'adhésion aux nouveaux codes (forme, couleur, marque…) est rapide, massive et homogène.

Pour ces types de produit, la dynamique des flux sera mécaniquement plus forte que pour le produit de base. Ceci est vrai tant dans la phase de croissance (de rapide à pratiquement impossible à suivre) que dans la phase de déclin (de rapide à instantanée). Les conséquences logistiques sur ces segments sont démesurées pour qu'une seule entreprise puisse y faire face. C'est pourquoi de nombreux acteurs de la filière tentent de se positionner après la mise en place des premiers produits en fonction de leur observation

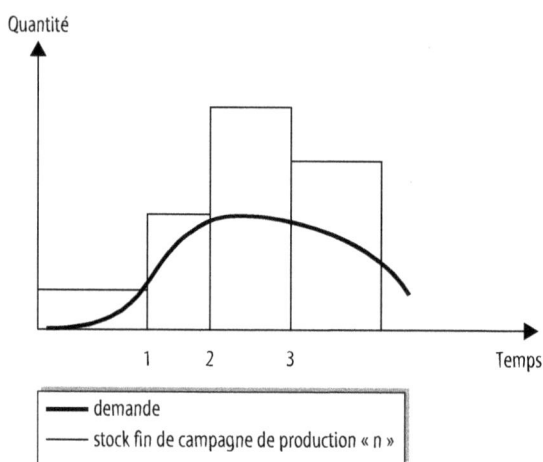

SCHÉMA 8.4. *Cycle de vie d'un produit mode qui échoue*

des succès. Grâce aux économies réalisées sur les frais de création et sur le financement des produits sans succès, ils peuvent prendre des risques sur des engagements relativement massifs à court terme pour lesquels ils peuvent supporter les éventuels arrêts brutaux de commercialisation.

Le déclin d'un produit est précipité par la réussite du suivant. Le phénomène est auto-accélérateur en raison de la volonté des précurseurs de conserver un avantage temporel. L'ajustement de la production est très délicat. Car l'ensemble du processus peut être qualifié de régime transitoire. Le régime de stabilité qu'on pourrait espérer et qui correspond à la phase de maturité du produit, tend à se réduire dans la durée.

Enfin le schéma 8.4 présente la situation la plus délicate. C'est le cas d'un produit de mode dont les ventes ne décollent pas. Le pilotage de la Supply Chain doit intervenir aussi rapidement que possible pour stopper la production des produits finis et limiter ainsi la consommation d'en-cours qui peuvent être utilisés pour des produits à succès.

3.2.4. Les premières formes organisationnelles observées

La révélation et la mise en avant d'un support commun, le flux d'innovation, la définition d'un objectif commun, le respect d'un engagement de délai global, réclament plus la manifestation d'une structure organisationnelle commune ou des outils de gestion communs qu'une simple représentation d'un modèle classique de chaîne de valeur ajoutée contenant un certain nombre de maillons. La notion d'interfaçage réduit la coopération au sein de la Supply Chain avec les autres fonctions dont les fonctions marketing et commerciale. Elle a représenté une première étape structurelle dans le développement des démarches logistiques. La nouvelle étape consiste donc moins en l'harmonisation des contraintes de la fin d'un processus avec les ressources dont dispose un autre, que dans la recherche d'une interaction multiple, profonde de la Supply Chain à tous les stades des autres fonctions.

L'intégration logistique et marketing peut prendre un premier aspect organisationnel qui est celui de la création d'une responsabilité de coordination logistico-marketing. Cette fonction coordinatrice a été mise en avant dans l'industrie textile des vêtements d'enfants. Cette fonction a été qualifiée de « fonction d'orchestre » et elle englobe à la fois des responsabilités produit, marché et logistique.

> Dans l'industrie de la lunette c'est la formalisation d'une dimension nouvelle dans le rôle du logisticien ou Supply Chain Manager qui est proposée. Le logisticien va jouer le rôle-clef de gestionnaire d'un processus complet qui s'apparente à la gestion de projets fréquents, souvent multiples et simultanés sur de faibles durées. La dimension intégratrice de la logistique se révèle par la mise en place d'« un plan d'assurance qualité délai » que le logisticien pilote et pour lequel il aura à disposition des moyens d'arbitrage pour maintenir l'objectif d'ensemble. Il s'appuie en particulier sur le plan de collection — que le marketing est obligé de bâtir et de renseigner — et qui sert de support guide à l'ensemble du système de planification logistique.

Comme le plan directeur de production est l'outil de création d'un dialogue structuré entre l'industriel et le commercial, le plan de collection devient dans l'industrie le support rationnel à l'échange entre le pilotage de la Supply Chain et le marketing. Le marketing est ainsi inséré dans un processus de planification globale dont il représente l'une des composantes complètement intégrée dans sa dimension opératoire. L'objectif du Supply Chain Manager est dès lors d'assurer une animation de la réflexion pour renseigner, mais également actualiser, le plan de collection sur un horizon au moins supérieur au cycle complet création/approvisionnement/production/distribution. Élaboré dans sa structure initiale par les chefs de produits pour traduire leur choix afin de satisfaire le maximum de besoins d'une cible de clients et optimiser la couverture de la cible, le plan de collection sert de base pour définir les délais et donc canaliser et hiérarchiser les étapes du travail des créateurs, pour choisir les approvisionnements et composer le processus de production/distribution. Il met à disposition une base de consolidation de l'état d'avancement des différents produits, puisque le délai de sortie de la collection devient celui des produits lancés le plus tard ou de ceux pour lequel le cheminement est le plus long.

4. Outils de l'intégration fonctionnelle et implications organisationnelles

4.1. Les systèmes d'information logistiques

L'industrie des technologies de l'information a développé depuis le début des années quatre-vingt-dix des solutions non seulement dans les applications Internet comme nous l'avons exposé dans le chapitre 7, mais aussi dans les outils de gestion communément appelés les ERP (Enterprise Resource Planning). Ces outils très standardisés sous forme de solutions « packagées » promeuvent également des organisations considérées comme reflétant les meilleures pratiques. D'après le centre de recherche AMR, le seul marché des ERP a représenté 26,7 milliards de dollars en 2004. Mais au-delà des ERP, les société productrices de logiciels intégrés, telles que SAP (40 % de parts de marché mondial en 2004 selon AMR Research), PeopleSoft racheté par Oracle en 2004 après JD Edwards racheté en 2003 (12 %), Oracle (10 %), proposent des solutions dans des domaines complémentaires tels que :

- CRM (Customer Relationship Management), SRM (Supplier Relationship Management) et ERM (E-business Relationship Management) : gestion et contrôle de la relation avec les clients ;
- EAM (Enterprise Asset Management) : gestion et contrôle des actifs de l'entreprise ;
- PLM (Product Lifecycle Management) : gestion du cycle de vie des produits ;
- PRM (Partner Relationship Management) : gestion des relations avec les partenaires de la chaîne de valeur en cohérence avec le SCM (Supply Chain Management) ;
- SCEM (Supply Chain Execution Management).

Les objectifs visés communs auxquels participent ces solutions sont la réduction des coûts, en particulier par la réduction des stocks et l'amélioration du service clients.

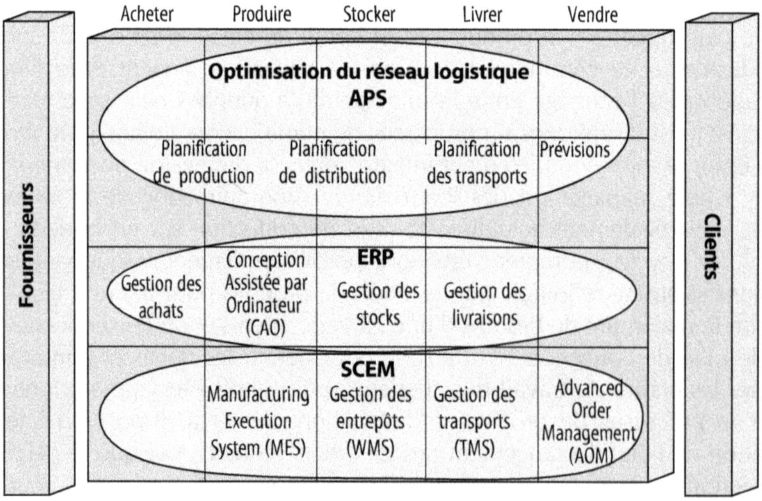

Schéma 8.5. *Positionnement respectif des ERP et des APS*

Parmi cette panoplie au sein de laquelle les ERP occupent une place centrale, les systèmes SCM dont font partie les APS (Advanced Planning and Scheduling Systems) connaissent un développement important. Le schéma 8.5 montre le positionnement respectif des ERP et des APS dans la gestion de la chaîne d'approvisionnement.

Les solutions APS sont conçues par des sociétés spécialisées (I2 Technologies, Manugistics, JD Edward avec Numetrix racheté en 1999, Ilog…) qui intègrent une compétence Supply Chain de haut niveau, car ici ce n'est pas seulement l'intégration fonctionnelle qui est visée mais l'organisation complète de la chaîne d'approvisionnement, comme le montre le schéma 8.6 :

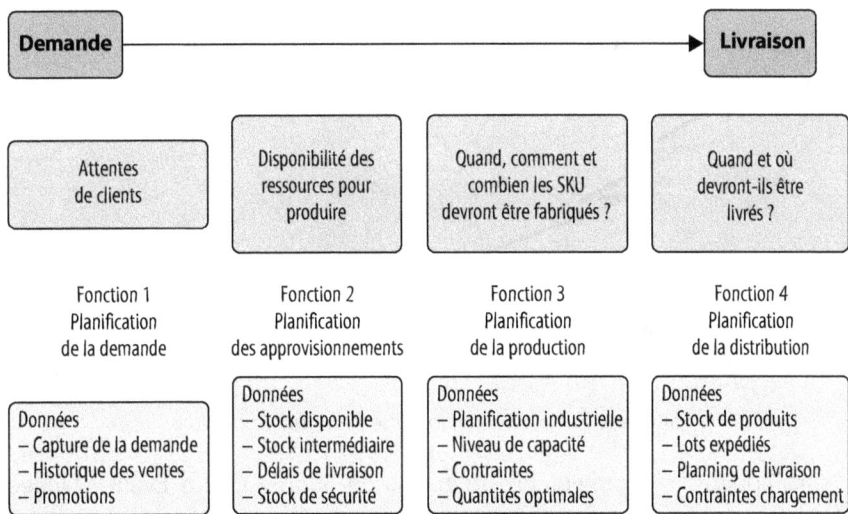

SCHÉMA 8.6. *Fonctionnalités des systèmes APS*

L'intégration des systèmes ERP et APS permet une gestion intégrée optimisée à une échelle internationale des flux de produits au sein de la même entreprise comme le montre le schéma suivant simplifié 8.7. Dans cette approche, coexistent une logique hybride de pilotage combinant l'approche « pousse » basée sur les prévisions des ventes et l'approche « tirée » (pull ou call) qui déclenche la production finale et la livraison uniquement lorsque le besoin est exprimé sous forme de commande. Les prévisions de la demande sont effectuées par les pays sur une base mensuelle. Elles permettent l'élaboration en central d'un plan directeur de production qui est éclaté par pays producteur. À l'issue de cette première boucle « poussée », les organisations commerciales des pays expriment des demandes d'allocation qui sont confirmées par le central en allocations prévisionnelles. Celles-ci ne seront physiquement expédiées qu'à partir des appels de livraison qui déclenchent la seconde boucle « tirée » de ce système de pilotage logistique global.

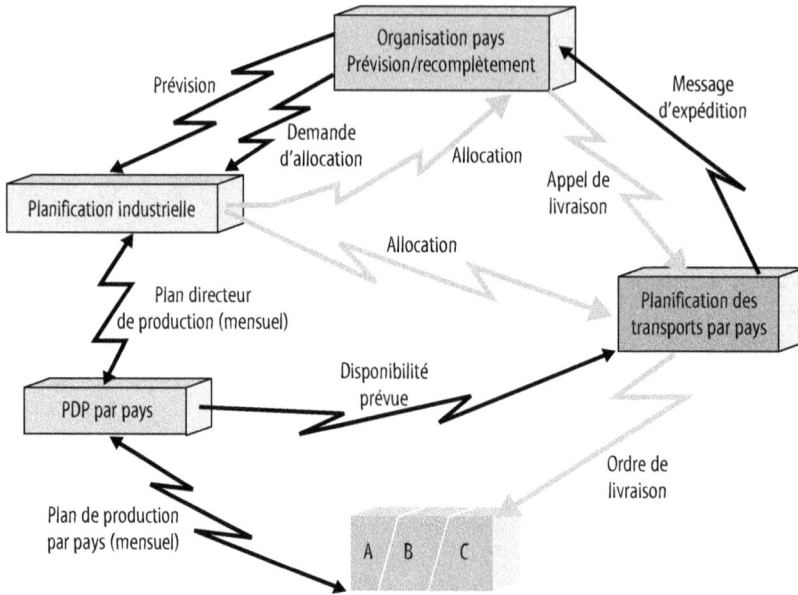

Schéma : Pilotage logistique intégré
PDP : Plan directeur de production
ABC : Catégorisation de produits

SCHÉMA 8.7. *Schéma simplifié de pilotage de flux*

Enfin, sont apparus récemment les progiciels de Supply Chain Event Management (SCEM). Le Supply Chain Event Management est une solution logiciel faite pour améliorer la circulation de l'information logistique entre les différents acteurs d'une Supply Chain au cours de la phase d'exécution. Retard d'une expédition, rupture de stock chez un fournisseur, modification d'un plan transport sont autant d'événements opérationnels de base qui ont une influence sur le fonctionnement de la Supply Chain. Un lien est créé entre les logiciels de planification et les logiciels de gestion de l'exécution des opérations logistiques. À chaque constat d'une modification ou d'une erreur entre le planning initial et la réalisation opérationnelle, une alerte peut être déclenchée. Chaque acteur doit permettre la collecte des informations nécessaires au suivi du processus opérationnel et il peut en retour disposer de l'information des modifications constatées.

4.2. Les implications organisationnelles au niveau Supply Chain

4.2.1. Configuration organisationnelle historique

Pour beaucoup d'entreprises industrielles qui commercialisent des produits de grande consommation, l'organisation historique s'appuyait sur des directions fonctionnelles dans lesquelles on trouvait une direction technique qui regroupait les usines du groupe. Ces sites de production, ainsi que les unités de distribution logistiques (entrepôts de stockage et de préparation de commande), travaillent de manière polyvalente pour l'ensemble des divisions opérationnelles, qui sont des divisions produits et qui se différencient entre elles par des marchés de clients, des gammes de produits ou des canaux de distribution différents. Le schéma 8.8 représente l'organisation d'une division produit avant le lancement d'un processus d'intégration fonctionnelle.

Chaque division produit comporte deux pôles principaux représentés par le marketing, responsable de la création des produits et de leur promotion, et les ventes, en charge de la réalisation des parts de marché. Ces deux pôles encadrent une fonction administrative qui intègre la comptabilité, l'informatique et enfin la logistique. La fonction logistique est donc totalement absorbée par la fonction commerciale de l'entreprise et se confond en quelque sorte avec une fonction d'administration des ventes dans sa logique. Un approfondissement des missions de cette fonction logistique permet souvent d'identifier trois objectifs qui lui sont dédiés :

SCHÉMA 8.8. *Organisation historique d'une division produit avant intégration fonctionnelle*

• assurer une assistance au représentant commercial sur le terrain (échantillons, publicité sur le lieu de vente, informations documentaires sur les produits…) ;

• faire en sorte que les produits soient en conformité qualitative lorsque les consommateurs les trouvent sur le linéaire ;

• respecter les exigences de service que demandent les distributeurs.

Ce type d'organisation ne permet de faire face ni à la dynamique commerciale marquée des actions promotionnelles très fréquentes qui déstabilisent les flux logistiques, ni aux incertitudes liées aux volumes de vente ou encore à la nécessité de gérer la relation logistico-commerciale avec chaque distributeur selon une approche personnalisée.

4.2.2. Rapprochement des fonctions logistiques et commerciales : émergence de l'approche Supply Chain

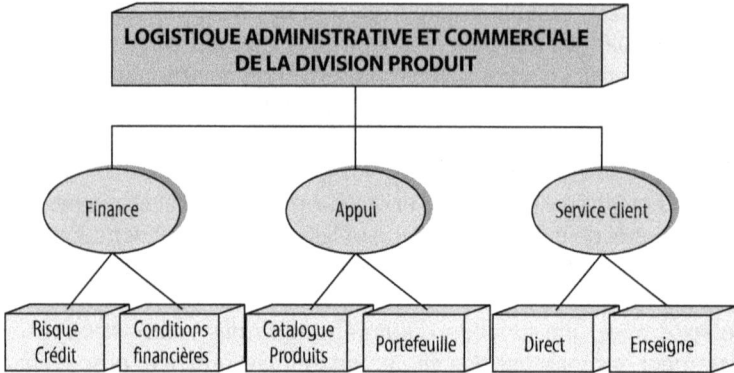

SCHÉMA 8.9. *Organisation de la logistique administrative et commerciale après intégration fonctionnelle*

Comme nous le verrons dans les chapitres 10 et 11, la nécessité pour les industriels de développer des partenariats étendus avec les distributeurs implique une redéfinition des objectifs pour la Supply Chain, un repositionnement de la logistique par rapport aux activités commerciales et une meilleure coopération intra-entreprise entre la logistique, le marketing et le commercial. La recherche de ces objectifs conduit à une réorganisation de la fonction logistique selon le schéma 8.9.

Détaillons chacune des composantes de cette organisation.

L'outil catalogue produits

L'objectif principal d'un catalogue produits enseigne est de participer au développement d'une politique enseigne différenciée. Dans cette perspective, les principes directeurs d'élaboration des catalogues sont les suivants :

• un catalogue correspond à une liste des produits référencés pour une enseigne donnée en utilisant un filtre appliqué à la base articles globale auxquels un ensemble d'informations est associé (code produit, remises, période de la remise, caractéristiques physiques…). Une distinction est faite entre le catalogue général comprenant les articles susceptibles d'alimenter tous les futurs catalogues qui deviennent alors des catalogues actifs à partir desquels les représentants commerciaux peuvent passer des commandes ;

• une automatisation de la documentation de vente et de la gestion des opérations spéciales ;

• un développement des indicateurs par fonction et par enseigne.

Les avantages de cette approche sont multiples :

• amélioration de la fluidification et de la fiabilité du traitement des commandes. Les catalogues enseignes doivent fédérer les données propres à chaque enseigne de manière à tendre vers le zéro ambiguïté dans le traitement des commandes : le bon produit au bon prix, au bon moment et au bon client sont des enjeux essentiels du catalogue enseigne ;

- meilleure gestion des produits à quantité limitée et des quotas par mise en œuvre d'un lissage de l'offre/demande à l'aide de règles « a priori », ce qui favorise le respect des engagements lors du déroulement des opérations promotionnelles. Une distinction claire est faite entre les flux propres aux produits « normaux » — qui conduisent à des flux tirés — et ceux relatifs aux produits en promotion qui sont gérés selon une logique « push » (schéma 8.10) ;

- mise en correspondance univoque entre un code EAN et une offre prix/produit pour une période et une enseigne donnée, d'où l'absence de litiges de facturation ;

- meilleure correspondance de l'offre et de la demande et non pas l'inverse. En particulier, meilleure gestion quantitative des promotions et diminution des ruptures et des queues de stock ;

- utilisation des catalogues enseignes pour faire les prévisions des ventes par enseigne.

SCHÉMA 8.10. *Catalogue et flux logistiques : la structure des catalogues reproduit la segmentation des flux*

Pour assurer une bonne utilisation des catalogues, il est nécessaire de répartir les responsabilités. Notamment, il faut définir avec exactitude le responsable, le gestionnaire et les personnes qui ont accès aux informations du catalogue. Le tableau 8.2 propose une répartition des responsabilités :

	Catalogue général	Catalogue enseigne	Catalogue actif
Responsabilité	Marketing/Directeur de clientèle	Directeur de clientèle	Directeur de clientèle
Gestionnaire	Fonction produit	Fonction produit	Fonction portefeuille
Méthode de mise à jour	Demande marketing Réunion produit	Demande marketing Réunion produit	Prévisions de vente
Horizon	7 à 12 mois	6 mois	2 mois (M et M + 1)
Accès	Fonction produit	Fonctions : produit, portefeuille, stock	Fonctions : produit, portefeuille, stock

TABLEAU 8.2. *Répartition des responsabilités pour la gestion du catalogue produit*

Dans cette organisation, la fonction produit outre son rôle de gestionnaire de la base produit et donc des catalogues, gère l'ensemble des données qui alimentent les systèmes d'information avec les distributeurs (EDI, images, fiches produits sur les nouveaux produits…).

La fonction portefeuille

La fonction portefeuille permet de gérer de manière cohérente les commandes (demande) et la disponibilité industrielle (offre disponible résultant du plan de mise à disposition), comme le montre le schéma 8.11 :

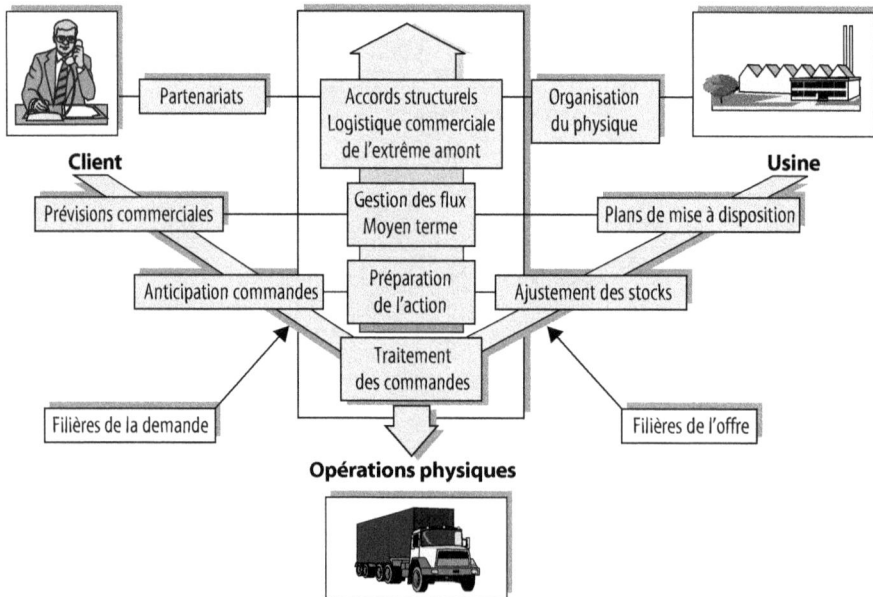

SCHÉMA 8.11. *La fonction portefeuille*

La fonction portefeuille est donc une fonction d'ajustement à court terme qui permet également, pour les distributeurs qui le souhaitent, un réapprovisionnement automatique pour les flux de réassort. L'interface offre/demande est gérée par un processus actif d'affectation de produits aux commandes. Ce processus est défini en amont de son application éventuelle en même temps que le catalogue qui est configuré pour une enseigne donnée. L'objectif du portefeuille est de gérer rapidement et efficacement les éventuels incidents sur les produits à quantités limitées (produits promotionnés sur une période de temps courte) et de gérer la fin de vie de ces produits pour éviter les fins de stocks.

Les commerciaux sont bien évidemment responsabilisés dans la gestion optimale de cette interface. Il peut être envisagé de conserver un produit en opération spéciale qui n'a pas été totalement écoulé un mois de plus dans le catalogue actif. Mais, au-delà de cette période supplémentaire, les commerciaux seront pénalisés. Par ailleurs, la fonction portefeuille dont la mission est de limiter l'écart entre la demande prévue et la demande commerciale réelle, mais aussi l'écart entre la demande commerciale et les quantités en stock, implique la direction commerciale dans la définition des règles d'ajustement et des quotas.

Le schéma 8.12 montre la répartition des tâches entre le commercial, la logistique amont et la logistique du chargé d'enseigne :

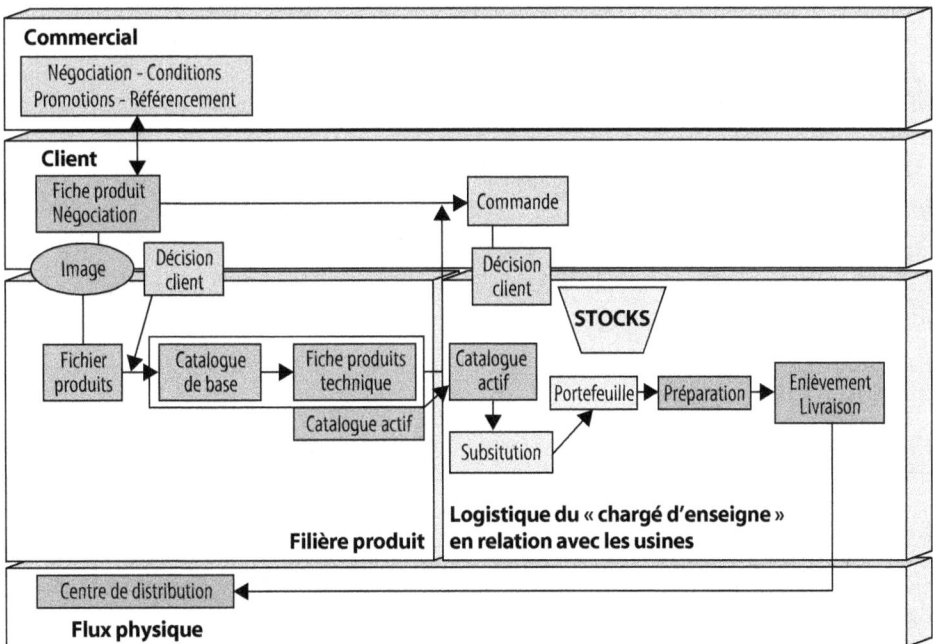

SCHÉMA 8.12. *Organisation logistique et pilotage intégré*

La fonction portefeuille devient la fonction « catalogue » pour assurer la gestion par exception des produits à risque. La fonction stock se concentrera tout particulièrement sur le long terme avec un meilleur pilotage des prévisions. Le principe d'organisation relatif à l'intégration fonctionnelle procède d'une reconnaissance d'une logistique amont relative à des fonctions de soutien de l'activité et d'une logistique aval relative à des fonctions d'action au contact direct du client.

En aval se situe le déroulement idéal d'une commande suivant une logique continue d'étapes successives, dont la logistique du chargé d'enseigne qui est responsable de :
- la prise en charge dans le catalogue actif ;
- la pratique éventuelle de substitutions à l'entrée ;
- la transmission au portefeuille ;
- l'affectation des stocks ;
- la préparation de la commande ;
- l'enlèvement et livraison au client.

En amont est décrit l'enchaînement des fonctions de soutien qui comprend :
- la gestion du fichier produits ;
- le passage au catalogue de base après décision du client ;
- après prise en compte des renseignements techniques de la fiche produit, le catalogue de base devient actif et permet de filtrer la commande du client.

La filière client comprend les deux étapes suivantes :
- au niveau de la prise en compte par le fichier produit, le client reçoit une fiche produit par l'intermédiaire du représentant. Cette fiche produit rassemble les données du fichier produits accompagnées d'une image. C'est à ce stade de la négociation que le client décide ou non de référencer le produit ;
- le client est guidé dans sa décision par le catalogue actif mis à jour en continu par la filière produits. Lorsqu'il adresse sa commande, elle passe à travers le filtre du catalogue actif et déclenche le passage de la logistique aval à la logistique amont.

L'importance de la décision amont est très claire : c'est à ce niveau et notamment par l'intermédiaire du catalogue que se construit le cadre du déroulement futur.

Dans un cas idéal, tout est géré en amont : définition et choix du produit, négociation, disponibilité…

Les problèmes éventuels doivent être posés à ce niveau et les réponses doivent y être apportées avant que les correspondants d'enseigne n'interviennent. Ces derniers sont alors déchargés de la gestion des problèmes en urgence pour se consacrer à la production de service au client comme nous l'approfondirons au chapitre 11.

Dès lors, la fonction portefeuille doit adopter un changement de posture en tant que fonction d'interface entre les usines de production et les commerciaux. Comme le montre le schéma 8.13, sa valeur ajoutée consiste à créer de nouveaux outils de prévision et de planification logistiques alimentés par des informations fournies par les distributeurs, et non de faire face à des ajustements multiples à cause de l'inadéquation de l'offre par rapport à la demande ou de trouver des solutions pour écouler des queues de stock. C'est une véritable inversion de posture dont il s'agit.

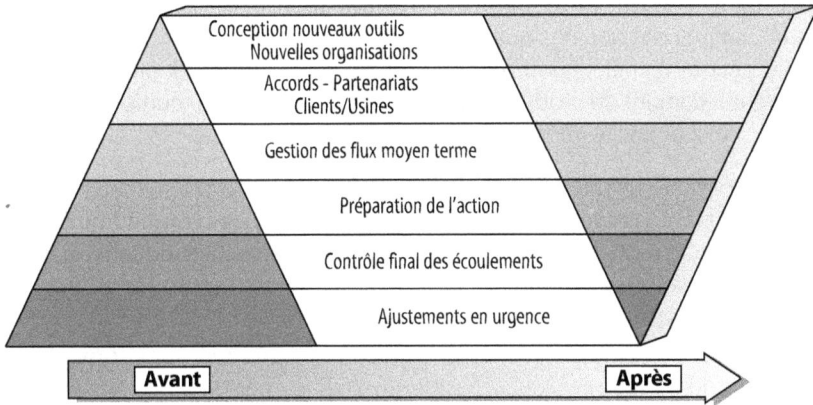

SCHÉMA 8.13. *Changement de posture de la fonction portefeuille après intégration fonctionnelle*

De plus, l'intégration fonctionnelle entre les activités commerciales et la Supply Chain permet de mettre en place des indicateurs de suivi du circuit de la commande qui mesure la performance de l'organisation et le niveau de satisfaction des clients, comme le montre le schéma 8.14 :

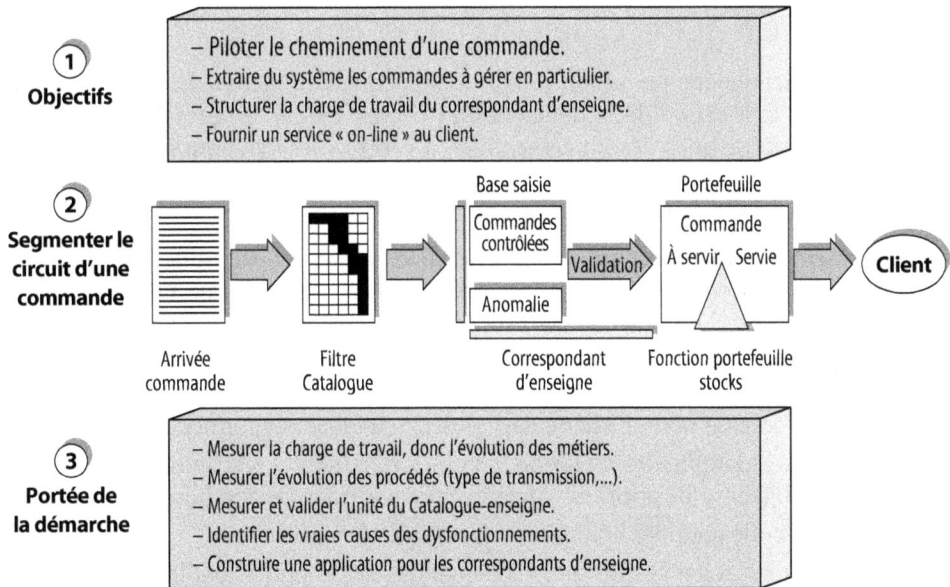

SCHÉMA 8.14. *Indicateurs de suivi du circuit de la commande*

4.2.3. Un exemple de travail en commun sur les stocks à risque

Dans de nombreuses entreprises, des produits peuvent présenter rapidement des risques d'invendus pour des raisons d'obsolescence ou de date limite de consommation. C'est en général dans le cadre de réunions de coordination entre le marketing, la Supply Chain et le commercial que ces questions sont traitées. Ces réunions ont pour objet de décider des actions à mener pour écouler les stocks à risque, identifiés par la Supply Chain et éventuellement de modifier les décisions prises lors de réunions précédentes si les actions ne se sont pas révélées suffisamment efficaces.

Les actions envisagées peuvent être de plusieurs natures :

- priorisation de la vente de produit en l'état. La Supply Chain ou l'administration des ventes met en place un suivi spécifique des produits sensibles de telle manière à les substituer systématiquement dans le cadre des commandes passées à tout autre produit de la même nature ;
- réaffectation sur de nouvelles zones de vente, si les produits sont compatibles avec les exigences du marché ;
- action de reconditionnement d'un produit promotionnel en produit standard. Ce sont les opérations de déco-packing ;
- destruction des produits ;
- ventes à des soldeurs, personnel, distribution gratuite.

4.3. Le Supply Chain Management comme levier d'intégration globale de l'entreprise : l'approche par les processus

L'intégration fonctionnelle du Supply Chain Management en identifiant des processus-clefs tels que la satisfaction de la demande des clients, met en question l'organisation globale de l'entreprise qui a désormais vocation à « lisser » les fonctions et les expertises pour les intégrer dans un processus organisationnel. Ce dernier met l'accent sur la gestion des interfaces et la mise en œuvre d'une coopération transversale.

Très généralement, un processus est un enchaînement d'activités orientées vers un résultat bien déterminé. Ces activités ont un caractère répétitif, crée de la valeur et utilise des ressources. Il est possible de distinguer :

- les processus fondamentaux, qui ont un fort impact sur l'activité et la performance globale de l'entreprise, qui sont spécifiques à un secteur d'activité donné et qui créent de la valeur reconnue pour le client. Il est possible d'identifier parmi ces processus :
  - le processus « identifier les cibles de marché » qui définit les segments de marché, établit les objectifs, les priorités et fixe les moyens pour les atteindre,
  - le processus « développer et fabriquer les produits et services »,
  - le processus « susciter et satisfaire les demandes des clients », par lequel s'élabore la valeur ajoutée apportée directement au client final sous forme de produit ou de service. C'est un processus fondamentalement logistique,
  - le processus « garantir la qualité » qui assure au client le niveau de qualité escompté ;
- les processus supports qui développent et mettent à la disposition des autres processus les ressources nécessaires à leur fonctionnement. Parmi ces processus supports, on retrouve la gestion des hommes et des compétences, le développement et la ges-

tion des systèmes d'information et la gestion des flux financiers. On y retrouve aussi des sous-systèmes logistiques.

Dans cette approche organisationnelle par processus, la logistique apparaît en tant que telle comme un processus fondamental, mais également comme processus support pour d'autres processus fondamentaux. L'analyse plus détaillée du processus logistique permet de bien comprendre à la fois la dilution des fonctions, l'interaction entre les processus, voire leur imbrication et le renforcement des objectifs visés. Le tableau 8.3 présente l'ensemble des processus logistiques et l'output attendu pour chacun d'entre eux :

Processus	Activités du processus	Output
Traitement des commandes et engagement de livraisons	Prise de commandes Validation de la commande Facturation Tenue des comptes clients Post-manufacturing Engagement de livraisons Établissement et suivi des indicateurs	Produits livrés chez les clients
Délocalisation	Stockage et déplacement des produits finis dans le réseau interne Positionnement des produits finis à proximité des clients Calcul et traitement du besoin commercial Emission et gestion des appels de livraison Stockage des produits en attente (contrôle qualité, post-manufacturing)	Positionnement physique du produit, au bon endroit, au bon moment, en bonne quantité
Exploitation des ressources logistiques	Ressources humaines Sous-traitance Gestion des surfaces de travail et de stockage Transport	Coût ciblé pour un service donné
Traitement des retours	Prise en compte du retour Transport du retour Stockage du retour	Réintégration des marchandises en stock physique et logique
Fourniture d'informations	Gestion des systèmes d'information	Mise à disposition des données dans un format exploitable par le client interne
Conception	Conception du cahier des charges Infrastructure Systèmes d'information	Systèmes logistiques définis
Qualité	Mise en place d'une démarche qualité Gestion de la non-qualité	Traitement efficace de la non-qualité
Processus clients/fournisseurs	Établissement de contrats Gestion des contrats Études logistiques	Application quotidienne du contrat
Pilotage des ressources logistiques	Planifier le moyen terme	Plan logistique

TABLEAU 8.3. *Aperçu des processus, des sous-processus et des outputs Supply Chain*

Cette liste de processus et de sous-processus de la Supply Chain permet de mettre l'accent sur les points suivants :

- dans cette approche, il y a un véritable découplage des flux physiques (conception et gestion des ressources physiques) des flux d'information (conception et gestion des systèmes d'information, production de données…) ;
- le croisement des processus, identifié avec la structure organisationnelle de l'entreprise, est une excellente approche qui permet de formaliser les engagements de la Supply Chain (entité positionnée au niveau corporate) prestataire de services interne vis-à-vis des unités opérationnelles (business units), qualifiées ici de clients internes, qui achètent des prestations à partir de cahiers des charges formalisés. Il s'agit aussi de positionner la réalisation d'un processus dans l'organisation soit au sein de la structure Supply Chain corporate, soit prise en charge directement par les unités opérationnelles ;
- de plus, il y a une meilleure compréhension des engagements respectifs quand le processus reste dans l'organisation logistique et une plus grande transparence des coûts pour mener à bien des processus fondamentaux comme la satisfaction commerciale des clients finals. C'est l'objectif du processus clients/fournisseurs ;
- le découpage en processus permet également de préparer une externalisation de certains processus ou sous-processus logistiques, en fonction de ce qui est considéré comme stratégique pour la valeur créée par l'entreprise, et de maintenir en interne les éléments de compétence forts tels que la délocalisation des produits, la conception des systèmes logistiques ou le pilotage des ressources de la Supply Chain ;
- la délocalisation des produits finis ou ce que l'on peut appeler le déploiement, qui s'appuie sur des outils ERP et APS, est un processus Supply Chain clef. Il permet à un niveau mondial de croiser l'offre industrielle et la demande des marchés nationaux.

Une autre manière plus classique consiste à distinguer les processus logistiques et Supply Chain selon les trois niveaux suivants :

- *Stratégique*. Ce niveau intègre également les activités de conception des nouvelles solutions Supply Chain et logistique. Il prend en compte les opportunités et les contraintes logistiques aux différentes étapes-clefs du cycle de vie du produit (définition du produit, choix du sourcing interne ou externe, objectifs de développement des ventes sur les zones géographiques ciblées,…) et doit prioritairement s'intéresser aux interfaces critiques en mettant l'accent sur les compromis (trade-off) conduisant à des solutions optimales plus globales en termes économiques. C'est l'objectif-clef de ce niveau de planification de la Supply Chain pour lequel la rentabilité des actifs est totalement partie prenante.
- *Tactique*. À un horizon plus rapproché et généralement calé sur le budget annuel et les clôtures trimestrielles qui rythment la vie des entreprises cotées, la planification tactique se doit de mobiliser des leviers et des règles du jeu en réaction avec les données plus « fraîches » du marché.
- *Opérationnel*, qui comprend les processus d'exécution aux différents maillons de la chaîne logistique.

Ces 3 niveaux s'appliquent sur les flux physiques, d'information, de compétences et également financiers. La performance du Supply Chain Planning dépend notamment d'interfaces critiques entre la logistique et les autres domaines fonctionnels-clefs de toute entreprise, interfaces qui doivent faire l'objet d'une focalisation particulière comme le montre le tableau 8.4 :

	Conception des Produits et des Offres de services	Achats et Approvision-nements	Marketing et Ventes	Manufacturing
Niveau stratégique (long terme)	Prise en compte des critères logistiques dans la conception des produits et services	Prise en compte des critères logistiques dans le choix des fournisseurs et les achats	Prise en compte des critères logistiques dans le marketing stratégique (ex.: choix des canaux)	Choix et dimensionnement des capacités et localisation des sourcings
Niveau tactique (moyen terme)	Synthèses contraintes et opportunités logistiques dans la conception des produits et services	Synthèses performances logistiques des fournisseurs	Prévision, demande et synchronisation planifiée des moyens logistiques avec les plans marketing	Ajustement moyen terme et arbitrage du Sales et Operations Process
Niveau opéra-tionnel (court terme)	Retour sur les contraintes et opportunités logistiques dans la conception des produits et services	Retour sur les performances logistiques des fournisseurs	Retour sur les décalages livraisons/plans marketing (yc sur les lancement de produits nouveaux)	Planning et Scheduling en usines, intégré au Supply Chain Management

TABLEAU **8.4.** *Nature des interfaces critiques avec le SC Planning*

À titre d'approfondissement, il n'est pas inutile d'apporter quelques éléments complémentaires sur le processus Sales and Operations Planning (S & OP) tel qu'il a d'ailleurs été introduit dans ce chapitre avec l'exemple de LaScad et la solution du portefeuille qui gère l'interface « Supply Side » et « Demand Side ». Comme cela a été mentionné à plusieurs reprises, la gestion collaborative de l'interface Ventes/Production est un enjeu essentiel de l'intégration fonctionnelle. Ce processus tactique comme indiqué dans le tableau ci-dessus permet une meilleure prise en compte des opportunités et des contraintes issues du monde industriel et du marché en :

• pilotant les usines au niveau de la charge qui leur a été allouée ;

• décidant d'actions sur les ventes en contraignant la demande ou au contraire en réalisant une opération commerciale ponctuelle.

La réunion S & OP généralement mensuelle a pour but de réaliser de tels arbitrages en prenant des décisions concrètes. Elle s'appuie sur les demandes des clients à moyen terme (12 mois minimum) analysées au niveau du mix produit en termes de familles logistiques et non à la référence article et débouche sur un plan de ventes qui est agrégé par pôle capacitaire usine. Il s'agit d'un processus collaboratif et interactif qui a pour double objet de :

• gérer au mieux les capacités industrielles disponibles en mesurant l'impact économique sur le coût global de la Supply Chain ;
• répondre au mieux au marché en mettant en place une tactique commerciale qui valorisera les décisions prises en réunion S & OP.

Il est clair qu'un tel processus interne Ventes/Production ou externe Distributeur/Industriel nécessite une vraie volonté de partager l'information, de parvenir à un compromis gagnant-gagnant et une plus grande fiabilité des prévisions des ventes. Néanmoins, une telle approche permet sans aucun doute de faire remonter de manière plus visible les contraintes des parties prenantes et d'imaginer ensemble des solutions pour optimiser le trade-off « service/coût ».

En synthèse, il est possible de représenter le processus Supply Chain comme essentiellement en charge de l'interface entre ce que l'on peut appeler le Demand Side et le Supply Side, la logistique ayant comme mission essentielle de mettre à disposition un ensemble de moyens et de ressources pour prendre en charge les produits finis depuis les sites industriels et les livrer aux clients en respectant les engagements formalisés au sein des cahiers des charges service (cf. schéma 8.15).

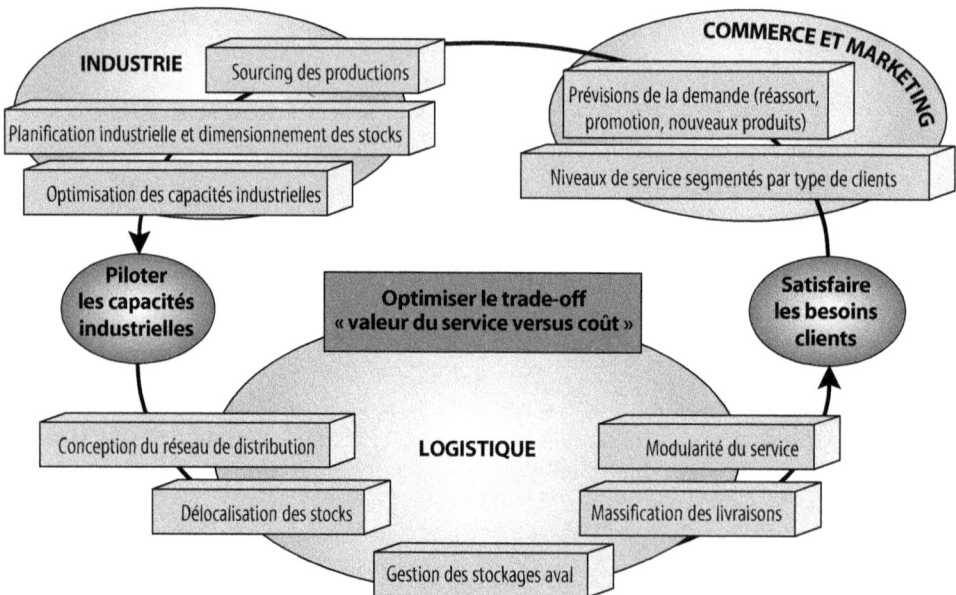

SCHÉMA 8.15. *Processus Supply Chain intégré*

Le trade-off entre service et coût est au cœur de ce processus qui débute par la prise en compte des besoins clients en termes de service le plus souvent selon une approche segmentée et s'achève par la preuve de la livraison (Proof Of Delivery) de sorte que la facturation puisse être enclenchée sans délai. Le Demand Side est géré par des Demand Planneurs qui ont une très forte sensibilité marché au sens des clients et des produits. Ils travaillent en étroite collaboration avec le marketing pour les lancements de nouveaux produits, avec les forces de vente commerciale pour prendre en compte les actions promotionnelles et celles engagées par les concurrents et également avec le développement pour prendre en compte les tendances futures en termes de produits. L'élaboration des cahiers des charges service est un travail qui nécessite une importante collaboration entre Supply Chain et les fonctions précitées. Les prévisions de la demande étant finalisées, ce sont les Supply Planneurs qui prennent le relais pour optimiser le sourcing interne et externe dans un double objectif de réponse au cahier des charges service en matière de délai en particulier et de minimisation des coûts de la Supply Chain. Ces Supply Planneurs ont une connaissance approfondie des contraintes et des opportunités de production. La fonction économique objectif comprend de manière étendue les coûts d'achat, de production, de transport des matières premières, inter-sites de production, de distribution des produits finis, de stock et de l'ensemble des coûts des systèmes supports dont font partie les systèmes d'information. La logistique à ce niveau de maturité n'est plus qu'un maillon de la chaîne qui a vocation à participer à ce trade-off.

Le processus Supply Chain global requiert par conséquent des compétences diverses et complémentaires qui sont toutes utiles et contributrices à la performance globale de la Supply Chain. Il est clair qu'au sommet de ce processus se trouve un patron Supply Chain souvent membre du comité de direction exécutif qui a su accumuler au cours de son parcours professionnel une expérience sur les trois sous-processus. Ce sont à vrai dire des profils recherchés qui au-delà des compétences techniques doivent mobiliser des qualités de communication nécessaires pour assurer le succès de projets d'innovation et d'opérations courantes qui sont marquées par un caractère éminemment transversal.

L'approche par les processus est un excellent moyen pour mettre en avant les objectif-clefs de la Supply Chain par rapport aux clients internes et ceux de l'entreprise dans son ensemble par rapport aux clients externes. Les processus permettent de formaliser en dehors de toute considération organisationnelle la hiérarchisation des activités, puis le maintien en interne ou leur externalisation, et enfin de décider le rattachement organisationnel des processus Supply Chain soit à l'entité Supply Chain groupe, soit aux unités opérationnelles. On le voit, l'intégration fonctionnelle répond à des préoccupations stratégiques puisque les orientations choisies auront des conséquences majeures sur les coûts (mutualisation ou ressources dédiées), les compétences (gérées en interne ou externalisées) et la satisfaction des clients externes (gain de parts de marché par différenciation sur le service).

📖 BIBLIOGRAPHIE DU CHAPITRE 8

Allab S., Swyngedaum N., Talandier D., *La Logistique et les nouvelles technologies de l'information et de la communication*, Economica, collection « Nouvelles technologies de l'information et de la communication », Paris, 2000, 172 p.

Barras X., « EPCglobal : augmenter la visibilité de la chaîne d`approvisionnement », *Logistique & Management*, vol. 12, n° 1, pp. 49-53.

Combes L., Le Bizec J.-M., « RFID : démarche de business case pour la Supply Chain », *Logistique & management*, vol. 12, n° 1 pp. 41-48.

David A., *L'Impact des TIC : logistique, transport, relation de service, organisation*, La Documentation Française, Paris, 2006, 95 p.

Dawe R. L., *The impact of information Technology on Materials Logistics in the 1990's*, Transportation & distribution, Ernst & Young, Ohio, 1993, 111 p.

Delfmann W., Gehring M., « Le Rôle des technologies de l'information dans la performance logistique », *Logistique & Management*, vol. 11, n° 1, 2003, pp. 5-10.

Desreumaux A., « Nouvelles Formes d'organisation et évolution de l'entreprise », *Revue Française de Gestion*, janvier-février 1996, pp. 86-108.

Dickersbach J. T., *Supply Chain Management With Apo : Structures, Modelling Approaches And Implementation of Mysap Scm 4.1*, Springer Verlag, 2005, 502 p.

Dornier Ph.-P., « Logistique : adapter les systèmes aux besoins des clients », *L'Informatique Professionnelle*, juin-juillet 2002, pp. 38-47.

Fabbe-Costes N., « Le Pilotage des Supply Chains : un défi pour les systèmes d'information et de communication logistiques », *Gestion 2000*, Dossier : La Logistique aujourd'hui : perspectives stratégiques, janvier-février 2002, pp. 75-92.

Geradon de Vera O., « Transparence de l'information : un jeu gagnant-gagnant », *Revue Française de Gestion*, juin-juillet-août 1999, pp. 133-135.

Glover B., *RFID Essentials*, O'Reilly Media, Paris, 2006, 260 p.

Grua H., Segonzac J-M., *La Production par les flux : configurer les processus industriels autour des besoins clients*, Dunod/L'Usine Nouvelle, Paris, 2003, 272 p.

Jarvenpaa S., Ives B., « The global network organization of the future : information management opportunities and challenges », *Journal of Management Information Systems*, vol. 10, n° 4, 1994, pp. 25-58.

Lievre P., « Système d'Information logistique : circulation d'information rationnelle et/ou relationnelle ? », 3e RIRL, 9,10 et 11 mai, *Trois-Rivières*, Québec, mai 2000.

Livolsi L. et Fabbe-Costes N., « La Centralité des systèmes d'information (SI) dans la fonction logistique », *Revue Française de Gestion Industrielle*, vol. 23, n° 4, 2004, pp. 27-44.

Ross D. R., *Distribution Planning and Control*, Chapman and Hall, New York, 1996.

Schoblick R., *RFID*, Franzis, Paris, 2005.

Wang Y. C., Chang C. W. et Heng, Michael S. H., « The Levels of Information Technology Adoption, Business Network, and a Strategic Position Model for evaluating Supply Chain Integration », *Journal of Electronic Commerce Research*, vol. 5, n° 2, 2004, pp. 85-98.

Weng Z. K., « The power of coordinated decisions for short-life-cycle products in a manufacturing and distribution Supply Chain », *IIE Transactions*, Springer Netherlands, novembre 1999, vol. 31, Iss. 11, pp. 1037-1049.

SITOGRAPHIE DU CHAPITRE 8

Nom et contact mail	Mission	Précisions sur le site
Association EDONI www.edoni.com edoni@edoni.com	EDONI est une association régie par la loi de 1901, dont l'objectif est d'étudier, préconiser et promouvoir l'EDI (Échange Direct d'ordinateur à ordinateur de documents commerciaux : bon de commande, accusé de réception, facture, etc.).	L'association EDONI compte à ce jour une soixante d'adhérents répartis équitablement entre fabricants et distributeurs, parmi lesquels on trouve des entreprises majeures : Facom, 3M, Usinec…
ACSEL : Association pour le commerce et les services en ligne www.acsel.asso.fr	Le 24 mars 1999, l'AFTEL et l'AFCEE (Association pour le commerce et les échanges électroniques) ont fusionné. Ce rapprochement a permis à l'association de renforcer son action et d'approfondir ses réflexions dans le domaine des nouvelles technologies de l'information et du commerce électronique. Depuis 5 ans, l'association a réalisé plusieurs études consacrées à l'Internet, dont la dernière « Internet, les enjeux pour la France, éditions 1999 » publiée en novembre 1998. L'association a organisé plusieurs missions d'études aux États-Unis (environ 400 personnes ont participé aux 8 missions qui ont eu lieu depuis 1995).	ACSEL regroupe plus de 200 entreprises et organismes issus de l'ensemble des métiers de son domaine de compétence : prestations techniques, e-marchand, éditeurs on line, opérateurs de télécommunication, juristes, conseils, éditeurs de logiciels, établissements financiers et de capital-risque, etc.
Association EDIFRANCE www.edifrance.org infos@edifrance.org	EDIFRANCE a pour vocation de sensibiliser et de promouvoir l'EDI, outil de commerce électronique, auprès des entreprises et des organismes nationaux. EDIFRANCE offre à ses adhérents le bénéfice d'une assise internationale en opérant le suivi et la concertation des positions françaises, issues de ses groupes de travail, auprès de l'EDIFACT Working Group et d'autres instances de normalisation.	Association loi de 1901, créée en 1990 avec plus de 150 adhérents, EDIFRANCE réunit aujourd'hui 27 communautés professionnelles dont 15 possèdent le statut accrédité de GDE (Groupe de Développement de l'EDI) et 3 commissions transversales fédérant une vingtaine de groupes de travail.

ERP super site www.erpsupersite.com	Informations sur les sociétés et les liens. Informations continues sur l'ERP, CRM (analyses, News).	Moteurs de recherche sur le site. Événements indiqués.
GS1 France Gencod www.gs1.fr infos@gs1fr.org	GS1 France rassemble aujourd'hui plus de 28 000 adhérents répartis dans tous les secteurs d'activités et dont 80 % sont des PME et des entreprises artisanales. GS1 France est une SARL d'une quarantaine de personnes.	Services proposés : – assistance en ligne ; – formations ; – manifestations ; – travaux et groupes de travail ; – publications ; – prestataires de service.
RFID Show www.rfid-show.com laurent.noel@reedexpo.fr	Site officiel du salon RFID. Conférences, démonstrations, conseils, ateliers thématiques, rencontre avec les professionnels du domaine des nouvelles technologies.	29 et 30 novembre 2006 à la CCI de Lille Métropole.
Journal du net solutions http://solutions.journaldunet.com/dossiers/logistique/sommaire.shtml http://www.journaldunet.com/contact/redaction.shtml		Mise en ligne d'un dossier « Gestion de la chaîne logistique » sur le RFID. Septembre 2004.

9

Intégration géographique de la Supply Chain

« Il faut concevoir plutôt l'espace comme plein d'une matière ordinairement fluide, susceptible de toutes les divisions. »

Leibniz[1]

Le chapitre 8 a permis de montrer comment le Supply Chain Management suit une recomposition sous la pression de phénomènes d'intégration fonctionnelle. Un second phénomène vient s'y ajouter, celui de l'intégration géographique. Plus perceptible, par la dimension concrète qu'il suppose, il n'en demeure pas moins qu'il a été aujourd'hui relativement peu décrit dans ses formes et dans ses effets. Il est généralement appréhendé sous les appellations de mondialisation ou de globalisation telles que nous les avons abordées dans le chapitre 4.

En réalité l'intégration géographique de la Supply Chain se concrétise par l'apparition de mailles de gestion de l'activité logistique qui dépassent les frontières nationales et qui couvrent des territoires transnationaux, continentaux ou mondiaux, non seulement dans leurs organisations ou dans leurs systèmes d'information, mais également dans leurs infrastructures physiques. La recherche de l'intégration géographique de la Supply Chain consiste à dépasser les barrières géographiques, quand elles ne représentent pas un élément trop contraignant, pour créer des zones intégrées d'opérations et de pilotage, non réduites à un espace géographique qui correspondait historiquement avec le découpage des opérations commerciales, afin de prendre en charge et de traiter les problématiques de flux. La coordination et le traitement des flux sont abordés à l'échelle de cette maille qui peut être de taille variable. Ainsi des

---

1. Leibniz, *Nouveaux essais sur l'entendement humain*, Préface. Philosophe et savant allemand, Leibniz (1646-1716) fut conseiller des princes. Estimé par les plus grands, il s'assura une renommée de savant, de juriste et de philosophe. Il développe une philosophie optimiste qui tente de dépasser les oppositions et les divisions.

regroupements au niveau européen ne sont pas rares. Dès le milieu des années 1980, Bull a ainsi créé des « clusters » de pays en Europe pour gérer sa logistique de manière plus mutualisée. C'est une association de deux ou trois pays pour lesquels une logique logistique commune peut être mise en place avec un réseau d'infrastructures physiques qui traite les effets de bord classiques créés par les limites fictives des frontières. Un pays ne disposait plus nécessairement de moyens logistiques propres. Mais plusieurs pays pouvaient être desservis par le même dépôt. Ce type de mise en commun d'infrastructures logistiques n'est plus un cas unique mais une norme. Pour Michelin, les premiers clusters qui ont existé, ont été le Portugal et l'Espagne, l'Italie et la Grèce, les pays de l'Europe du Nord, les pays de l'Europe de l'Est.

Une autre forme d'intégration géographique est obtenue par la constitution d'entités Supply Chain continentales. La forme ultime réside dans l'instauration d'organisations Supply Chain à vocation mondiale. La littérature anglo-saxonne aborde cette question en traitant la global Supply Chain. La distribution de la pièce de rechange offre des exemples nombreux de ce type.

Nous verrons que si l'intégration géographique du Supply Chain Management se conjugue avec le déploiement de nouvelles formes organisationnelles, elle favorise également l'apparition d'acteurs économiques tels que les prestataires logistiques, qui apportent également des éléments de solution. Dans ce chapitre, nous étudierons dans un premier temps un exemple de mise en place du traitement de la logistique d'un grand groupe à l'échelon mondial. Illustré par le cas Michelin, il présente un exemple particulièrement intéressant puisqu'il a permis d'envisager la transition d'une approche, qui se réduisait à une dimension continentale, à une dimension qui est devenue mondiale en 1996. Cet exemple nous permettra d'identifier les principales difficultés auxquelles se trouvent confrontées les organisations logistiques intégrées lorsqu'elles se constituent. Dans un second temps, nous aborderons les principaux outils et concepts d'organisation physique des flux qui apparaissent pour favoriser et accompagner le développement de l'intégration géographique de la Supply Chain, et en particulier le développement du secteur des prestataires logistiques.

1. L'INTÉGRATION GÉOGRAPHIQUE ET SES CONSÉQUENCES ORGANISATIONNELLES : LE CAS MICHELIN

1.1. Logiques d'une nouvelle organisation en lignes de produits mondiales

Début 1996, Michelin a déterminé une nouvelle organisation au niveau mondial qui a été en ordre opérationnel à la fin du mois de mars 1996, après une étude interne. Ces changements qui touchent l'organisation en profondeur visent avant tout à rendre l'entreprise plus flexible et plus réactive aux évolutions du marché. Dans cette nouvelle configuration, la Supply Chain, encore appelée logistique, s'est vu confier une mission qui couvre une responsabilité mondiale. La logistique comme toutes les autres entités de l'entreprise a eu ainsi son champ d'intervention redéfini. D'une organisation par grande zone géographique, datant du début des années 1990 et calquée sur les entités opérationnelles géographiques de l'époque (Europe, Amérique, Asie, Reste du monde), elle est passée à une organisation mondiale en devenant le Service Groupe Logistique (SGL). Son statut de Service Groupe lui a conféré un rôle de prestataire interne avec une responsabilité mondiale. Puis il a évolué et est devenu en 2001 le service Groupe Supply Chain.

Pour bien saisir le positionnement, les ressources et le champ de responsabilité de la fonction logistique monde de Michelin, il faut évoquer et rappeler les grandes lignes de force selon lesquelles l'activité de l'entreprise a été rebâtie. Tout d'abord des business units à caractère stratégique pour l'entreprise ont été identifiées. Ce sont autour d'elles et de leurs parties constituantes, les Unités Opérationnelles Tactiques (UOT), que toute la logique de la réorganisation s'articule. Chaque ligne de produits est composée d'une ou de plusieurs UOT (Unité Opérationnelle Tactique). L'UOT est un centre de responsabilité économique pour l'entreprise. Afin de responsabiliser les UOT sur cet engagement économique, la logique retenue a été de leur donner une large autonomie sur les variables les plus indispensables à la maîtrise de leur activité respective. Ainsi chaque UOT dispose de ses propres moyens en matière de développement, de production, de marketing et de commerce. Elles sont responsables de leur niveau de stock.

À ces activités opérationnelles, des services groupes viennent apporter leur soutien. Un centre de technologie est créé au niveau du groupe, pour coordonner les activités de recherche. Ces services groupe interviennent sur des champs dont la responsabilité directe n'a pas été donnée aux UOT. Ils fédèrent des compétences qu'ils ont pour vocation de mettre à disposition des UOT. Les UOT peuvent ou non, en théorie, faire appel à ces supports ou faire appel à des ressources extérieures afin de stimuler les performances de ces organisations. Bien évidemment la logistique fait partie de ces services groupes.

Comme dans toutes ces organisations en business units, quel que soit le groupe observé, une maille organisationnelle géographique est créée qui est constituée soit par un pays unique soit par plusieurs pays. L'organisation est donc totalement matricielle avec un dimensionnement mondial. Les lignes de produits sont mondiales ainsi qu'un certain nombre d'UOT, et les Services Groupes, dont le Service Groupe Logistique, au début des années 2000 sont mondiaux.

1.2. L'organisation logistique face à des structures en business units

1.2.1. Positionnement et structure d'une logistique mondiale

Dans le cadre de cette organisation en ligne de produits monde, les directions logistiques centralisées sont placées dans une situation organisationnelle complexe de type matriciel. Elles sont en relation avec les business units qui disposent généralement d'un responsable de flux. Le responsable flux d'une business unit, le Supply Chain

Manager, est en charge de la planification des usines, de l'attribution au commerce de chaque pays des produits, en fonction des prévisions et des demandes (cf. schéma 9.1) de la gestion des commandes et des allocations de produits.

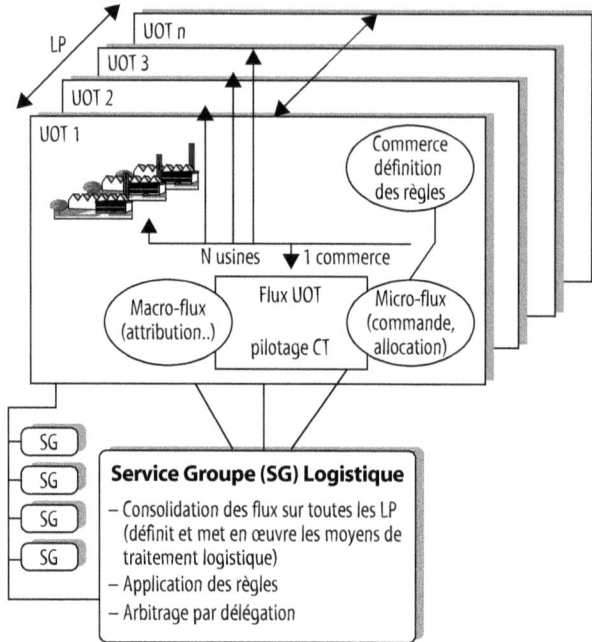

Schéma 9.1. *Liaisons logistiques centralisées et business units*

La responsabilité logistique prise dans son acceptation la plus large, devient donc partagée entre les lignes de produits d'une part et les directions logistiques d'autre part. Les business units sont donc amenées à s'exprimer auprès de la direction logistique groupe par un cahier des charges qui va définir leurs besoins. Elles ont donc en charge la définition des niveaux de service, la programmation industrielle et les stocks. La logistique groupe, comme tout prestataire, construit des solutions et les valorise pour en présenter le coût aux business units. Elle élabore le design du réseau physique à partir de la consolidation des besoins des business units. Elle a donc une mission initiale de bureau d'études et de concepteur de réseaux logistiques. Dans un deuxième temps, elle gère au quotidien le réseau qu'elle exploite au moindre coût au profit des business units. À charge de proposer des processus logistiques qui restent les plus compétitifs. Elle demeure cependant un centre de coûts et n'a pas pour vocation de dégager une marge dans l'exploitation de ses activités avec les business units.

Plus généralement, pour une entreprise type, les directions logistiques groupe disposent de ressources centralisées qui ont pour vocation d'assurer le design du réseau logistique global et son pilotage quotidien par consolidation des demandes issues des différentes lignes de produits. De plus, elles disposent de responsables locaux qui opèrent une coordination plus rapprochée sur des grandes zones géographiques. Au niveau local, par pays, il peut exister un responsable logistique qui dépend hiérarchiquement du responsable pays, mais fonctionnellement de la logistique groupe et qui assure l'exploitation quotidienne du système logistique local, au profit du pays dont il dépend, pour la distribution terminale, ou au profit d'autres pays dans le cas de flux d'exportation.

1.2.2. Les difficultés associées à l'instauration d'une Supply Chain mondiale dans le cadre de lignes de produits

Un certain nombre de problèmes ont résulté de la mise en œuvre de ce type d'organisation. Les relations entre les acteurs de la Supply Chain et le reste de la structure se sont transformés profondément lors du passage d'une organisation par grande zone géographique à une organisation par ligne de produits. Les raisons qui ont nécessité des ajustements entre les composantes de l'organisation sont de deux ordres : le partage nouveau des responsabilités et plus particulièrement dans le transfert de la responsabilité sur les stocks et la mise en cohérence des structures géographiques entre elles. Les organisations doivent affronter tout un ensemble de questions que le nouveau partage des responsabilités ne manque pas ainsi de poser.

Tout d'abord, comment concilier une optimisation des flux par ligne de produits et une recherche d'optimisation globale par une direction logistique centralisée ? Les choix industriels et commerciaux opérés par les business units ont des conséquences logistiques fortes. Une interactivité très dynamique doit se mettre en place entre les hommes flux des business units et les hommes de la logistique centralisée. En effet, dans les grands groupes, il y a risque d'augmentation des flux intercontinentaux au sein des business units, suite aux arbitrages industriels et commerciaux qu'elles font. Une business unit peut ainsi, au vu des seuls critères industriels choisir de spécialiser des unités de production et générer des flux de recomposition des gammes tels que ceux que nous avons vus dans le chapitre 5. Dans le cas de système industriel disposant d'unités de production spécialisée au niveau continental ou mondial, les sourcings de produits à destination d'un pays donné seront traités indépendamment par chaque ligne de produits. Ainsi, l'atomisation des sourcings peut augmenter les besoins de groupage, car il peut exister des clients qui commandent des produits commercialisés par plusieurs business units.

Seconde question qui présente le risque d'être récurrente dans le temps : quelles sont les limites des responsabilités entre les business units et une Supply Chain centralisée ? Dans le cas d'une organisation par grande zone géographique, la Supply Chain d'un continent, par exemple l'Europe, était responsable du niveau des stocks. Dans le cadre d'une organisation par ligne de produits ce sont les business units qui fixent leurs niveaux de stock et qui pilotent les flux. La mission principale de la Supply Chain centralisée au niveau mondial, est de gérer les opérations physiques au moindre coût et selon les cahiers des charges des business units. Prenons un autre exemple, celui de la réalisation de l'expédition. Des alternatives s'offrent à chaque fois pour le choix du mode d'expédition. Fait-on une livraison directe à partir d'une usine, choisit-on une livraison à partir d'un entrepôt ? La spécification de ces choix est-elle ou non du ressort des business units qui peuvent le souhaiter pour garder une maîtrise aussi complète que possible de leurs relations avec leurs clients ?

Ensuite, comment assurer la création de l'information et son partage pour la partie qui concerne chaque business unit ? Les business units doivent obtenir des informations exhaustives et dédiées sur leurs activités logistiques de manière, d'une part à assurer une partie du pilotage qui leur incombe, et d'autre part à suivre leur niveau de performance tant en ce qui concerne les niveaux de service que les coûts. La Supply Chain centralisée au niveau mondial devra donc assurer la visibilité au travers des systèmes d'information et garantir, par exemple, une vision continue de l'état du portefeuille des commandes. Pour les produits en disponibilité, il n'y aura pas de problème ; en revanche, pour les produits en pénurie, une répartition et un arbitrage commercial seront nécessaires. Les business units ont donc besoin de connaître leur portefeuille de commandes. Il sera donc nécessaire pour la Supply Chain centralisée de fournir en totale transparence, une vision consolidée mondiale sur les commandes qui peuvent être gérées par plusieurs systèmes d'information, héritages des organisations en grandes zones géographiques.

La question de la rémunération par les business units de la prestation logistique centralisée, devient également un point majeur dans le dialogue entre les deux pôles de l'organisation. La Supply Chain mondiale est amenée à développer un outil de suivi des coûts, compatible avec l'organisation en business units, de manière d'une part à imputer les coûts afférents aux activités logistiques propres à chacune des lignes de produits (problème par exemple de la répartition des coûts d'un conteneur conso-lidant l'expédition pour un pays donné de produits émanant de plusieurs business units) et, d'autre part à réaliser des devis (facturation au forfait sous la forme d'un coût fixe plus un coût variable).

Enfin, la responsabilité sur la production du niveau de service propose un sujet de débat intense entre ligne de produits et logistique centralisée. En effet, la responsa-bilité est partagée puisqu'elle dépend tout à la fois de la présence du produit en stock au moment de la commande et de la fiabilité du process Supply Chain.

2. Réaffectation d'outils de la distribution physique

2.1. Reconfiguration spatiale : le rôle des dépôts

2.1.1. Équilibre entre global et local

La problématique de l'intégration géographique peut se poser sous forme d'une gestion simultanée efficace à deux niveaux. Il faut en effet que la Supply Chain puisse mettre en place des organisations qui traitent simultanément d'une part un pilotage des flux au niveau de plusieurs pays, d'un continent ou au niveau mondial et d'autre part une distribution capillaire destinée au client final.

Les infrastructures logistiques prennent donc un caractère marqué à deux facettes :

• une Supply Chain à caractère supranational qui intègre des Supply Chains à caractère plus national et local et qui prend en charge une dimension attachée à plusieurs pays à la fois ;

• une Supply Chain domestique qui a un caractère national ou local et qui vise à une gestion des flux capillaires.

L'approche globale rend possible un certain nombre d'arbitrages de coûts avec une approche locale, comme le montre le schéma 9.2.

Elle suppose l'existence d'un système d'information et d'aide à la décision. Les principaux objectifs de ce système d'information et d'aide à la décision, sont de coordonner les plannings de distribution internationale, de partager un réseau central de communication et d'évaluer les arbitrages qu'une perspective intégrée rend possible.

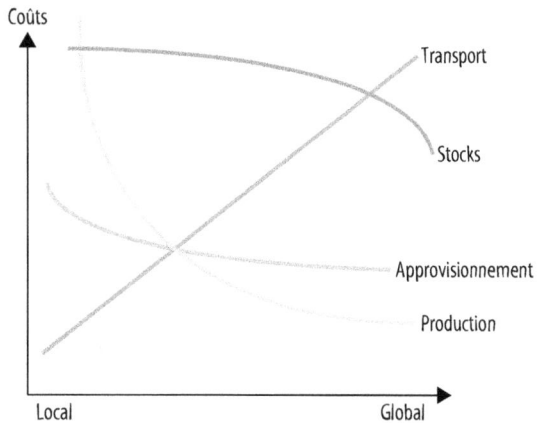

SCHÉMA 9.2. *Courbes d'évolution des composantes du coût de la Supply Chain*

2.1.2. Le système de distribution Europe de Michelin

La restructuration de la logistique Europe de Michelin a consisté au cours des années 1990, une première étape dans la création d'une logistique intégrée au niveau d'un continent. La réflexion a été guidée par le souci de trouver une solution permettant de construire une réponse d'optimisation des flux à la fois aval (distribution finale) et amont (flux import). La structure de distribution devait être également capable de traiter différentes natures de flux. Enfin, le souci premier de cette réflexion, a été de mettre en commun les compétences et les expériences de différentes entités fonctionnelles ou pays de Michelin.

L'étude a permis d'aboutir à trois principes directeurs sur lesquels repose la construction du réseau de distribution physique de Michelin en Europe :

• l'ingénierie et la gestion des flux physiques doivent être bâties à partir de la notion de famille logistique. Les familles logistiques sont des regroupements de références

347

commerciales qui représentent une homogénéité quant à leur traitement et leur circulation physique. Les composantes d'une famille logistique relèvent donc d'une même solution logistique. La construction de ces familles logistiques repose avant tout sur la détermination des niveaux de service que Michelin souhaite fournir à ces différents clients ;

- l'implantation d'un réseau de magasins généraux. Moins d'une trentaine en Europe, les magasins généraux sont le lieu d'intégration des flux d'approvisionnement et des flux de distribution. Ils ont pour vocation de se substituer au réseau de plus de 100 centres de distribution qui existaient en 1994. Ces magasins généraux sont approvisionnés en direct des usines avec une fréquence minimale d'une fois par semaine. Ils sont d'une taille suffisante pour participer à la réalisation des économies d'échelle escomptées dans le domaine de l'entreposage ;

- la mise en place d'un réseau de plates-formes en réponse de premier niveau à la complexité des flux de distribution aval. Les plates-formes sont des lieux de transit qui ne disposent pas de ressource de stockage. Elles permettent de décomposer et de recomposer des flux de transport.

Plus précisément, la structure du réseau de distribution physique de Michelin illustre bien la dichotomie entre infrastructure globale et infrastructure locale. Les magasins usines et les magasins généraux ont des vocations fondamentalement internationales. Elles sont renforcées par le recours à des plates-formes de transit qui, elles aussi, ont une vocation d'effet sur le traitement de flux au niveau international. En revanche, les centres de montage et les stocks avancés en première monte destinés aux chaînes d'assemblage des constructeurs automobiles et les systèmes de proximité qui recouvrent des infrastructures de stockage et de distribution de proximité ont des vocations purement locales (cf. schéma 9.3).

Le magasin général n'est pas en tant que tel une notion normalisée. Cependant il représente une infrastructure comprise entre 10 000 m^2 et 30 000 m^2. Il a pour vocation de réconcilier les contraintes géographiques des flux amont et les contraintes géographiques des flux aval. La plate-forme est l'outil complémentaire au magasin général. Elle permet de conserver un stockage limité à des niveaux centraux, le magasin général, tout en préservant vers l'aval un transport massif. Les plates-formes ont une activité de groupage et de dégroupage d'une part, et de fusion et d'éclatement d'autre part. Le groupage/dégroupage concerne des envois pour lesquels le client final n'est pas encore identifié. La fusion/éclatement concerne le traitement de colis pour lesquels la préparation de commande a été déjà réalisée en amont de la plate-forme. Ces opérations appelées en anglais cross-docking font tendre le système logistique vers un traitement en temps réel d'expédition, avec des temps d'attente dans les traitements réduits au minimum.

Les valorisations du projet ont permis de dégager une économie importante en coûts de fonctionnement ainsi qu'un montant très significatif en désinvestissement. La construction de la réponse physique au problème de distribution de Michelin a toutefois laissé en suspens le choix entre les alternatives possibles en matière de distribution de proximité.

© Groupe Eyrolles

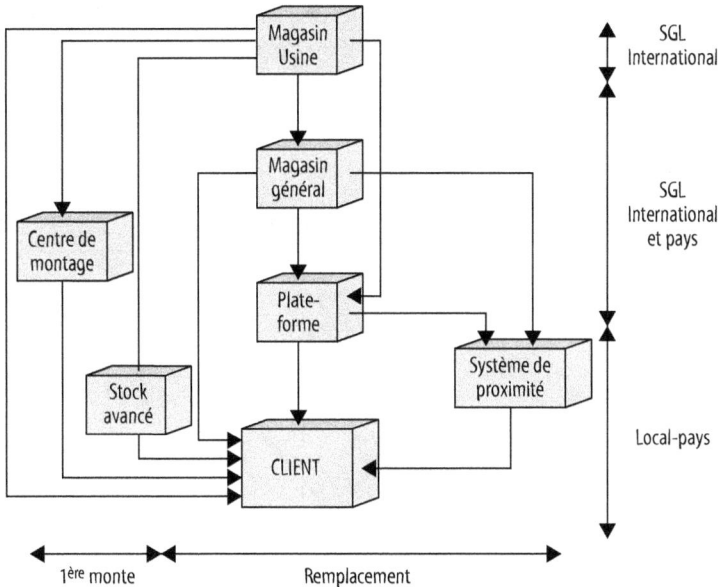

SCHÉMA 9.3. *Architecture générale du système de distribution Michelin en Europe*

2.2. Restructuration de la distribution business to business : le rôle des dépôts régionaux

> Rexel est un des leaders mondiaux de distribution de matériels électriques avec un chiffre d'affaires de près de 8 milliards d'euros au niveau mondial, présent dans 27 pays. Câbles, disjoncteurs, ampoules, éléments d'armoire électrique, ses principaux fournisseurs sont Schneider, Legrand, Siemens…
>
> Comme souvent dans le cas de la distribution business to business, Rexel était à l'origine plus grossiste que distributeur, entretenant des relations privilégiées avec ses principaux fournisseurs. En France, cette entreprise de distribution est le fruit du rapprochement de 35 entreprises régionales avec environ 450 points de vente.

Vers la fin des années 1990, Rexel vivait encore sur un système de logistique opérationnelle qui donnait une large indépendance aux points de vente qui commandaient directement aux fournisseurs les produits qu'ils vendaient. Ils se faisaient livrer par eux (cf. schéma 9.4). Les clients, artisans électriciens, service de maintenance, tableautiers, installateurs industriels pouvaient être livrés de trois manières différentes : soit par une livraison directe sur leur chantier grâce à des moyens propres de transport ; soit l'achat par le client sur le point de vente qui paye et part avec la marchandise (cash & carry) ; soit par enlèvement : le client passe sa commande à l'avance (par exemple la veille) et vient chercher la marchandise préparée qu'il enlève par lui-même. Chaque point de vente est donc, comme cela a été souvent le cas, à la fois une unité commerciale et une unité logistique, sans évoquer son rôle en matière d'achat ou de traitement administratif. Face à cette diversité d'activités, la mobilisation vis-à-vis des clients ne pouvait pas être totale alors que le potentiel commercial semblait important.

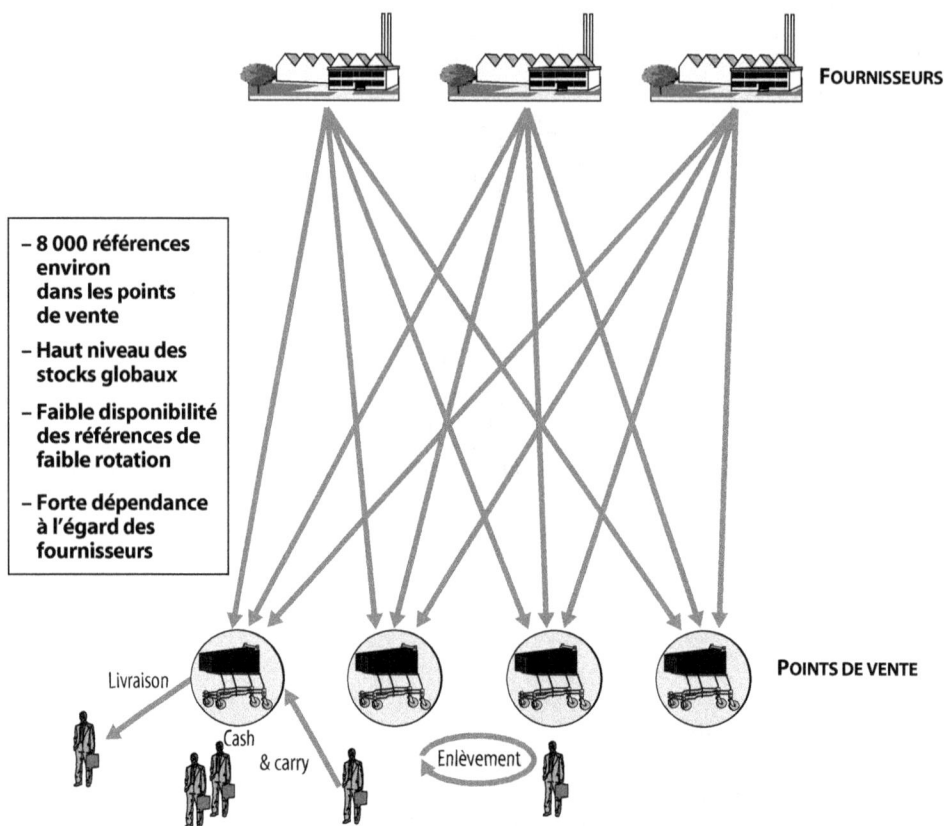

SCHÉMA 9.4. *Organisation logistique historique*

Hormis cette disparité de responsabilités au niveau d'un point de vente qui n'était pas favorable à une concentration sur l'action commerciale, cette organisation présentait au moins trois difficultés majeures :

- une limitation de la mise en œuvre de la politique d'achat groupe : il était en effet difficile de bénéficier des opportunités d'achat et d'approvisionnement à un niveau mondial, les points de vente étant très autonomes quant à leurs approvisionnements ;
- une croissance de la gamme des produits et réduction de leur durée de vie : le risque d'obsolescence des stocks s'accroît ;
- une performance logistique faible, quoique dans la norme du marché. Environ quelques milliers de références étaient stockées dans un point de vente pour une offre catalogue totale d'environ 120 000 références.

De plus, un important développement international était projeté qui nécessitait la mise en œuvre d'un plan de développement clair en France de manière à pouvoir en dupliquer le déploiement sur l'ensemble des pays.

La réflexion menée a conduit à concevoir et à déployer une organisation de mise en cohérence de l'activité au niveau régional par la recherche d'une plus grande mutualisation de l'ensemble des activités. L'outil principal de cette mise en cohérence a été le Centre Logistique Régional (CLR). Cet outil logistique vise un triple objectif :

- productivité commerciale et logistique : concentrer sur un même lieu géographique la plus grande partie des activités logistiques probablement dispersées sur les différents points de vente d'une région ;
- amélioration des niveaux de service : améliorer le niveau de service en stockant des produits dont le stockage n'était pas économiquement viable sur chacun des points de vente (trop faible rotation) ;
- renégociation des conditions d'achat avec les fournisseurs : concentrer les approvisionnements des fournisseurs en un seul point.

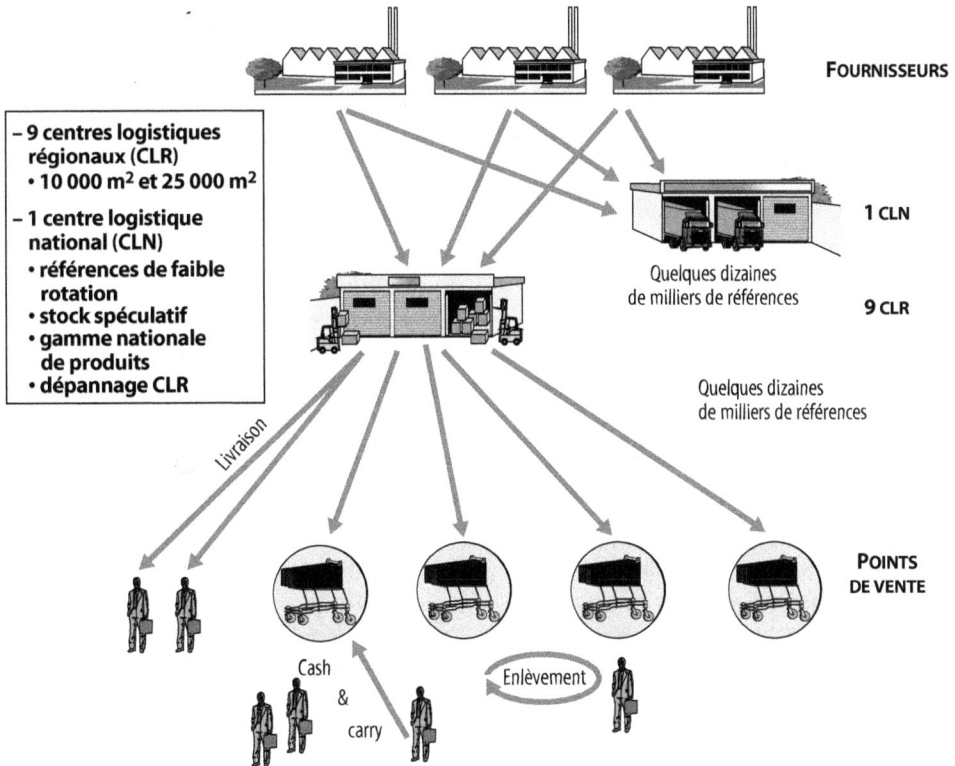

- 9 centres logistiques régionaux (CLR)
  - 10 000 m² et 25 000 m²
- 1 centre logistique national (CLN)
  - références de faible rotation
  - stock spéculatif
  - gamme nationale de produits
  - dépannage CLR

FOURNISSEURS

1 CLN

Quelques dizaines de milliers de références

9 CLR

Quelques dizaines de milliers de références

Livraison

POINTS DE VENTE

Cash & carry

Enlèvement

SCHÉMA 9.5. *Structure logistique cible*

Le Centre Logistique Régional (CLR) gère les stocks et les réapprovisionnements en provenance des fournisseurs. Il prépare les commandes à destination des clients pour les livraisons sur chantier et pour la mise à disposition sur le point de vente. Le Centre Logistique Régional dessert donc quotidiennement chaque point de vente. Il y apporte chaque jour le réassort nécessaire au stock encore présent sur le point de vente pour la vente cash & carry (cf. schéma 9.5).

Le schéma cible de Rexel a été le déploiement de 9 CLR en France d'une surface comprise entre 10 000 m^2 et 25 000 m^2, l'un d'entre eux ayant une vocation nationale. Bien entendu, cette restructuration a eu des effets induits majeurs sur l'organisation. Elle est étroitement liée à une transformation profonde des approches marketing, commerciale, achat et administrative. Ce cas pourrait également illustrer l'intégration fonctionnelle de la logistique et son étroite interdépendance avec d'autres fonctions.

2.3. Le rôle intégrateur des réseaux de plates-formes cargo aériennes

La conjonction de deux phénomènes majeurs conduit à mettre en place des réseaux logistiques intégrés d'une nouvelle nature :

- la mondialisation des activités et la nécessaire intégration géographique des activités de flux qui en découle ;
- la mise en œuvre de méthodes en juste-à-temps sur des espaces géographiques de plus en plus étendus qui conditionnent l'apparition d'expéditions de plus en plus fréquentes et de taille de plus en plus réduite.

Le concept de logistique Agile repose sur quatre grands principes :

- un réseau de distribution intégré qui permet une combinatoire maximum à l'industriel pour profiter des différentes opportunités de production à travers le monde ;
- une infrastructure de communication partagée afin de rendre l'intégration de la distribution possible ;
- une interface utilisateur transparente afin de permettre l'arrivée ou le départ du réseau de tous ceux qui le souhaitent ;
- la création d'un réseau nodal mondial. Ce réseau, constitué de plates-formes logistiques situées au niveau mondial attire l'implantation d'infrastructures industrielles.

Eu égard à l'importance des investissements nécessaires, certains états se sont directement penchés sur l'intérêt de l'implantation de ces plates-formes aéroportuaires combinant la présence industrielle et la capacité logistique. L'État de la Caroline du Nord aux États-Unis a bénéficié ainsi en 1991 de certaines aides fédérales pour étudier un tel projet. Le concept est celui d'un développement conjoint entre des installations aéroportuaires pour le fret et des installations industrielles de production. L'organisation sur un site se structure autour de points logistiques centraux, sorte de grandes plates-formes de réception et d'éclatement vers les usines situées à proximité. Mais ce site est connecté à un réseau mondial de structures équivalentes.

Un projet équivalent a vu le jour en France, le projet de l'Europort de Vatry. Il vise à créer un complexe de « garoports » qui comporte trois composantes complémentaires indissociables, un aéroport, une gare routière et un terminal ferroviaire, auxquelles s'ajoutent une zone industrielle et logistique et une zone d'affaires et de services.

Ce concept élargit à une dimension d'entreprise les activités d'express aérien. Dès qu'il s'est ouvert au fret sans limite de poids, c'est-à-dire au début des années 1990, le fret express a représenté un outil privilégié de conciliation d'une approche à la fois mondiale et locale. Les années 1980 ont consacré son développement avec un recours massif de la part des industriels à l'express quelle que soit sa forme. L'organisation de l'express aérien est double. Par l'architecture de leur réseau de transport au niveau mondial, les compagnies telles que DHL, Federal Express ou UPS sont susceptibles de rallier dans un délai extrêmement court et de manière très régulière pratiquement n'importe quel pays de la planète. Dans les pays les plus développés, il dispose d'un outil de livraison suffisamment maillé pour proposer des délais de point d'expédition à point de réception extrêmement courts. Parmi les objectifs stratégiques des entreprises d'express sont citées la mise en place de prestations intégrées de porte-à-porte et la mise en place d'une couverture géographique à la fois la plus large (croissance extensive) et la plus dense (croissance intensive) possible.

Directement sollicitée par la mondialisation, l'intégration géographique de la Supply Chain est portée par la recherche de synergies entre pays ou zones géographiques. La recherche de ces synergies, mais plus encore la mise en œuvre de moyens concrets pour les exploiter nécessitent l'apparition de formes organisationnelles et de ressources logistiques dont le champ de responsabilité recouvre des zones larges, ensemble de pays, continent ou le monde dans son ensemble. Les organisations qui peuvent être mises en place sont susceptibles d'être amenées à partager la responsabilité des flux avec des unités opérationnelles, type business units, ou avec des « équipementiers logistiques », les prestataires logistiques. L'intégration géographique, comme l'intégration fonctionnelle et l'intégration sectorielle de la logistique, est porteuse d'évolution des formes organisationnelles et des métiers de la logistique.

3. LES PRESTATAIRES DE SERVICES LOGISTIQUE

3.1. Marché de la prestation logistique : dynamiques et opportunités

La variation des estimations du volume d'affaires représenté par le marché de la prestation logistique est l'expression de l'évolutivité très rapide de ce marché et de la difficulté à en cerner les contours. Nous tenterons de traiter ce second aspect par l'élaboration d'une typologie des prestataires.

Le marché européen de la logistique est estimé à 710 milliards d'euros, dont 320 environ seraient externalisés[2]. Il regroupe plus d'un million d'entreprises employant

---

2. Chiffres Invest in France, mars 2005.

l'équivalent de 5 millions de salariés. En France, le marché est évalué à environ 120 milliards d'euros (2005), le taux d'externalisation étant d'environ 30 %. Le tiers du marché est aujourd'hui détenu par des groupes étrangers.

Cette vigueur est la conséquence de la recomposition des systèmes logistiques des entreprises en soutien au processus de mondialisation, mais aussi de l'introduction de nouvelles technologies de communication qui permettent de mieux intégrer l'ensemble des acteurs de la chaîne d'approvisionnement, y compris les prestataires logistiques. En effet, dans un marché encore très structuré par pays, les prestataires bénéficient des phénomènes de déstabilisation des solutions Supply Chain classiques qui poussent à refondre les réseaux logistiques et à transformer les systèmes d'exploitation et de pilotage des flux des entreprises. Si, à la fin des années quatre-vingts, les contrats de sous-traitance logistique représentaient quelques dizaines de millions de francs, les plus récents contrats représentent un chiffre d'affaires de 1 milliard d'euros sur 5 ans.

En Europe, les politiques de régulation des transports en particulier restent très marquées par des particularismes pays par pays tels que les lois relatives aux conditions et temps de travail, particularismes qui sont accentués par le fait que le transport est enraciné dans la géographie de ces pays. Ces facteurs freinent un mouvement d'uniformisation et de concentration néanmoins inéluctable poussé par les lois de dérégulation et de libéralisation du transport et en particulier de l'industrie du courrier.

> Au niveau européen la situation est donc hétérogène, les marchés domestiques présentant des maturités relatives différentes et le marché de la prestation restant très fragmenté. Les prestataires logistiques en France connaissent toujours une croissance. Le marché français est dominé par Geodis (secteur électronique et haute technologie, automobile, informatique, pharmacie), Kuhne et Nagel qui a racheté l'ex Hays Logistics (produits frais, Fast Moving Consumer Goods), Norbert Dentressangle (automobile, cosmétiques, boissons et textile), STEF-TFE (produits frais et surgelés, boissons et FMCG) et FM Logistics. Toutes ces entreprises se développent par croissance externe.

Le marché anglais de la prestation logistique révèle deux caractéristiques qui pourraient donner en résumé une partie des tendances de l'évolution sur le court terme du secteur de la prestation logistique au niveau européen. En premier lieu, il s'est fortement concentré. En second lieu, ce sont de véritables partenariats qui se sont développés entre les prestataires logistiques et leurs clients, industriels ou distributeurs, sous-tendus par des motivations stratégiques. Dans ce cadre stratégique et non plus seulement opérationnel, les prestataires représentent des leviers de développement et d'expansion géographique au sens commercial comme c'est le cas pour Marks and Spencer et son prestataire Exel Logistics, racheté aujourd'hui par DHL.

3.2. Typologie des prestataires logistiques

La prestation logistique couvre des activités très différentes que l'on peut différencier en fonction de la valeur ajoutée créée et du positionnement le long de la chaîne de valeur. Ces opérations concernent en premier lieu les transports, le stockage de matières premières, de matières de conditionnement, de produits finis, la préparation des commandes, la différenciation retardée des produits finis ou post-manufacturing (étiquetage, ensachage, conditionnement, personnalisation des produits…), la gestion des stocks comprenant éventuellement la gestion des commandes d'approvisionnement. La réalisation de ces opérations implique des investissements soit communs à plusieurs donneurs d'ordre, l'objectif poursuivi ici étant la recherche d'économies d'échelle, soit dédiés à un donneur d'ordre donné, industriel ou distributeur, la mise en œuvre d'une solution spécifique étant le point-clef de la relation coopérative. Les critères de segmentation typologique des prestataires logistiques sont principalement les suivants :

- *le poids.* Le poids de 30 kg est une première frontière qui segmente les prestataires car, au-delà de cette limite, il faut faire appel à des outils de tri, de manutention spécifiques. La palette complète représente la limite suivante ;
- *le délai de livraison.* Il est clair que des livraisons en 24 heures, 48 heures, 3 jours ou une semaine, impliquent des systèmes logistiques très différents au niveau des solutions techniques mises en œuvre et par conséquent en termes de coût ;
- *la zone géographique couverte.* Une liaison Madrid-Singapour implique évidemment des moyens différents qu'un Quimper-Nice ;
- *la valeur ajoutée* des opérations réalisées. Certains prestataires se sont spécialisés dans la réalisation d'opérations à forte valeur ajoutée telles que le post-manufacturing ;
- *la taille.* Les industriels multinationaux sont à la recherche d'un interlocuteur et non de plusieurs pour gérer l'ensemble de leurs activités logistiques sur une zone géographique étendue. Ces prestataires logistiques doivent avoir une taille suffisante, une capacité d'investissement à la hauteur des besoins de leurs donneurs d'ordre et la capacité de suivre le développement international de leurs clients.

Le prestataire logistique moteur de l'expansion logistique
Par Didier Julien, directeur logistique SDV Logistique Internationale

« Le Supply Chain Management reconnaissant aux prestataires logistiques ». La communauté des professionnels du Supply Chain Management doit bien cette dédicace aux prestataires logistiques pour avoir ainsi contribué au cours de ces vingt dernières années à transformer durablement la gestion de la Supply Chain.

Dans le cours de ma carrière, dont quinze ans passés au sein de grands groupes de prestations logistiques (Tailleur Industrie, Geodis Logistics, SDV Logistique Internationale), j'ai pu voir que le courage entrepreneurial et l'imagination de quelques hommes, aidés par la volonté de professionnalisation de leurs équipes et soutenus par une ténacité quotidienne pour saisir les attentes émergentes du marché, ont permis de révéler et de développer un nouveau secteur d'activité. Certes, il n'est pas apparu ex nihilo. Mais s'il s'est appuyé sur des activités traditionnelles, la volonté a été d'autant plus forte qu'il a fallu se dégager de la pesanteur des approches et des organisations établies de l'entreposage classique ou du transport traditionnel.

Sans nul doute, par l'engagement et la détermination de tous ceux qui ont contribué au déve-loppement de ces géants que sont aujourd'hui les 3PL, les 4PL, les LLP (Lead Logistic Provi-ders), ils ont redonné une image à leur métier qui rappelle le rôle imminent des logisticiens dans les grandes mutations dont l'Histoire nous apprend l'importance. En un mot : le sens du service et la profession de foi de faire en sorte de satisfaire au mieux les enjeux de leurs clients.

Hommage donc à des entreprises qui ont été visionnaires et qui par leur apport spécifique ont transformé les métiers plus traditionnels de transporteurs ou d'entrepositaires. Il est bon ainsi de rappeler dès maintenant le nom de ces premières entreprises qui ont été les embryons des grands groupes de prestations logistiques d'aujourd'hui, comme SDV Logistique Internationale.

3.2.1. Les transporteurs : une énorme disparité

Un grand nombre de prestataires logistiques sont issus du secteur des transports, carac-térisé par une structure bipolaire comprenant des micro-entreprises avec quelques salariés et des entreprises de taille considérable représentant plusieurs milliards d'euros de chiffre d'affaires. Ce secteur est segmenté en fonction des technologies et des organi-sations qui sont mises en œuvre sur des marchés différents. Traditionnellement, on distingue les transports longue distance de masse, spécialisés selon les produits trans-portés (produits en vrac, liquides…), les points de départ et de destination sur une zone continentale ou intercontinentale donnée, et les transports qui nécessitent un transbor-dement et des outils logistiques qui permettent de trier les produits ou encore de conso-lider des commandes et de regrouper des produits pour massifier les flux. Ces outils logistiques que sont les dépôts, les entrepôts et les plates-formes constituent des réseaux complexes multihiérarchisés dont l'objectif est l'optimisation des actifs investis. C'est la livraison terminale vers le client destinataire (consommateur ou point de vente) qui représente la part la plus importante du coût de transport de bout en bout et aussi la plus délicate à organiser au niveau des transports locaux. La *sous-traitance* entre transpor-teurs est donc la règle quand il n'y a pas fusion-acquisition ou alliance afin d'organiser la meilleure solution de l'expéditeur au destinataire.

Par ailleurs, des intégrateurs ont développé des services à délai garanti pour des livraisons porte à porte sur une couverture mondiale, services pertinents eu égard à leur coût pour des produits à valeur unitaire par kg très élevés (pièces de rechange électroniques ou médicales…). Parmi eux, FedEx, UPS, DHL, s'appuient sur des technologies pointues permettant la traçabilité des produits et des commandes via Internet. À titre d'exemple, rappelons qu'UPS est la société de distribution la plus importante du monde avec un chiffre d'affaires en 2005 de 42,6 milliards de dollars : 3,75 milliards (2005) de colis et de documents livrés par an. Ce sont 1,5 million de colis et de documents qui sont traités à l'international chaque jour, soit 7,9 millions de clients par jour. Les ressources sont composées de 577 avions, 91 700 véhicules et 1 000 sites logistiques (plates-formes, hubs, dépôts...) couvrant plus de 120 pays, soit 35 millions de m². L'ensemble des prestations réalisées par l'entreprise est soutenu par une technologie de communication extrêmement performante qui propose sur site Internet des services en ligne tels que : UPS Campus Ship, Connect Ship, World Ship..., le point-clef de ces technologies est de mettre à disposition du client l'information sur le traitement de la commande depuis la sélection des options d'expédition et les tarifs, la validation des adresses d'enlèvement et de livraison, le choix des délais, l'édition électronique des documents et le suivi de la traçabilité des expéditions.

Par ailleurs, à l'issue du transport d'acheminement, prennent place le plus souvent des opérations de nature logistique que les expéditeurs ont volontiers sous-traitées à ces mêmes transporteurs pour lesquels le transport reste l'activité principale et la source de coûts la plus importante au sein des chaînes d'approvisionnement. C'est pourquoi le premier groupe de prestataires logistiques est issu de transporteurs traditionnels pour lesquels la logistique, bien qu'en forte croissance, reste minoritaire dans leur chiffre d'affaires global.

3.2.2. Le rôle des Postes

La mise en œuvre de la déréglementation du secteur postal entraîne les Postes européennes à jouer un rôle de pivot dans les restructurations du secteur de la messagerie et donc de la logistique. Les postes maîtrisent de longue date un outil logistique extrêmement performant qui permet de livrer, vers des millions de points de livraison, 6 jours sur 7, du courrier, mais aussi des colis dans la limite de 30 kg. Il est clair que les postes maîtrisent le maillon le plus difficile à organiser par l'atomisation extrême du réseau des points à livrer tout en maintenant un coût acceptable. La diminution continue depuis 20 ans du poids moyen du colis expédié en messagerie poussée par les politiques du juste-à-temps, mais aussi par les nouvelles formes de commerce de détail telles que la vente par correspondance et le commerce électronique, renforce le rôle joué par les organisations postales.

C'est pourquoi, on assiste depuis sept ans à une véritable effervescence par des regroupements ou des prises de participation qui rendent de plus en plus confuses les frontières entre les transporteurs traditionnels, les postes et les prestataires logistiques. Les grandes manœuvres n'ont pas cessé dans la restructuration du secteur de la logistique au niveau national, européen et mondial (cf. tableau 9.1). Ainsi, DHL acquis par la Deutsch Post, a racheté le britannique Exel fin 2005. Exel avait lui-même acquis son concurrent le britannique Tibett & Brittain en 2004.

Deutsch Post World Net depuis 1996 s'est lancé dans la construction d'un vaste pôle de transport et de logistique, en procédant à plus de 55 acquisitions pour plus de 6,8 milliards de dollars (DHL pour 2,4 milliards de dollars, Airborne Express pour 1 milliard de dollars et Securicor en Grande-Bretagne). DHL a apporté le savoir-faire de son cœur de métier qu'était le transport express, Euro Express a apporté les compétences dans le domaine de l'activité messagerie et Danzas a été le socle du développement dans le domaine de la logistique. DHL s'est aujourd'hui organisé sous une marque unique déclinée en DHM Express, DHL Freight, DHL Danzas air et océan et DHL Solutions, regroupant l'ensemble des activités logistiques.

Quant à UPS, l'entreprise de transport express a accompli l'acquisition d'un grand nombre d'entreprises pour développer son implantation géographique et pour accroître ses savoir-faire, en particulier en matière de logistique. UPS a ainsi acquis en 2004, Menlo.

Deutsche Post World Net (DPWN) privatisée en 2005	1998	Danzas	Suisse	Transport et logistique
		Ducros	France	Messagerie
		Securicor	Royaume-Uni	Transport et logistique
	1998-2002	DHL	États-Unis	Transport aérien express
	2003	Cathay Pacific (JV 30 %)	Chine (HK)	Transport aérien
		Mayne Logistics Loomis	Canada	Messagerie express
		Airborne	États-Unis	Messagerie express
	2004	Blue Dart	Inde	Courrier
		Exel	Royaume-Uni	Transport et logistique
TNT Post Group	1999	Technologistica	Italie	Transport et logistique
		Jet Service	France	Transport express
	2000	CTI Logistx	États-Unis	Transport et logistique
	2002	DFDS (50 %)	Danemark	Transport et logistique
	2004	Wilson Logistics Group	Suède	Express et logistique

TABLEAU 9.1. *Principales acquisitions des Postes européennes*

L'évolution de la Poste Néerlandaise est exemplaire : tirant bénéfice d'une position monopolistique sur le courrier qui lui procure des marges confortables, la Poste Néerlandaise a initialisé une dynamique depuis près de quinze ans et a investi lourdement — y compris au niveau européen — dans des opérations de croissance externe sur des métiers logistiques complémentaires : rachat de TNT en 1996 couvrant la logistique du colis et d'autres services de transport complémentaires, donnant naissance à TPG (TNT Post Group) ; puis rachat de Jet Service en France et de Tecnologistica en Italie. TPG vient de passer un accord en 2000 avec le Royal Mail de Grande-Bretagne. Puis ont suivi encore d'autres acquisitions.

Mais en août 2006, TNT NV a annoncé la vente de sa branche logistique, TNT Logistics, à un fonds d'investissement (Appolo). Cette vente illustre le recentrage en cours de TNT sur la seule activité de management de réseaux de distribution. TNT Logistics avait préalablement cédé fin 2005 à Norbert Dentressangle la plus grande partie de ses activités logistiques et transport en France.

La Poste française qui a tardé à mettre en place une stratégie de développement intensif s'est donnée les moyens, par une alliance stratégique, de faire face aux enjeux que représente le commerce électronique. En 2000, la Poste et la SNCF ont décidé de mettre fin à leur concurrence acharnée dans le domaine du colis pour s'allier. La Poste est entrée dans le capital de Geodis à hauteur de 24 % au côté de la SNCF qui ne détient plus que 24,5 % du premier transporteur et logisticien français. Cette opération a permis à Geodis de s'adosser à un monocoliste de taille européenne, le groupe couvrant désormais la messagerie lourde grâce aux réseaux Calberson et Sernam, la logistique industrielle, la livraison express dans 9 pays en Europe et l'activité logistique fine du monocolis. Le tableau 9.2 montre l'intérêt de l'alliance en termes de complémentarité de métiers sur le métier du colis.

Enfin, La Poste et FedEx avaient conclu un accord commercial mondial en septembre 2000 et ce jusqu'en 2013 pour tous les envois express d'un poids inférieur à 30 kg. C'était un accord opérationnel et non capitalistique. Les clients de Chronopost avaient accès à un réseau mondial et FedEx utilisait Chronopost en France et dans d'autres pays européens. La Poste a déjà des accords commerciaux

POIDS / RAPIDITÉ	Standard	< 24 heures
0-30 kg	*La Poste*	**Extand** *Chronopost*
10-100 kg	**Le réseau messagerie de Geodis Calberson, Sernam, United Carriers, Teisa**	**Le réseau express de Geodis France Express Sernam (express)** *TAT Express*

TABLEAU 9.2. *Positionnement commercial respectif des produits de Geodis et de La Poste*

avec les postes italienne, espagnole et portugaise. La Poste affirmait ainsi sa stratégie internationale. Mais FedEx a choisi de mettre en œuvre une autre solution à partir de 2007. C'est finalement Geodis qui a été retenu pour exercer l'enlèvement et la livraison des colis pour les régions non traitées en direct par FedEx. La position de Geopost, filiale de la Poste, n'en est que plus fragilisée. Dans le monde, FedEx livre chaque jour, dans 228 pays. La partie express de FedEx comprend 139 000 personnes et livre environ 3,3 millions de colis chaque jour. Pour générer un chiffre d'affaires de près de 22 milliards de dollars, elle utilise 679 avions et 42 000 véhicules. FedEx a investi 200 millions de dollars sur son hub à Roissy-Charles-de-Gaulle où en septembre 2000, 15 avions y effectuent 270 vols hebdomadaires. Les installations comprennent 77 000 m² et ce hub traite chaque heure 30 000 documents et autant de colis. Le groupe est ainsi le numéro cinq en Europe, derrière la Poste allemande, TNT, UPS et Geopost.

FedEx a élargi le champ de ses prestations puisque le groupe compte aujourd'hui 250 000 personnes. En 2006, FedEx a ainsi acheté aux États-Unis Watkins Motor Lines, qu'elle a rebaptisé FedEx National LTL qui devient une importante compagnie de transport par messagerie aux États-Unis.

3.3. Les prestataires logistiques

3.3.1. Les métiers d'équipementier logistique : les grandes étapes du développement

Comme cela a été mentionné précédemment le phénomène d'externalisation s'accompagne d'une augmentation très sensible de la dimension économique des affaires externalisées. Celles-ci portent non plus uniquement sur la prise en charge d'opérations de base, mais de plus en plus sur la production de services relatifs à des sous-systèmes complexes. D'une posture de donneurs d'ordre face à des sous-traitants, les industriels et distributeurs considèrent les professionnels de la logistique comme des partenaires qui leur offrent des technologies innovantes, tant au niveau de certaines opérations physiques que des systèmes d'information permettant un pilotage plus efficace. Comme nous l'avons évoqué dans le chapitre dédié à l'intégration fonctionnelle, les prestataires sont impliqués dans les phases de conception des produits, des processus de production et des chaînes d'approvisionnement afin de prendre en compte très en amont l'ensemble des paramètres qui concourent à la définition des configurations logistiques à retenir.

Les grandes étapes du développement

L'émergence du secteur de la prestation logistique et son développement réussi se sont inscrits dans le cadre plus général du basculement à caractère macroéconomique des activités industrielles vers les activités de services. C'est le phénomène de tertiarisation de l'économie. Durant la période 1978-2002, l'emploi dans le secteur industriel est ainsi passé de 25,5 % à 16,4 % de la population active (de 5,5 millions d'emplois équivalents plein temps à 3,9 millions). Dans le même temps, le poids dans le PIB passait de 26,3 % à 17,8 %. Cette mutation s'est faite au profit du secteur des services. Ces évolutions s'expliquent non seulement par l'amélioration très nette de la productivité mais également par la montée en puissance de l'externalisation. Ainsi, Gilles Le Blanc observant les statistiques de la branche des « services marchands aux entreprises », constate qu'ils représentent aujourd'hui à eux seuls 70 % des services. « *Entre 1985 et 2000, la production en volume des services aux entreprises a progressé de 90 % contre 60 % dans l'ensemble des services et 50 % pour l'ensemble de l'économie marchande.* »[3]

Dans ce contexte macroéconomique extrêmement favorable, quatre grandes étapes nous semblent avoir structuré la vie de ce secteur.

La première étape a été celle de l'émergence et de l'expansion rapide du métier autour de quelques grandes entreprises historiques : Tailleur Industrie et FDS, mais également Faure et Machet, Confluent et UTL. C'est une étape couvrant la fin des années 1980 et le début des années 1990. Les contrats restaient de taille modeste mais se multipliaient dans de nombreux secteurs industriels et de la grande distribution. Les appels d'offres se multipliaient, et à partir d'une première expérience originale avec

---

3. Gilles Le Blanc, *L'Industrie dans l'économie française (1978-2003) : une étude comparée*, Les notes de benchmarking international, Institut de l'Entreprise, Paris, avril 2005.

un chargeur précurseur, par duplication et effet d'expérience, la capacité des intervenants à répondre aux attentes s'est améliorée. Notons également l'effet structurant qu'ont eu sur le métier, des entreprises filiales de grands groupes comme la SATEM (Unilever) ou la CAT (Renault).

La seconde a été celle du suivi de l'accélération du phénomène d'externalisation qui s'est déclarée au cours de la seconde moitié des années 1990. Un acteur majeur du secteur, Norbert Dentressangle, note ainsi dans son récent ouvrage autobiographique : « *Depuis le début des années 1990, une activité explose, la logistique, tant par ses taux de croissance – de l'ordre de 60 % par an –, très supérieurs à ceux des activités de transport que par ses perspectives, dans le cadre du mouvement général d'externalisation des entreprises...* »[4]

Dix premiers mondiaux Transport et logistique		Dix premiers mondiaux Logistique		Neuf premiers Europe Logistique	
1 UPS (États-Unis)	36,6	1 Exel (Royaume-Uni)	6,0	1 DPWN DHL Solutions (Allemagne) après l'acquisition de Exel (Royaume-Uni)	
2 FedEx (États-Unis)	23,0	2 TNT Logistics (Pays-Bas)	4,1	2 TNT Logistics (Pays-Bas)	
3 DPWN (Allemagne)	21,7	3 Wincanton (Royaume-Uni)	2,4	3 Wincanton (Royaume-Uni)	
4 Maersk (Danemark)	16,5	4 UPS SCS (États-Unis)	2,4	4 Thiel (Allemagne)	
5 Nippon Express (Japon)	11,0	5 DPWN DHL Solutions (Allemagne)	1,8	5 Kuehne & Nagel (Suisse) après l'acquisition de ACR Logistics (Royaume-Uni)	
6 TPG	11,0	6 Thiel (Allemagne)	1,5	6 Christian Salvesen (Royaume-Uni)	
7 NYK Line (Japon)	10,2	7 ACR Logistics (Royaume-Uni)	1,4	7 TDG (Royaume-Uni)	
8 Exel (Royaume-Uni)	8,1	8 Ryder Logistics (États-Unis)	1,2	8 Fiege (Allemagne)	
9 Kuehne & Nagel (Suisse)	7,5	9 Christian Salvesen (Royaume-Uni)	1,1	9 Geodis (France)	
10 P & O (Royaume-Uni)	6,7	10 TDG (Royaume-Uni)	0,7		

(Source : Rapports annuels – Analitiqa)

TABLEAU 9.3. *Classement des principaux prestataires logistiques européens (chiffres d'affaires en milliards d'euros, 2004)*

4. Norbert Dentressangle, *Passion rouge*, Le Cherche Midi, Paris, 2004.

Le savoir-faire s'est alors développé et s'est affirmé d'une part dans la capacité des grands prestataires à gérer l'ingénierie sociale lors des grandes reprises et d'autre part à proposer des opérations à valeur ajoutée dans le cadre des prestations logistiques. Des contrats importants se succèdent au premier rang desquels celui de l'externalisation de la distribution de IBM en Europe. Les opérations de post et de pré-manufacturing sont venues enrichir les opérations dans les entrepôts jusqu'à se demander si l'entrepôt ne devenait pas en partie usine. Cette accélération s'est concrétisée par la création de méga groupes de prestation logistique autour de grands postiers européens au tout début des années 2000 : DPWN (Deutsch Post World Net avec les rachats de Danzas, DHL, Airborne aux États-Unis), TNT Logistics (Groupe TPG...).

L'évolution d'un groupe comme STEF TFE est de ce point de vue exemplaire. Trois métiers se sont développés historiquement en parallèle : le métier d'entrepositaire de produits surgelés (STEF créée en 1920), le métier de transporteur de produits frais (TFE créée en 1964) et le métier de transporteur des produits de la mer (Tradimar créée en 1974). C'est en 1996 que le groupe décide d'unifier l'ensemble de ses activités sous une même marque (STEF-TFE) afin d'apporter un ensemble de services plus cohérents à ses clients au vu des expériences des années passées en affirmant plus fortement ainsi son métier de prestataire logistique dans le domaine des produits à température dirigée. « *La véritable histoire du Groupe commence à l'instant où la vision a changé, où ces trajectoires se sont réunies autour d'un projet global.* »[5]

Une troisième période est celle apparue depuis la fin de la bulle Internet et l'apparition des tensions économiques post 2001. Pour faire face au renouvellement de grands contrats, les prestataires n'étaient plus dans la phase de transition que représente la première récupération d'un contrat. Il fallait dessiner de nouvelles perspectives. C'est alors que le concept de 4PL (Fourth Party Logistics) a fait son apparition. Après la percée du 3PL, le 4PL, en prenant en charge la planification court terme des opérations logistiques, pensait ouvrir une nouvelle voie permettant de proposer des sources d'amélioration de service et de productivité. Toutefois, la mise en œuvre du modèle supposant une très forte maturité SCM de la part des chargeurs clients s'est souvent et rapidement heurtée à l'insuffisance des nécessaires arbitrages préalables coût/niveaux de service intra et inter-business, units, arbitrages « business » non délégables à un prestataire extérieur. Nul n'échappe à la règle d'airain de l'externalisation qui veut que l'on n'externalise que ce que l'on maîtrise bien (cf. schéma 9.6).

Enfin, depuis 2004, un rebond se dessine autour de la montée en puissance du concept de Lead Logistics Provider (LLP). Plutôt que de contracter avec un grand nombre de prestataires, le donneur d'ordre est encouragé à ne plus contracter qu'avec l'un d'entre eux en première approche, à charge pour lui de définir et de piloter l'ensemble des autres prestataires qui in fine prendront en charge l'ensemble de la prestation. De grandes opérations se sont alors mises en place dans ce cadre, telle fut ainsi la logique du choix de UPS par Alcatel Business Solutions comme Lead Party Logistics pour piloter l'ensemble de ses prestations logistiques au niveau global dès le

---

5. Voir le site : http://www.stef-tfe.fr/site1/fr/histoire/histoire

début des années 2000. Ainsi, on ne peut que noter avec satisfaction que dans la synthèse de son activité 2004, l'Agence Française pour les Investissements Internationaux classe au premier rang d'attraction le secteur de la logistique.

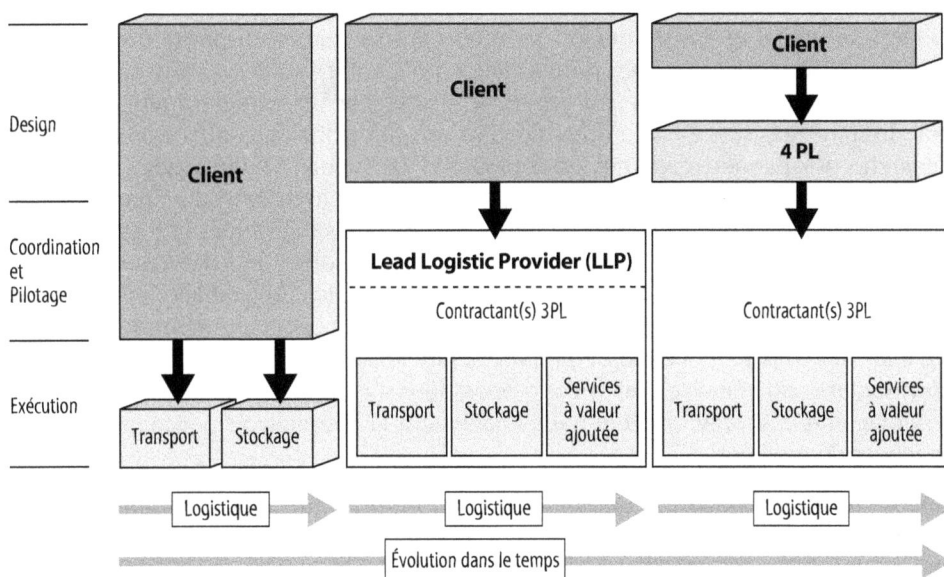

SCHÉMA 9.6. *Positionnement des offres 3PL/LLP/4PL*

3.3.2. D'équipementier à intégrateurs logistiques

La complexité du déploiement des approches de Supply Chain et leur prise en charge opérationnelle en totalité ou par segment par des prestataires nécessitent de leur part une capacité à fournir des solutions complexes intégrant les principales composantes des opérations logistiques, de manière homogène quel que soit le lieu. Un industriel donné a intérêt, pour des raisons d'efficacité et de simplicité, à ne sous-traiter qu'auprès d'un seul prestataire. Cela signifie pour lui une seule interface informatique, un seul interlocuteur, un unique système de facturation. Dès lors, l'équipementier logistique se transforme en intégrateur logistique, créant des alliances avec d'autres prestataires, des entreprises de haute technologie, voire d'autres acteurs intervenants sur la Supply Chain pour créer et mettre en place des solutions adaptées aux besoins de ses clients.

Ce processus d'intégration est aussi la conséquence des politiques de spécialisation des acteurs d'une chaîne de valeur donnée. Les compétences sont désormais éclatées et il s'agit de les organiser et de les coordonner. Tel est le véritable enjeu stratégique. En effet, si la maîtrise et l'industrialisation des opérations physiques destinées à minimiser les coûts, pour un niveau de service donné, restent un enjeu majeur — en particulier sur des zones géographiques étendues, par exemple, au niveau européen —, la question est de savoir où se situe l'avantage concurrentiel en matière de logistique dans les années à venir. La réponse est certainement dans l'aptitude des entreprises à piloter les flux opérationnels de manière à gérer l'interface entre l'offre (supply side) et la demande des marchés (demand side) et à reconcevoir en temps réel leurs systèmes logistiques.

En effet, la véritable transformation se situe dans la mise à disposition d'outils de gestion intégrée et des systèmes d'information pouvant les soutenir en temps réel. Par ailleurs, l'enjeu Supply Chain est moins de rechercher un modèle optimal d'autant plus illusoire que son caractère est de plus en plus éphémère qu'à construire une démarche qui permet d'adapter en temps réel la Supply Chain à des champs de contraintes évolutifs. Dans ce contexte, le prestataire logistique doit participer au problème de reconception en juste-à-temps des systèmes logistiques et il est clair que les entreprises du secteur de la prestation logistique sont l'une des ressources qui s'offrent aux logisticiens pour trouver les solutions les plus adaptables dans la durée. Pour ces logisticiens, l'avantage concurrentiel de la Supply Chain ne réside plus dans le caractère dédié à un client d'une infrastructure logistique — d'autant plus que cette infrastructure réclamera le traitement d'opérations à caractère industriel –, mais dans le pilotage de la supply chain et dans l'habileté à la reconcevoir pour répondre aux exigences du moment.

Dans ce rôle d'intégration, les prestataires jouent un rôle facilitateur en apportant des solutions et en mettant en œuvre des technologies adaptées dans un cadre général de coopération entre les acteurs de la chaîne c'est-à-dire d'intégration sectorielle. Le prestataire permet alors de limiter les comportements opportunistes des membres d'un canal de distribution et d'accroître la transparence des coûts logistiques.

Comme on le voit, les frontières deviennent floues entre les types de prestataires, les alliances stratégiques entre prestataires ou entre anciennes filiales logistiques d'industriels et des prestataires, les fusions-acquisitions. De plus, l'émergence de nouveaux services et la libéralisation des marchés postaux et du transport rendent encore plus difficile l'exercice de l'analyse typologique. Qui, des Postes européennes, des groupes logistiques déjà structurés sur plusieurs pays européens (parfois les mêmes que les Postes), ou encore des intégrateurs, seront les gagnants de cette évolution ? Il est très difficile de le dire, la réponse à cette question étant très certainement dans une organisation hybride sous forme d'entreprises étendues en devenir.

Un honnête observateur ne peut pas ne pas avoir noté la montée en puissance régulière de grands groupes opérateurs de transport dans le domaine de la prestation logistique (DPWN, Norbert Dentressangle, Geodis, Exel...). Aujourd'hui, Exel (110 000 salariés et 3,6 milliards de livres de chiffre d'affaires) issue de la fusion entre Ocean et NFC il y a quatre ans, puis du rachat de Tibett & Britain en 2004, a été rachetée par DPNW (380 000 salariés et 6,8 milliards d'euros de chiffre d'affaires en logistique en 2004). Dès lors, deux questions se posent : le modèle sera-t-il viable ou n'assisterons-nous pas à ce qui s'est déjà passé dans d'autres secteurs, une implosion du business modèle reposant sur la complémentarité d'activités qui *in fine* apparaissent non viables (la banque assurance, les SSI et les cabinets de conseil). Les difficultés majeures rencontrées par ABX Logistics dès 2003 sur ses filiales françaises, allemandes et hollandaises ont donné un premier aperçu des problèmes que pouvaient rencontrer ces grands groupes dans leur recherche à devenir des global players.

Mais avant que les faits donnent tort ou raison à ces rapprochements, les concentrations devraient continuer, car l'économie logistique se nourrit fondamentalement de massification. La santé financière de certains groupes ou celle vacillante de certains autres laisse difficilement imaginer que les uns ne soient pas tentés par le rachat des autres...

Se posera dès lors la question de la réelle ambition des groupes français pouvant être amenés encore à jouer un rôle au niveau européen et mondial. La volonté de développement de Norbert Dentressangle et la réussite entrepreneuriale de son dirigeant fondateur laissent difficilement imaginer qu'un développement à la mesure de la taille actuelle du groupe ne prenne pas corps. Quel sera le potentiel de développement de Geodis qui procède de plus en plus à l'étranger par alliance ? L'entreprise FM Logistics restera-t-elle indépendante ? Mory Logidis verra-t-elle la structure de son capital évoluer ? Quel essor connaîtra SDV Logistics dans un métier où l'entreprise tend à s'affirmer de plus en plus, mais qui vient de voir le groupe auquel elle est rattachée (Bolloré) se séparer de la flotte de Delmas[6] ?

L'identification croissante des risques associés à la logistique s'est déjà concrétisée par un renforcement des normes ICPE (Installation Classée pour la Protection de l'Environnement). Cette tendance, qui ne peut que se renforcer, aura vraisemblablement un effet significatif sur les coûts au m^2 pour des familles de produits. Elle conduira vraisemblablement soit à désolidariser des flux de produits selon les contraintes qui y sont liées soit à utiliser des m^2 chers pour gérer des produits qui n'en ont pas besoin pour limiter les démassifications. Enfin, dans cette perspective annoncée d'une pression accentuée à la hausse des coûts des opérations logistiques, nous n'épiloguerons pas sur les niveaux de prix du pétrole. La question est d'identifier à quel niveau de prix, des schémas de rupture s'instaureront, car ils ne peuvent que s'instaurer.

Enfin, la conscience sociale s'étant réveillée sur la question du développement durable, la lecture des rapports des entreprises qui y sont consacrés montre la place qui est donnée aux conséquences des opérations logistiques. Afin de répondre à une demande de production de résultats dans la durée sur ce domaine, il va falloir que le monde de la prestation logistique s'empare beaucoup plus qu'il ne le fait aujourd'hui du sujet et qu'il trouve des moyens crédibles de produire les contributions à l'amélioration qu'on attend de lui.

---

6. Rachetée en 2005 par CMA-CGM pour 600 millions de dollars.

4. DÉMARCHE D'EXTERNALISATION

4.1. Les motivations d'externalisation

Qu'il s'agisse de producteurs ou de distributeurs, le recours à des opérateurs extérieurs pour prendre en charge leurs activités logistiques opérationnelles répond à six types de préoccupations :

• **enjeux économiques** : dès lors que la logistique représente une commodité, c'est-à-dire une compétence de base qu'il est possible de partager avec des concurrents, les entreprises n'hésitent pas à sous-traiter leurs opérations logistiques pour bénéficier d'économies d'échelle et d'une variabilisation des coûts. L'entreprise se désengage d'activités considérées comme non stratégiques pour lesquelles il n'est plus pertinent d'investir au niveau d'actifs spécifiques. Dans cette logique, les prestations proposées sont assez standardisées et la nature de la relation entre le prestataire et son donneur d'ordre varie en fonction du caractère plus ou moins spécifique des actifs qui sont développés (entrepôts, systèmes d'information...), mais l'objectif premier est de baisser les coûts, même si cela signifie partager des actifs entre concurrents via le prestataire. C'est le cas des entreprises qui gèrent des produits qui sont eux-mêmes des commodités (fort volume et faible marge) telles que l'alimentaire, les produits surgelés qui nécessitent des investissements considérables au m^3 de stockage (1 000 francs/m^3)...La pression sur les coûts est forte et ne permet pas en fait aux prestataires de développer des compétences distinctives durables ;

• **enjeux stratégiques** : un certain nombre d'entreprises reconnaissent le facteur Supply Chain comme étant un élément-clef de leur compétitivité. Cela est vrai, non seulement au niveau du coût, mais de la qualité de la gestion des stocks qui optimise la disponibilité des produits, de la maîtrise différenciée des délais de livraison en fonction des types de clients, ou encore de la flexibilité pour faire face aux évolutions des marchés, tant en volume qu'au niveau des gammes de produits (c'est-à-dire du mix service qui caractérise la performance de la Supply Chain). En parallèle, la gestion optimale des ressources financières conduit ces entreprises à ne pas investir en propre dans des outils logistiques fixes, mais d'investir plutôt dans la compétence du prestataire afin que celui-ci anticipe les évolutions des marchés. Externaliser un maillon de la chaîne logistique, confier à un prestataire logistique l'ensemble de cette chaîne pour un produit ou pour l'ensemble des produits, pour un pays, une zone continentale ou pour le monde, inclure des demandes associées à des opérations de post ou de pré-manufacturing, relèvent des orientations prises sur les métiers mêmes que l'entreprise client a retenus, sur la manière dont elle choisit de les exercer et sur ses stratégies. Sous-traiter, c'est enfin reconnaître que la gestion de cette compétence doit être entre les mains d'un professionnel. Il s'agit moins de partager des ressources, que de développer un véritable partenariat avec un prestataire pour créer une valeur spécifique déjà évoquée dans ce chapitre. Le prestataire devient un véritable partenaire qui imagine des solutions adaptées à l'évolution des marchés sur lesquels l'industriel ou le distributeur sont en concurrence ;

- **accroissement de la performance** : le recours à un prestataire logistique extérieur permet de rendre transparents les coûts et de mesurer plus aisément la performance. La plate-forme près de Lyon sous-traitée par Auchan à Stef TFE pour gérer l'approvisionnement des trois principaux producteurs Danone, Yoplait et Nestlé et la préparation des commandes d'une quinzaine d'hypermarchés est un excellent moyen de massifier les flux par consolidation des références. Désormais, ce sont des rolls monoproduit et monofournisseur (les yaourts ou les crèmes fraîches) multifournisseurs (l'ensemble de la gamme des yaourts référencés pour un hypermarché donné) qui sont acheminés directement vers les rayons et non des rolls multiproduit et monofournisseur (toutes les références du rayon produits frais laitiers) d'un fournisseur donné. La conséquence est une réduction de temps de déplacement dans les magasins et de chargement des linéaires. Mais cette organisation permet pour le distributeur qui en a été l'initiateur de mesurer la performance des chefs de rayon en matière de dimensionnement des flux de recomplètement par les taux de rupture et de dégagement (pourcentage des produits sur linéaire qu'il faut reprendre car ayant dépassé les 16 jours propres à la consommation). Cette mesure de la performance interne à Auchan est bien sûr croisée avec l'origine du fournisseur. C'est donc la performance globale de la chaîne d'approvisionnement qui est mesurée au niveau de la plate-forme, lieu d'activités physiques et de convergence d'informations ;

- **facteurs sociaux** : pour beaucoup d'entreprises, la main-d'œuvre des entrepôts est mal reconnue, marginalisée et génère de la non-productivité. Par ailleurs, les salariés dépendent de conventions collectives mal adaptées aux nouveaux enjeux que sont la flexibilité, la disponibilité et la réactivité. La sous-traitance logistique permet une meilleure gestion de ces problèmes ;

- **intégration des innovations technologiques et réactivité** : le choix de sous-traiter, puis celui du sous-traitant, est fortement conditionné par la capacité du prestataire à introduire de nouvelles techniques ou technologies (cross-docking, organisation des tournées de livraison, Advanced Planning and Scheduling Systems, RFID) et à en faire bénéficier ses clients. Répondre à des besoins exprimés et s'adapter à des variations du marché est essentiel, faire preuve d'innovation pour devancer des besoins non exprimés l'est plus encore ;

- **développement de nouveaux marchés** : le développement mondial des entreprises industrielles et commerciales ne peut se faire sans une logistique appropriée qui soutient les opérations commerciales d'introduction de produits. C'est le cas de Pepsi Cola qui a convaincu son prestataire logistique américain Ryder, également prestataire de Whirlpool, Xerox, Chrysler Jeep, Home Depot, de l'accompagner en Pologne pour ouvrir ce nouveau marché.

Si la sous-traitance est un phénomène mondial incontournable — 70 % du top 500 des entreprises américaines du classement *Fortune* sous-traitent leurs activités logistiques —, certaines d'entre elles ont fait le choix stratégique opposé. C'est parfois le cas d'industriels qui ont dans certaines zones géographiques des parts de marché entre 40 et 60 %. Si ces industriels sous-traitaient, il y a fort à parier qu'ils faciliteraient le développement de ressources (entreposage et transport de livraison) qui seraient proposées à des coûts « marginaux » à leurs concurrents et favoriseraient l'introduction commerciale de ces entreprises sur des marchés difficiles d'accès car sans ressource logistique. C'est aussi le cas de certains distributeurs tels qu'Intermarché dont nous avons déjà évoqué la stratégie logistique d'intégration en investissant massivement dans des ressources propres afin de bénéficier de positions d'achat favorables quelquefois spéculatives qui nécessitent des capacités de stockage importantes. La maîtrise d'une logistique en propre permet aussi un sourcing des produits auprès de petits fournisseurs locaux qui n'ont pas les moyens de développer leur logistique, le distributeur achetant départ usine, et ainsi d'accentuer la concurrence avec les gros fournisseurs très organisés qui utilisent les services de prestataires identiques à ceux utilisés par certains autres distributeurs. S'il est important de mentionner ces cas pour leur originalité, ils restent néanmoins limités à des situations très spécifiques.

4.2. Le cahier des charges et la sélection des prestataires

Toutes les enquêtes récentes montrent que le choix d'un prestataire repose principalement sur sa fiabilité, le prix ne venant qu'en troisième position. La réalisation d'un cahier des charges permet d'exprimer les attentes et de formaliser les modes de relation entre le donneur d'ordre et le prestataire ce qui facilitera la gestion des conflits ultérieurs. La structure traditionnelle d'un cahier des charges logistiques comprend les principaux chapitres suivants :

A. La définition du champ de la prestation

Cette partie introductive, au-delà de la présentation générale de l'entreprise (secteur d'activité, chiffres--clefs, structure et cartographie du réseau industriel et de distribution), a le mérite de délimiter les champs respectifs d'action entre le donneur d'ordre et le prestataire en répondant à la question : où commence et où s'arrête la prestation ? Les opérations annexes par rapport à la prestation générale, telles que stickage, emballages spéciaux, gestion des retours, font l'objet d'un sous-chapitre spécifique, car même si cela est difficile, il est essentiel de faire l'inventaire de ces opérations génératrices de coûts supplémentaires.

B. La définition de la distribution aval

C'est dans ce chapitre que sont précisés :

• les clients destinataires (nombre, situation géographique, chiffres d'affaires relatifs, volumes relatifs…) ;

• les produits (gammes de produits, caractéristiques physiques et contraintes de stockage et de manutention…) ;

• les canaux de distribution et les profils de commande.

C. Les exigences de niveaux de service

C'est une partie fondamentale. C'est elle qui norme l'orientation client final de la prestation logistique.

Le cahier des charges formalise à ce stade les niveaux de service escomptés pour un type de client donné ou un type de commande. C'est ici que sont listés les objectifs visés tels que le nombre de commandes maximum en retard par vague, le délai de retour des récépissés, les manquants à la livraison, l'information en temps réel sur les litiges. Les contraintes de livraison de certains clients destinataires sont également précisées dans ce chapitre (heures d'ouverture, moyens de manutention…).

D. La description des flux physiques

En relation avec la définition de la prestation générale et des prestations annexes, les flux physiques sont décrits ici sans présager du mode d'organisation dont le prestataire devra imaginer la conception dans son offre :

- les modes opératoires liés aux entrées des produits (réception, déchargement, contrôle quantitatif et qualitatif, produits en cross-docking, les retours) ;
- l'organisation du stockage (conditions spécifiques de stockage) ;
- les modes opératoires liés aux sorties de produits (préparation des commandes, contrôles, enlèvement des produits, conditionnement, modalités de chargement des véhicules).

E. Les données quantitatives

L'objectif de cette partie est de calibrer les ressources nécessaires pour traiter les flux et organiser le stockage. Ces ressources concernent principalement les effectifs par catégorie (caristes, préparateurs de commande…), les matériels roulants et de stockage, les surfaces de travail (quais de réception et d'expédition) et de stockage. Ces données exprimées par famille logistique, c'est-à-dire par catégorie de produits/clients/niveau de service, sont principalement les suivantes :

- les volumes d'approvisionnement en fonction des règles de recomplètement des stocks exprimés dans l'unité d'œuvre *ad hoc* (palettes, tonnes) : volume moyen mensuel pour évaluer la saisonnalité, jour de pointe du mois moyen pour dimensionner les ressources dans le mois, jour de pointe de la semaine moyenne, jours de pointe du mois et de la semaine de pointe. Ces données sont très importantes pour le prestataire qui doit valoriser en unités d'œuvre puis en euros la mise en œuvre de ressources supplémentaires pour faire face aux pics d'activité. Elles concernent tant des données historiques que les prévisions commerciales qui tiennent compte des plans marketing et des accroissements en volume. Il peut être utile également de fournir au prestataire des indices de fiabilité des prévisions ;
- les volumes de sorties exprimés en lignes de commande ou en nombre de commandes selon le même schéma que les flux d'entrée ;

• les niveaux de stocks par famille logistique et un classement ABC sur les sorties et les volumes stockés qui serviront de base au zonage éventuel de l'entrepôt, la minimisation des déplacements en entrepôt étant un objectif majeur à atteindre.

F. Les flux d'information

Il n'est pas rare qu'il soit nécessaire d'élaborer un cahier des charges spécifique relatif aux flux d'information. L'interface pose de véritables problèmes et la fluidité du traitement des commandes est d'abord dépendante de l'intégration et de la compatibilité des systèmes d'information. Cette partie précise :

• les systèmes d'information en place chez l'industriel ou le distributeur (solutions techniques, bases de données, fichiers et principales fonctionnalités) et les projets en cours ;
• la nature des informations qui seront accessibles pour nourrir le système d'exploitation du prestataire : plans de production (MRP), plans d'expédition des usines (DRP), commandes fermes passées par les clients ;
• la nature des informations à fournir par le prestataire en retour d'exploitation (volumes traités par rapport aux ordres passés, indicateurs de performance intégrés dans des tableaux de bord : productivité, qualité, délais, rotation des stocks…) ;
• la nature des interfaces à développer.

G. Conditions d'exploitation et de gestion

Sans imposer des solutions *a priori*, le donneur d'ordre interroge les candidats prestataires sur différents aspects relatifs à l'exécution de la prestation tels que l'assurance des produits stockés, la gestion des grèves ou des conflits sociaux, la gestion des pannes des systèmes d'information et les back-ups envisagés, la durée de l'engagement souhaité, la formule de révision des prix, les flux sociaux c'est-à-dire les conditions d'accès du donneur d'ordre sur les sites du prestataire.

Nature de la ressource	Unité d'œuvre	Coût unitaire	Remarques
Surfaces de réception et d'expédition	m^2	€/m^2/an	Coût complet comprenant énergie, assurance, gardiennage, taxe professionnelle…
Surfaces de stockage	m^2	€/m^2/an	Préciser le coût en fonction des différents types de surface
Opérations de réception	Palette ou tonne ou colis	€/palette ou €/tonne ou €/colis	Préciser les effectifs et les catégories de personnel
Préparation des commandes	Commande ou ligne de commande	€/commande €/ligne	
Prestations annexes	Opération	€/opération	Un coût spécifique par type d'opération

TABLEAU **9.4.** *Éléments du format de réponse pour les prestataires logistiques*

H. Le format de réponse

Cette dernière partie est essentielle car elle permet de faciliter le dépouillement des offres et leur comparaison en s'appuyant sur des coûts à l'unité d'œuvre dont les volumes ont été fournis dans le chapitre des données quantitatives. L'objectif est également de différencier la partie variable en fonction du volume d'activité de la partie fixe indépendante de ce volume. Le tableau 9.4 donne quelques exemples.

4.3. La formalisation contractuelle de la relation donneur d'ordre/ prestataire logistique

La rédaction d'un contrat fait partie de la négociation entre un donneur d'ordre et son futur prestataire logistique. Certaines clauses de nature strictement juridique peuvent remettre en question une offre techniquement bien établie au plan logistique. La structure du contrat est la suivante :

A. Clauses communes et générales à tout contrat

- désignation des cocontractants ;
- durée du contrat ;
- objet du contrat : cette clause est très importante car elle préfigure les clauses attributives de responsabilité ;
- droit applicable et juridiction compétente.

B. Moyens mis en œuvre, hygiène et sécurité

Cette clause est soutenue par le cahier des charges technique qui figure en annexe du contrat. Elle précise la nature des prestations réalisées, elle rappelle les volumes chiffrés à partir desquels le dimensionnement des moyens a été réalisé, formule les conditions d'adaptation de la prestation en fonction de l'évolution du marché, une augmentation de volume ne signifiant pas une augmentation tarifaire variable mais tenant compte de l'amortissement des coûts fixes et les systèmes de back-up qui sont prévus par le prestataire pour faire face à des situations exceptionnelles. Elle délimite également la possibilité pour le prestataire de sous-traiter certaines opérations.

C. Les rapports périodiques et les échanges d'information

Cette clause régule la fréquence et les modalités de mise à disposition réciproque d'information entre le donneur d'ordre et son prestataire. Il s'agit des informations qui permettent l'exécution du contrat au quotidien mais aussi la production par le prestataire des tableaux de bord qui permettent de suivre son niveau de performance. Un point essentiel est la clause de propriété des informations et éventuellement des systèmes, bases de données, fichiers qui auraient été développés dans le cadre de la prestation.

D. Prix, révision et facturation

Cette clause précise la formule composée d'indices différents pour tenir des ressources mises en œuvre : personnel, bâtiment, énergie, matériels roulants…

E. Clause de progrès et assurance qualité

Les améliorations obtenues pour les différents paramètres de niveau de service visés sont valorisées en pourcentage du montant initial du contrat. Les problèmes rencontrés font l'objet d'une analyse détaillée qui permettra une gestion des problèmes en amont et une affectation de la responsabilité. La mise en œuvre d'un plan d'assurance qualité permet de maintenir une compétitivité pour les deux partenaires et de faciliter leur dialogue en utilisant un langage commun.

F. Responsabilités

Les modalités d'opposition de réserves sont à définir clairement ainsi que les montants sur lesquels le prestataire est valablement engagé.

G. Rapports commerciaux et confidentialité

Cette clause stipule les exigences de confidentialité de certaines informations, l'utilisation du nom du donneur d'ordre dans les opérations commerciales du prestataire et le respect de la non-concurrence. C'est ici que sont nommés les correspondants privilégiés et habilités à se rendre sur les sites du prestataire.

H. Résiliation

Les différentes situations suivantes sont précisées : cas de force majeure, différend et les modalités de sortie du contrat.

4.4. Le cas d'IBM et de Geodis Logistics

La décision prise par IBM de sous-traiter sa logistique est exemplaire à plusieurs titres. Elle s'inscrit dans une logique développée en étapes successives qui ont vu la création d'un département fonctionnant en quelque sorte en sous-traitant interne pour les différentes business units, puis la création à la fin des années 1990 d'une filiale logistique LLO (Logic Line Operations), elle-même organisée en business unit autonome offrant ses services aux filiales opérationnelles d'IBM, celles-ci ayant la liberté de choisir un prestataire logistique autre, et à des sociétés concurrentes d'IBM. L'externalisation de la logistique décidée fin 1998 est la dernière étape qui permet à IBM de réduire ses coûts et d'accroître sa flexibilité sur des marchés caractérisés par des cycles de vie des produits très courts. C'est Geodis Logistics et Tibbett & Britten qui avaiet été choisis parmi une vingtaine d'entreprises susceptibles d'être candidates.

Ce dossier était résolument européen puisqu'il s'agissait pour Geodis d'organiser la logistique des produits d'IBM pour la France, l'Allemagne et l'Italie élargi dans un second temps à l'Espagne et au Portugal en s'appuyant sur 32 sites intégrés au réseau logistique de Geodis. La Grande-Bretagne avait été confiée à un autre prestataire, Tibbett & Britten. Il s'agissait de la logistique d'approvisionnement depuis 11 600 fournisseurs vers les usines européennes, la fourniture des produits semi-finis entre usines et la livraison des produits finis vers le client final. Cette Supply Chain était complétée par la gestion des pièces de rechange indispensables à la maintenance et la gestion des retours de matériels

Enfin, ce choix répond quasiment à l'ensemble des préoccupations que nous avons identifiées précédemment au niveau des motivations de l'industriel et tout d'abord les considérations d'ordre stratégique. IBM reconnaissait que si la logistique n'est pas sa préoccupation première, celle-ci étant de fournir des solutions informatiques à ses clients, en revanche, contrôler la logistique est un élément-clef de sa stratégie industrielle et de distribution. Par conséquent, seule la mise en œuvre d'un partenariat avec un professionnel de la logistique dont la stratégie de développement soit cohérente avec celle d'IBM était la réponse adéquate à ce qui pourrait apparaître un paradoxe. Même si Geodis Logistics comptait alors des clients prestigieux tels qu'Alcatel, Habitat, Bull, Dassault Aviation ou encore Carrefour, la signature d'un contrat avec une société telle qu'IBM constituait un atout pour un groupe qui devait accroître sa présence en Europe et la part de son chiffre d'affaires en logistique alors que l'activité de messagerie représentait encore 45 % du chiffre d'affaires global de l'entreprise. Les actifs liés au contrat IBM, qui représentent 175 000 m^2 de surfaces d'entreposage, complètaient le réseau européen de Geodis Logistics. IBM avait déjà ouvert ses sites logistiques à des industriels qui assuraient près de 20 % de l'activité. Par ailleurs, le prestataire logistique intégrait 750 salariés d'IBM qui travaillaient tous dans la logistique et qui renforcaient la compétence du groupe.

En 2002, Geodis Logistics étendait son activité avec IBM en prenant en charge la logistique en amont et en aval de l'usine de Dublin où sont fabriqués les serveurs d'IBM. Dans ce cadre, Geodis construisit un entrepôt de 30 000m^2 (le plus grand entrepôt construit alors en Irlande) en partie dédié aux activités d'IBM. De plus, Geodis prit en charge la collecte des matériels de fin de leaning auprès de ses clients utilisateurs dans toute l'Europe, développant ainsi ses savoir-faire en matière de reverse logistic. Enfin, en 2004, Geodis a gagné le contrat pour cinq ans de la distribution de la totalité des produits finis d'IBM, des formalités douanières et de la reverse logistic sur la zone EMEA (Europe Middle East Africa).

📖 BIBLIOGRAPHIE DU CHAPITRE 9

Abrahamsson M., Wandel S., « A model of tiering in Third-Party Logistics with a service parts distribution case study », *Transport Logistics*, vol. 1, n° 3, 1998, pp. 181-194.

Ackerman K., « How to choose a Third-Party logistics provider », *Material Handling Management*, Cleveland, mars 2000, pp. 95-100.

Allaz C., *The History of Air Cargo and Airmail from the 18th Century*, Google Consultant, 2005, 408 p.

Artous A., Salini P., « Les Opérateurs européens de fret et la mondialisation », *Rapport INRETS* n° 264, septembre 2005, 151 p.

Barthélémy J., *Stratégies d'externalisation : analyse, décision et gestion d'une opération d'externalisation*, Dunod, Paris, 2004, 194 p.

Beaulieu M., Tchokogue A., « Mutations du secteur du courrier postal et de la messagerie : étude du comportement stratégique de cinq opérateurs », *Logistique & Management*, vol. 11, n° 2, 2003, pp. 75-85.

Berglund M., Van Laarhoven P., Sharman G., Wandel S., « Third-Party Logistics : Is there a Future ? », *International Journal of Logistics Management*, vol. 10, n° 1, 1999, pp. 59-70.

Bernadet M., *L'Europe des transports routiers : institution, textes, perspectives*, 2e édition, Celse, Paris, 1990.

Cohen M., Mallik S., « Global Supply Chains : research and application », *Working paper*, 16 juillet 1996, Fishman-Davidson Center for Service and Operations Management The Wharton School, University of Pennsylvania, 1996.

Colin J., *Les Entreprises européennes et leurs réseaux de transport*, in Bonnafous A, Plassard F., et Vulin B., Circuler demain, DATAR Éditions de l'Aube, La Tour d'Aigues, 1993, pp. 59-72.

Corbett Ch. J., Blackbum J. D., van Wassenhove L. N., « Partnerships to improve Supply Chains », *Sloan Management Review*, été 1999, pp. 71-82.

Dornier Ph.-P., « Des mutations à l'échelle des enjeux industriels », *Logistique Magazine*, n° 133, décembre 1998, pp. 172-177.

Dornier Ph.-P., « Le Prestataire logistique, moteur de l'expansion logistique », *Stratégie Logistique*, octobre 2005, pp 76-82.

Fulconis F., Paché G., « Piloter des entreprises virtuelles : un rôle nouveau pour les prestataires de services logistiques ? », *Revue Française de Gestion*, vol. 31, n° 156, mai 2005, pp. 167-186.

Lieb R., Kopczak L., « A CEO perspective : the state of US logistics companies in Europe », *Supply chain Management Review*, vol. 1, n° 1, 1997, pp. 34-41.

Merlin P., *Le Transport aérien : situation et perspectives*, PUF, Paris, 2002.

Min H., Eom S., « An integrated decision support system for global logistics », *International Journal of Physical Distribution & logistics Management*, vol. 24, n° 1, 1994, pp. 29-39.

Nguyen-The M., *Importer*, Éditions d'Organisation, Paris, 2004, 318 p.

Paché G., « Distribution alimentaire et prestation de services logistiques », *Économie Rurale*, n° 245/246, 1998.

Roques T., Michrafy M., « Logistics service providers in France-2002 survey : Actor's perceptions and Changes in Practices », *Supply Chain Forum*, vol. 4, n° 2, 2003, mai 2005, pp. 34-53.

Roussat C., Fabbe-Costes N., « Les Pratiques de veille technologique en logistique : le cas des prestataires de services logistiques », *Logistique & Management*, vol. 8, n°2, 2000, pp. 29-48.

Salini P., *Compétitivité du transport routier en Europe*, Direction des transports terrestres, Paris, 1998, 64 p.

Sauvage T., « Intégration de la logistique : concept et mise en œuvre », *Gestion 2000*, Paris, avril 2006.

Sauvage T., « Technological Effort and co-involvement of Logistics Service Providers », *Supply Chain Forum : an International Journal*, vol. 3, n° 2, 2002.

Savy M., « New trends for Freight transport Network in Europe », *Working Paper*, août 1999.

SITOGRAPHIE DU CHAPITRE 9

Nom et contact mail	Mission	Précisions sur le site
Aéroports de Paris www.adp.fr	Créer, aménager et exploiter les aéroports de Paris et aérodromes.	Établissement public, autonome, indépendant des compagnies aériennes qui utilisent ses services. Statut créé en 1945.
Les ports français www.port.fr contact@port.fr	Promouvoir les ports français et l'Upaccim, description des infrastructure de chaque port.	L'Upaccim, créé en 1920, a pour but de mettre en place une certaine unité de vue sur toutes les questions qu'assument ces établissement dans l'activité maritime.
Port autonome du Havre www.havre-port.fr internetpah@havre-port.fr	Promouvoir le port du Havre, information sur l'actualité du port, les services fournis, les départs et les arrivées des navires, les possibilités de post et préacheminement.	Premier port français pour le commerce extérieur avec un trafic de plus de 60 millions de tonnes.
Port autonome de Marseille www.marseille-port.fr g.hotte@marseille-port.fr	Idem que pour le port du Havre.	Le port de Marseille a pour but de construire, gérer, entretenir et promouvoir les installations portuaires et industrielles de la région.
AFPI *Association Française des Ports Intérieurs* www.afpi.org	Rendre compétitifs le transport et la logistique des marchandises (tous produits) dans les terres.	Quatre axes importants de développement (favoriser le transport par ports intérieurs, logistique sur mesure, soucis de l'environnement et développement des nouveaux ports). AFPI permet le transport combiné (mer, terre et fer) = chaîne logistique dynamique toujours renouvelée. Liste des plates-formes existantes.
Outsourcing Center www.outsourcing-logistics.com info@outsourcing-logistics.com	Informations stratégiques sur l'externalisation de la logistique.	Articles et enseignements sur les relations 3PL/4PL – donneurs d'ordre.
Fédération nationale des prestataires logistiques et des magasins généraux agréés par l'État www.fedimag.com fedimag@fedimag.com	FEDIMAG est l'organisation française spécialiste des prestations de services logistiques à valeur ajoutée et de l'entreposage. Elle rassemble plus de 3 000 entrepôts d'une surface globale avoisinant les 20 millions de m^2.	

Center for Transportation Analysis cta.ornl.gov/cta/Research_Areas.shtml mooresa@ornl.gov	Oak Ridge National Laboratory's Center for transportation Analysis fournit des analyses et des supports opérationnels à l'ensemble de la communauté des transports impliqués dans la défense.	– Technique d'optimisation. – Large ensemble de modèles. – Cartographie. – Informatique. – Transports militaires.
Truck & Business on line www.truck-business.com cyvens@mmm.be	Site du magazine Truck & Business. Ce website propose toute l'actualité des prestataires de services en transport et en logistique, mais aussi un magazine brossant un portrait complet du transport routier et de l'industrie du véhicule utilitaire.	
Ministère de l'Équipement, des Transports et du Logement www.transports.equipement.gouv.fr transports.internet @equipement.gouv.fr	Établir les objectifs de la politique des transports en France en fonction des arbitrages politiques, sociaux et économiques, budgéter et suivre le déroulement de ses réalisations.	Actualité, chiffres, publications, bulletins et textes officiels.
GART *Groupement des autorités responsables de transport* www.gart.org gart@gart.org	Représenter les élus responsables des transports : développer les transports publics urbains, les politiques de déplacement, l'aménagement du territoire, l'urbanisme, le transport des marchandises en villes, missions d'expertises et conseils.	Association loi de 1901 fondée en 1980 ; partenariats industriels (Alcatel, EDF,…) et financiers : publications.
INRETS *Instituts national de recherche sur les transports et leur sécurité* www.inrets.fr http://www.inrets.fr/contact.htm	Effectuer ou évaluer toutes recherches et tous développements technologiques consacrés à l'amélioration pour la collectivité, des systèmes et moyens de transports et de circulations des points de vue technique, économique et social. Mener dans ces domaines tous travaux d'expertise et de conseil. Valoriser les résultats de ces recherches et travaux, contribuer à la diffusion des connaissances scientifiques et participer à la formation et à la recherche dans le secteur des transports en France et à l'étranger.	Créé par décret interministériel du 18 septembre 1985, l'Institut national de recherche sur les transports et leur sécurité (INRETS) est un établissement public à caractère scientifique et technologique, placé sous la double tutelle du ministère de la Recherche et du ministère chargé des Transports.

Conseil national des transports www.cnt.fr cnt@cnt.fr	Organisme de concertation ; il est associé à l'élaboration et à la mise en œuvre de la politique des transports. Il est consulté sur les questions relatives à l'organisation et au fonctionnement des systèmes de transport de personnes et de marchandises terrestre, aérien et maritime. À ce titre, il exécute les missions d'études et de propositions qui lui sont confiées. Il a, de plus, la possibilité de se saisir lui-même de questions qui lui paraissent nécessaires de traiter.	Le Conseil national des transports (CNT) a été institué par la LOTI (Loi n° 82-1153 du 30 décembre 1982 d'orientation des transports intérieurs) en substitution au Conseil supérieur des transports avec la volonté explicite du législateur de développer les approches globales et intermodales de systèmes des transports. Regroupe les principales actions permanentes de CNT : Observatoire des politiques et des stratégies de transport en Europe. Observatoire national du transport fluvial.
Comité national routier www.cnr.fr cnr@cnr.fr	Créé par le décret du 14 novembre 1949, le CNR a bâti, géré et contrôlé la tarification routière obligatoire applicable aux transports pour compte d'autrui à grande distance dans le cadre de la politique de coordination entre le rail et la route. La libéralisation de la politique des transports et notamment la suppression de la TRO ont conduit les pouvoirs publics, en 1989, à le transformer en Comité professionnel de développement économique.	Le Comité national routier a pour mission de : – Participer à l'observation économique du marché et diffuser à la profession des transporteurs routiers de marchandises et aux pouvoirs publics les informations qu'il recueille et les analyses économiques qu'il réalise. – Effectuer des travaux de recherche et des études socio-économiques utiles à l'ensemble de la profession. – Mener toute mission d'intérêt général pour la profession confiée par le ministre chargé des Transports.
Fédération nationale des transports routiers www.fntr.fr fntr@fntr.fr	Organisation professionnelle routière où se retrouvent des entreprises transport et logistique de toutes tailles et de toutes spécialités. Lieu d'échanges, d'informations, de formation, la FNTR accompagne au quotidien les entrepreneurs de transport ; elle conçoit et propose des solutions pour faire avancer le secteur, promouvoir la route,... sans pour autant exclure la revendication.	– Accompagne le développement d'un secteur et au sein de ce secteur, celui du plus grand nombre d'entreprises ; – assure la défense et la promotion du secteur et fait entendre la voix de la profession chaque fois que c'est nécessaire ; – prépare l'avenir de la route en cherchant au-delà de l'action de lobbying, à ancrer dans la durée la bonne santé du secteur, tout en favorisant le développement d'une offre de transport moderne.

TLF *Fédération des entreprises de transport et logistique de France* www.tlf.fr tlf@e-tlf.com	– promouvoir et défendre les intérêts des entreprises adhérentes, dans un contexte de concurrence accrue au plan européen ; – agir auprès des pouvoirs publics et des décideurs politiques régionaux, nationaux et européens en proposant ; – d'accompagner l'évolution des entreprises et de leurs métiers, dans un contexte de mutations accélérées ; – de valoriser l'image de la profession, dynamique et à forte valeur ajoutée, facteur-clef de l'attractivité et de la compétitivité de la France.	Première organisation professionnelle du transport et de la logistique. – 5 000 entreprises adhérentes, – 12 délégations régionales.
ASTRE *Association des transporteurs européens* www.astre.fr http://www.astre.fr/FR/contact/formulaire.htm	Être aussi flexible qu'une PME tout en ayant la puissance d'un grand groupe (logistique nationale et internationale, approvisionnement et distribution, juste-à-temps…).	Premier groupement européen de transporteurs indépendants. C'est une association des compétences, des moyens et des spécialisations de chaque entreprise membre au service des clients. Et c'est l'utilisation d'outils de communication rapide pour véhiculer les informations en temps réel.
Truck Business www.truck-business.com cyvens@mmm.be	L'essentiel du transport et de la logistique rendu sous forme de publications.	Newsletter hebdomadaire.
Legifrance www.legifrance.gouv.fr info@journal-officiel.gouv.fr	Bases de données pour diffusion informatique de l'information juridique (française et européenne + accords internationaux) sous l'impulsion de l'État.	Exploitation des sites concédée à la société ORT.
American Society of Transportation and Logistics (AST & L) www.astl.org astl@nitl.org.	Organisation professionnelle fondée en 1946 par un groupe d'entreprises du secteur afin d'assurer le professionnalisme et les compétences des professionnels.	
Air Cargo World www.aircargoworld.com customerservice@cbizmedia.com	Cette revue est soutenue par Traffic World, Air Cargo World, et The Journal of Commerce. Elle fournit à des professionnels de la logistique et de la Supply Chain des informations concernant des softwares, des démonstrations…	

International Air Transport Association www.iata.org corpcomms@iata.org	Depuis plus de 60 ans, IATA développe les standards commerciaux de l'industrie mondiale du fret aérien. Aujourd'hui, sa mission consiste à représenter, mener et servir l'industrie aéronautique. L'association compte environ 260 compagnies aériennes majors agissant pour 94 % du trafic mondial.	
The international Air Cargo Association www.tiaca.org secgen@tiaca.org	TIACA's : association de transports aériens dont la mission est d'améliorer la coopération entre entreprises, de promouvoir l'innovation et le partage des connaissances.	
Intermodal Association of North America www.intermodal.org iana@intermodal.org	IANA, association de transporteurs, informe des problèmes de législations et de réglementation, propose des données sur les industries et des forums d'éducations.	Liens avec des associations de transporteurs, des organismes gouvernementaux. IANA comprend 700 membres.
DGAC *Direction générale de l'aviation civile* www.dgac.fr stac-webmestre@aviation-civile.gouv.fr	La Direction générale de l'aviation civile (DGAC) joue un rôle central dans le monde du transport aérien. Placée sous l'autorité du ministre chargé des Transports, la DGAC est avant tout garante de la sécurité et de la sûreté du trafic aérien évoluant dans le ciel et sur les aérodromes français.	Cinq missions essentielles : – responsable de la sécurité et de la sûreté du système aviation civile ; – prestataire de service, opérationnel au quotidien ; – garante de la qualité de la formation des hommes ; – conseil et partenaire des industriels et exploitants de l'aéronautique ; – acteur de la prévention.
SNAGFA/TLF Overseas Air Cargo *Syndicat national des agents et groupeurs de fret aérien* www.snagfa.com olivier.layec@snagfa.com	Le SNAGFA est organisé en 6 commissions : – commission Sûreté du fret ; – commission Formation professionnelle et promotion de la profession ; – commission CASS : le SNAGFA représente la profession auprès de l'organisme gestionnaire. – commission Relations avec les compagnies aériennes ; – commission Relations avec l'administration douanière ; – Commission Technologies de l'Information.	Les adhérents du SNAGFA ont réalisé, en 2003 et pour l'export, un chiffre d'affaires de 799,2 millions d'euros, soit plus de 90 % du CA de la profession.

Novatrans www.novatrans.fr info@novatrans.fr	Opérateur français de transport combiné rail-route dont la mission est d'offrir aux transporteurs routiers équipés de véhicules intermodaux, la possibilité d'emprunter le rail pour la partie la plus longue d'un parcours routier.	– 1 300 wagons. – 100 trains complets en circulation chaque jour (France et Europe). – 14 terminaux en France. – 1 terminal en Italie.
Voies navigables de France www.vnf.fr webmestre@vnf.fr	Voies navigables de France gère, exploite, modernise et développe le plus grand réseau européen de voies navigables constitué de 6 700 km de canaux et rivières aménagés, de plus de 2 000 ouvrages d'art et de 80 000 hectares de domaine public bord à voie d'eau.	C'est dans un contexte de développement du transport fluvial que l'État et VNF ont signé le 16 novembre 2004 un contrat d'objectifs et de moyens couvrant la période 2005-2008.
BP2S/Short Sea www.shortsea.fr shortsea@shortsea.fr	Association regroupant les pouvoirs publics, les organisations professionnelles et des entreprises du transport de tous horizons : chargeurs, commissionnaires de transport, transporteurs terrestres, ports, armateurs, et agents maritimes. Bureau neutre, permettant de fournir à toutes les professions des actions d'information et d'accompagnement axées sur le transfert de trafics routiers vers la voie maritime, avec l'appui des utilisateurs de la route et le partenariat comme méthode.	Missions : – Mettre à la disposition des pouvoirs publics et des entreprises une plate-forme d'échanges et de réflexion sur les potentialités du transport maritime. – Tenir à jour une base de données sur les services du Short Sea au départ ou à destination des ports français. – Identifier les gisements de frets transférables du mode routier vers des schémas de transport maritime. – Améliorer les connaissances sur les conditions économiques de faisabilité de services maritimes. – Informer les publics concernés des évolutions sur les environnements légal et réglementaire, économique, technique.
Marine marchande www.marine-marchande.net webmaster@marine-marchande.com	Site de la marine marchande proposant toutes les informations sur la marine marchande française. Mise en ligne de la bibliothèque maritime, de groupes de discussions, etc.	Revue de presse disponible au lien suivant : http://www.marine-marchande.com/revue-presse.htm

Institut supérieur d'économie MARitime www.isemar.asso.fr/ contact@isemar.asso.fr	Isemar est un centre de recherche appliquée en économie maritime. Ses études sont destinées à la fois à des professionnels du monde maritime (opérateurs portuaires, chargeurs, transporteurs…), aux institutions de développement économique concernées par la dynamique maritime, et aux centres de recherche universitaires.	Activités : – colloques ; – études ; – formations ; – interventions ; – fonds documentaire.
Eurotrans www.eurotrans.com info@eurotrans.com	Système automatique de bourse d'échange de fret entre transporteurs européens. Les membres peuvent y trouver un transporteur, un sous-traitant ou un service de location de véhicules.	

10

Intégration sectorielle du Supply Chain Management : approche théorique des modes de coopération producteurs-distributeurs

« La raison du plus fort est toujours la meilleure. »
Jean de La Fontaine[1] *(Le loup et l'agneau)*

Les déstabilisations par l'amont et par l'aval des modèles Supply Chain classiques dans le secteur des produits de grande diffusion induisent des comportements nouveaux au sein des canaux de distribution entre les acteurs qui les structurent. Ainsi, les trois premiers facteurs de changement dans les relations entre producteurs et distributeurs sont :

- l'évolution de la concurrence qui se place de plus en plus sur le plan de la vitesse de réponse aux attentes des consommateurs et non plus seulement sur la seule composante prix ;
- la sophistication croissante des consommateurs ;
- les systèmes d'information et de télécommunications qui permettent de provoquer des changements structurels importants.

À ces trois premiers facteurs s'ajoute un quatrième, celui de la nécessaire coopération, considérée de plus en plus souvent comme essentielle :

> « Le facteur le plus important est le fait que l'on a reconnu que de l'argent était gaspillé lorsque l'on ne coopérait pas assez dans la chaîne de distribution et d'approvisionnement [...] si on travaillait dans une chaîne d'approvisionnement complè-

---

1. Poète français (1621-1695). Il connut un succès brillant en mettant en scène une morale épicurienne appuyée par une vision pessimiste de la réalité et une maîtrise éclatante de la langue et de la versification.

tement coordonnée, où les produits et les informations passeraient de façon très efficace, les coûts de production s'en trouveraient considérablement réduits[2]. »

Les points de vue qui s'expriment pour défendre une approche coordonnée des différents acteurs de la Supply Chain sont aujourd'hui nombreux. Tant les producteurs que les distributeurs viennent illustrer cette tendance à la recherche d'un mode de relation nouveau.

Dans le cadre des travaux menés par de nombreuses entreprises ce sont souvent quatre programmes qui sont privilégiés pour rendre chaque acteur de la chaîne de distribution plus conscient des voies possibles à suivre pour améliorer sa performance :

• amélioration de la Supply Chain grâce à un meilleur partenariat ;

• gestion des coûts dans le canal de distribution ;

• cross-docking pour accélérer la vitesse des flux ;

• utilisation des sorties de caisse pour gérer le réapprovisionnement des magasins, et mise en place de la Gestion Partagée des Approvisionnements.

La fin des années 1970 et le début des années 1980 ont consacré les premières approches d'intégration fonctionnelle au sein même de l'entreprise. Elles ont conduit à structurer une première approche de la logistique. La démarche partait du constat que le résultat d'une approche d'optimisation restreinte aux propres ressources de l'entreprise et contrainte aux seuls objectifs propres à chacune d'entre elles aboutissait à des optima locaux et à une sous-optimisation globale. Par cette recherche de coopération dans le domaine logistique, la réflexion peut être étendue en dehors du champ de l'entreprise aux acteurs qui interviennent sur une chaîne de mise à disposition du produit aux clients : duplication de stocks, incompatibilité physique des infrastructures logistiques, réactivité limitée sont des questions soulevées par la juxtaposition sectorielle de logique, absence ou échanges lacunaires de données et d'informations partagées. Trouver des règles et des normes de circulation des marchandises au sein des chaînes d'approvisionnement et qui associe plusieurs secteurs devient l'une des préoccupations majeures des entreprises de produits de grande diffusion. Cette approche concertée de la logistique n'est envisageable que dans le cadre de modes de coopération sur les questions associées aux flux physiques et aux flux d'information et en particulier entre distributeurs et producteurs. La performance d'une chaîne sociale de création et de mise à disposition de richesses passe par des coopérations qui associent plusieurs secteurs d'activités et plusieurs pratiques.

Nous avons vu au chapitre 8 que des solutions novatrices en matière de Supply Chain résultaient d'une approche plus intégrée des démarches fonctionnelles. Pour sa part, l'intégration sectorielle de la Supply Chain étend cette démarche à une coopération entre les firmes d'un secteur afin de rechercher une meilleure qualité de service et une

---

2. Shapiro R., (1994) « Les relations producteurs distributeurs aux États-Unis », dans *L'amour-haine ou les nouvelles relations commerce industrie et leurs traductions logistiques aux États-Unis, en Grande-Bretagne, en Allemagne, en France et aux Pays-Bas*, colloque du 14 juin 1994 IHEL/Diagma, édité par *Logistique Magazine*, Paris.

amélioration du niveau des coûts logistiques. L'analyse des premières approches coopératives sur la Supply Chain entre producteurs et distributeurs est l'objet de ce chapitre. Elle consacre une dimension nouvelle, l'accroissement de sa performance par intégration sectorielle. Nous introduirons le concept de coopération dans l'économie, les facteurs qui motivent à développer des attitudes coopératives entre acteurs économiques et les notions clés sous-jacentes à toute démarche d'intégration sectorielle telles que la confiance et la résolution des conflits. Nous appliquerons ces concepts aux canaux de distribution dont nous ferons un inventaire tout en montrant la place occupée par le Supply Chain Management dans l'organisation des canaux de distribution et plus particulièrement dans la grande distribution.

1. LA NOTION DE COOPÉRATION DANS L'ÉCONOMIE

La coopération est au cœur de l'intégration sectorielle du Supply Chain Management. Intégrer les flux c'est concevoir des systèmes à partir de la prise en compte des contraintes et des objectifs de plusieurs acteurs impliqués dans une chaîne logistique. Jusqu'alors ces acteurs concevaient leurs propres solutions en subissant l'ensemble des contraintes formalisées par les échelons amont et aval. Intégrer une Supply Chain, c'est avant tout établir une coopération entre les acteurs. Ainsi, avant de déclarer que la recherche d'un optimum global prévaut sur la somme des optima locaux et qu'il faut par conséquent prendre en compte les coûts de transaction qui caractérisent les interfaces et les inter-opérations d'une chaîne de valeur donnée, il apparaît nécessaire de s'interroger sur les finalités de la coopération en se posant les questions suivantes :

- quel est l'intérêt de l'entreprise à développer une coopération ?
- quelle sera la position stratégique du partenaire à l'issue de l'alliance, dans l'immédiat et pour les prochaines années ?
- quelles sont les ressources apportées par chacun des partenaires ?
- pourquoi le partenaire visé souhaiterait-il entrer dans l'alliance ?
- quelles sont les faiblesses du partenaire que l'alliance contribuera à réduire ?
- quelles seront les modalités de gestion de la coopération et en particulier de résolution des conflits ?

La difficulté d'application du concept de coopération réside dans la nécessaire prise en compte de facteurs comportementaux au-delà d'une approche économique pure dont la rationalité est insuffisante pour rendre compte des jeux qui se développent entre acteurs. C'est pourquoi, dans cet ouvrage, nous ferons ponctuellement appel à quelques modèles théoriques pour présenter le cadre dans lequel il est possible de mieux comprendre les raisons de l'établissement de coopérations. Nous ferons référence à la théorie des contrats, puis à l'économie industrielle et au management stratégique pour identifier les facteurs motivant la recherche d'une meilleure gestion des interfaces entre producteur et distributeur, par exemple, et ce, sur un mode coopératif, tout en en rendant visibles les limites.

1.1. Les motivations de la coopération

Les motivations poussant à développer des comportements coopératifs sont de différentes natures :

- **La recherche d'une alternative aux schémas concurrentiels** : la théorie concurrentielle défend l'idée que l'entreprise doit se doter d'avantages compétitifs. Une première approche consiste à considérer le développement coopératif comme un moyen de se créer un avantage compétitif qui permet de lutter plus efficacement contre les concurrents. Dès lors, pour être compétitif, il devient nécessaire de coopérer. Cette perspective de coopération générant un avantage compétitif ne prend de sens que dans une structure concurrentielle donnée, qualifiée par une certaine maturité d'activité. Une seconde manière consiste à voir dans la coopération une façon d'éviter la concurrence. Cette approche défensive est centrée sur la recherche de sécurité et ne s'intéresse qu'à la limitation du jeu concurrentiel. Les alliances ne sont vues que comme un moyen de renforcer collectivement le groupe d'alliés, alors qu'en réalité elles peuvent affaiblir un partenaire au profit de l'autre ;

- **La réduction des coûts de transaction** : ce n'est que par une approche globale, soutenue par une approche coopérative qui intègre l'ensemble des coûts d'une chaîne d'approvisionnement donnée, que l'on peut minimiser les coûts logistiques dont une partie non négligeable est générée par le manque de cohérence aux interfaces opérationnelles entre acteurs de la chaîne ;

- **La création de valeur distinctive et unique** : ce sont les théoriciens des réseaux qui réconcilient approches concurrentielle et coopérative. Les réseaux stratégiques sont appréhendés comme des arrangements à long terme, orientés vers des objectifs communs parmi des organisations distinctes, afin d'obtenir un avantage concurrentiel vis-à-vis des autres firmes n'appartenant pas au réseau. Mais c'est dans le cadre des réflexions portant sur le management stratégique que la coopération atteint son niveau stratégique dans sa capacité à créer des ressources nouvelles et distinctives. La croissance par la coopération apparaît comme une alternative importante à la croissance interne et externe ;

- **La gestion de l'incertitude** : l'entreprise opère dans un environnement turbulent marqué par un accroissement des facteurs d'incertitude, qui revêtent différentes formes et la coopération apparaît comme un schéma organisationnel qui permet de les réduire, en agissant en particulier sur :

  - la maîtrise de l'évolution rapide des technologies liées aux produits, aux processus de production et au traitement de l'information. Le facteur temps est crucial pour tirer profit de ces nouvelles technologies. Par ailleurs, ces innovations sont à l'origine de mouvements stratégiques et de prises de position d'agents ou de groupes d'agents qui tentent d'imposer une norme aux autres agents en cohérence avec leur stratégie respective (développement de parts de marché, accroissement des marges et des profits, barrières à l'entrée pour de nouveaux entrants...). Cette normalisation ou standardisation des solutions est particulièrement importante en logistique car elle conduit à des processus récurrents qui permettent des économies d'échelle,

– le défaut d'information sur les attentes des consommateurs, les fluctuations erratiques sur les volumes de consommation, les comportements opportunistes de certains acteurs de la chaîne de valeur,

– l'incertitude relative à la tâche commune à réaliser générée par la coopération elle-même. Il faut souligner que cela nécessite un engagement fort sur des objectifs explicites et totalement partagés. Il est ainsi fondamental de noter que la coopération cherche à limiter l'incertitude environnementale, mais en génère une autre par le caractère asymétrique des objectifs, des attentes et des pratiques.

1.2. Les limites et les problèmes posés par la coopération

Si les motivations qui poussent à développer des coopérations entre acteurs économiques sont nombreuses, une fois la décision prise par un producteur ou un distributeur de se lancer dans une stratégie de coopération sur la Supply Chain, les difficultés d'application ne sont pas à négliger :

• **la dimension comportementale** : la coopération dépasse le cadre purement stratégique de l'acteur rationnel, mais relève du comportement. Dès lors, la qualité de la coopération dépend de facteurs tels que le degré d'homogénéité des attentes des différentes entreprises souhaitant coopérer ou des conceptions respectives des finalités de la coopération, ou encore de la distanciation culturelle et du degré de confiance mutuelle ;

• **le contrôle et la normalisation des relations** : créer des indicateurs de performance est vital pour rendre compte de manière continue des progrès issus de la coopération. Dans le chapitre 11, nous montrerons à partir de l'exemple de L'Oréal, comment une division a mis en place une démarche de cette nature ;

• **les modalités de répartition des ressources créées** par la coopération, les règles de partage des bénéfices futurs, les systèmes de contrôle et de surveillance, et enfin les mécanismes de sanction ou de pénalité, sont des enjeux importants de la coopération et néanmoins délicats à définir puis à mettre en œuvre ;

• **les conséquences organisationnelles** : c'est dans le chapitre 11 que nous aborderons également le problème de la solution organisationnelle soutenant une dynamique de coopération. Elle doit être considérée comme un processus continu de négociation et de recherche d'accords avec de nombreuses incertitudes. L'ajustement mutuel est au cœur de ces processus dynamiques de structuration. La coopération apparaît donc comme une réelle opportunité stratégique, mais qui revêt un caractère paradoxal, du fait de la perte d'autonomie qui caractérise la décision coopérative et de la nécessité pour les deux partenaires de continuer à lutter contre leurs concurrents propres.

2. COMPRENDRE LES MODÈLES COMPORTEMENTAUX D'ANALYSE DES CANAUX DE DISTRIBUTION

Nous avons vu dans le cadre du chapitre 6 qu'un canal de distribution représente l'ensemble séquentiel des agents par lesquels le produit transite entre le producteur et le consommateur utilisateur. L'intérêt que nous souhaitons porter aux canaux de distribution est d'autant plus important que la coopération sur la Supply Chain est susceptible de s'affirmer comme l'un des leviers structurant la relation entre les différents acteurs du canal. Le Supply Chain Management devient l'un des axes sur lesquels il est possible d'envisager une partie de l'interprétation de la relation entre producteur et distributeur et de leur évolution actuelle. Nous verrons en quoi l'architecture et les relations entre les différentes composantes d'un canal de distribution révèlent le Supply Chain Management comme un vecteur de coopération et de recomposition des relations entre producteurs et distributeurs.

> Deux grands domaines structurent, chacun partiellement, la réflexion théorique sur le thème des canaux de distribution, alors que la bonne compréhension de la Supply Chain Management dans sa globalité nécessiterait une approche plus intégrée de ces deux domaines. Une première approche porte sur la relation entre le distributeur et le client consommateur final. Les autres processus amont qui contribuent à amener le produit du producteur vers le distributeur final délimitent la seconde approche. Cette césure initiale a limité la possibilité d'aborder la logistique comme un processus global sur l'ensemble de la chaîne de mise à disposition du produit aux clients. Elle a pu, être aux mieux, abordée par maillon indépendant : la logistique du fournisseur, la logistique du producteur, la logistique du distributeur. Tout particulièrement, l'interfaçage de la logistique entre le producteur et le distributeur et l'évaluation de la performance de la logistique sur ces deux maillons n'ont pas été rendus faciles. C'est une des lacunes des approches théoriques qui ne consacrent pratiquement aucune réflexion à une mobilisation commune producteur-distributeur au service des besoins des clients. La satisfaction de ces besoins est abordée soit sous l'optique du producteur en raison des produits et services qu'il décide de mettre à disposition des clients consommateurs finals ainsi que des choix des circuits de distribution retenus, soit sous l'optique du distributeur en raison de l'offre qu'il met à disposition de ses clients acheteurs et consommateurs finals. Enfin, les travaux menés ont envisagé le canal de distribution tout d'abord sous un angle économique avant de l'aborder sous une perspective organisationnelle.

Ces premiers modèles peuvent être complétés par des modèles comportementaux et des modèles d'économie politique des canaux de distribution ainsi que par des approches qui mettent en parallèle les stratégies développées par les entreprises et ses choix en matière de canaux de distribution.

2.1. Mieux comprendre le fonctionnement des canaux de distribution

Les modèles économiques apportent un type d'éclairage et des éléments de compréhension sur la structure et le fonctionnement des canaux de distribution. Ils expliquent la rationalité économique de la présence des différents acteurs économiques. Ceux-ci néanmoins ne permettent pas de comprendre l'ensemble des phénomènes qui président à leur constitution et leur dynamique. Des problèmes tels que le caractère conflictuel que peut prendre la relation entre un producteur et un distributeur, ou la mise en place de Supply Chain qui, sur l'ensemble de la chaîne de mise à disposition des produits aux clients, ne représentent pas un optimum économique, ne sont pas expliqués par les différents modèles économiques. Il faut dès lors avoir recours à d'autres types d'approches des relations entre les acteurs des canaux de distribution pour donner une explication rationnelle à ce type de comportement.

2.1.1. Typologie qualitative des canaux de distribution

Une observation de la nature et du fonctionnement des canaux de distribution a permis d'établir une première classification réalisée à partir de la nature de la relation existant entre le producteur et le distributeur. Elle repose sur l'évaluation d'un critère qualifiant l'intensité de l'intégration des relations entre les agents du canal de distribution.

Quatre natures de canaux sont finalement identifiables :
• le canal dit classique ;
• le canal dit géré ;
• le canal dit contractualisé ;
• le canal dit intégré.

Le canal classique est la forme la plus élémentaire du canal de distribution. Il établit des relations ponctuelles entre les agents au gré des opportunités sans engagement contraignant de part et d'autre. Le cas de la distribution des produits de confiserie et des produits pipiers dans le circuit des bars tabac ou des boulangeries relève de ce type de canal de distribution. D'un côté on y trouve les fabricants de produits (Kraft foods, Mars…), de l'autre des grossistes (la SAF) et enfin les distributeurs détaillants (bar tabac…). Aucune volonté de structuration ou de contrôle du circuit de distribution n'existe chez aucun acteur, ni chez les producteurs ni chez les distributeurs. Chaque acteur agit en fonction d'une vision commerciale ou d'une vision achat sans rechercher à acquérir une capacité à peser sur la relation afin de mieux maîtriser le fonctionnement du canal de distribution auquel il participe.

Le canal géré se caractérise par un poids plus important conquis et occupé dans le temps par l'un des agents au sein du canal de distribution. L'organisation mise en place dans le canal de distribution est plus formalisée. Elle est orientée par l'agent leader sans pour autant que la forme prise par le canal de distribution résulte d'une négociation et d'un compromis contractualisé entre l'ensemble des intervenants économiques. Cette forme d'organisation est donc susceptible de provoquer des conflits importants entre les acteurs du canal de distribution. Le cas de la grande distribution en France a illustré et illustre encore ce type de fonctionnement de canal de distribution. Le poids pris par les grandes chaînes de distribution a orienté significativement le rapport entre les producteurs et ces chaînes de distribution. Les distributeurs, en se dotant au fur et à mesure d'une infrastructure logistique, sont amenés — souvent unilatéralement — à dicter leurs conditions d'approvisionnement et de livraison comme nous avons pu le voir dans le chapitre 6.

Le canal contractualisé est le résultat d'une formalisation également importante mais qui fait suite à une négociation préalable entre les acteurs du canal. L'engagement dans ce contrat de chacun d'entre eux est le résultat d'une démarche volontaire. Comme premier exemple, la distribution automobile en France, telle qu'elle existe encore en 2005, malgré l'évolution du contexte réglementaire européen, peut être rapprochée de ce canal contractuel. Les concessionnaires sont des acteurs économiques indépendants du point de vue capitalistique du constructeur. Mais, dans le cadre d'un contrat discuté et signé, le concessionnaire s'engage à avoir une distribution exclusive des voitures neuves du constructeur dont il portera le panonceau. En second exemple, la distribution de tabac en France offre un cas de canal de distribution contractuel au sein duquel un acteur, Altadis, a su prendre un leadership incontestable. Sans disposer d'un monopole de distribution, elle est cependant devenue le seul distributeur de produits tabac en France et de ce fait approvisionne exclusivement les débitants de tabac.

Enfin, le canal intégré est un canal complètement maîtrisé en propre par un agent du canal de distribution, soit le producteur qui maîtrise la distribution soit le distributeur qui est remonté en amont de ses activités et qui maîtrise désormais une partie des opérations de production. L'exemple de Michelin en Europe avec la constitution en propre d'un réseau de réparation et de distribution du pneumatique, le réseau Euromaster constitué de ses 1 800 points de vente en Europe (voir chapitre 6), est un exemple de canal intégré créé par un producteur. Le réseau Benetton est également un réseau complètement intégré ou le réseau Point P, intégré à Saint-Gobain, au même titre que Lapeyre.

Cette approche en grandes classes de canaux de distribution permet de mettre en lumière des dimensions nouvelles du fonctionnement du canal de distribution. Ces dimensions sont principalement relatives aux comportements des agents. Les agents sont soit passifs, soit actifs pour structurer et révéler les potentialités intrinsèques à la plus ou moins grande maîtrise d'un canal de distribution.

2.1.2. Les principaux comportements dans les canaux de distribution

L'organisation qualitative des canaux de distribution traduit des comportements des acteurs du canal de distribution qui structurent la relation entre les agents. Une approche purement intuitive nous laisse facilement penser que la nature de la relation entre Intermarché et Danone dans une phase de déréférencement des produits de Danone n'est pas de même nature que celle entre les entités productrices d'Ikéa et leurs magasins de distribution. Quelles qu'en soient les raisons, dans un cas la relation peut être qualifiée de conflictuelle, dans le second de coopérative. L'analyse exhaustive des relations permet d'en isoler trois grandes natures :

- l'existence d'un pouvoir de nature coercitive ou non coercitive ;
- la prépondérance du conflit ou, de son contraire, la coopération ;
- la présence d'un leadership affirmé.

Dans un canal de distribution, le pouvoir caractérise la capacité de l'un des acteurs à maîtriser une partie des variables influençant les choix qu'un autre acteur doit opérer. Le pouvoir exercé par un des agents sur le canal de distribution se révèle sous des formes diverses : la maîtrise de l'information ou l'engagement contractuel que prend l'un des agents par rapport à l'autre, contrat de franchise, par exemple. Ce pouvoir, quelle qu'en soit sa forme, est utilisé de manière plus ou moins contraignante. Le pouvoir prend donc un caractère soit non coercitif soit coercitif. Altadis, par sa maîtrise du système d'information, de passation des commandes et de réapprovisionnement, dispose à l'égard des débitants de tabac d'un réel pouvoir, mais non coercitif. En revanche, elle dispose d'un pouvoir beaucoup plus coercitif à l'égard des autres fabricants de tabac. En effet, la plus grande difficulté pour les débitants de tabac réside dans la gestion de leur stock et dans la constitution de leur commande. Le travail quotidien important nécessité par cette profession, ses horaires contraignants, le personnel administratif réduit au minimum, conduisent le patron à se charger du suivi des stocks et de la passation de commande. Pour l'y aider, Altadis a mis à sa disposition une caisse enregistreuse intelligente. À chaque saisie, une gestion intégrée du stock est réalisée et tient en temps réel les niveaux quantitatifs de stock. Lorsque le débitant le souhaite, le système, préalablement paramétré d'un commun accord, lui propose la commande de réassort qu'il peut éventuellement modifier. Dans le cas où il l'a acceptée, une validation permet de transférer la commande par modem au centre de traitement logistique de la commande d'Altadis. Ainsi, Altadis qui a la particularité d'avoir le monopole de production de tabac et de ses produits dérivés en France, mais qui ne dispose pas du monopole de la distribution, a réussi à prendre en charge en France toute la distribution des produits tabac pour elle-même et ses concurrents. La sortie d'un concurrent de l'outil logistique l'obligerait à proposer son propre système de gestion des stocks, et de prise de commande. Ce système devrait être soit manuel, soit doublerait les caisses enregistreuses actuelles d'Altadis. Par conséquent, aujourd'hui, par le biais de la gestion de l'un des nœuds informationnels logistiques du distributeur (la gestion des stocks), Altadis s'est emparée d'un leadership sur le canal de distribution du tabac.

A contrario, la signature d'un contrat de franchisés avec McDonald's contraint au respect de tout un ensemble de règles qui sont définies, imposées et non discutables par le franchiseur : la disposition des lieux, les menus, les sources d'approvisionnement, les normes de qualité... C'est en cela que le pouvoir est dit coercitif, c'est-à-dire que McDonald's a le pouvoir de contraindre. Ce champ de contraintes peut être ressenti de manière positive, ou, au contraire, de manière négative par celui qui le subit.

Les principales sources de pouvoir identifiées sont la récompense, la contrainte, l'expertise dans les cas de contrat de franchise, la valeur de référence et l'identification, la légitimité. Les sources de pouvoir ne sont pas exclusives les unes des autres. Elles viennent se combiner et permettent aux différents acteurs du canal de distribution de disposer de pouvoirs répartis plus ou moins équitablement. Lorsque l'un des acteurs dispose d'un pouvoir supérieur à celui de son environnement, on peut le considérer comme disposant d'un leadership sur le canal de distribution. Cependant la notion de pouvoir est une notion difficile à mesurer. Plus qu'une mesure intrinsèque du phénomène, c'est la mesure de la perception qu'en ont les agents qui se révèle possible. De plus suivant la nature du pouvoir (coercitif ou non coercitif), la réaction de l'agent qui subit le pouvoir ne sera pas la même. Le pouvoir coercitif est bien entendu amplifié par rapport à sa réalité par l'agent qui le subit alors que le pouvoir non coercitif peut développer une emprise sur le réseau tout aussi importante que le pouvoir coercitif sans qu'une réelle perception en soit faite par les agents soumis à ce pouvoir. L'exemple d'Altadis est de ce point de vue très significatif. Enfin, le niveau de pouvoir influence le climat relationnel du canal et son niveau de performance globale. Le ressenti insupportable du pouvoir amènera des situations conflictuelles, où l'agent contraint cherchera à échapper à l'emprise alors que l'agent contraignant cherchera à la maintenir. A contrario un niveau modéré de conflit dans la relation peut améliorer l'efficience du système mais l'intensification du conflit conduira inévitablement à sa détérioration.

La structure logistique d'une chaîne d'approvisionnement et la structure du pouvoir dans un marché donné ont un lien évident. La fonction Supply Chain, par la nature des informations qu'elle produit, la qualité des services qu'elle apporte, les enjeux économiques qu'elle représente, constitue les bases d'un pouvoir qui peut s'exercer selon des modalités coercitives ou non coercitives. Dans cette optique, elle peut soit participer à la résolution de conflits de nature commerciale ou financière (approche coopérative), soit au contraire être utilisée comme levier d'imposition d'une stratégie commerciale et/ou financière générateur de dépendance, voire de conflit supplémentaire.

La seconde nature révèle une prédominance d'un mode conflictuel ou, au contraire, d'un mode coopératif. Le canal de la grande distribution illustre bien ce mode conflictuel prononcé. Les pratiques de déréférencement d'un produit, d'une marque ou d'un fournisseur, sont l'une des manifestations les plus représentatives du climat existant dans ce secteur. Au contraire, le circuit de distribution des produits de bricolage illustre une recherche de coopération entre tous les acteurs.

Une approche superficielle de la Supply Chain la présente souvent comme un monde sans potentialité d'antagonismes marqués : ses fondements quantitatifs permettraient de considérer que la relation logistique, à la différence de la relation commerciale, n'est pas conflictuelle par nature, mais prend appui, au contraire, sur un calcul rationnel d'optimisation. Cependant, l'intégration des fonctions du canal transactionnel et du canal de distribution physique (gestion des commandes, livraison, stockage, facturation et recouvrement éventuellement des encaissements) confère à des sites logistiques comme les centres de distribution une connaissance pointue des exigences des clients et des autres membres du canal. De ce fait, la dépendance envers ces centres s'accroît et ils deviennent détenteurs d'un pouvoir, basé sur une expertise alimentée par des informations sur les exigences des différents clients.

Enfin, la troisième nature de relation met en avant le leadership de l'un des intervenants du canal de distribution. Le canal de distribution des produits capillaires dans les salons de coiffure place L'Oréal dans une situation de leadership incontesté du fait de la technicité de son offre, de son étendue et de l'accompagnement qu'elle propose. Cette nature de relation donne à l'organisation dominante une responsabilité, mais pas automatiquement une autorité. Elle doit procéder par persuasion. Cependant, il est clair que la maîtrise des paramètres logistiques, qui peuvent faire l'objet ou non de coopération, peut en fonction de caractères structurels procurer un pouvoir relatif supérieur et donc un contrôle sur d'autres variables de la relation.

Les principales limites à ces approches comportementales portent sur le nombre réduit d'agents pris en compte dans les interrelations. La réflexion est, comme nous l'avons vu, limitée à l'interaction entre deux intervenants. Or la structure du canal et son fonctionnement reposent sur un processus certainement beaucoup plus complexe. Ce sont les interactions simultanées de plusieurs agents qui conduisent un agent à positionner simultanément son comportement et son choix en fonction de sa perception des autres agents. La vision que nous pouvons porter actuellement sur certains canaux de distribution peut faire apparaître un mode global s'instaurant sur l'ensemble du canal. C'est le mode dominant. Parallèlement, on peut avoir des relations entre intervenants producteurs/distributeurs qui font apparaître des relations de nature plus variée.

2.2. Le Supply Chain Management dans les modèles des canaux de distribution

2.2.1. Le Supply Chain Management

La Supply Chain Management a connu en entreprise des approches que l'on peut considérer en phase avec les premiers modèles économiques développés parallèlement pour expliquer le fonctionnement d'un canal de distribution. Rappelons que, dans un premier temps, les modèles économiques ne prenaient pas en compte les intermédiaires qui reliaient la firme productrice à ses clients finals. La dimension logistique n'était pas révélée dans ces approches. Quand elle l'a été, elle a été abordée dans le contexte limité d'une seule entreprise, en général une entreprise productrice, en recherchant plus particulièrement à optimiser une fonction économique sur une succession d'opérations. Les réflexions sur la délégation fonctionnelle ont permis de commencer à poser le problème de l'achat d'opérations logistiques ponctuelles ou de parties plus complexes du processus Supply Chain auprès de fournisseurs. Le modèle de création d'utilité a permis de cesser d'envisager le Supply Chain Management sous son simple aspect de générateur de coûts pour s'interroger sur la finalité première de son existence en supposant qu'elle contribuait à apporter une utilité aux consommateurs. Le modèle de décalage et spéculation, quant à lui, permet d'expliquer la diversité et la complexité des Supply Chains mises en place pour répondre à l'hétérogénéité des attentes des clients. Enfin le modèle des coûts de transaction vient compléter cette approche économique en expliquant les raisons qui conduisent un opérateur à intégrer ou non les activités de distribution (cf. tableau 10.1).

Modèles économiques	Principes	Place du Supply Chain Management
Modèle de la délégation fonctionnelle	Répartition des fonctions par le producteur pour rechercher une minimisation des coûts de chaque fonction prise en particulier	Le Supply Chain Management devient une ressource qu'il est possible d'approvisionner auprès de fournisseurs extérieurs
Modèle de décalage et spéculation	Les revenus tirés par les intermédiaires du canal rémunèrent la prise de risques. L'organisation du canal vise à minimiser pour le producteur le coût et le risque	Création de Supply Chains complexes dédiées à la réponse optimale d'un client
Modèle de création d'utilité	Le niveau de service attendu par un marché structure le canal de distribution sur l'initiative du producteur	Passage du Supply Chain Management d'un statut de générateur de coûts à celui d'un producteur de services
Modèle des coûts de transaction	L'organisation du canal ne vise plus la minimisation du coût des fonctions prises séparément mais le coût de transaction pris dans son ensemble	Agrégation des sous-systèmes logistiques en une Supply Chain globale

(adapté de Filser)

TABLEAU 10.1. *Modèles économiques des canaux de distribution et contribution à la Supply Chain*

2.2.2. Le Supply Chain Management dans les modèles comportementaux

La place occupée par le Supply Chain Management dans les canaux de distribution et le rôle qu'il peut jouer entre les acteurs, producteurs et distributeurs d'un canal de distribution, sont significativement différents selon le modèle relationnel créé.

Prenons, dans un premier temps le modèle comportemental des canaux de distribution. Pour un canal classique, l'approche Supply Chain y est généralement désintégrée, dans le sens où aucun des acteurs ne recherche de synergie ou de mise en cohérence particulière des systèmes logistiques respectifs. Chaque acteur dispose de son propre processus qui fonctionne en grande partie indépendamment de celui des autres membres du canal. Bien que certains gisements d'économie soient perceptibles, aucune motivation ne provoque leurs recherches et leurs exploitations. L'interface entre ces logistiques n'en est donc pas pour autant conflictuelle. Les sources de performance et les économies issues d'une approche coordonnée n'étant pas l'objet de préoccupation, la question de leur répartition ou de leur appropriation, enjeux fréquents des conflits, ne se pose pas. Les différentes approches en matière de gestion des flux sont simplement juxtaposées et les agents du canal de distribution ne voient pas de motivations ou d'enjeux dans la logistique comme levier de pouvoir et de performances accrues dans le canal de distribution.

Dans les canaux de distribution gérés, la Supply Chain peut devenir un levier d'administration du canal pour l'un des acteurs. Pour ce faire, il impose le mode de circulation des produits et les procédures logistiques de manière à en tirer un avantage en matière de négociation ou de fonctionnement de son propre processus opérationnel. Le canal de distribution peut être administré par le producteur. Dans ce cas, celui-ci cherchera par exemple à mieux connaître les coûts de la Supply Chain de ses distributeurs pour chercher à en réduire leur niveau. Tout en conservant à ses distributeurs leur niveau de marge, le producteur pourra ainsi chercher à réduire la rémunération globale consentie aux distributeurs, les coûts de la Supply Chain devenant moindres. Les producteurs développent ce type d'approche sur certains de leurs marchés mondiaux. Lorsque le choix commercial sur certains pays est de faire appel à un revendeur exclusif, la préoccupation première est de pénétrer le marché et de développer une activité commerciale intéressant à la fois le producteur et son distributeur. Après plusieurs années, lorsque la relation a mûri, le producteur est susceptible de se préoccuper du taux de marge de son revendeur, voire de le renégocier. Un moyen d'y parvenir est d'isoler le coût de la Supply Chain du distributeur et d'essayer de lui apporter les outils de gestion qui lui permettront de le réduire. Les économies ainsi générées deviennent l'objet d'une renégociation possible pour diminuer le taux de marge concédé initialement au distributeur.

Pour les canaux contractuels, la définition de la Supply Chain est susceptible de faire naturellement partie de l'accord préalable existant entre les acteurs contractualisant dans le canal. Il est alors préalablement défini un ensemble de règles et de procédures qui permettent de tirer le meilleur parti d'une Supply Chain concertée.

Dans le canal intégré, celui qui est l'intégrateur cherchera à tirer bénéfice de sa maîtrise directe de l'ensemble du processus Supply Chain en optimisant l'ensemble de la chaîne de mise à disposition du produit.

3. LE SUPPLY CHAIN MANAGEMENT DANS LES TROIS GRANDES PHASES COMPORTEMENTALES DU CANAL DE GRANDE DISTRIBUTION

3.1. Phase initiale : un canal classique

Le canal classique atomisé représente la forme élémentaire la plus simple des relations au sein d'un canal de distribution. La dimension logistique du canal de distribution n'y joue pas de rôle politique, influençant la nature de la relation. En effet, le producteur, comme le distributeur se contente d'établir une relation ponctuelle au coup par coup sur la dimension commerciale de leurs échanges, la logistique n'apparaissant pas comme un enjeu particulier dans la gestion de la relation. Cependant, rapidement, des sources de surcoûts vont apparaître à l'interface logistique entre un producteur et un distributeur. Trois des sources de surcoûts opérationnels sont identifiées de manière privilégiée :

- le rangement des palettes représente un cas classique de difficulté entre producteur et distributeur ; même si le standard de l'europalette (800 x 1 200) est classiquement répandu et accepté par tous, le producteur et le distributeur se trouvent souvent confrontés à des objectifs opérationnels qui ne conduisent pas aux mêmes optimisations. La recherche de saturation des moyens de transport par le producteur avec des palettes homogènes de même taille le conduit à des choix pas toujours compatibles avec l'optimisation recherchée par le distributeur ;

- la diversité des conditionnements. Cette grande diversité des emballages provenant des producteurs provoque une difficulté particulière pour l'automatisation des travaux dans les entrepôts de la distribution ;

- le cahier des charges services imposé par le distributeur en dehors de conditions de faisabilité pour le producteur. De nombreuses livraisons sont faites avec des exigences de rapidité qui ne correspondent pas à la réalité de la consommation.

3.2. Période 1980-1996 : un canal de distribution géré de nature conflictuelle

3.2.1. Un contexte général de la grande distribution source de conflits

Le début des années 1980 a présenté pour la grande distribution en France un contexte qui l'a conduite à vouloir mieux maîtriser l'ensemble du canal de distribution pour améliorer sa rentabilité. En effet sur un échantillon de 24 firmes étudiées par l'Institut du Commerce et de la Consommation (ICC) en 1984, entre 1975 et 1984, la part du bénéfice déclaré dans la valeur ajoutée par la grande distribution passe de 9 % à 5 % alors qu'elle passe de 0,8 % à 9,9 % pour les producteurs. Le positionnement prix de la grande distribution en France explique cette situation et il s'est renforcé depuis le début des années 1990. La concurrence entre chaînes de distribution s'est essentiellement exercée sur les prix. Après un développement intensif pendant 20 ans, les phénomènes conjugués de la stagnation de la consommation et de la saturation relative des implantations des grandes surfaces en France ont amené le commerce des produits de grande consommation à se modifier significativement. Quatre tendances traduisent cette évolution :

- le poids des premiers prix, généralement de 30 à 40 % moins chers que les produits de grandes marques ;

- le fort développement des marques propres aux distributeurs pour développer la fidélité de leur clientèle, renforcer les stratégies de différenciation et dégager des marges commerciales supérieures ;

- l'action commerciale de la VPC qui offre de fortes remises d'environ 20 % peu de temps après la sortie de leur catalogue ;
- l'intensification de l'implantation des hard discounters.

Chacune de ces tendances concerne essentiellement les prix. Cette lutte va amener systématiquement la grande distribution à voir ses marges s'éroder. Elle va chercher à les recomposer en focalisant son attention sur ses fournisseurs.

3.2.2. Le levier Supply Chain : renforcement du pouvoir et zone conflictuelle

Dans ce contexte, la grande distribution française a été conduite à vouloir recomposer ses marges et à établir un pouvoir sur les producteurs. Deux sources de pouvoir vont se révéler être à la disposition de la grande distribution qui va les utiliser :

- le différentiel de poids économique relatif dans le rapport entre le distributeur et le producteur. Lorsque L'Oréal discute avec Carrefour du référencement de ses produits, l'enjeu pour le marché français de L'Oréal est d'environ 15 % de son chiffre d'affaires. Pour le distributeur, dans le même temps, en dehors des effets induits indirects dus à la non-présence d'une marque en linéaire, les enjeux sont d'environ de 2 % à 3 % de son chiffre d'affaires, le chiffre d'affaires cosmétiques de la grande distribution étant en moyenne de 4 %. Le référencement de ses produits est donc un enjeu de poids pour un producteur ;
- la Supply Chain qui représente une opportunité de négociation dans le domaine de ses achats et de réduction de ses coûts d'exploitation. Le distributeur s'est donc emparé du levier logistique et l'a transformé en outil de pouvoir qu'il s'est approprié en remettant en cause d'une part les schémas traditionnels de distribution des producteurs et d'autre part les conditions d'achat.

Le levier Supply Chain a été utilisé tant au niveau des flux physiques que sur les flux d'information.

Sur les flux physiques, la grande distribution a souhaité, dans un premier temps, mieux connaître — et par conséquent mieux contrôler — les coûts de distribution de ses fournisseurs. Elle a donc créé des infrastructures logistiques en propre pour commencer à mieux cerner les niveaux de coûts logistiques. Dans un second temps, certains distributeurs (Intermarché, Casino) ont vu dans les entrepôts qu'ils avaient créés, un moyen de mieux rationaliser les approvisionnements de leurs magasins en massifiant les livraisons des fournisseurs sur ces plates-formes et en assurant directement la consolidation des différentes commandes des magasins sur ces infrastructures. Enfin, la grande distribution a vu dans la logistique un élément important de pouvoir dans la négociation achat avec ses fournisseurs : d'une part pour pouvoir tirer le parti maximum des promotions — Metro achète ainsi 100 % de ses produits secs en promotion et Casino près de 90 % –, d'autre part, afin de pouvoir négocier les prix et demander l'affichage d'un prix rendu magasin (le prix habituel proposé par les fournisseurs) et un prix permettant de faire ressortir en tout ou en partie les coûts de distribution. Libre alors aux distributeurs d'acheter le produit physique seul ou le produit et la prestation de livraison. Chez un grand distributeur français, le surcoût du passage par une plate-forme distributrice est en général de 3 à 3,5 % du prix de vente des produits. Ainsi, la négociation demandée par les distributeurs aux producteurs peut aller jusqu'à 8 % de ce prix. La logistique opérationnelle est devenue dans la transaction au sein du canal de distribution une source de remise en cause des barèmes et des prix des produits (cf. chapitre 6).

> L'exemple de Philips Électronique Grand Public est caractéristique : l'un de ses clients grand distributeur lui a demandé de palettiser ses livraisons alors que, jusqu'à maintenant, les produits étaient conditionnés de manière à pouvoir être manutentionnés par des systèmes à pince latérale. Le surcoût pour Philips est non négligeable. Les raisons de cette demande sont les suivantes : le distributeur a réussi à convaincre ses transporteurs de prendre en charge le déchargement des camions sur les quais de réception, alors que les transporteurs ne disposent que de tire palettes. Il faut donc conditionner les produits sur palette même si les produits une fois déchargés sont repris par le distributeur par des systèmes de manutention type chariot à pinces latérales. L'économie du déchargement par les personnels propres au distributeur se traduit par un surcroît de travail pour le transporteur et un surcoût puisque ces manutentions réalisées par le chauffeur ne peuvent être considérées comme des périodes de récupération après temps de conduite, ainsi qu'un surcoût pour Philips qui doit mettre à disposition un système palette qui ne sert finalement qu'au déchargement des camions.

Ainsi, la maturité logistique croissante acquise par les distributeurs a conduit à mettre en place deux systèmes logistiques physiques pour les produits de grande consommation :

- le réseau logistique des producteurs ;
- le réseau logistique des distributeurs qui se décompose lui-même en deux sous-systèmes :
  - un système à vocation de massification des flux vers les magasins par le recours qui est fait aux plates-formes,
  - un système nécessaire pour profiter des effets des promotions des producteurs, ce réseau étant essentiellement constitué de stockage à vocation spéculative.

Les deux sous-systèmes des distributeurs ont formé une approche duale de la logistique de opérationnelle la grande distribution.

Quant aux flux d'informations, la grande distribution a su affirmer son pouvoir sur le canal de distribution par :

- le formatage des données et le mode de transmission à mettre en place sous forme d'échange de données informatisées ;
- la rétention éventuelle des données de sortie de caisse dont la méconnaissance constitue une gêne pour le producteur pour affiner ses prévisions et planifier l'activité de ses usines ;
- les délais imposés sur la communication d'informations logistiques au moment du lancement de produits nouveaux. Ainsi Casino exige de connaître au minimum 16 semaines à l'avance, l'emplacement des usines, le positionnement des dépôts ainsi que la codification des nouveaux produits.

3.2.3. Illustration : surcoût généré dans une relation conflictuelle

Si l'analyse économique des solutions logistiques internes à une entreprise fait partie des activités courantes des responsables de la logistique, la question plus difficile à aborder est l'analyse des chaînes logistiques complètes intégrant plusieurs acteurs économiques. La mise en place par de nombreux distributeurs de plates-formes logistiques en propre conduit le producteur à faire face à deux types de logiques : la logique de livraison sur plate-forme distributrice et la logique de livraison en direct sur les hypermarchés. La solution retenue par un distributeur n'étant pas nécessairement pérenne, le producteur est amené à conserver des capacités logistiques dont il pourrait avoir besoin. Nous avons construit à partir d'un échantillon de producteurs frais laitiers une analyse du prix de revient de la chaîne logistique complète de distribution des produits à un consommateur final, intégrant le producteur et le distributeur.

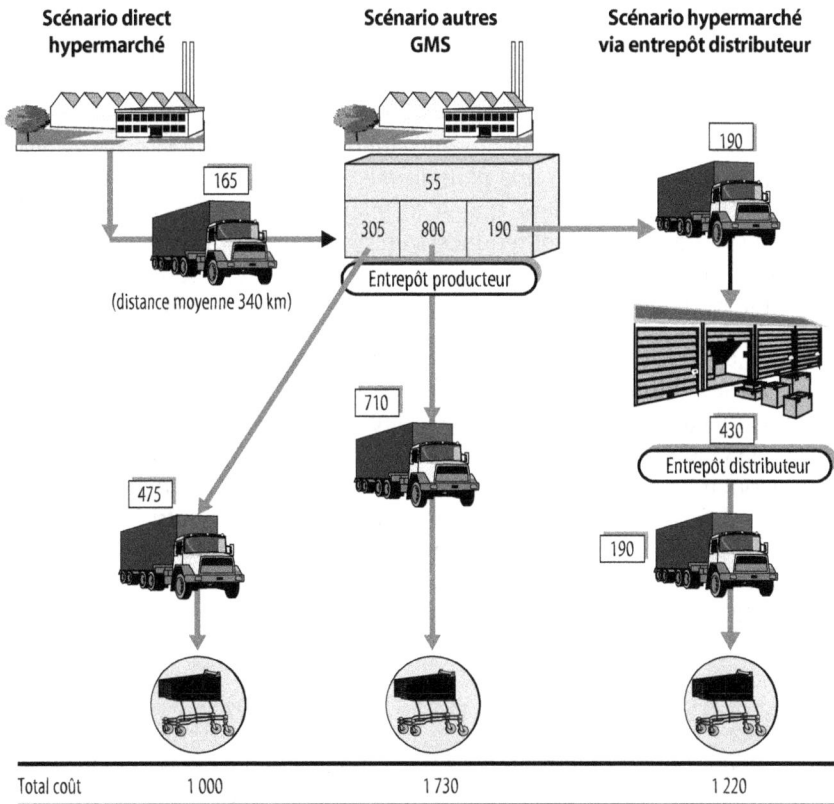

Schéma 10.1. *Valorisation économique des alternatives logistiques de distribution de la GMS*

Le schéma 10.1 illustre les trois scénarios possibles de distribution des produits frais dans le circuit de la grande distribution. Il existe un scénario de livraison directe vers les hypermarchés. C'est le scénario historique. Le second scénario est celui de livraison des autres grandes et moyennes surfaces (GMS) qui compte tenu de leur moindre taille nécessite depuis longtemps des livraisons du producteur vers des entrepôts distributeurs qui réalisent ensuite la préparation de la commande. Enfin, le troisième scénario, est le scénario de passage par une plate-forme distributrice pour la livraison des hypermarchés.

Les coûts donnés sont à interpréter comme des coûts sur une base de « 1 000 » à la tonne pour une livraison directe sur un hypermarché, pour des raisons de confidentialité. Chaque scénario est décomposé en :

• un coût d'approvisionnement de l'entrepôt producteur ;

• un coût fixe administratif dans l'entrepôt producteur et le coût de préparation de la commande qui dépend de la nature de la commande (livraison directe à un hyper-marché, livraison à une plate-forme distributeur pour les autres GMS, ou livraisons à une plate-forme distributeur pour livraison à un hypermarché) ;

• un coût d'approche éventuel de la plate-forme distributeur ;

• un coût de préparation de la commande sur la plate-forme distributrice ;

• un coût de livraison terminale vers le point de vente.

Cette analyse économique fait apparaître le surcoût imputable à la mise en place par les distributeurs d'un circuit via une plate-forme en propre pour approvisionner leurs hypermarchés. Il est bien évident que si le bilan de ce scénario se résumait à un surcoût, les distributeurs auraient renoncé à ce système logistique. S'ils le conservent, et même l'intensifient, c'est qu'ils en tirent la possibilité d'une renégociation des prix d'achat dont le résultat couvre plus que le surcoût engendré par la plate-forme.

Il est clair que ce processus est un processus de prise de pouvoir coercitif qui a rendu le canal de distribution conflictuel. Il génère cependant au bénéfice de l'un des acteurs un avantage économique qui peut être discuté dans le cadre d'une analyse complète de la chaîne logistique intégrée. On constate ainsi, que, quels que soient les avantages économiques que le distributeur retire de la relation, un surcoût se dégage de la solution qui conduit à interposer une plate-forme distributrice entre les outils logistiques du producteur et les hypermarchés. Cette duplication d'outils génère globalement sur la chaîne un surcoût qui réduit d'autant la capacité des acteurs à créer de la valeur au bénéfice des clients consommateurs.

3.3. Vers une nouvelle phase : un canal de distribution pacifié

Ce pouvoir coercitif et l'utilisation de la logistique comme l'un des leviers de ce pouvoir a révélé ses limites dans le secteur de la grande distribution. Comme tout canal de distribution qui a développé un mode de relation conflictuel, celui de la grande distribution française limite la performance de l'ensemble du système. Afin de dimensionner les enjeux économiques, nous citerons ici le surcoût d'une mauvaise coordination entre les partenaires d'une même chaîne entre 25 et 30 % dans l'alimen-taire et entre 10 et 20 % pour les autres produits. La logistique qui était un enjeu de pouvoir voit son statut évoluer et passer d'une fonction d'arme du pouvoir des distributeurs à une fonction de domaine d'établissement d'une relation coopérative.

Le passage vers un canal pacifié ne se fait pas instantanément. Il passe par plusieurs stades successifs :

• le dialogue ;

• la collaboration ;

• la coordination ;

• la coopération ;

• l'alliance.

Le stade premier du changement de la nature conflictuelle de la relation entre producteurs et distributeurs passe par l'instauration du dialogue. Dialogue vient du grec *dialogos* qui signifie entretien, discussion. Le dialogue ne suppose pas l'action, mais il nécessite l'attention partagée de deux interlocuteurs. Pour nourrir le dialogue, il faut également isoler les thèmes qui sont susceptibles de mobiliser les attentions et de convertir à terme les énergies et les volontés en action.

Le second stade est celui de la collaboration. Si nous continuons notre approche étymologique collaborer vient du latin *cum laborare* qui signifie travailler avec. La collaboration traduit bien le problème initial auquel est confronté le canal de distribution de la grande distribution. Il réside bien dans une recherche de travail en commun entre producteurs et distributeurs. La collaboration passe par une recherche de problèmes sur lesquels il y a une volonté d'action commune pour trouver les solutions. Cependant la collaboration ne sous-entend pas obligatoirement une continuité dans le temps. Elle s'inscrit comme une répartition dans le temps statistiquement discrète.

Le troisième stade est celui de la coordination qui, comme nous l'avons vu, cherche à créer un ordre et suppose une vision plus impliquante et plus systémique que la seule collaboration. L'origine latine est ici *ordinatio*, mise en ordre, généralement dans un but bien visé.

En quatrième stade nous voyons s'instaurer une coopération. La coopération vient du bas latin *cooperari* (cum operare), voulant dire « agir avec, faire quelque chose avec quelqu'un ». L'action suppose une imbrication entre les acteurs plus étroite ainsi qu'une répartition continue de leurs efforts dans le temps. Enfin, comme stade ultime, nous pouvons évoquer celui de l'alliance. L'alliance représente un rapprochement qui est constaté par un engagement mutuel formalisé.

Comme il est possible de le constater, nous avons laissé volontairement de côté dans cette approche la terminologie de partenariat. Le partenariat suppose un lien entre deux entités dans le cadre d'une compétition. Il nous semble que, par principe, un producteur et un distributeur sont liés et sont eux-mêmes confrontés à leur propre concurrence. Ils sont donc naturellement destinés à être partenaires s'ils s'accordent sur l'objectif commun qui est de maximiser les ventes aux clients consommateurs finals.

3.4. Conclusion d'étape sur la coopération logistique dans les canaux de distribution

Dépendance, pouvoir, conflit, contrôle et communication sont au cœur des modèles comportementaux d'analyse des canaux de distribution, qui se veulent descriptifs, mais aussi surtout prescriptifs dans le sens de la maximisation de la performance. Ces concepts revêtent la difficulté de leur définition, de leur mesure et, par conséquent, de leur déploiement. Néanmoins, l'intérêt de ces approches réside dans les points suivants :

- l'incertitude fait partie intégrante de la relation inter-organisationnelle et le cadre d'analyse approprié doit comporter des règles (processus opératoires et inter-opératoires définis) et du jeu (ajustement mutuel) ;
- on est conduit à voir les décisions du canal comme un trade-off général entre les coûts et le contrôle par des systèmes partagés d'information ;
- la notion de performance s'élargit en intégrant celle de satisfaction du client et donc permet de focaliser l'effort sur les composantes du service client.

Le véritable défi pour les producteurs et les distributeurs, c'est de combiner leurs efforts pour accroître le pouvoir de leur entité inter-organisationnelle au sein de leur marché en intégrant le consommateur final, plutôt que de focaliser leurs efforts sur l'augmentation de pouvoir au sein de cette entité dyadique, qui n'est pas le lieu de la compétition. Le pouvoir réside alors dans la capacité à influencer le consommateur dans le choix de son magasin et des marques. Il devient alors plus essentiel de travailler sur les modalités de la coopération entre producteurs et distributeurs que sur les objectifs recherchés par cette coopération logistique. L'idée est de développer des activités complémentaires qui associent producteurs et distributeurs et valorisent leur interdépendance.

BIBLIOGRAPHIE DU CHAPITRE 10

Benasou M., « Interorganizational cooperation : the role of information technology. An empirical comparison of US and Japanese supplier relations », *Working Paper Instead*, n° 68, 1994.

Benasou M., « Portfolios of Buyer-Supplier Relationships », *Sloan Management Review*, été 1999, pp. 35-44.

Carbone J., « Buyers look to distributors for Supply Chain Services », *Purchasing*, Boston, 10 février 2000, pp. 50-57.

Chinardet C., *Le Trade Marketing*, Éditions d'Organisation, Paris, 1994.

Corbett Ch. J., Blackbum J-D., van Wassenhove L. N., « Partnerships to improve Supply Chains », *Sloan Management Review*, été 1999, pp. 71-82.

Druart S., « Pendant le déménagement : la logistique continue », *Stratégie Logistique*, n° 43, janvier-février 2002, pp. 74-79.

El-Ansary A. L., Coughlan A. T., Stern L. W., *Marketing channels*, Upper Saddle River, Prentice Hall Business Publishing, 6e édition, 2001.

Fabbe-Costes N., Brulhart F., « Fonctionnement en réseau de partenaires : conditions de réussite », *Revue Française de Gestion Industrielle*, vol. 18, n° 1, 1999.

Filser M., Thèse d'État, *Dynamique des canaux et formules de distribution : approche méthodologique*, université de Montpellier, 1985.

Frazier G. L., « On the measurement of interfirm power in channels of distribution », *Journal of Marketing Research*, vol. 20, n° 2, mai 1983, pp. 158-166.

French J., Raven B., « The bases of social power », *Studies in social power*, Dorwin Cartridge (Editor), University of Michigan Press, Ann Arbor, 1959.

Héliès-Hassid M.-L., « ECR : impact sur l'organisation de l'entreprise et sur le marketing », *Décisions marketing*, n° 9, 1996, pp. 63-71.

Hunt S. D., Nevin J.-R., « Power in Channel of distribution : sources and consequences », *Journal of Marketing Research*, vol. 11, mai 1974, pp. 186-193.

Kumar N., « The Power of Trust in Manufacturer-Retailer Relationships », *Harvard Business Review*, novembre 1996.

Lusch R. F., Brown J.-R., « A modified model of power in the marketing channel », *Journal of Marketing Research*, vol. 19, août 1982, pp. 312-323.

Mc Cammon B. C., « Perspectives for distribution programming », in L. P. Bucklin editor Vertical marketing systems, Scott Forestman, Glenview, II, 1970.

Myer R., « Suppliers : manage your customers », *Harvard Business Review*, novembre-décembre 1989, pp. 160-168.

Paché G., « Initier une coopération logistique et mercatique entre industriels et distributeurs, ou la nécessaire politique des petits pas », *Revue des Sciences de Gestion*, n°214-215, juin 2005, pp. 177-188.

Paché G., « L'Évolution des relations logistiques entre industriels et détaillants : coopération ou simple coordination ? », *Gestion 2000 - Management & Prospective*, vol. 19, n° 1, janvier 2002, pp. 109-124.

Rosenbloom B., *Marketing Channel : a management view*, South Western College Pub, 7e édition, 2003, 672 p.

Spark L., Fernie J., *Logistics and retail management insights into current practice and trends from leading experts*, Kogan Page Ltd, 2004, 240 p.

Szymankiewick J., « Efficient consumer Response, Supply Chain Management for the New Millennium ? », *Logistics Focus*, vol. 5, n° 9, 1997, pp. 16-22.

Zeyl A., *Le Trade Marketing*, Vuibert, Paris, 1996.

11

Les modes de coopération dans la Supply Chain : démarches, outils et organisations

« Il faut que le sculpteur connaisse la technique de son art et sache tout ce qui s'en peut apprendre : cette technique concerne surtout ce que son œuvre aura de commun avec d'autres. »

Henri Bergson[1] *(La Pensée et le mouvant)*

Nous avons vu au travers des trois chapitres précédents que la logistique se construit essentiellement autour de trois formes d'intégration, fonctionnelle, géographique et sectorielle. Parmi ces trois formes, la plus innovante est vraisemblablement l'intégration sectorielle. C'est elle qui remet en cause de manière la plus nette les pratiques de gestion au sein d'une entreprise. L'objectif de ce chapitre est donc de répondre aux questions suivantes relatives à la mise en œuvre de ces coopérations au sein des Supply Chains :

• quels sont les modes de coopération logistique et quelles sont les caractéristiques qui permettent de les distinguer ?

• pourquoi entre-t-on dans un mode de coopération logistique ? Et pourquoi ne le fait-on pas plus vite ?

• quels sont les freins à l'établissement de modes de coopération logistique ?

• quels sont les modes de coopération logistiques qu'il semble performant de développer et en fonction de quels critères ?

• quel est le rôle joué par les prestataires de service logistique ?

---

1. Philosophe français (1859-1941). Spiritualiste, hostile à l'intellectualisme formaliste, il développe la théorie de l'intuition qui permet une synchronie avec la créativité de la vie et une approche articulée autour de l'expérience immédiate.

© Groupe Eyrolles

405

- quels sont les prérequis et les conséquences organisationnelles de la coopération logistique ?

Pour répondre à ces questions, nous proposons dans un premier temps une présentation des modes de coopération logistique au sein des chaînes d'approvisionnement en identifiant également ce qui les détermine. Comme nous l'avons déjà montré dans ce livre aux niveaux fonctionnel et géographique, le concept de coopération, par les propriétés d'adaptation qu'il développe, permet de jouer un rôle de tampon face aux incertitudes et à la complexité, dimensions caractéristiques des chaînes d'approvisionnement et dimensions rendues d'autant plus sensibles par le double phénomène de déstabilisation amont et aval auquel la logistique est soumise. Le cas des coopérations dans le cadre des produits de grande consommation, et en particulier dans le cas des produits cosmétiques est présenté par la mise en œuvre d'approches coopératives telles que le trade marketing et de projets tels que l'ECR. Nous concluons sur les formes organisationnelles innovantes et les nouveaux métiers qu'implique le développement de coopérations logistiques entre producteurs et distributeurs.

1. LES TROIS MODES GÉNÉRIQUES DE COOPÉRATION DANS LES SUPPLY CHAINS

1.1. Les caractéristiques de la coopération logistique

L'observation des coopérations en général et des coopérations logistiques en particulier, permet d'énoncer les caractéristiques majeures de la coopération logistique :

- la dimension relationnelle, qui signifie qu'il s'agit d'un processus continu sur une période de temps étendue et sur une base répétitive, qui se confond avec un apprentissage mutuel interactif en opposition au simple mode transactionnel ;
- la poursuite d'objectifs communs entre les membres du canal logistique dont les effets seront bénéfiques et partagés, et qui aboutira à la création d'actifs spécifiques ;
- l'égalité des partenaires sous une forme de donnant-donnant ;
- le nécessaire changement de posture à partir d'une posture initiale, caractérisée — entre autres faits marquants — par la forte dimension concurrentielle des relations, la pauvreté des informations partagées, l'absence d'expériences passées permettant de développer la confiance, considérée comme une donnée intrinsèque de la relation de coopération ;
- l'optimisation globale est privilégiée plutôt que les optimisations locales. Global peut vouloir dire que dans certains cas, il faudra dépasser la dimension purement logistique.

1.2. Principes pour bâtir une coopération logistique

L'initialisation et le développement d'une coopération logistique se bâtissent sur quelques principes qui ont été identifiés au nombre de six :

- En premier lieu, il faut reconnaître que la coordination de la chaîne d'approvisionnement s'accroît dans le temps pour faire baisser les coûts et que la coopération constitue la voie privilégiée de l'optimisation globale des chaînes d'approvisionnement logistiques en termes de service et de coût, et qu'il faut coopérer pour être compétitif ;
- Ensuite, second principe, si la logistique apparaît comme un domaine privilégié de coopération, il faut savoir dépasser ce seul domaine en prenant en compte d'autres champs grâce aux premiers développements réalisés en matière de gestion des flux. Pour nous, le logisticien doté d'une certaine neutralité par rapport aux enjeux sur les prix et les conditions financières est le facilitateur et l'organisateur de la coopération. Celle-ci, après avoir porté sur les opérations logistiques, peut s'étendre aux activités commerciales et marketing. Les logisticiens, pour obtenir les objectifs de baisse des coûts et de service (respect du cahier des charges commercial) issus d'une démarche coopérative, pilotent un flux transversal physique et informationnel, qui conduit à associer :
  - les opérationnels,
  - les commerçants (orientés enseignes de vente au détail) et les acheteurs,
  - le marketing (orienté consommateur final) du producteur et du distributeur.
  À ces différents niveaux, la coopération s'appuie sur le dénominateur commun du pilotage logistique.
- Troisième principe, trois modes génériques de coopération producteurs-distributeurs émergent dans les chaînes d'approvisionnement. Ils se différencient par leurs objectifs respectifs, les champs d'application et les modes de coordination qu'ils mettent en œuvre. Ils sont respectivement centrés sur des champs opérationnels, commerciaux et marketing ;
- Quatrième principe, la réalité des coopérations producteurs-distributeurs se situe comme un mix entre les trois modes génériques selon une pondération, fonction du secteur où se situent le producteur et le distributeur donnés ;
- Cinquième principe, l'évolution dans le temps des coopérations producteurs-distributeurs ne procède pas d'une dynamique circulaire ou linéaire permettant de passer d'un mode générique à un autre. Le développement chronologique des coopérations répond à une logique sectorielle et aux postures stratégiques des acteurs économiques ;
- Enfin, sixième et dernier principe, chaque mode générique de coopération nécessite des prérequis organisationnels intra-firme au sens des métiers, des compétences et des systèmes d'information. Cela signifie qu'il y a une corrélation entre le mode de coordination intra-firme et le mode de coordination de la chaîne d'approvisionnement.

1.3. Les trois modes génériques de coopération

1.3.1. Présentation des modes génériques de coopération

Le premier mode est qualifié de coopération logistico-opérationnelle. L'objectif de cette relation est d'éliminer les coûts de dysfonctionnements en produisant le service voulu (s'il est connu), c'est-à-dire en remplissant le cahier des charges commercial. La coopération est donc limitée à la résolution de problèmes dont l'origine est essentiellement logistique. Elle porte sur des activités opérationnelles de chacun des acteurs et sur la mise en œuvre de solutions techniques orientées vers la recherche de gains de productivité. Les acteurs impliqués appartiennent à la logistique opérationnelle du producteur et du distributeur (entrepôts, transport).

Dans le second mode, la coopération logistico-commerciale, l'objectif est non seulement de minimiser la somme des coûts opérationnels mais également d'intégrer la composante commerciale. On cherche à améliorer la performance commerciale, chiffre d'affaires et marges, en s'appuyant sur des organisations et des systèmes logistiques adaptés et en reconnaissant la nécessité d'une approche différenciée par famille logistique. Cette relation associe les logisticiens et les vendeurs chez le producteur et les acheteurs chez le distributeur.

Enfin, troisième mode, la coopération logistico-marketing suppose l'existence de véritables fonctions marketing chez le producteur (ce qui est fréquent) et chez le distributeur (moins fréquent, mais en développement rapide). Il s'agit d'adapter le produit par une conception partagée et une démarche conjointe en termes de marketing pour accroître la fonction d'utilité du consommateur. Dans ce mode, l'échange relationnel s'inscrit dans la durée, les investissements (création de valeur distinctive) et les gains (financiers, commerciaux et coûts) sont partagés.

Le tableau 11.1 présente les caractéristiques principales de ces trois modes génériques avant d'en préciser les variables de représentation :

Mode 1 : coopération logistico-opérationnelle	Mode 2 : coopération logistico-commerciale	Mode 3 : coopération logistico-marketing
– relation asymétrique basée sur le pouvoir exercé – modèle de standardisation et de productivité – coûts limités aux coûts de transaction – processus partagés pour résoudre des problèmes – champs de la coopération : transport, entreposage, gestion des commandes – implantation de systèmes routiniers et standardisés (EDI) pour accroître la productivité	– d'une approche orientée coût vers un objectif de parts de marché – modèle de flexibilité passive – minimisation du coût global de la chaîne d'approvisionnement et accroissement des ventes – champs de la coopération : gestion des assortiments, réduction des ruptures de stock en linéaire, gestion des emballages – mise en œuvre d'indicateurs de mesure de performance dédiés	– modèle de flexibilité dynamique et de réactivité – création d'une valeur spécifique – le client est au centre de la coopération – champs de la coopération : mutualisation des ressources, gestion intégrée des flux, définition partagée des assortiments, abandon des ventes à perte, conception et introduction de nouveaux produits dédiés à la relation

TABLEAU **11.1.** *Présentation comparative des trois modes génériques de coopération producteurs-distributeurs*

Comme nous l'avons mentionné précédemment, dans la réalité, les modes de coopération sont hybrides et empruntent aux trois modes génériques selon des combinaisons qui varient en fonction des principaux facteurs suivants :

- les positions stratégiques respectives du producteur et du distributeur (stratégie volume, différenciation…) ainsi que la structure du canal de distribution (canal administré, contrôlé…) ;
- les niveaux de service apportés aux consommateurs, les caractéristiques des produits (valeur au kg, encombrement…), les formes des points de vente (supérette versus gros hypermarché) et les volumes traités ;
- les objets de coopération, qui fondamentalement sont organisés autour de la gestion partagée des approvisionnements ou du pilotage intégré du flux entre producteur et distributeur, la massification des flux, la gestion partagée des conditionnements adaptée aux différents types de points de vente et l'introduction des nouveaux produits.

Le schéma 11.1 illustre ce que peut être un mode de coopération de type hybride entre un producteur et un distributeur :

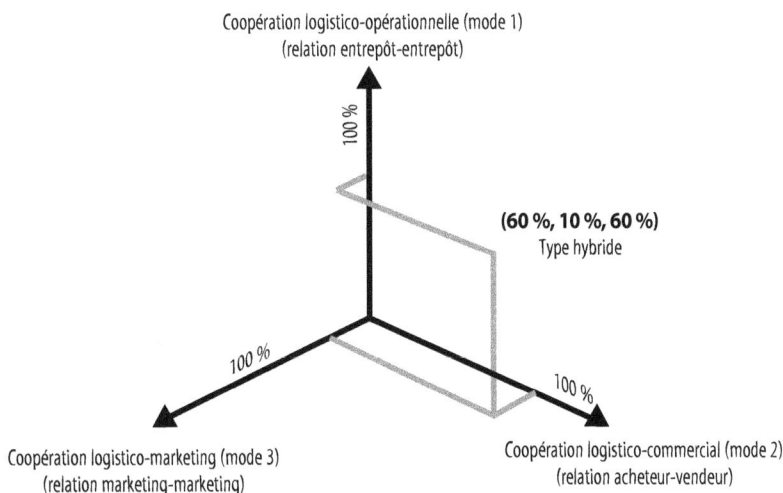

SCHÉMA **11.1.** *Coopération hybride entre producteur et ditributeur*

L'exemple présenté dans ce schéma montre qu'un producteur et un distributeur peuvent être engagés dans un processus coopératif présentant des caractéristiques à 60 % du mode 1, 10 % du mode 2 et 60 % du mode 3. Cela signifie que les modes génériques ne sont pas exclusifs l'un de l'autre et qu'il n'y a pas de dynamique tendancielle d'un type à un autre.

1.3.2. Objets de la coopération

Les objectifs dédiés à chaque mode de coopération sont très différents. Ils signifient un type d'engagement réciproque (intensité de la motivation et réversibilité de l'accord coopératif) et un niveau d'investissement débouchant sur la création d'actifs spécifiques. Le mode 1 est orienté vers la baisse des coûts par la mise en place de routines, qui permettent des gains de productivité par élimination des tâches sans valeur ajoutée, mais qui fondamentalement ne règlent pas le problème de maîtrise de l'incertitude. De plus, elles ne préparent pas les organisations membres de la coopération à des modifications brutales de l'environnement. Ce type de coopération reste limité à des développements techniques et est orienté vers la résolution de dysfonctionnements coûteux en règlement de litiges (erreurs de facturation, mauvaise fiabilité des informations sur les produits, erreurs de livraison…). Dans le mode 1, il existe un rapport de forces en faveur de l'un des membres de la relation et il n'y a pas de volonté pour mieux connaître l'organisation de l'autre membre. Les améliorations qui émergent de la relation sont mises en œuvre sous le mode de l'imposition.

Le second mode, la coopération logistico-commerciale, en élargissant le champ de la coopération à des questions de nature commerciale, appréhende le coût logistique global et identifie la logistique comme véritable fonction de support de la stratégie commerciale. La coopération logistique, non seulement par son niveau de performance (solutions aux problèmes de ruptures de stock, abaissement des niveaux de stock, accélération de la rotation des produits), conditionne la réussite des orientations commerciales des entreprises, mais peut constituer un élément-clé de l'implantation de la politique commerciale (sélection des canaux de distribution et des acteurs commerciaux : grossistes, revendeurs, détaillants, formes de points de vente). Dès lors, les solutions à imaginer dans le cadre de la coopération ont des implications sur les orientations commerciales (remise à plat des conditions générales de vente, prise en compte des conditionnements, lissage des promotions et abandon des achats spéculatifs, communication sur les nouveaux produits, organisation de promotions électroniques). La fonction de coût est élargie aux coûts de production, qui font référence aux ressources consommées pour produire de l'utilité sous forme de biens ou de services. Il devient, par exemple, possible de remettre en cause les processus industriels de conditionnement (cartons) des usines qui conduisent à des unités de conditionnements inadaptées à un point de vente donné. On passe d'une logique de coût éclaté au niveau de chaque membre du canal à celle de partage, ce qui signifie que non seulement les contraintes de l'autre acteur sont prises en compte, mais aussi celles de l'environnement.

Le mode 3, la coopération logistico-marketing, met en avant la création d'une valeur distinctive « propriétaire » des membres de l'accord coopératif. Des actifs communs sont créés dans et par la relation coopérative, entre les partenaires. Cette valeur, qui résulte d'un processus d'apprentissage mutuel, permet l'obtention d'un véritable avantage concurrentiel au sens des facteurs de succès limités à la dimension marketing pour réussir dans son segment stratégique ou son domaine d'activité stratégique. Ici, c'est le consommateur final qui stimule la coopération, et c'est par une définition conjointe du marketing mix qu'est maximisée la fonction d'utilité du consommateur. Dans cette perspective, coopérer permet de créer la compétence distinctive pour le client qui devient l'élément polaire principal. Le mode 2 met déjà en évidence la nécessité d'instaurer chez le producteur des organisations internes différenciées, dédiées aux distributeurs. L'impact porte sur la redéfinition des fonctions, des rôles, des compétences. Avec le mode 3, l'interdépendance organisationnelle est prise en compte par une évolution des métiers et des structures, et l'implantation d'une véritable fonction de pilotage entre les organisations.

1.3.3. Modes de pilotage et systèmes d'information

La coopération logistico-opérationnelle a pour objectif de mettre en place des systèmes routiniers généralisés de transaction et de contrôle sur le modèle de la relation électronique. Cette approche est donc limitée à des tests de liaison de type EDI. Il n'y a pas de remise en cause organisationnelle, ni d'applications informatiques complexes, ni création de nouveaux processus, mais une automatisation de procédures existantes. La complexité des systèmes logistiques, couplée à une grande variabilité, ne peut être résolue par de tels systèmes qui apportent beaucoup de rigidité.

En revanche dans la coopération logistico-commerciale, le contenu des systèmes d'information est redéfini en favorisant le partage d'informations au niveau des catalogues articles ou de la fonction portefeuille de planification de l'offre. Des informations sur les historiques de ventes sont échangées et des travaux sont engagés pour étudier les modes d'exploitation et de valorisation de ces données pour améliorer le pilotage des flux. Les données sur les nouveaux produits et les promotions sont également échangées pour améliorer la performance commerciale du produit. Ici, l'objectif en matière d'EDI n'est pas de généraliser, car le volume d'informations généré par le système rend toute intervention à valeur ajoutée illusoire. Le système fonctionne alors comme un révélateur des zones de progrès et par exception. C'est l'acteur qui développe le système d'information, qui consolide son pouvoir différenciateur en matière de relation commerciale et dirige le flux d'informations vers des réseaux « partenaires » pour arbitrer les choix commerciaux. Néanmoins, la logique générale reste une logique push, dans le sens où l'enjeu essentiel est le gain commercial. L'occupation du linéaire ou de la surface de vente par un producteur donné au détriment de ses concurrents horizontaux demeure un point-clé.

Il est nécessaire de mettre en place une véritable fonction de pilotage entre le producteur et le distributeur pour atteindre les objectifs initiaux de la coopération logistico-marketing. Cette fonction inclut les prévisions des ventes, les consommations réelles, la connaissance des stocks sur l'ensemble de la chaîne d'approvisionnement, les plannings de production et de distribution. C'est seulement à ce stade qui s'appuie sur une transparence donnée par le distributeur au producteur sur la nature de la demande que l'on pourra parler d'un véritable pilotage intégré qui s'appuie sur une logique pull. Les procédures et les modes de communication sont très élaborés et spécifiques à la relation. Les informations échangées appartiennent au domaine du développement de la connaissance, c'est-à-dire qu'il s'agit d'informations dotées d'une valeur intrinsèque non nécessaire à l'échange. C'est dans ce cadre que sont en général développés les systèmes APS, Advanced Planning and Scheduling Systems, conçus par des éditeurs tels que I2 Technologies, Manugistics et les éditeurs majeurs des ERP (SAP, Oracle,...) et qui sont particulièrement déployés dans des industries d'assemblage complexe (automobile, micro-informatique...) ou de process dans l'agroalimentaire.

1.3.4. Performance des points de vente et des linéaires

La performance commerciale des points de vente n'est que le résultat indirect de l'organisation logistique à l'interface producteur-distributeur. Mais ce résultat éclaire les types de relations propres à chaque mode de coopération car le point de vente, lieu d'achat des produits par le consommateur final constitue le foyer des rencontres concurrentielles. Alors que le merchandising est absent de la coopération logistico-opérationnelle, il est subordonné aux ventes dans un objectif de volume dans la coopération logistico-commerciale. Des gammes de produits spécifiques sont développées par enseigne, voire par magasin. Il devient nécessaire d'élargir le champ relationnel, de développer une approche basée sur la négociation.

La coopération logistico-marketing implique un merchandising interactif, qui s'appuie sur la définition d'objectifs communs, l'intégration mutuelle des contraintes et une conception conjointe du produit. La position centrale du consommateur final conduit à une codéfinition des assortiments et la mise en place de gammes adaptées aux enseignes de ces consommateurs des zones de chalandise concernées.

L'instauration des coopérations logistiques, de quelque nature qu'elles soient, conduit à une évolution progressive des missions assignées aux points de vente. Fréquemment, le point de vente a cumulé de nombreuses activités le détournant plus ou moins de sa fonction commerciale, de loin la plus exigeante. On a vu ainsi des points de vente cumuler les fonctions achat, approvisionnement, logistique de préparation des commandes et de livraison aux clients. Les coopérations mises en place permettent de dépolluer les points de vente des fonctions qui ne sont pas directement liées avec l'action commerciale. On peut ainsi assister à la mise en œuvre de réapprovisionnement automatique de la part des fournisseurs.

2. LE CAS DES PRODUITS DE GRANDE CONSOMMATION : TRADE-MARKETING ET EFFICIENT CONSUMER RESPONSE

Les réflexions que nous venons de mener sur la nature des relations entre producteurs et distributeurs et sur le rôle qu'y occupe la logistique, laissent deviner l'existence de trajectoires plus favorables que d'autres qui faciliteraient le redéploiement relationnel des acteurs. Les enjeux se dessinent pour chacun des acteurs impliqués dans la relation. Encore faut-il qu'ils puissent trouver le meilleur cheminement pour prendre la posture adaptée à l'instauration d'un mode d'échange nouveau. Ce cheminement commun, élaboré à partir de questions logistiques, permet d'ouvrir des perspectives de travail beaucoup plus élargies et touchant des domaines historiquement aussi sensibles que celui des ventes et des achats.

Dans un premier temps, nous verrons comment un cadre général à la structuration des relations entre producteurs et distributeurs est proposé. C'est la présentation de la démarche de trade-marketing qui consacre l'instauration d'un lien nouveau entre producteurs et distributeurs. Cependant, si le champ défini par le trade-marketing propose un lieu commun de rencontre entre les deux acteurs, il est nécessaire que l'un et l'autre y voient, à défaut d'un intérêt commun, un intérêt respectif, pour accepter de prendre la posture d'échange nécessaire à l'entrée dans les logiques proposées par le trade-marketing. Dans un second temps, nous analyserons la nature de l'enjeu proposé par l'Efficient Consumer Response (ECR). L'ECR est la recherche commune de toute action qui favoriserait en commun l'amélioration de l'offre proposée aux clients. Cette incitation est acceptée en l'occurrence par les deux partis. Dans un troisième temps, nous analyserons la démarche suivie par LaScad et par Système U. Enfin, nous chercherons à tirer quelques enseignements de cette dynamique de reconstruction des relations producteurs-distributeurs.

2.1. La logistique dans le mix trade-marketing

2.1.1. Contexte

Dans le contexte difficile des produits de grande consommation, les distributeurs comme les producteurs sont à la recherche de nouvelles voies pour dynamiser leurs activités. Les stratégies d'achat se bâtissent à partir de critères de performances élargies (fidélité de la marque pour l'enseigne, réponse au positionnement visé par l'enseigne...) et de services fournis par la logistique. Les axes principaux de travail sont susceptibles d'être énoncés de la manière suivante :

• cesser la recherche systématique des prix les plus bas et tenter d'identifier et de valoriser des services associés aux produits pour le client ;
• appuyer la négociation industriel/distributeur sur des critères plus diversifiés que le seul prix comme, par exemple, les moyens de paiement, l'automatisation des procédures, la continuité de la chaîne logistique.

Ces axes sont orientés soit sur la relation client final/distributeur soit sur la relation producteur/distributeur. Les critères de référencement d'un produit devraient évoluer. À la puissance de la marque et à l'évaluation du rapport prix/qualité/quantité devrait s'ajouter la capacité d'un producteur à mettre à la disposition d'un distributeur les moyens d'optimiser son offre produit. Dans les deux cas énoncés, la voie complémentaire à la réduction des coûts pour améliorer l'offre produit du distributeur est une voie de différenciation ou de diversification qui propose des services complémentaires associés aux produits. Ces services sont pour partie ceux qui sont proposés par la logistique.

2.1.2. Le trade-marketing : premier cadre conceptuel de l'intégration sectorielle de la logistique

Le trade-marketing, ou marketing du commerce, symbolise un changement d'attitude dans les rapports entre producteur et distributeur. Le trade-marketing permet d'optimiser l'offre aux clients consommateurs finals grâce à une prise en compte plus structurée de son offre auprès du distributeur. Une définition du trade-marketing pourrait être la suivante :

Le trade-marketing permet une meilleure prise en compte par l'industriel des besoins et des exigences de ses clients distributeurs. Il complète ainsi sa démarche classique historiquement orientée vers le client consommateur final.

Cette approche illustre la théorie qui démontre que la performance commerciale auprès du consommateur client final est fonction de la coordination de l'ensemble des acteurs de la chaîne de mise à disposition des produits. Toutes les activités d'une chaîne de valeur doivent être harmonisées. Une perte de cohérence entre l'ensemble des acteurs intervenant dans une chaîne a pour conséquence, à terme, une baisse de compétitivité de la chaîne tout entière et donc pour chacun de ses acteurs. Le producteur prend ainsi conscience que le référencement d'un produit se fera de moins en moins sur le seul pouvoir de la marque mais de plus en plus sur la maîtrise du service et des coûts associés. La négociation entre producteur et distributeur sera alors fondée sur un objectif commun de résultat et non plus sur un prix d'achat.

Le trade-marketing garantit une meilleure adéquation du marketing producteur avec le marketing distributeur et vient compléter la structure de travail du triptyque consommateur/distributeur/producteur dans le domaine des produits de grande consommation (cf. schéma 11.2). Au marketing producteur développé par le fabricant et tourné vers le consommateur, s'est ajouté le marketing distributeur développé par la firme de distribution et tourné également vers le consommateur.

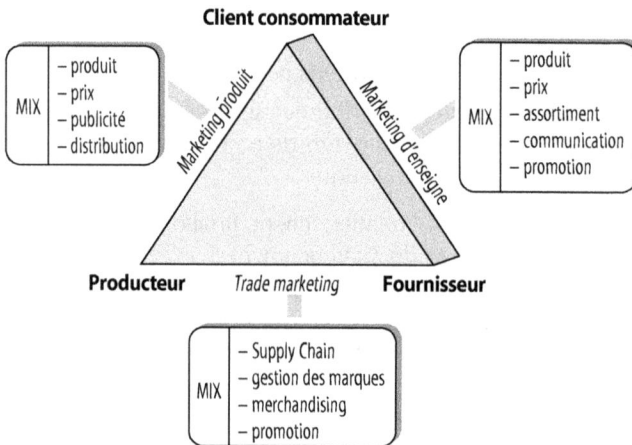

SCHÉMA 11.2. *Les trois marketings du canal de la grande distribution*

Le trade-marketing formalise quant à lui, la prise en compte par le producteur de chaque distributeur comme un type de client qu'il doit étudier et auquel il doit proposer des réponses spécifiques à ses attentes.

Dans le mix trade-marketing, la variable Supply Chain est identifiée clairement. L'une des attentes reconnues dans ce schéma, du distributeur à l'égard du producteur en termes d'offre, est celle du processus Supply Chain. Les enjeux se situent pour le distributeur soit dans la diminution des coûts, soit dans la différenciation des enseignes (cf. tableau 11.2).

Enjeux		Conception	Fabrication	Distribution	Mise en linéaire	Vente
Diminution des coûts	Sur les flux d'informations	• réalisation de catalogue produits • mise en œuvre de liaison EDI ou web	• formalisation des fiches produit	• traitement des commandes en EDI ou via le web	• scanning • accès partagé	• délais de paiement • facturation par EDI ou Web
	Sur les flux physiques	• types de palettisation et de conditionnement adaptés à l'enseigne	• stockage des produits finis • mix push/pull	• circuits d'approvisionnement • prestataires	• prestations logistiques	• retour des invendus
Différenciation des enseignes	Marketing client distributeur	• offre adaptée au positionnement de l'enseigne	• PLV • suremballage • marques distributeurs	• opérations spécifiques enseigne pour se différencier de la concurrence	• nouvelles techniques promotionnelles • copacking	
	Optimisation des assortiments	• prévisions des ventes		• offre fournisseur adaptée à la zone de chalandise	• PDP (profit direct par produit) • gestion des magasins	• optimisation de la gestion des linéaires

TABLEAU 11.2. *Enjeux du trade-marketing et leviers d'action*

2.2. Élargissement à la démarche d'Efficient Consumer Response (ECR)

2.2.1. Principes de l'ECR

Le projet Efficient Consumer Response (ECR), sous son appellation française, Réponse Efficace au Consommateur, est né aux États-Unis en 1992 sous l'impulsion du Food Marketing Institute. L'objectif principal visé est de chercher à rationaliser la chaîne de distribution pour accroître la valeur apportée aux clients tout en limitant les coûts s'y rapportant. Fournisseurs et distributeurs recherchent ainsi une coopération pour accroître dans une démarche commune et coordonnée la satisfaction du consommateur qui est placé au centre des préoccupations communes. Ainsi, ce sont deux objectifs majeurs qui transparaissent au travers de la démarche ECR :

- un objectif de réduction des coûts. C'est principalement un travail d'identification des dysfonctionnements à l'interface du distributeur et du producteur qui permettra de trouver les sources de coûts non justifiés et donc les possibilités d'économie commune. Ce sont essentiellement les opérations physiques et administratives qui offrent le champ de travail commun aux deux interlocuteurs sur cet objectif. pour lequel une des réponses consistera à développer et mettre en œuvre des standards en termes de méthodologies, de langage commun et de systèmes de communication. Il est donc essentiel que le plus grand nombre d'auteurs soit mobilisé pour atteindre un volume critique ;
- un objectif de dynamisation commerciale. C'est ce que l'on dénomme le « demand side » de l'ECR. L'idée qui prévaut ici est de faire passer le travail commun entre producteur et distributeur d'une logique de coûts à une logique de gain. Cet objectif donne la possibilité d'aller au-delà de la seule coopération logistique destinée à réduire les coûts et de passer à une recherche de réelle coopération commerciale. C'est dans ce cadre que s'instaurent des chantiers dans le domaine des promotions, de l'introduction des produits nouveaux, des conditionnements…

Le travail mené initialement aux États-Unis est passé par la réunion commune et à parts égales d'industriels, de grossistes distributeurs et de détaillants. Deux axes ont été principalement travaillés : l'axe de l'échange d'information et l'axe du flux de marchandises. Les chantiers de travail sont généralement identifiés :

- les best practices (les meilleures pratiques) et les retours d'expérience ;
- les indicateurs communs de mesure de performance, les outils et la technologie, pour faciliter l'échange et le partage de l'information ;
- la formation et le management ;
- la définition des standards de coûts et de suivi ;
- la résolution des problèmes spécifiques dans une démarche pragmatique.

2.2.2. Les champs d'application de l'ECR

Les axes de progrès de l'ECR peuvent être regroupés en deux domaines stratégiques :
- la gestion de la demande consommateur ;

• la gestion de la chaîne d'approvisionnement.

et deux domaines support :
• les supports technologiques ;
• les intégrateurs.

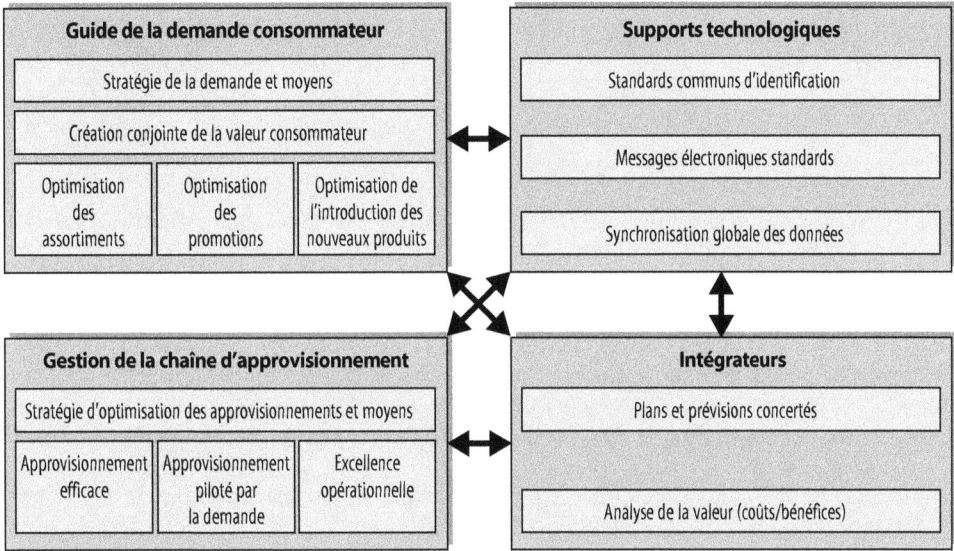

Schéma 11.3. *Les champs d'application de l'ECR (Source : site ECR France)*

Chacun de ces champs pour lequel une coopération est envisagée, donne lieu à l'identification de leviers concrets d'actions. Il se révèle à l'expérience qu'un nombre significatif de ces leviers se trouve être de nature logistique et concerne aussi bien l'action sur le flux de marchandise que sur le flux d'information. L'ECR propose des grilles de maturité (scorecard) qui permettent à toute entreprise de s'auto-évaluer en termes de démarche coopérative.

La coopération entre producteurs et distributeurs s'est traduite dans la foulée en Europe par le lancement d'une étude SRC (Supplier Retailer Collaboration). Le SRC est une étude menée par le Coca-Cola Retailing Research Group, qui a porté sur 11 cas de collaboration développés entre industriels et distributeurs. Selon cette étude, la somme des bénéfices potentiels issus de coopérations entre producteurs et distributeurs dans l'industrie européenne peut être évaluée entre 2,3 % et 3,4 % du volume des ventes au prix de détail, c'est-à-dire 3 à 4 fois moindres que dans l'approche ECR américaine. Ces bénéfices seront répartis entre détaillants (environ 60 %) et fournisseurs (environ 40 %).

La démarche d'implantation de l'ECR dans les entreprises a suivi deux grandes phases. Tout d'abord, la première phase est une phase collective d'observation et d'évaluation des enjeux. Il est remarquable de constater que dans ses débuts l'ECR a principalement reposé sur des approches réunissant plusieurs distributeurs et plusieurs producteurs cherchant dans leur ensemble à évaluer les enjeux et à observer les orientations susceptibles d'être prises par chacun. Par exemple, l'association ECR Europe regroupant des distributeurs et des producteurs européens, a mené des études type Efficient Unit Loads (EUL). L'une d'entre elle a regroupé 11 producteurs (Danone, Gillette, Kellogg's, Mars, Nestlé, Heineken, Oetker, L'Oréal, Procter & Gamble, Sara Lee, Unilever) et 10 distributeurs (Atlantic, Auchan, Edah, FDB, ICA, Karstadt, Promodès, La Rinascente, Spar, Tesco). Elle a eu pour vocation d'étudier le design le plus adapté des contenants tels que les palettes, les rolls, les bacs plastiques... afin qu'ils soient efficaces tout au long de la chaîne de production-distribution. L'un des résultats de l'étude est économique. Il démontre qu'un travail commun entre producteurs et distributeurs sur les vecteurs de manutention est d'environ 1,2 % du prix de vente.

De même, en France, c'est au travers de l'Union Nationale des Industries du Bricolage du jardinage et des Activités manuelles de loisir (Unibal) et de la Fédération Française des magasins de Bricolage (FFB) qu'une étude ECR a été amorcée entre plusieurs distributeurs et producteurs sur le thème de l'approvisionnement partagé. La dynamique mise en place révèle là encore, le mode de développement des démarches ECR. Amorcée par une sollicitation des pouvoirs publics, la démarche est promue par deux instances professionnelles. C'est une fois ces étapes passées qu'un certain nombre de chantiers mettant des industriels et des distributeurs en binôme a pu se mettre en place.

La seconde phase des démarches ECR, est une phase de construction de chantiers binomiaux. Le producteur et le distributeur, ainsi réunis, cherchent au travers de travaux sur des chantiers identifiés dans le cadre de la phase 1 à trouver les moyens opérationnels de cette coopération. En France, Carrefour — dans sa composante Promodès — est apparu historiquement comme leader en ce qui concerne le développement de la démarche.

La démarche est sans aucun doute motivée par des dysfonctionnements dont pâtissent industriels et distributeurs. La rupture de stock sur linéaire est un problème-clef dont on connaît les conséquences au niveau des ventes perdues instantanées et induites. Les études montrent qu'un taux moyen de 10 % n'est pas exceptionnel. Ce taux moyen recouvre bien évidemment des réalités très différentes d'un article à un autre, d'un jour de la semaine à un autre et d'un point de vente à un autre. Ce phénomène a été accentué par l'explosion du nombre de références articles estimée à 220 % en vingt ans alors que les surfaces de vente n'ont augmenté en France que de 10 %. L'analyse des causes montre que si un certain nombre de causes sont imputables à chacune des parties, industriel ou distributeur, beaucoup d'entre elles appartiennent à un processus Supply Chain conjoint.

Au-delà des résultats globaux en termes par exemple de fonctions soutenues par la technologie EDI, il est essentiel de s'intéresser à toute démarche entreprise par deux sociétés qui se sont donné un programme de coopération devant permettre d'atteindre des résultats concrets. Souvent, les objectifs de chacune des parties ne sont pas symétriques :

- pour le producteur :
  - réduction des litiges très coûteux en gestion administrative ;
  - optimisation et maîtrise des flux logistiques ;
  - réduction des ruptures qui n'ont pas la même valeur économique en semaine comparée au samedi après-midi ;
  - anticipation des événements souvent accentués par le jeu des promotions développées par les enseignes ;
  - évolution d'une relation essentiellement basée sur l'affrontement sur les prix à une relation créatrice de valeur pour le consommateur final.
- pour le distributeur :
  - réduction du stock et maîtrise des coûts ;
  - amélioration du taux de service en limitant les ruptures de stock en linéaire ;
  - diminution des documents échangés ;
  - extension et optimisation des échanges informatisés.

Cette approche coopérative requiert la volonté de comprendre le métier de l'autre au niveau de ses spécificités et de ses contraintes. Le partage ne doit pas se faire uniquement sur les gains potentiels mais aussi sur la résolution pragmatique des problèmes.

Le chapitre suivant propose une analyse approfondie d'une telle approche innovante.

2.3. Application au cas des produits cosmétiques : le cas LaScad-Groupe L'Oréal

2.3.1. Environnement commercial de LaScad

C'est en 1907 que le développement de L'Oréal commence sous l'impulsion de son fondateur Eugène Schueller qui invente les premières teintures capillaires distribuées exclusivement aux coiffeurs. La croissance de l'entreprise n'a jamais cessé tant au niveau national qu'au niveau international (présence actuelle dans 150 pays au travers de 375 filiales et plus d'une centaine d'agents). Leader mondial des produits cosmétiques il est présent aujourd'hui avec des marques telles que Vichy, Helena Rubinstein, Garnier... sur tous les segments de marchés et sur tous les circuits de distribution. Son chiffre d'affaires était en 2005 de 14,5 milliards d'euros. Ses trois principaux pôles d'activités sont les suivants :

- les activités cosmétologiques qui comprennent les activités capillaires (shampooing, laque...), les produits d'hygiène et de toilette (produits de rasage, gel douche, déodorant...), les produits pour la peau (laits hydratants, crème solaire, maquillage...), les eaux de toilette et parfums. Ces activités représentent environ 86 % du chiffre d'affaires du Groupe ;
- les activités pharmaceutiques, dermatologiques et biomédicales qui pèsent pour environ 13 % du chiffre d'affaires ;

> • les activités culturelles, plus marginales (presse, cinéma, télévision, art) qui représentent environ 1 % du chiffre d'affaires, mais qui contribuent à mieux connaître et à mieux influencer les courants socioculturels.

L'Oréal a ainsi progressivement élargi et diversifié ses activités dans tous les domaines de la beauté, du soin et de l'hygiène du visage et du corps. L'entreprise s'est structurée à partir de quatre grandes divisions qui sont dédiées chacune à un circuit de distribution. Chacune des divisions s'organise autour d'affaires indépendantes qui développent et commercialisent leurs propres marques, au risque — volontairement accepté — de se retrouver en concurrence directe entre elles :

• Produits Professionnels (14 % du chiffre d'affaires) conçoit et développe les produits professionnels et les produits destinés à la revente pour le circuit des salons de coiffure. Plusieurs affaires sont en charge des activités de la division coiffure, Kérastase, Redken et L'Oréal Technique Professionnelle ;

• Distribution Produits Grand Public (55 %). Cette division regroupe des sociétés dont les gammes sont destinées au marché de la grande diffusion. Ce sont trois affaires qui assurent le développement des activités de L'Oréal sur ce marché, Garnier-Gemey-Maybelline, L'Oréal Paris et laScad ;

• Produits de beauté (25 %) qui comprend les affaires suivantes : Lancôme, Helena Rubinstein, Biotherm et un département parfums (Cacharel, Guy Laroche, Paloma Picasso, Giorgio Armani…). L'ensemble de ces produits est vendu dans un circuit de distribution sélective constitué des parfumeries de luxe, des duty-free shops et des stands des grands magasins ;

• Cosmétique Active (6 %) est la division qui conçoit et qui commercialise les produits des grandes marques L'Oréal qui sont vendus dans le circuit des pharmacies et des espaces beauté spécialisés. Les affaires suivantes sont intégrées à cette division : Vichy, Laboratoires pharmaceutiques Roche-Posay et Innéov qui développent de nouveaux segments de marchés propres au circuit de la pharmacie et spécifiques à la dermo-cosmétique de santé.

Les divisions opérationnelles gèrent les affaires qui leur sont rattachées, c'est-à-dire des entreprises qui ont donc des activités similaires sur un même circuit de distribution. Chacune des affaires dispose d'une structure autonome et est essentiellement en charge des activités de production (environ 45 usines dans le monde et 100 centrales de distribution) et de commercialisation.

La division Distribution de Produits Grand Public de L'Oréal comprend trois affaires dont LaScad (Spécialités Capillaires et Dermatologiques). C'est une affaire strictement commerciale qui ne possède ni laboratoire de recherche ni usine en propre. Elle crée et commercialise ses produits en utilisant les ressources des usines et des laboratoires des autres affaires. Cette affaire a pour objectif de se consacrer aux marchés de consommation populaire. Elle cherche donc non seulement à fidéliser les consommateurs actuels, mais également à transformer en consommateurs les non-consommateurs. Dans cette optique l'entreprise a décidé de développer une stratégie de méga-marques. Ce sont des marques indépendantes et puissantes faites pour durer. Elle a développé des marques reconnues leaders sur les segments concernés : Dop, Mixa, Narta, Vittel, Mennen, Fluoryl, Ushuaia et Jacques Dessange.

Trois éléments-clés structurent la stratégie de cette affaire :

• la recherche qui représente près de 3,5 % du chiffre d'affaires et regroupe 3 000 chercheurs. 529 brevets ont été déposés en 2005 ;

• l'innovation. Le catalogue de produits est entièrement renouvelé sur 2 à 3 ans ;

• la communication, sachant que 30 % des achats sont réalisés sous impulsion. La marque occupe une place centrale en apportant sécurité, image et caution.

LaScad travaille de manière privilégiée avec la grande distribution. Ses dix premiers clients représentent plus de 90 % du chiffre d'affaires et sont tous associés à une grande enseigne de la grande distribution.

LaScad présente donc l'intérêt d'être une entreprise leader sur son secteur. L'entreprise est numéro 1 en shampooing, en déodorant, en produits douche et en volume tous produits confondus. LaScad parle même de l'exception cosmétique pour illustrer le contexte de son marché à croissance forte dans un environnement où les autres segments se situent dans un contexte de marché stagnant voire en régression. De plus, les produits Hygiène-Beauté commercialisés par LaScad sont particulièrement importants pour la grande distribution puisqu'en 1990 ils représentaient environ 3 % du chiffre d'affaires du secteur, aujourd'hui 4 %, et 12 % de la croissance en super et hypermarché. Cette croissance se traduit par un rendement très élevé en grande distribution, le rayon DPH (Droguerie, Parfumerie, Hygiène) étant le troisième rayon visité. Les clients passent beaucoup de temps dans ce rayon, près de 1 minute 15 secondes, alors que ce temps se réduit à 39 secondes pour les produits alimentaires en général et 5 secondes pour la lessive. Dans les grandes surfaces, le rendement au mètre carré des produits cosmétiques est supérieur à la moyenne des autres segments. Pour un indice de rendement moyen de 100 de tous les autres segments, cet indice est égal à 138 pour le secteur DPH. Lorsqu'un hypermarché réalise un chiffre d'affaires de 6 100 €/m^2 tous produits confondus, le rayon DPH réalise quant à lui 9 200 €/m^2. Nous noterons enfin, pour terminer d'illustrer la sensibilité de ce secteur au sein de la grande distribution, que le rayon DPH représente 3 % de la surface de vente en grande distribution alors qu'il contribue à 5 % du chiffre d'affaires réalisé et à 15 % des références en rayon.

2.3.2. Place de la logistique dans l'entreprise

Comme dans la plupart des entreprises de produits de grande consommation, la logistique de LaScad est structurée autour de deux pôles, un pôle de logistique industrielle et un pôle de logistique commerciale. Le pôle de logistique industrielle ressemble à celui que l'on retrouve chez les industriels non spécialisés en produits de grande consommation. Elle se concentre sur la mise sous tension des flux, sur l'organisation des approvisionnements, sur la gestion des transports assurant l'approvisionnement des entrepôts… La logistique commerciale est beaucoup plus spécifique aux entreprises travaillant avec la grande distribution. Cette logistique commerciale comprend, le plus souvent : un service client qui assure la prise des commandes ; une partie comptabilité qui assure la facturation et la relance paiement des clients ; une fonction développement qui suit essentiellement les projets de système d'information en cours de mise en place avec la grande distribution ; une fonction stock court terme qui gère les problèmes avec la centrale de préparation de commande et d'expédition ; une fonction de gestion de la codification et de maintenance du catalogue produits ; enfin, une fonction de production des prévisions qui assure la consolidation entre la fonction marketing, la fonction commerciale et les usines.

	Objectifs généraux	Déclinaisons logistiques
Toute entreprise de produits de grande consommation	• Améliorer la productivité	• Améliorer le passage des commandes (EDI) support de la relation commerciale
	• Assurer la qualité totale	• Livrer le bon produit au bon moment • Limiter les ruptures de stock
	• Adopter une stratégie enseigne	• Proposer une offre logistique par enseigne
Exception cosmétique	• Croissance importante	• Catalogue renouvelé sur 2 à 3 ans
	• Rendements supérieurs à la moyenne • Séduction et achats d'impulsion • Activité promotionnelle centrale	• 180 références standards • 600 références traitées dans l'année • Limiter les ruptures de stock • 60% du volume vendus en promotion dont 40 % en opérations spéciales tête de gondole. Mise en place d'une logistique dédiée promotion
Particularités de LaScad	• Renouvellement très rapide des produits	• 50% des références redéfinis chaque année. Piloter l'introduction de nouveaux produits et réduire le time to market
	• Croissance supérieure à celle du marché	• 60% des volumes en promotion. Clarifier l'offre du linéaire

Tableau 11.3. *Objectifs de LaScad et déclinaisons logistiques*

La logistique constitue un enjeu stratégique à double titre :

• elle accroît le chiffre d'affaires, en recrutant de nouveaux consommateurs et en augmentant la valeur moyenne du panier, ce qui répond à la stratégie commerciale dont l'objectif est de gérer la rencontre entre le consommateur et le produit ;

• elle diminue les coûts logistiques et administratifs, ce qui améliore la profitabilité et répond à la stratégie globale de L'Oréal.

L'importance des promotions est primordiale : un produit donné est promotionné en moyenne 6 fois par an et plus de 50 % du chiffre d'affaires sont réalisés dans les 3 derniers jours du mois. Il est donc clair que le flux logistique est constitué de deux familles logistiques : les produits promotionnés et les produits en linéaire. Par définition, les produits promotionnés sont des produits à quantité limitée qui conduisent généralement à des ruptures de stock et à la nécessité d'arbitrer l'affectation des pénuries entre les distributeurs. Dans le schéma 11.4, les produits destinés à recompléter le linéaire constituent le flux tiré car dimensionné selon un réassort automatique suivant la consommation, alors que les produits promotionnés constituent le flux négocié ou poussé (notion de push commercial) :

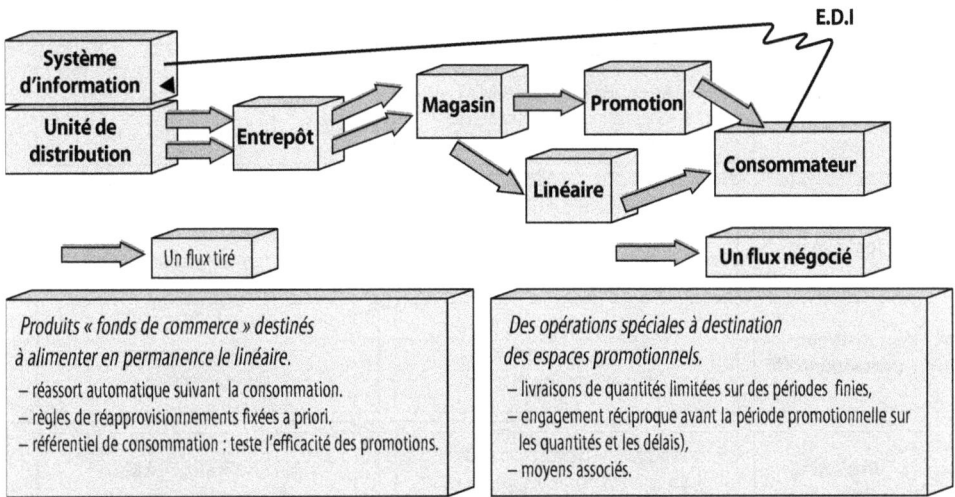

SCHÉMA 11.4. *Prise en compte d'un double flux logistique chez LaScad*

La logistique intervient donc pour à la fois soutenir la demande par la mise à disposition des produits promotionnés — caractérisés par un cycle de vie très court — et pour limiter les ruptures de stocks. La résultante de l'implication de la logistique comme levier du marketing mix est l'accroissement du volume comme le montre le schéma 11.5.

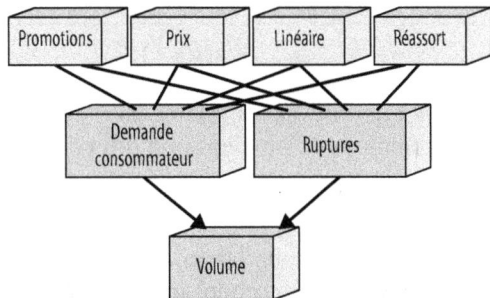

SCHÉMA 11.5. *La logistique levier de production des volumes vendus*

2.3.3. La logistique dans le partenariat cosmétique de LaScad

LaScad a intitulé sa démarche d'instauration de travail commun avec la grande distribution, le « partenariat cosmétique ». Ce partenariat présente trois grandes caractéristiques. La première cale cette démarche sur l'ECR et place donc le client au centre de la réflexion. L'Oréal et ses partenaires distributeurs cherchent à optimiser une offre commune qui se définit en termes de marque (L'Oréal) et en termes de linéaire (les distributeurs). La seconde postule la construction d'un partenariat global. La logistique ne représente que l'un des leviers d'action qui agit sur des axes de travail multiples, comme le montre le schéma 11.6 :

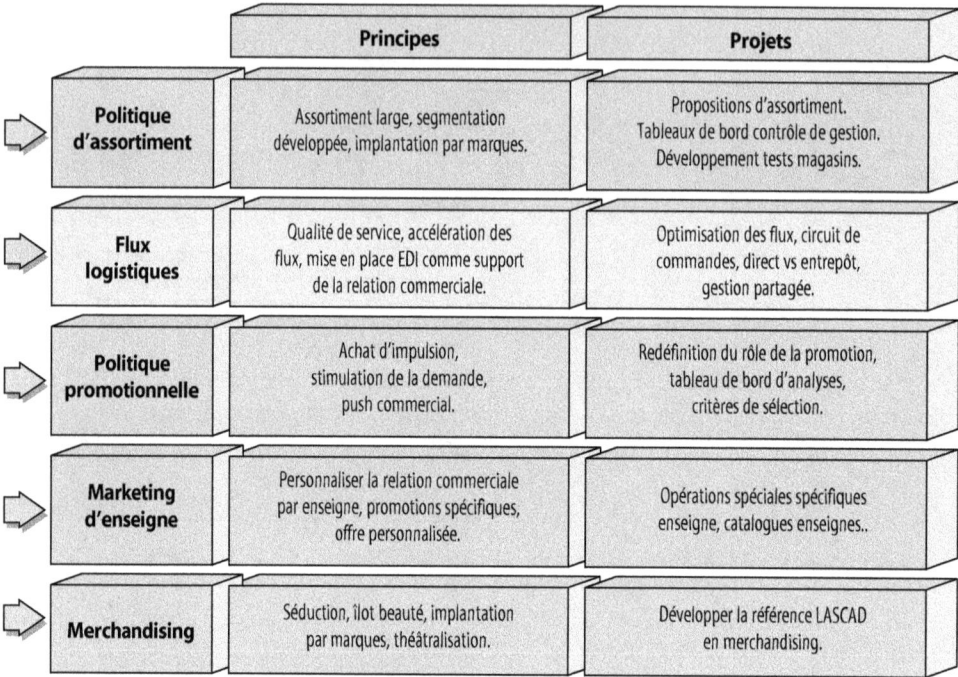

	Principes	Projets
Politique d'assortiment	Assortiment large, segmentation développée, implantation par marques.	Propositions d'assortiment. Tableaux de bord contrôle de gestion. Développement tests magasins.
Flux logistiques	Qualité de service, accélération des flux, mise en place EDI comme support de la relation commerciale.	Optimisation des flux, circuit de commandes, direct vs entrepôt, gestion partagée.
Politique promotionnelle	Achat d'impulsion, stimulation de la demande, push commercial.	Redéfinition du rôle de la promotion, tableau de bord d'analyses, critères de sélection.
Marketing d'enseigne	Personnaliser la relation commerciale par enseigne, promotions spécifiques, offre personnalisée.	Opérations spéciales spécifiques enseigne, catalogues enseignes..
Merchandising	Séduction, îlot beauté, implantation par marques, théâtralisation.	Développer la référence LASCAD en merchandising.

SCHÉMA 11.6. *Le partenariat cosmétique*

Elle permet de trouver les gisements d'économie recherchée et elle rend possible les actions communes d'amélioration des ventes. Enfin, la troisième précise que ce partenariat repose principalement sur une logique de gain et non pas seulement sur une logique de coûts.

La spécificité du partenariat cosmétique est donc de dépasser le cadre strict logistique à l'intégration de la composante commerciale dans la définition des objectifs du partenariat, en cherchant en particulier à augmenter les ventes, notamment par la diminution des ruptures, comme le montre le tableau 11.4.

	Actions commerciales	Réduction des ruptures	Diminution des coûts logistique
Partenariat classique	+	++	+++
Partenariat cosmétique	+++	+++	++

TABLEAU 11.4. *Comparaison des objectifs du partenariat classique avec ceux du partenariat cosmétique*

Ce type de partenariat est donc principalement centré sur la coopération logistico-commerciale comme le montre le schéma 11.7 :

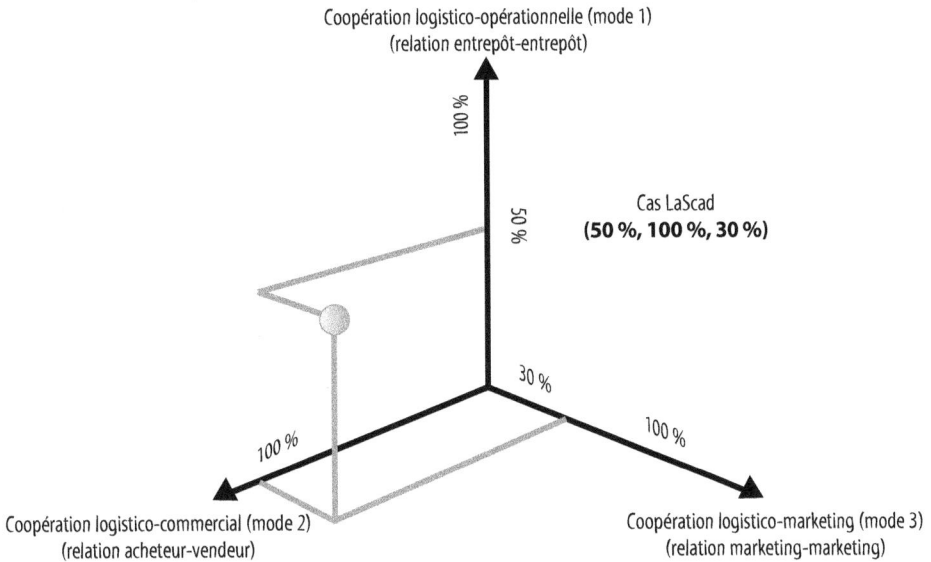

Schéma 11.7. *Mode de coopération logistique dans le domaine cosmétique*

L'objectif est avant tout d'anticiper et de provoquer la croissance du marché pour dégager de la marge et non pas de réduire l'action commune à la rationalisation des circuits. Les questions posées sont donc :

• comment optimiser les flux en préservant la dynamique commerciale ?

• comment diminuer les ruptures en rayon ?

• comment accélérer la mise en place des produits en rayon ?

En termes de conduite de la fonction logistique, c'est un changement de posture qui se dessine. Ce changement de posture se traduit par trois grands objectifs :

• simplifier les opérations en les clarifiant pour éliminer toutes les sources d'ambiguïté qui provoquent la plus grande partie des dysfonctionnements logistiques et leur redonner un sens pour expliciter le lien existant entre la dynamique logistique et les grands choix stratégiques de l'entreprise ;

• anticiper par la mise en place d'un état d'esprit et d'un ensemble d'indicateurs ;

• intégrer de façon à établir une cohérence de fonctionnement de la matière première jusqu'au caddie du client.

La chaîne logistique de LaScad est dès lors appréhendée de manière différente. D'une approche séquentielle des flux d'information et des flux de matière, transitant par un grand nombre d'intermédiaires (cf. schéma 11.8), on passe à une vision beaucoup plus intégrée où le client est pratiquement directement en relation avec l'industriel (cf. schéma 11.9). C'est une redistribution des rôles qui s'oppose à l'attitude prise par un grand nombre de distributeurs qui ont cherché pendant des années à isoler, au contraire, le producteur de son client. Cette coopération, si elle ne prend pas encore le caractère absolu décrit dans le schéma 11.7, n'en est pas moins devenue une réalité.

Flux de la demande

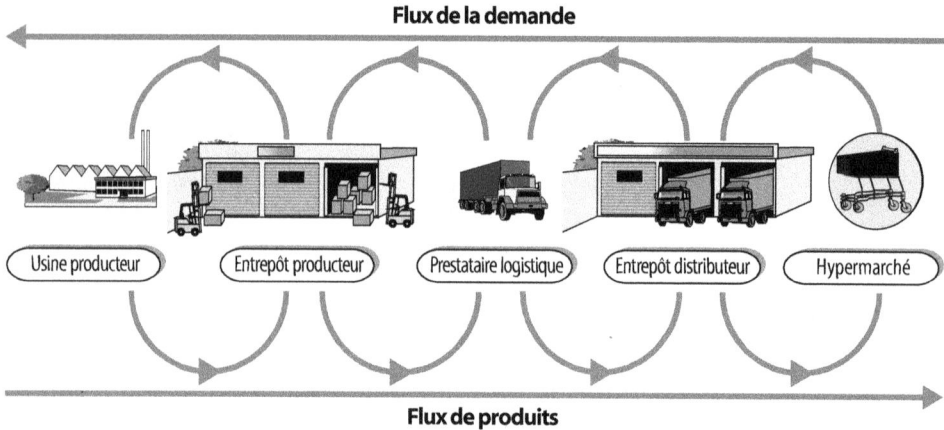

Usine producteur · Entrepôt producteur · Prestataire logistique · Entrepôt distributeur · Hypermarché

Flux de produits

SCHÉMA 11.8. *Supply Chain classique de type Make to Stock*

Flux de la demande (continu et précis)

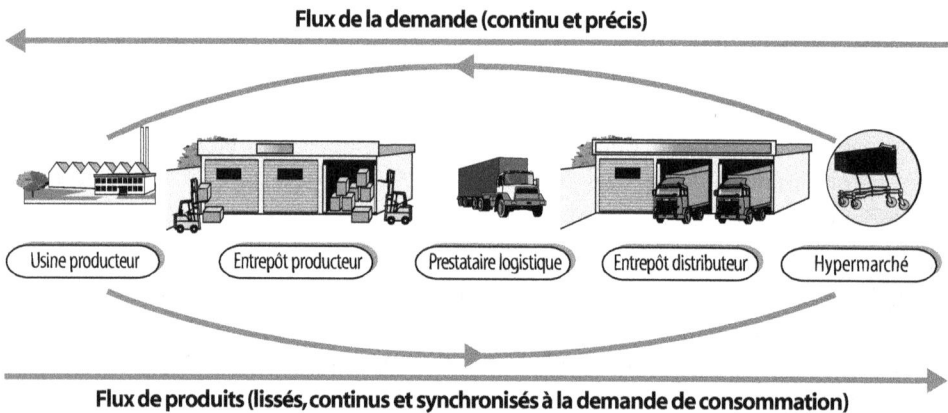

Usine producteur · Entrepôt producteur · Prestataire logistique · Entrepôt distributeur · Hypermarché

Flux de produits (lissés, continus et synchronisés à la demande de consommation)

SCHÉMA 11.9. *Supply Chain intégrée coopérative*

À titre d'expérimentation, le partenariat entre GALEC et L'Oréal Parfumerie fut un projet d'envergure nationale. Il portait en 1996 sur un test dans deux centrales régionales sur les 16 que comprend le GALEC. Le partenariat portait plus précisément sur :

• un projet logistique sur deux points de vente où les réapprovisionnements sont directement pilotés par L'Oréal Parfumerie à partir des sorties de caisse fournies par le GALEC ;

• un projet commercial qui porte sur une amélioration des processus promotionnels au niveau national (lissage d'un plan promotionnel, une PLV adaptée aux écoulements de marque à la taille et au potentiel des magasins) ;

• un projet de marketing d'enseigne (valorisation promotionnelle, merchandising, formation des acteurs sur le terrain).

Le partenariat entre Garnier et Promodès portait à la fois sur les entrepôts (un entrepôt Promodès concerné sur les quatre), et sur les aspects commerciaux et marketing. Dans ce cas la dimension logistique est abordée de manière différente de celle du GALEC. Les réapprovisionnements sont pilotés automatiquement par Garnier, non pas au vu des sorties de caisse, mais en fonction des mouvements en entrepôt. On constate que, dans ce cas, les premiers résultats ont pu être mesurés. Le taux de service est passé de 88 % à 98 %, les litiges ont pratiquement disparu avec un passage du taux de conformité des factures de 72 % à 92 %. Enfin, le nombre de jours de stock a baissé de 33 % en volume et de 6 % en valeur. Le projet commercial est, quant à lui, fondé sur la séparation entre flux de produits promotionnels et flux de produits « normaux ».

2.3.4. Outils et démarches mis en œuvre dans le partenariat cosmétique

Le partenariat cosmétique que LaScad cherche à mettre en place comporte quatre champs principaux.

• **Le premier champ** est le traitement des causes de dysfonctionnement. Les outils mis en œuvre pour traiter ces dysfonctionnements concernent :

– le traitement de l'information relative à la commande :

. la création d'une fonction « catalogue » qui a pour but de filtrer les commandes afin de ne déverser dans le système que les bons produits correspondant à la documentation de vente relative à une enseigne donnée et d'améliorer les prévisions,

. la systématisation de l'EDI pour pouvoir mieux anticiper et fiabiliser,

– la fiabilisation des prévisions des ventes par une meilleure communication chez le producteur et entre le producteur et le distributeur. Cet axe de progrès est détaillé dans la partie consacrée aux implications organisationnelles de la coopération,

– la planification de l'arrivée des marchandises et du déchargement des marchandises dans l'entrepôt distributeur,

– l'amélioration de la gestion des stocks :

. en supprimant les références non rentables : les responsables marketing et commerciaux sont d'une façon générale opposés au retrait d'un produit, la largeur de l'assortiment générant de la croissance ;

. en supprimant les queues de stock, ce qui implique un engagement des distributeurs sur des quantités concernant les présentations spéciales et l'acceptation de ruptures de stock sur des promotions. Ce dernier point est particulièrement délicat (voir schéma 11.10).

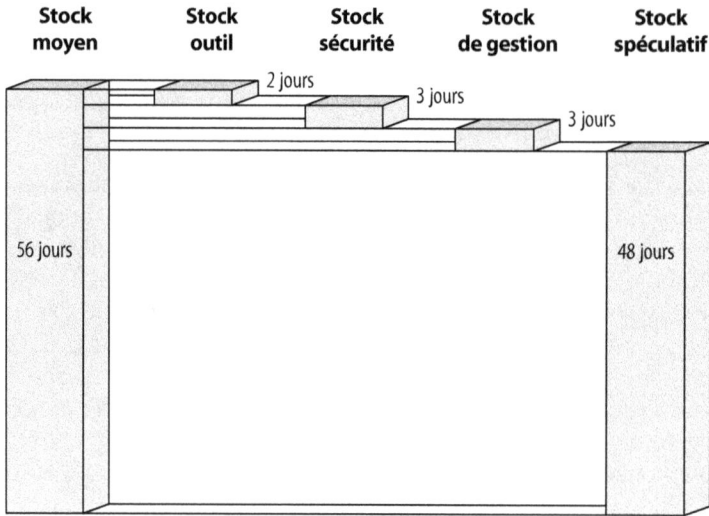

Schéma 11.10. *Décomposition des stocks*

Ce schéma montre l'importance des stocks spéculatifs issus des comportements conjoints du producteur et des distributeurs. La limitation des stocks spéculatifs sur les produits poussés permet de libérer de l'espace dans l'unité de distribution logistique et de mettre en place un stock outil qui répondra immédiatement aux demandes des clients et qui sera dimensionné à partir des prévisions de vente issues du catalogue enseigne. L'espace dégagé permettra également d'implanter un stock de sécurité, qui aura pour but de compenser une certaine défaillance des usines et ceci pour les produits à plus forte rotation. Parallèlement, il a pour mission de répondre à une accélération de la demande ;

- **Le second champ** est le traitement des promotions. Les promotions entraînent une grande déstabilisation au niveau de la gestion des flux physiques, les commandes étant passées en fin de mois et les livraisons physiques connaissant un pic en début de mois suivant. Le lissage des promotions par des approches du type EDLP (Every Day Low Price), pratiquées par des enseignes telles que Wal Mart, est une solution attrayante qui se heurte néanmoins à un manque de confiance sur le lissage effectif des hausses de prix en particulier ;

- **Le troisième champ** est l'amélioration des performances du linéaire. La coopération sur ce champ entre LaScad et les distributeurs est engagée sur 4 chantiers complémentaires :

  – L'emplacement de l'univers parfumerie : L'Oréal préconise de situer le rayon parfumerie entre le textile (zone d'agrément) et le rayon bébé-pharmacie-produits diététiques (zone saine). En effet, la vocation du rayon hygiène beauté santé (HBS) est de soutenir et de crédibiliser une surface d'achat liée au bien-être et au mieux-être. De plus, le rayon HBS marque autant le début de l'achat plaisir et agréable (textile, séduction) que la césure entre l'occasionnel et l'usuel, entre les achats de soin ou de raffinement et les achats indispensables. Le consommateur considère le rayon HBS comme essentiel et comme un « bol d'air » au milieu des achats incontournables que constituent les achats alimentaires,

– Optimisation de l'assortiment : L'Oréal préconise un assortiment long qui offre en permanence aux consommateurs un grand choix de produits techniques et de qualité, des nouveautés, et aussi des premiers prix pour satisfaire une clientèle moins aisée,

– Accroissement de la taille du rayon cosmétique : cette préconisation est justifiée pour deux raisons :

. la rotation des produits cosmétiques est plus forte que la rotation moyenne de l'ensemble des produits du magasin,

. clarification du rayon cosmétique et donc augmentation des ventes,

– Définition commune de l'assortiment : il s'agit de travailler ensemble pour définir l'éventail des produits en magasin afin d'optimiser l'efficacité et le rendement de l'espace de vente. Cette collaboration a pour objectifs :

. l'augmentation des ventes de 10 à 15 % et de la marge brute de 5 à 7 %,

. une meilleure performance logistique par l'amélioration des prévisions des ventes par référence ;

• Enfin, **le quatrième champ** concerne le développement et le lancement de nouveaux produits. L'introduction de nouveaux produits constitue une activité à haute valeur ajoutée dans la chaîne d'approvisionnement. Elle renforce la position du fournisseur par rapport à ses concurrents, profite au processus d'achat au magasin du détaillant et offre aux consommateurs des solutions plus adaptées à leurs besoins. La collaboration au niveau du développement de nouveaux produits est plus difficile à appliquer, car les producteurs estiment que leurs programmes de développement sont exclusifs, confidentiels et qu'il est donc dangereux de les partager avec des tiers. En revanche, la coopération relative au lancement de nouveaux produits permet des gains significatifs en s'intéressant aux domaines suivants :

– la définition de l'emballage en termes de taille, de facilité de manutention, d'effet rendu sur le linéaire et d'optimisation du réassort (quantité minimale de commande),

– la définition de la gamme optimale de produits selon les articles que préfèrent les consommateurs et le nombre d'articles qui doivent être présentés sur les linéaires,

– la fixation du meilleur prix par des tests parallèles effectués dans les conditions réelles du marché,

– le choix de l'emplacement des linéaires et l'attribution de l'espace.

3. LES IMPLICATIONS ORGANISATIONNELLES DE LA COOPÉRATION LOGISTIQUE ET SUPPLY CHAIN

3.1. Implications organisationnelles générales de la coopération logistique

La coopération logistique élargie implique un engagement de fonctions en nombre plus important comme le montre le schéma 11.11. À un niveau strictement opérationnel, la coopération logistique implique les acteurs de l'entreposage, du transport et des échanges d'informations routiniers. La coopération logistico-commerciale engage les vendeurs du producteur et les acheteurs du distributeur dans un dialogue constructif, alors que la coopération logistico-marketing nécessite un dialogue associant plusieurs acteurs des deux extrémités de la chaîne d'approvisionnement.

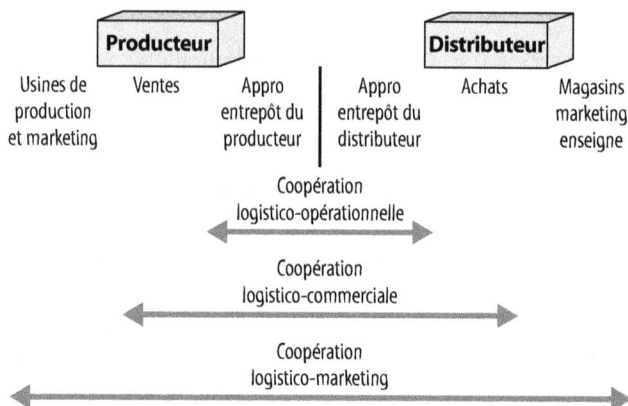

SCHÉMA 11.11. *Évolution de l'interface producteur/distributeur*

Ce schéma permet de reconnaître la modification de la nature et du contenu de l'interface organisationnelle entre le producteur et le distributeur. Une autre façon de représenter cette évolution est donnée dans le schéma 11.12 :

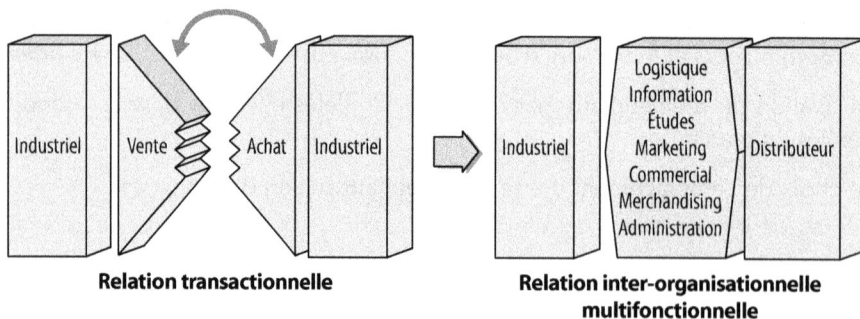

SCHÉMA 11.12. *Élargissement de l'interface producteur/distributeur*

La première situation est caractérisée par une interface réduite au minimum entre la fonction vente du producteur et la fonction achat du distributeur. Elle est occupée par une relation mono-fonctionnelle mettant face à face avec comme seul objet d'échange, le plus souvent conflictuel, les conditions tarifaires. Nous sommes dans la configuration d'une relation transactionnelle caractéristique de la coopération logistico-opérationnelle (mode 1). La seconde phase permet une densification et un élargissement des échanges en associant d'autres fonctions aussi bien chez le producteur que chez le distributeur. Nous la qualifions de relation inter-organisationnelle multifonctionnelle caractéristique de la coopération logistico-commerciale (mode 2). Elle associe, en parallèle à la relation commerciale, des facteurs logistiques, financiers et industriels. Cette logique ne remet pas en cause fondamentalement les organisations internes des deux acteurs. Elle est donc insuffisante car on continue de cloisonner les experts et il n'y a pas d'interface de coordination.

Dans le cas de la coopération logistico-marketing (mode 3) et dans certains aspects délicats de la coopération logistico-commerciale (mode 2), dynamique promotion-nelle), un prérequis organisationnel est nécessaire en redécoupant les fonctions au sein des deux organisations et en créant de nouveaux métiers et des systèmes de communication véhiculant les informations nécessaires à la coopération intra et inter-organisationnelle, comme le montre le schéma 11.13 :

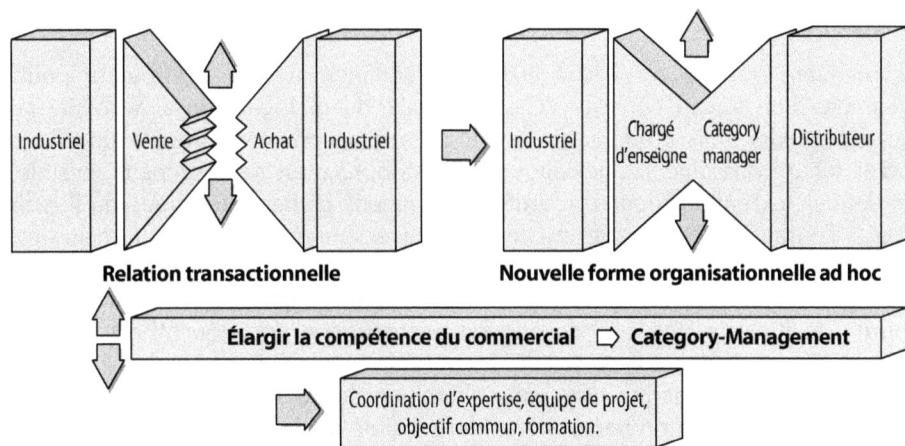

SCHÉMA 11.13. *Changement de posture organisationnelle*

Dès lors, ce ne sont plus des fonctions qui travaillent en parallèle, mais c'est une organisation « multifonctionnelle » opérationnelle intégrant la palette des compétences et des activités qui assurent la dynamique coopérative entre le producteur et le distributeur au sein de nouveaux métiers tels que le chargé d'enseigne chez le producteur et le category manager chez le distributeur. Les fonctions de spécialistes (merchandising, logistique, sourcing, financier, customer service…) perdurent mais sont désormais positionnées en back-office en soutenant l'organisation coopérative.

L'intégration fonctionnelle est souvent un prérequis à l'intégration sectorielle comme le montre la partie suivante.

Si nous analysons les différentes composantes nécessaires à l'instauration d'un mode relationnel nouveau, nous pouvons, à partir du cas de LaScad, développer une trajectoire selon laquelle l'évolution relationnelle s'instaure.

La question principale qui reste posée au producteur ou au distributeur lors de la mise en œuvre d'une démarche d'intégration sectorielle de la logistique est celle de la démarche de travail avec l'interlocuteur choisi. La remise en cause des habitudes et des modes relationnels historiques entre producteur et distributeur se trouve fortement posée. Il faut donc construire peu à peu un nouvel espace d'échange et faire du thème logistique non plus un espace de manœuvre commerciale limité à une entreprise mais un lieu commun de travail qui ne vise qu'à maximiser l'offre au client final.

La démarche de coopération proposée a porté en termes de champ d'application, sur un espace géographique limité révélant en cela la nécessité de démontrer par un exemple concret la faisabilité de la démarche et ses impacts avant que d'en chercher une généralisation. Il est révélateur d'analyser le cheminement qu'a souhaité suivre LaScad pour créer les conditions de base d'un échange constructif, basé sur la recherche commune de solutions, avec un distributeur, et partant d'un climat classique de conflit. Cinq grandes étapes ont été suivies qui laissent deviner la progression de la démarche et qui confirme la nature progressive des relations que peuvent instaurer un producteur et un distributeur qui souhaitent collaborer.

Une première étape a consisté à établir un échange avec le distributeur pour le convaincre d'un travail commun. C'est la phase du dialogue qui a nécessité pour LaScad plusieurs mois d'effort. La seconde étape a consisté à trouver un chantier concret sur un domaine factuel auquel le distributeur est suffisamment sensible et pour lequel les enjeux concrets sont suffisamment perceptibles pour qu'il puisse s'ouvrir. Ce travail a été engagé sur le terrain avec un entrepôt et deux magasins. Il visait également à concrétiser un processus d'échange d'informations. Le sujet sur lequel il a été décidé de lancer le dialogue est celui des litiges. La démarche consistait à fournir de l'information afin de pouvoir en récupérer en retour. C'est une étape d'initialisation et de découverte sur des aspects ponctuels et concrets de l'intérêt d'un travail commun. Elle facilite plus particulièrement la dédramatisation du processus d'échange de l'information particulièrement sensible dans la grande distribution. Elle a pour vocation principale d'établir un travail sur les thèmes que vise la démarche d'intégration logistique. L'information logistique a acquis un caractère confidentiel du fait de la nature conflictuelle des relations entre commerce et industrie. Cette phase cherche donc à démontrer le caractère positif partagé de l'échange d'information dans le domaine logistique. Nous trouvons dans cette seconde étape l'illustration de ce que nous appelons la collaboration.

La troisième étape a porté sur une dimension plus conséquente dans ses implications et dans sa logique : l'analyse historique puis continue des ruptures entre LaScad et l'entrepôt d'une part et l'analyse des ruptures entre le dépôt et les magasins d'autre part. Cette troisième étape révèle un processus de mise en ordre plus vaste. Les ruptures peuvent être considérées comme un phénomène de désordre. La compréhension de ce phénomène et les réactions à mettre en œuvre pour les pallier s'apparentent à ce que nous appelons la coordination. La quatrième étape de la relation a ouvert un nouveau registre. Si elle a encore une composante logistique elle porte également sur une dimension marketing et commerciale. Cette étape a consisté à établir un audit du merchandising et un diagnostic du linéaire. L'intérêt a été d'impliquer dans ces échanges un niveau différent d'interlocuteur. Ce sont donc le représentant et le chef de rayon qui ont ainsi appris à travailler ensemble avec une préoccupation d'inscription de la relation dans le temps. Enfin, la cinquième étape, la plus délicate, porte sur la recherche commune d'actions commerciales. Plus spécifiquement elle vise à une accélération des sorties de caisse par la création de lot virtuel ou d'opérations de couponnage. La dimension d'actions commerciales communes qu'elle comporte requiert un plus grand formalisme dans la démarche et l'instauration d'une relation que nous qualifions d'alliance.

Cet exemple montre comment le changement relationnel qui s'instaure dans le canal de distribution des produits de grande consommation entre producteurs et distributeurs ne peut pas être posé uniquement en termes de logistique. Le risque serait alors d'en réduire la portée. Comme nous l'avons montré chez L'Oréal, on se refuse à parler d'un partenariat strictement logistique. Parler de partenariat entre distributeur et L'Oréal, suppose trois composantes :

• une composante merchandising ;

• une composante commerciale ;

• une composante logistique.

La présence de la logistique dans ce triptyque révèle le caractère intégrateur qu'elle recèle dans la relation entre producteurs et distributeurs. La logistique représente un excellent point d'entrée susceptible de produire des résultats quantifiés rapidement. Cette production de résultats évaluables rend possible l'instauration d'une dynamique récurrente entre producteurs et distributeurs et permet l'élargissement de la réflexion à de nouveaux champs qui sont ceux du merchandising et du commercial.

Le mode général est celui d'un discours propre au secteur qui prêche la mise en place d'un relationnel nouveau. Les concepts de trade-marketing et d'ECR offrent un cadre de base favorable aux lancements de tentatives concrètes pour infléchir le mode de travail. Cette inflexion s'opère par un travail progressif sur un double axe d'ouverture du champ d'échange d'informations et des échanges fonctionnels. Historiquement, la relation entre producteurs et distributeurs se gérait exclusivement au travers de la relation achat/vente. Ici, le point initial d'instauration de la relation est atypique puisqu'il n'est pas directement associé à l'acte d'achat ou à l'acte de vente. Le producteur propose au distributeur d'entrer dans un échange concret à partir de la dimension logistique. Cette relation parcourt une échelle progressive dans le degré de la relation en passant d'une position minimale, le dialogue, pour se diriger ensuite vers la collaboration, la coordination, la coopération, puis, enfin, l'alliance. Le degré d'ouverture de l'information croît à chaque étape. Il faut bien noter que dans la relation qui existe et qui reste de nature commerciale, l'échange d'information est par nature l'une des dimensions les plus sensibles autour de laquelle se structure la relation.

Au niveau du dialogue, l'échange se structure autour de faits logistiques pour tenter d'amorcer, sur un point précis, un approfondissement. Le producteur apporte de l'information pour tenter d'amorcer l'échange. Le point d'entrée de l'étape de collaboration est un élément qui reste encore de nature conflictuelle puisqu'il concerne l'examen des litiges. L'approche de cette question n'a bien évidemment pas pour vocation d'en faire un traitement financier. C'est l'originalité de l'approche. Elle vise à faire une analyse des causes qui pourrait aider à la résolution ultérieure de la dimension financière. Le troisième degré d'ouverture informationnelle porte sur une dimension qui reste encore un constat a posteriori : les ruptures. Il a pour vocation de trouver des modes de fonctionnement, à l'étude du passé, qui permettraient d'anticiper sur le renouvellement de problèmes identiques. La quatrième étape consacre l'ouverture à des dimensions nouvelles puisqu'elles concernent le merchandising et l'optimisation du linéaire.

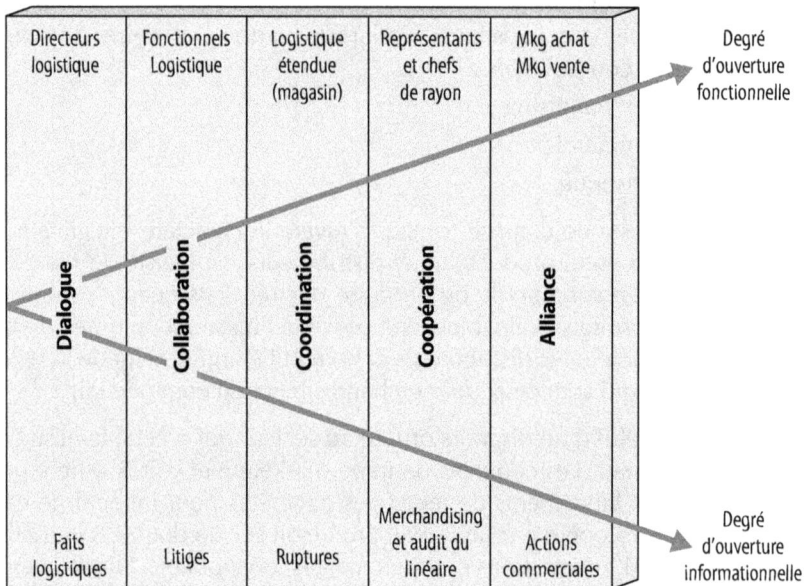

Schéma 11.14. *Trajectoire d'établissement du dialogue producteurs-distributeurs*

Nous voyons en parallèle, qu'au fur et à mesure que le degré d'ouverture de l'échange d'information s'accroît, la nature et la variété des interlocuteurs s'élargissent pour s'étendre aux responsabilités commerciales et achat. D'une relation bipolaire, achat/vente, on voit ainsi se mettre en place une relation multipolaire qui sollicite dans la relation entre le producteur et le distributeur des interlocuteurs multiples.

3.2. Évolution des métiers

3.2.1. Configuration organisationnelle initiale

Dans l'organisation initiale, la fonction logistique est totalement absorbée par la fonction commerciale de l'entreprise et se confond en quelque sorte avec une fonction d'administration des ventes dans sa logique. Un approfondissement des missions de cette fonction logistique permet d'identifier en réalité trois objectifs qui lui sont dédiés :

- assurer une assistance au représentant commercial sur le terrain (échantillons, publicité sur lieu de vente, informations documentaires sur les produits…). Cette mission s'appuie sur deux outils, que nous avons détaillés dans le chapitre 8, l'un qualifié de « produit », qui fournit des informations sur la fiche produit, et l'autre, « portefeuille », qui permet de piloter le flux entre les commandes, les données prévisionnelles et les plans de production, et par conséquent de faire en sorte que les produits soient disponibles quand la demande s'exprime ;
- faire en sorte que les produits soient en conformité qualitative lorsque les consommateurs les trouvent en linéaire ;
- respecter les exigences de service que demandent les distributeurs. Ces attentes de service sont gérées soit magasin par magasin, soit au niveau national pour une enseigne donnée.

Cette organisation est inefficace pour faire face aux nouveaux enjeux imposés par l'évolution de la grande distribution et il devient nécessaire de concevoir une organisation logistico-commerciale.

3.2.2. Réorganisation de la fonction logistique et implantation d'une structure logistico-commerciale

L'objectif majeur pour la logistique commerciale est de développer les partenariats coopératifs entre le producteur et ses distributeurs. La déclinaison de cet objectif principal conduit à la configuration suivante :

- le rapprochement entre les fonctions logistiques, dont la mission essentielle est de fournir le niveau de service client souhaité, et les fonctions commerciales, ce qui conduit à une approche enseigne par enseigne ;
- la gestion par projets dans les domaines logistiques. Les développements de solutions informatiques comme celles exposées dans le chapitre 8 sont de bons exemples de projets transversaux qui associent les différents acteurs impliqués dans l'obtention de ces objectifs communs.

Une véritable structure logistico-commerciale a été mise en place pour faire face à ses nouveaux objectifs. D'une part, l'évolution de la distribution a conduit à une restructuration du réseau commercial. Organisés jusqu'alors en région, les représentants se sont vu attribuer des enseignes séparées en deux circuits : le circuit direct où le représentant doit prendre les commandes et négocier directement sur chaque point de vente et le circuit sociétés où c'est l'entrepôt ou la centrale qui sont démarchés. Au niveau du siège, des directeurs de clientèle responsables de plusieurs enseignes ont été mis en place. Les enseignes, dont ils s'occupent, appartiennent à l'un des deux circuits. Deux directeurs de circuit assurent la coordination de toutes les actions commerciales menées par les directeurs de clientèle.

Simplifier	**Anticiper**	**Intégrer**
– Clarifier les tâches et les procédures – Redonner un sens en redéfinissant les missions de chaque acteur	– Un état d'esprit – Rééquilibrer le pouvoir dans la chaîne logistique entre producteur et distributeur	– Vision globale (des matières premières au consommateur final)

SCHÉMA **11.15.** *Objectifs de la fonction commerciale*

D'autre part, des postes de correspondants d'enseigne ont été créés sous la responsabilité de la direction logistique. Leur fonction principale est de prolonger le commercial pour un meilleur service au client. Le correspondant d'enseigne quitte une fonction d'intendance pour adopter une fonction de « fournisseur de service » réactive s'appuyant sur une logistique de soutien efficace. Il occupe donc une position-clé dans l'interface coopérative entre le producteur et le distributeur, comme le montre le schéma 11.16 :

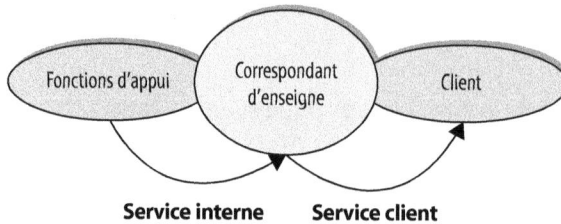

SCHÉMA **11.16.** *Place du correspondant d'enseigne dans l'organisation commerciale*

Le métier de correspondant d'enseigne a vocation à subir de profondes mutations afin de jouer un rôle important au niveau de la différenciation des enseignes dont les composantes sont principalement les suivantes :

• analyser les résultats obtenus avec l'enseigne, tant du point de vue logistique que du point de vue crédit recouvrement ;

• travailler avec leur homologue commercial afin de faire un bilan mensuel global des résultats obtenus avec l'enseigne ;

• proposer des solutions adaptées aux besoins de chaque enseigne. Ces solutions sont à la base d'une vraie différenciation par la mise en place de solutions constructives propres à une enseigne donnée ;

• assumer les résultats obtenus. Ces correspondants d'enseigne seront évalués et rémunérés selon les résultats obtenus sur le crédit et sur le taux de service apporté.

On peut parler de véritable pyramide inversée des activités de ce correspondant d'enseigne comme le montre le schéma 11.17 :

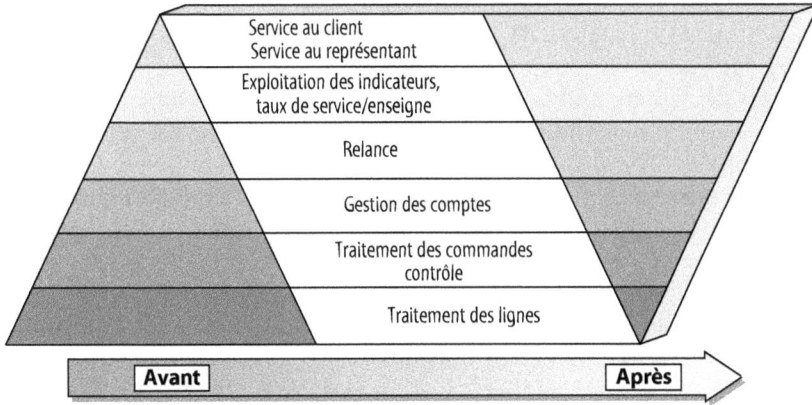

Schéma 11.17. *Inversion des préoccupations de l'organisation logistique*

Le correspondant d'enseigne s'appuie sur des outils d'information qui accéléreront les flux et participe au développement de nouveaux indicateurs (crédit octroyé par enseigne, suivi des actions spéciales, suivi de l'activité commerciale, suivi des actions spéciales, taux de service…) qui permettront de mesurer les niveaux de performance obtenus. Dans ce contexte, il est important de développer des automatismes pour les tâches répétitives et sans réelle valeur ajoutée et au contraire accroître la responsabilisation des hommes sur les décisions engageantes au niveau du service apporté au distributeur, comme le montre le tableau 11.5 :

Fonctions	Tendance	Évolution
– Gérer la transaction commerciale	Baisse	– Automatisation de la saisie des commandes (catalogues actifs, EDI, fax normalisés…)
– Pointage du portefeuille et saisie des données complémentaires	Baisse	– Gestion par exception
– Traiter des relances	Égal	– À faire en temps réel
– Suivre les comptes clients	Hausse	– Intégration de la coopération client
– Résoudre les problèmes (litiges, erreurs de livraison, ruptures, refus)	Hausse	– Intégration des litiges clients
– Informer les représentants	Hausse	– Nouveaux outils/services
– Indicateurs quantitatifs		– Indicateurs de service – Indicateurs par enseigne

Tableau 11.5. *Contenu de la mission du service client*

CONCLUSION

L'intégration verticale historique qui donnait à un acteur privilégié de la chaîne de valeur la maîtrise et le contrôle de cette chaîne par les liens capitalistiques a laissé la place, sauf cas contraires plutôt isolés ou propres à des industries de process très dispendieuses en capital, à des chaînes de valeur éclatées. La fragmentation domine et conduit à l'explosion des interfaces, ce qui nécessite une coordination, et au renforcement déjà évoqué dans des chapitres précédents de l'importance de la Supply Chain comme processus d'intégration en quelque sorte virtuelle via les échanges d'information et la contractualisation en lieu et place des participations capitalistiques. L'éclatement des chaînes de valeur s'est fait au-delà des recherches d'économie d'échelle et des stratégies de spécialisation sous la pression des évolutions du commerce de détail. En terme stratégique, il est fondamental de conserver le lien avec le client final, ultime maillon des chaînes de valeur, pour conserver la visibilité sur un marché devenu de plus en plus incertain. Le poids croissant du commerce organisé de masse a coupé le Supply Side, c'est-à-dire les industriels des chaînes logistiques de ce consommateur final.

Les coopérations logistiques au sein des Supply Chains ont pour but de retisser ce lien entre l'amont industriel et l'aval distributeur reconnaissant que ces deux acteurs ont à y gagner vis-à-vis du consommateur final et donc face à leur propre concurrence. Une alliance verticale ciblée et soutenue par des processus et des outils dédiés pour mieux se battre au plan concurrentiel dans chaque marché horizontal, c'est ce que proposent les coopérations logistiques. C'est une tendance lourde qui s'est mise en place depuis une dizaine d'années et qui ne cesse de se renforcer même si on peut noter que le tempo n'est pas aussi rapide que l'on pouvait l'imaginer. En effet, il ne faut pas oublier que les distributeurs ont développé de manière très importante leurs marques propres pour se démarquer sur leur propre champ concurrentiel mais que par là même ils deviennent concurrents de leurs fournisseurs. Ces derniers sont donc dans une position délicate et il ne fait aucun doute que la coopération que nous avons appelée sectorielle est un enjeu stratégique pour leur faciliter l'accès au marché. Si les outils et les technologies ont fortement progressé, il n'en reste pas moins vrai que seule une volonté partagée de créer une valeur distinctive forte à deux est la condition requise d'une coopération réussie.

Dès lors, une fois les intentions stratégiques confirmées et partagées entre les acteurs impliqués, il est important de mettre en œuvre une démarche projet qui devra formaliser les bénéfices escomptés et les règles de répartition de ceux-ci, mettre en place une équipe projet pluridisciplinaire appuyée le cas échéant de la contribution neutre d'un consultant et développer un pilote pour obtenir des résultats tangibles qui encourageront les parties à poursuivre leurs efforts dans la voie de la coopération. La volonté de trouver des solutions pragmatiques aux leviers voire aux dysfonctionnements identifiés sera sous-jacente à l'ensemble de la démarche qui sera engagée probablement sur plusieurs exercices. C'est cette double approche stratégique et pragmatique qui développera la confiance, base-clef d'une Supply Chain optimisée.

📖 BIBLIOGRAPHIE DU CHAPITRE 11

Arnould P., Renaud J., *Les Niveaux de planification*, AFNOR, Paris, 2002, 52 p.

Berglund M., Van Laarhoven P., Sharman G., Wandel S., « Third-Party Logistics : is there a Future ? », *International Journal of Logistics Management*, vol. 10, n°1, 1999, pp. 59-70.

Brewer P. C., « Le Tableau de bord prospectif, outil d'alignement des mesures de performance de la chaîne logistique : l'exemple de Dell », *Logistique & Management*, vol. 9, n° 2, 2001, pp. 55-62.

Camman-Lédi C., « Le Processus logistique, support du pilotage stratégique de démarches collectives », *Gestion 2000*, n° 1, dossier : « La logistique aujourd'hui : perspectives stratégiques », janvier 2002, pp. 93-108.

Fabbe-Costes N., *Modélisation des processus logistiques*, e-Book, édité par e-thèque, http://e-theque.com/, Onnaing, 2003, 105 p.

Fender M., « Les Conditions de succès de projets logistiques », *Stratégie Logistique*, n° 43, janvier-février 2002, pp. 74-79.

Fulconis F., Paché G., « Exploiting SCM as source of competitive advantage : the importance of cooperative goals revisited », *Competitiveness Review - International business journal of the American Society for Competitiveness*, vol. 15, n°2, mai 2005, pp. 92-100.

Gencod EAN France, *EDI et gestion partagée de l'approvisionnement : manuel des meilleures pratiques*, ECR France, 1999, 32 p.

Heng S. H. M., Wang Y. C., Xianghua W. et H., « Supply Chain Management and Business Cycles », *Supply Chain Management an International Journal*, vol. 10, Issue 3, 2005, pp. 157-161.

Martin A., Landvater D., *Principes et perspectives du réapprovisionnement continu au cœur de la Supply Chain*, Jouenne et Associés, 1998.

Martin A., *Distribution Resource Planning, DRP, le moteur de l'ECR*, Jouenne et Associés, Paris, 1997.

Martin A., *Efficient Consumer Response*, Jouenne et Associés, Paris, 1997.

Tordman A., « De la conformité à la coopération », *Revue Française de Gestion*, juin-juillet-août 1999, pp. 112-114.

Waldman Ch., « Efficacité et limites du category management », *Revue Française de Gestion*, juin-juillet-août 1999, pp. 115-121.

Wang Yu C. et H., Shun C., « Case Study : the Dispatching of Information Systems for Global Logistics Management in Acer Group », *the Journal of Cases on Information Technology*, vol. 8, Issue 2, 2006, pp. 45-61.

Waters D., *Global Logistics and Distribution Planning Strategies for Management*, Kogan Page Ltd, 2003, 416 p.

Wincel J. P., *Lean Supply Chain Management : A Handbook for Strategic Procurement*, Productivity Press, New York, 2003, 239 p.

✎ SITOGRAPHIE DU CHAPITRE 11

Nom et contact mail	Mission	Précisions sur le site
Piloter www.piloter.org http://www.piloter.org/references/contact.htm	Site mettant en ligne des méthodes et outils pour mieux maîtriser le pilotage de la performance : tableau de bord, Balanced Scorecard, projet Business Intelligence, Six Sigma, conduite des projets complexes, références…	
ECR France www.ecr-france.org www.ecr-france.org/web/contact.asp	ECR France réunit l'ensemble des distributeurs généralistes de notre pays, plusieurs distributeurs spécialistes et près de 70 entreprises industrielles représentant tous les secteurs des produits de grande consommation. Cette masse critique d'opérateurs permet une mise en œuvre plus rapide, plus large et plus efficiente des stratégies ECR. Groupes de travail et publications en ligne.	La mission d'ECR France : – Promouvoir l'ECR auprès des fabricants et distributeurs français. – Définir un langage commun et identifier les meilleures pratiques. – Construire la masse critique d'opérateurs pour une mise en œuvre plus rapide, plus complète et à moindre coût de l'ECR. – Fournir un support aux initiatives bilatérales conduites par les entreprises entre elles. – Influer sur les développements européens et internationaux. – Identifier de nouveaux axes de progrès dans la relation industriels/distributeurs. – Se saisir de toutes les questions à caractère technique (sans se limiter aux seuls concepts ECR).
ECR Europe www.ecr-europe.org ecr@ecreurope.com	Créée en 1994, 2 ans avant ECR France. Leurs missions sont relativement similaires. Ouverte aux entreprises du commerce et aux fabricants du secteur des produits de grande consommation, l'objectif est de rendre ce secteur plus responsable à la demande des consommateurs et de supprimer les coûts inutiles dans la chaîne d'approvisionnement.	Site très dense proposant notamment : – Les liens vers les différents sites nationaux ECR de chacun des pays européens. – Les travaux de recherche et d'études. – Les publications à venir. – La liste des entreprises partenaires. – Des sites d'organisations aux missions associées. – ECR Europe possède un rôle centralisateur des actions menées par les entités nationales.

12

Quelle vision pour la logistique
et le Supply Chain Management ?

« Rien ne vaut la peine d'être trouvé que ce qui n'a jamais existé encore. La seule découverte digne de notre effort, est de construire l'Avenir. »

Pierre Teilhard de Chardin[1]

Les évolutions de l'environnement logistique et des ressources utilisées sont rapides. Souvenons-nous du temps encore si récent où :

- les distributeurs envoyaient aux producteurs leurs commandes sous forme de fax avec accusé de réception ;
- les délais de livraison se calculaient plutôt en jours ou en semaines qu'en heures ;
- les fréquences de réapprovisionnement étaient cadencées à raison d'un réassort par mois ou par semaine au mieux, et non plusieurs fois par jour ;
- passer sa commande de cadeaux de Noël par Internet paraissait risqué.

À l'observation des transformations si rapides entre ce que nous vivons aujourd'hui et ce que nous pensions devoir vivre encore longuement, il y a encore si peu, nous prenons la mesure de toute la difficulté d'écrire un dernier chapitre qui se veut prospectif. Les changements sont si inattendus par leur ampleur et leur rapidité.

Aujourd'hui, les prix connaissent une pression croissante, les marges sont discutées sans arrêt, les temps de production ou de préparation de commande se sont resserrés, et les fusions et acquisitions ne cessent d'être d'actualité à tous les niveaux des chaînes de

---

1. Jésuite, paléontologiste et théologien français (1881-1955). A cherché à adapter le catholicisme à la science contemporaine et a élaboré une théorie de l'évolution dans laquelle l'homme atteint un stade de spiritualité parfaite.

valeur (industriel, distributeur, prestataire logistique). Parallèlement, nous constatons des transformations significatives dans la conduite des opérations logistiques :

- le cross-docking s'est mis en place avec toute la complexité qu'il suppose en termes de coordination soutenue par les systèmes d'information ;
- les produits disposent de plus en plus de traitements logistiques différenciés ;
- la taille des commandes ne cesse de diminuer ;
- les délais se contractent de plus en plus, sous l'effet des nouvelles aspirations des internautes et des politiques promotionnelles ;
- les pénalités financières pour le non-respect des engagements logistiques tendent à se multiplier ;
- le déploiement du réapprovisionnement automatique s'intensifie.

Par ailleurs, l'analyse des axes récents choisis par les milieux académiques pour mener leurs recherches nous donne quelques informations sur les sujets de réflexion logistiques actuels. La recherche prospective en logistique et en Supply Chain Management s'est surtout structurée et intensifiée aux États-Unis.

Une analyse des publications faites en logistique permet de révéler les thèmes émergents de la réflexion en cours au sein de la communauté des chercheurs en logistique. De cette observation, il apparaît qu'après la période des années 1970 où la logistique était traitée sous l'angle de la maîtrise des coûts, des économies d'énergie, de la prise en compte des moyens informatiques et de la gestion dans un environnement régulé, les années 1980 ont permis la montée d'une réflexion portant sur les problèmes du « make or buy » logistique, de la gestion dans un environnement dérégulé, de la prise en compte de la dimension environnementale et du développement des champs d'intervention internationaux de la logistique. Enfin, les publications de la fin des années 1990 révèlent plutôt un engagement de la réflexion sur les questions d'adaptation de la logistique au rythme des changements et à la pression de la variable temps. Mais il est remarquable de noter que, dans de très nombreux articles publiés, quatre sous-thèmes sont fréquemment présents aujourd'hui. Le premier thème porte sur l'interface de la logistique avec les autres fonctions de l'entreprise et plus précisément entre les activités logistiques et les activités des vendeurs et des acheteurs. Ainsi peut-on constater que la plupart des chercheurs témoignent que la logistique en tant que fonction transversale dans et entre les entreprises, impose d'adopter une vision globale. Le second sous-thème concerne la recherche d'une efficacité croissante de la logistique tant à l'intérieur de l'entreprise qu'à l'extérieur. La maîtrise de la gestion des flux apparaît comme devant passer par la conception, la construction et l'animation de réseaux complexes réunissant de nombreux acteurs. De plus, les systèmes d'information et de communication sont dans tous les cas reconnus comme fondamentaux pour garantir le fonctionnement de tout dispositif logistique, qu'ils soient totalement intégrés ou partiellement externalisés. Le troisième sous-thème porte sur le rôle joué par la réglementation et les politiques des collectivités locales et des gouvernements dans les choix logistiques opérés afin de contribuer au développement régional et urbain et à l'écologie. Enfin, le quatrième sous-thème porte sur une réflexion sectorielle, celle de la logistique avec le commerce électronique.

Ces différents thèmes témoignent de la vivacité actuelle des recherches s'attachant à la dimension stratégique et organisationnelle de la logistique. Nous noterons que les chercheurs portent leur attention sur un certain nombre de phénomènes exogènes, tels que l'influence des réglementations sur les choix logistiques, pour expliquer les transformations des systèmes logistiques.

Dès lors, dans ce dernier chapitre nous avons choisi d'investiguer quatre domaines qui nous semblent être parmi les plus porteurs de changement pour le logisticien dans les prochaines années :

- une dimension structurelle dans l'évolution des flux que le logisticien doit traiter, la reverse logistics qui — bien que n'étant pas à proprement parlé une révélation — en est encore à ses premiers développements qui ne feront que s'intensifier ;
- une dimension fonctionnelle que le logisticien devra mieux intégrer, à savoir le juridique et la responsabilité du logisticien qui ne cesseront pas d'être sollicités dans les années à venir ;
- une dimension environnementale en intégrant le rôle des collectivités locales dans les aménagements qu'elles consentent à réaliser au profit des logisticiens ;
- enfin, une dimension géographique, avec la consolidation de plus en plus rapide des logistiques européennes vers les pays de l'Europe Centrale et de l'Est.

1. Une transformation structurelle de la logistique : la reverse logistics

1.1. Première approche de la logistique de retour

Si la logistique prend des formes significativement différentes selon la nature des produits considérés, il en est de même pour la reverse logistics selon qu'il s'agit de retour de machines usagées (des photocopieuses, des voitures), des retours de pièces de rechange destinées à la réparation ou des consommables utilisés (des huiles, des liquides de refroidissement…) ou des produits invendus pour lesquels on avait mal dimensionné le stock au niveau du point de vente.

En première approche, tous secteurs confondus, il est possible de considérer que la logistique de retour aux États-Unis représente environ 3,5 à 4,5 % de l'ensemble des coûts logistiques. Mais les enjeux financiers de la logistique de retour varient selon le secteur d'industrie ou le créneau de distribution. Par exemple, dans le secteur de la photocopie ou de l'informatique, prendre en charge la logistique de retour permet de récupérer des pièces et des composants à forte valeur (plusieurs centaines ou milliers de francs) et éviter des pollutions éventuelles de l'environnement avec certains produits. Pour les produits neufs vendus ou invendus, il est possible de donner une première estimation des volumes de retour selon le secteur d'activité. Ils correspondent aux produits invendus, au retour des clients insatisfaits, au retour des produits promotionnels et des produits de démonstration, ainsi qu'à la défaillance des systèmes de pilotage de type push. Dans ce dernier cas, l'anticipation de la demande basée sur les prévisions de consommation par zone géographique régionale — ou dans certains cas par point de vente –, conduit les entreprises à pousser les produits des lieux de production vers les zones de consommation. Par nature, la prévision de la demande étant soumise à des erreurs de type aléatoire, beaucoup de produits poussés doivent être repris et « recyclés » vers d'autres zones de consommation pour lesquelles l'affectation de la production n'a pas été suffisante. Dans des exemples réels sur lesquels nous avons travaillé, le pourcentage du flux « recyclé » pour cette dernière raison pouvait atteindre près de 20 % au niveau mondial.

Le pourcentage des produits en retour varie d'un secteur industriel à un autre comme le montre le tableau 12.1. Dans le domaine du commerce électronique, les principaux produits qui font l'objet d'une impulsion d'achat et d'un retour ultérieur sont les vêtements (27 %), les logiciels (20 %) et les livres (15 %). Dès lors, un ensemble de mesures sont prises pour régler ce problème en acceptant soit le remboursement (59 %), soit un échange (27 %) qui génère des coûts logistiques supplémentaires, soit encore un crédit pour un achat en ligne ou dans les succursales (11 %).

On peut considérer que la logistique de retour est l'application des démarches et principes logistiques aux flux circulant du point de consommation final vers le point d'origine. Il est ainsi possible de considérer que la logistique est à la vente ce que la logistique de retour est au service après-vente. C'est donc une dimension des activités du logisticien qui s'intensifie dans le contexte d'un accroissement des services proposés aux clients.

Tant que ces volumes venant de l'aval et remontant vers l'amont étaient marginaux, les traitements pouvaient être supportés par des processus faiblement dédiés qui étaient généralement ceux des flux allant de l'amont vers l'aval. Maintenant que la modification des contraintes rend les flux de retour significativement importants, il est nécessaire de leur consacrer une approche dédiée pour

Industrie	Pourcentage des produits en retour
Édition périodique	50 %
Édition de livres	20-30 %
Cartes de vœux	20-30 %
Vente à distance	19-35 %
Distributeurs matériel électronique	10-12 %
Informatique (fabricant)	10-20 %
CD roms	18-25 %
Copieurs/imprimantes	4-8 %
Vente à distance/matériel informatique	2-5 %
Automobile	4-6 %

Source : Dale S. Rogers, Ronald Tibben-Lembke, 1998

TABLEAU 12.1. *Pourcentage du flux concerné par les retours*

laquelle l'entreprise ne bénéficie pas d'une longue expérience et d'un important référent. Cette augmentation des flux de retour, que l'on pourrait assimiler à de la non-valeur, est liée à la conjonction de plusieurs facteurs qui cherchent au contraire à générer de la valeur :

- **la pression concurrentielle** amène les forces commerciales à intégrer dans leurs conditions de vente des possibilités de plus en plus élargies de reprise des produits. Par exemple, les fournisseurs de la grande distribution s'engagent auprès des grandes enseignes à reprendre les invendus. Les chocolatiers en fin d'année sont liés à des accords de ce type avec la vente de leur BFA (Boîte de Fin d'Année). Cette pratique permet ainsi aux fournisseurs de régulièrement nettoyer les stocks de ses distributeurs de manière à le conduire à prendre en échange des produits plus récents et qui se vendent mieux. Tous les invendus des boîtes de chocolat sont repris par les fournisseurs au début du mois de janvier. Cette pratique est également répandue dans le secteur des produits frais laitiers pour lesquels la compétition se joue sur un jour de fraîcheur de plus pour les produits en rayon. Les enseignes qui veulent développer une image de fraîcheur attachent beaucoup d'importance à ces produits qui contribuent à cette stratégie marketing. La conséquence est que les distributeurs contraignent les producteurs à reprendre leurs produits si ceux-ci ont une durée de vie qui devient inférieure à 16 jours alors que la durée de vie globale d'un produit est de 24 jours. L'explicitation du cas Yoplait (cf. chapitre 6) a montré le rôle-clé joué par la logistique pour piloter les flux et maximiser l'adéquation de l'offre industrielle et de la demande commerciale au niveau de chaque point de vente. Néanmoins, malgré une performance exceptionnelle du dimensionnement des flux et de l'allocation de la production, des rééquilibrages sont nécessaires. Le producteur est donc contraint de « dégager » ses produits des rayons, la terminologie utilisée exprimant la nature de la pression exercée par le distributeur sur les producteurs. Les produits sont alors « recyclés » c'est-à-dire redistribués dans d'autres canaux de distribution. Pour la vente au client final, sa fidélisation représente un enjeu tel, que les reprises sont quasiment systématiques lorsqu'elles ne sont pas légalement obligatoires, comme par exemple pour la vente à distance ;

- **la recherche d'une meilleure gestion des stocks**. Les entreprises acceptent de plus en plus ouvertement de faire remonter des stocks de produits invendus et souvent devenus invendables avec le temps plutôt que d'ignorer le problème et de supporter — en plus de la dévalorisation des stocks — les charges logistiques de gestion de ces produits ;

- **la valorisation des actifs**, en utilisant les surfaces de vente pour présenter des produits plus adaptés à la demande du moment du marché ;

- **l'apparition d'obligations légales et réglementaires** dont l'application est devenue incontournable pour les entreprises. La problématique des déchets, de leur collecte, de leur traitement, de leur valorisation ou de l'enfouissement des déchets ultimes non valorisables a pris récemment une grande ampleur sous la pression réglementaire européenne en particulier. Le chiffre d'affaires déchets Europe représentait en 2005, 62 milliards d'euros et ce sont 3 milliards de tonnes par an de déchets qui sont traités. En France, ce sont 4 200 entreprises et établissements qui appartiennent à ce secteur regroupant 82 000 salariés.

La circulation des emballages utilisés, cartons, canettes, bouteilles ; le retour des supports logistiques de transfert, palettes, rolls, conteneurs ; ou le retour des produits et composants, appartiennent au champ d'action de la logistique de retour. Les activités de démantèlement, de retraitement, de re-manufacturing, de rénovation, de rééquipement, de remise en l'état, peuvent également être incluses dans la définition de la logistique de retour.

Dès qu'un produit ou un emballage est retourné à une société, cette dernière a devant elle plusieurs choix (cf. schéma 12.1). Le choix peut être de ne pas conserver le produit. Un livre événementiel revenant massivement du marché quelques semaines après sa « mise à l'office » au moment de son lancement, peut être systématiquement envoyé au pilon, car ne présentant pas de potentialité de vente suffisante pour le réintégrer en stock.

A contrario, un micro-ordinateur, renvoyé par un client, doit être contrôlé en entrée de manière à vérifier que tous les composants sont toujours présents à l'intérieur et qu'il est en bon ordre de marche. Une fois ces contrôles et vérifications effectués, le micro-ordinateur sera réintégré en stock en attente d'une prochaine commande.

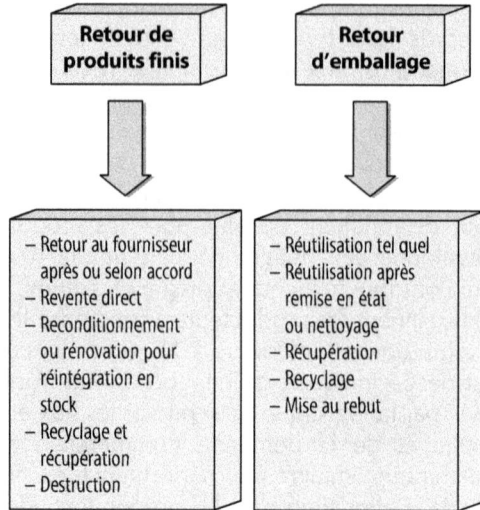

Retour de produits finis

– Retour au fournisseur après ou selon accord
– Revente direct
– Reconditionnement ou rénovation pour réintégration en stock
– Recyclage et récupération
– Destruction

Retour d'emballage

– Réutilisation tel quel
– Réutilisation après remise en état ou nettoyage
– Récupération
– Recyclage
– Mise au rebut

SCHÉMA 12.1. *Types de retour*

1.2. Orientations historiques et récentes réglementaires relatives au traitement des déchets

Une rapide analyse de l'historique de la réglementation du recyclage en France montre qu'en 1975, « *toute personne qui produit ou détient des déchets… est tenue d'en assurer ou d'en faire assurer l'élimination* » (loi 75-633 du 15 juillet 1975). Il était convenu que cette élimination devait se faire dans des filières respectueuses de l'environnement. Les communes deviennent responsables de la collecte et de l'élimination des déchets des ménages. Dans cette approche, les entreprises sont tenues d'utiliser des filières de gestion des déchets conformes à la réglementation et de s'assurer également que les prestataires à qui elles confient la gestion de leurs déchets ont reçu les agréments et autorisations nécessaires.

En 1992, il est prévu qu'à partir du 1er juillet 2002, les installations d'élimination des déchets par stockage ne seront autorisées à accueillir que des déchets ultimes (loi 92-426 du 13 juillet 1992). L'objectif de cette loi était de réduire la production de déchets à la source et de promouvoir la récupération et le recyclage des déchets.

Depuis le 1er janvier 1998, les lampes à décharge usagées sont classées comme déchets dangereux par le décret 97-517 du 15 mai 1997 et soumis à une élimination spécifique et contrôlée, excluant la mise en décharge avec les ordures ménagères. Il faudra attendre le 26 mai 2005 pour que l'éco-organisme, Récylum, soit créé par plusieurs fabricants de lampes souhaitant intensifier leurs efforts en faveur de la protection de l'environnement. Récylum intervient pour le compte de tous les producteurs de lampes qui le souhaiteront (fabricants, importateurs, distributeurs ayant leur marque propre...). Récylum a pour objet d'organiser en France la collecte et le recyclage des lampes usagées détenues par les particuliers et les professionnels, les ampoules halogènes et à filament ne faisant pas partie du périmètre des produits éligibles. Il est intéressant de noter qu'en France, les éco-organismes n'ayant pas encore de statuts adaptés, Récylum a été créé sous la forme d'une société anonyme n'ayant pas pour objectif de faire des profits. C'est révélateur du décalage entre la volonté et la réalité. Récylum a reçu son agrément le 9 août 2006 et a débuté ses opérations le 15 novembre 2006.

En 1999, le décret n°99-374 réglemente la mise sur le marché et la fin de vie des piles et accumulateurs et rend leur collecte et leur traitement obligatoire. C'est en 2000 qu'il faut attendre la naissance du code de l'environnement qui regroupe dans son livre V titre IV toute la partie législative relative aux déchets. En 2002, le décret n°2002-540 établit une classification des déchets. Chaque déchet est « catalogué » par un code à six chiffres et les déchets dangereux sont identifiés par un astérisque. Les lampes à décharge y sont classifiées comme déchet dangereux en particulier du fait de la présence de mercure. De plus, à compter du 2 juillet 2002, dans chaque pays membre, 50 % du poids total des déchets provenant d'emballages devront être valorisés dont 15 % recyclés, c'est-à-dire réintroduits dans le cycle de production en remplacement total ou partiel d'une matière première vierge. Puis, en 2003, le décret n°2003-727 impose que le détenteur d'un véhicule hors d'usage (VHU) ne puisse le confier qu'à des entreprises autorisées. Enfin, le 20 juillet 2005 : le décret n°2005-829, dit décret DEEE, relatif à la composition des Déchets d'Équipements Électriques et Électroniques et à l'élimination des déchets issus de ces équipements, impose aux producteurs d'organiser et de financer la collecte et l'élimination des équipements qu'ils mettent sur le marché. Ce décret donne le champ d'application, les définitions en termes de producteur, de distributeur, d'éco-organisme, de déchet, l'interdiction des matières dangereuses au sein des produits EEE, les attributs de l'éco-conception en charge du démantèlement et de la valorisation, les obligations afférentes aux différentes parties prenantes de la chaîne du recyclage, les procédures de collecte, d'enlèvement, d'acheminement et de traitement, les informations devant être échangées et marquées sur les déchets le long de la chaîne de recyclage, les conditions de répercussion du coût du recyclage par les producteurs sur les clients et enfin la liste des produits EEE concernés par ce décret.

Comme on le voit, producteurs et distributeurs sont devenus responsables d'organiser le recyclage et la collecte des déchets. On assiste à une véritable modernisation et professionnalisation des chaînes de recyclage qui souvent mobilisent des industriels, des distributeurs, des entreprises de retraitement et de valorisation et des prestataires logistiques, chacun jouant dans cette chaîne de valeur reverse un rôle bien précis qui trouve place dans de nouvelles formes contractuelles. Un certain nombre d'éco-organismes ont donc vu le jour au sein desquels producteurs et distributeurs se sont associés et ont contracté avec des entreprises de recyclage et des prestataires logistiques pour répondre aux objectifs de recyclage imposé par la loi.

En effet, fin 2006, les États membres devront atteindre des objectifs environnementaux précis, fixés par la directive et décret :

- 4 kg/an/hab de DEEE devront être collectés. Rappelons qu'en 2003, ce sont 14 kg/hab d'équipement en appareil électronique et électrique qui ont été mis sur le marché et qu'environ 2 kg/hab étaient collectés à cette date.
- Le recyclage et la valorisation de ces produits qui seront collectés font l'objet d'objectifs de recyclage et de valorisation par catégorie de produits. Ces objectifs sont exprimés en % du poids moyen de l'appareil (voir schéma ci-dessous).
- Des exigences de traitement des substances réglementées. Ex : gaz provenant des réfrigérateurs, poudres électroluminescentes…

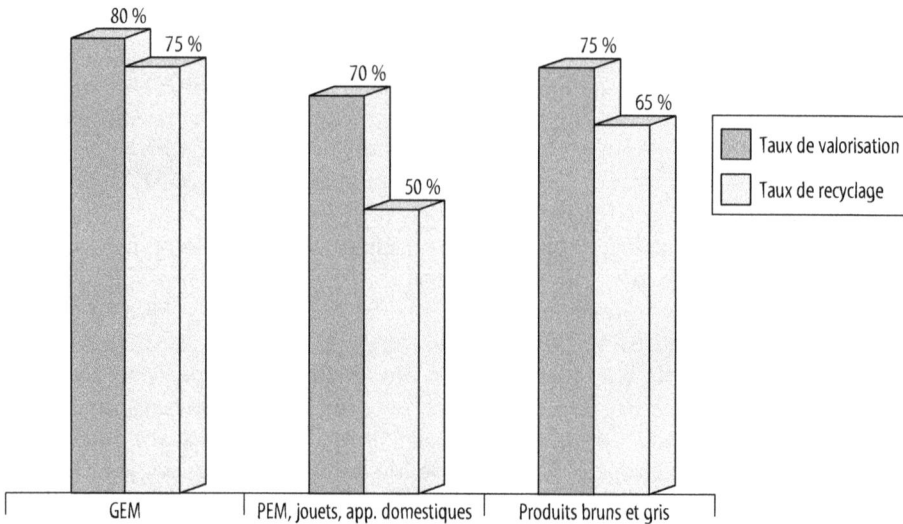

Schéma 12.2. *Objectifs de recyclage, de réemploi et de valorisation globaux et par type de produits (Source : Éco-système, mars 2006)*

1.3. Mise en œuvre opérationnelle de la logistique de retour

1.3.1. Des approches différenciées par entreprise

À l'observation, les solutions de logistique de retour mises en œuvre sont assez hétérogènes. Néanmoins, il est possible d'identifier plusieurs grandes familles d'activités qui représentent un caractère d'homogénéité suffisant du point de vue des solutions.

Le tableau 12.2 montre différents cas de figure.

On constate ainsi que les organisations mises en place pour traiter les flux de retour peuvent être significativement différentes d'une famille de produits à l'autre.

Activité et exemple de sociétés	Coûts relatifs			Solutions de logistique de retour
	Recherche et Développement	Production	Logistique	
Produits à forte valeur et de haute technologie (Eastman Kodak, HP, Motorola)	Élevés	Faibles	Faibles	Recherche d'une diminution des coûts au niveau des matières et composants. Réduction de la génération de déchets
Produits de haute technologie à obsolescence très rapide (Dell, Toshiba)	Modérés	Élevés	Élevés	Réseaux de distribution organisés pour traiter les retours
Distribution directe (VPC)	Quasi inexistants	Quasi inexistants	Très élevés	Système de traitement des retours dédié
Consommables à durée de vie courte (fabricants de batteries)	Modérés	Élevés	Modérés	Intégration du facteur reverse logistics dès la phase de conception des produits
Industrie de la peinture	Faibles	Faibles	Élevés	Pas de prise en compte, mais pression environnementale

TABLEAU **12.2.** *Approche comparative des logistiques de retour par familles de produits*

1.3.2. Le cas exemplaire de l'automobile

Les centrales nucléaires ne sont plus les seules à bénéficier, dès leur conception, d'un plan d'élimination totale après l'arrêt de leur activité. L'industrie automobile s'est attachée depuis plusieurs années à mettre en place une approche de reverse logistics pour ses produits. Déconstruction et désassemblage, tri, réparation, remise dans le cycle direct, recyclage ou rejet des matières constitutives des déchets ultimes représentent les différentes étapes qui seront généralisées au traitement de tous les produits automobiles lors de leur retrait du marché.

Les objectifs de récupération et de traitement des véhicules hors d'usage (VHU) sont fixés par la directive européenne 2000/53/CE. Elle fixe un taux de réutilisation et de recyclage de 85 % du poids du véhicule en 2006, dont 5 % en valorisation énergétique, et de 95 % en 2015, dont 10 % en valorisation énergétique. Par réutilisation, la directive entend les pièces qui pourront être démontées, rénovées et remises sur le marché pour leur usage initial. Le recyclage correspond au traitement des déchets en vue de leur réutilisation comme matière première soit pour l'utilisation première, soit pour une autre, mais à l'exclusion de la valorisation énergétique. Ces trois éléments forment les déchets « valorisés », le reliquat est mis en décharge.

La directive fait application du principe du pollueur payeur. Ainsi, le constructeur ou l'importateur doit assurer la reprise sans frais du véhicule et assurer une accessibilité géographique aux centres de collecte pour les voitures neuves à partir du 1er juillet 2002 et pour toutes les voitures à partir du 1er janvier 2007. En France, il y a aujourd'hui 400 démolisseurs agréés et 45 sites de broyage.

Certains pays (Danemark, Pays-Bas, Norvège) ont créé des organismes publics ayant la mission d'agréer les acteurs de la filière et de contrôler l'application des mesures. D'autres pays comme l'Allemagne, l'Italie et le Royaume-Uni ont choisi de laisser les constructeurs s'organiser pour atteindre les objectifs. Les PECO paraissent en retard dans l'application de ces réglementations.

Ces différences de réglementation et d'organisation ne sont pas forcément de l'intérêt des constructeurs et des consommateurs et entraîneront probablement des surcoûts. L'organisation des filières au niveau national apparaîtra sans doute comme non optimale alors que les constructeurs et le marché sont de dimension européenne. C'est pourquoi, il est fort probable que la Commission se saisira à nouveau de ce dossier pour faire émerger une filière homogène en Europe.

En Europe de l'Ouest, ce sont environ 9 millions de VHU par an qui seront à traiter. On évalue les rejets illégaux à 7 % du total. À titre de comparaison, au Japon, le nombre de VHU est de 5 millions, dont 1 million est exporté. Le niveau de recyclage actuel se situe entre 75 et 80 %. Les constructeurs automobiles ont pour objectif de porter ce taux à 95 % en 2015. Ils y sont obligés par la loi votée en juillet 2002 visant à limiter les conséquences écologiques des déchets illégaux.

En revanche, la réglementation américaine semble moins avancée. Le gouvernement fédéral n'est pas impliqué dans de tels dispositifs, ces aspects de la protection de l'environnement relèvent des États fédérés. Cependant les taux de recyclage y sont assez conformes à ce qui se pratique en Europe et au Japon. 94 % des véhicules en fin de vie, soit 15 millions, sont traités. Ils sont recyclés à hauteur de 75 % en moyenne. Les constructeurs, l'administration fédérale et les professionnels du plastique se sont associés au sein d'un programme de recherche, le CRADA (Cooperative Research And Development Agreement), sur les années 2004-2009, pour rester au niveau des constructeurs européens et japonais en la matière.

La Renault Modus est l'un des récents exemples de modèles recyclables à 95 % de leur poids, dont 10 % en valorisation énergétique (objectif 2015). Elle contient notamment 18 kg de plastiques recyclés, soit 20 % du total.

1.3.3. Le cas des produits de grande consommation

> La grande distribution et ses fournisseurs sont tout particulièrement confrontés aux problèmes des flux de retour. Ils ont été amenés à créer des centres logistiques en charge de la gestion de ces flux et des procédures de manière à en diminuer le volume. Dans le cadre de la mise en place de ses activités de reverse logistics, la grande distribution cherche à créer de la valeur à partir d'une multitude de biens improductifs, marchandises invendues ou défectueuses, produits d'emballage destinés au recyclage. Pour un hypermarché les emballages représentent en valeur environ 1,3 % du chiffre d'affaires, dont presque les deux tiers proviennent des cartons. La référence en Europe dans la réduction et le retour des emballages est l'enseigne suisse Migros. Elle a introduit dès 1964 des bacs plastiques pour remplacer la plus grande partie des cartons. Elle économise ainsi près de 60 000 tonnes de carton annuellement. En France, un tel déploiement n'existe pas encore. Cependant des initiatives se multiplient. Partant du constat que donner des déchets de suremballage à retraiter à des prestataires coûtait cher, 40 magasins –principalement de l'Ouest de la France — ont créé en juin 1995, un GIE, Ecovalor, qui possède une usine pour traiter les déchets de carton et de plastique. Cet investissement permet de diviser les coûts de retraitement par 4. Les déchets sont triés par les magasins, collectés plusieurs fois par mois. À l'usine les déchets sont triés une nouvelle fois puis ils passent dans une presse. Ecovalor produit ainsi 400 tonnes de carton et 60 tonnes de plastique par mois. Ces matières sont ensuite revendues à des sociétés spécialisées.

La grande distribution américaine — que ce soit Wal-Mart, Kmart ou Sears — a déjà très largement déployé ces types d'approche. La mise en place d'une traçabilité très précise permet un suivi parfait de chaque produit. Lors d'un retour, la seconde vie d'un produit dépend ensuite de son état. La marchandise peut être renvoyée au fournisseur pour un remboursement complet. Dans l'hypothèse où il ne présente pas une qualité suffisante, il est revendu à une entreprise de récupération qui exporte le produit vers un marché étranger. Il peut être également remis à neuf si l'opération permet d'accroître son prix de revente. Lorsque ces différentes possibilités ont été exploitées, l'entreprise tente de s'en débarrasser au moindre coût. Au total, ce sont 80 % des marchandises qui sont réexpédiés chez le fabricant. 15 % sont revendus sur le marché de l'occasion, 5 % sont recyclés. Moins de 1 % seulement est jeté.

Procter & Gamble a mené des actions pour réduire le nombre de produits détériorés et invendus. En intervenant par catégorie de produits, et en travaillant sur les processus d'emballage, de transport, et de manutention, Procter & Gamble a réussi à réduire le taux de produits endommagés de 12 %.

Autre entreprise de produits de grande diffusion, Estée Lauder, géant de l'industrie cosmétique, était habituée à mettre au rebut pour près de 60 millions de dollars de valeur de produits par an, détruisant par cette occasion plus d'un tiers des produits retournés par les distributeurs. Estée Lauder a fait un investissement relativement faible de 1,3 million de dollars en 1999, pour construire son propre système de reverse logistics, ainsi qu'une base de données Oracle. Le retour sur investissement a facilement été atteint grâce à des économies sur le personnel et sur les coûts.

© Groupe Eyrolles

Avant la mise en place de ce système, le tri des produits en entrée dans l'entrepôt prenait des mois. Avec cet outil, les produits entrants sont immédiatement scannés pour saisir des informations, notamment les dates de péremption, qui permettent de décider soit le renvoi des produits dans les centres de vente Estée Lauder, soit leur don à des associations caritatives au lieu d'être détruits. Le volume de produits à détruire est fonction du niveau réel des stocks de ces produits : ce n'est que lorsque ce volume atteint un certain niveau que ces produits sont transportés pour réaliser des économies d'échelle. Lors de la première année de mise en place du système, Estée Lauder a été capable d'évaluer et de traiter un volume supérieur de 24 % de produits en retour, de 150 % pour la redistribution et d'économiser 475 000 dollars par an en coûts de main-d'œuvre.

1.3.4. Les produits électriques et électroniques

> Les flux générés par les déchets des équipements électriques et électroniques ont été classés par la Commission Européenne comme étant le flux auquel il fallait s'intéresser de manière prioritaire. En Allemagne, par exemple, ces flux représentent 1,5 à 2 millions de tonnes par an, chiffre en forte augmentation en raison de la tendance actuelle à l'envolée des hautes technologies, et notamment des produits de télécommunication. Le coût de recyclage de ces pièces électriques ou électroniques s'échelonne entre 2 à 13 euros par pièce, ce qui représente un coût total de 1,5 à 7 milliards d'euros. Autant dire que l'aspect financier est tout aussi important que l'aspect écologique, de nombreux produits dangereux composant des éléments électriques/électroniques.

La problématique logistique de la filière D3E repose sur des questions relatives au processus d'enlèvement depuis les points de collecte, aux solutions d'emballage pour stocker les déchets sur les points de collecte et organiser leur manutention le long de la chaîne de recyclage, au nombre et au positionnement des plates-formes de regroupement, à leur dimensionnement, à leur organisation en termes de gestion des flux. Cette problématique est couplée à la grande diversité des produits qui appartiennent à cette filière : les petits appareils ménagers, les gros appareils ménagers, les écrans plats, les équipements informatiques, les lampes à décharge,... Autant de tailles, de poids, de volumes, de caractéristiques en termes de fragilité différents qui nécessitent un trade-off entre des solutions globales recherchant la massification et des solutions spécifiques à chacune de ces sous-filières.

Le schéma 12.3 représente le jeu fort des contraintes qui s'exerce sur la conception des solutions logistiques dans la filière D3E. Ces contraintes sont de trois natures : collecte, logistique et traitement.

La conception des solutions logistiques se fera selon le schéma 12.4 qui doit s'appuyer sur des optimisations assez sophistiquées prenant en compte les volumes potentiels, le cahier des charges service relatifs aux délais et aux obligations en matière de traçabilité et la capacité des moyens de transport, de manutention et de traitement :

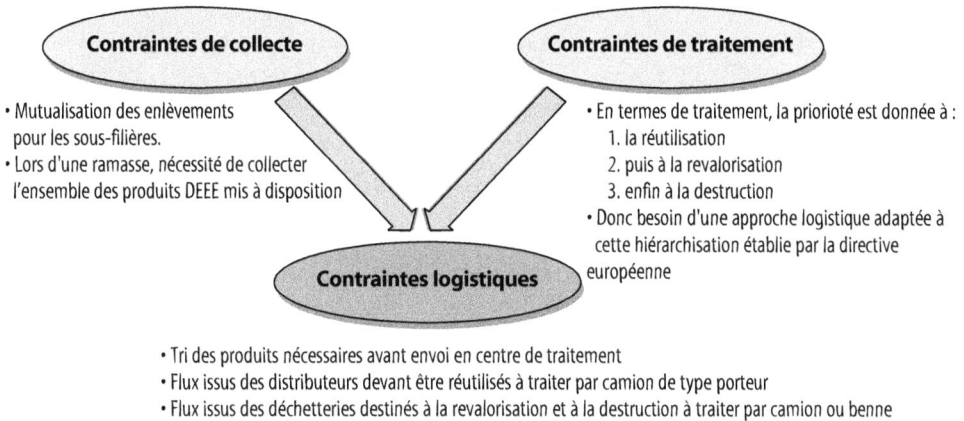

Contraintes de collecte

• Mutualisation des enlèvements
  pour les sous-filières.
• Lors d'une ramasse, nécessité de collecter
  l'ensemble des produits DEEE mis à disposition

Contraintes de traitement

• En termes de traitement, la priorioté est donnée à :
  1. la réutilisation
  2. puis à la revalorisation
  3. enfin à la destruction
• Donc besoin d'une approche logistique adaptée à
  cette hiérarchisation établie par la directive
  européenne

Contraintes logistiques

• Tri des produits nécessaires avant envoi en centre de traitement
• Flux issus des distributeurs devant être réutilisés à traiter par camion de type porteur
• Flux issus des déchetteries destinés à la revalorisation et à la destruction à traiter par camion ou benne

SCHÉMA **12.3.** *Contraintes de conception des solutions logistiques dans la filière D3E*

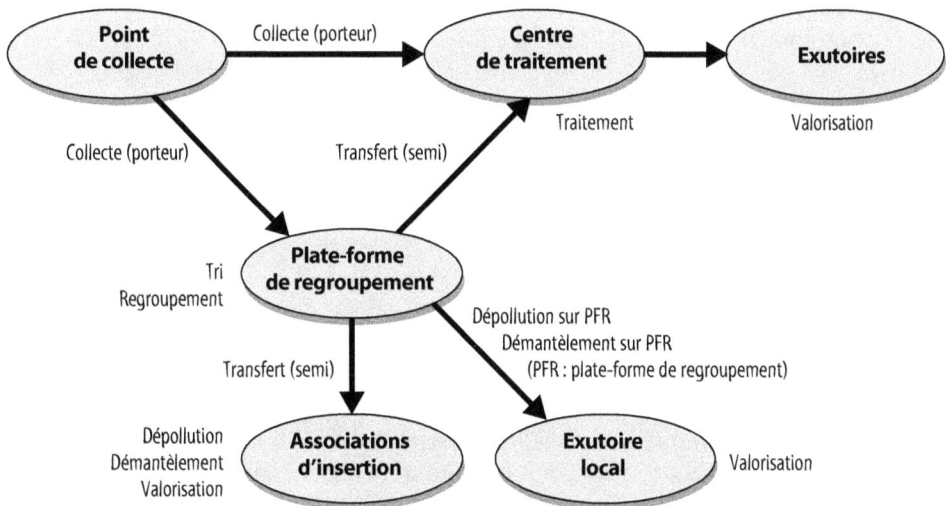

Point
de collecte

Collecte (porteur)

Centre
de traitement

Exutoires

Traitement

Valorisation

Collecte (porteur)

Transfert (semi)

Tri
Regroupement

Plate-forme
de regroupement

Dépollution sur PFR
Démantèlement sur PFR
(PFR : plate-forme de regroupement)

Transfert (semi)

Dépollution
Démantèlement
Valorisation

Associations
d'insertion

Exutoire
local

Valorisation

SCHÉMA **12.4.** *Exemple de solutions logistiques pour la filière D3E*

C'est une approche dont le degré de sophistication n'a rien à envier aux problèmes désormais classiques d'optimisation des réseaux de distribution des usines de production aux sites de vente au détail.

C'est dans ce contexte que Éco-Systèmes, éco-organisme qui regroupe 33 producteurs et distributeurs, a été créé en juillet 2005. Cette création avait été stimulée par trois fédérations professionnelles qui s'étaient engagées dans une initiative concertée dès 2004. Cet éco-organisme est organisé autour de trois collèges :

• le collège Blanc pour le Gros et le Petit Électroménager (GEM/PEM) ;
• le collège Brun pour l'Électronique Grand Public (EGP) ;
• le collège Distributeurs.

453

L'éco-organisme a vocation à s'ouvrir à l'ensemble des secteurs d'activité concernés par le décret français et peut inclure l'outillage électrique, les jouets, le matériel informatique, la téléphonie par exemple. Le principe du fonctionnement est de type collégial et les membres sont représentés au sein du collège Producteurs qui représente 70 % des parts et du collège Distributeurs qui représente 30 % des parts.

Les responsabilités d'Éco-Systèmes sont principalement les suivantes :

• organiser les appels d'offres et la mise en œuvre des contrats de prestation ;

• assurer la gestion économique de la filière ;

• favoriser l'emploi au travers de l'activité de réemploi des produits ;

• mener des actions de sensibilisation, d'information et de communication ;

• favoriser les synergies et la concertation entre les différents acteurs concernés.

Il ne fait aucun doute que nous serons témoins au cours des prochaines années d'un fort développement des solutions logistiques pour gérer de manière optimale l'ensemble des chaînes du recyclage.

Une société comme Hewlett Packard a mis en place un grand programme visant à réduire ces déchets et par conséquent à améliorer ou limiter les coûts induits pour leur gestion. Ainsi les produits fabriqués sont destinés à satisfaire les exigences des clients y compris en termes de responsabilité environnementale et ce grâce à la mise en place d'une certification ISO 14001. Pour les D3E issus des ménages, HP s'est associé à Sony et Electrolux entre autres pour créer une plate-forme européenne de recyclage : ERP (European Recycling Platform).

Sur un produit consommable tel que les cartouches d'encre, les fabricants ont progressé non seulement sous l'impulsion des contraintes écologiques et légales, mais également du fait de l'intérêt financier présenté par le reconditionnement des cartouches usagées. Une cartouche d'encre peut être vendue neuve pour plus de 75 € et une cartouche recyclée peut être revendue pour 50 % de son prix initial avec un coût de retraitement intermédiaire relativement faible. En fait, recycler une cartouche d'encre est devenu tellement aisé que n'importe qui peut se mettre à son compte et, à l'aide de kits commercialisés sur Internet donnant tous les outils pour le faire, commencer à recycler les cartouches dans son garage.

Cette plate-forme ERP qui regroupe plus de 100 adhérents a confié à Geodis la conception, la mise en place et le pilotage de ses opérations de recyclage des produits en cours et fin de vie pour la France, la Grande-Bretagne, l'Irlande, l'Espagne et le Portugal. Depuis longtemps, le Groupe avait développé son expertise dans le domaine de la logistique du recyclage, notamment à travers ses filiales spécialisées telles Geodis Valenda (Automobile), Geodis Euromatic G2R (high-tech), BM Pack Service (Chimie) et ses sites dédiés en Europe, à Mainz (Allemagne) et Busnago (Italie).

Mais pour consolider sa position et mieux répondre aux exigences réglementaires, c'est dès fin 2004 que Geodis a décidé de s'allier avec Sita du groupe Suez Environnement pour la gestion des produits en fin de vie. Face à l'évolution réglementaire et la complexité de la problématique de gestion des produits en cours et fin de vie, ces deux sociétés ont décidé de réunir leurs expertises et leurs réseaux en créant une entité spécialisée dans les déchets d'équipements électriques et électroniques (DEEE) et les produits issus de l'automobile (déchets du secteur de la réparation et de l'entretien, pneumatiques, produits issus du démantèlement des véhicules hors d'usage). Cette société à 50/50 est dénommée Valogistic. Quatre grands domaines sont couverts :

- la gestion stratégique de projet et le pilotage des opérations (audit, coordination, suivi et traçabilité) ;
- la logistique (collecte, regroupement et tri, acheminement) ;
- le traitement (dépollution, valorisation, élimination des déchets ultimes et dangereux) ;
- la commercialisation des produits issus du traitement (asset management, réparation et revente des pièces ou produits finis).

1.3.5. Les autres filières

De nombreuses filières sont concernées par cette approche. Ce sont les filières des métaux ferreux et non ferreux, des vieux papiers, des pneus ou encore des déchets verts issus de la biomasse végétale.

À titre d'exemple, en France, les fabricants de pneumatiques (Bridgestone, Continental, Dunlop, Goodyear, Kléber, Michelin et Pirelli) se sont associés au sein de la société Aliapur, la réglementation française leur imposant de prendre en charge le recyclage de leur production. C'est le décret du 29 décembre 2002 qui impose aux producteurs et importateurs de recycler chaque année le tonnage vendu l'année précédente. Jusqu'à présent, 1/3 était stocké en décharge ou rejeté dans la nature. Il y aurait 5 000 sites orphelins et 1 million de tonnes abandonnées.

Aliapur collecte, regroupe, trie et valorise les pneus usagés. Le coût du recyclage est d'environ 2 à 3 euros par pneu payés par le consommateur lors de l'achat pour un véhicule particulier. Broyés, les pneus sont réutilisés pour les sols des terrains de sport et des aires de jeu pour enfants, pour les pièces de caoutchouc destinées à l'industrie, les revêtements des routes afin de réduire le bruit et l'aquaplaning, les murs antibruit, les bétons spéciaux, des pneus plus petits (bacs poubelle, brouettes). Entiers ou découpés en bande, ils servent pour protéger des murs ou des quais, réaliser les tapis antivibratoires des tramways et métros et, enfin, de combustibles dans les cimenteries et les centrales thermiques.

Après sa première année d'existence, la société Aliapur était parvenue à récupérer 96 % de sa production de 2003. Par ailleurs, elle a entrepris d'inventorier les sites orphelins (114 identifiés, 260 000 tonnes) et s'est donnée pour objectif d'en traiter 30 000 par an en plus des 220 000 tonnes liées à ses obligations réglementaires.

Dans le domaine de la biomasse végétale et des déchets de bois en particulier qui souvent ont été utilisés comme matériaux d'emballage, ces derniers entrent dans la catégorie des déchets admissibles en Centre d'Enfouissement Technique de classe II (arrêté du 9 septembre 97, annexe I). Le processus qu'un producteur de déchets de bois souillés doit suivre est structuré selon l'ADEME (Agence de l'Environnement et de la Maîtrise de l'Énergie) autour des étapes suivantes :

- Choisir un prestataire de collecte et de transport agréé pour le transport de déchets dangereux.
- Choisir un prestataire de traitement des déchets qui soit autorisé au sens de la législation des installations classées à stocker, traiter, valoriser ou faire transiter les déchets qui lui sont confiés. Il est fortement conseillé que le prestataire soit conventionné par l'agence de l'eau.
- Détenir un Certificat d'Acceptation Préalable (CAP) du déchet. Ce CAP est fourni par le prestataire de traitement avant l'enlèvement du déchet.
- Pour les quantités supérieures à 100 kilogrammes, il doit émettre un Bordereau de Suivi de Déchets Industriels lors de l'enlèvement du déchet et réceptionner le dernier volet du BSDI. Il doit tenir à jour un registre des bordereaux émis.

D'autres procédures sont prévues pour les bois non souillés.

Comme on le voit, peu de filières échappent à la problématique du recyclage et la réglementation qui a forcé les expériences en cours est entrée relativement dans le détail en matière de procédures à suivre ce qui contraint les acteurs à mettre en place une véritable démarche organisée de mise en œuvre de solutions respectueuses des cahiers des charges réglementaires et efficaces en terme économique.

1.4. Points-clefs de la mise en œuvre d'une logistique de retour

1.4.1. Les cinq étapes-clefs

Pour réussir la mise en place d'une reverse logistics cinq points apparaissent comme principaux.

La première question à se poser avant tout lancement de projet de logistique de retour, porte sur les raisons qui la justifient. Est-ce pour des raisons écologiques, pour un souci d'opinion publique, pour des raisons économiques ? La réponse aura un impact important sur le champ et la conception de tout processus de logistique de retour. Un programme focalisé sur le retour des emballages, implique de s'interroger sur la mise au rebut de ces retours alors qu'un programme de retour de produits finis doit intégrer un éventuel centre de réparation.

Le second point porte sur la qualité de la relation à mettre en place avec ses clients pour traiter les questions de retour. En effet, lorsque le client renvoie un objet, la question se pose de savoir qui doit le traiter et surtout qui peut traiter l'autorisation de retour de l'objet en question. C'est une décision délicate qui peut rester entre les mains du donneur d'ordre ou être déléguée à un sous-traitant logistique qui gérera cette question en fonction de lignes directrices données par son mandataire. Prenons l'exemple des retours de colis enlevés sur un point relais et rapporté par le client sur ce même point relais. Sur quels critères le responsable du point relais dont le métier principal n'est généralement pas la réception et la délivrance de colis peut-il reprendre une commande retournée par un client. Comment peut-il par exemple dégager sa responsabilité si on s'aperçoit à la réception du produit dans l'entrepôt qu'il manque des composants ou qu'il a été détérioré ?

La difficulté reste le problème de transparence vis-à-vis du client qui ne doit pas entrer dans des considérations évoluées lorsqu'il remet son produit à un tiers autre que le fabricant. Une solution consiste à inclure des instructions étape par étape dans la boîte originale. Certains incluent même des étiquettes préimprimées, la marche à suivre et le scellement de l'expédition, facilitant ainsi le retour de la pièce et limitant les litiges éventuels.

L'importance d'une communication claire, spécifique, sur les instructions en cas de retour auprès des clients doit sans cesse être mise en avant : sans elle, des retours non autorisés, des produits endommagés, et des problèmes de responsabilité seront inévitables : si vous laissez le choix à votre client du lieu de retour des pièces ou du produit, il peut penser retourner l'unité au lieu de facturation, au siège social, au lieu de ligne de réparation. S'il est mal acheminé, auprès de personnes ne sachant qu'en faire, il y a des risques de perte importants et, au mieux, de retard dans le process de réparation.

Le troisième point porte sur la bonne définition des processus de gestion de la logistique de retour. Il est important de suivre le chemin emprunté par un produit en retour, de façon théorique d'abord, puis concrètement ensuite pour pouvoir planifier le schéma logistique de retour. Le processus doit être étudié depuis l'appel téléphonique du client jusqu'à la remise du produit mis en conformité ou réparé ou encore mis au rebut. Il est également impératif que les planificateurs envisagent chaque problème pouvant survenir tout au long de la chaîne et la façon dont le système pourrait gérer ces dysfonctionnements. Le problème de la collecte doit amener à s'interroger sur le choix du lieu de ramassage et sur celui de l'acteur ou de l'opérateur réalisant l'enlèvement. Tout dépend de la nature du produit qui doit être retourné : s'il s'agit de vêtement, par exemple, un transporteur peut traiter toutes les opérations d'enlèvement et de documentation directement chez le consommateur.

Le quatrième point porte sur la mise en place de systèmes d'information adaptés, qui assurent le pilotage et la traçabilité des flux de retours. La qualité du traitement réalisé dans un processus de reverse logistics dépend beaucoup de la collecte et du traitement d'informations qui permettront de suivre les produits en retour. Internet devient un outil intéressant pour rassembler et renvoyer les informations collectées. FedEx a, par exemple, développé un système d'information basé sur Internet pour collecter l'information du client, prévoir les enlèvements, organiser le transport et suivre le statut des produits retournés. Tout ce que doit faire le client se résume à appeler le fournisseur et lui demander une autorisation de retour. Dès que le transporteur fournit les détails de l'envoi, le système d'information prend la main.

Enfin, cinquième point, il faut avoir une vision claire des implications fiscales et financières des opérations de reverse logistics. Le fait de gérer des produits en retour entraîne une cascade de questions d'ordre financier, légal et fiscal, touchant aussi

457

bien la notion de responsabilité au niveau de la TVA que d'évaluation de stocks. La logistique peut faciliter ces opérations en collectant et fournissant les informations nécessaires. Par exemple, traditionnellement, les fabricants et distributeurs se confrontent au sujet du remboursement des produits en retour : les distributeurs renvoient leur produit et déduisent directement de leur facture le montant du produit retourné, ce qui se transforme en cauchemar alors pour le fabricant qui doit rapprocher le produit physique avec les documents adaptés.

Avec un système d'informations correct, le fabricant peut désormais retrouver immédiatement le produit concerné. Cela permet de connaître notamment leur profitabilité en cours d'année et non pas en fin d'année, uniquement lors des inventaires.

1.4.2. Le recours aux prestataires logistiques

Les prestataires logistiques ont compris que ce nouveau segment d'activité des logisticiens présentait de réelles opportunités. Ainsi Geodis a lancé une activité de reverse logistics au sein de sa division G2R (Geodis Recyclage et Revalorisation), elle-même rattachée à la division Geodis Logistics Euromatic, réseau de distribution technique doté d'une cinquantaine de plates-formes de proximité dans toute l'Europe dédiées aux matériels high-tech.

G2R a une activité centrée sur le reconditionnement, la rénovation et le recyclage des produits en fin de vie au travers de centres techniques agréés. Cette logistique de soutien intègre également l'entreposage, la gestion des stocks, la préparation de commandes, la gestion des retours et l'emballage.

Par ailleurs, G2R coordonne l'ensemble des opérateurs intervenant dans la filière de traitement ou de retraitement (recyclage, destruction, revalorisation) dans le respect des normes et des réglementations environnementales en vigueur.

Dans le cadre de son accord avec Kraft Jacob Suchard, G2R, en s'appuyant sur les 25 plates-formes françaises du réseau de distribution technique Euromatic, est mandatée pour récupérer le matériel en fin de vie (distributeurs), à le démonter complètement et à le remettre à neuf. Une fois reconditionnée, il n'existe plus aucune différence visuelle entre une machine neuve et une machine recyclée.

Au plan opérationnel, la procédure de reconditionnement fait l'objet d'un dialogue permanent entre les deux partenaires. KJS prend les décisions financières relatives à la valorisation ou à la destruction du matériel. Geodis Logistics Euromatic intervient sur les aspects techniques et décide, à partir des points à vérifier, si les éléments sont destructibles ou récupérables. Les ordres de fabrication sont lancés tous les mois sur les bases d'un plan de production à trois mois. Le prestataire logistique gère également 600 à 700 références de pièces détachées destinées à la maintenance et au reconditionnement. Depuis le début du contrat, ce sont ainsi 3 000 machines qui sont passées dans les ateliers de Geodis Logistics Euromatic.

Au-delà des aspects purement opérationnels, il n'est pas rare que l'équipe de Geodis Logistics Euromatic apporte des idées pour améliorer le processus de récupération des matériels et de reconditionnement : récemment les techniciens de Geodis Euromatic ont permis de simplifier les phases de reconditionnement et de peinture. Cette simplification a entraîné pour KJS des économies très substantielles.

2. LOGISTIQUE ET RESPONSABILITÉ

Les organisations logistiques de plus en plus complexes intègrent de plus en plus étroitement non seulement la dimension géographique, mais également la dimension sectorielle. Les infrastructures de plusieurs pays travaillent dans des logiques très étroitement imbriquées et une infrastructure physique se trouve de plus en plus souvent partagée entre plusieurs entreprises ou soumise à un mode de pilotage multipartie. De plus, l'espace temps se resserre pour le logisticien. Les activités opérationnelles se trouvent prises dans des logiques exigeant des délais et des fiabilités sans faille alors même que le temps imparti pour leur contrôle ne cesse de diminuer. Mais la durée de vie des solutions logistiques se réduit également. Il faut maintenant concevoir en juste-à-temps des solutions logistiques et les mettre en œuvre aussi rapidement que possible, avec un risque significatif de voir des erreurs de conception apparaître.

Poussée dans un mouvement qui sans cesse s'accélère, et dans une logique ou des acteurs multiples voient leurs activités imbriquées, l'organisation logistique est donc devenue un lieu de vulnérabilité potentielle évident et le logisticien, lui-même pris dans cette dynamique très exigeante, est amené à prendre des risques qu'il ne soupçonne pas toujours.

2.1. Complexité et risque sur la chaîne logistique

2.1.1. Qu'est-ce que le risque logistique ?

Le logisticien, s'il sait apprécier la théorie, n'en apprécie pas moins ce qui nourrit son activité quotidienne, le fait. Prenons donc quelques exemples directement issus de la chronique judiciaire récente.

Tout d'abord, cet extrait de l'*Argus des risques technologiques* nous donne un premier aperçu de l'ampleur d'un sinistre occasionné par l'exploitation d'un site logistique :

> « Une explosion a lieu dans un dépôt de produits agricoles. Un incendie et d'autres explosions détruisent deux des trois entrepôts du site (5 000 m²). Des missiles sont projetés à 100 m de haut. La population de 5 communes sous le vent se confine préventivement. Le feu est éteint en 3 heures Le directeur du site et cinq pompiers sont légèrement intoxiqués et quatre autres sont blessés. La Meurthe et la Moselle sont polluées (hydrocarbure, organo-phosphorés, pesticides). La baignade, la pêche et la consommation de légumes sont interdites. Des captages sont surveillés. Les jours suivants, une tonne de poissons morts est récupérée. Environ 3 570 m³ de déchets sont évacués. Les dommages sont évalués à 90 MF. Le feu aurait pris sur un sac de 25 kg de chlorate de soude. »

Le discours du responsable logistique est difficile à tenir en matière de risque. Admettre l'éventualité de risques forts, c'est annoncer que le système des flux n'est pas sûr. Mais parler de risques nuls, c'est ne pas accepter de voir une réalité qui devient de plus en plus critique pour les systèmes logistiques. Malheureusement, trop souvent, le risque est insuffisamment traité, avant tout par manque de ressources qui sont consacrées à son analyse dans l'entreprise.

Danger, accident, sinistre, catastrophe, vol avec violence, le champ lexical lié aux risques est large. Arrêt d'exploitation d'un entrepôt, défaillance d'un transporteur, perte d'information, les formes de risques logistiques sont nombreuses ainsi que leurs conséquences directes et indirectes en matière humaine, environnementale, commerciale ou financière.

La notion de risque a deux dimensions qui peuvent d'emblée prêter à confusion. Tout d'abord, il est possible de définir le risque comme un aléa portant sur des facteurs ou des sources de dysfonctionnements qui sont susceptibles d'atteindre éventuellement le bon fonctionnement de la chaîne logistique ou de certaines de ses composantes. Mais le risque désigne également l'élément de patrimoine ou la personne menacés par un aléa. Nous nous attacherons par la suite à ne considérer en tant que risque que les faits générateurs de certains dysfonctionnements de la chaîne logistique.

La notion de risque en logistique est souvent difficile à cerner. Cette difficulté se traduit par l'absence d'outils bien formalisés dans l'entreprise pour en rationaliser l'approche. Les spécialistes de ces questions que sont les assureurs en ont une vision statistique ou probabiliste largement méconnue dans la méthode et dans les résultats par les logisticiens opérationnels. Statistiquement, ils estiment le risque comme le dénombrement d'événements rapportés à une mesure d'exposition. Il faut cependant que la base historique soit suffisante pour que le dénombrement d'événements ait un sens en termes statistiques. Or les systèmes logistiques mis actuellement en place présentent un manque de référentiel pratique évident qui limite les possibilités d'estimation des risques. Reste la voie probabiliste, plus complexe encore d'approche pour le manager logisticien. L'approche est d'autant plus complexe que le logisticien souhaite avant tout connaître les effets probables de la concrétisation d'un risque pour envisager avant tout s'il lui affecte des moyens dans la recherche de sa maîtrise. Or la réalisation d'un risque sur la supply chain se concrétise par une discontinuité dans l'ensemble des flux opératoires. S'il est possible d'évaluer sur le court terme les premiers effets, la gravité des effets de cette discontinuité ne sont évaluables qu'à moyen et long terme par la mesure de ses effets induits directs et indirects.

Ainsi, le risque se situe souvent à l'intersection du rationnel et du psychologique. Faute d'éléments rationnels à sa disposition, le risque logistique se trouve dès lors plus souvent apprécié par le logisticien dans le cadre d'une évaluation beaucoup plus qualitative que quantitative. Mais cette évaluation qualitative est elle-même rendue d'autant plus difficile que son appréciation met également en ligne l'évaluation indivi-duelle de ses propres capacités à y faire face par celui qui pense y être confronté. Un risque de faible occurrence dans le cadre d'une approche quantitative peut être ainsi surpondéré dans son appréciation par celui qui craint, en cas de réalisation d'un sinistre, de ne pas disposer des capacités suffisantes pour y faire face.

Mais la prise en compte du risque, même avec une évaluation insatisfaisante au vu de critères rationnels, est déjà le signe d'une certaine maturité de la part du logisticien. Elle témoigne de l'amorce d'une démarche de rationalisation et de maîtrise du risque et permet de débuter la recherche de moyens de réduction du phénomène ou de ses effets lorsqu'un risque se concrétise en sinistre. Ainsi, mettre en place une démarche de réduction des risques, c'est éviter l'exposition à certains aléas et/ou réduire leur probabilité d'occurrence. Mais c'est également préparer des dispositifs de réduction des impacts (protection, organisation de système de secours...). Les motifs qui poussent généralement un responsable logistique à se poser le problème de la prise en compte du risque logistique sont de notre point de vue de trois natures :

• le constat que **la bonne gestion d'un risque** peut, lorsqu'il se transforme en sinistre, devenir la source d'un avantage concurrentiel. Les grèves routières très paralysantes auxquelles la France a été exposée à plusieurs reprises durant les années 1990 ont eu des répercussions intéressantes sur certains secteurs très concurrentiels. Par exemple, dans le domaine des produits frais et ultra-frais, une entreprise telle que Yoplait avait prévu de longue date des back-offices d'exploitation routière en cas de grève. Le déploiement d'un système de gestion de crise — inspiré de modèles mis en œuvre dans le domaine militaire — a permis à Yoplait de voir, durant cette période de congestion, ses ventes augmenter de manière spectaculaire. La grande distribution constatant que seule Yoplait continuait à distribuer avec une relative fiabilité, a déporté temporairement une large partie de ses approvisionnements sur ce fournisseur au détriment des autres.

Dans le cas d'Altadis, les produits du tabac représentent un réel attrait du fait de leur valeur rapportée au volume et à la capacité de valorisation via le marché noir capillaire. La recherche de la baisse des coûts de la distribution a conduit Altadis à organiser un système de tournées de livraison très optimisé selon des livraisons à fréquence fixe pour un débit de tabac donné en fonction de son volume de vente. Les opérations de malveillance en sont donc facilitées. C'est finalement ce risque, qui malheureusement a donné lieu à des situations pénibles, qui a poussé Altadis à être imaginatif et à mettre en œuvre des solutions innovantes s'appuyant sur des technologies modernes. Les tournées étant planifiées, elles sont associées à des temps de transit et de manutention très précis selon des standards éprouvés. Au-delà de la sécurisation des véhicules et des lieux de transit, un système de contrôle automatique a été mis en place qui permet de contrôler la position géographique du véhicule lors des ouvertures de portes et qui transmet une alarme si cette position géographique n'est pas connue. Chaque véhicule est ainsi doté d'un équipement spécifique installé composé :

– d'une centrale d'alarme, de détecteurs d'ouverture de porte sur toutes les issues du véhicule et d'une unité de gestion ;

– d'un système de positionnement GPS ;

– d'un système de communication mobile de type GSM ;

– d'une « boîte noire » qui enregistre les différents événements relatifs à la surveillance.

Le chauffeur peut également protéger son véhicule ou envoyer une détresse grâce à une télécommande. Toutes les alarmes sont traitées (24 h/24 et 7 j/7) par une station de surveillance basée à Lyon qui a la possibilité de positionner à tout moment chaque véhicule, d'écouter dans la cabine ou de contacter le chauffeur. Cet équipement de surveillance permet aux forces de l'ordre de procéder à des interventions rapides et surtout facilite les procédures des enquêtes. Directement ou indirectement, on peut considérer que 2 millions d'euros de marchandises volées ont pu être récupérés grâce à ce système en 2002 et 51 personnes ont été arrêtées. Grâce à cette maîtrise de la sinistralité, depuis le 1er janvier 2000, tous les trafics sont assurés tous risques ;

- **la prise en compte d'une réglementation** qui ne cesse de se complexifier dans certains compartiments de l'activité logistique. Ainsi, en France, l'arsenal du droit des transports ne cesse de s'agrandir. Le décret de « coresponsabilité pénale » du 23 juillet 1992 et la circulaire du 9 mai 1995 instaurent une responsabilité partagée dans le cas où il serait prouvé qu'un sinistre, occasionné par un transporteur routier, serait dû en partie à la nature de la demande du donneur d'ordre. Dans le domaine de l'entreposage, la construction de bâtiment est soumis à une sévère appréciation de l'administration (DRIRE — Direction régionale de l'Industrie, de la Recherche et de l'Environnement) ou des pompiers qui donnent leur avis sur tout nouveau bâtiment et sur la possibilité d'exploiter ceux qui sont en fonctionnement ;

- enfin, **les difficultés croissantes** rencontrées dans la mise en œuvre de nouveaux systèmes logistiques. La gestion du risque pour ces situations se traduit trop fréquemment par des ajournements de mise en œuvre de projets, alors même que leur déploiement doit se faire dans des délais de plus en plus brefs. Certaines sociétés de conseil et d'intégration de systèmes d'information du Supply Chain Management (APS, ERP, SCE, TMS,...) se sont trouvées engagées dans des procès extrêmement coûteux en termes monétaire et d'image pour des promesses non tenues.

2.1.2. Le cas des produits dangereux

La logistique des produits dangereux couvre typiquement un champ élargi par rapport à la logistique de produits plus classiques. Car tout incident sur le process logistique est susceptible de déclencher des conséquences telles sur l'environnement et sur les hommes que l'entreprise ne peut pas ne pas prendre en considération les risques moraux, judiciaires et d'image inhérents à ces incidents. En plus des objectifs de production de service, le logisticien doit mettre en avant un objectif complémentaire majeur, la sécurité. Bien entendu, elle porte autant sur les hommes que sur la protection de l'environnement. La spécificité des réponses de la logistique des produits dangereux découle du caractère sécuritaire des solutions à mettre en œuvre. En effet, il faut mettre en œuvre des modes opératoires et des procédures qui respectent la législation et faire en sorte qu'elles soient appliquées avec rigueur. Ainsi, pour les transports, les passages sous tunnel sont très surveillés et peuvent être autorisés ou non avec ou sans escorte, les dates et les horaires de transport sont également réglementés[2]. Mais certains produits reçoivent des restrictions plus strictes comme le CVM, un des composants du PVC, qui ne peut pas circuler par route et qui n'est autorisé à circuler que par wagon ou par voie d'eau.

> Une entreprise comme Elf Atochem ne travaille qu'avec une petite dizaine de prestataires tels que Bourgey-Montreuil, Charles André, Samat, Brun ou Norbert Dentressangle. Ce nombre réduit de prestataires garantit leur sélection et leur qualité et avant tout leur capacité à suivre les évolutions nécessitées par ce type de produit. Dans les années 1970, à l'image d'une industrie chimique encore très éclatée, les producteurs faisaient appel à des artisans locaux dans le domaine du transport, possédant quelques citernes et contractant sur de longues durées avec les industriels. C'est dans les années 1980 que, l'industrie chimique se restructurant, elle est passée à une demande de transport public très ouverte.

L'optimisation des transports, le lavage des citernes, la gestion des compatibilités pour une gamme de produits de plus en plus élargie a nécessité une concentration des opérateurs. Ainsi, le lavage des citernes nécessaire entre deux chargements pour assurer le maintien de la qualité initiale des produits chargés, doit être fait, malgré son coût important (153 à 230 € par lavage), dans des stations de lavage particulières.

2.2. Premières approches de gestion du risque sur la chaîne logistique

Le risque sur la chaîne logistique doit s'appréhender dans deux cadres différents, conformes aux problématiques majeures auxquelles les logisticiens sont aujourd'hui confrontés :

- la gestion des activités courantes. À ce domaine se rattachent, par exemple, les risques d'exploitation des infrastructures logistiques (entrepôt) ou les risques liés aux transports. Les risques sont régis par des codes différents et des critères non alignés : un aérosol dangereux en stockage peut être non dangereux en transport ;
- la mutation du système logistique en totalité ou sur l'une de ses composantes. À ce domaine, se rattachent les risques associés à une transformation du système logistique telle que l'externalisation de certaines activités, la mise en place d'une infrastructure logistique nouvelle venant transformer le fonctionnement historique de la chaîne logistique, et, bien évidemment, le déploiement d'un système d'information.

L'observation des pratiques managériales actuelles permet de segmenter les méthodes utilisées par les logisticiens d'entreprise en quatre grandes familles :

- le recensement des risques et le choix des modes de gestion relatifs à chacun ;
- la mise en place de procédures de défense passive et de suivi. Cette approche comprend la bonne appréhension des risques juridiques et la formalisation contractuelle poussée, en particulier avec les prestataires logistiques ou les partenaires de la chaîne logistique ;

---

2. La réglementation européenne ADR fait référence en matière de règles de sécurité à appliquer pour ces produits

- la délégation de la gestion des risques auprès d'un assureur ;
- la mise en place de procédures de riposte, ou back-up d'exploitation.

2.2.1. Recensement des risques et choix des modes de gestion

C'est la première étape d'une démarche de prévention interne qui assure une meilleure connaissance des risques potentiels et leur juste évaluation.

La prise en charge de cette dimension de la logistique ne va que s'accentuer. Les conséquences financières d'un risque sont telles qu'il appartient prioritairement aux entreprises de disposer des ressources nécessaires pour traiter de cette question et de trouver les moyens de prévention et de sécurisation. Au-delà des couvertures d'assurance, de la mise en œuvre de procédures, il s'avère de plus en plus nécessaire de concevoir des systèmes de back-up non seulement informatiques mais physiques pour faire face à la concrétisation des risques. Comme la prise en charge de la gestion effective des flux s'est traduite dans les organisations logistiques par la création de postes de gestionnaires de flux, l'émergence de la prise en charge des risques logistiques commence à se traduire par l'apparition de risk managers dans les organisations logistiques. La création de tels postes associés à une formation adéquate permet d'obtenir une réduction des primes d'assurance. Pour le secteur de la prestation logistique, c'est une opportunité qui est offerte de développer une nouvelle dimension de professionnalisme. Leur rôle de gestionnaire opérationnel des flux et la large base de références opérationnelles dont ils disposent, leur donnent la possibilité d'apporter à leur client une méthodologie, des moyens techniques préventifs et des solutions alternatives pour appréhender une bonne partie des risques logistiques et pour réagir face à leur éventuelle concrétisation.

Dans la mesure du possible, il est souhaitable de voir l'entreprise travailler sur la mise en place d'une grille d'analyse économique qui permette de statuer sur le traitement ou le non-traitement du risque. Une représentation peut être réalisée à partir d'une échelle de criticité/occurrence des risques identifiés et d'une première évaluation du coût du traitement (cf. schéma 12.5). Elle permet de trouver une première grille d'analyse permettant de hiérarchiser les risques logistiques se présentant dans l'entreprise.

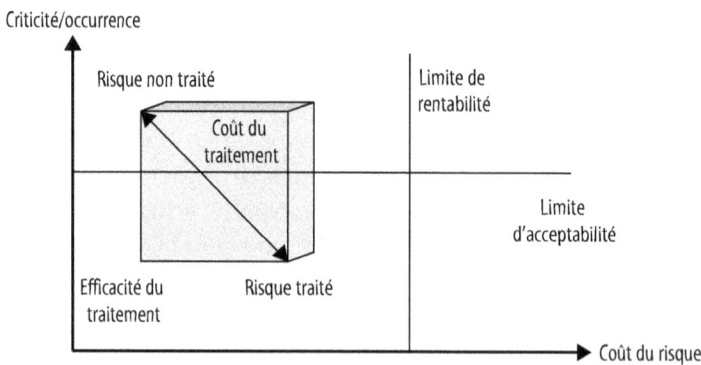

SCHÉMA 12.5. *Analyse théorique coût/criticité-occurrence du risque logistique*

2.2.2. Mise en place de procédures de défense passive et de suivi

C'est dans ce cadre préventif qu'une bonne maîtrise du droit s'avère nécessaire (cf. schéma 12.6).

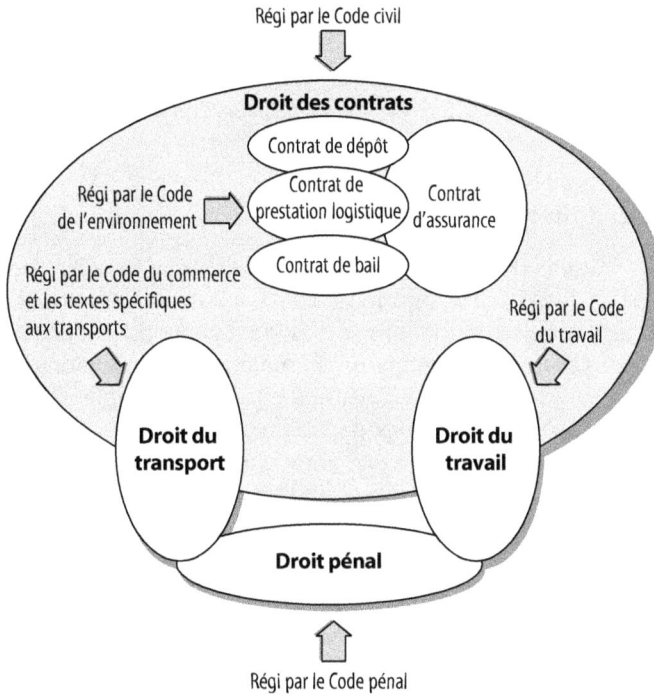

Régi par le Code civil

Droit des contrats

Contrat de dépôt

Contrat de prestation logistique

Contrat de bail

Contrat d'assurance

Régi par le Code de l'environnement

Régi par le Code du commerce et les textes spécifiques aux transports

Régi par le Code du travail

Droit du transport

Droit du travail

Droit pénal

Régi par le Code pénal

SCHÉMA 12.6. *Risque logistique et droit*

En droit français, le livre V titre premier du code de l'environnement traite des ICPE. La réglementation européenne s'harmonise avec la directive du 24 juin 1982 dite Seveso.

Cette dimension s'intéresse avant tout à la mise en œuvre d'une bonne contractualisation et à la bonne appréhension des contraintes juridiques liées à l'exploitation logistique. La logistique bien évidemment ne bénéficie pas d'un droit spécifique. Même le transport ne repose pas sur un code particulier. Il est donc nécessaire de se situer à l'intersection du Code des Assurances, du Code du travail, du Code pénal, du Code civil, du Code de l'Environnement et du Code du commerce et des textes spécifiques aux transports. Ce n'est que par une bonne assimilation de l'ensemble que le risque sera limité en cas de concrétisation. Cette démarche est d'autant plus nécessaire qu'une part croissante des activités logistiques est maintenant confiée à des opérateurs extérieurs, regroupés dans le secteur économique des prestataires logistiques.

2.2.3. Délégation de la gestion des risques auprès des assureurs

Une gestion de la couverture assurances est à mettre en place pour se prémunir sur les conséquences matérielles de la concrétisation d'un risque. Cependant, les assurances pour limiter le coût économique lié à la prime d'assurance tendent à imposer des contraintes amont de plus en plus fortes, en particulier en matière d'entreposage. Les normes édictées par l'APSAD, NFPA ou FMI nécessitent des investissements lourds qu'il faut prendre en compte dans le calcul économique de la prévention du risque. Ces investissements, en particulier le sprinklage, servent de moyens compensatoires pour minimiser les risques.

2.2.4. Mise en place de back-up d'exploitation

Enfin, la mise en place de back-up physiques tend à apparaître, pour assurer la pérennité dans le temps du flux logistique. Ces back-ups reposent sur des solutions liées à de la sous-traitance partielle, mais permanente, du prépositionnement de stocks en dehors des entrepôts principaux, du maintien en condition d'infrastructures non exploitées… Cette démarche est novatrice chez les logisticiens. Elle réclame des accords inscrits dans la durée avec des partenaires susceptibles de se mobiliser avec une durée d'alerte très réduite et avec une grande fiabilité.

3. LA LOGISTIQUE ET L'AMÉNAGEMENT DU TERRITOIRE

3.1. Impact des stratégies logistiques sur l'aménagement du territoire

S'interroger sur les relations entre les institutions territoriales françaises et la logistique des entreprises, c'est d'abord reconnaître la pluralité des institutions concernées. Les rôles sont en effet répartis entre l'Europe qui émet un certain nombre de directives comme on l'a vu pour les questions de recyclage, l'État français qui conduit des politiques sociales, fiscales et douanières tout en veillant au respect à l'échelon national de l'aménagement de son territoire en s'appuyant sur des organisations publiques spécialisées dans des domaines précis (ADEME, CSIC, DIREN, DRIRE,...), les régions, les départements et les communes et les différentes formes de regroupement. Toutes ces institutions participent à leur échelle à :
- la construction d'infrastructures de transport et à la gestion de la circulation ;
- la construction d'infrastructures de communication ;
- la protection environnementale ;
- l'aménagement du territoire grâce à l'attribution des permis de construire et le classement des terrains en différents types de zones.

Ces institutions s'appliquent à :
- dynamiser l'emploi et l'on sait que le développement des infrastructures logistiques est très fortement contraint par le bassin d'emploi en volume et en qualification ;

- aider plus ou moins directement au financement des entreprises pour attirer les investissements ;

- réaliser et améliorer des infrastructures d'accueil aux entreprises notamment à travers l'entretien et la création de zones d'activité mais aussi des infrastructures et des moyens de transport qui permettent aux salariés de se déplacer de leur lieu d'habitation vers les lieux de leur travail.

Il est courant de reconnaître un certain antagonisme entre les objectifs relatifs aux stratégies des logisticiens et des transporteurs qui cherchent à massifier les flux pour obtenir des économies d'échelle bénéfiques à la collectivité et aux consommateurs finals, et les objectifs poursuivis par une politique d'aménagement du territoire qui s'attache à respecter un équilibre en termes de développement de l'espace. Nous sommes dans des horizons de temps qui s'affrontent, les schémas directeurs départementaux et régionaux planifiant les opérations d'aménagement du territoire sur 10 ans et les entreprises prenant des décisions d'implantation avec des délais de mise en œuvre entre 6 et 12 mois. De plus, l'aménagement du territoire est soumis à un double mouvement de déstabilisation qui résulte d'une politique de décentralisation et d'européanisation, sachant que la décentralisation introduit des zones potentielles de conflit entre instances territoriales de différents niveaux comme entre la région et le département.

Institutions territoriales		Entreprises	
Ont besoin	**Décident**	**Ont besoin**	**Décident**
• d'emplois • de respecter l'environnement • de financement • de développer l'activité économique du territoire	• de l'aménagement du territoire • des infrastructures dans une logique d'intégration au paysage et de développement durable • des conditions financières pour les entreprises • des formations dispensées • de promouvoir des solutions de transport multimodales (ferroutage, fluvial)	• d'un environnement logistique adapté et d'un bassin d'emploi • d'autonomie • de flexibilité sur l'ensemble de la Supply Chain • de procédures douanières facilitées pour accélérer l'écoulement des flux • d'aides et d'incitation à leur installation • d'infrastructures logistiques évolutives • de services aux marchandises, aux moyens de transport et aux personnes	• de s'installer • d'employer • d'investir • de mettre en œuvre des solutions logistiques

TABLEAU **12.3.** *Antagonismes institutions territoriales/entreprises (adapté d'un travail conduit au sein de l'IML, 2006)*

En mettant à plat les besoins et le pouvoir de décision de chacun, on réalise combien les deux types d'acteurs sont engagés dans des processus interdépendants mais qui ont des difficultés à se réconcilier comme le montre le tableau 12.3.

La notion d'équilibre spatial est sérieusement mise en question par le développement de systèmes de transport qui s'organisent autour de nœuds. C'est le concept de radialisation des systèmes de transport qui s'accompagne de la création d'outils logistiques tels que les plates-formes. Ces outils permettent — en gérant des opérations de groupage-dégroupage — de faire face à l'accroissement des fréquences d'expédition qui résulte des politiques industrielles de flux tendus dont une autre conséquence est une diminution du poids moyen transporté. Par ailleurs, les entreprises sont à la recherche de solutions de transport à vitesse de plus en plus rapide. Alors que cette approche fut développée historiquement par les entreprises ferroviaires pour recomposer des trains complets, elle s'est développée très rapidement dans le secteur routier de la messagerie, dont un des atouts majeurs est la flexibilité en fonction, en particulier, de l'évolution des points d'origine (usines de production des fournisseurs) et des points de destination (entrepôts des distributeurs). La plate-forme logistique est une véritable innovation qui permet de croiser l'offre industrielle et la demande commerciale. Elle permet également de respecter les enjeux de faible coût et de rapidité de traitement, en ayant recours au transport combiné et en stimulant le développement d'activités mixtes associant étroitement activités logistiques et industrielles, notamment dans le domaine du post-manufacturing. En ce sens, la plate-forme devient un outil d'organisation du territoire.

Au-delà de la dualité entre régions fortes et régions faibles en termes économiques, ou entre un centre et sa périphérie, de nouveaux problèmes apparaissent par l'émergence de pôles d'activité organisés en réseaux et de zones géographiques qui prennent la forme de creux dans l'espace. Ces inégalités spatiales résultent de la prime accordée à l'efficacité économique sur la volonté de promouvoir un espace homogène. Les grands centres urbains concentrent les marchés de l'emploi, de la consommation, des services à la production et les activités créatrices de valeur. Par conséquent, ces centres attirent également les infrastructures logistiques qui sont naturellement orientées vers les marchés qu'ils soient amont ou aval. La plate-forme logistique multimodale de Roissy-Charles-de-Gaulle est exemplaire à ce titre. Cette plate-forme s'étend sur une surface équivalente au tiers de la surface de Paris. 600 entreprises s'y sont implantées soit 55 000 personnes début 2000 dont environ 12 000 en logistique. Ainsi s'y est implanté le nouveau hub de Federal Express qui s'est ouvert fin 1999. Tout le traitement logistique de ses colis au niveau européen y est aujourd'hui centralisé. L'entrepôt a une surface de 77 000 m^2 dont 55 000 m^2 dédiés au tri (30 000 colis et 30 000 documents par heure soit 1 000 tonnes de colis et documents chaque jour). Le hub qui a nécessité un investissement de 200 millions de dollars emploie 1 600 personnes.

Une des conséquences de cette polarisation est l'engorgement du trafic routier et les encombrements qui ralentissent la vitesse d'écoulement des flux et qui vont à l'encontre des objectifs poursuivis au sein de ce qu'il est convenu d'appeler la

« banane bleue » en Europe. Mais comme cela a déjà été noté, la multiplicité des acteurs rend très difficile un processus de résolution satisfaisant et la mise en œuvre d'une régulation du trafic par une politique tarifaire adaptée n'est pas évidente.

Les infrastructures logistiques organisées au sein de parcs d'activité apportant tous les services nécessaires sont sans aucun doute le point de rencontre de l'aménageur institutionnel et de l'entreprise. Ces parcs se doivent d'apporter des solutions complètes aux entreprises qui n'hésiteront pas à localiser fonctions logistiques opérationnelles mais aussi tertiaires (notion de siège social ou de tour de contrôle logistique).

3.2. Les enjeux de la logistique pour les collectivités locales

Le poids de la logistique n'est pas neutre pour une collectivité locale. En Île-de-France, les flux par habitant et par an se mesurent à hauteur de plus de 24 tonnes de produits parmi lesquels il faut bien évidemment prendre en compte les matériaux de construction. La complexification des flux fait qu'il faut de plus en plus dépasser le seul raisonnement d'entreprise. L'accumulation des stratégies privées de chaque entreprise génère des flux sur un espace public qui se trouvent donc sous l'autorité de la puissance publique en matière de solutions.

La logistique, au même titre que la fiscalité ou la politique de subventions, est un des facteurs de la politique économique d'une collectivité locale. Mais jusqu'au début des années 1990, les collectivités locales n'avaient pas identifié la logistique comme l'un des leviers majeurs de leur politique économique. En effet, si pour des raisons d'aménagement du territoire et donc de prise en compte de leur mission d'intérêt général, elles ont créé et développé des infrastructures logistiques, cette action ne résultait pas d'une volonté de promotion de la logistique, mais du désir de soutenir le développement économique. La logistique, ici comme dans les entreprises, était considérée comme un mal nécessaire. Dans le jeu qu'entretiennent entreprises du domaine des transports et de la logistique et pouvoirs publics, il n'est pas simple de dégager les motivations des collectivités locales pour investir dans des outils logistiques tels que les plates-formes ou les entrepôts, et le sens à donner à ces infrastructures ponctuelles. La réflexion sur les rapports entre territoires et organisation logistique des entreprises s'inscrit dans le cadre plus large de la planification urbaine. Les schémas directeurs logistiques en sont partie prenante, mais n'occupent qu'une place secondaire. Ils se croisent le plus souvent avec des démarches, entreprises antérieurement ou indépendamment, de nature plus opérationnelle et destinées à réaliser physiquement ces infrastructures.

Le développement inexorable des transports organisés en réseaux nodaux entraînait un besoin de surfaces d'entreposage ou d'activités logistiques. C'est souvent dans des zones proches de ces nœuds de transport que ces entités logistiques sont implantées. Ainsi la zone de Dourges à proximité de Lille, d'une superficie de 500 hectares, est située en bordure de l'autoroute A1, d'un canal à grand gabarit et d'un embranchement ferré. Mais les actions se limitaient donc principalement à l'implantation de zones pour la construction de dépôts, eux-mêmes considérés comme des « boîtes à chaussures ».

Ces dépôts étaient ainsi perçus comme :

- inesthétiques et donc portant un fort risque sur l'attractivité de la population à proximité. La pression de la population sur la qualité de la vie incite à se pencher avec plus d'attention encore sur l'installation de bâtiments dont l'esthétique est plus ou moins appréciée et sur leurs nuisances telles que le trafic de camions pour les approvisionnements ou les expéditions, parfois à des horaires tardifs. L'entrepôt représente également un risque environnemental dans le cas où il contient des matières dangereuses ou inflammables ;

- faiblement créateur d'emploi car l'entrepôt était vu comme ayant essentiellement une fonction de stockage statique. Par incidence, l'entrepôt dégageait une faible taxe professionnelle par rapport à des activités plus industrielles ;

- faiblement créateur de valeur ajoutée ;

- générateur de nuisance car stimulant le trafic routier en amont et en aval de ces sites logistiques.

Autant de facteurs n'encourageaient pas à faire la promotion du développement des activités logistiques.

Mais, aujourd'hui, les collectivités locales se penchent de plus en plus sur la question logistique. Plusieurs aspects les y incitent et une véritable concurrence se met en place pour attirer de nouvelles activités économiques dans lesquelles la création de valeur ajoutée industrielle se combine à la création de valeur logistique. Par exemple, l'élaboration du SDRIF (Schéma Directeur Région Île-de-France) comporte désormais un volet logistique que certains départements déclinent à leur tour. Le département de Seine-et-Marne a ainsi engagé une réflexion en 2006 associant étroitement élus, prestataires logistiques, investisseurs, aménageurs et développeurs pour formaliser un plan directeur logistique. Celui-ci reconnaît la multi-polarisation du département qui joue un rôle de redistributeur vers la capitale (frange ouest du département) de sites à vocation nationale (centre du département), voire à vocation transeuropéenne. La solution apparaît dans une certaine spécialisation des zones logistiques.

Tout d'abord, l'externalisation des activités auprès de prestataires logistiques a changé sensiblement la donne. Comme nous l'avons vu dans le chapitre 9, l'externalisation et sa professionnalisation ont permis de mettre en place des logistiques industrielles de post-manufacturing. Les fonctions de l'entrepôt ont changé. D'un objectif tournant essentiellement autour du stockage statique, l'entrepôt est devenu une entité créatrice de valeur ajoutée sur les produits. Ainsi on peut considérer que l'affectation de terrain à des zones logistiques permet de générer une masse d'emplois bien plus importante qu'auparavant. De 20 à 30 emplois par hectare de terrain selon une logique basée essentiellement sur l'entreposage, on passe à plus du double lorsqu'une approche plus industrielle de la logistique est mise en œuvre. De plus, la logistique utilise des investissements plus lourds (automatisation, transstockeurs…). La taxe professionnelle, perçue sur la masse salariale et sur les investissements, s'améliore donc avec la mise en œuvre de ces nouvelles approches de la logistique.

Ensuite la logistique est un facteur d'attractivité des entreprises. Une entreprise intègre dans ses critères de choix industriels en matière de localisation géographique une évaluation de la qualité de l'environnement logistique qui se trouve à proximité. Si on veut stimuler l'implantation d'usines dans un site donné, il faut avant tout créer un environnement logistique performant. L'enjeu est donc de taille.

Enfin, les collectivités assistent à un changement de leurs interlocuteurs. De plus en plus les investisseurs dans les entrepôts ne s'avèrent plus être les entreprises exploitantes en direct mais des intermédiaires financiers. Ces intermédiaires investissent dans les terrains, financent les bâtiments et se rémunèrent sur leur location. L'un des plus importants en France est le groupe américain Prologis qui, après avoir racheté Garonor, a investi en de nombreux points du territoire (Île-de-France, Lyon, Le Havre, etc.) sur plusieurs centaines de milliers de m^2.

Le schéma suivant illustre cette fragmentation de la chaîne de valeur de l'aménagement logistique qui mobilise un grand nombre d'acteurs dont certains sont d'ailleurs à géométrie variable en termes de couverture fonctionnelle et de responsabilité :

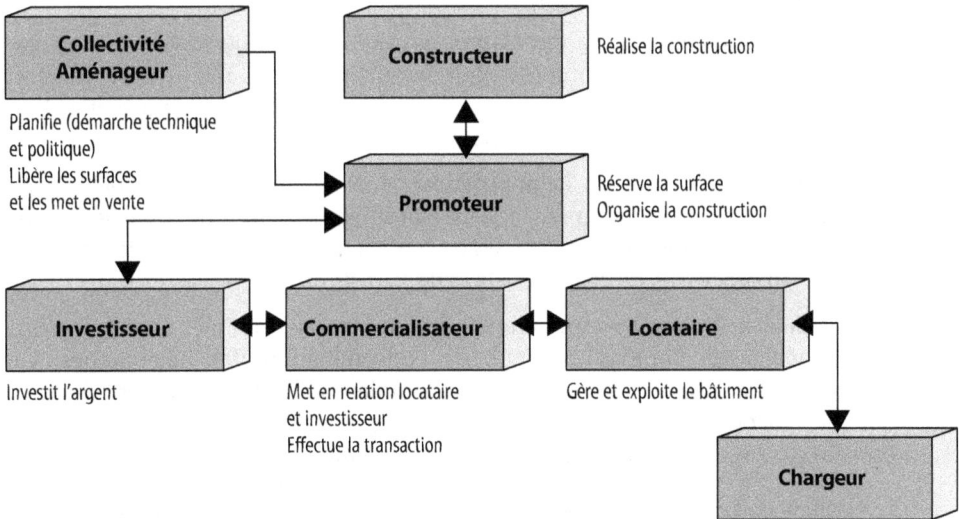

SCHÉMA 12.7. *Acteurs impliqués dans le développement territorial logistique*

Cependant trois grands types de réflexion se posent désormais pour les collectivités locales :
• les activités logistiques sont-elles pérennes dans leur forme actuelle et peut-on imaginer qu'une partie de la valeur ajoutée qui a été externalisée puisse être de nouveau ré-internaliser par les entreprises ? Cette question est une question de fonds

pour les collectivités qui ont des rythmes de financement qui sont encore sur des horizons à long terme alors que les entreprises ont des cycles à plus court terme ;

• quelles seront les modifications apportées par la politique économique européenne en matière de localisation des barycentres des activités de flux ?

• enfin, les espaces fonciers de qualité étant rares et la pression foncière commençant à se faire sentir, à quoi faut-il les dédier ?

4. LA LOGISTIQUE DANS LES PAYS DE L'EUROPE CENTRALE ET DE L'EST

Les pays de l'Est représentent un potentiel de consommation qui attire toutes les entreprises internationales mais aussi des lieux de production à coût bas. Néanmoins, un certain nombre de facteurs limitent et freinent le développement espéré. Ces facteurs sont de nature très différente :

• **le facteur politique** : la centralisation exercée par les États, en particulier au niveau des réglementations, empêche un déploiement harmonieux et aisé. Aucune création d'unité de production ou d'entrepôt ne peut être faite sans l'implication forte et étroite d'acteurs locaux de référence ;

• **le niveau des infrastructures** : la circulation des biens et des personnes est relative en raison des procédures douanières pour les pays n'ayant pas intégré l'Union européenne, des conditions climatiques difficiles et de l'insécurité qui règne dans les nouvelles zones industrielles de ces pays ;

• **la répartition géographique de la population** : si dans certains pays, tels que la République Tchèque et la Hongrie, la population est recentrée au sein de grands pôles urbains, la situation est très différente dans d'autres pays tels que la Pologne, ce qui freine un processus de rationalisation de la distribution ;

• **un système de distribution très spécifique** : l'éclatement des régimes communistes a laissé la place à un florilège de lieux de consommation très hétérogènes. Ce phénomène est très présent en Pologne par exemple où les hypermarchés ne représentent que 1 % de la distribution, mais où, en revanche, 40 % de la distribution est représentée par des bazars locaux ou kiosques disséminés dans les villes.

> L'étude de la distribution logistique des produits de grande consommation dans les pays de l'Est montre l'impossibilité de transposer les schémas d'organisation existant aujourd'hui dans les pays de l'Europe communautaire, d'autant plus que les situations sont très contrastées d'un pays à un autre. La centralisation des entrepôts — avec un système de livraison multidestination permettant une réduction des coûts logistiques — ne peut être appliquée. Des systèmes de distribution abandonnés en Europe de l'Ouest depuis des années sont ainsi redéployés dans les pays de l'Europe de l'Est tels que la distribution à la chine par tournées de camion qui conjuguent action commerciale et action logistique.

4.1. Contexte et traits distinctifs de la distribution dans les pays de l'Est

Depuis le 1er février 1992, date des accords de Visegrad, les pays d'Europe centrale quittent peu à peu le régime d'économie planifiée pour se diriger vers une économie de marché. Ces accords douaniers ont pour but la mise en place d'une zone de libre échange entre l'Europe et les pays de l'Est. Néanmoins, des transformations majeures des systèmes économiques se mettent en place dans une phase de transition cruciale pour permettre l'application de ces accords :

- fort déclin du secteur public au bénéfice des entreprises privées ;
- libéralisation des prix de la plupart des biens et des services ;
- convertibilité des monnaies.

Une des caractéristiques importantes de ces marchés dont les potentialités sont réelles est le facteur prix. La concurrence est fondée sur une guerre des prix, compte tenu du pouvoir d'achat modeste des consommateurs. La maîtrise des coûts logistiques relatifs à l'acheminement des produits est un enjeu essentiel.

Le réseau de distribution comprend les centrales de commerce extérieur (ancien monopole de distribution) et les circuits de vente au détail qui comprennent les formes de commerce suivantes (cf. tableau 12.4) :

- la grande distribution composée de supermarchés de taille réduite ;
- des grands magasins comme Tesco, Kotva qui se développent sur le même principe que Le Printemps ou les Galeries Lafayette ;
- la distribution de détail représentée par les circuits intégrés aux entreprises de production, les coopératives privées et les entrepôts de vente.

Catégories	Superficie	Nombre de points de vente	Spécialité
Bazars	Plein air	10 à 300 répartis dans 1 600 marchés	Produits alimentaires
Kiosques	< 10 m²	34 000 unités	Hebdomadaires, confiserie, lessives
Magasins de proximité	< 100 m²	175 000 unités	Libre-service
Supérettes	100 à 400 m²	2 400 unités	Libre-service, produits grande consommation
Supermarchés	400 à 2 500 m²	1 750 unités	Libre-service, produits grande consommation
Hypermarchés	> 2 500 m²	Quelques dizaines d'unités	Libre-service, produits grande consommation

TABLEAU 12.4. *Catégories d'établissements de vente de produits de consommation en Pologne (source étude Essec, Coupaye, 1998)*

Aucune forme de commerce structuré ne dépassait 10 % de part de marché en 1998. En 2002, la situation n'a guère évolué, les ventes des 15 plus grands distributeurs ne représentant dans les PECO que 17,5 milliards d'euros, soit 6,6 % du commerce de détail. La Pologne, où la surface de vente de la grande distribution est passée de 289 000 m^2 à 3,5 millions de m^2 en 2003, serait le pays qui en 2006 rassemble le plus grand nombre d'enseignes internationales de la grande distribution généraliste au monde. Plus de 90 % des magasins couvrent moins de 1 000 m^2 et la répartition géographique de cette distribution est très déséquilibrée : 80 % des établissements sont localisés dans les capitales ou grandes villes.

4.2. Les contraintes liées à l'approvisionnement des marchandises

4.2.1. Les infrastructures de transport et la qualité de service

Les infrastructures de transport constituent un réel frein à la circulation des marchandises au sein des pays de l'Est. Il est fréquent d'observer en 2006 une file ininterrompue de plus de 20 km de semi-remorques essayant de contourner Prague. De plus, de manière générale, la qualité de service dispensé par les transporteurs nationaux est médiocre. La position stratégique de la Pologne grâce à ses faibles coûts de transport et à sa position géographique pourrait faire d'elle un relais idéal tant pour le commerce maritime que pour les tractions routières d'approvisionnement vers les pays de la région. Or, la performance des sociétés spécialisées nationales telles que Pekaes, Copernic, Clement, reste faible, comparée aux grands groupes import-export.

En revanche, le principal atout des transporteurs nationaux se situe lors des passages en frontière car ils connaissent mieux que quiconque les démarches à suivre pour réduire l'attente aux postes. À titre d'illustration, si le temps moyen de passage de la frontière germano-polonaise à Frankfurt-sur-Oder est de 25 heures, un délai maximum de 60 heures a déjà été observé. Le temps de passage des frontières dépend, entre autres, du nombre de camions, de la disponibilité des douaniers, du jour de la semaine, de la nature des marchandises transportées, des conditions météorologiques et de la bonne rédaction des documents de transport et de douane. Tous ces facteurs expliquent qu'il est très difficile de prévoir et de maîtriser un délai de livraison *a priori*.

4.2.2. Les autres contraintes

Un ensemble de facteurs complémentaires compliquent l'organisation des flux logistiques :

- les conditions climatiques : la neige perturbe la circulation et les fortes amplitudes thermiques détériorent plus rapidement le revêtement des routes ;
- le cadre réglementaire en particulier au niveau des tarifs douaniers ;
- l'insécurité.

4.3. Élaboration de stratégies de distribution

La distribution dans les pays de l'Est comprend deux dimensions fortement liées : la distribution commerciale et la distribution physique des produits. La connaissance du contexte du commerce de détail et des systèmes de transport permet de mieux appréhender l'élaboration d'une stratégie adéquate pour soutenir la commercialisation de produits occidentaux. Il faut alors répondre aux questions suivantes :

- **en termes stratégiques** : doit-on chercher à distribuer sur l'ensemble du territoire ou cibler des régions ?

- **en termes techniques** : comment assurer une distribution efficace en présence d'un nombre de grossistes considérable dont la sphère de distribution reste étroite ?

La notoriété de la marque joue un rôle important dans la réponse apportée à ces deux questions. Trois solutions s'offrent aux entreprises étrangères qui développent leurs activités commerciales dans les pays de l'Est :

- **la distribution directe** assurée par le producteur avec sa propre logistique (transport, conditionnement, stockage…). C'est la stratégie utilisée par Danone, Polska, Coca-Cola et Pepsi-Cola ;

- **la distribution combinée** : le fabricant distribue lui-même ses produits à un nombre limité de magasins retenus en fonction de certains critères et passe par des grossistes ou des distributeurs pour les autres. Ces grossistes feront également de la prospection, de la commercialisation et du recouvrement de créances pour le fabricant. C'est la stratégie adoptée par des sociétés telles que L'Oréal.

- **la distribution uniquement par grossiste** ou avec l'aide d'un transporteur : dans ce cas, soit il distribue à l'ensemble des fournisseurs intéressés, soit il opère une sélection parmi eux, stratégie utilisée par Nestlé en Pologne.

Entreprises	Secteur d'activité	Organisation logistique	Taux de service
PHILIPS	Électronique grand public	Centralisation en Autriche	J + 2/J + 3
LEXMARK	Informatique	Centralisation à Orléans	J + 3
HP	Informatique	Centralisation en Autriche	J + 2/J + 4
NESTLE	Alimentaire	Centralisation en Pologne et plates-formes	J + 4
MOULINEX	Électronique grand public	Centralisation en Autriche	J + 3
YOPLAIT	Produits frais	4 entrepôts en Pologne	J + 1/J + 2

TABLEAU **12.5.** *Organisations logistiques d'un panel d'entreprises (source étude Essec, Coupaye, 1998)*

En termes de distribution logistique, la tendance est à la rationalisation et à la simplification des organisations logistiques par l'intermédiaire de stocks centralisés et de plates-formes d'éclatement dans un souci d'efficacité et de réduction des coûts. L'analyse des organisations logistiques de distribution des produits pour un certain nombre d'entreprises confirme qu'il n'y a pas de stock par pays, mais que les produits sont distribués à partir d'un entrepôt central basé ou non en Pologne, qui semble être un pays central, en matière de logistique pour l'Europe centrale.

Dans ces exemples, le niveau de service est maintenu autour de J + 3. Seul Nestlé dépasse ce taux avec J + 4, mais ce délai reste marginal car la plupart des livraisons sont faites en direct au départ de l'usine à J + 3. Le cas de Yoplait est différent en raison de la nature des produits distribués. La date limite de consommation impose un approvisionnement rapide des lieux de vente avec un respect total de la chaîne du froid. La centralisation de la logistique dans ce cas est impossible dans ces pays, compte tenu des faibles moyens des transporteurs locaux en termes de transport frigorifique, ainsi que de l'état du réseau routier et du passage des frontières.

En résumé, il est clair qu'il paraît difficile d'organiser la logistique des produits de grande consommation sur l'Europe centrale à partir d'un seul et unique entrepôt. Il apparaît nécessaire d'appuyer cette logistique sur des entrepôts locaux ou des plates-formes locales de distribution et ce, pour deux raisons : le faible poids moyen des livraisons et le grand nombre des points de vente. Les coûts de transport sont étonnamment assez élevés au sein de la zone couverte, les transporteurs étant plus intéressés par des tractions de longue distance entre l'Europe occidentale et l'Europe centrale. L'ensemble de ces facteurs et le caractère probable très évolutif de la demande en volume et de sa répartition géographique conduisent à imaginer des solutions les plus flexibles possibles, à savoir, en fonction des volumes annuels, un ou deux entrepôts centraux à partir desquels les produits sont livrés soit directement vers les points de vente proches ou les entités logistiques des distributeurs, soit vers des plates-formes d'éclatement permettant de se rapprocher à moindre coût des lieux de consommation.

Les décisions prises récemment par certains distributeurs dans les PECO sont très révélatrices de la volatilité des positions qu'il est possible de prendre sur un tel marché. Ainsi Casino, qui s'était installé en Pologne en 1996, a réalisé la cession de ses principaux actifs à l'été 2006. Les activités concernées par cette cession sont les fonds et les murs des hypermarchés Géant, les fonds étant cédés à Real du groupe Metro et les murs à GE Real Estate, ainsi que les supermarchés LeaderPrice au nombre de 270 vendus à Tesco qui est désormais le premier distributeur en Pologne. De même, Carrefour cède ses magasins en République Tchèque (11 hypermarchés) et en Slovaquie (4 hypermarchés) à Tesco pour mieux pouvoir se concentrer sur le marché polonais où il s'est installé depuis 1997 avec en 2006 35 hypermarchés et 74 supermarchés après avoir racheté un certain nombre de magasins à Ahold. Sur ce marché, aucun distributeur ne peut se prévaloir de gagner de l'argent, hormis Metro. Les grands distributeurs français étant très challengés sur leur marché national en particulier par les hard-discounters n'ont pas le choix et doivent concentrer leurs efforts et leurs ressources financières pour améliorer leur profitabilité.

4.4. Les stratégies industrielles de relocalisation en PECO

En complément de ce qui a été traité au niveau du chapitre 5, nous apportons ici quelques éléments de réflexion sur la relocalisation d'activités industrielles et de service d'Europe de l'Ouest vers les PECO qui connaît à l'instar des pays de l'Asie un tropisme fort. Ces pays présentent en effet une proximité géographique et culturelle qui facilite les migrations, les échanges et les projets de relocalisation qui sont essentiellement motivés par une double logique économique de réduction des coûts de production et de création de nouveaux marchés. Le schéma suivant représente la démarche classique d'élaboration d'une stratégie de relocalisation qui doit mettre l'accent sur les opportunités mais aussi sur les risques :

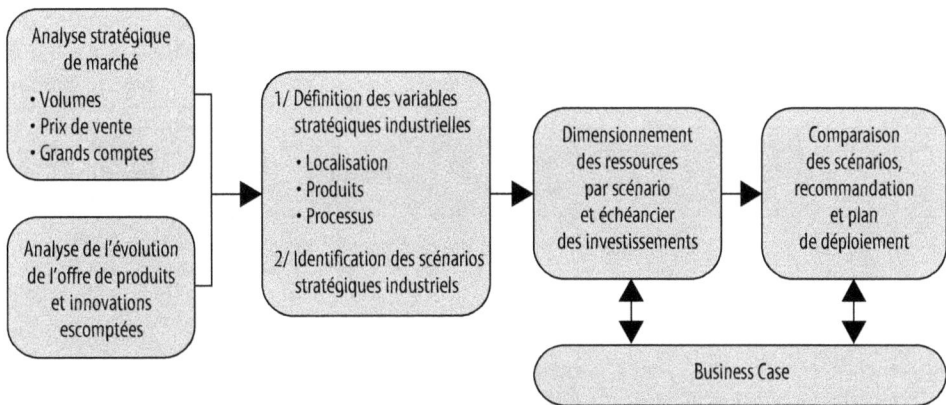

SCHÉMA 12.8. *Démarche d'analyse stratégique de localisation industrielle*

Trois niveaux d'analyse pertinents doivent être mobilisés pour aboutir à une décision robuste :

- **La contribution stratégique**. Plusieurs facteurs sont à prendre en compte tels que :
  - Les options de spécialisation industrielle. Dans beaucoup de cas, il ne s'agit pas d'une pure délocalisation mais d'un ajout capacitaire industriel qui implique une réflexion sur le choix des produits à fabriquer en PECO, des marchés qui seront servis par cette production en mesurant les incidences logistiques et le choix des processus de production.
  - Les transferts technologiques et les risques de contrefaçon.
  - La pression exercée par les coûts de revient industriel et logistique en terme concurrentiel.
  - L'opportunité de nouveaux marchés dans un processus d'internationalisation de l'entreprise.

– La valeur liée à cette innovation de rupture que peut représenter une relocalisation en Europe de l'Est.

- **Les impacts financiers.** Les coûts de main-d'œuvre constituent bien évidemment un élément d'attraction qui comporte des variations entre pays couplées avec des écarts entre la capitale et les villes de province. On peut relever de 500 euros à 700 euros en Pologne, République Tchèque et Slovaquie, 400 euros en Lituanie mais 900 euros en Estonie que l'on peut considérer comme une province des pays nordiques pas réellement réputée pour le bas coût de sa main-d'œuvre. Mais au-delà des coûts, c'est la réglementation sociale qu'il faut étudier avec attention, par exemple la République Tchèque était fin 2006 en passe d'adopter des modalités d'embauche de personnels intérimaires et à contrat déterminé très proches du modèle allemand dont on connaît une certaine forme de rigidité.

Il est clair que la variable fiscale est également fondamentale. Si un projet de relocalisation doit démontrer sa pertinence en terme économique, la prise en compte dans un second temps de la dimension fiscale est nécessaire et peut faire basculer une localisation attractive d'un pays par rapport à un autre ou d'une ville par rapport à une autre. Le tableau suivant montre des situations assez contrastées entre différentes villes :

Ville	Période de défiscalisation	Plafond	Condition
Cracovie SEZ (*Special Economic Zone*), Pologne	0 à 10 ans	40 % des investissements initiaux	pas de condition rédhibitoire
République tchèque (*Zones hors agglomérations*)	10 ans renouvelables à chaque investissement	40 % des investissements initiaux	investissement minimum de 6 M€
Kaunas FEZ (*Free Economic Zone*), Lituanie	0 à 6 ans → Taux : 0 % 6 à 16 ans → Taux : 50 % du taux nominal (soit 7,5 %)	aucun	pas de condition rédhibitoire
Estonie (*Toutes zones*	illimitée → Taux : 0 %	aucun	Montants utilisés en réinvestissement uniquement

Tableau 12.6. *Exemples d'incitations fiscales*

En terme immobilier, il faut noter que si le foncier présente des coûts d'acquisition encore inférieurs à ceux de l'Europe de l'Ouest, les coûts de construction sont très comparables et la qualité des nouveaux bâtiments qui ont été récemment construits en PECO n'a rien à envier aux constructions occidentales.

- **Le rétro-planning** qui doit mettre en évidence les principaux jalons d'intégration, le chemin et les ressources critiques et les risques associés. Très souvent, les éléments critiques sont liés aux compétences. Les taux de chômage bas au niveau des principaux bassins d'emploi associés à une éventuelle pénurie de qualification pour des processus industriels sophistiqués rendent l'accès à la main-d'œuvre assez difficile. Par ailleurs, la qualité d'un rétro-planning se mesure à son aptitude à mettre en évidence des jalons Go/No go qui donne de la flexibilité dans le déploiement de la solution planifiée en proposant des scénarios de réversibilité dans le cas où en particulier les hypothèses de volume ne se confirment pas.

En synthèse, les variables suivantes nous semblent pertinentes comme devant être mobilisées pour prendre une bonne décision en matière de localisation dans la zone PECO :

• Le montage foncier et immobilier qui peut être du type achat ou location. Le tableau suivant montre les avantages et les inconvénients relatifs aux différentes solutions envisageables.

Montage	Avantages	Inonvénients
1. Achat et construction en propre	Flexibilité totale sur l'horizon de développement si montée en puissance par tranche	• Engagement de frais financiers importants • Activité de suivi de projet à développer • Réversibilité en cas de retournement de marché ou d'innovation technologique produit de rupture
2. Achat d'une offre « clés en main »	Flexibilité totale sur l'horizon de développement si montée en puissance par tranche	Engagements de frais financiers importants
3. Location de bâtiments « sur-mesure »	Pas d'engagement de frais immédiats	Flexibilité limitée (contrats de 10 ans avec pénalités de départ à négocier) • Besoin de financer une réservation foncière pour les tranches éventuelles de montée en charge • Contrainte de durée maximum pour la réservation foncière (5-6 ans) • Nécessité d'utiliser le même développeur pour les tranches suivantes

TABLEAU **12.7.** *Analyse comparative de scénario d'implantation immobilière*

• L'environnement d'implantation du site. Il existe une véritable typologie des zones industrielles et logistiques en PECO qui sont fonction à la fois du dynamisme entrepreneurial mais aussi de l'organisme de régulation de la valorisation des actifs fonciers qui peut être un pays (il existe en République Tchèque un organisme d'aide aux investissements directs étrangers très performant), une province, une municipalité ou aucune organisation clairement identifiée. Dans quasiment tous les cas, sauf bien évidemment dans le cas d'initiatives isolées entre les mains directes des propriétaires fonciers, des investisseurs pour la plupart occidentaux ont la main sur l'aménagement et le développement de la zone. Il est possible de distinguer :

– des zones d'activité mixtes (industrielles, commerciales, voire résidentielles) ;

– des zones à vocation industrielle sans organisme de promotion particulier ;

– des zones industrielles clairement définies et soutenues :

- soit par des collectivités locales ;

- soit par des développeurs immobiliers.

• Les incitations liées à la défiscalisation telles qu'elles ont été évoquées précédemment.

• Le coût de la main-d'œuvre.

• L'accessibilité depuis le pays choisi aux pays cibles en termes de marché.

CONCLUSION

La logistique et le Supply Chain Management sont des disciplines d'avenir. Trois facteurs continueront à induire des déstabilisations et des opportunités :

• l'équation économique d'une fonction de coût qui s'est globalisée dans son périmètre par les champs fonctionnels et opérationnels de plus en plus étendus et qui sont reconnus comme devant être coordonnés sous l'autorité du Supply Chain Manager mais aussi par un périmètre géographique plus global ;

• la prise en compte du coût du cycle de vie global d'un produit qui conduit à régler les questions de recyclage et par conséquent à impliquer les forces vives de la logistique et du Supply Chain Management depuis les phases initiales de l'éco-développement des nouveaux produits jusqu'aux phases de recyclage, de retraitement et de valorisation. Cette lecture stricto sensu économique doit bien évidemment être globalisée dans le cadre plus large du respect de l'environnement et intégrer la composante énergétique qui sera dans les années futures l'un des enjeux les plus lourds ;

• les innovations technologiques présentent à la fois des risques et des opportunités mais dès lors qu'une économie d'échelle est atteinte, c'est tout un système logistique qui peut basculer et conduire à des changements drastiques.

Quelles que soient ces évolutions, ce sont les femmes et les hommes qui conçoivent, déploient, font vivre et améliorent les solutions Supply Chain qui seront au cœur des éventuelles ruptures. Les entreprises ne s'y sont pas trompées et leurs directions des ressources humaines ont déjà cartographié les savoirs, les savoir-faire et les savoir-être devant être en ligne avec les défis actuels et futurs. Une certaine normalisation des métiers, des qualifications et des emplois est déjà en route en Europe. On ne prend pas grand risque à conclure que ces évolutions devront s'appuyer sur des investissements de formation-actions pour soutenir ces projets dans leur réussite.

📖 BIBLIOGRAPHIE DU CHAPITRE 12

Al-Mudimigh Abdullah S., Zairi M., Ahmed Abdel Moneim M., « Extending the concept of Supply Chain : the effective management of value chain », *International Journal of Production Economics*, n°87, 2004, pp. 309-320.

Andel T., Aichlmayr M., « Turning returns into cash », *Transportation & Distribution in Business & Finance*, août 2002.

Bernd P., « Reverse logistics : l'importance des formes de coopération horizontale et verticale au sein de la chaîne logistique de valorisation des produits en fin de vie. Développements théoriques et approche », *Logistique & Management*, 1999.

De Brito M. P., Flapper S. D. P., Dekker R., *Reverse Logistics : a review of case studies*, Econometric Institute Report EI 2002-21, 2002, 32 p.

Deranlot, J.-C., « Concevoir l'évacuation », *Face aux risques*, n° 334, juin-juillet 1997, pp. 31-35.

Deranlot, J.-C., « L'Incendie du tunnel sous la Manche », *Annales des Mines*, avril 1997, pp. 17-21.

Dickhoff H., Lackes R., Reese J., *Supply Chain Management and reverse logistics*, Springer Verlag, 2003.

Elliott M., Wright J., « The Future Direction of Supply Chain : Mastering Reverse Logistics », *Ascet*, vol. 6, Montgomery, 2004.

Fassio G., « L'entrepôt plate-forme ou le modèle d'approvisionnement de la grande distribution alimentaire dans les pays de l'Europe centrale et orientale », *Logistique & Management*, vol. 3, n° 1, 2005.

Fleischmann M., *Quantitative Models for Reverse Logistics*, Springer Verlag, 2006, 220 p.

Fleischmann M., *Reverse Logistics network structures and design*, ERIM Report, 2001, 26 p.

Gherra S., « Développement durable, Supply Chain Management et stratégie : les cas de l'éco-conception », *Logistique & Management*, vol. 13, n° 1, 2005, pp. 37-49.

Joras M., *Les Fondamentaux de l'audit*, Préventique, Paris, 2001, 119 p.

Journet M., « Évolution de la logistique des entreprises industrielles et commerciales », *Revue Française de Gestion Industrielle*, vol. 18, n° 1, 1999, pp. 5-14.

Kleber R., *Dynamic Inventory Management in Reverse Logistics*, Springer Verlag, 2006, 181 p.

Kopicki R. J., Legg L. L., *Reuse and Recycling – Reverse Logistics Opportunities*, Oak Brook, Council of Logistics Management, 3e édition, 1993.

Marien E. J., « Reverse logistics as a competitive strategy », *The Supply Chain Yearbook*, McGraw-Hill, 2001.

Monnet M., « La Logistique inversée des déchets électriques et électroniques », *Logistique & Management*, vol. 13, n° 1, 2005, pp. 49-57.

Morel C., « Organisation logistique et déchets urbains : diagnostic et recherche de synergies. Le cas lillois », rapport de recherche pour le compte de l'ADEME, Jonction Études Conseil, Aix-en-Provence, 1999.

Noireaux V., « Importance des stratégies logistiques dans l'efficience de la gestion des déchets industriels banaux : exemple d'une zone industrielle », *Logistique & Management,* vol. 13, n°1, 2005, pp. 69-79.

Wang Yu C., Heng M., Ho Chien-Ta, « Business-to-business integration : The mediating effects of network structure and network atmosphere », *International Journal of Production Planning and Control,* 2005.

SITOGRAPHIE DU CHAPITRE 12

Nom et contact mail	Mission	Précisions sur le site
Agence de l'environnement et de la maîtrise de l'énergie ADEME www.ademe.fr	Développer le recyclage et la valorisation des déchets ménagers et industriels, la maîtrise de l'énergie et la réduction des pollutions atmosphériques en s'appuyant sur trois types de compétences : L'expertise scientifique et technique, l'aide à la décision pour le montage, et l'aide financière.	Établissement public à caractère industriel et commercial, placé sous la tutelle des ministères de l'Environnement, de l'Industrie et de la Recherche, créé en 1992. L'agence intervient à trois différents niveaux : régional, européen et international et résulte de la fusion de l'AFME, de l'ANRED et l'AQA.
Fédération française de la récupération pour la gestion industrielle du recyclage et de l'environnement FEDEREC www.federec.org www.federec.org/nous-contacter.html	FEDEREC se donne pour mission : de représenter les intérêts généraux de la profession vis-à-vis des pouvoirs publics et des industries utilisant les produits de récupération. D'étudier toutes les améliorations qui peuvent être apportées dans le domaine technique et commercial à l'organisation de la profession en vue de lui assurer, en harmonie avec les intérêts de l'économie générale de notre pays, son légitime développement.	Regroupement des 12 syndicats nationaux : SNF : Syndicat national de la ferraille. SNRMNF : Syndicat national de la récupération des métaux non ferreux. SNRP : Syndicat national des plastiques. SNPC : Syndicat national des papiers et cartons. SNPA : Syndicat national des produits animaliers. SNRT : Syndicat national de la récupération des textiles. CYCLEM : Syndicat national pour le recyclage du verre. SYNAREP : Syndicat national des recycleurs de palettes. SYRES : Syndicat national des régénérateurs de solvants. SYRRECOB : Syndicat national de la récupération et du reconditionnement des consommables bureautiques. VALORDEC : Syndicat national pour la valorisation des déchets.
Fédération nationale des activités liées aux déchets et aux emballages FNADE www.fnade.com fnade@fnade.com	Intervenant auprès des collectivités publiques et des entreprises tout au long de la chaîne de nettoiement, collecte, traitement, valorisation et l'élimination des déchets ménagers du commerce et de l'industrie, la FNADE a comme objectif la qualité du service, le financement de moyens d'interventions performants et la protection de l'environnement.	La FNADE est devenue le premier regroupement d'opérateurs privés de services publics de gestion des déchets en France et en Europe (200 entreprises privées et spécialisées).
Eco-Emballages www.ecoemballages.fr http://www.ecoemballages.fr/index.php?module =page & action=Display & pageRef =18953	Eco-Emballages est investie depuis 1992 d'une mission d'intérêt général : organiser, superviser et accompagner le tri des emballages ménagers en France.	Les trois facettes de la mission d'Eco-Emballages : – faire trier les Français ; – accompagner le recyclage ; – faire progresser les emballages.

Chambre syndicale des emballages en matière plastique www.packplast.org infos@packplast.org	Organisation professionnelle qui regroupe et représente les fabricants d'emballages en matière plastique. Elle est l'interlocuteur privilégié des pouvoirs publics et des institutionnels.	Pour les entreprises adhérentes à la CSEMP : – Axes de travail et services. – Diffusions (prix, liens utiles). – Sections spécialisées et groupes de travail.
Ministère de l'Environnement Ministère de l'Aménagement du Territoire et de l'Environnement www.ecologie.gouv.com ministere@ecologie.gouv.fr	Le ministère de l'Environnement prépare et met en œuvre la politique du gouvernement dans les domaines de l'aménagement du territoire et de l'environnement.	L'organigramme du ministère comporte les suivantes : l'IGE ; 5 directions d'administration centrale ; services déconcentrés : la DIREN et la DRIRE ; conseils et comités nationaux la DATAR ; établissements publics.
ORDIF Observatoire régional des déchets d'Île-de-France www.iaurif.org olivier.lange@iaurif.org	L'ORDIF a comme missions principales : – de recueillir et actualiser les données sur la production, la collecte et la valorisation des déchets en Île-de-France ; – de mettre en commun les expériences et la connaissance des différents acteurs ; – de réaliser des études et d'en diffuser les résultats ; – d'informer sur la situation régionale et les techniques disponibles.	Pour répondre à ses missions, il est animé par une cellule technique permanente constituée de personnes mises à la disposition de l'association par : l'IAURIF ; le conseil régional d'Île-de-France/division de l'environnement et de la culture ; la direction régionale de l'équipement d'Île-de-France ; la direction régionale de l'environnement d'Île-de-France ; l'ADEME.
Institut français de l'environnement IFEN www.ifen.fr ifen@ifen.fr	L'IFEN a comme mission principale d'animer et de coordonner la collecte, le traitement et la diffusion de l'information statistique et des données sur l'ensemble des thèmes environnementaux, en particulier dans le domaine de l'eau, l'air, le bruit, les déchets, l'état de la flore et de la faune, l'occupation du territoire, l'environnement littoral et marin ainsi que les risques naturels et technologiques.	L'IFEN participe à la définition et à l'harmonisation des méthodologies utilisées pour la collecte des données sur l'environnement à des fins de connaissance statistique et générale. Il réalise des études et des synthèses sur l'état de l'environnement et son évolution, les dimensions économiques et sociales dans ce domaine et élabore un système d'indicateurs du développement durable.
Reverse Logistics Executive Council www.rlec.org mickey@unr.edu www.reverselogisticstrends.com	Cette organisation professionnelle a pour but de : – développer les standards des meilleures pratiques industrielles prenant en compte les coûts des systèmes pour les consommateurs, les distributeurs, les industriels ; – apporter des études benchmarking ; – fournir des informations sur des expérimentations pour améliorer le processus global de la reverse logistique.	Mise en ligne d'enquêtes par secteurs industriels. Glossaire et publications.

Conclusion

La logistique et le Supply Chain Management ont été appréhendés dans cet ouvrage comme un processus dont la finalité est de produire des services associés à la mise à disposition de composants ou de produits pour des utilisateurs ou des consommateurs finals. La dimension service est apparue comme suffisamment différenciante pour en faire encore soit une composante de la différenciation, soit une composante lourde de la négociation achat. Ainsi, c'est en partie la performance de la distribution en Europe qui confère à Michelin ou à Essilor la force de leurs positions concurrentielles dans leurs marchés respectifs. De même, c'est la négociation autour de la composante logistique qui structure en partie les relations entre producteurs et distributeurs dans le domaine des produits de grande consommation en France. Mais sur le moyen et le long termes, la logistique restera-t-elle nécessairement différenciante par le service qu'elle apporte ? Le développement de l'offre des prestataires logistiques permettra, avec le temps, de banaliser les niveaux de performance atteints par des producteurs ou des distributeurs dans un secteur donné. Par la mutualisation opérée au travers d'un prestataire, des producteurs pourront atteindre des niveaux de service auxquels ils ne peuvent pas prétendre aujourd'hui à un prix acceptable par leurs clients du fait de parts de marché insuffisantes. Quelle sera alors l'alternative pour l'acteur économique qui aujourd'hui est en situation dominante grâce à la logistique, et qui verra cet avantage s'estomper ? La banalisation de l'offre nous semble inéluctable, mais les voies de cette banalisation peuvent être différentes en fonction du pouvoir relatif acquis par les différents acteurs au sein d'un canal de distribution ou d'approvisionnement. En effet, soit la banalisation de l'offre sera incontrôlée et elle s'opérera alors par des prestataires externes qui mettront à disposition du marché une offre de service, soit elle sera contrôlée, et c'est un industriel ou un distributeur qui ouvrira au fur et à mesure son offre et qui y intégrera ses concurrents. Il cherchera ainsi à accompagner cette banalisation sans en perdre certains avantages associés. À partir d'une neutralisation de la compétition en termes d'offres de service en pilotant dans le temps l'ouverture à leurs concurrents de leur propre offre logistique, certains producteurs et distributeurs ne chercheront-ils pas à maîtriser les coûts de la Supply Chain de leurs concurrents ainsi que le réapprovisionnement des points de vente dans lesquels ils opèrent en concurrence ?

Ainsi, la concurrence dans le domaine Supply Chain est susceptible de se déplacer d'une dimension de production de service à une dimension de maîtrise des coûts et de maîtrise des relations avec les points de livraison. C'est pourquoi, nous pensons qu'une autre dimension forte du développement de la logistique aval s'opérera dans l'industrialisation de la distribution capillaire ou domestique. La desserte des points de livraison est aujourd'hui multiple, hétérogène et relativement désordonnée. Certains points de livraison ont commencé à rationaliser leur propre desserte eu égard au pouvoir que leur confère leur taille. C'est le cas de l'approvisionnement des hypermarchés. Cependant, si on observe non plus un point de livraison, mais une localisation donnée (un immeuble, une rue, un village), on peut s'étonner de la diversité des dessertes. Le cas de la distribution en milieu urbain en est une bonne illustration. Combien de livraisons sont effectuées dans une même rue, dans un même immeuble quotidiennement ? Les développements d'offres de services encore plus fines (multi-quotidiennes) et à des niveaux de prix acceptables peuvent être proposés par consolidation des multiples dessertes actuelles. Cette tendance — si elle émerge et si elle se développe — nous semble également aller de pair avec une recherche plus prononcée d'une maîtrise commerciale des approvisionnements des points de livraison grâce à la logistique.

De plus, la maîtrise des marchés aval passe par la capacité à être en contact avec le client final, lieu de maximisation de création de la valeur créée et à faire remonter des informations qui permettent de qualifier le plus finement possible la demande. La pertinence des solutions physiques logistiques mises en œuvre et la gestion optimisée de l'interface « supply/demand » est très dépendante des systèmes d'information logistiques qui véhiculent des informations dans les deux sens de la chaîne de valeur. Le développement considérable de ces technologies donnera, à ceux qui sauront les introduire et les implanter, un avantage concurrentiel durable en faisant évoluer le Supply Chain Management vers le Demand Chain Management. Dès lors, le processus Supply Chain sera mieux intégré et participera plus efficacement à la réalisation des objectifs stratégiques, marketing et commerciaux des entreprises en s'appuyant sur une triple compétence fondatrice de la logistique : les services, l'optimisation économique et les technologies de l'information.

Enfin, au-delà des trade-off auxquels le Supply Chain Management doit faire face, le point-clef sera dans la capacité de ce processus transversal à créer de l'innovation génératrice de valeur pour l'entreprise. Dans cette vision, la fonction d'intendance est dépassée pour faire place à un processus qui remet en cause les business modèles existants et en propose de nouveaux qui s'appuieront sur des briques fonctionnelles et opérationnelles uniques au plan concurrentiel. C'est dans ce sens que le Supply Chain Management remplira sa nouvelle mission déléguée au sein des comités de direction exécutif par les Directions Générales des entreprises qui font du SCM un facteur clef de succès.

Si ce faisceau d'hypothèses tend à se concrétiser, la posture du Supply Chain Manager dans les entreprises évoluera de nouveau. Sans nul doute pourra-t-on alors parler de nouveau de déstabilisation des modèles existants et ces tendances ouvriront des voies nouvelles d'investigation aux professionnels de la Supply Chain.

Lexique

Les mots en italique appartiennent au vocabulaire anglo-saxon.

APS (Advanced Planning and Scheduling System)	Progiciel intégré d'optimisation de la planification des opérations industrielles et logistiques
Back up	Solution de substitution permettant de continuer à maintenir une activité lors de la défaillance de la solution standard
Back-office	Par opposition au front-office, ensemble des moyens physiques, humains et système d'information, ainsi que des process permettant le traitement interne des opérations n'impliquant pas des interactions directes avec les clients de l'entreprise
Banane bleue	Arc géographique partant du Sud-Est du Royaume-Uni, embrassant une bande de 500 km, passant par, le Nord, l'Est et le Sud-Est de la France, le Benelux, l'Allemagne et ce jusqu'au Nord de l'Italie et regroupant la plus grande partie de la population européenne
Barème quantitatif	Intégration dans les conditions générales de vente (CGV) de barèmes de coûts logistiques en fonction des quantités commandées et approvisionnées pour tenir compte des économies d'échelle liées à des commandes d'unités logistiques complètes (palettes, camions, containers)
Benchmarking	Méthode d'évaluation économique et technique basée sur la comparaison des pratiques dans un secteur ou une activité donné avec celles mesurées dans l'entreprise
Body-leasing	Mise à disposition directement chez le client d'informaticiens venant de pays en voie d'industrialisation (Inde) qui travaillent pour lui pendant une longue période
Body-shopping	Mise à disposition dans des pays en voie d'industrialisation (Inde) d'informaticiens qui travaillent pendant plusieurs mois sous le contrôle d'un client
Brick and mortar	Traduction littérale : brique et mortier. Entreprise reposant sur un processus de vente et de distribution nécessitant l'existence d'infrastructures physiques, réelles (en dur) par opposition aux activités basées totalement sur le commerce électronique
BtoB (Business to Business)	Qualificatif d'une relation interentreprises
BtoC (Business to Consumer)	Qualificatif d'une relation créée par une entreprise à destination d'un consommateur particulier
Buyer	Acheteur au sens de la fonction achat dans l'entreprise, mais aussi internaute acheteur sur site marchand
Buy-side (model)	Modèle de site Internet BtoB orienté vers la fonction achat et approvisionnement
Call center	Organisation permettant de gérer à distance les communications provenant des clients et ou des fournisseurs

CALS (Computer Aided Acquisition Logistics Support)	Système d'information logistique développé pour les besoins de l'armée américaine dont le but est de gérer l'ensemble des matériels et des consommables en utilisant des systèmes de traçabilité et de gestion des stocks et des flux très innovants
Canal de distribution	Succession d'acteurs économiques qui interviennent pour mettre à disposition de clients finals les produits finis
Cash & Carry	Canal de distribution dédié aux professionnels qui se rendent dans un point de vente, prennent les produits dont ils ont besoin, payent (cash) et emportent tout de suite la marchandise (carry)
Category management	Approche développée par la grande distribution qui permet de créer des catégories de produits en les disposant dans les linéaires et de maximiser les achats induits et les achats effectués dans des univers donnés
CFPR (Collaborative Forecasting and Planning Replenishment)	Système de pilotage collaboratif qui permet d'élaborer les prévisions des ventes, les plannings de production et de distribution pour assurer un recomplètement optimal (moindre coût, meilleur taux de service)
Chaîne de distribution	Entreprise ou enseigne de distribution
Circuit de distribution	Regroupe l'ensemble des canaux de distribution qui peuvent être utilisés par un produit
Classement ABC	Classement de références selon un critère en trois catégories (A, B et C). Le critère le plus utilisé en logistique est celui de la rotation des stocks
Click and mortar	En référence aux activités dites brick and mortar, les activités click and mortar associent des activités de commerce électronique à des activités tradition-nelles
CMI (Collaborative Managed Inventory)	Forme évoluée du VMI (voir) qui met en commun des informations générées par plusieurs acteurs de la chaîne d'approvisionnement pour optimiser la disponibilité des produits pour les clients finals
Co-buying	Activité révélée par le commerce électronique permettant de grouper plusieurs demandes de clients potentiels pour négocier avec des fournisseurs un achat groupé à moindre coût
Code EAN	Les codes EAN sont un standard mondial qui permet une identité claire et unique des articles, des unités logistiques et des adresses des partenaires. Ce numéro est lu de manière optique par un scanner par l'intermédiaire de sa forme codifiée. Le code est un système de symbolisation
Core team	Équipe de base
CRM (Customer Relationship Management)	Littéralement : gestion de la relation client. Domaine d'activité combinant des moyens humains, organisationnels, technologiques et matériels permettant de développer et de gérer la relation entre l'entreprise et sa clientèle (conquête de nouvelles cibles, optimisation de la valeur client, fidélisation…)
Cross-docking	Plate-forme de groupage-dégroupage sans vocation de stockage qui fonctionne en général sur des fenêtres horaires réduites : arrivées de marchandises de n points fournisseurs, regroupement des différentes composantes destinées à un client et expédition des commandes complètes quelques heures plus tard
CtoB (Customer to Business)	Qualificatif d'une relation créée par un client consommateur final à destination d'une entreprise

Cycle client	Il s'agit du cycle de commande depuis la capture de la commande jusqu'à la livraison du produit à ce client
Cycle industriel	Il s'agit du cycle de production d'un produit depuis l'approvisionnement des composants et sous-ensembles jusqu'au stade de finition et d'emballage
De-copacking	Opération qui consiste à décoliser les unités consommateurs qui avaient été regroupées dans un premier temps
Demand side	Dans l'approche ECR représente la partie aval des chaînes d'approvisionnement en opposition au Supply Side. Cette partie regroupe la gestion des assortiments, la gestion des linéaires, la prise en compte des nouveaux produits, les actions promotionnelles dans le but unique d'accroître la performance commerciale des produits
Design chain ou Design Process	Processus de conception du produit qui est associé au SCM et au CRM dans ce qui est appelé le e-SCM
Différenciation retardée	Méthode de production qui consiste à fabriquer des produits avec une faible différenciation et à intégrer les opérations de différenciation à la commande.
DLC (Date Limite de Consommation)	Date limite indiquée sur l'emballage d'un produit au-delà de laquelle il est conseillé de ne plus consommer le produit
DMP (Digital Market Place)	Place de marché électronique regroupant divers acteurs professionnels
DOD (Department of Defense)	Ministère de la Défense des États-Unis
DRP (Distribution Resources Planning)	Module aval des systèmes de planification du type MRP, c'est-à-dire outil de planification des besoins de la distribution des produits finis dans les canaux de distribution
EAI (Enterprise Application Integration)	Technologie d'intégration des modules ERP et CRM au sein d'une même entreprise et de leur mise en communication au sein des chaînes d'approvisionnement en utilisant les technologies des connecteurs et des bus applicatifs qui permettent de fonctionner en mode asynchrone
EAM (Enterprise Asset Management)	Système d'information dont la mission est de gérer et de contrôler les actifs de l'entreprise
EAN (European Article Numbering)	Organisme international de codification qui définit des standards en terme de langage et de système de communication. En France, Gencod (Groupement d'Études de Normalisation et de Codification), fondateur d'EAN, est détenu à 50% par les fabricants (Genfa) et à 50% par les distributeurs (Gendi)
E-business (e-commerce)	Vente en ligne au consommateur final ou aux entreprises. Il recouvre principalement les activités de vente par Internet mais se réfère également aux activités de vente par EDI, minitel…
ECR (Efficient Consumer Response)	Traduit en français par « Réponse Efficace au Consommateur » ou par « Réactivité au Service du Consommateur ». Il s'agit d'une démarche lancée aux États-Unis en 1992 sous l'impulsion du Food Marketing Institute dont l'objectif est de diminuer les coûts de transaction dans les chaînes d'approvisionnement dans le secteur des produits de grande consommation et de dynamiser la performance commerciale de ces produits

EDI (Electronic Data Interchange – Echange de Données Informatisées)	Système d'échange de données normalisé d'ordinateur à ordinateur entre plusieurs entreprises
EDLP (Every Day Low Price)	Engagement d'un producteur qui s'engage auprès d'un distributeur à lui garantir tout au long de l'année le prix le plus bas de manière à ne pas l'inciter à passer des commandes spéculatives qui détériorent le bon fonctionnement de la chaîne logistique
EPOS (Electronic Point Of Sales)	Caisse enregistreuse intelligente capable en particulier de gérer les stocks magasins et de proposer des commandes de réassort en étant connectée à des systèmes intégrés de communication
E-procurement	Achat réalisé via un support de commerce électronique
E-retailer	Distributeur détaillant vendant par le biais du commerce électronique sur Internet
ERM (E-business Relationship Management)	Gestion et contrôle de la relation avec les clients dans le cadre du e-business
ERP (Entreprise Resource Planning)	Progiciel de gestion intégrée, il regroupe sous forme de modules interfacés toutes les applications nécessaires à la gestion de l'entreprise. Par opposition à des progiciels spécifiques, les différents modules d'un ERP bénéficient de principes de base communs (base de données, procédures d'échange d'information…)
E-SCM	Concept en devenir qui associe les 3 pôles SCM, CRM et DC (Design Chain) en utilisant les nouvelles technologies dont principalement celles liées à Internet
ETM (Early To the Market)	Processus qui permet de raccourcir les délais de conception des nouveaux produits et de mise à disposition sur les marchés
Facilities management	Activités qui consistent à prendre en charge pour le compte d'une entreprise qui les délègue, des activités de support dans leur intégralité (exemple : l'exploitation et le support du système d'information)
Feed back	Retour d'information sur un processus ou une activité
Ferroutage	Transport combiné rail/route
Flux poussé/flux tiré	Flux de matière, de composants ou de produits générés par des prévisions. Ils sont " poussés par les prévisions ". Par opposition aux flux qui sont générés par une commande client. Ils sont alors conceptuellement " tirés " par la commande client. (Voir Push/Pull.)
FMCG (Fast Moving Consumer Goods)	Produits de grande consommation caractérisés par la recherche d'une forte rotation de stock
4 PL (4th Party Logistic)	Société ne possédant a priori aucun actif, qui mobilise les briques fonctionnelles (SI) et opérationnelles (transport, entreposage) ad hoc en fonction des besoins de son client et qui se rémunère en partie sur les économies réalisées
Free rider	Comportement caractéristique d'un acteur économique qui cherche à échapper aux règles acceptées au sein d'un système économique donné. Par exemple, une entreprise qui développe son propre standard de communication et qui cherche à l'imposer aux autres acteurs en refusant d'adopter les standards en vigueur

Front-office	Ensemble des moyens physiques, humains, système d'information et processus permettant la gestion des interactions directes avec le client (équipe commerciale, call-center, site web, points de vente…)
GMS (Grandes et moyennes surfaces)	Concept développé par l'Institut Français du Libre-Service (IFLS) qui regroupe les différentes enseignes ayant adopté et développé des formes de commerce organisées autour principalement du supermarché et de l'hypermarché
GPA (Gestion Partagée des Approvisionnements)	Système de pilotage par lequel le distributeur délègue au producteur le calcul des quantités de réapprovisionnement au niveau de l'entrepôt du distributeur, voire au niveau du linéaire de chaque magasin
Groupware	Système de communication qui facilite au sein d'une même entreprise l'intégration des acteurs par processus-clé
Hard discounters	Forme de distribution apparue et développée en Allemagne puis exportée au Benelux avant d'essaimer dans d'autres pays dont la France, dont les caractéristiques principales sont : le nombre limité de références (500), la taille réduite du point de vente (500 m^2), la localisation dans les centres-villes et des prix très bas qui concurrencent les premiers prix des hypermarchés
Horizon gelé	Horizon de temps jusqu'auquel aucune modification ne peut être opérée sur les plannings
Hub	Infrastructure immobilière logistique vers laquelle convergent des marchandises en provenance de multiples destinations, et qui expédie ces marchandises une fois triées vers de multiples destinations. Synonyme de plate-forme
Input/output	Impulsion donnée en entrée d'un système/résultat fourni en sortie d'un système
Last mile	Ce terme définit dans le domaine du commerce électronique la problématique de la distribution à domicile
LCC (Life Cycle Cost)	Coût complet d'un produit. Il regroupe l'ensemble des coûts imputables à un produit pendant toute sa durée de vie
LLP (Lead Logistics Provider)	Prestataire de service logistique qui conçoit, met en œuvre et assure une amélioration continue de la solution pour un client industriel ou distributeur en mobilisant ses moyens propres et ceux de ses concurrents impliqués dans la solution
Make or buy	Choix en matière industriel entre faire avec ses moyens propres ou acheter directement auprès du fournisseur
Marketing channel	Regroupe les notions de circuit, de réseau et de canal de distribution pour définir la stratégie marketing adéquate pour un segment de marché donné
Mass Customisation	Concept de différenciation retardée permettant d'optimiser les logiques de production de masse dégageant des économies d'échelle et de personnalisation des produits en fonction des besoins spécifiques des consommateurs finals
MDD (Marque de Distributeur)	Produits dont la marque est celle de l'enseigne de distribution qui la commercialise pour développer une image commerciale différenciée de la concurrence et fidéliser les clients à l'enseigne. Ces produits sont fabriqués par des industriels pour lesquels leurs clients distributeurs deviennent également des concurrents
MES (Manufacturing Execution System)	Système de gestion et de suivi de production dans les ateliers de fabrication

Middle-office	Ensemble des bases de données permettant d'établir le lien entre le front-office et le back-office
Minimum de commande	Quantité minimale de commande qui correspond souvent à un seuil économique et à une unité logistique de base (palette, colis…)
Mix	Assortiment des produits dans les catalogues ou sur les linéaires
MRP (Manufacturing Resources Planning)	MRP I : Materials Requirement Planning MRP II : Manufacturing Resources Planning Système de planification des flux industriels et des ressources industrielles. Il utilise la prévision de la demande pour dimensionner la capacité de production et calculer la charge industrielle et lancer les ordres de fabrication.
NTIC (Nouvelles Technologies de l'Information et des Télécommunications)	Regroupe l'ensemble des systèmes, des solutions et des technologies innovants en matière d'information et de communication
Office (mise à l')	Dans l'édition action d'envoyer aux distributeurs les nouveaux ouvrages, dès leur parution, mais sans commande explicite de leur part
One to one	Pratique marketing particulièrement développée dans le domaine du commerce électronique et consistant à dédier la relation entre l'entreprise et un client donné (marketing one to one) afin de lui offrir un produit ou un service totalement personnalisé
PIB (Produit Intérieur Brut)	Agrégat mesurant la valeur de la production de biens et de services sur le territoire national pendant une année
Picking	Actions de prise des unités de vente de leur meuble de stockage pour préparer la commande
PLM (Product Lifecycle Management)	Gestion du cycle de vie du produit en association avec le Design Chain
Plug and play	Systèmes qu'il suffit de brancher pour les rendre opérationnels
PLV (Publicité sur le Lieu de Vente)	Ensemble des moyens de publicité tels que les présentoirs utilisés sur les lieux de vente, en particulier pour les produits nouveaux et les promotions
Post-manufacturing	Concept industriel qui consiste à chercher à intégrer les éléments de personnalisation d'un produit aussi tardivement que possible dans la chaîne de transformation et de mise à disposition d'un produit
Postponement	Concept industriel qui consiste à chercher à intégrer les éléments de personnalisation d'un produit aussi tardivement que possible dans la chaîne de transformation et de mise à disposition d'un produit
Pre-manufacturing	Concept industriel qui consiste à chercher à intégrer les composants élémentaires en sous-ensembles, en amont des usines de manière à éviter le foisonnement des références en approvisionnement
PRM (Partner Relationship Management)	Gestion des relations avec les partenaires de la chaîne de valeur en cohérence avec le supply chain management
Push/pull	Flux de matière, de composants ou de produits générés par des prévisions. Ils sont « poussés » (push) par les prévisions. Par opposition aux flux qui sont générés par une commande client. Ils sont alors conceptuellement « tirés » (pull) par la commande client. (Voir Flux poussé/flux tiré.)
Réseau de distribution	Ensemble des points de vente développés par une enseigne donnée

Reverse logistics	Logistique appliquée aux flux qui vont des marchés vers l'entreprise. Ils concernent essentiellement des flux de retours commerciaux, de récupération d'emballage ou des produits eux-mêmes pour recyclage ou élimination, ou encore des stocks de produits délocalisés en quantité trop importante
Risk manager	Responsable dans une organisation en charge de la gestion des risques
Roll	Système d'unité logistique sur roulettes qui remplace la palette et qui permet de déplacer des charges sans engin de manutention. Utilisé dans les magasins de la grande distribution
Roll-on/roll-off	Navire marchand ayant la capacité d'embarquer (roll-on) et de débarquer (roll-off) des camions ou des remorques grâce à l'utilisation de grandes portes en proue ou en poupe des navires
SCEM (Supply Chain Execution Management)	Ensemble des solutions en matière de systèmes d'information dédiés à la couche exécution opérationnelle dont font partie les TMS, MES, WMS
SCM (Supply Chain Management)	Gestion de la chaîne logistique intégrée des fournisseurs jusqu'au client final
SLA (Service Level Agreement)	Version anglaise du cahier des charges service client qui formalise les engagements de service sur chacun des segments identifiés
Sourcing	Localisation d'un fournisseur d'un bien ou d'un service
Spot	Au coup par coup
Sprinklage	Système de protection contre les incendies qui équipe en particulier les entrepôts et qui, quand il se déclenche, permet un arrosage par l'intérieur des bâtiments
SRC (Supplier Retailer Collaboration)	Étude, menée au niveau européen par le Coca-Cola Retailing Group, en parallèle avec l'approche ECR qui étudie les gains potentiels issus d'une collaboration entre producteurs et distributeurs dans le secteur des produits de grande consommation
Supplier	Fournisseur
Supply side	Représente la partie amont des chaînes d'approvisionnement en opposition au Demand side dans l'approche ECR.
Time to market	Action de mise d'un produit sur le marché en respectant la date à laquelle on s'était engagé à le lancer
TMS (Transportation Management System)	Système de gestion et éventuellement d'optimisation des transports assurant la meilleure solution à court terme pour les transports.
Total Asset Visibility	Visibilité totale sur les moyens engagés permettant d'avoir une traçabilité des ressources depuis le fournisseur jusqu'à l'utilisateur final.
TPL (Third Party Logistics) ou 3PL	Prestataire logistique traditionnel utilisant des ressources physiques pour réaliser sa prestation
Trade-marketing	Reconnaissance par les industriels d'une gestion différenciée des stratégies commerciales et marketing et des organisations des distributeurs. Le Trade-marketing est une étape préalable à l'ECR
Trade-off	Compromis. Ce terme est très souvent utilisé en logistique, discipline par excellence de l'optimisation et du compromis entre des coûts antagonistes ou des objectifs contradictoires
Transitaire	Entreprise mandatée par l'expéditeur ou le destinataire d'une marchandise. Il assure la continuité et la cohérence entre les différents transporteurs.

VMI (Vendor Managed Inventory)	Traduit en français par Gestion Partagée des Approvisionnements (GPA). Délégation du distributeur au producteur du calcul des quantités de réapprovisionnement au niveau de l'entrepôt du distributeur, voire au niveau du linéaire de chaque magasin
VPC	Vente par correspondance
WMS (Warehousing Management System)	Système de gestion et éventuellement d'optimisation des infrastructures logistiques généralement couplées aux systèmes de gestion des commandes et éventuellement de gestion de production.

Principales entreprises citées	Secteur
@Carrefour	Distribution sur Internet
3M	Entreprise très diversifiée (équipementier automobile, papeterie, produits médicaux, photos…)
Ahold	Grande Distribution
Alcatel ESD	Télécommunications
Altadis	Distribution tabac
Amazon	Distributeur du commerce électronique
Apple	Informatique
Arbed	Sidérurgie
Assistance Publique des Hôpitaux de Paris	Santé
Atal	Mobilier de bureau
Auchan	Grande Distribution
BAT	Tabac
Benetton	Textile
Biomérieux	Santé
Breidt	Prestation logistique
Bridgestone	Manufacturier de pneumatique
Brown & Root Services	Filiale de la société Halliburton, industrie pétrolière et d'ingénierie BTP
Bull	Informatique
Carrefour	Grande distribution
Cartier	Luxe
Casino	Grande distribution
CAT	Prestataire logistique
Chanel	Luxe
Chrysler	Automobile
Coca-Cola	Boisson soft
Coles Myer	Grande distribution (Australie)

Colirail	Prestation logistique
Compagnie Lanchère	Prestation logistique
Compagnie Ravet	Prestation logistique
Compaq	Informatique
Continental	Manufacturier de pneumatique
Danone	Produits de grande consommation secs, frais et ultra-frais
Danzas	Prestation logistique
Dassault	Avionneur
Dell	Informatique
Deutsche Post	Distribution postale
DHL	Messager express
Dior	Luxe
Dunlop	Manufacturier de pneumatique
ECIA	Équipementier automobile
Electrolux	Produits électroménagers
Elf Atochem	Produits chimiques
Epson	Périphériques imprimantes
Essilor	Optique grand public
Estee Lauder	Parfumerie
Euromaster	Distribution de pneumatiques
Eurotunnel	Exploitant de l'infrastructure du Tunnel sous la Manche
Facom	Matériel d'usines
Faure&Machet	Prestation logistique
Federal Express	Messager express
Ford	Automobile
France Télécom	Opérateur téléphonique
Gefco	Prestation logistique
General Electrics	Entreprise très diversifiée (génie électrique, systèmes médicaux, services financiers, nouvelle économie…)
General Motors	Automobile
Geodis Logistics	Prestation logistique
Gillette	Articles de papeterie (stylos…)
Good Year	Manufacturier de pneumatique
Groupe Giraud	Prestation logistique
Halliburton	Industrie pétrolière
Hays Logistics	Prestation logistique
Heineken	Bière
Hewlett Packard	Informatique

Home depot	Distribution
I2 Technologies	Progiciel
IBM	Informatique
Intermarché	Grande Distribution
K –Mart	Grande Distribution
Kawasaki	Moto
Kelkoo	Site de comparaison de prix sur Internet
Kellogg's	Produits agroalimentaires grande consommation
Keystone Foods	Industrie alimentaire
Kraft Jacob Suchard	Produits alimentaires (confiserie)
Kühne-Nagel	Transport
L'Oréal	Cosmétique
La Poste	Distribution postale
LaScad	Distribution de produits capilaires et dermatologiques L'Oréal
Leclerc	Grande Distribution
Legrand	Produits électriques
Letsbuyit	Site d'achat groupé sur Internet
LR Services	Prestation logistique
MacDonald's	Restauration rapide
Manugistics	Progiciel
Mars	Produits alimentaires grande consommation
Matsushita	Produits électroménagers grand public
Mercedes	Automobile
Metro	Cash & Carry
Messier Dowty	Atterrisseur pour le secteur aéronautique
Michelin	Manufacturier de pneumatique
Moët&Chandon	Champagne
Nestlé	Produits alimentaires grande consommation
Nike	Chaussures de sport
Norbert Dentressangle	Prestation logistique
Ooshop	Hypermarché sur internent
Panasonic	Produits électroménagers bruns
Peapod	Distribution de produits de grande consommation sur le net
Pepsi Cola	Boissons soft
Philip Morris	Tabac
Philips	Produits électroniques grand public
PPR	Distribution
Procomarché	Cash & Carry

Procter & Gamble	Produits grande consommation (détergents, produits bébés, cosmétiques…)
Promocash	Cash & Carry
Promodès	Grande Distribution (a fusionné avec Carrefour)
RCA	Produits électroménagers grand public
Reebok	Chaussures
Renault	Automobile
Rexel	Distribution de matériel électrique
Royal Post office of Netherlands	Distribution postale
Ryder	Prestation logistique
Sainsbury	Grande distribution
Sara Lee	Industrie alimentaire (volailles)
Schenker	Transport
Sears	Grande distribution
Seita	Tabac
SNCF	Transporteur ferré
Sommer-Allibert	Équipementier automobile injection plastique
Sony	Produits électroménagers grand public
SourcingParts	Parts de marché pièces mécaniques, électriques, électroniques
STEF-TFE	Prestation logistique
Sumitomo	Manufacturier de pneumatique
Super U	Grande distribution
Synthélabo	Produits pharmaceutiques
Tesco	Grande Distribution
Thomson Multimedia	Produits électroménagers grand public
Thyssen Krupp	Sidérurgie
TPG	Distribution postale et messagerie express
Triumph	Motos
Unilever	Produits grande consommation (détergents, alimentaires)
UPS	Messager express
Usinor	Sidérurgie
Veolia propreté	Environnement
Wal-Mart	Grande Distribution
Whirlpool	Produits électroménagers
Xerox	Reprographie
Yoplait	Produits de grande consommation frais et ultra-frais
Wal-Mart	Grande distribution
Zara	Mode

Index

www.ingramcontent.com/pod-product-compliance
Lightning Source LLC
Chambersburg PA
CBHW060958210326
41598CB00031B/4864